상상을 스케치하는
아두이노 우노 R4

상상을 스케치하는 아두이노 우노 R4

1판 1쇄 발행 2024년 9월 6일

지은이 허경용
펴낸이 장성두
펴낸곳 주식회사 제이펍

출판신고 2009년 11월 10일 제406-2009-000087호
주소 경기도 파주시 회동길 159 3층 / **전화** 070-8201-9010 / **팩스** 02-6280-0405
홈페이지 www.jpub.kr / **투고** submit@jpub.kr / **독자문의** help@jpub.kr / **교재문의** textbook@jpub.kr

소통기획부 김정준, 이상복, 안수정, 박재인, 송영화, 김은미, 배인혜, 권유라, 나준섭
소통지원부 민지환, 이승환, 김정미, 서세원 / **디자인부** 이민숙, 최병찬

진행 김정준 / **교정·교열** 김경희 / **내지 디자인** 이민숙 / **내지 편집** 소울에디터 / **표지 디자인** 최병찬
용지 타라유통 / **인쇄** 해외정판사 / **제본** 일진제책사

ISBN 979-11- 93926-50-5 (93000)
책값은 뒤표지에 있습니다.

제이펍은 여러분의 아이디어와 원고를 기다리고 있습니다. 책으로 펴내고자 하는 아이디어나 원고가 있는 분께서는
책의 간단한 개요와 차례, 구성과 지은이/옮긴이 약력 등을 메일(submit@jpub.kr)로 보내주세요.

상상을 스케치하는
아두이노 우노 R4

허경용 지음

Jpub
제이펍

차 례

머리말

아두이노가 정식으로 소개된 지 10년을 넘어가면서 아두이노에도 많은 변화가 있었다. 지난 10년을 한마디로 요약하자면, 아두이노가 마이크로컨트롤러 플랫폼으로 확실히 자리 잡았다는 것이다. 여기에는 기술적인 측면은 물론 사회적, 경제적 측면도 모두 포함된다. 플랫폼으로 자리 잡았다는 것은 아두이노에 대한 인식이 변했고 아두이노의 유용성이 입증되었다는 이야기이며, 산업계에서도 아두이노를 제품에 반영하고 있다는 것에서 사회적, 경제적 측면의 변화를 짐작할 수 있다. 이러한 변화는 쉽고 간편한 플랫폼을 목표로 하는 아두이노의 철학이 있었기에 가능했으며, 이를 뒷받침할 수 있는 기술적인 발전 역시 무시할 수 없다.

아두이노와 관련된 기술 중 가장 많이 변한 것을 소프트웨어와 하드웨어 측면에서 골라 보자면 소프트웨어 측면에서는 아두이노 IDE 2가, 하드웨어 측면에서는 ARM 기반의 아두이노 보드, 그중에서도 아두이노 우노 R4가 될 것이다. 아두이노 IDE 2는 IDE 1의 사용자 인터페이스의 상당 부분을 개선하여 만든 새로운 IDE다. 이 외에 디버깅, 자동 완성, 코드 접기 등 여러 편리한 기능이 추가되었지만, 기본적인 사용 방법은 아두이노 IDE 1과 같으므로 새로운 IDE 2를 사용하는 데 불편함은 없다.

소프트웨어 측면보다 큰 변화를 보인 것이 하드웨어 측면이다. 아두이노가 AVR 기반의 마이크로컨트롤러로 시작된 것은 잘 알려져 있다. 비전문가를 위한 간단한 마이크로컨트롤러 플랫폼으로는 8비트의 AVR 시리즈 마이크로컨트롤러로 충분하다. 하지만 지난 10년 동안 마이크로컨트롤러 전반에도 많은 변화가 있었고, 이러한 변화를 촉발한 것이 사물인터넷과 인공지능으로 AIoT(AI + IoT)라는 말로 대변된다. 아두이노 플랫폼이 AIoT 영역을 아우르기 위해 필요한 것이 인터넷 연결과 8비트로는 부족한 연산 능력이며, 아두이노 보드의 변화는 이 두 가지를 지원하는 방향이라고 해도 과언이 아니다. 인터넷 연결을 위해 초기에 사용되던 쉴드는 이제 찾아보기가 어려우며, 보드에 내장된 별도의 와이파이 모듈 또는 와이파이 연결을 지원하는 마이크로컨트롤러가 사용된 아두이노 보드가 주로 사용되고 있다. 또한 32비트의 ARM 기반 마이크로컨트롤러를 사용하는 고성능 아두이노 보드는 이미 AVR 기반 마이크로컨트롤러를 사용하는 아두이노 보드만큼 널리 사용되고 있다.

이러한 아두이노의 변화에 맞추어 최근 소개된 보드가 아두이노 우노 R4인데, 이 책에서 주로 사용하는 보드다. 아두이노 우노 R3와 R4는 하드웨어만 보자면 완전히 다른 보드다. 하지만 완전히 다른 하드웨어를 같은 방법으로 제어할 수 있도록 해준다는 점이 아두이노의 특징이자 장점 중 하나이며, 아두이노 우노 R3와 R4 역시 마찬가지다. 이 책에서 설명하는 내용은 일부를 제외하면 아두이노 우노 R3와 R4 모두에서 사용할 수 있고, 일부 다른 내용 역시 R3와 R4 사이의 차이가 크지 않다. 이러한 점이 완전히 다른 두 아두이노 보드가 '아두이노 우노'라는 이름을 같이 사용할 수 있도록 해주는 이유 중 하나다. ARM 기반의 아두이노 보드는 이 외에도 여러 종류가 있지만, 아두이노 우노 R3와 같은 형태를 가지고 같은 동작 전압을 가지는 아두이노 보드는 아두이노 우노 R4 하나뿐이라는 점도 이유 중 하나가 될 것이다.

아두이노 우노 R3와 R4 사이에는 차이가 거의 없으며, 아두이노 우노 R4에는 R3에 없는 기능이 여러 가지 포함되어 있다. 그렇다면 새로운 버전이 나왔을 때 이전 버전은 더 이상 사용하지 않는 것처럼 아두이노 우노 R3도 같은 길을 걸어갈까? 같은 이름을 사용하고 있지만 아두이노 우노 R3와 R4는 서로 다른 보드다. 같은 방법으로 제어할 수 있다는 점이 특징이라고 이야기하던 것과 달라 의아할 수 있겠지만, 이 책의 목적 중 하나는 두 보드의 같은 점과 다른 점을 보이는 것이다. 아두이노 우노 R3와 R4를 같은 목적으로 사용할 수도 있지만, 아두이노 우노 R4는 AIoT 환경에 맞게 만들어진 보드라는 점을 잊지 말자. 간단한 제어 장치를 만드는 일이라면 여전히 아두이노 우노 R3는 좋은 선택이다. 인터넷 연결이 필요하다면 아두이노 우노 R3에 와이파이 모듈을 연결하여 사용할 수도 있겠지만, 아두이노 우노 R4를 사용하는 것이 더 효율적이다. 아두이노 우노 R3와 R4는 서로 목적이 다른 보드이므로 두 보드의 동거는 오래도록 이어지지 않을까 싶다. 닭 잡는 데 소 잡는 칼을 쓸 필요는 없지 않을까? 아두이노 우노 R3로 될 일을 아두이노 우노 R4로 해결하는 일은 없기를 바라고, 이 책을 통해 해결하고자 하는 문제에 따라 두 보드 중 하나를 선택할 수 있게 된다면 아두이노가 더 재미있어지리라 믿어 의심치 않는다.

허경용

베타리더 후기

 김영익(AWSKRUG)

베타리딩을 하면서 '이렇게 아두이노에 대해 자세히 설명하는 책이 또 있을까?'라는 의문이 들 정도였습니다. 분량도 상당하지만, 다른 책들에서는 볼 수 없는 설명들로 가득하기에 '아두이노 바이블'이라고 제목을 지어도 될 것 같습니다.

 심주현(삼성전자)

아두이노 우노 R4를 처음 접하거나 이미 R3를 접해본 사람들에게도 유익한 종합 안내서입니다. 이 책은 아두이노 우노 R4의 기본 개념과 R3와의 차이점을 쉽게 이해할 수 있도록 설명하고, 다양한 프로젝트 예제를 통해 실습 과정을 제공합니다. 특히, 실습을 위한 회로 그림과 코드가 잘 정리되어 있어 초보자도 쉽게 따라 할 수 있습니다. R4를 활용하여 자신의 아이디어를 실제로 구현하고 싶은 분들께 추천합니다.

 이영준(외국계 IT 회사)

이 책은 정말 방대하게 아두이노의 활용법을 알려주고 있습니다. 각 장마다 독립적으로 이루어져 있어서 언제든지 필요한 부분만 떼어서 볼 수 있습니다. 그러니 책의 두께에 너무 겁먹지는 마세요. 회로도 그림부터 시작해서 차근차근 다루고 있어서 따라 하기에도 좋습니다. 모쪼록 이 책을 통하여 사물인터넷과 로봇의 세상으로 들어가는 첫 발걸음을 떼시기 바랍니다.

제이펍은 책에 대한 애정과 기술에 대한 열정이 뜨거운 베타리더의 도움으로
출간되는 모든 IT 전문서에 사전 검증을 시행하고 있습니다.

I

아두이노 기초

PART Ⅰ 아두이노 기초

아두이노

아두이노는 비전공자를 위한 마이크로컨트롤러 플랫폼으로, 하드웨어인 아두이노 보드와 소프트웨어인 통합개발환경으로 구성되어 있다. 하드웨어 측면에서 아두이노의 장점 중 하나는 표준화된 인터페이스를 사용한다는 점이다. 소프트웨어 측면에서는 추상화된 라이브러리를 통해 스케치를 쉽게 작성할 수 있고, 한 번 작성한 스케치를 여러 아두이노 보드에서 사용할 수 있다는 장점이 있다. 이 장에서는 아두이노의 하드웨어 및 소프트웨어 측면에서의 특징을 통해 아두이노가 무엇인지 알아본다.

이 장에서
사용할 부품

아두이노 우노 R3 × 1

아두이노 우노 R4 × 1 ➡ 미니마 또는 와이파이

아두이노의 시작

이탈리아의 이브레아Ivrea에서 **예술가와 디자이너를 위한 마이크로컨트롤러 플랫폼으로 시작된 아두이노**는 2005년 처음 발표된 이후, 쉽고 간단한 사용법으로 수많은 참여자를 끌어들여 오픈소스 프로젝트 중 가장 많은 참여자를 가진 마이크로컨트롤러 프로젝트로 자리 잡고 있다. 아두이노가 '마이크로컨트롤러 플랫폼'이라는 점은 종종 오해를 불러온다. 아두이노는 하드웨어와 소프트웨어를 모두 포함하므로 아두이노를 이해하기 위해서는 하드웨어와 소프트웨어를 모두 이해해야 한다. 하지만 아두이노라는 단어는 상황에 따라 하드웨어인 아두이노 보드, 소프트웨어인 아두이노 통합개발환경Integrated Development Environment, IDE 또는 아두이노 플랫폼 전체를 가리키는 말로 사용되고 있으므로 문맥에 맞게 이해해야 한다.

아두이노 탄생에 큰 영향을 미친 것 중 하나가 **프로세싱**Processing[1]이다. MITMassachusetts Institute of Technology 미디어랩에서 2001년 만들기 시작한 프로세싱 역시 디자이너를 위한 프로그래밍 도구를 염두에 두고 만들어졌다. 초기 버전의 아두이노 IDE는 프로세싱 IDE를 거의 그대로 가져와서 만들었다. 버전이 바뀌면서 현재 IDE 모습에는 차이가 있지만, 프로세싱 IDE와 아두이노 IDE는 모두 최소한의 사용자 인터페이스를 통해 꼭 필요한 기능만을 제공하는 비전공자를 위한 IDE라는 공통점이 있다. **아두이노를 위한 소스 코드[2]를 스케치**sketch**라고 부르는 것 역시 프로세싱에서 따온 것으로, 그림을 그리듯이 프로그램을 쉽게 작성할 수 있다는 의미에서 붙여진 이름이다.**

아두이노에 영향을 미친 또 다른 프로젝트는 **와이어링**Wiring[3]으로, 아두이노가 만들어진 이탈리아의 IDIIInteraction Design Institute Ivrea에서 아두이노와 같은 목적으로 2003년 시작되었다. 와이어링 보드는 이전에 사용하던 보드에 비해 가격이 저렴하고 성능이 뛰어나며 사용이 쉽다는 등의 장점이 있었다. 와이어링을 더욱 개선하여 만들어진 것이 아두이노로, 현재 사용되는 아두이노의 많은 부분이 와이어링 프로젝트에서 시작된 것이다.

---

1   https://processing.org

2   '스케치'는 C/C++ 언어를 사용하여 작성한 아두이노를 위한 소스 코드를 가리키는 경우가 대부분이다. 하지만 소스 코드(스케치)를 컴파일하여 만든 실행 파일 역시 스케치라고 부르기도 한다.

3   http://wiring.org.co

아두이노 보드

처음 공개된 이후 아두이노 보드는 몇 차례의 수정과 보완이 이루어졌고 다양한 아두이노 보드가 판매되고 있다.[4] 아두이노를 사용하기 위해서는 하드웨어인 아두이노 보드와 소프트웨어인 통합개발환경이 필요하다. 통합개발환경은 아두이노에서 제공하는 아두이노 IDE를 사용하는 경우가 대부분이며, 아두이노 보드는 필요에 따라 여러 가지 보드 중에서 선택해서 사용할 수 있다.

아두이노를 대표하는 보드이면서 가장 많이 사용되는 보드는 아두이노 우노Arduino UNO다. '우노'는 이탈리아어로 숫자 일(1)을 뜻하며, 아두이노 IDE 1.0 버전이 공개되는 시점에 맞추어 공개되어 지금도 아두이노의 기본 보드로 자리 잡고 있으며 이 책에서 사용하는 보드이기도 하다.

아두이노 우노는 ATmega328 마이크로컨트롤러를 사용하여 만들어지기 시작해 R3 버전까지 출시되었고, 2023년 고성능의 RA4M1 마이크로컨트롤러를 사용한 R4 버전이 출시되면서 R3와 R4 버전이 함께 사용되고 있다. 아두이노 우노 R4는 아두이노 우노 R3와 다른 새로운 보드인 것이 사실이다. 하지만 성능 차이를 생각하지 않는다면 두 보드의 형태와 하드웨어 인터페이스가 거의 같아 바꾸어 사용하는 것도 가능하므로 '아두이노 우노'라는 이름을 함께 사용하고 있다. 2010년 처음 출시된 아두이노 우노가 인공지능과 사물인터넷 등의 최신 분야에 사용하기에는 연산 능력이 떨어지고 무선 통신을 지원하지 않는다는 점을 보완하여 아두이노 우노가 여전히 아두이노의 대표 보드임을 보여주려는 의도 역시 서로 다른 두 보드가 아두이노 우노라는 이름을 함께 사용하는 이유가 될 것이다.

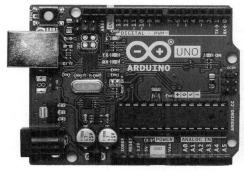

(a) 아두이노 우노 R3   (b) 아두이노 우노 R4 미니마

그림 1.1 아두이노 우노

---

4   https://www.arduino.cc/en/hardware

아두이노 보드의 특징을 설명하기 전에 기억해야 할 것이 아두이노 보드는 마이크로컨트롤러 보드라는 점이다. **마이크로컨트롤러는 마이크로프로세서의 일종으로 마이크로프로세서에 비해 낮은 성능을 갖지만, 사용 편의성을 높여 특수 목적용으로 만든 마이크로프로세서의 한 종류다.** 마이크로컨트롤러와 함께 마이크로컨트롤러를 사용하는 데 필요한 부품을 하나의 보드로 만든 것이 마이크로컨트롤러 보드이며, 아두이노 보드 역시 마이크로컨트롤러 보드에 속한다.

마이크로컨트롤러는 컴퓨터의 본체에 해당하는 기능을 하나의 칩으로 집약해 놓은 낮은 성능의 컴퓨터다. 즉, 마이크로컨트롤러는 하나의 IC 칩을 가리킨다. 컴퓨터 본체에 전원이 공급되면 컴퓨터로 동작하는 것처럼, 마이크로컨트롤러 역시 전원만 주어지면 컴퓨터로 동작할 수 있다. 하지만 마이크로컨트롤러는 하나의 칩이므로 (키보드나 마우스 같은) 입력 장치와 (모니터 같은) 출력 장치를 연결하는 것이 쉽지 않다. 따라서 아두이노 보드에는 마이크로컨트롤러 이외에 주변 장치를 쉽게 연결할 수 있도록 해주는 커넥터와 전원 공급 장치 등 마이크로컨트롤러를 쉽게 사용할 수 있도록 해주는 부품이 포함되어 있다. 그림 1.2에서 볼 수 있듯이 아두이노 우노 R3에는 아두이노 우노 R3의 핵심이라 할 수 있는 ATmega328 마이크로컨트롤러 이외에 주변 장치 연결을 위한 핀 헤더, 전원 공급 장치 연결을 위한 배럴잭barrel jack, 컴퓨터와 연결을 위한 USB 커넥터, 스케치 업로드를 위한 부품 등이 포함되어 있다. 즉, 아두이노 우노 R3는 마이크로컨트롤러인 ATmega328과 이를 편리하게 사용할 수 있도록 해주는 다양한 커넥터와 부품들이 포함된 마이크로컨트롤러 보드를 가리킨다.

마이크로컨트롤러 보드 = 마이크로컨트롤러 + α
아두이노 우노 = ATmega328 + α

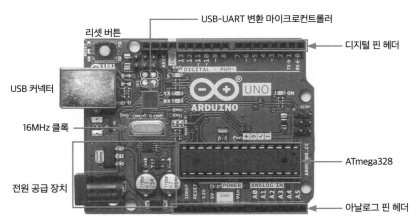

그림 1.2 아두이노 우노 R3

아두이노 보드는 다른 마이크로컨트롤러 보드와 다른 몇 가지 특징이 있으며 그중 하나가 표준화된 핀 헤더 배열을 사용한다는 점이다. 언뜻 보기에 다른 마이크로컨트롤러 보드와 다를 것이 없어 보이지만 아두이노 우노 R3와 아두이노 메가2560을 비교해 보면 같은 핀 헤더 배열을 갖는 것을 알 수 있다. 아두이노 메가2560에 사용된 ATmega2560은 아두이노 우노 R3에 사용된 ATmega328보다 더 많은 데이터 핀을 갖고 있다. 따라서 아두이노 메가2560은 ATmega2560의 많은 데이터 핀을 사용할 수 있도록 아두이노 우노 R3보다 많은 핀 헤더를 제공한다. 그중 아두이노 우노 R3와 공통인 20개 핀 헤더는 아두이노 메가2560, 아두이노 레오나르도, 아두이노 제로 등의 아두이노 보드에서 같은 위치에서 같은 기능을 제공한다. 이는 아두이노 우노 R4 역시 마찬가지다.

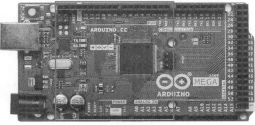

(a) 아두이노 우노 R3   (b) 아두이노 메가2560

그림 1.3 아두이노 우노 R3와 아두이노 메가2560의 핀 헤더 배치

핀 헤더 위치가 같다는 것은 아두이노 우노에 연결한 주변 장치를 그대로 아두이노 메가2560으로 옮겨서 연결하면 같은 동작을 확인할 수 있다는 말이다. 또한 아두이노 우노에서 사용한 스케치는 아두이노 메가2560에서 수정 없이 그대로 사용할 수 있는 경우가 대부분이다.

핀 헤더 배열이 표준화되어 있으므로 아두이노 보드들이 공통으로 사용할 수 있는 확장 보드인 쉴드shield**를 제작하는 것도 가능하다.** 아두이노 홈페이지에는 여러 종류의 쉴드가 소개되어 있고, 아두이노는 보드 설계가 오픈소스로 공개되어 있으므로 누구나 자유롭게 아두이노를 위한 쉴드를 제작할 수 있다. 아두이노에서 제공하는 공식 쉴드는 크기가 크고 가격이 비싸 흔히 사용하지는 않지만, 공통의 하드웨어 모듈을 사용할 수 있다는 점은 장점이 아닐 수 없다.

공통의 핀 헤더 배열을 사용하는 것이 아두이노 보드의 특징 중 하나이지만 모든 아두이노 보드에 해당하는 것은 아니다. 아두이노 우노 R3의 핀 헤더는 아두이노 우노 R3에서 사용할 수 있는 데이터 핀을 쉽게 사용하고 다른 아두이노 보드와 호환성을 높여주지만, 핀 헤더로 인해 보드가 커진 것도 사실이다. 아두이노 우노 R3에서 핀 헤더만 제거해도 보드 크기를 작게 할 수 있는데 아두이노 나노가 이런 방법으로 아두이노 우노 R3를 작게 만든 것이다. 비슷하게 아두이노 나노

33 IoT는 아두이노 제로와 같은 마이크로컨트롤러를 사용하여 작게 만든 보드에 해당한다. 아두이노 우노 R4는 아직 소형 보드가 출시되지 않았다.

아두이노 우노 : 아두이노 나노 ≈ 아두이노 제로 : 아두이노 나노 33 IoT

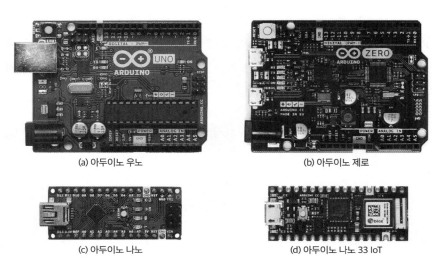

(a) 아두이노 우노

(b) 아두이노 제로

(c) 아두이노 나노

(d) 아두이노 나노 33 IoT

그림 1.4 핀 헤더가 있는 보드와 없는 보드

그림 1.4(a)에서 가장 큰 칩이 아두이노 보드에서 핵심인 ATmega328 마이크로컨트롤러다. 아두이노 우노 R3와 아두이노 나노에 사용된 마이크로컨트롤러는 형태만 다를 뿐 같은 마이크로컨트롤러이며[5], 아두이노 제로와 아두이노 나노 33 IoT 역시 마찬가지다. **같은 마이크로컨트롤러를 사용하는 서로 다른 아두이노 보드가 필요한 것은 사용 목적이 다르기 때문이다.** 아두이노 우노 R3는 아두이노를 대표하는 보드로, 주변 장치나 컴퓨터와의 연결을 위한 다양한 장치들이 포함되어 있어 시스템 설계 및 개발 단계에서 사용할 수 있다. 반면 아두이노 나노는 개발이 완료된 후 프로토타입을 제작하는 단계에서 쉽게 적용할 수 있도록 아두이노 우노 R3와 같은 기능을 하는 보드를 소형으로 만든 것이다. 아두이노 제로와 아두이노 나노 33 IoT 역시 이와 비슷하다.

아두이노 보드가 갖는 또 다른 특징에는 **아두이노 보드 대부분이 마이크로칩**Microchip**에서 제작한 마이크로컨트롤러를 사용한다**는 점도 포함된다. 아두이노는 마이크로칩의 AVR 시리즈 마이크로컨트롤러를 사용하여 만들어지기 시작했고 지금도 아두이노 보드를 대표하는 마이크로컨트롤러는

---

5   아두이노 우노에 사용된 마이크로컨트롤러는 ATmega328P-PU이고 아두이노 나노에 사용된 마이크로컨트롤러는 ATmega328P-AU로, 패키지(package)에 따라 이름에 차이가 있다. 또한 ATmega328P-PU가 28핀 칩이라면 ATmega328P-AU는 32핀 칩으로, 추가된 4핀으로 ATmega328P-PU에서는 사용할 수 없는 기능을 사용할 수 있지만 공통되는 28핀의 기능은 같다.

AVR 시리즈 마이크로컨트롤러다. AVR 시리즈 마이크로컨트롤러를 사용하는 아두이노 보드에는 아두이노 우노 R3/나노, 아두이노 레오나르도/마이크로, 아두이노 메가2560 등이 있다. 이러한 보드는 모두 16MHz의 속도로 동작하므로 성능의 차이는 없고 일부 기능에서 차이가 있을 뿐이다.

아두이노 보드 중에는 AVR 시리즈 마이크로컨트롤러가 아닌 다른 마이크로컨트롤러를 사용하는 보드도 있다. 애초에 아두이노는 간단한 제어 장치를 만들기 위해 시작되었고 이러한 목적을 위해서는 16MHz의 AVR 시리즈 마이크로컨트롤러로 충분했다. 하지만 **인공지능과 사물인터넷의 확산에 따라 아두이노의 활용 분야가 넓어지면서 높은 사양의 아두이노 보드에 대한 요구가 증가했고, 이에 따라 Cortex-M 시리즈 마이크로컨트롤러를 사용한 아두이노 보드가 출시되었다.** Cortex-M 시리즈 마이크로컨트롤러는 여러 반도체 회사에서 생산하고 있지만, 아두이노 보드에서 사용하는 Cortex-M 시리즈 마이크로컨트롤러는 대부분 마이크로칩에서 생산한 것이다.

Cortex-M 시리즈 마이크로컨트롤러는 32비트 마이크로컨트롤러로 8비트인 AVR 시리즈 마이크로컨트롤러와 비교해 높은 성능을 보여준다. 최초의 32비트 아두이노 보드인 아두이노 듀에의 동작 속도는 84MHz로 아두이노 우노의 5배 이상이다. 아두이노 듀에 이후 이보다 낮은 성능의 아두이노 제로가 출시되었고, 사물인터넷 환경을 겨냥하여 아두이노 제로를 작게 만든 아두이노 MKR 시리즈가 출시되었다. MKR 시리즈와는 다른 32비트 아두이노 보드에 아두이노 나노 33 시리즈가 있다. 나노 33 시리즈는 AVR 기반의 아두이노 나노와 핀 호환성을 가지면서 Cortex-M 시리즈 마이크로컨트롤러를 사용하여 만든 보드로, 사물인터넷에서 흔히 사용되는 블루투스, 와이파이 등의 무선 통신을 지원한다.

아두이노 보드에 사용되는 마이크로컨트롤러 대부분이 마이크로칩에서 제작하기는 하지만, 아닌 경우도 늘어나고 있다. 아두이노 나노 33 시리즈 보드 중 아두이노 나노 33 BLE는 Nordic Semiconductor의 nRF52840 마이크로컨트롤러를, 아두이노 나노 ESP32는 Espressif의 ESP32 마이크로컨트롤러를 사용한다. 이 책에서 사용하는 아두이노 우노 R4 역시 Renesas의 RA4M1 마이크로컨트롤러를 사용하고 있다.

표 1.1 아두이노 보드별 마이크로컨트롤러

아두이노	마이크로컨트롤러	아키텍처	클록	CPU 비트
우노	ATmega328	AVR	16MHz	8비트
나노				
레오나르도	ATmega32u4			
메가2560	ATmega2560			
듀에	SAM3X8E	ARM Cortex M3	84MHz	32비트
제로	SAMD21G	ARM Cortex M0+	48MHz	
MKR 시리즈				
나노 33 IoT				

표 1.1은 위에서 언급한 아두이노 보드를 간략히 비교한 것으로, 이 외에도 다양한 보드들이 존재한다. 아두이노는 하드웨어와 소프트웨어가 모두 오픈소스로 공개되어 있으므로 아두이노에서 제공하는 공식 보드 이외에 그보다 훨씬 많은 비공식 아두이노 보드가 존재한다는 점도 기억해야 한다. 비공식 아두이노 보드 중에는 아두이노 이전에 많이 사용되었던 **ATmega128**을 포함한 AVR 시리즈 마이크로컨트롤러, 마이크로칩이 아닌 다른 회사에서 만든 Cortex-M 시리즈 마이크로컨트롤러 등 공식 아두이노 보드에서 사용하지 않는 마이크로컨트롤러를 사용하는 보드도 있다.[6] 비공식 아두이노 보드에 사용된 마이크로컨트롤러 중 일부는 공식 아두이노 보드에서 채택되기도 하며 라즈베리파이의 마이크로컨트롤러인 RP2040, 와이파이 기능을 포함하고 있는 ESP32 등이 비공식 아두이노 보드에서 먼저 사용된 후 공식 아두이노 보드에서 사용된 경우다.

1.3 통합개발환경(IDE)

하드웨어 측면에서 아두이노는 다양한 마이크로컨트롤러를 사용한 아두이노 보드와 공통의 확장 보드인 쉴드가 장점이다. 하지만 **다양한 아두이노 보드가 있음에도 쉽고 빠르게 프로그램을 개발할 수 있는 이유는 스케치 호환성 때문이다.** 즉, 한 번 작성한 스케치를 서로 다른 아두이노 보드에서 사

---

6 https://github.com/arduino/Arduino/wiki/Unofficial-list-of-3rd-party-boards-support-urls

용할 수 있기 때문으로 이를 위해 필요한 것이 아두이노 통합개발환경Integrated Development Environment, IDE이다. 아두이노를 위한 통합개발환경은 여러 가지가 있지만 아두이노에서 제공하는 '아두이노 IDE'가 주로 사용된다. 아두이노 IDE는 아두이노 홈페이지에서 무료로 내려받을 수 있다. 아두이노 홈페이지에서는 아두이노와 관련된 최신 내용은 물론 활발한 사용자 커뮤니티를 통해 아두이노와 관련된 가장 빠르고 정확한 정보를 얻을 수 있으므로 자주 방문하는 것을 추천한다.

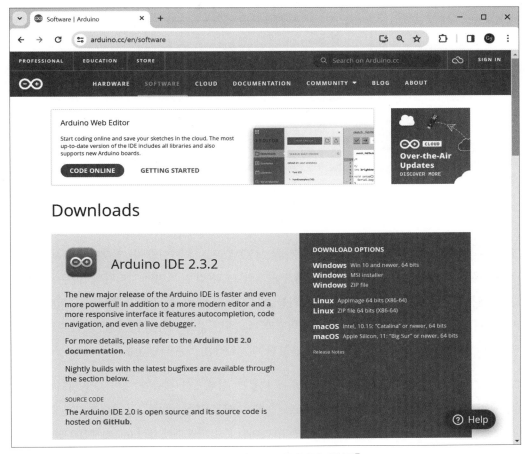

그림 1.5 **아두이노 IDE 내려받기 페이지**[7]

아두이노 IDE 설치 프로그램을 아두이노 홈페이지에서 내려받자. 아두이노 IDE의 설치는 어렵지 않다. 설치 과정에서는 디폴트 설정을 사용하면 되고, 아두이노 보드 드라이버 설치를 위한 경고 화면이 나타나면 설치를 선택하면 된다. 설치가 끝나면 아두이노 우노 R3를 컴퓨터에 연결해 보자.

---

7   https://www.arduino.cc/en/software

아두이노 우노 R3를 컴퓨터와 연결하면 아두이노 보드가 자동으로 인식되고 장치 관리자에 COM 포트가 나타난다. 아두이노 우노 R4는 아두이노 IDE를 설치한 후 별도로 지원 파일을 설치해야 하므로 여기서는 아두이노 우노 R3를 사용하지만, 지원 파일을 설치한 후 사용 방법은 같다.

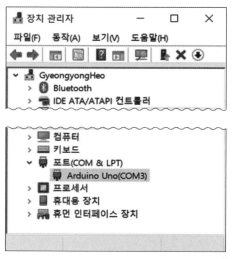

그림 1.6 아두이노 우노를 연결한 후 장치 관리자[8]

장치 관리자에서 아두이노 우노 R3에 해당하는 COM 포트를 확인할 수 있다면 아두이노 IDE 설치는 끝난 것이다. 아두이노 IDE를 실행하면 그림 1.7과 같은 화면이 나타난다. 아두이노 IDE는 스케치 작성과 업로드에 필요한 기본 기능들만으로 구성된 직관적이고 간단한 인터페이스를 제공한다. 아두이노 IDE를 다른 통합개발환경과 비교하면 많은 기능이 생략된 것이 사실이지만, 아두이노 IDE가 스케치를 작성하기 위한 훌륭한 개발환경인 것은 틀림없다.

그림 1.7에서 볼 수 있듯이 아두이노 IDE는 디폴트 상태에서 메뉴가 영어로 표시되지만, 한글 메뉴 역시 지원한다. 'File ➡ Preferences...' 메뉴 항목 또는 Ctrl + , 단축키를 선택하면 Preferences(기본 설정) 다이얼로그가 나타난다. 다이얼로그 가운데에 'Language(편집기 언어)' 펼침 메뉴를 열어 '한국어'를 선택한 후 'OK(확인)' 버튼을 누르면 한글 메뉴를 사용할 수 있다.

---

8   할당되는 COM 포트 번호는 컴퓨터에 따라 달라질 수 있다.

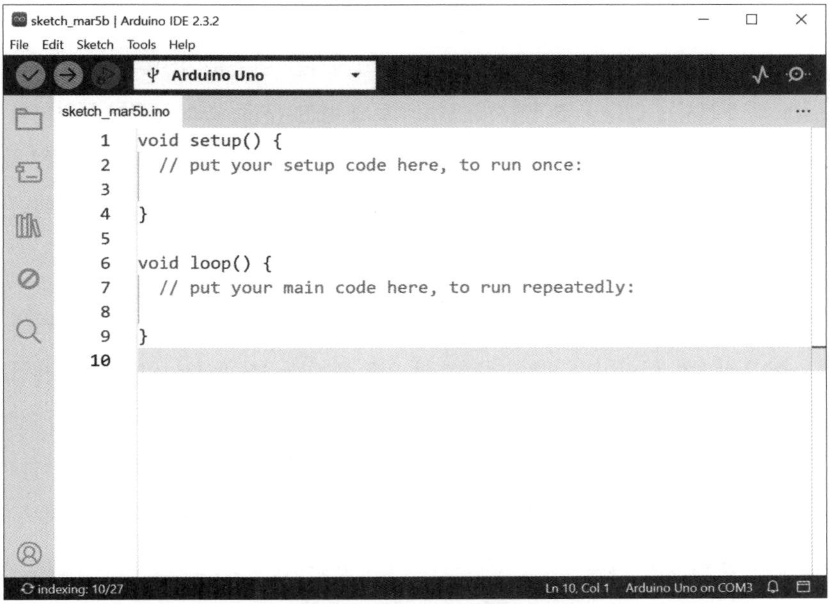

```
void setup() {
  // put your setup code here, to run once:

}

void loop() {
  // put your main code here, to run repeatedly:

}
```

그림 1.7 아두이노 IDE 실행 화면

그림 1.8 Preferences 다이얼로그

스케치를 작성하기 전에 또 한 가지 설정해야 할 것이 스케치북 위치다. 아두이노에서 작성한 소스 코드는 스케치라고 불린다. 이 책에서 사용하는 스케치는 대부분 하나의 소스 파일로 구성되지만, **아두이노의 스케치는 C/C++ 언어에서의 프로젝트와 마찬가지로 소스 코드를 포함하여 하나 이상의 파일로 구성될 수 있다. 스케치를 구성하는 모든 파일은 스케치 폴더에 저장되며 스케치 폴더를 모아놓은 것을 스케치북이라고 한다.** 아두이노 IDE에서 스케치를 저장하면 디폴트로 선택되는 위치가 스케치북 폴더다.

아두이노 IDE에서 '파일 ➡ 기본 설정...' 메뉴 항목을 선택하거나 Ctrl + , 단축키를 선택하면 기본 설정 다이얼로그가 나타난다. 다이얼로그의 위쪽에 있는 '스케치북 위치'가 스케치가 저장될 폴더 위치를 나타낸다. 이 책에서는 스케치북 위치가 'D:\Arduino'로 설정된 것으로 가정한다. 스케치북 폴더에 스케치를 저장하면 지정한 이름의 스케치 폴더가 스케치북 폴더에 만들어지고, 스케치 폴더 내에 폴더 이름과 확장자 INO를 갖는 스케치 파일이 만들어진다. 스케치북 폴더에 있는 'libraries' 폴더는 확장 라이브러리가 설치되는 디렉터리다.

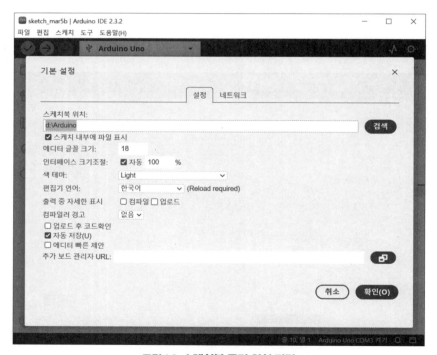

그림 1.9 **스케치북 폴더 위치 지정**

아두이노 IDE를 설치하면 아두이노 우노 R3를 포함하여 AVR 시리즈 마이크로컨트롤러를 사용한 아두이노 보드는 바로 사용할 수 있다. 아두이노 우노 R3와 컴퓨터를 USB 연결선으로 연결한다. C/C++ 언어에서 처음 접하는 'Hello World'에 해당하는 아두이노 스케치는 내장 LED를 1초 간격으로 깜빡이도록 하는 블링크_{Blink}다. 아두이노 IDE에서 '파일 ➡ 예제 ➡ 01.Basics ➡ Blink' 메뉴 항목을 선택한다.

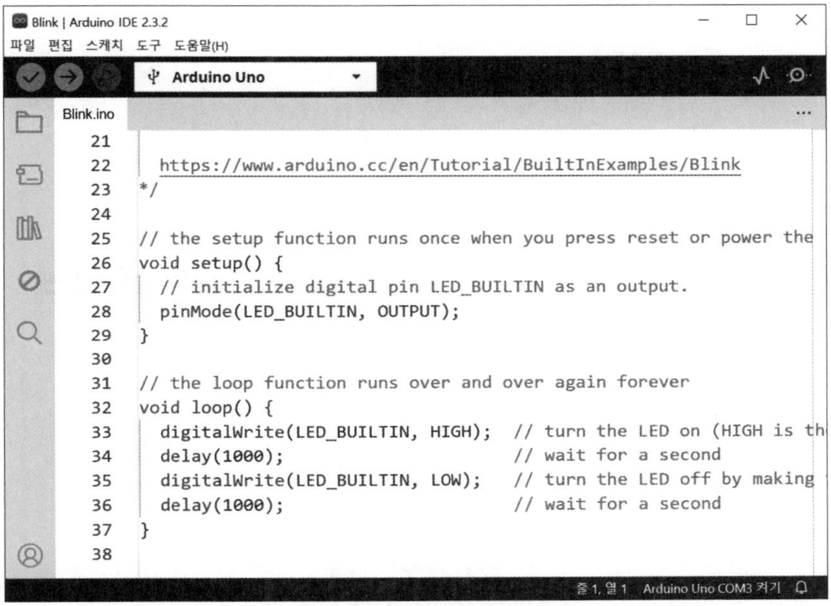

그림 1.10 **블링크 예제**

아두이노 IDE에서 스케치를 컴파일하고, 만들어진 실행 파일을 아두이노에 설치하여 실행하기 위해서는 사용하고자 하는 **아두이노 보드의 종류와 컴퓨터와 연결된 COM 포트 번호를 선택해야 한다.**

- '도구 ➡ 보드' 메뉴에서 사용하고자 하는 아두이노 보드를 선택한다. 보드 선택 메뉴에서 연관된 보드들은 그룹으로 묶여 있다. 그림 1.11에서 AVR 시리즈 마이크로컨트롤러를 사용한 보드들이 '도구 ➡ 보드 ➡ Arduino AVR Boards' 아래에 나타난다.
- '도구 ➡ 포트' 메뉴에서 사용하고자 하는 아두이노 보드가 연결된 COM 포트를 선택한다.

아두이노 우노 R3의 경우 '도구 ➡ 보드 ➡ Arduino AVR Boards ➡ Arduino Uno'를 선택하고, '도구 ➡ 포트' 메뉴에서 그림 1.6에서 할당된 COM3을 선택하면 된다.

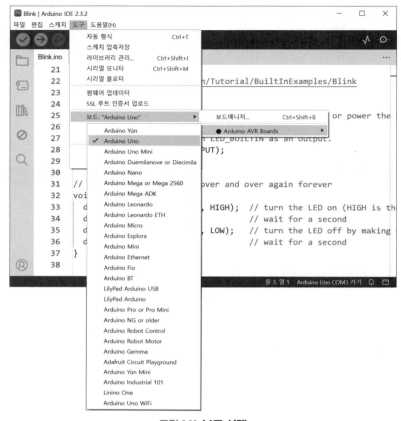

그림 1.11 **보드 선택**

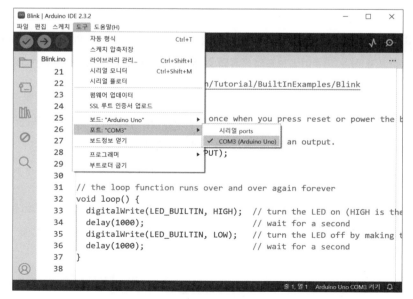

그림 1.12 **포트 선택**

보드 종류와 포트 선택이 끝났으면 스케치를 컴파일하고 업로드해 보자. 스케치 작성 과정에서 필요한 기본적인 기능들은 아두이노 IDE의 툴바를 통해 사용할 수 있다. 아두이노 IDE에는 가로 툴바와 세로 툴바가 있고, 컴파일 및 업로드와 관련된 툴바는 가로 툴바다.

그림 1.13 아두이노 IDE의 가로 툴바

툴바의 '확인(⊘)' 버튼을 누르면 스케치를 컴파일하고 오류 발생 여부를 알려준다. 오류 없이 스케치가 컴파일되면 업로드할 실행 파일의 크기와 스케치 실행에 필요한 SRAM의 크기를 알려준다.

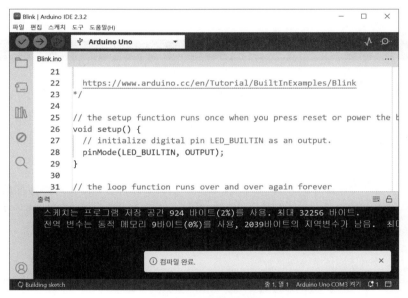

그림 1.14 스케치 컴파일

오류 없이 컴파일에 성공했다면 아두이노 우노 R3에 블링크 스케치를 업로드해 보자. '업로드(→)' 버튼을 누르면 스케치를 컴파일하여 실행 파일을 생성하고, 생성된 실행 파일을 아두이노 우노 R3에 할당된 시리얼 포트를 통해 업로드한다. 업로드에 성공하면 내장 LED가 1초 간격으로 깜빡거리는 것을 확인할 수 있다. **'업로드' 과정에는 컴파일 과정이 포함되고 컴파일 오류가 발생하면 업로드가 진행되지 않으므로 업로드 전에 '확인' 버튼으로 컴파일 성공 여부를 확인하지 않아도 된다.**

스케치 업로드에 사용되는 시리얼 포트는 컴퓨터와의 시리얼 통신을 위해서도 사용된다. 시리얼 통신을 통해 컴퓨터와 아두이노 보드 사이에 주고받는 데이터는 '터미널terminal'을 통해 확인할 수 있으며, 아두이노 IDE에 포함된 '시리얼 모니터'가 터미널의 한 종류다.

아두이노에서 컴퓨터로 데이터를 전송하고 컴퓨터에서 시리얼 모니터로 출력하여 확인하는 예제를 살펴보자. '파일 ➡ 예제 ➡ 04.Communication ➡ ASCIITable' 메뉴 항목을 선택한다. ASCIITable 예제는 아스키 코드 문자들을 다양한 형식으로 시리얼 모니터로 출력하는 스케치다. 툴바의 '업로드' 버튼, '스케치 ➡ 업로드' 메뉴 항목 또는 Ctrl + U 단축키를 눌러 스케치를 업로드한다. 툴바의 가장 오른쪽에 있는 '시리얼 모니터' 버튼, '도구 ➡ 시리얼 모니터' 메뉴 항목 또는 Ctrl + Shift + M 단축키를 선택하면 아두이노 IDE의 아래쪽에 시리얼 모니터가 나타나고, ASCIITable 스케치의 실행 결과인 아스키 문자와 그에 해당하는 아스키 코드 값이 여러 가지 진법으로 표시되는 것을 확인할 수 있다.

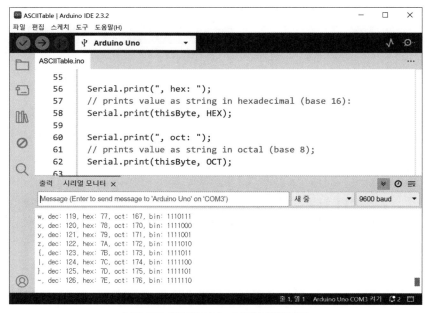

그림 1.15 **ASCIITable 스케치 실행 결과**

시리얼 모니터는 크게 위쪽의 입력 부분과 아래쪽의 출력 부분으로 나눌 수 있으며, 이 외에 몇 가지 옵션을 설정할 수 있는 버튼과 펼침 메뉴가 포함되어 있다. 입력 부분은 컴퓨터에서 아두이노 보드로 보낼 문자열 데이터를 입력하는 부분이고, 출력 부분은 아두이노 보드에서 컴퓨터로 보낸 데이터를 표시하는 부분이다. 옵션 중에서 가장 중요한 부분은 통신 속도인 보율baud rate로,

스케치에서 지정한 속도와 시리얼 모니터에서 선택한 속도가 같아야만 정상적인 데이터 송수신이 가능하다. 아두이노에서는 흔히 9,600보율이 사용된다. 자세한 아두이노 IDE의 기능과 사용 방법은 4장 '아두이노 IDE'에서 다룬다.

스케치 구조

앞에서 아두이노 보드에 스케치를 업로드하고 실행 결과를 확인하는 방법까지 살펴봤다. 마지막으로 살펴볼 내용은 스케치의 독특한 구조다. 아두이노 스케치는 C/C++ 언어를 사용하여 만들어지며, C/C++ 언어에서는 프로그램의 시작점으로 제일 먼저 실행되는 **main** 함수가 필요하다. 하지만 그림 1.7과 그림 1.10의 스케치에서는 **main** 함수를 찾아볼 수 없으며 **setup**과 **loop**라는 2개의 함수만이 있다.

마이크로컨트롤러에는 데스크톱 컴퓨터와 달리 하나의 프로그램만 설치할 수 있고, 설치된 프로그램은 전원이 주어지는 동안 끝나지 않는 무한 루프(메인 루프 또는 이벤트 루프)를 통해 반복적으로 작업을 수행한다. 이 외에도 필요한 헤더 파일을 포함하거나 상수를 정의하는 등의 전처리 부분, 마이크로컨트롤러를 설정하는 초기화 부분 등이 필요하다. 필요한 부분을 **main** 함수와 함께 나타내면 마이크로컨트롤러를 위한 코드는 그림 1.16과 같은 구조를 갖는다.

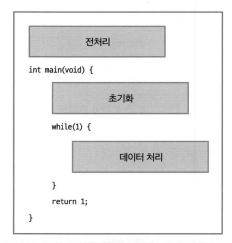

그림 1.16 마이크로컨트롤러를 위한 프로그램의 구조

아두이노의 스케치는 그림 1.16에 나타난 프로그램의 구조를 좀 더 직관적으로 이해할 수 있도록 스케치가 시작될 때 한 번만 실행되어 초기화를 담당하는 setup 함수, 반복적인 데이터 처리를 담당하는 loop 함수로 분리하여 구현하고 있다.

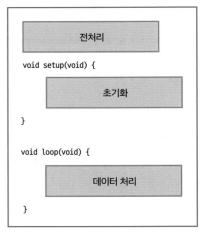

그림 1.17 아두이노를 위한 스케치의 구조

스케치의 실행 흐름은 그림 1.18과 같이 시작만 있고 끝이 없는 흐름도로 나타낼 수 있으며, 이는 그림 1.16과 그림 1.17의 구조에서 모두 같다.

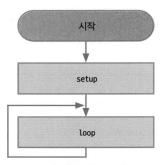

그림 1.18 스케치의 흐름도

아두이노를 위한 스케치에는 main 함수가 보이지 않아 아두이노를 위한 별도의 프로그래밍 언어가 있다는 오해를 할 수 있지만 이는 사실이 아니다. 아두이노를 위한 스케치는 C/C++ 언어를 사용하며, 직관적이고 쉬운 프로그래밍을 위해 **main 함수 대신 미리 정의된 함수를 사용하도록 하고 main 함수를 숨겨두고 있을 뿐 내용이 바뀐 것이 아니다.** 실제로 그림 1.16과 같이 main 함수를 사용하여 스케치를 작성하는 것도 가능하며 이 경우에도 컴파일과 실행에 아무런 문제는 없다.

1.5 맺는말

아두이노는 비전공자들이 쉽게 제어 장치를 만들 수 있도록 해주는 마이크로컨트롤러 플랫폼으로, 표준화되어 쉽게 확장할 수 있는 아두이노 보드와, 간단하고 직관적인 프로그래밍을 가능하게 해주는 아두이노 IDE로 이루어져 있다. C/C++ 언어를 배울 때 가장 먼저 접하는 프로그램이 'Hello World'라면, 아두이노를 배울 때 가장 먼저 접하는 스케치는 블링크다. 앞에서 살펴본 것처럼 아두이노를 사용하면 마이크로컨트롤러를 처음 접하더라도 5분이면 LED를 깜빡이게 할 수 있다. 하지만 아두이노는 비전공자만을 위한 도구가 아니며 산업 현장에서도 아두이노를 기반으로 하는 제품이 사용되고 있고, 인공지능과 사물인터넷 등의 분야에 적용할 수 있는 아두이노 보드가 존재한다는 점은 아두이노가 다양한 분야에서 사용될 수 있다는 점을 보여준다.

아두이노에는 다양한 보드가 존재하며 그중 아두이노 우노는 아두이노의 기본 보드로 가장 많이 사용되고 있다. 아두이노 우노 R3는 8비트 AVR 시리즈 마이크로컨트롤러를 사용하므로 간단한 제어 장치를 만든다는 아두이노의 철학에 적합하지만, 인공지능과 사물인터넷 분야에 적용하기에는 어려운 것이 사실이었다. 하지만 아두이노 우노 R4가 출시되면서 아두이노 우노라는 대표 보드를 최신 응용 분야에서도 사용할 수 있게 되었다. 아두이노 우노 R4는 이전 아두이노 우노 R3와 완벽하게 호환되므로 이전에 출시된 고성능 아두이노 보드와 달리 아두이노 우노 R3를 대체할 수 있고, 따라서 아두이노 우노가 아두이노를 대표하는 이름으로 남을 수 있다는 점이 아두이노 우노 R4가 갖는 의미라고 하겠다. 이 장에서는 아두이노 우노 R3를 중심으로 아두이노 하드웨어와 소프트웨어 특징을 살펴봤다. 다음 장에서는 아두이노 보드의 핵심이라고 할 수 있는 마이크로컨트롤러에 대해 알아본다.

1 아두이노는 다른 마이크로컨트롤러 보드보다 쉽게 사용할 수 있다는 것이 장점 중 하나다. 하지만 아두이노 역시 완벽하지는 않다. 아두이노를 활용하기 위해서는 아두이노의 한계를 명확히 이해하고 아두이노로 할 수 있는 일과 할 수 없는 일을 구분하는 것이 무엇보다 중요하다. 아두이노의 단점과 한계는 무엇인지 생각해 보자.

2 아두이노를 위한 스케치는 C/C++ 언어를 사용하여 작성한다. 하지만 마이크로컨트롤러를 위한 프로그램 작성에는 C/C++ 이외의 프로그래밍 언어도 사용된다. 마이크로컨트롤러 프로그래밍에 사용되는 프로그래밍 언어의 종류와 특징을 살펴보고 아두이노에서 C/C++ 언어를 사용하는 이유를 생각해 보자.

3 아두이노 보드는 크게 8비트의 AVR 시리즈 마이크로컨트롤러를 사용하는 보드와 32비트의 Cortex-M 시리즈 마이크로컨트롤러를 사용하는 보드로 나눌 수 있다. 두 그룹의 아두이노 보드를 비교해 보고 32비트 아두이노 보드의 장단점을 생각해 보자.

마이크로컨트롤러

마이크로프로세서가 중앙 처리 장치를 하나의 칩으로 만든 것이라면, 마이크로컨트롤러는 마이크로프로세서의 한 종류로, 간단한 제어 장치를 만드는 데 사용되는 사양이 낮은 컴퓨터를 말한다. 이 장에서는 아두이노 보드의 핵심이라 할 수 있는 마이크로컨트롤러의 구조와 동작 방식, 마이크로컨트롤러를 위한 프로그램을 작성하는 방법 등 마이크로컨트롤러와 아두이노를 이해하는 데 필요한 내용을 살펴본다.

이 장에서
사용할 부품

아두이노 우노 R3 × 1

아두이노 우노 R4 × 1 ➡ 미니마 또는 와이파이

2.1 마이크로프로세서와 마이크로컨트롤러

아두이노는 비전공자들이 간단한 제어 장치를 쉽고 빠르게 만들 수 있도록 해주는 마이크로컨트롤러 플랫폼이다. 아두이노라는 단어에는 많은 것이 포함되어 있지만, 이 장에서는 아두이노의 하드웨어인 아두이노 보드, 그중에서도 핵심이라 할 수 있는 마이크로컨트롤러에 대해 이야기한다.

아두이노 보드에서 마이크로컨트롤러가 핵심적인 부분인 것은 사실이지만, 아두이노에서 마이크로컨트롤러에 관한 이야기를 대부분 생략하는 이유는 아두이노가 비전공자를 위한 플랫폼으로 시작되었기 때문이다. 아두이노는 마이크로컨트롤러와 관련된 많은 것을 숨기고 아두이노 보드에 주변 장치를 연결한 후 라이브러리를 사용하여 간단하게 제어 장치를 만들 수 있도록 해줌으로써 쉽고 간단한 마이크로컨트롤러 플랫폼으로 안착하는 데 성공했다. 그런데도 이 장에서 마이크로컨트롤러에 관해 이야기하는 이유는 아두이노 보드에서 마이크로컨트롤러는 가장 중요한 부분이며, 마이크로컨트롤러를 이해하는 것은 아두이노 보드를 이해하고 아두이노 보드를 위한 스케치를 작성하는 데 밑거름이 되기 때문이다.

마이크로컨트롤러는 아두이노 보드에서 핵심적인 기능을 담당한다. 아두이노 보드를 마이크로컨트롤러라고 부르는 경우가 있지만, 엄밀히 말해 이는 잘못된 것이다. 마이크로컨트롤러는 '칩 위의 컴퓨터'로, 하나의 칩 위에 컴퓨터가 갖는 기능 대부분을 구현해 놓은 것이다. 그다지 컴퓨터와 닮아 보이지 않겠지만 **마이크로컨트롤러는 컴퓨터와 같은 구성을 가지고 컴퓨터와 같은 방식으로 동작한다.**

마이크로컨트롤러는 컴퓨터의 한 종류이므로 마이크로컨트롤러를 이해하기 위해서는 일반적인 컴퓨터의 구조를 이해하는 것이 도움이 된다. 컴퓨터는 연산의 핵심이 되는 중앙 처리 장치Central Processing Unit, CPU, 데이터 입출력을 위한 입출력 장치, 데이터 저장을 위한 주기억 장치 및 보조기억 장치 등으로 구성된다.

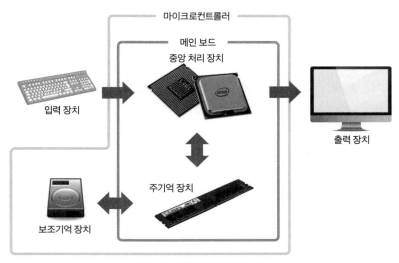

그림 2.1 컴퓨터의 구성요소

집적회로 기술의 발달에 힘입어 컴퓨터의 중앙 처리 장치는 하나의 칩으로 만들 수 있게 되었고, 컴퓨터의 **중앙 처리 장치를 하나의 IC**Integrated Circuit **칩으로 만든 반도체 소자를 마이크로프로세서**microprocessor라고 한다. 마이크로프로세서는 인텔Intel에서 1971년 발표한 4비트의 4004에서 시작되었고 이후 비약적으로 성능이 개선되었다. 4004의 경우 약 2,300개의 트랜지스터가 사용되었으나 인텔의 최신 마이크로프로세서에는 40억 개 이상의 트랜지스터가 사용되고 있다는 점은 이러한 성능 개선을 보여주는 단적인 예라 할 수 있다. 현재 사용되고 있는 중앙 처리 장치 대부분은 마이크로프로세서로 만들어지지만, 마이크로프로세서는 중앙 처리 장치의 여러 형태 중 한 가지라는 점도 기억해야 한다.

마이크로컨트롤러는 하나의 칩에 중앙 처리 장치뿐만 아니라 일정 용량의 메모리와 입출력 인터페이스까지 내장한 마이크로프로세서를 말한다. 마이크로컨트롤러는 그림 2.1에서 메인 보드에 해당하는 기능과 프로그램 설치를 위한 보조기억 장치의 기능을 하나의 칩으로 구현한 것으로, 컴퓨터 본체에 해당한다. 마이크로컨트롤러는 컴퓨터가 가져야 할 기능을 하나의 칩 안에 포함하고 있으므로 '단일 칩 컴퓨터' 또는 '마이크로컴퓨터'라고도 부른다. '마이크로컨트롤러'라는 단어는 '마이크로 + 컨트롤러'로 이루어져 있다. '마이크로'는 작다는 뜻으로, 하나의 칩으로 만들어져 있어 작고 가벼움을 의미한다. '컨트롤러'는 제어 장치를 뜻하며, 마이크로컨트롤러가 제어 장치를 만들기 위한 핵심 부품으로 사용된다는 의미다. 즉, **마이크로컨트롤러는 작고 간단한 제어 장치를 만드는 데 사용하는 마이크로프로세서의 한 종류다.**

이 책에서 사용하는 아두이노 우노 R3는 AVR 시리즈 마이크로컨트롤러를, 아두이노 우노 R4는 Cortex-M 시리즈 마이크로컨트롤러를 사용한다. 이러한 마이크로컨트롤러에는 RISC 구조와 하버드 구조를 사용하는 CPU가 포함되어 있다. 반면 데스크톱 컴퓨터에 사용되는 인텔의 최신 마이크로프로세서는 CISC 구조와 폰노이만 구조를 사용하는 경우가 많다. 최신 마이크로프로세서가 64비트인 점을 제외하더라도 마이크로프로세서와 마이크로컨트롤러는 RISC와 CISC, 하버드와 폰노이만이라는 차이가 있다. 따라서 이들의 차이를 이해하는 것은 마이크로컨트롤러뿐만 아니라 마이크로프로세서를 이해하는 데도 도움이 된다. 하지만 모든 마이크로프로세서가 CISC와 폰노이만 구조를, 모든 마이크로컨트롤러가 RISC와 하버드 구조를 사용하는 것은 아니다.

2.2.1 CISC와 RISC

아두이노 보드에 사용된 마이크로컨트롤러에는 RISC_{Reduced Instruction Set Computer} 구조를 사용하는 CPU가 포함되어 있고, 데스크톱 컴퓨터에 흔히 사용되는 인텔의 CPU는 CISC_{Complex Instruction Set Computer} 구조를 사용한다. **CISC와 RISC의 가장 큰 차이는 CPU에서 지원하는 명령어 개수에 있다.** CPU에서 지원하는 명령어란 어셈블리어_{assembly language} 수준의 명령어로 전용 하드웨어로 처리되는 명령어를 말한다. 하드웨어로 처리되는 명령어에는 산술 연산, 논리 연산, 분기, 메모리 읽기와 쓰기 등이 포함된다. CPU의 발전과 더불어 CPU에서 처리할 수 있는 명령어의 개수는 점차 증가했다. 명령어 개수의 증가는 명령어 처리를 위한 하드웨어의 추가로 이어지고 이에 따라 CPU는 점점 복잡한 구조를 갖게 되었으며, 복잡한 하드웨어는 CPU의 기능과 성능을 방해하는 요인이 된다. 이러한 문제를 해결하려는 시도 중 하나가 CPU에서 지원하는 명령어의 개수를 줄이는 것으로, **CISC 구조에서 사용하는 명령어 중 자주 사용되는 간단한 명령어만을 사용하는 것이 RISC 구조다.**

RISC 구조는 CISC 구조의 CPU에서 지원하는 명령어 중 20% 정도가 프로그램에서 80% 이상의 일을 처리한다는 사실이 증명되면서 1970년대부터 연구되기 시작했다. 명령어 개수를 줄이면 CPU 구조는 단순해지고 처리 속도를 높일 수 있다. 복잡한 명령 처리를 위해서는 많은 수의 간단한 명령을 처리해야 하지만 80%의 일을 더 빨리 처리한다면 나머지 20% 처리에 긴 시간이 걸린다고 해도 전체적으로는 비슷하거나 더 빠른 속도로 명령을 처리할 수 있다.

RISC 구조에서 한 가지 문제점은 CISC 구조에서 하나의 명령어로 처리할 수 있는 작업이 RISC 구조에서는 여러 개의 명령어로 처리해야 할 수 있고 따라서 복잡한 명령어를 간단한 명령어 집합으로 나누는 작업이 필요하다는 점이다. RISC 구조에서는 이러한 명령어 분해 작업을 컴파일러가 담당한다. 즉, **CISC 구조는 복잡한 명령을 하드웨어가 처리하는 반면, RISC 구조는 소프트웨어가 처리하므로 RISC 구조에서 소프트웨어의 역할이 더 크다.**

명령어의 개수 이외에 각각의 명령을 실행하는 시간에서도 CISC와 RISC 구조 사이에 차이가 있다. CISC 구조에서는 간단한 명령과 복잡한 명령이 있고 이러한 명령을 실행하는 시간은 각기 다를 수 있다. 반면 RISC 구조에서 명령은 실행 시간이 같은 간단한 명령만으로 구성되어 있다. 모든 명령이 실행되는 속도가 같으면 효율적인 명령 처리가 가능해진다. CPU에서 명령어를 실행하는 과정은 명령어를 읽고fetch, 해석하고decode, 연산을 수행한 후execute, 결과를 쓰는write-back 4단계로 나눌 수 있다. 명령어가 실행되는 각 단계 역시 같은 시간에 실행된다면 여러 명령의 실행 단계가 중첩되도록 배치하여 명령의 처리 효율을 높일 수 있다. 즉, 첫 번째 명령을 읽어 해석하는 동안 두 번째 명령을 읽어 들이는 것이 가능하며 이러한 기법 중 하나가 파이프라인pipeline이다. 하지만 CISC 구조의 명령어는 명령어와 각 단계의 실행 시간이 서로 달라 명령어를 중첩하기가 쉽지 않다.

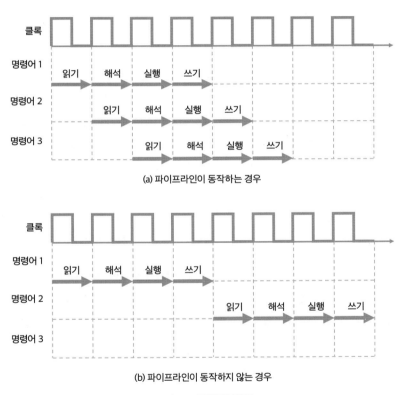

(a) 파이프라인이 동작하는 경우

(b) 파이프라인이 동작하지 않는 경우

그림 2.2 **명령어 처리**

표 2.1은 CISC와 RISC 구조의 특징을 비교한 것이다. 하지만 최근에 출시되는 CPU는 CISC나 RISC 구조만 사용하는 경우는 없으며 서로의 장점을 채택하고 있으므로 CISC 구조와 RISC 구조의 구분이 모호해지고 있는 것도 사실이다.

표 2.1 CISC 구조와 RISC 구조의 특징

항목	CISC	RISC
명령어 개수	많음	적음
프로그램 크기	작음	큼
하드웨어 복잡도	높음	낮음
소프트웨어(컴파일러) 복잡도	낮음	높음
명령어당 클록 수	가변	고정
전력 소모	많음	적음
호환성	높음	낮음
대표적인 CPU 제조사	인텔	ARM

2.1.2 폰노이만과 하버드 구조

마이크로컨트롤러와 마이크로프로세서의 또 다른 차이점 중 하나는 마이크로컨트롤러가 하버드 구조를 채택하고 있다면 마이크로프로세서는 폰노이만 구조를 채택하고 있다는 점이다. 폰노이만 구조는 존 폰노이만John von Neumann이 제창한 '내장 메모리 순차처리 방식'을 적용한 구조를 말한다. **폰노이만 구조는 연산을 수행하는 CPU와 CPU에서 처리할 명령어를 저장하는 메모리를 기본으로 한다.** 컴퓨터에서 프로그램은 보조기억 장치에 설치된다. 설치된 프로그램은 먼저 컴퓨터의 메인 메모리에 저장되고 메인 메모리에 저장된 프로그램은 CPU로 옮겨진 후 실행된다. 이처럼 프로그램은 먼저 메모리에 저장된 후 실행되므로 '내장 메모리 방식'이라고 하고, 메모리에 저장된 프로그램의 명령어를 CPU로 한 번에 하나씩 가져와 실행하므로 '순차처리 방식'이라고 한다.

폰노이만 구조는 간단하다. **폰노이만 구조는 프로그램 실행에 필요한 모든 내용을 유일한 메모리인 메인 메모리에 저장한다.** 프로그램 실행에 필요한 내용에는 명령어의 집합은 물론 프로그램이 실행되는 동안 만들어지는 데이터 역시 포함된다. 폰노이만 구조에서 프로그램과 데이터를 모두 같은 메모리에 저장한다는 것에 문제가 없어 보이지만, 프로그램이 실행되는 동안 메모리의 내용을 읽고 써야 한다는 점에서, 그리고 메모리의 내용을 읽고 쓰는 시간은 CPU 내에서 연산이 이루어지는 시간에 비해 오래 걸린다는 점에서 문제가 시작된다. 명령어를 실행하는 과정에서 빈번한 메모리 읽기 쓰기가 필요하면 CPU와 메모리 사이에 정보를 교환하는 시간이 길어지고, 메모리와 정보를 교환하는 동안 CPU는 연산을 수행하지 못하는 유휴idle 상태에 놓이게 된다. 이처럼 **시스템의 성능이 상대적으로 속도가 느린 메모리 속도에 의해 제한되는 현상을 병목 현상이라고 한다.**

병목 현상을 개선하기 위해 제안된 방법 중 하나가 프로그램과 데이터를 분리해서 저장하는 방법으로 이를 하버드 구조라고 한다. **폰노이만 구조에서는 하나의 메모리에 프로그램과 데이터를 저장**하므로 명령어를 실행하기 위해 여러 번에 걸쳐 메모리 읽기를 수행해야 하며 이는 하버드 구조에서도 같다. 하지만 **하버드 구조에서는 프로그램과 데이터를 서로 다른 메모리에 분리하여 저장**하므로 명령어와 데이터를 동시에 읽어올 수 있어 메모리를 읽는 횟수는 같아도 메모리를 읽는 데 필요한 시간을 줄일 수 있다. 물론 2개의 메모리를 제어해야 하는 만큼 CPU 구조는 복잡해질 수 있다. 하버드 구조에서 명령어가 저장되는 메모리를 프로그램 메모리program memory라고 하고, 데이터가 저장되는 메모리를 데이터 메모리data memory라고 한다. 마이크로프로세서에서 유일한 메모리는 일반적으로 DRAMDynamic RAM을 사용한다. 반면 마이크로컨트롤러의 경우 프로그램 메모리는 플래시 메모리를, 데이터 메모리는 SRAMStatic RAM을 사용한다는 점도 차이점이라고 할 수 있다.

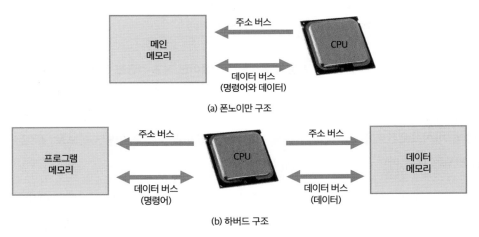

그림 2.3 **폰노이만 구조와 하버드 구조**

2.2 마이크로컨트롤러의 용도

웹 브라우저를 실행하여 온라인 뉴스를 읽고, 음악을 듣고, 문서를 작성하고, 게임을 하는 데는 컴퓨터, 정확히는 데스크톱 컴퓨터가 사용된다. **마이크로컨트롤러 역시 컴퓨터의 한 종류이기는 하지만 데스크톱 컴퓨터를 대체하기 위해 만들어진 것은 아니다.** 데스크톱 컴퓨터 대신 사용하기에 마이크로컨트롤러는 너무 느리고 메모리도 충분하지 않다. 아두이노 우노 R3에 사용된 마이크로컨트롤러인 ATmega328의 CPU와 이 글을 쓰고 있는 컴퓨터의 CPU를 비교하면 실행 속도(클록)는 약 230분의 1이고, CPU의 비트 수와 코어 개수까지 생각하면 성능은 그보다 더 큰 차이가 난다. 또한 주기억 장치의 크기는 2^{25}분의 1, 보조기억 장치는 2^{24}분의 1에 지나지 않으므로 실행할 수 있는 프로그램의 크기와 저장할 수 있는 데이터에 큰 차이가 있다.

표 2.2 ATmega328과 데스크톱 컴퓨터의 비교

항목	마이크로컨트롤러	데스크톱 컴퓨터
CPU	ATmega328	Intel Core i9
비트	8	64
주기억 장치	2kByte(SRAM)	64GByte(DRAM)
보조기억 장치	32kByte(플래시 메모리)	512GByte(SSD)
클록	16MHz(단일 코어)	3.7GHz(10 코어)

마이크로컨트롤러는 특수한 환경에서 사용할 목적으로 만들어진 작고 간단한 컴퓨터다. 컴퓨터와 비교했을 때 마이크로컨트롤러의 장점 중 하나는 저렴한 가격에 있다. 인텔의 최신 CPU를 사용하는 데스크톱 컴퓨터와 비교했을 때 ATmega328 마이크로컨트롤러는 100분의 1 이하 가격에 구입할 수 있다. 마이크로컨트롤러로 최신 게임을 즐길 수는 없지만, 어두워지면 자동으로 켜지는 가로등을 만드는 데는 마이크로컨트롤러로 충분하다.

마이크로컨트롤러의 성능이 낮다고 이야기했지만, 이는 데스크톱 컴퓨터와 비교했을 때의 이야기다. 아두이노 우노에 사용된 ATmega328은 16MHz의 클록을 사용한다. 최신 CPU와 비교한다면 느린 것이 사실이지만, 1980년대 개인용 컴퓨터 보급을 이끈 AT_Advanced Technology_ 컴퓨터의 80286 CPU 클록 주파수가 6~25MHz임을 생각하면 ATmega328의 16MHz 속도는 컴퓨터라고 불러도 손색이 없다.

데스크톱 컴퓨터에 비해 낮은 성능이지만 마이크로컨트롤러를 사용할 수 있는 곳은 많다. 마이크로컨트롤러는 '작고 간단한_micro_ 제어 장치_controller_'를 만드는 데 사용할 수 있으며 실제 데스크톱 컴퓨터보다 최소 10배 이상의 마이크로컨트롤러가 사용되고 있다. 그럼에도 마이크로컨트롤러를 쉽게 발견할 수 없는 이유는 데스크톱 컴퓨터와 같은 케이스가 없기 때문이며, 마이크로컨트롤러에 케이스가 없는 이유는 다른 시스템의 일부로 포함되는 경우가 대부분이기 때문이다. 자동 점등 조명에 사용되는 마이크로컨트롤러는 조명 장치의 일부분으로 포함되어 있으며, 소비자는 조명에 관심이 있지 그 안에 포함된 마이크로컨트롤러에 관심이 있지는 않다. 이처럼 다른 시스템의 일부로 포함되는 것을 '임베디드_embedded_'되었다고 이야기하며 마이크로컨트롤러는 임베디드 시스템 영역에서 중요한 부분을 차지하고 있다.

마이크로컨트롤러의 다른 장점으로는 다양한 제품을 꼽을 수 있다. 마이크로컨트롤러 중에는 몇백 원이면 구입할 수 있는 제품이 있는가 하면 그 수백 배 가격의 마이크로컨트롤러도 존재한다. 이처럼 다양한 제품군은 사용하고자 하는 목적에 맞게 필요한 기능과 성능을 선택할 수 있는 유연성을 제공해 준다.

애초에 서로 다른 목적으로 만들어진 만큼 마이크로컨트롤러를 마이크로프로세서와 비교하는 것은 무의미하다. 하지만 마이크로컨트롤러와 마이크로프로세서가 차지하는 자리를 이해할 필요는 있다. 마이크로컨트롤러는 마이크로프로세서와 비교할 때 다음과 같은 장점이 있다.

- 제품의 소형화 및 경량화: 마이크로컨트롤러는 컴퓨터의 메인 보드에 포함된 기능 대부분을 하나의 칩으로 구현하고 있으므로 작고 가벼운 제어 장치를 만드는 데 적합하다.
- 저렴한 가격: 마이크로컨트롤러는 낮은 집적도를 가져 설계가 간단하므로 마이크로프로세서보다 가격이 저렴하다. 또한 마이크로컨트롤러에는 제어 목적에 필요한 기능 대부분이 포함되어 있으므로 제어 장치 설계 및 제작 과정이 단순해지고, 개발에 필요한 비용 및 시간을 줄일 수 있어 완성된 제품의 가격 경쟁력을 높일 수 있다.
- 신뢰성: 마이크로컨트롤러는 제어 장치 구현에 필요한 기능 대부분을 포함하고 있어 시스템을 구성할 때 필요한 부품의 수가 적으므로 고장이 적고 유지보수가 쉽다.
- 융통성: 전통적으로 제어 장치에서 필요한 기능들을 하드웨어로 구현하는 것과 달리 마이크로컨트롤러는 기능 일부를 소프트웨어로 구현하므로 기능의 변경이나 확장에 유연하게 대응할 수 있다.

그러나 마이크로컨트롤러에 장점만 있는 것은 아니다.

- 처리 능력: 마이크로컨트롤러의 처리 능력은 마이크로프로세서와 비교할 수 없는 것이 사실이다. 많은 데이터를 빨리 처리해야 한다면 마이크로컨트롤러가 아니라 마이크로프로세서를 사용해야 한다.
- 범용성: 마이크로프로세서는 운영체제를 통해 여러 개의 프로그램을 설치하고 선택해서 실행할 수 있다. 하지만 마이크로컨트롤러는 특정 작업을 위한 하나의 프로그램만을 설치하고 실행할 수 있다.

마이크로컨트롤러는 전용의 간단한 제어 장치를 만드는 데 사용할 수 있다. 천 원짜리 마이크로컨트롤러에서 백만 원짜리 컴퓨터의 성능을 기대하지 않는다면 마이크로컨트롤러를 사용할 수 있는 곳은 많으며, 실제 마이크로컨트롤러가 사용된 예를 어렵지 않게 찾아볼 수 있다. 표 2.3은 마이크로컨트롤러가 실생활에서 사용되고 있는 예를 나타낸 것으로, 이보다 훨씬 많은 예를 어렵지 않게 찾아볼 수 있다.

표 2.3 마이크로컨트롤러 사용 예

분야	예
의료	의료기 제어, 자동 심박계
교통	신호등 제어, 주차장 관리, 교통 정보 게시
감시	출입자/침입자 감시, 산불 감시
가전	에어컨, 세탁기, 전자레인지
음향	CD 플레이어, 전자 타이머
사무	복사기, 유무선 전화기, 프린터
자동차	엔진 제어, 변속기 제어, 충돌 방지
기타	게임기, 전자시계, 차고 개폐 장치

2.3 스케치 작성 환경

마이크로컨트롤러는 컴퓨터의 한 종류다. 따라서 데스크톱 컴퓨터와 마찬가지로 마이크로컨트롤러로 어떤 작업을 하려면 그에 맞는 프로그램이 필요하다. 데스크톱 컴퓨터에서 실행되는 프로그램을 작성하기 위해서는 먼저 프로그램 작성을 위해 통합개발환경을 설치하고, 코드를 입력한 후, 코드를 컴파일하여 실행 파일을 만들어 내는 과정을 거친다. 이 과정에서 코드 작성과 확인을 위해 키보드와 모니터가 필요할 것이다.

마이크로컨트롤러에는 키보드와 모니터를 연결할 수 없는 경우가 대부분이며, 연결할 수 있다고 하더라도 프로그램 작성을 위한 통합개발환경을 설치할 메모리가 충분하지 않다. ATmega328 마이크로컨트롤러에 프로그램을 설치할 수 있는 플래시 메모리는 32kB에 불과하므로 통합개발환경을 설치하는 것은 불가능하다. 따라서 마이크로컨트롤러를 위한 프로그램은 데스크톱 컴퓨터에서 개발하고 실행 파일만을 마이크로컨트롤러로 업로드하여 설치하는 과정을 거친다. 이처럼 **프로그램이 개발되는 환경**(개발 시스템, 데스크톱 컴퓨터)**과 프로그램이 실행되는 환경**(목적 시스템, 마이크로컨트롤러)이 서로 다른 경우를 교차 개발환경cross development environment이라고 한다.

교차 컴파일러가 설치된
개발 시스템

개발된 기계어 파일을
업로드

개발된 프로그램이 실행될
목적 시스템

그림 2.4 교차 개발환경

교차 개발이 가능하기 위해서는 개발 시스템에서 동작하면서 목적 시스템에서 실행할 수 있는 기계어 파일 (또는 실행 파일)을 생성하는 **교차 컴파일러**cross compiler**와 생성된 기계어 파일을 목적 시스템에 설치하는 방법이 필요하다.** 마이크로컨트롤러에 따라 교차 컴파일러의 종류는 달라져야 하며 이는 마이크로컨트롤러를 위한 통합개발환경에 포함되어 있다. 아두이노를 위한 통합개발환경에서는 서로 다른 마이크로컨트롤러를 사용하는 아두이노 보드를 위해 여러 개의 교차 컴파일러를 사용한다면, 데스크톱 컴퓨터를 위한 프로그램 개발에서는 하나의 컴파일러면 충분하다는 점에서도 차이가 있다.

교차 컴파일러로 기계어 파일이 생성되면 이를 마이크로컨트롤러로 옮겨 설치하는 과정이 필요하다. 이는 **시리얼 통신을 사용하여 개발 시스템에서 목적 시스템으로 기계어 파일을 전송함으로써 이루어지며 이를 '업로드'라고 한다.** 업로드 방법은 마이크로컨트롤러에 따라 약간씩 차이가 있지만, 아두이노에서는 시리얼 통신과 부트로더bootloader를 사용하여 업로드하는 방법이 주로 사용되며 간단히 시리얼 방식이라고 한다. 이 책에서도 시리얼 방식 업로드를 사용한다.

시리얼 방식을 사용하기 위해 아두이노 보드는 USB 연결을 통해 컴퓨터와 연결된다. 하지만 마이크로컨트롤러에서 사용하는 시리얼 통신은 여러 가지다. **아두이노 우노 R3에 스케치를 업로드할 때는 UART 통신이 사용되고, 아두이노 우노 R4에 스케치를 업로드할 때는 USB 통신이 사용된다.** 아두이노 우노 R4는 USB 통신을 사용하므로 컴퓨터와 직접 연결하는 데 문제가 없다. 반면 아두이노 우노 R3는 UART 통신을 사용하므로 직접 연결할 수 없고, 컴퓨터 쪽의 USB와 ATmega328 마이크로컨트롤러 쪽의 UART를 상호 변환하는 장치를 거쳐 연결해야 한다. 하지만 아두이노 우노 R3에는 USB-UART 변환을 위해 ATmega16u2 마이크로컨트롤러가 포함되어 있으므로 아두이노 우노 R4와 마찬가지로 컴퓨터와는 USB 케이블로 연결하기만 하면 된다.

아두이노 우노 R3의 ATmega16u2 마이크로컨트롤러가 스케치 업로드에 사용되지 않을 때는 컴퓨터와 ATmega328 마이크로컨트롤러 사이의 데이터 교환을 위해서도 사용되며 이 경우 역시 컴퓨터 쪽은 USB, ATmega328 마이크로컨트롤러 쪽은 UART 통신이 사용된다. 스케치를 업로드 하는 경우와 기본적으로 같지만, **스케치를 업로드하는 경우에는 부트로더가 동작하고 일반적인 데이 터 교환에서는 부트로더가 동작하지 않는다**는 차이가 있다. 이는 아두이노 우노 R4 역시 마찬가지 다. 컴퓨터와 RA4M1 마이크로컨트롤러 사이의 USB 연결은 스케치를 업로드하거나 데이터를 교 환하기 위해 사용할 수 있으며, 두 경우 역시 부트로더의 동작 여부에서 차이가 있다.

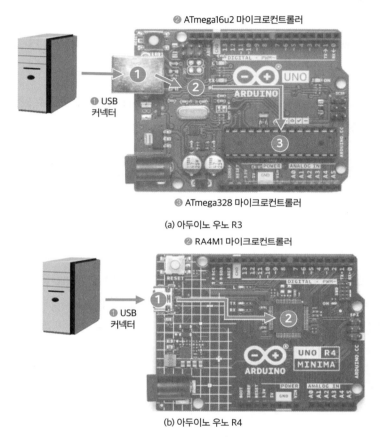

(a) 아두이노 우노 R3

(b) 아두이노 우노 R4

그림 2.5 스케치 업로드 흐름

시리얼 방식 업로드에서 중요한 역할을 하는 것 중 하나가 부트로더다. 부트로더는 프로그램의 한 종류이지만 'boot + loader'라는 이름에서 알 수 있듯이 **마이크로컨트롤러가 동작을 시작하는(부팅) 시점에서 실행 파일을 설치하는 특별한 프로그램이다.** 부트로더는 마이크로컨트롤러가 부팅되는 시점 에서만 동작하므로 스케치 업로드는 마이크로컨트롤러를 부팅함으로써 시작된다. 부트로더는 아 두이노 보드에 설치된 상태로 판매되지만, 여러 가지 이유로 부트로더가 손상되었거나 아두이노 호환 보드를 제작할 때는 부트로더를 마이크로컨트롤러에 직접 설치해야 하며 이를 부트로더를 굽는다burn고 이야기한다. 부트로더를 설치하기 위해서는 아두이노 보드에 포함되어 있지 않은 전용 장치가 필요하며 이는 사용하는 마이크로컨트롤러에 따라 다를 수 있다.

2.4 마이크로컨트롤러의 메모리

데스크톱 컴퓨터에서 메모리는 흔히 메인 메모리라고 이야기하는 주기억 장치를 가리킨다. 하지만 메인 메모리만으로는 데스크톱 컴퓨터가 동작할 수 없는 이유는 메인 메모리가 휘발성이어서 전원 공급이 중단되면 저장된 내용이 모두 사라지기 때문이다. 따라서 프로그램을 설치하고 데이터를 저장하기 위한 보조기억 장치가 필요하다. 마이크로컨트롤러 역시 컴퓨터의 일종이므로 주기억 장치와 보조기억 장치가 필요하다. **아두이노 우노에 사용되는 ATmeg328 마이크로컨트롤러에는 SRAM, 플래시 메모리, EEPROM**Electrically Erasable Programmable ROM**이라는 세 종류의 메모리가 포함되어 있다.** 이 중 EEPROM은 프로그램 실행 중에 임의로 값을 바꿀 수 있는 유일한 메모리로, 실행 옵션이나 작은 크기의 데이터를 저장하는 용도로 사용된다. 하지만 모든 마이크로컨트롤러에 EEPROM이 포함된 것은 아니며 대부분의 Cortex-M 시리즈 마이크로컨트롤러에는 EEPROM이 포함되어 있지 않다. 하지만 프로그램 실행 중 임의로 값을 바꿀 수 있다는 특징은 제어 장치를 만드는 데 유용하므로 EEPROM이 포함되지 않은 경우에도 다른 방법으로 자유롭게 읽고 쓸 수 있는 메모리를 제공한다. 아두이노 우노 R4에 사용된 RA4M1 마이크로컨트롤러 역시 EEPROM은 없지만, EEPROM의 기능을 할 수 있는 별도의 플래시 메모리가 포함되어 있으며 이를 데이터 플래시 메모리라고 한다. 즉, **RA4M1 마이크로컨트롤러에는 SRAM, (코드) 플래시 메모리, 데이터 플래시 메모리라는 세 종류의 메모리가 포함되어 있다.**

데스크톱 컴퓨터의 메인 메모리와 보조기억 장치 기능을 마이크로컨트롤러에서는 세 종류의 메모리가 담당하는 것에서 알 수 있듯이 데스크톱 컴퓨터의 메모리와 마이크로컨트롤러의 메모리는 일대일로 대응되지 않는다. 이러한 차이는 데스크톱 컴퓨터의 CPU가 폰노이만 구조를, 마이크로컨트롤러의 CPU가 하버드 구조를 사용하는 것에서 출발한다.

데스크톱 컴퓨터에서 아두이노 IDE를 실행하기 위해서는 먼저 아두이노 IDE를 설치해야 하며 아두이노 IDE는 보조기억 장치에 설치된다. 설치가 끝나면 아이콘을 더블클릭하여 아두이노 IDE를 실행할 수 있다. 아두이노 IDE가 실행되면 보조기억 장치에 설치된 프로그램은 메인 메모리에 적재되고 메인 메모리에 적재된 프로그램은 다시 CPU 내의 레지스터로 옮겨진 후 실행된다.

마이크로컨트롤러에서 프로그램이 실행되는 과정은 데스크톱 컴퓨터와 기본적으로 같지만, 거쳐 가는 메모리에 차이가 있다. 프로그램을 실행하기 이전에 프로그램을 설치해야 하는 것은 데스크톱 컴퓨터와 같다. 하지만 마이크로컨트롤러에 컴퓨터와 같은 보조기억 장치는 없다. 그렇다면 어디에 프로그램이 설치될까? **하버드 구조에서는 두 종류의 메모리가 사용되고 이 중 프로그램이 설치되는 메모리를 프로그램 메모리라고 한다. 마이크로컨트롤러의 프로그램 메모리는 비휘발성의 플래시 메모리로 만들어져 있으며 데스크톱 컴퓨터의 보조기억 장치 역할을 한다.**

데스크톱 컴퓨터에서 프로그램을 실행하기 위해서는 프로그램을 메인 메모리로 옮겨와야 하지만, 마이크로컨트롤러는 프로그램 메모리에서 바로 CPU로 옮겨 실행할 수 있다. 프로그램이 실행되는 동안 바뀌는 데이터 역시 데스크톱 컴퓨터에서는 메인 메모리에 저장하며, 이는 프로그램과 데이터가 모두 메인 메모리에 저장하는 폰노이만 구조를 사용하기 때문이다. 하지만 **마이크로컨트롤러에서 변숫값이 저장되는 곳은 데이터 메모리이며, 데이터 메모리는 SRAM으로 만들어진다.** 플래시 메모리에 데이터를 저장할 수 없는 이유는 플래시 메모리에 저장된 값은 프로그램이 실행 중인 동안에는 변경할 수 없기 때문이다.

컴퓨터에서 프로그램을 실행하면서 실행 결과를 보조기억 장치에 기록하여 다음번 실행 시에 이전 실행 결과를 참조하는 경우가 종종 있다. 워드프로세서를 사용할 때 이전에 열어본 문서 목록이 메뉴에 추가되는 것이 그 예로, 보조기억 장치의 어딘가에 이전에 편집한 문서의 목록이 저장되어 있어 워드프로세서 프로그램에서 이를 읽어 사용하는 것이다. 마이크로컨트롤러에서 이와 유사하게 현재 상태를 기록한다고 생각해 보자. SRAM은 휘발성이므로 데이터를 저장할 수 없다. 플래시 메모리는 비휘발성이기는 하지만 프로그램이 실행 중인 동안 데이터를 기록해 둘 수 없다. **플래시 메모리에 쓰기가 가능한 경우는 프로그램을 설치하는 경우가 유일하다.** 제3의 메모리인 EEPROM/데이터 플래시 메모리가 필요한 이유가 여기에 있다.

EEPROM/데이터 플래시 메모리는 비휘발성이면서도 읽고 쓰기가 자유로운 메모리로, 프로그램이 실행 중인 동안 자유롭게 읽고 쓸 수 있고 전원 공급이 중단된 후에도 기록된 내용이 유지되므로 데이터를 기록해 두기에 적합하다. 플래시 메모리를 EEPROM이나 데이터 플래시 메모리로 대체하면 프로그램이 실행 중인 동안 자유롭게 읽고 쓸 수 있지 않을까 하는 의문이 생길 수 있지만, 플래시 메모리는 프로그램을 저장하기 위한 메모리다. 실행 중에 플래시 메모리에 쓰기가 가능하다면 프로그램 실행 중에 프로그램 자체를 바꾸는 것도 가능해지고 이는 예상하지 못한 결과로 이어질 수 있다. 즉, **프로그램 실행 중 플래시 메모리에 쓰기가 금지된 이유는 플래시 메모리이기 때문이 아니라 프로그램 메모리이기 때문이다.** EEPROM/데이터 플래시 메모리는 프로그램을 저장하는 용도가 아니라 데이터를 저장하는 용도로 제공되는 메모리이므로 프로그램 실행 중에도 자유롭게 읽고 쓸 수 있다.

그림 2.6은 데스크톱 컴퓨터와 마이크로컨트롤러에서 프로그램이 실행되는 과정을 비교한 것이다. 데스크톱 컴퓨터의 메인 메모리 기능을 담당하는 마이크로컨트롤러의 메모리는 플래시 메모리와 SRAM으로, 데스크톱 컴퓨터의 폰노이만 구조와 마이크로컨트롤러의 하버드 구조에 따른 차이다. 반면 데스크톱 컴퓨터의 보조기억 장치 기능을 담당하는 마이크로컨트롤러의 메모리는 플래시 메모리와 EEPROM/코드 플래시 메모리로, 프로그램 실행 중 쓰기가 가능한지에 따라 두 가지 메모리가 사용된다.

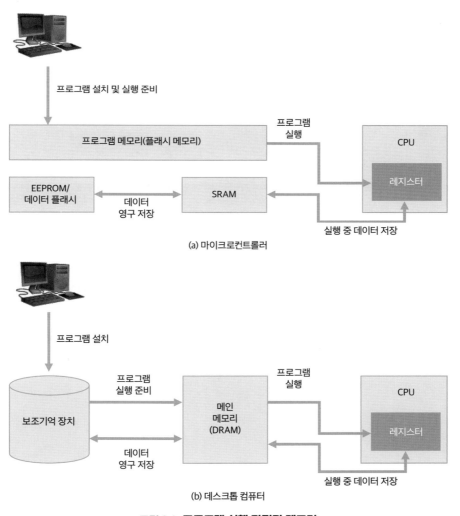

그림 2.6 **프로그램 실행 과정과 메모리**

표 2.4는 아두이노 우노 R3와 R4에 사용된 마이크로컨트롤러의 메모리를 비교한 것이다. 데스크톱 컴퓨터와 비교하면 메모리 크기가 작지만, 간단한 제어 장치를 만드는 데는 데스크톱 컴퓨터와 같이 많은 메모리가 필요하지는 않다.

표 2.4 아두이노 보드에 사용된 마이크로컨트롤러 비교

항목	아두이노 우노 R3	아두이노 우노 R4	데스크톱 컴퓨터
마이크로컨트롤러	ATmega328	RA4M1	Core i9
클록	16MHz	48MHz	3.7GHz
플래시 메모리	32kB	256kB	512GB(SSD)
SRAM	2kB	32kB	64GB(DRAM)
EEPROM/데이터 플래시	1kB	8kB	–

2.5 맺는말

마이크로컨트롤러는 작고 간단한 컴퓨터다. 컴퓨터에 프로그램을 설치하여 다양한 작업을 수행할 수 있는 것과 마찬가지로 마이크로컨트롤러에도 프로그램을 설치하여 다양한 작업을 수행할 수 있다. 하지만 마이크로컨트롤러의 연산 능력과 메모리 크기는 데스크톱 컴퓨터에 비할 바가 아니며 이는 마이크로컨트롤러가 간단한 제어 장치를 구성하기 위한 목적으로 특화된 컴퓨터이기 때문이다. 마이크로컨트롤러와 마이크로프로세서의 차이를 이해하고 마이크로컨트롤러로 할 수 있는 것과 할 수 없는 것을 구분할 수 있다면, 다양한 마이크로컨트롤러 중에서 하고자 하는 일에 맞는 마이크로컨트롤러를 어렵지 않게 찾을 수 있을 것이다.

1 마이크로컨트롤러는 표 2.3의 예 외에도 다양하게 사용되고 있으며 실제 사용되고 있는 마이크로컨트롤러는 마이크로프로세서보다 훨씬 많은 것으로 알려져 있다. 일상생활에서 마이크로컨트롤러가 사용된 예를 찾아보자.

2 아두이노 보드에 사용된 마이크로컨트롤러는 크게 8비트의 AVR 시리즈와 32비트의 Cortex-M 시리즈로 나눌 수 있다. 최근 마이크로컨트롤러의 사용 범위가 넓어지면서 고성능 마이크로컨트롤러 사용이 증가하고 있으며, 아두이노에서 고성능의 Cortex-M 시리즈 마이크로컨트롤러를 사용하여 만든 보드 중 하나가 아두이노 우노 R4이다. 하지만 여전히 8비트 마이크로컨트롤러도 널리 사용되고 있다. 8비트의 ATmega328 마이크로컨트롤러를 사용하여 만들 수 있는 제어 장치의 예를 찾아보자.

3 임베디드 시스템 분야에서 아두이노와 함께 많은 관심을 받는 것이 싱글 보드 컴퓨터single board computer인 라즈베리 파이Raspberry Pi[1]다. 라즈베리 파이는 라즈베리 파이 재단에서 컴퓨터 교육을 지원하기 위해 만든 신용카드 크기의 컴퓨터다. 라즈베리 파이는 마우스와 키보드 연결을 위한 USB 연결 커넥터, 모니터 연결을 위한 HDMI 커넥터 등을 제공하므로 데스크톱 컴퓨터에서 사용하는 주변 장치를 그대로 연결하여 컴퓨터로 사용할 수 있다. 즉, 라즈베리 파이는 데스크톱 컴퓨터를 일부 대체하는 것이 가능하다. 싱글 '칩' 컴퓨터인 아두이노와 싱글 '보드' 컴퓨터인 라즈베리 파이의 공통점과 차이점을 알아보자.

---

1 https://www.raspberrypi.org

아두이노 우노

아두이노 우노는 아두이노 보드 중에서 가장 기본적이면서 아두이노를 대표하는 보드로, 지금까지도 가장 많이 사용되는 아두이노 보드 중 하나다. 하지만 아두이노 우노는 8비트의 낮은 사양으로 인해 인공지능과 사물인터넷 등의 최신 분야에서 사용이 어려운 것이 사실이다. 이러한 점을 보완하기 위해 고성능 마이크로컨트롤러를 사용하고 이전 R3 버전과 호환되도록 만든 것이 R4 버전이다. 이 장에서는 AVR 시리즈 마이크로컨트롤러를 사용하는 아두이노 우노 R3와 Cortex-M 시리즈 마이크로컨트롤러를 사용하는 아두이노 우노 R4를 비교해서 특징과 장단점을 살펴본다.

이 장에서
사용할 부품

아두이노 우노 R3	× 1
아두이노 우노 R4 미니마	× 1
아두이노 우노 R4 와이파이	× 1

3.1 아두이노 우노 R3

아두이노 우노 R3는 아두이노 보드 중에서 가장 낮은 성능과 적은 기능을 제공하는 보드다. 아두이노 우노 R3와 거의 같은 사양과 기능을 가진 보드가 이전에도 있었지만, **아두이노 보드의 특징으로 이야기되는 많은 것이 아두이노 우노 R3에서 확정되었다.** 아두이노 우노 R3 이후 출시된 보드들은 아두이노 우노 R3의 기능을 모두 사용할 수 있으므로, 아두이노 우노 R3는 아두이노를 대표하는 보드로 아두이노의 표준 역할을 하고 있다. 아두이노 우노 R3는 지금도 가장 많이 사용되는 보드 중 하나다.

아두이노 우노 R3의 사양이 낮은 이유는 아두이노가 비전공자를 위한 마이크로컨트롤러 플랫폼으로 시작되었기 때문이다. 8비트의 마이크로컨트롤러가 인공지능과 사물인터넷을 기반으로 하는 시스템에 적합하지 않은 것은 사실이지만, 아두이노라는 플랫폼을 처음 접하는 사람들을 위해서는 아두이노 우노 R3가 여전히 좋은 선택이다. 최신 마이크로컨트롤러 대부분이 32비트를 기반으로 하지만, 산업계에서 8비트 마이크로컨트롤러가 지금도 사용된다는 점은 낮은 사양의 마이크로컨트롤러로도 실용적인 시스템을 만들 수 있다는 사실을 알 수 있다. 아두이노 우노 R3가 2010년 처음 발표된 이후 10년 넘게 사용되고 있다는 점 역시 8비트 마이크로컨트롤러의 실용성을 보여주는 예라고 하겠다.

3.1.1 ATmega328 마이크로컨트롤러

아두이노 우노는 아두이노의 대표 보드로 개정을 거쳐 현재 사용되고 있는 버전이 R3 버전이다. 아두이노 우노 R3는 ATmega328 마이크로컨트롤러를 사용한다. 그림 3.1은 아두이노 우노 R3에 사용된 ATmega328 마이크로컨트롤러 칩의 핀 배치를 나타낸 것이다.

ATmega328 칩은 28개의 핀을 갖고 있는데 전원 관련 5개(VCC, GND, AVCC, AREF), 클록 생성을 위한 크리스탈 연결에 2개(XTAL1, XTAL2), 리셋을 위해 1개(RESET) 등을 제외한 20개(PBn, PCn, PDn, n = 0, ..., 7)를 데이터 핀으로 사용할 수 있다. 20개의 데이터 핀은 주변 장치와 데이터를 교환하는 통로로 사용되며 **주변 장치와의 데이터 교환은 데이터 핀을 통해 교환되는 비트 단위 데이터를 기본으로 한다.** 예를 들어 데이터 핀에 LED_{Light Emitting Diode}를 연결하면 비트 단위 데이터로 LED를 켜거나 끌 수 있고, 데이터 핀에 버튼을 연결하면 버튼이 눌린 상태를 비트 단위 데이터로 알아낼 수 있다. 마이크로컨트롤러에서는 데이터 교환이 핀 단위로 이루어지므로 각각의 데이터 핀

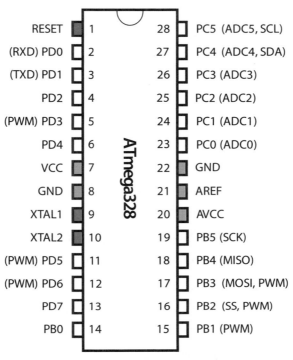

그림 3.1 ATmega328 마이크로컨트롤러 칩의 핀 배치

을 구별하는 것이 중요하며, 아두이노에서는 각 데이터 핀에 번호를 붙여 구별하고 있다. **아두이노 우노는 마이크로컨트롤러의 데이터 핀 20개에 0번부터 19번까지의 번호를 지정하여 구별한다.**

마이크로컨트롤러는 디지털 컴퓨터의 한 종류로, 데이터 핀을 통한 비트 단위 데이터 교환이 기본이며 모든 데이터 핀은 비트 단위의 디지털 데이터 교환에 사용할 수 있다. 하지만 주변 환경에서 얻을 수 있는 데이터는 아날로그 데이터이므로 주변 환경에서 데이터를 수집하기 위해서는 아날로그 데이터를 디지털 데이터로 변환해야 한다. 이를 위해 필요한 것이 ADCAnalog Digital Converter로, 그림 3.1에서 6개의 핀(ADCn, n = 0, ..., 5)이 마이크로컨트롤러 내부의 ADC에 연결된 핀이다. ADC에 연결된 핀에 가변저항을 연결하면 0~5V 사이에서 변하는 아날로그 전압을 0~1023 사이의 디지털 값으로 변환하여 읽을 수 있다.

주변 환경에서 데이터를 읽어오기 위해 아날로그 데이터를 디지털 데이터로 변환해야 하는 것처럼, 주변 환경으로 데이터를 되돌려주기 위해서는 마이크로컨트롤러에서 처리된 디지털 데이터를 아날로그 데이터로 변환해야 하며 이를 위해 필요한 것이 DACDigital Analog Converter이다. 사람의 오감은 아날로그 데이터에 반응하므로 처리 결과를 아날로그 데이터로 출력해야 사람이 알아챌 수 있으며, 아날로그 데이터를 출력하는 예 중 하나가 스피커를 통해 소리를 내는 것이다. 하지만 아두이노 우노 R3에 사용된 ATmega328 마이크로컨트롤러에는 DAC가 포함되어 있지 않으므로 아날로그 데이터를 출력할 수는 없다. 대신 아날로그 데이터와 비슷한 효과를 얻을 수 있는 PWM_{Pulse Width Modulation} 신호를 사용할 수 있다. 아두이노 우노 R3로 스피커에 소리를 내는 것은 원칙적으로 불가능하다. 하지만 PWM 신호를 사용하면 비슷한 소리를 낼 수 있고, 필요하다면 DAC가 포함된 다른 주변 장치로 디지털 데이터를 전달하여 소리를 내면 된다.

그림 3.1의 핀 이름 중에서 나머지는 시리얼 통신에 사용되는 핀이다. 데이터 핀을 통해서는 비트 단위의 데이터를 교환하는 것이 기본이지만, 비트 단위 데이터로는 LED를 켜거나 끄고, 버튼을 누르거나 누르지 않은 상태를 읽어오는 것 이외에는 많은 일을 할 수 없는 것이 사실이다. 따라서 주변 장치와 데이터 교환에서는 바이트 단위를 기본으로 하는 경우가 많으며, 이때 바이트 단위 데이터를 8개의 비트 단위 데이터로 나누어 교환하는 것이 시리얼 통신이다. 시리얼 통신에는 데이터를 교환하는 방법에 따라 여러 가지가 있는데 UART_{Universal Asynchronous Receiver Transmitter}, SPI_{Serial Peripheral Interface}, I2C_{Inter-Integrated Circuit}가 마이크로컨트롤러에서 지원하는 대표적인 시리얼 통신이며 ATmega328 마이크로컨트롤러에서 지원하는 시리얼 통신이다. 표 3.1은 그림 3.1의 ATmega328 마이크로컨트롤러 핀 이름을 기능에 따라 요약한 것이다. 표 3.1에서 '포트_{port}'는 8개의 데이터 핀을 묶어서 관리하기 위한 단위다.

표 3.1 ATmega328의 핀 기능 설명

핀 이름	설명	ATmega328 핀 번호	비고
PBn	포트 B에 속하는 데이터 핀	14, 15, 16, 17, 18, 19	n = 0, … , 5
PCn	포트 C에 속하는 데이터 핀	23, 24, 25, 26, 27, 28	n = 0, … , 5
PDn	포트 D에 속하는 데이터 핀	2, 3, 4, 5, 6, 11, 12, 13	n = 0, … , 7
ADCn	아날로그 디지털 변환 채널	23, 24, 25, 26, 27, 28	n = 0, … , 5
PWM	PWM 데이터 출력 핀	5, 11, 12, 15, 16, 17	
AREF	ADC 기준 전압	21	Analog Reference
XTALn	외부 크리스탈 연결	9, 10	n = 1, 2
RESET	리셋	1	
RXD	Receive Data	2	UART 시리얼 통신
TXD	Transmit Data	3	
SCL	Serial Clock	28	I2C 시리얼 통신
SDA	Serial Data	27	

(계속)

핀 이름	설명	ATmega328 핀 번호	비고
SCK	Serial Clock	19	SPI 시리얼 통신
MISO	Master In Slave Out	18	
MOSI	Master Out Slave In	17	
SS	Slave Select	16	
VCC	VCC	7	아날로그 및 디지털 전원
AVCC	Analog VCC	20	
GND	Ground	8, 22	

마이크로컨트롤러는 간단한 제어 장치를 만드는 것이 목적이므로 제공하는 기능이 그리 많지 않다. **마이크로컨트롤러에서 제공하는 대표적인 기능은 위에서 설명한 디지털 데이터 입출력, 아날로그 데이터 입출력, 시리얼 통신의 세 가지**로 요약할 수 있으며 ATmega328은 이러한 마이크로컨트롤러의 기본 기능에 충실한 마이크로컨트롤러라고 할 수 있다.

마이크로컨트롤러에 따라서는 기본 기능에 더해 여러 가지 기능이 추가되기도 한다. 대표적인 것이 시리얼 통신 중 하나인 USBUniversal Serial Bus로, 아두이노 우노 R4에 사용되는 RA4M1 마이크로컨트롤러가 USB를 지원한다. 사물인터넷이 보급되면서 와이파이와 블루투스 통신을 지원하는 마이크로컨트롤러가 증가하고 있으며, 아두이노 나노 ESP32에 사용된 ESP32 마이크로컨트롤러가 와이파이와 블루투스 통신을 지원한다.

3.1.2 아두이노 우노 R3 핀 배치

아두이노 우노 R3는 ATmega328 마이크로컨트롤러를 사용하여 만든 보드로, ATmega328 마이크로컨트롤러에서 제공하는 기능을 쉽게 사용할 수 있도록 전원부, 컴퓨터 연결부, 핀 헤더 등이 포함되어 있다. 특히 **아두이노 우노 R3 핀 헤더의 개수와 배치는 아두이노의 표준으로, 많은 아두이노 보드가 아두이노 우노 R3와 같은 핀 헤더 배치를 갖고 있다.**

그림 3.2 **아두이노 우노 R3 구성**

아두이노 우노 R3는 5V로 동작하는 ATmega328 마이크로컨트롤러를 사용하므로 5V 전원을 공급해야 한다. 5V 전원을 공급하는 가장 간단한 방법은 컴퓨터와 USB로 연결하는 것이다. 아두이노 우노를 컴퓨터에 USB 케이블로 연결하면 장치 관리자에서 COM 포트로 나타난다. 이 포트는 스케치를 업로드하거나 컴퓨터와 데이터를 주고받는 데 사용할 수 있으며, 이때 아두이노 우노는 USB를 통해 5V, 최대 500mA 전류를 공급받을 수 있다.

USB를 통한 전원 공급은 컴퓨터에 연결되지 않은 상태에서는 불가능하며 이때는 배럴잭을 통해 전원을 공급할 수 있다. 배럴잭에는 7~12V 전원이 추천되며 5V 레귤레이터를 거쳐 ATmega328 마이크로컨트롤러를 위한 5V 동작 전압이 만들어진다. 5V 전압은 다시 3.3V 레귤레이터 입력으로 주어져 3.3V 전압 역시 아두이노 우노 R3에서 사용할 수 있다. 핀 헤더 중에는 GND와 함께 5V와 3.3V 전원 출력을 위한 핀 헤더가 있어 주변 장치 연결에 사용할 수 있다. 배럴잭을 통해서는 최대 0.8A의 전류를 공급할 수 있다.

컴퓨터 연결부는 컴퓨터와의 데이터 교환을 위해 필요하다. 아두이노 우노 R3는 컴퓨터의 USB 포트에 연결한다. 즉, 컴퓨터는 USB 통신을 사용한다. 하지만 ATmega328 마이크로컨트롤러는 USB 통신을 지원하지 않으며 컴퓨터와의 통신에 UART 통신을 사용한다. USB와 UART는 모두 시리얼 통신이지만 서로 다른 방식이므로 호환되지 않는다. 따라서 서로 다른 시리얼 통신을 사용하는 두 장치(컴퓨터와 아두이노 우노 R3)를 연결하기 위해 변환 장치가 사용되며, 이를 위해 아두이노 우노 R3에는 ATmega16u2 마이크로컨트롤러가 포함되어 있다. 그림 3.2의 컴퓨터 연결부에 있는 SMD_{Surface Mounted Device} 타입 칩이 ATmega16u2 마이크로컨트롤러로 ATmega328 마이크로컨트롤러와 같은 AVR 시리즈 마이크로컨트롤러의 하나이면서 USB 통신을 지원한다. 이처럼 **아두이노 우노 R3에는 2개의 마이크로컨트롤러가 사용되고 있지만, ATmega16u2 마이크로컨트롤러는 USB**

와 UART 시리얼 통신을 중개하는 역할만 한다.

아두이노 우노 R3를 컴퓨터에 연결하는 목적 중 하나는 스케치를 업로드하는 것이다. 아두이노에서는 부트로더와 UART 시리얼 통신을 사용하는 시리얼 방식 업로드가 주로 사용되지만, 전통적으로 ATmega328 마이크로컨트롤러에서는 ISP_In-System Programming 또는 ICSP_In-Circuit Serial Programming 방식을 주로 사용한다. 아두이노 우노 R3에서도 ISP/ICSP 방식 업로드를 사용할 수 있으며 이를 위해 커넥터가 마련되어 있다. 다만, ISP/ICSP 방식 업로드를 사용하기 위해서는 별도의 전용 장치가 필요하다. 아두이노 우노 R3에는 USB와 UART 통신을 상호 변환하기 위해 ATmega16u2 마이크로컨트롤러가 포함되어 있고 ATmega16u2는 스케치 업로드에도 사용된다. 따라서 아두이노 우노 R3에 시리얼 방식 업로드를 위해서는 ISP/ICSP 방식과 달리 별도의 장치가 필요하지 않다. 하지만 이는 스케치 업로드에 필요한 전용 장치가 이미 포함되어 있다는 말이지 전용 장치가 필요하지 않다는 뜻은 아니다.

그림 3.3은 아두이노 우노 R3의 핀 헤더를 나타낸 것으로 피메일_female 타입을 사용하고 있다. **아두이노 우노 R3는 ATmega328 마이크로컨트롤러의 모든 기능을 사용할 수 있도록 해준다.** 핀 헤더 중 0번부터 13번까지, A0에서 A5까지 20개의 핀 헤더가 ATmega328 마이크로컨트롤러의 20개 데이터 핀과 연결되어 있다. A0에서 A5까지 6개의 핀 헤더는 ADC와 연결된 데이터 핀, 즉 아날로그 데이터 입력이 가능한 핀과 연결된 핀 헤더로 **A0에서 A5까지는 14번에서 19번까지를 나타내는 상수다. PWM 출력이 가능한 핀에 해당하는 핀 헤더에는 핀 번호 앞에 물결무늬(~)를 붙여서 구별하고 있다.**

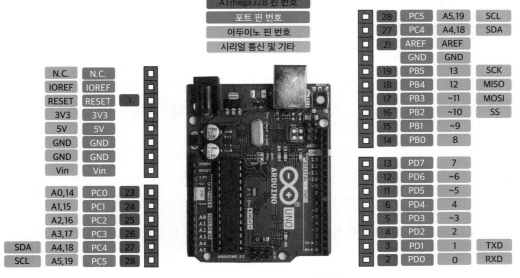

그림 3.3 **아두이노 우노 R3 핀 헤더**

표 3.2는 아두이노 우노의 핀 헤더 중 데이터 핀의 기능을 나타낸 것이다. 마이크로컨트롤러는 일반적으로 적은 수의 데이터 핀만을 제공하고 있어 하나의 핀은 두 가지 이상의 용도로 사용될 수 있다. 예를 들어 11번 핀은 디지털 데이터 입출력, PWM 신호 출력, SPI 통신 등에 사용될 수 있다. **하나의 핀이 두 가지 이상의 기능을 제공할 수 있지만, 특정 순간에는 한 가지 기능만을 사용할 수 있으며 설정을 통해 선택할 수 있다.**

표 3.2 아두이노 우노 R3의 데이터 핀 헤더

디지털 핀 번호	아날로그 핀 번호 (상수)	디지털 데이터 입출력	아날로그 데이터 입력	아날로그 (PWM) 신호 출력	시리얼 통신
0	–	○	×	×	UART(RX)
1	–	○	×	×	UART(TX)
2	–	○	×	×	
3	–	○	×	○	
4	–	○	×	×	
5	–	○	×	○	
6	–	○	×	○	
7	–	○	×	×	
8	–	○	×	×	
9	–	○	×	○	
10	–	○	×	○	
11	–	○	×	○	SPI(MOSI)
12	–	○	×	×	SPI(MISO)
13	–	○	×	×	SPI(SCK)
14	A0	○	○	×	
15	A1	○	○	×	
16	A2	○	○	×	
17	A3	○	○	×	
18	A4	○	○	×	I2C(SDA)
19	A5	○	○	×	I2C(SCL)
핀 수		20개	6개	6개	

표 3.3은 아두이노 우노 R3의 핀 헤더 중 데이터 핀 헤더 이외의 핀 헤더 기능을 나타낸 것이다.

핀과 핀 헤더

마이크로컨트롤러에서 핀은 주변 장치와 데이터를 교환하는 데 사용되는 단자를 가리킨다. 반면 핀 헤더는 마이크로컨트롤러의 핀에 주변 장치를 쉽게 연결할 수 있도록 만들어진 커넥터를 가리킨다. 아두이노 우노에서 주변 장치를 연결하는 커넥터는 피메일 타입 핀 헤더이고, 이러한 핀 헤더는 ATmega328 마이크로컨트롤러의 데이터 핀으로 연결되어 있다. 하지만 아두이노 우노의 핀 헤더는 ATmega328 마이크로컨트롤러의 핀과 다른 번호를 사용하고 있고, ATmega328 마이크로컨트롤러의 핀과 아두이노 우노의 핀 헤더 모두 주변 장치를 연결하는 데 사용되므로 아두이노 우노의 핀 헤더를 핀이라고 이야기하기도 한다. 따라서 이 책에서도 꼭 필요한 경우가 아니라면 아두이노 보드의 핀 헤더를 아두이노 보드의 핀이라고 지칭한다.

표 3.3 아두이노 우노 R3에서 데이터 핀 헤더 이외의 핀 헤더

핀 이름	설명	비고
3V3	3.3V 전압	
5V	5V 전압	5V 전압 입력으로도 사용될 수 있음
GND	그라운드	
Vin	외부 전원 입력	7~12V 입력이 추천되며, 배럴잭에 연결된 전원의 출력으로 사용될 수 있음
IOREF	데이터 핀의 입출력 기준 전압	쉴드에서 사용할 목적이며 아두이노 우노는 5V에 연결되어 있음
RESET	마이크로컨트롤러 리셋	GND에 연결하여 보드 리셋
AREF	아날로그 디지털 변환의 기준 전압	analogReference 함수 참조

표 3.4는 아두이노 우노의 사양을 요약한 것으로, ATmega328 마이크로컨트롤러의 사양으로 봐도 무방하다.

표 3.4 아두이노 우노 R3의 주요 사양

항목	내용	비고
마이크로컨트롤러	ATmega328	8비트 DIP 타입 28핀 칩
동작 전압	5V	
입력 전압	6~20V	7~12V 추천
디지털 데이터 입출력 핀	14(20)개	6개 PWM 신호 출력 핀 포함 아날로그 입력 핀까지 포함하면 최대 20개 사용 가능
아날로그 입력 핀	6개	디지털 데이터 입출력을 위해서도 사용 가능
플래시 메모리	32kB	스케치 설치를 위해 사용

(계속)

항목	내용	비고
SRAM	2kB	
EEPROM	1kB	
동작 주파수	16MHz	

3.2 아두이노 우노 R4

아두이노 우노 R3가 8비트의 ATmega328 마이크로컨트롤러를 사용하여 만든 보드라면 아두이노 우노 R4는 32비트의 RA4M1 마이크로컨트롤러를 사용하여 만든 보드다. RA4M1 마이크로컨트롤러는 ARM의 Cortex-M 시리즈 마이크로컨트롤러로, Cortex-M 시리즈 마이크로컨트롤러는 현재 가장 많이 사용되는 마이크로컨트롤러다. Cortex-M 시리즈는 저전력을 특징으로 하는 마이크로컨트롤러로 낮은 전력 소모에 비해 높은 성능을 보여 다양한 분야에서 사용되고 있다.

ATmega328 마이크로컨트롤러는 AVR 시리즈 마이크로컨트롤러 중 하나다. **AVR은 마이크로칩** Microchip**에서 설계한 마이크로컨트롤러 아키텍처를 가리킨다.** AVR 아키텍처를 사용하여 만든 마이크로컨트롤러를 AVR 시리즈 마이크로컨트롤러라고 하고 ATmega328이 그중 하나다. 비슷하게 **Cortex-M은 ARM에서 설계한 마이크로컨트롤러 아키텍처**이며, Cortex-M 아키텍처를 사용하여 만든 마이크로컨트롤러를 Cortex-M 시리즈 마이크로컨트롤러라고 한다. 아두이노 우노 R4에 사용된 RA4M1 마이크로컨트롤러는 Cortex-M 시리즈 마이크로컨트롤러 중 하나다. 하지만 AVR 아키텍처와 달리 Cortex-M 아키텍처는 사용 목적과 성능에 따라 다시 여러 개의 하위 아키텍처로 나눌 수 있으며 숫자로 구별한다. Cortex-M 아키텍처 중 가장 먼저 발표된 것이 2004년 발표된 Cortex-M3이다. Cortex-M3보다 낮은 성능에 저전력을 강조한 Cortex-M0가 2009년 발표되었고, Cortex-M3에 실수 연산을 비롯한 몇 가지 기능을 추가하여 2010년 발표한 것이 Cortex-M4이다. 2012년에는 Cortex-M0의 성능을 개선하여 Cortex-M0+가 발표되었으며, 2014년에는 Cortex-M 아키텍처 중 성능이 가장 뛰어난 Cortex-M7이 발표되었다. 2016년 이후에는 개선된 명령어와 메모리 구조를 가지면서 보안 기능이 강화된 Cortex-M23, Cortex-M33, Cortex-M55 등이 Cortex-M0+, Cortex-M4, Cortex-M7 등을 개선하여 발표되었다. **아두이노 우노 R4의 RA4M1 마이크로컨트롤러는 Cortex-M4 아키텍처를 사용한다.**

Cortex-M 아키텍처를 사용하는 모든 마이크로컨트롤러를 간단히 Cortex-M 시리즈 마이크로컨트롤러라고 이야기할 수 있지만, AVR 시리즈 마이크로컨트롤러와는 생산 방식에서 차이가 있다. Cortex-M 아키텍처를 설계한 ARM은 아키텍처를 설계하여 이를 지적재산권Intellectual Property, IP 형태로 판매한다. 이때 ARM은 마이크로컨트롤러 전체를 한꺼번에 설계하는 것이 아니라 여러 개의 부분으로 나누어 설계하고 판매하므로 마이크로컨트롤러를 생산하는 회사에서는 부분별로 필요한 IP를 구입하고 이를 바탕으로 마이크로컨트롤러를 생산한다. 따라서 같은 Cortex-M4 아키텍처를 기반으로 하고 있다고 하더라도 마이크로컨트롤러를 생산하는 회사에 따라 만들어지는 마이크로컨트롤러는 세부적인 부분은 다를 수 있다. Cortex-M 시리즈 마이크로컨트롤러를 제작하는 회사에는 AVR 시리즈 마이크로컨트롤러를 생산하는 마이크로칩을 포함하여 STMicroelectronics, NXP Semiconductors, Renesas Electronics, Texas Instruments 등 주요 마이크로컨트롤러 회사가 모두 포함되어 있으며 RA4M1 마이크로컨트롤러는 르네사스Renesas Electronics에서 제작한 것이다.

아두이노 우노 R4에 사용된 RA4M1 마이크로컨트롤러는 Cortex-M4를 기반으로 한다. 이는 다른 Cortex-M 시리즈 마이크로컨트롤러를 사용하는 아두이노 보드가 주로 Cortex-M0+ 기반 마이크로컨트롤러를 사용한다는 점과 차이가 있다. Cortex-M0+ 기반 마이크로컨트롤러를 사용하는 아두이노 보드에는 아두이노 나노 33 IoT, 아두이노 MKR, 아두이노 제로 등이 있다. 아두이노 우노 R4에서 Cortex-M4를 기반으로 하는 마이크로컨트롤러를 사용한 것은 Cortex-M0+보다 CPU 성능이 높고, Cortex-M0+에는 없는 DSPDigital Signal Processing와 부동소수점 연산을 지원하는 하드웨어가 포함되어 있어 복잡하고 많은 데이터를 처리할 수 있기 때문이다.

여타 Cortex-M 시리즈 마이크로컨트롤러와 비교했을 때 RA4M1 마이크로컨트롤러의 또 다른 장점은 5V에서 동작한다는 점이다. Cortex-M 시리즈 마이크로컨트롤러의 동작 전압은 대부분 3.3V이지만, 아두이노 우노 R3의 ATmega328 마이크로컨트롤러 동작 전압은 5V이다. Cortex-M 시리즈 마이크로컨트롤러를 사용하는 아두이노 보드를 선택하는 이유는 높은 성능을 얻기 위해서인 경우가 대부분이지만, 아두이노 우노 R3와 동작 전압에서 호환성이 떨어져 사용하는 주변 장치를 바꾸거나 레벨 변환을 위한 하드웨어가 추가되어야 한다는 문제점이 있을 수 있다. 반면 아두이노 우노 R4는 아두이노 우노 R3와 사용하는 마이크로컨트롤러는 다르지만, 5V를 사용하고 핀 헤더의 배치 역시 같으므로 호환성을 보장할 수 있다. **Cortex-M 기반 마이크로컨트롤러를 사용하는 아두이노 보드 중 5V 동작 전압을 가진 보드는 아두이노 우노 R4가 유일하다.**

아두이노 우노 R4는 미니마Minima와 와이파이의 두 종류가 있다. 두 보드는 같은 마이크로컨트롤러를 사용하므로 기본적으로 같은 기능을 제공하지만, 아두이노 우노 R4 와이파이는 이름 그대로 와이파이를 지원하기 위한 ESP32 마이크로컨트롤러 모듈과 LED 매트릭스가 포함되어 있다.

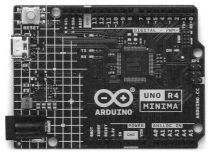

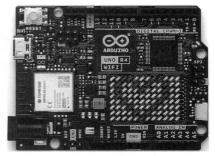

(a) 아두이노 우노 R4 미니마   (b) 아두이노 우노 R4 와이파이

그림 3.4 **아두이노 우노 R4**

3.2.1 RA4M1 마이크로컨트롤러

아두이노 우노 R4에 사용된 마이크로컨트롤러는 RA4M1으로, 르네사스에서 만든 마이크로컨트롤러다. 아두이노 우노 R4 이전에도 Cortex-M 시리즈 마이크로컨트롤러를 사용한 아두이노 보드가 있었지만, 대부분 AVR 시리즈 마이크로컨트롤러를 제작한 마이크로칩의 Cortex-M0+ 기반 마이크로컨트롤러를 사용했다. 반면 아두이노 우노 R4는 처음으로 르네사스에서 제작한 Cortex-M4 기반 마이크로컨트롤러를 사용하고 있다.

아두이노 우노 R4에 사용된 RA4M1 마이크로컨트롤러는 64핀의 칩으로 ATmega328의 28핀에 비해 2배 이상이다. 마이크로컨트롤러 칩의 핀 개수가 많다는 것은 데이터 핀 역시 많다는 뜻이며, 더 많은 기능을 사용할 수 있음을 의미한다. 실제로 RA4M1 마이크로컨트롤러에서는 최대 52개의 데이터 핀을 사용할 수 있다. 52개의 데이터 핀은 다양한 기능을 위해 사용할 수 있으며, ATmega328 마이크로컨트롤러가 지원하는 기능 이외의 기능도 포함되어 있다. 하지만 RA4M1 마이크로컨트롤러의 데이터 핀이 여러 가지 기능을 위해 사용될 수 있고 설정에 따라 선택하여 사용할 수 있다는 점은 ATmega328 마이크로컨트롤러와 마찬가지다.

ATmega328 마이크로컨트롤러에서 사용할 수 있는 데이터 핀 수는 20개이고 아두이노 우노 R3에서는 이들 모두를 사용한다. RA4M1 마이크로컨트롤러는 최대 52개의 데이터 핀을 사용할 수 있지만, 아두이노 우노 R4에서는 아두이노 우노 R3와 마찬가지로 20개의 데이터 핀을 기본으로 한다. 즉, **아두이노 우노 R4는 RA4M1 마이크로컨트롤러에서 사용할 수 있는 데이터 핀 중 일부만 사용한다.** 사용할 수 있는 데이터 핀을 사용하지 않는 것이 낭비로 여겨질 수 있지만, 마이크로컨트롤러는 간단한 제어 장치를 만드는 데 사용되므로 사용할 수 있는 데이터 핀을 모두 사용하는 경우는 많지 않다. 또한 아두이노 우노 R4는 아두이노 우노 R3와 호환되고 대체할 수 있도록 '아두이노 우노'라는 이름을 함께 사용하고 있으므로 아두이노 우노 R3와 같은 수의 데이터 핀만을 사용한다.

그림 3.5는 아두이노 우노 R4 미니마에서 사용하는 데이터 핀을 나타낸 것이다. 기본적으로 디지털 데이터 입출력을 위해 14개, 아날로그 데이터 입력을 위해 6개의 핀을 사용하며 RA4M1이 USB를 지원하므로 이를 위해 2개의 핀이 더 사용된다. 따라서 **아두이노 우노 R4 미니마에서는 RA4M1 마이크로컨트롤러의 22개 데이터 핀을 사용**하지만, USB 연결을 위한 핀은 핀 헤더가 없어 주변 장치 연결에는 사용할 수 없다.

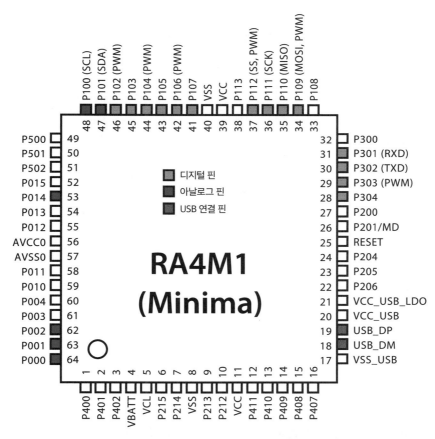

그림 3.5 아두이노 우노 R4 미니마에서 사용하는 RA4M1 마이크로컨트롤러 칩의 데이터 핀

아두이노 우노 R4 와이파이 역시 아두이노 우노 R4 미니마와 기본적으로 사용하는 핀 수는 같다. 여기에 아두이노 우노 R4 와이파이에 추가된 기능을 위해 데이터 핀이 더 사용된다. 추가로 사용하는 핀은 와이파이 모듈과 RA4M1 마이크로컨트롤러 사이의 통신을 위해 2개, LED 매트릭스 제어를 위해 11개로 **아두이노 우노 R4 와이파이는 35개의 데이터 핀을 사용**한다. 추가된 13개 핀 역시 연결된 핀 헤더를 제공되지 않으므로 주변 장치를 연결하는 데 사용할 수는 없다. 사용하는 핀 수가 늘어나긴 했으나, 여전히 RA4M1 마이크로컨트롤러에는 사용할 수 있지만 사용하지 않는 데이터 핀이 남아 있다. 그림 3.6은 아두이노 우노 R4 와이파이에서 사용하는 RA4M1 마이크로컨트롤러의 데이터 핀을 나타낸 것이다.

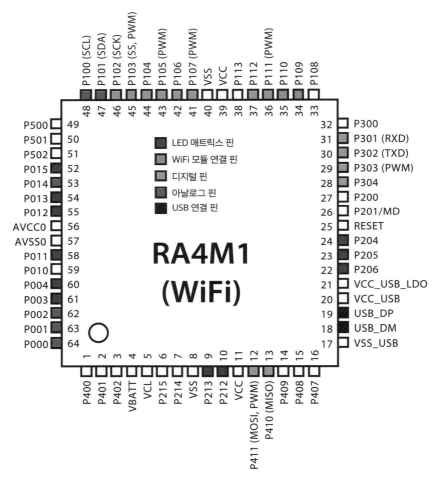

그림 3.6 아두이노 우노 R4 와이파이에서 사용하는 RA4M1 마이크로컨트롤러 칩의 데이터 핀

데이터 핀 사용에서 한 가지 주의해야 할 점은 **아두이노 우노 R4에서 같은 기능을 제공하기 위해 사용하는 RA4M1 마이크로컨트롤러의 핀이 아두이노 우노 R4 미니마와 아두이노 우노 R4 와이파이에서 다를 수 있다**는 점이다. 이는 특정 기능을 제공하기 위해 여러 데이터 핀 중 선택하여 사용할 수 있기 때문이다. 아두이노 우노 R4 미니마에서 RA4M1 마이크로컨트롤러의 34번(P109) 핀은 디지털 핀으로 사용되고 있다(그림 3.5). 아두이노 우노 R4 와이파이에서 같은 핀은 와이파이 모듈 연결에 사용되고 있다(그림 3.6).

같은 기능을 위해 다른 데이터 핀을 사용할 수 있는 것은 RA4M1 마이크로컨트롤러가 시리얼 통신을 위해 여러 개의 하드웨어 인터페이스를 제공하는 것도 이유가 된다. **ATmega328 마이크로컨트롤러는 UART, SPI, I2C 통신을 위해 각각 1개씩의 하드웨어 인터페이스를 제공한다. 반면 RA4M1 마이크로컨트롤러는 UART 통신을 위해 4개, SPI와 I2C 통신을 위해 2개의 하드웨어 인터페이스를 제공한다.** 따라서 같은 기능이라도 다른 인터페이스를 사용하면 사용하는 데이터 핀은 달라질 수 있다. 아두이노 우노 R4 미니마와 와이파이에서 I2C 통신을 위해 사용하는 데이터 핀은 같지만, SPI 통신을 위해 사용하는 데이터 핀은 다르다는 사실을 그림 3.5와 그림 3.6에서 확인할 수 있다.

RA4M1 마이크로컨트롤러에서 데이터 핀이 포트 단위로 관리되는 것은 ATmega328 마이크로컨트롤러에서와 같다. 다만 RA4M1 마이크로컨트롤러는 최대 16개의 데이터 핀을 묶어서 관리하고 있으며, 포트 이름을 숫자로 표시한다는 점에서 차이가 있다. 그림 3.7은 ATmega328과 RA4M1 마이크로컨트롤러에서 데이터 핀의 이름을 정하는 방법을 비교한 것이다.

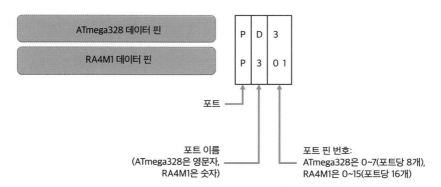

그림 3.7 ATmega328과 RA4M1 마이크로컨트롤러의 데이터 핀 이름

그림 3.5와 그림 3.6에서 데이터 핀 이외의 핀 기능을 요약한 것이 표 3.5로, 대부분 전원 관련 핀이다.

표 3.5 RA4M1 마이크로컨트롤러의 데이터 핀 이외 핀 기능 설명

핀 이름	설명
VBATT	보조 전원(voltage battery)
VCL	VCC 전원에서 내부 LDO(low dropout) 레귤레이터를 거쳐 만들어진 내부 동작 전압
VSS	디지털 전원 그라운드
VCC	디지털 전원
VSS_USB	USB 전원 그라운드
VCC_USB	USB 전원
VCC_USB_LDO	USB_VCC 전원에서 내부 LDO 레귤레이터를 거쳐 만들어진 USB 내부 동작 전압
RESET	리셋
MD	동작 모드 설정
AVCC0	아날로그 전원
AVSS0	아날로그 전원 그라운드

아두이노 보드를 사용할 때 마이크로컨트롤러의 어느 핀을 사용했는지는 중요하지 않다. 마이크로컨트롤러의 다른 데이터 핀을 사용하더라도 아두이노 보드에서는 같은 방식으로 사용할 수 있으며 **아두이노에서 중요한 것은 아두이노 보드에서 마이크로컨트롤러와 무관하게 제공하는 데이터 핀 번호다.** 이는 서로 다른 마이크로컨트롤러를 사용하는 아두이노 보드에서도 마찬가지다. 아두이노 우노 R3, 아두이노 우노 R4 미니마, 아두이노 우노 R4 와이파이에서 11번 핀은 서로 다른 마이크로컨트롤러 또는 같은 마이크로컨트롤러에서 서로 다른 핀과 연결되어 있지만, 비트 단위 디지털 데이터 입출력을 위해 사용할 수 있고 SPI 통신에서도 사용할 수 있다는 점에서 같으며 이러한 점이 아두이노 보드 사이의 호환성을 높여주고 있다.

3.2.2 아두이노 우노 R4 핀 배치

아두이노 우노 R4는 RA4M1 마이크로컨트롤러를 사용하여 만든 보드로, RA4M1 마이크로컨트롤러에서 제공하는 기능을 쉽게 사용할 수 있도록 전원부, 컴퓨터 연결부, 핀 헤더 등이 포함된 것은 아두이노 우노 R3와 같다. 아두이노 우노 R4 와이파이에는 여기에 더해 와이파이 통신을 위한 ESP32 모듈과 LED 매트릭스가 포함되어 있다.

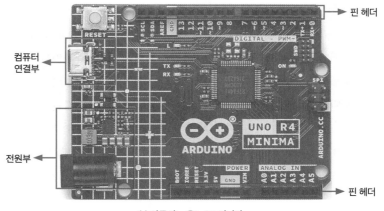

(a) 아두이노 우노 R4 미니마

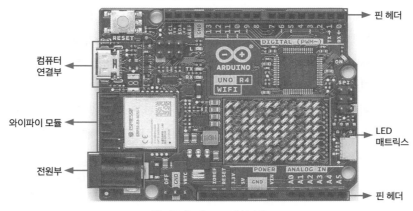

(b) 아두이노 우노 R4 와이파이

그림 3.8 아두이노 우노 R4 구성

아두이노 우노 R4는 5V로 동작하는 RA4M1 마이크로컨트롤러를 사용하므로 아두이노 우노 R3와 마찬가지로 5V 전원을 공급해야 한다. USB 커넥터를 통해 컴퓨터에서 전원을 공급하거나 배럴잭을 통해 어댑터 전원을 공급할 수 있는 것은 아두이노 우노 R3와 같다. 하지만 아두이노 우노 R4에 사용된 레귤레이터는 아두이노 우노 R3의 레귤레이터보다 더 넓은 전압 입력 범위와 더 많은 전류를 사용할 수 있도록 해준다.

표 3.6 아두이노 우노 R3와 R4 레귤레이터 비교

항목	R3	R4
레귤레이터 칩(제조사)	SPX1117(MaxLinear)	ISL854102(Renesas)
입력 전압 범위	6~20V	6~24V
최대 출력 전압	800mA	1,200mA

컴퓨터 연결부는 아두이노 우노 R3가 USB-B 타입 커넥터를 사용한다면, 아두이노 우노 R4는 USB-C 타입 커넥터를 사용하는 것으로 변경되었다. USB 커넥터를 통해 컴퓨터와 연결하면 컴퓨터의 장치 관리자에서 COM 포트로 인식되고, 이 포트를 통해 스케치를 업로드하거나 컴퓨터와 데이터를 교환할 수 있다는 점은 아두이노 우노 R3와 R4 모두 마찬가지다. 다만, 아두이노 우노 R3에 사용된 ATmega328 마이크로컨트롤러는 USB 통신을 지원하지 않으므로 별도의 ATmega16u2 마이크로컨트롤러가 USB와 UART 사이의 변환을 담당한다. 반면 아두이노 우노 R4에 사용된 RA4M1 마이크로컨트롤러는 USB 통신을 지원하므로 별도의 변환 칩 없이 컴퓨터와 직접 연결되며, 따라서 컴퓨터 연결부 회로가 간단하다.

그림 3.9는 아두이노 우노 R4의 핀 헤더를 나타낸 것이다. 그림 3.3의 아두이노 우노 R3와 비교하면 사용하는 마이크로컨트롤러의 데이터 핀과 데이터 핀의 이름을 정하는 방법은 다르지만, 핀 헤더의 수와 각 핀 헤더를 통해 제공하는 기능은 같음을 알 수 있다. 즉, **아두이노 우노 R3와 R4는 기본 기능에서 완벽하게 호환된다.** 한 가지 다른 점은 왼쪽 가장 위에 있는 핀 헤더가 아두이노 우노 R3에서는 사용되지 않지만, 아두이노 우노 R4에는 RA4M1 마이크로컨트롤러의 MD 핀으로 연결되어 있다는 점이다. 이는 RA4M1 마이크로컨트롤러가 USB 기능을 지원하기 때문에 동작 모드 설정이 필요하다는 것이 이유 중 하나다. 아두이노 우노 R4의 핀 헤더로 지원하는 기능은 아두이노 우노 R3와 같으므로 표 3.2와 표 3.3을 참고하면 된다.

표 3.7은 아두이노 우노 R3와 R4의 사양을 비교한 것이다. 아두이노 우노 R3와 R4는 같은 기능을 지원하지만, 아두이노 우노 R4는 고성능 마이크로컨트롤러를 사용하고 있으므로 높은 연산 능력과 큰 메모리를 사용할 수 있다. ATmega328 마이크로컨트롤러는 EEPROM을 포함하여 세 종류의 메모리를 사용할 수 있고 표 3.7에서 RA4M1 마이크로컨트롤러 역시 세 종류의 메모리가 포함되어 있는 것으로 나타내었지만, RA4M1 마이크로컨트롤러에는 EEPROM 기능을 담당하는 데이터 플래시 메모리가 포함되어 있고 실제 EEPROM은 포함되어 있지 않다. 다만 두 메모리는 같은 용도로 사용할 수 있으므로 같이 비교했다.

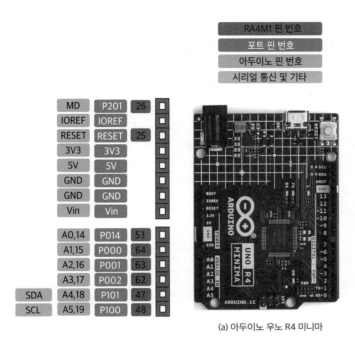
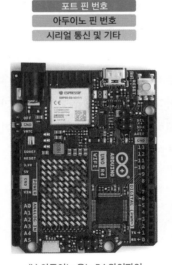

(a) 아두이노 우노 R4 미니마

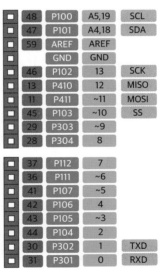

(b) 아두이노 우노 R4 와이파이

그림 3.9 **아두이노 우노 R4 핀 헤더**

표 3.7 아두이노 우노 R3와 R4 사양 비교

항목	아두이노 우노 R3	아두이노 우노 R4
마이크로컨트롤러(MCU)	8비트 ATmega328	32비트 RA4M1
MCU 제조사	마이크로칩	르네사스
MCU 아키텍처	AVR	Cortex-M4
동작 전압	5V	5V
입력 전압	6~20V	6~24V
USB 커넥터	USB-B	USB-C
디지털 데이터 입출력 핀	14(20)개	14(20)개
아날로그 입력 핀	6개	6개
플래시 메모리	32kB	256kB
SRAM	2kB	32kB
EEPROM 또는 데이터 플래시	1kB	8kB
동작 주파수	16MHz	48MHz

표 3.7에서는 표시하지 않았지만, 아두이노 우노 R4에서만 지원하는 기능도 여러 가지가 있다. 시리얼 통신에서 UART, SPI, I2C 이외에 CAN_{Controller Area Network} 통신을 지원하고, ADC 이외에 DAC_{Digital Analog Converter} 역시 지원하며, RTC_{Real Time Clock}가 포함된 것 등이 추가된 기능에 속한다. 기존 기능의 성능이 개선된 경우도 있으며, ADC와 PWM에서 더 높은 해상도를 사용할 수 있는 것이 대표적이다. 이러한 추가 및 개선 기능은 아두이노 우노 R4에 사용된 RA4M1 마이크로컨트롤러에서 지원하는 기능이라면, 아두이노 우노 R4 와이파이에는 별도의 주변 장치를 추가하여 와이파이 통신과 LED 매트릭스를 사용할 수 있다. 아두이노 우노 R4에서 추가되거나 개선된 기능에 대해서는 해당 장에서 자세히 설명한다.

맺는말

아두이노 우노 R3는 아두이노의 대표적인 보드 중 하나로, 간단한 제어 장치를 만드는 데 사용할 수 있다. 하지만 아두이노 우노 R3에 사용된 ATmega328 마이크로컨트롤러는 8비트 CPU를 사용하므로 복잡하고 많은 연산에는 적합하지 않은 것이 사실이다. 이를 보완하기 위해 새로 출시된 것이 아두이노 우노 R4로, 32비트의 고성능 마이크로컨트롤러를 사용하면서 아두이노 우노 R3와 완벽하게 호환되므로 아두이노 우노 R3의 연산 능력이나 메모리로 충분하지 않다면 아두이노 우노 R4를 고려할 수 있다. 하지만 아두이노 우노 R4는 아두이노 우노 R3를 완전히 대체하기 위해 만들어진 것은 아니며, 이는 아두이노 공식 홈페이지에서 두 보드가 모두 판매되고 있다는 점에서도 알 수 있다. 8비트와 32비트 마이크로컨트롤러는 그 용도가 다르다. 아두이노 우노 R3 자리에 아두이노 우노 R4를 대신 사용할 수는 있지만, 닭 잡는 데 소 잡는 칼을 사용할 필요는 없다. 아두이노 우노 R3는 여전히 많은 분야에서 사용할 수 있는 아두이노를 대표하는 보드 중 하나다.

단순히 같은 형태와 같은 기능을 제공한다는 점을 넘어 아두이노 우노 R4가 아두이노 우노 R3에서 제공하지 않는 여러 가지 기능을 제공한다는 점은 아두이노 우노 R4로만 가능한 새로운 분야를 생각할 수 있도록 해준다. 다만, 아두이노 우노 R4는 아두이노 우노 R3와 '우노'라는 이름을 함께 사용하기 위해 사용할 수 있는 모든 기능을 사용할 수는 없으며, 일부 기능을 사용하는 것이 불편할 수 있다는 점은 염두에 두어야 한다.

1 아두이노 우노 R4에 사용된 RA4M1 마이크로컨트롤러는 32비트의 고성능 마이크로컨트롤러로, 아두이노 우노 R3에 사용된 ATmega328 마이크로컨트롤러보다 많은 핀을 갖고 있고 제공하는 기능도 더 많다. CAN 통신, DAC, RTC 등이 RA4M1 마이크로컨트롤러에서만 제공하는 대표적인 기능이지만, 이 외에 RA4M1 마이크로컨트롤러에서는 사용할 수 있지만 아두이노 우노 R4에서는 사용할 수 없는 기능도 있다. ATmega328 마이크로컨트롤러에서는 제공하지 않지만 RA4M1 마이크로컨트롤러에서 제공하는 기능을 알아보자.

2 Cortex-M 시리즈 마이크로컨트롤러는 EEPROM을 제공하지 않는 경우가 대부분이지만, 프로그램 실행 중 EEPROM에 자유롭게 데이터를 읽고 쓸 수 있다는 것은 여러 가지 장점이 있는 것이 사실이다. 따라서 Cortex-M 시리즈 마이크로컨트롤러에서도 프로그램 실행 중 자유롭게 읽고 쓸 수 있는 메모리를 다양한 방법을 제공하고 있으며, RA4M1 마이크로컨트롤러는 별도의 데이터 플래시 메모리를 사용한다. Cortex-M 시리즈 마이크로컨트롤러에서 프로그램 실행 중 자유롭게 읽고 쓸 수 있는 메모리를 제공하는 방법과 이들의 장단점을 비교해 보자.

아두이노 IDE

아두이노 IDE는 아두이노 스케치를 작성하는 데 사용할 수 있는 통합개발환경으로, 아두이노에서
무료로 내려받아 사용할 수 있다. 아두이노 IDE가 2.x 버전으로 바뀌면서 이전 1.x 버전과 비교해
많은 기능이 개선되고 유용한 기능들이 추가되었다. 이 장에서는 쉽고 간단하게 사용할 수 있는 통
합개발환경이라는 철학을 유지하면서도 사용자의 편이성을 높인 아두이노 IDE 2.x의 기능을 살펴
본다.

이 장에서
사용할 부품

아두이노 우노 R3 × 1

아두이노 우노 R4 × 1 ➡ 미니마 또는 와이파이

4.1 아두이노 IDE

아두이노 IDE_{Integrated Development Environment}는 윈도우를 포함하여 맥OS, 리눅스 등에서 설치하여 사용할 수 있는 아두이노를 위한 통합개발환경을 말한다. 아두이노는 프로세싱_{Processing}과 와이어링_{Wiring}의 영향을 받아 만들어진 것이므로 초기 아두이노 IDE는 프로세싱 IDE나 와이어링 IDE와 비슷한 모습을 하고 있었다. 아두이노 IDE는 2011년 첫 번째 정식 버전인 1.0 버전이 발표된 이후 10년 이상 그 모습을 유지하고 있었지만, 2022년 이전 버전의 성능을 개선하고 자동 완성, 내장 디버거, 아두이노 클라우드와의 연동 등 새로운 기능을 추가하여 2.0 버전이 발표되었다. 2.x 버전의 아두이노 IDE는 '아두이노 IDE 2'로 이전 버전의 '아두이노 IDE 1'과 구별하여 부른다. 그림 4.1은 아두이노 IDE 1과 IDE 2를 비교한 것으로, 사용자 인터페이스에서 많은 부분이 바뀌었지만 기본적인 기능은 그대로 유지되고 있다.

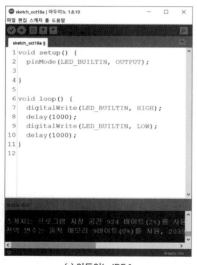

(a) 아두이노 IDE 1

(b) 아두이노 IDE 2

그림 4.1 아두이노 IDE 1과 아두이노 IDE 2

이 장에서는 아두이노 IDE 2의 기능과 사용 방법을 설명한다. 사용 방법과 특징을 설명하기 위해서는 몇 개의 스케치를 실행하고 그 결과를 살펴봐야 하지만, 스케치에 대해 자세한 내용은 해당 장을 참고하면 된다. 먼저 가로 툴바부터 살펴보자.

가로 툴바

아두이노 IDE 2에는 왼쪽에 세로 툴바가 추가되었다. 세로 툴바는 스케치 관리, 보드 관리, 라이브러리 관리, 검색 등 아두이노 IDE 1에서 별도의 다이얼로그를 통해 지원하던 기능을 패널 형식으로 메인 윈도에 통합하여 실행할 수 있도록 해준다. 반면 가로 툴바는 아두이노 IDE 1과 거의 같다. 표 4.1은 가로 툴바 버튼의 기능을 요약한 것이다.

가로 툴바에서 가장 많이 사용하는 버튼은 스케치를 컴파일한 후 아두이노 보드에 실행 파일을 업로드하여 설치하는 '업로드'일 것이다. 스케치를 컴파일하는 '확인' 버튼 역시 흔히 사용되지만, 업로드 과정에 컴파일 과정이 포함되므로 업로드 버튼만큼 자주 사용하지는 않는다. 아두이노 IDE 2에 디버깅 기능이 추가되면서 가로 툴바에 '디버깅 시작' 버튼이 추가되었다. 하지만 아두이노 우노 R3를 포함하여 AVR 시리즈 마이크로컨트롤러를 사용하는 아두이노 보드에서는 디버깅 기능을 사용할 수 없다. 아두이노 우노 R4에서는 디버깅 기능을 사용할 수 있지만, 디버깅을 위해서는 별도의 장치가 필요하다.

표 4.1 아두이노 IDE의 가로 툴바 버튼

아이콘	이름	설명
✓	확인	스케치를 컴파일하여 실행 파일을 생성하고 컴파일 결과를 출력창에 표시한다.
→	업로드	스케치를 컴파일하여 실행 파일을 생성하고 선택된 포트를 사용하여 아두이노 보드에 업로드한다.
⊙	디버깅 시작	디버깅을 시작한다.
–	보드 및 포트 선택	현재 컴퓨터에 연결된 아두이노 보드 중에서 사용할 아두이노 보드를 선택하거나 목록에서 아두이노 보드를 선택한다.
⋀	시리얼 플로터	시리얼 플로터를 연다.
🔍	시리얼 모니터	시리얼 모니터를 연다.

보드 및 포트 선택 메뉴를 눌러보자. **보드 및 포트 선택 메뉴에서는 현재 컴퓨터에 연결된 아두이노 보드 목록을 확인할 수 있으며** 이 중 사용하고자 하는 보드를 선택하면 된다. 그림 4.2는 아두이노 우노 R3를 연결한 경우다.

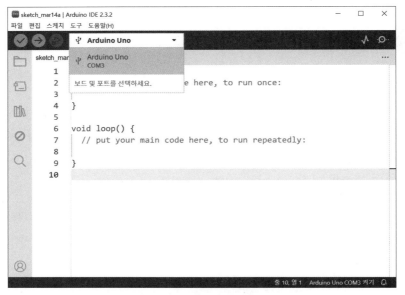

그림 4.2 보드 및 포트 선택 펼침 메뉴

그림 4.2의 보드 및 포트 선택 펼침 메뉴에서 '보드 및 포트를 선택하세요' 항목을 선택하면 그림 4.3과 같은 보드 및 포트 선택 다이얼로그가 나타나고 보드와 포트를 선택할 수 있다. 다이얼로그를 통해 선택할 수 있는 보드와 포트는 '도구 ➡ 보드' 및 '도구 ➡ 포트' 메뉴를 통해 선택할 수 있는 보드 및 포트와 같다.

그림 4.3 보드 및 포트 선택 다이얼로그

시리얼 모니터(⊙)

시리얼 모니터는 시리얼 통신으로 송수신되는 데이터를 문자 기반으로 확인할 수 있는 터미널 프로그램의 한 종류다. 아두이노 IDE 1에서는 별도의 창으로 실행되던 시리얼 모니터가 아두이노 IDE 2에서는 메인 윈도의 일부로 통합되어 메인 윈도의 아래쪽에 표시된다. 시리얼 모니터 테스트를 위해서는 아두이노 우노 R3를 사용하고 다음과 같이 옵션을 선택한다.

- '도구 ➡ 보드 ➡ Arduino AVR Boards ➡ Arduino Uno'를 보드로 선택한다.
- '도구 ➡ 포트 ➡ COM3'[1]을 포트로 선택한다.

선택이 완료되면 스케치 4.1을 업로드한다. 스케치 4.1은 시리얼 모니터를 통해 컴퓨터에서 아두이노 보드로 보낸 데이터를 아두이노에서 바이트 단위로 읽고 이를 다시 컴퓨터로 재전송하는 예다.

스케치 4.1 시리얼 모니터 테스트　　　　　　　　　　　　　　　　　　　`R3`　`R4`

```
void setup() {
  Serial.begin(9600);                    // 시리얼 통신 초기화
}

void loop() {
  if (Serial.available()) {              // 시리얼 데이터 수신 확인
    Serial.write(Serial.read());         // 수신 데이터를 컴퓨터로 재전송
  }
}
```

툴바의 '업로드' 버튼, '스케치 ➡ 업로드' 메뉴 항목 또는 `Ctrl` + `U` 단축키를 선택하여 스케치를 업로드하자. 아두이노 IDE 2에서는 그림 4.2에서 볼 수 있는 것처럼 초기 상태에서 출력창은 표시되지 않는다. 스케치 4.1을 입력하고 업로드 버튼을 누르면, 즉 출력할 메시지가 있으면 자동으로 출력창이 메인 윈도의 아래쪽에 나타난다. 그림 4.4에서 상태바의 오른쪽 끝에 작은 아이콘(▤)이 추가된 것을 확인할 수 있다. 추가된 아이콘은 'Toggle Bottom Panel' 아이콘으로, 아이콘을 눌러 출력창을 감추거나 보일 수 있다.

1　COM 포트 번호는 컴퓨터에 따라 달라질 수 있다.

그림 4.4 아두이노 IDE 2의 출력창

가로 툴바의 가장 오른쪽 버튼을 눌러 시리얼 모니터를 실행하자. 시리얼 모니터는 탭 형식으로 출력창과 겹쳐서 나타난다. 시리얼 모니터의 위쪽 텍스트 상자에 문자열을 입력하고 엔터 키를 누르면 입력한 문자열이 아두이노 보드로 전달되고 아두이노 보드에서 컴퓨터로 재전송되어 아래쪽 텍스트 상자에 나타난다.

그림 4.5 시리얼 모니터 테스트

시리얼 모니터는 크게 윗부분의 문자열 입력창과 아랫부분의 문자열 출력창으로 나눌 수 있고, 이 외에 몇 개의 옵션을 설정할 수 있는 펼침 메뉴와 버튼이 있다. 윗부분의 문자열 입력창은 컴퓨터에서 아두이노 보드로 보낼 문자열을 입력하는 부분이다. 원하는 문자열을 입력한 후 엔터 키를 누르면 아두이노 보드로 문자열이 전송된다. 이때 문자열 끝에 추가할 문자를 펼침 메뉴에서 선택할 수 있다. 추가 문자는 문자열의 끝을 표시하기 위해 흔히 사용되며 다음의 옵션 중 하나를 선택할 수 있다.

- No Line Ending: 문자열 입력창에 입력한 문자열만 전송한다.
- 새 줄New Line: 새 줄(아스키 코드 값 10, '\n') 또는 라인 피드Line Feed, LF 문자를 입력 문자열 끝에 추가하여 전송한다.
- 캐리지 리턴Carriage Return: 캐리지 리턴(아스키 코드 값 13, '\r') 문자를 입력 문자열 끝에 추가하여 전송한다.
- Both NL & CR: 새 줄과 캐리지 리턴 문자 모두를 입력 문자열 끝에 추가하여 전송한다.

두 번째 펼침 메뉴는 데이터 전송 속도 선택을 위해 사용된다. 9,600보율baud rate이 주로 사용되고 고속 통신이 필요한 장치에서는 115,200보율도 흔히 사용된다. '자동 스크롤 전환'은 텍스트 출력창의 자동 스크롤을 허용하는 옵션이며, '타임스탬프 표시'는 데이터 수신 시간을 표시하는 옵션이다. '출력 내용 지우기'는 현재 출력창의 내용을 지우는 데 사용된다.

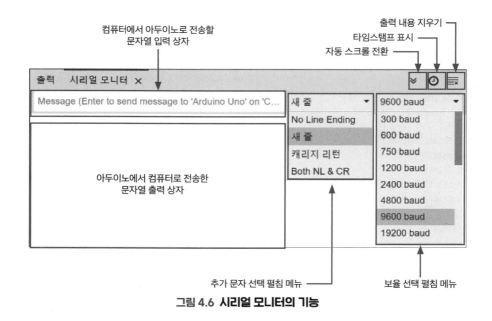

그림 4.6 시리얼 모니터의 기능

4.2.2 시리얼 플로터(⋏)

시리얼 플로터는 아두이노 보드에서 컴퓨터로 보낸 숫자 데이터를 그래프 형태로 나타내어 값의 변화를 관찰하기 위해 사용되는 도구다. 시리얼 모니터에서도 숫자 데이터의 변화를 확인할 수 있지만, 문자 기반이라는 점에서 한계가 있다. 데이터 추이를 관찰하고 싶다면 그래프로 나타내 주는 시리얼 플로터가 편리하다.

시리얼 플로터에 숫자 데이터를 줄 단위로 전송하면 이를 그래프로 그려준다. 이때 **줄의 끝은 LF(\n) 또는 CR+LF(\r\n)로 구분해야 한다.** 한 줄에 여러 개의 값을 전송하면 여러 개의 그래프를 한 화면에 그릴 수 있고, **여러 개의 값을 전송할 때 각 값은 스페이스('␣'), 탭('\t'), 콤마(',') 등으로 분리해서 전송해야 한다.** Serial.println 함수를 사용하면 자동으로 줄 끝에 CR+LF가 추가되므로 마지막 값을 출력할 때 사용할 수 있다. 값을 출력할 때는 값에 이름(범례)을 지정할 수 있다. 범례를 지정하기 위해서는 콜론으로 분리되는 이름을 값보다 먼저 출력하면 된다.

스케치 4.2는 0~1,000 사이의 값을 무작위로 선택하여 출력하는 예다. **시리얼 플로터를 사용할 때는 스케치 업로드가 완료된 후 시리얼 플로터를 실행하는 것이 좋다.** 시리얼 플로터에는 이전에 출력한 값의 개수와 순서가 저장되므로 시리얼 플로터가 실행 중인 상태에서 값의 개수와 순서를 바꾸면 잘못된 그래프가 그려질 수 있다.

스케치 4.2 시리얼 플로터 테스트   `R3` `R4`

```
void setup() {
  Serial.begin(9600);                       // 시리얼 통신 초기화
  randomSeed(analogRead(0));                 // 난수 생성기 초기화
}

void loop() {
  // 0 이상 1000 미만의 난수 생성
  int n1 = random(0, 1000), n2 = random(0, 1000);

  Serial.print("Random1:");                  // 첫 번째 값의 이름
  Serial.print(n1);                          // 첫 번째 값
  Serial.print(',');                         // 스페이스, 탭으로도 분리 가능
  Serial.print("Random2:");                  // 두 번째 값의 이름
  Serial.println(n2);                        // 두 번째 값, 줄 구분

  delay(500);
}
```

그림 4.7은 스케치 4.2의 실행 결과를 시리얼 플로터로 확인한 것이다. CR+LF로 구분되는 한 줄에 2개의 값을 출력했으므로 2개의 그래프가 그려진다. 또한 콜론으로 구분되는 Random1과

Random2가 값의 이름(범례)으로 왼쪽 위에 표시되어 있다. 범례 옆에 있는 체크박스를 선택하면 표시되는 그래프를 선택할 수 있으며, 그래프 위로 마우스 포인터를 가져가면 데이터 값을 확인할 수 있다.

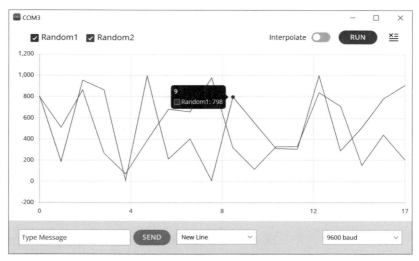

그림 4.7 스케치 4.2 실행 결과

이 외에도 시리얼 플로터에는 몇 가지 옵션을 선택할 수 있다. 아래쪽에 있는 문자열 입력창, 추가 문자 선택 메뉴, 전송 속도 선택 메뉴는 시리얼 모니터와 같다. '그래프 보간'은 데이터 포인트 사이를 직선이 아닌 곡선으로 이어 부드러운 그래프를 그리는 기능이다. 그래프에는 최대 50개의 값이 표시된다. '그래프 자동 스크롤'은 50개를 넘는 데이터 포인트를 출력했을 때 그래프 스크롤의 시작 또는 정지를 선택할 수 있도록 해주며, 버튼을 누르면 RUN 과 STOP 으로 번갈아 바뀐다. '그래프 지우기'는 현재 시리얼 플로터상의 그래프를 지운다. 그래프가 지워지더라도 시리얼 플로터에 저장된 값의 순서와 개수는 유지된다.

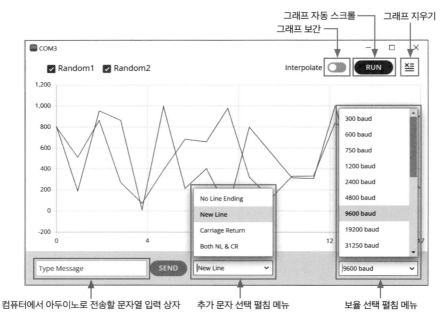

그림 4.8 **시리얼 플로터의 기능**

세로 툴바

아두이노 IDE 2에서는 왼쪽에 세로 툴바가 추가되었다. 세로 툴바는 스케치 관리, 보드 관리, 라이브러리 관리 등 흔히 사용하는 기능을 쉽고 빠르게 사용할 수 있도록 해준다. 표 4.2는 세로 툴바 버튼의 기능을 요약한 것이다. 툴바의 버튼은 토글 버튼으로, 버튼을 누르면 왼쪽에 해당 패널이 나타나고 다시 한번 누르면 패널이 사라진다.

표 4.2 **아두이노 IDE의 세로 툴바 버튼**

아이콘	이름	설명
📁	스케치북	로컬 컴퓨터에 저장된 스케치와 아두이노 클라우드에 저장된 스케치를 관리할 수 있는 패널을 보여준다.
🗂	보드매니저	아두이노 보드의 지원 파일을 설치할 수 있는 보드매니저 패널을 보여준다.
📚	라이브러리 매니저	라이브러리를 검색하고 설치할 수 있는 라이브러리 매니저 패널을 보여준다.

(계속)

아이콘	이름	설명
⚑	디버그	디버그 패널을 보여준다.
🔍	검색	검색 패널을 보여준다.

4.3.1 스케치 관리(📁)

'스케치북' 버튼은 사용자가 작성한 스케치를 관리하는 데 사용된다. 스케치는 로컬 컴퓨터의 스케치북에 저장할 수도 있지만, 원격 아두이노 클라우드에 저장할 수도 있다. 로컬 컴퓨터에서 스케치가 저장되는 위치는 스케치북 폴더로, 기본 설정 다이얼로그에서 확인할 수 있다. 기본 설정 다이얼로그는 '파일 ➡ 기본 설정...' 메뉴 항목 또는 [Ctrl] + [,] 단축키를 선택하면 나타난다. 이 책에서는 'D:\Arduino'로 스케치북 폴더를 설정하고 로컬 스케치북에 스케치를 저장하는 것을 기본으로 한다.

아두이노의 스케치는 C/C++ 언어의 프로젝트에 해당한다. 이 책에서 대부분의 스케치는 INO 확장자를 갖는 하나의 소스 파일로 구성되지만, 스케치는 C/C++ 언어의 프로젝트와 마찬가지로 하나 이상의 파일로 구성될 수 있다. C/C++ 언어로 작성한 프로젝트가 여러 개의 파일로 구성될 때 관련된 모든 파일이 프로젝트 폴더에 저장되는 것처럼 스케치 역시 관련된 모든 파일이 스케치 폴더에 저장된다.

스케치 4.3 myBlink.ino　　　　　　　　　　　　　　　　　　　　　　R3　R4

```
bool state = false;                        // 현재 LED 상태

void setup() {
  Serial.begin(9600);
  pinMode(LED_BUILTIN, OUTPUT);            // 내장 LED 연결 핀을 출력으로 설정
}

void loop() {
  state = !state;                          // LED 상태 반전
  digitalWrite(LED_BUILTIN, state);        // LED 상태 출력

  myDelay(500);
}
```

스케치 4.3을 입력하고 '파일 ➡ 저장' 메뉴 항목 또는 [Ctrl] + [S] 단축키를 선택하면 스케치를 저장할 수 있는 다이얼로그가 나타난다. 이때 스케치가 저장되는 디폴트 폴더가 스케치북 위치다. **스케치를 저장할 때 지정하는 이름은 파일 이름이 아니라 폴더 이름**이라는 점에 주의해야 한다. 스

케치 4.3을 myBlink라는 이름으로 저장하면, 스케치북 폴더에 myBlink라는 이름의 스케치 폴더가 만들어지고 스케치 폴더에 myBlink.ino라는 이름의 스케치 파일이 만들어진다. 스케치를 myBlink.ino라는 이름으로 저장하면 스케치 폴더 이름이 myBlink.ino가 되고 스케치 파일 이름은 myBlink.ino.ino가 되므로 확장자를 입력하면 안 된다.

여러 개의 파일로 구성된 스케치를 확인하기 위해서는 스케치를 구성하는 파일 목록을 확인하는 것이 유용하다. '파일 ➡ 기본 설정...' 메뉴 항목 또는 Ctrl + , 단축키를 선택하여 기본 설정 다이얼로그를 실행하고, 스케치북 위치 아래에 있는 '스케치 내부에 파일 표시' 항목을 선택한다.

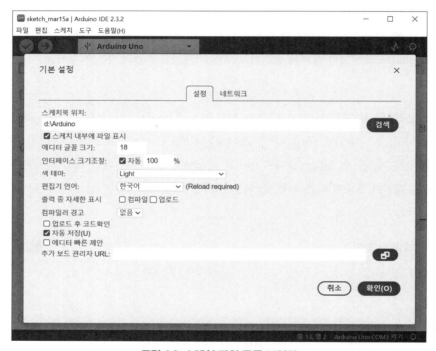

그림 4.9 스케치 파일 목록 보이기

스케치를 저장한 후 스케치북 버튼을 누르면 스케치북 패널에서 스케치북 폴더에 있는 스케치 목록과 스케치를 구성하는 파일 목록을 확인할 수 있다. 스케치 이름 옆에 있는 메뉴 확장 버튼('…')을 누르면 스케치가 저장된 폴더를 파일 탐색기에 보여주는 '폴더 열기'와 선택한 스케치를 새 창으로 보여주는 '새 창에서 스케치 열기' 메뉴를 확인할 수 있다. 그림 4.10에서는 스케치북 폴더에 myBlink라는 하나의 스케치만 있고 myBlink 스케치가 이미 열려 있으므로 '새 창에서 스케치 열기' 메뉴는 선택할 수 없다.

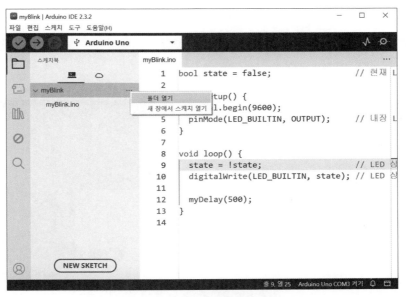

그림 4.10 스케치북 패널의 문맥 메뉴

스케치 4.3에서는 사용자 정의 함수인 myDelay를 사용하고 있지만 myBlink.ino 파일에는 myDelay 함수가 정의되어 있지 않으므로 컴파일 시 오류가 발생한다. myDelay 함수는 myBlink.ino 파일에 정의할 수도 있지만, 별도의 파일로 작성할 수도 있다. 별도 파일로 작성하려면 먼저 스케치 폴더에 새 파일을 만들어야 한다. 편집기 영역 오른쪽 위에 있는 메뉴 확장 버튼('···')을 누르면 스케치에 포함된 파일을 관리할 수 있는 메뉴가 나타난다.

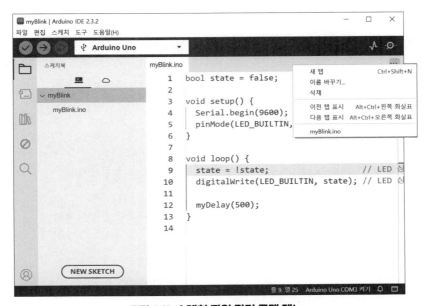

그림 4.11 스케치 파일 관리 문맥 메뉴

'새 탭' 메뉴 항목이나 Ctrl + Shift + N 단축키를 선택하면 스케치에 추가할 파일 이름을 입력하는 다이얼로그가 나타난다.

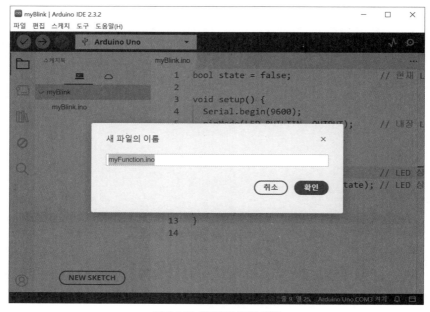

그림 4.12 새 파일 이름 지정

스케치에서 사용할 수 있는 소스 파일은 INO 이외에 C/CPP를 확장자로 가질 수 있으며 확장자를 입력하지 않으면 디폴트로 INO를 확장자로 갖는다. 스케치에는 C/C++ 프로젝트와 마찬가지로 헤더 파일 역시 포함될 수 있고 H 확장자를 갖는 것이 일반적이다. 그림 4.12와 같이 'myFunction.ino'를 입력하고 '확인' 버튼을 누르면 새로운 탭에 myFunction.ino 파일이 열린다. myFunction.ino 파일에 myDelay 함수를 정의한 스케치 4.4를 입력한다. myDelay 함수는 지정한 시간 동안 대기하면서 100밀리초에 한 번씩 시리얼 모니터로 시간 경과를 표시하는 함수다.

스케치 4.4 myFunction.ino `R3` `R4`

```
void myDelay(int ms) {
  int hundreads = ms / 100;              // 100밀리초 단위
  int remain = ms - hundreads * 100;     // 100밀리초 미만의 나머지
  for (int i = 0; i < hundreads; i++) {
    delay(100);
    Serial.print('.');                   // 100밀리초에 한 번씩 출력
  }
  delay(remain);
  Serial.println();
}
```

myBlink 스케치를 업로드하면 0.5초 간격으로 내장 LED가 깜빡이면서 시리얼 모니터로 시간 경과를 나타내기 위해 0.1초에 한 번 도트가 출력되는 것을 확인할 수 있다.

그림 4.13 myBlink 스케치: INO 확장자를 사용하는 소스 코드

4.3.2 보드 관리(💾)

'보드매니저' 버튼은 아두이노 IDE에서 사용할 보드를 관리하기 위해 사용된다. 아두이노 보드는 다양한 마이크로컨트롤러를 사용하여 만들어지며 마이크로컨트롤러에 따라 서로 다른 보드 지원 프로그램이 필요하다. **보드매니저는 아두이노 IDE에 보드 지원 프로그램을 설치하거나 제거할 수 있도록 해준다.**

보드 지원 프로그램을 설치하는 방법은 아두이노 공식 보드와 비공식 보드 사이에 차이가 있다. 공식 보드의 경우 '도구 ➡ 보드 ➡ 보드매니저...' 메뉴 항목, [Ctrl] + [Shift] + [B] 단축키 또는 세로 툴바에서 보드매니저 버튼(💾)을 선택한 후 사용하고자 하는 보드를 검색하여 해당 보드 지원 프로그램을 설치하면 된다. 아두이노 우노 R3의 경우 아두이노 IDE를 설치할 때 보드 지원 프로그램이 함께 설치되므로 아두이노 IDE를 설치만 하면 사용할 수 있다.[2] 하지만 아두이노 우노 R4를 위한 보드 지원 프로그램은 별도로 설치해야 한다. 보드매니저 패널에서 'Arduino UNO

---

2   일부 아두이노 IDE 2 버전에서는 AVR 시리즈 마이크로컨트롤러를 사용하는 아두이노 보드를 위한 지원 프로그램이 설치되지 않을 수 있다. 이때는 보드매니저에서 'Arduino AVR'을 검색하여 보드 지원 프로그램을 설치하면 된다.

R4'를 검색하면 보드 지원 프로그램을 확인할 수 있다. '설치' 버튼을 눌러 보드 지원 프로그램을 설치한 후에는 아두이노 우노 R3와 같은 방법으로 아두이노 IDE에서 사용할 수 있다.

그림 4.14 Arduino UNO R4 보드 지원 프로그램 설치

비공식 보드는 먼저 보드 지원 프로그램을 내려받을 주소를 지정해야 한다. '파일 ➡ 기본 설정...' 메뉴 항목이나 [Ctrl] + [,] 단축키를 선택하여 기본 설정 다이얼로그를 실행하고, 다이얼로그의 추가 보드 관리자 URL에 보드 지원 프로그램을 내려받을 수 있는 주소를 지정한다. 그림 4.15는 ESP32 마이크로컨트롤러에 대한 보드 지원 프로그램을 내려받을 주소를 지정한 예다.

추가 보드 관리자 URL을 2개 이상 지정하기 위해서는 목록 관리 버튼(🔗)을 눌러 추가 보드 관리자 URL 다이얼로그를 실행한 후 한 줄에 하나씩 URL을 기록하면 된다.

추가 보드 관리자 URL을 지정한 후에는 공식 아두이노 보드와 같은 방법으로 비공식 보드를 사용할 수 있다. 아두이노 보드에 따라 필요한 보드 지원 프로그램은 'C:\Users\사용자_이름\AppData\Local\Arduino15\packages'에 설치된다.

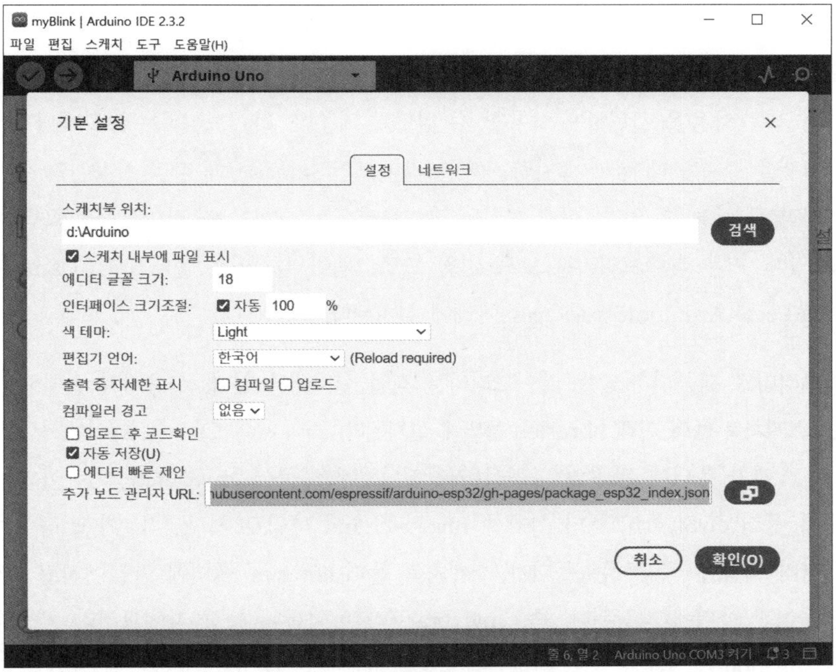

그림 4.15 추가 보드 관리자 URL

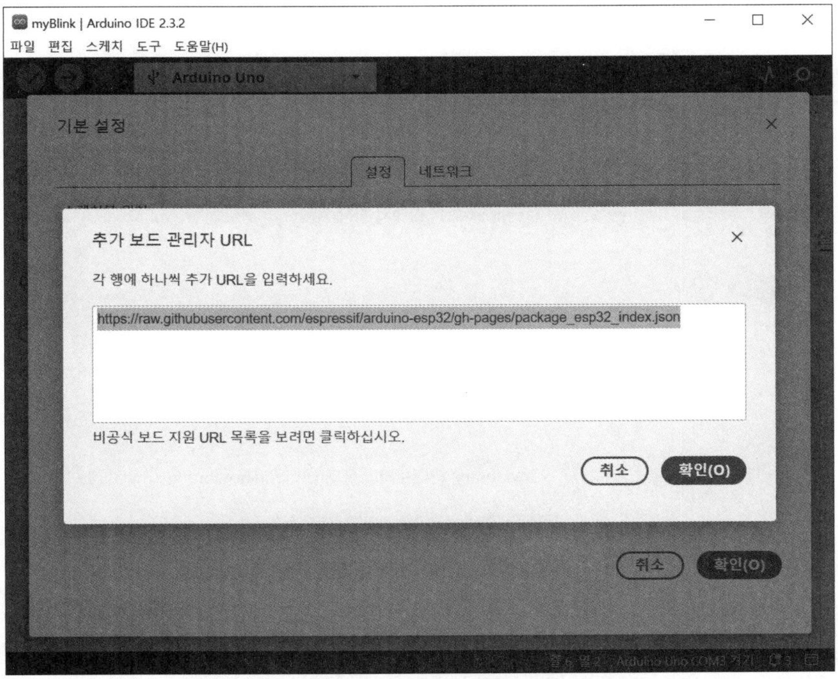

그림 4.16 추가 보드 관리자 URL 다이얼로그

4.3.3 라이브러리 관리(📚)

라이브러리는 재사용 가능한 코드의 모음으로, 아두이노에서는 주변 장치 제어나 마이크로컨트롤러의 특정 기능 사용을 간편하게 사용할 수 있도록 해준다. 라이브러리는 보드매니저에서 보드 지원 프로그램을 설치할 때 함께 설치되는 기본 라이브러리와, 필요에 따라 사용자가 설치하는 확장 라이브러리[3]로 나눌 수 있다. 현재 설치된 라이브러리는 '스케치 ➡ 라이브러리 포함' 메뉴에서 확인할 수 있다. 기본 라이브러리는 보드 지원 프로그램이 설치되는 폴더인 'C:\Users\사용자_이름\AppData\Local\Arduino15\packages' 아래에 설치된다.

기본 라이브러리로 제공되지 않는 라이브러리는 직접 설치해야 한다. 사용자가 설치하는 **확장 라이브러리는 스케치북 폴더 아래 libraries 폴더에 설치된다.** 스케치는 C/C++ 언어에서 프로젝트와 마찬가지로 스케치 폴더에 관련된 파일이 저장된다. 예를 들어 'mySketch'라는 이름의 스케치는 '스케치북_폴더\mySketch' 폴더 아래에 mySketch.ino 파일로 저장된다. 확장 라이브러리 역시 라이브러리 이름에 해당하는 폴더가 '스케치북_폴더\libraries' 폴더에 만들어지고 라이브러리 파일은 만들어진 폴더에 저장된다. 즉, 'myLibrary'라는 이름의 확장 라이브러리는 '스케치북_폴더\libraries\myLibrary' 폴더에 저장된다. 스케치와 비교했을 때 'libraries'라는 폴더가 하나 더 있다는 점 이외에는 같다.

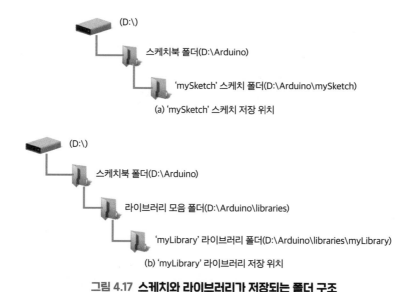

(D:\)
└ 스케치북 폴더(D:\Arduino)
　└ 'mySketch' 스케치 폴더(D:\Arduino\mySketch)

(a) 'mySketch' 스케치 저장 위치

(D:\)
└ 스케치북 폴더(D:\Arduino)
　└ 라이브러리 모음 폴더(D:\Arduino\libraries)
　　└ 'myLibrary' 라이브러리 폴더(D:\Arduino\libraries\myLibrary)

(b) 'myLibrary' 라이브러리 저장 위치

그림 4.17 스케치와 라이브러리가 저장되는 폴더 구조

3　사용자가 설치하는 라이브러리는 사용자 라이브러리 또는 확장 라이브러리라고 부른다. 이 책에서는 아두이노의 기능을 추가한다는 의미에서 확장 라이브러리라는 이름을 사용한다.

확장 라이브러리는 다음과 같은 세 가지 방법으로 설치할 수 있다.

- 라이브러리 매니저에서 검색을 통해 설치한다.
- ZIP 형태로 묶어 제공하는 라이브러리를 아두이노 IDE를 통해 설치한다.
- 내려받은 라이브러리 파일을 라이브러리 폴더에 직접 설치한다.

① 라이브러리 매니저를 통한 설치

툴바의 라이브러리 매니저 버튼(📚), '스케치 ➡ 라이브러리 포함 ➡ 라이브러리 관리...' 메뉴 항목, 또는 Ctrl + Shift + I 단축키를 선택하면 라이브러리 매니저가 실행된다.

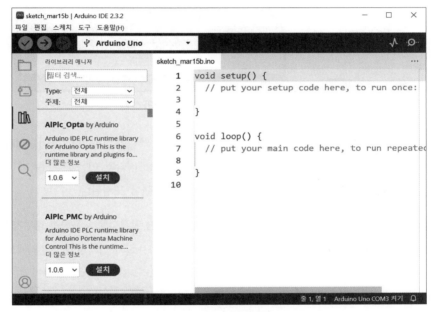

그림 4.18 라이브러리 매니저

검색창을 사용하여 라이브러리를 찾은 후 설치 버튼을 누르면 라이브러리가 설치된다. 라이브러리 검색창에서 'LiquidCrystal'을 검색하여 아두이노에서 제공하는 LiquidCrystal 라이브러리를 선택하고, 설치 버튼(설치)을 눌러 라이브러리를 설치하자.

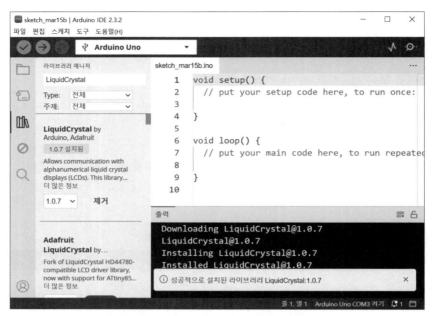

그림 4.19 LiquidCrystal 라이브러리 설치

설치된 라이브러리는 '스케치북_폴더\libraries' 폴더 아래에서 확인할 수 있다. 라이브러리 설치가 완료되면 '스케치 ➡ 라이브러리 포함' 메뉴 아래 설치한 라이브러리의 이름을 갖는 메뉴 항목이 나타나며 라이브러리의 설치 버튼이 제거 버튼(제거)으로 바뀌어 표시된다.

아두이노의 라이브러리는 INO 확장자가 아니라 C/C++의 CPP와 H 확장자를 사용하는 경우가 대부분이다. 라이브러리는 기본적으로 소스 파일(*.CPP)과 헤더 파일(*.H)로 구성되지만, 이 외에도 관련된 파일이 포함될 수 있다. 라이브러리를 구성하는 파일은 라이브러리 폴더 바로 아래에 위치할 수도 있지만, 라이브러리에 따라서는 별도의 src 폴더에 위치하기도 하며 별도의 src 폴더를 두는 것이 추천된다. src 폴더를 사용하기 위해서는 라이브러리의 속성을 나열한 library.properties 파일이 필요하며 LiquidCrystal 라이브러리에서도 라이브러리 속성 파일을 확인할 수 있다. 라이브러리에 흔히 포함되는 파일 중에는 예제 파일이 있다. 예제 파일은 examples 폴더 아래에 예제별로 저장되며, 저장되는 방식은 스케치를 저장하는 방식과 같다.

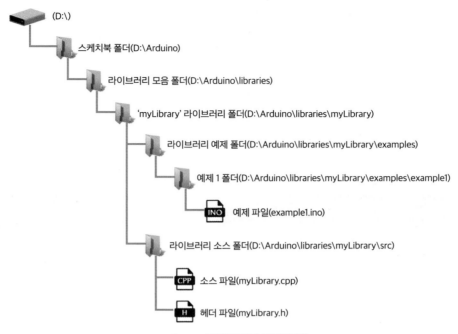

그림 4.20 라이브러리 폴더 구성

라이브러리에서 제공하는 예제는 아두이노 IDE의 '파일 ➡ 예제' 메뉴에서 확인할 수 있다. '파일 ➡ 예제' 메뉴를 선택하면 3개의 예제 그룹을 확인할 수 있다. 아두이노 우노 R3를 선택했다면 '포함된 예제들', 'Arduino Uno에 대한 예', '사용자 정의 라이브러리의 예'라는 3개의 그룹을 확인할 수 있다.

첫 번째 '포함된 예제들built-in examples' 그룹은 아두이노에서 제공하는 기본 예제로 아두이노 IDE 와 함께 설치된다. 아두이노를 처음 사용할 때 살펴본 블링크와 ASCIITable이 여기에 포함된다. 두 번째 'Arduino Uno에 대한 예' 그룹은 보드 지원 프로그램과 함께 설치되는 예제다. 하지만 라이브러리 중 일부는 예제를 제공하지 않을 수 있다. 마지막 '사용자 정의 라이브러리의 예' 그룹이 확장 라이브러리를 설치할 때 설치되는 예제다.

라이브러리가 설치된 후 라이브러리를 사용하기 위해서는 먼저 헤더 파일(*.H)을 포함해야 하며, **'스케치 ➡ 라이브러리 포함' 메뉴에서 사용하고자 하는 라이브러리에 해당하는 메뉴 항목을 선택하면 라이브러리를 사용하는 데 필요한 #include 문이 자동으로 추가된다.**

② ZIP 파일 설치

라이브러리 매니저를 통해 라이브러리를 검색하고 설치하는 것이 가장 간단한 방법이지만 모든 아두이노 라이브러리가 라이브러리 매니저에서 검색되는 것은 아니다. **라이브러리 매니저에서 검색되지 않는 라이브러리는 라이브러리 파일을 내려받아 설치해야 한다.** 이때 내려받은 라이브러리 파일이 ZIP 파일이라면 아두이노 IDE를 통해 설치할 수 있다.

텍스트 LCD를 사용하는 데 필요한 라이브러리를 *.zip 파일로 내려받아 설치해 보자. 먼저 설치하고자 하는 라이브러리 파일을 라이브러리 홈페이지에서 내려받는다.

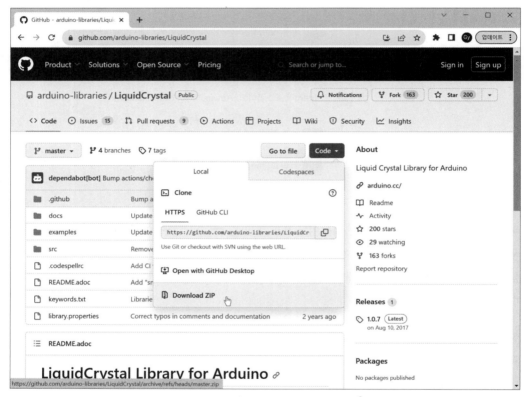

그림 4.21 ZIP 형식 라이브러리 내려받기[4]

아두이노 IDE에서 '스케치 ➡ 라이브러리 포함 ➡ .ZIP 라이브러리 추가...' 메뉴 항목을 선택한 후 내려받은 ZIP 파일을 선택하면 라이브러리가 설치된다.

---

4 https://github.com/arduino-libraries/LiquidCrystal

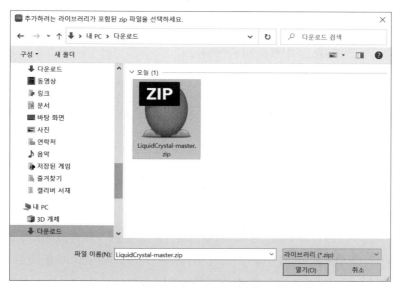

그림 4.22 설치할 ZIP 형식 라이브러리 선택

설치된 라이브러리는 '스케치북_폴더\libraries' 폴더 아래에서 확인할 수 있으며, 설치 방법만 다를 뿐 라이브러리 매니저를 통해 설치한 라이브러리와 같은 구조를 갖고 같은 방법으로 사용할 수 있다.

③ 직접 설치

위의 두 방법이 아두이노 IDE를 통해 라이브러리를 설치하는 방법이라면 아두이노 IDE를 사용하지 않고 라이브러리 파일을 직접 라이브러리 폴더에 복사해서 라이브러리를 설치하는 것도 가능하다.

음높이를 정의하는 pitches.h 파일을 라이브러리 홈페이지[5]에서 내려받자. 위의 두 방법은 아두이노 IDE가 자동으로 라이브러리를 설치하므로 라이브러리가 설치되는 위치를 신경 쓰지 않아도 되지만, 직접 복사해 넣을 때는 위치와 폴더 구조에 주의해야 한다. pitches 라이브러리는 음높이에 해당하는 주파수를 상수로 정의한 라이브러리로, 소스 파일(*.CPP) 없이 헤더 파일(*.H)만으로 구성된다. pitches 라이브러리를 설치하기 위해서는 라이브러리 모음 폴더에 'pitches' 폴더를 만들고, 그 아래에 pitches.h 파일을 복사하면 된다. **라이브러리 매니저를 통한 설치나 ZIP 파일을 사용한 설치 후에는 아두이노 IDE를 다시 시작하지 않아도 라이브러리를 사용할 수 있지만, 라이브러리를 직접 복사해서 설치한 경우에는 아두이노 IDE를 다시 시작해야 라이브러리를 사용할 수 있다.**

---

5   https://gist.github.com/mikeputnam/2820675

그림 4.23 라이브러리 직접 설치

라이브러리를 설치하는 방법에 따라 라이브러리를 제거하는 방법에도 차이가 있다. 라이브러리 매니저를 통해 설치한 라이브러리는 라이브러리 매니저를 통해 제거할 수 있다. 하지만 ZIP 파일을 설치하거나 직접 설치한 경우는 라이브러리 매니저에서 해당 라이브러리를 찾을 수 없으므로 라이브러리 매니저를 사용하여 제거할 수 없다. 이러한 라이브러리를 제거하기 위해서는 설치된 라이브러리 폴더를 삭제하면 된다. 라이브러리 매니저를 통해 설치한 라이브러리 역시 폴더를 삭제하여 라이브러리를 제거할 수 있다. 라이브러리 폴더를 삭제하여 라이브러리를 제거한 후에는 아두이노 IDE를 다시 시작해야 한다.

4.3.4 검색: 찾기와 바꾸기

파일에서 특정 단어를 찾는 것은 흔한 일이다. 아두이노 IDE 2에서는 두 가지 방법으로 검색을 진행할 수 있다. 첫 번째는 '편집 ➡ 찾기' 메뉴 항목 또는 Ctrl + F 단축키를 선택하여 검색을 진행하는 방법이다. 두 번째는 세로 툴바의 검색 버튼을 눌러 진행하는 방법이다. 두 번째 방법으로 찾은 결과는 검색 패널에 표시된다. 첫 번째 방법과 두 번째 방법이 비슷해 보이지만 첫 번째 방법이 현재 편집기에 열려 있는 파일에서 검색을 진행하는 '파일 내에서 검색'이라면, 두 번째 방법은 현재 스케치 폴더 내의 모든 파일에 대해 검색을 진행하는 '파일에서 검색'이라는 차이가 있다.

첫 번째 방법인 파일 내에서 검색을 사용하려면 '편집 ➡ 찾기' 메뉴 항목 또는 Ctrl + F 단축키를 선택했을 때 나타나는 검색창에 검색어를 입력하면 된다. 그림 4.24는 첫 번째 방법으로 `digitalWrite`를 검색한 결과다. 검색창에서는 여러 가지 옵션 설정과 검색 결과를 확인하는 데 사용할 수 있는 버튼이 있다. 검색 후 다음 검색 결과 버튼(↓) 버튼 또는 Enter 키를 누르면 다음 검색 결과로, 이전 검색 결과 버튼(↑) 또는 Shift + Enter 키를 누르면 이전 검색 결과로 이동한다.

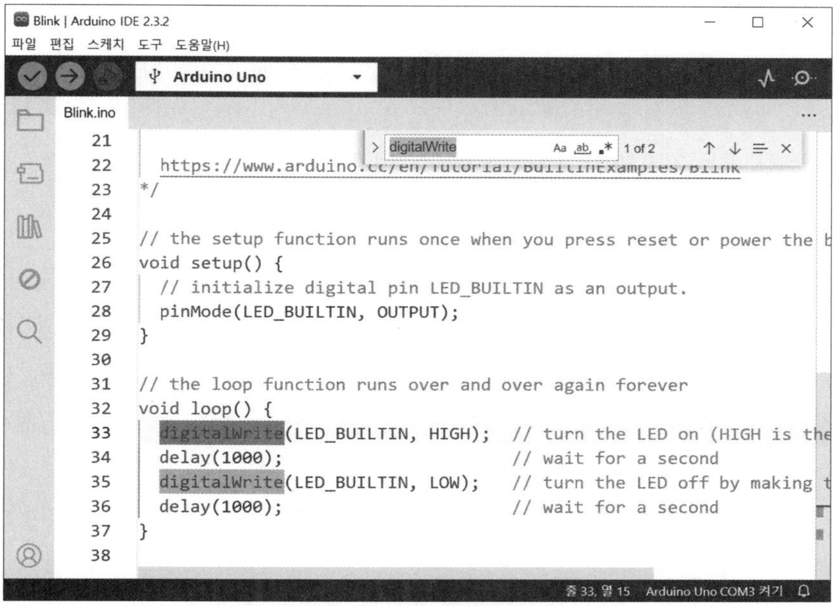

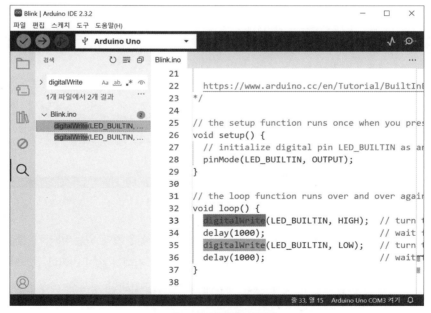

그림 4.24 **파일 내에서 검색**

두 번째 방법인 파일에서 검색을 사용하려면 세로 툴바의 검색 버튼을 누른 후 검색 패널의 검색 창에 검색어를 입력하면 된다. 그림 4.25는 두 번째 방법으로 **digitalWrite**를 찾은 결과로, 검색 패널에 결과가 표시되며 검색 결과 항목을 선택하면 편집기에서 해당 위치로 이동한다.

그림 4.25 **파일에서 검색**

검색 패널에도 여러 가지 옵션 설정과 검색 결과를 확인하는 데 사용할 수 있는 버튼이 있다. 파일 내 검색에서와 가장 크게 다른 점은 검색창 아래에 있는 메뉴 확장 버튼('…')이다. 메뉴 확장 버튼을 누르면 검색에 포함할 파일과 제외할 파일을 입력할 수 있는 창이 나타난다. 디폴트는 모든 파일에서 검색하는 것이지만, 콤마로 분리되는 여러 개의 파일 이름을 입력할 수 있고 와일드 카드도 사용할 수 있다.

바꾸기 역시 파일 내에서 바꾸기와 파일에서 바꾸기의 두 가지 방법을 사용할 수 있다. 첫 번째는 Ctrl + H 단축키를 선택하여 현재 파일에서 바꾸기를 진행하는 방법이다. Ctrl + H 단축키를 눌렀을 때 나타나는 바꾸기 다이얼로그는 '편집 ➡ 찾기' 메뉴 항목 또는 Ctrl + F 단축키를 선택했을 때 나타나는 다이얼로그에서 검색어 입력창 옆에 있는 바꾸기 설정/해제 버튼(〉/〉)을 누른 것과 같다. 바꾸기 다이얼로그에서 바꾸기 버튼(🔁)이나 Enter 키를 누르면 한 번 바꾸기가 실행되고, 모두 바꾸기 버튼(🔁)이나 Ctrl + Alt + Enter 키를 누르면 전체 바꾸기가 실행된다.

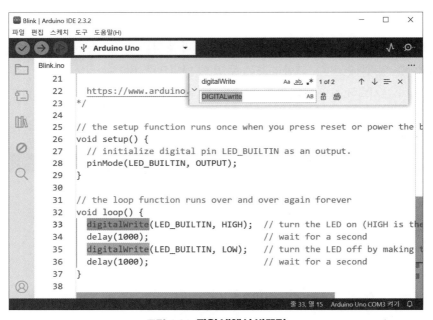

그림 4.26 파일 내에서 바꾸기

두 번째는 세로 툴바의 검색 버튼을 누른 다음 검색어 입력 창 왼쪽에 있는 바꾸기 설정/해제 버튼(〉/〉)을 눌러 바꿀 문자열 입력창을 표시한 후 바꾸기를 진행하는 방법이다. 검색할 단어와 바꿀 단어를 입력하면 검색된 목록이 검색 패널에 표시된다. 검색된 항목에 마우스를 가져가면 항목 오른쪽에 바꾸기 버튼()이 나타나고 바꾸기 버튼을 누르면 현재 항목에 대해 바꾸기가 실행된다. 바꿀 문자열 입력창 옆에 있는 모두 바꾸기 버튼()을 누르면 검색된 모든 항목에 대해 바꾸기가 실행된다.

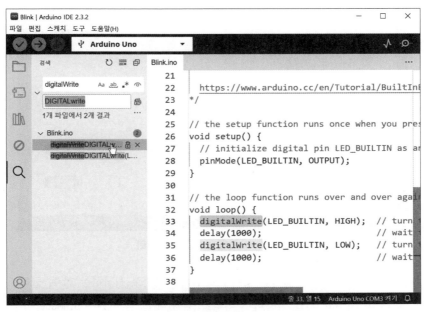

그림 4.27 파일에서 바꾸기

4.4 자동 완성

많은 IDE에서 자동 완성을 지원하고 있으며 아두이노 IDE 2에서 추가된 기능 중 하나가 자동 완성이다. **자동 완성을 사용하기 위해서는 기본 설정 다이얼로그에서 '에디터 빠른 제안'이 선택된 상태여야 한다.**

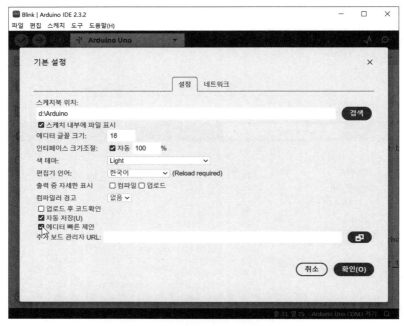

그림 4.28 자동 완성 기능 활성화

자동 완성이 활성화되면 처음 몇 글자만 입력해도 입력한 글자로 시작하는 함수, 클래스, 상수 등의 목록이 나타나고 화살표 키를 사용하여 선택할 수 있다. 그림 4.29는 pinMode 함수를 입력하기 위해 pinM까지만 입력했을 때 나타나는 추천 목록을 보여준다.

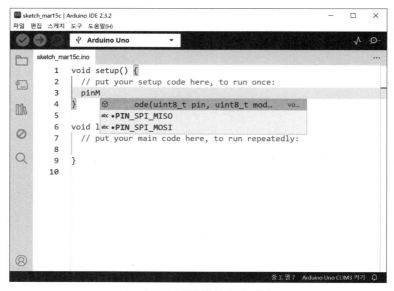

그림 4.29 자동 완성 추천 목록

추천 목록이 나타난 상태에서 ⌜Ctrl⌟ + ⌜Space⌟ 키[6]를 누르면 그림 4.30과 같이 현재 선택된 추천 항목에 관한 간단한 설명이 목록 아래에 나타난다. ⌜Ctrl⌟ + ⌜Space⌟ 키는 기본 설정 다이얼로그에서 '에디터 빠른 제안'을 선택하지 않아 자동 완성 기능이 활성화되지 않은 상태에서도 사용할 수 있다. 일부 단어를 입력한 상태에서 ⌜Ctrl⌟ + ⌜Space⌟ 키를 누르면 그림 4.29와 같이 추천 목록이 나타나고, 다시 ⌜Ctrl⌟ + ⌜Space⌟ 키를 누르면 그림 4.30과 같이 간단한 설명을 볼 수 있다.

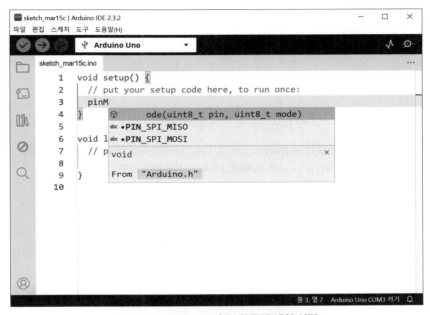

그림 4.30 자동 완성 추천 항목에 대한 설명

목록이 나타나면 목록에서 화살표 키로 항목을 선택한 후 엔터 키를 누르면 선택된 항목이 입력되며 이때 매개변수도 함께 표시된다. 매개변수 위치에서 매개변수 하나를 입력하고 ⌜Tab⌟ 키를 누르면 다음 매개변수로 이동한다.

---

6   윈도우에서 ⌜Ctrl⌟ + ⌜Space⌟ 키는 특수기호 입력에도 사용된다. 따라서 ⌜Ctrl⌟ + ⌜Space⌟ 키가 동작하지 않는다면 ⌜Ctrl⌟ + ⌜I⌟ 키를 사용하면 된다.

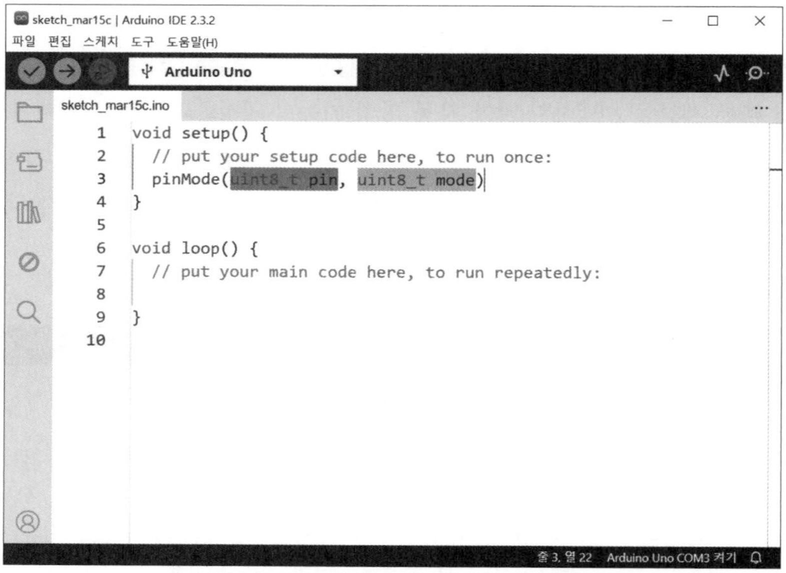

그림 4.31 **추천 목록에서 항목을 선택하여 자동 입력**

자동 완성과는 다르지만, 편리한 기능 중 하나가 함수의 매개변수를 보여주는 기능이다. 그림 4.32 에서 **pinMode**와 여는 괄호('(')까지 입력하면 자동으로 닫는 괄호(')')가 나타나면서 입력해야 할 매개 변수가 표시된다. 아무런 매개변수도 입력하지 않은 상태이므로 첫 번째 매개변수가 강조되어 표시 된다.

그림 4.32 **매개변수 표시: 첫 번째 매개변수 입력 대기**

pinMode 함수는 2개의 매개변수를 가지므로 첫 번째 매개변수로 LED_BUILTIN을 입력하고 콤마까지 입력하면 그림 4.33과 같이 자동으로 두 번째 매개변수를 입력하도록 두 번째 매개변수가 강조되어 표시된다.

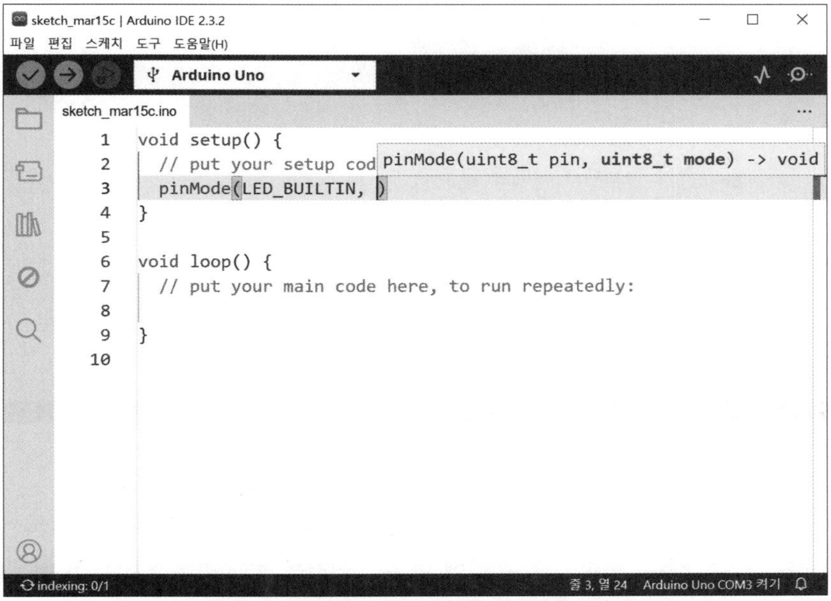

그림 4.33 매개변수 표시: 두 번째 매개변수 입력 대기

함수 입력이 끝난 후 함수 이름 위로 마우스 커서를 가져가면 함수에 대한 정보가 나타난다. 마우스 커서를 특정 단어 위로 가져갔을 때 정보가 표시되는 것은 함수 이름 이외에 상수와 변수에 대해서도 동작한다. 예를 들어, 그림 4.33에서 pinMode 위로 마우스 커서를 가져가면 pinMode 함수에 대한 설명을 볼 수 있다.

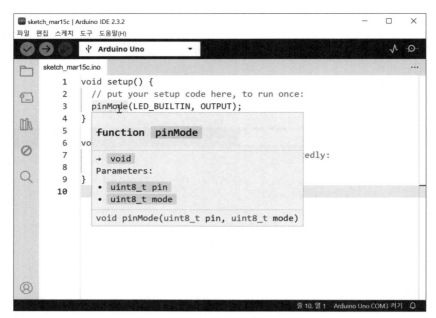

그림 4.34 함수 정보

그림 4.34와 같이 함수 정보를 보여주는 것 이외에 실제 정의를 확인할 수 있는 기능도 있다. 정의를 보고자 하는 함수, 상수, 변수 등의 이름에 마우스 커서를 놓고 마우스 오른쪽 버튼을 누르면 문맥 메뉴가 나타난다. 문맥 메뉴 중 '정의로 이동Go to Definition' 메뉴 항목을 선택하면 선택한 이름에 대한 정의를 확인할 수 있다. Ctrl + F12 단축키를 선택해도 같은 결과를 얻을 수 있지만, 이때는 커서 위치의 단어에 대해 정의를 보여준다. 정의를 보여줄 때 선택한 이름의 정의가 같은 소스 파일 내에 있다면 같은 소스 파일 내에서 커서가 이동한다. 다른 소스 파일 내에 정의가 있다면 정의를 포함하고 있는 소스 파일이 편집기 창에 다른 탭으로 열리고 정의된 위치로 커서가 이동한다.

그림 4.35 정의로 이동 문맥 메뉴

그림 4.36은 그림 4.35에서 pinMode 함수의 정의로 이동한 예를 보여준다. pinMode 함수는 wiring_digital.c 파일에 정의되어 있으므로 wiring_digital.c 파일이 새로운 탭으로 열리고 해당 위치로 커서가 옮겨진다.

```
29    void pinMode(uint8_t pin, uint8_t mode)
30    {
31      uint8_t bit = digitalPinToBitMask(pin);
32      uint8_t port = digitalPinToPort(pin);
33      volatile uint8_t *reg, *out;
34
35      if (port == NOT_A_PIN) return;
36
37      // JWS: can I let the optimizer do this?
38      reg = portModeRegister(port);
39      out = portOutputRegister(port);
40
41      if (mode == INPUT) {
42        uint8_t oldSREG = SREG;
43              cli();
44        *reg &= ~bit;
45        *out &= ~bit;
46        SREG = oldSREG;
```

그림 4.36 함수 정의로 이동하기

정의로 이동하는 다른 방법은 Ctrl 키를 누른 상태에서 마우스 커서를 확인하고자 하는 단어 위로 가져가는 것이다. Ctrl 키를 누른 상태에서 마우스 커서를 단어 위로 가져가면 단어에 링크가 나타나고, 그림 4.37에서 링크를 클릭하면 그림 4.36과 같이 정의로 이동한다.

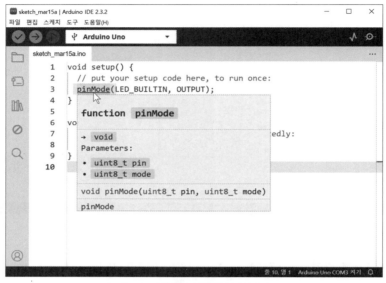

그림 4.37 **정의로 이동하기 위한 링크**

정의를 확인할 수 있는 또 다른 방법은 문맥 메뉴에서 '피킹 ➡ 정의 피킹Peek Definition' 메뉴 항목 또는 Alt + F12 단축키를 선택하는 방법이다.

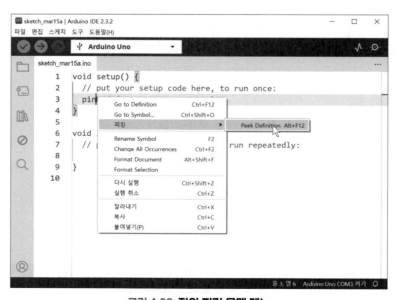

그림 4.38 **정의 피킹 문맥 메뉴**

정의 피킹을 선택하면 현재 편집기 창 내에 팝업창으로 정의를 보여준다. 보여주는 내용은 정의로 이동하는 경우와 같지만, 별도의 탭이 아니라 팝업창으로 보여주고 닫기 버튼이나 Esc 키를 눌러 팝업창을 닫을 수 있다는 점에서 차이가 있다.

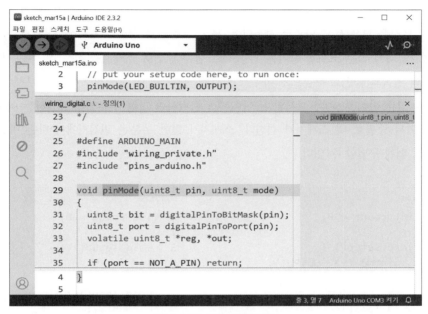

그림 4.39 함수 정의 피킹

4.5 스케치 편집

아두이노 IDE 2는 다른 IDE와 마찬가지로 여러 가지 편집 기능을 제공하고 있다. 스케치 작성 과정에서 추천하는 기능은 '자동 형식' 기능으로 들여쓰기를 맞추기 위해 흔히 사용된다. 스케치는 C/C++ 언어로 작성하며 C/C++ 언어에서 들여쓰기가 필수는 아니다. 하지만 들여쓰기가 된 스케치는 가독성이 높아 스케치 구조를 쉽게 파악할 수 있으므로 지키는 것을 추천한다. 자동 형식 맞춤을 위해서는 '도구 ➡ 자동 형식' 메뉴 항목 또는 Ctrl + T 단축키를 선택하면 된다.

자동 형식 기능이 스케치 작성 과정에서 유용하다면 '주석 처리' 기능은 간단한 디버깅에서 흔히 사용된다. 스케치 일부를 선택하고 '편집 ➡ 주석/주석 삭제' 메뉴 항목 또는 Ctrl + / 단축키를 선택하면 선택한 영역의 모든 줄이 주석으로 처리되거나 주석 처리가 제거된다. 스케치 일부를 선택하지 않고 '편집 ➡ 주석/주석 삭제' 메뉴 항목 또는 [Ctrl] + [/] 단축키를 선택하면 커서가 위치한 한 줄이 주석으로 처리되거나 주석 처리가 제거된다.

스케치가 길어질 때 유용한 기능 중 하나는 스케치를 접는 것이다. C/C++ 언어에서 코드는 하나 이상의 문장을 모은 블록 단위로 작성되며, 블록은 중괄호 쌍으로 표시한다. '코드 접기' 기능은 중괄호 쌍 내에 있는 코드를 숨기는 기능으로, 함수 단위로 스케치를 접는 데 주로 사용된다. 편집기 영역 왼쪽의 줄번호 부분으로 마우스 커서를 가져가면 여는 중괄호가 있는 부분에 스케치를 접을 수 있는 아이콘(∨)이 표시된다. 아이콘을 클릭하면 접힌 부분임을 표시하는 아이콘(>)으로 바뀌면서 중괄호 내 스케치가 접힌다. 스케치가 접힌 부분은 편집기에서 다른 바탕색으로 표시되므로 쉽게 구별할 수 있다.

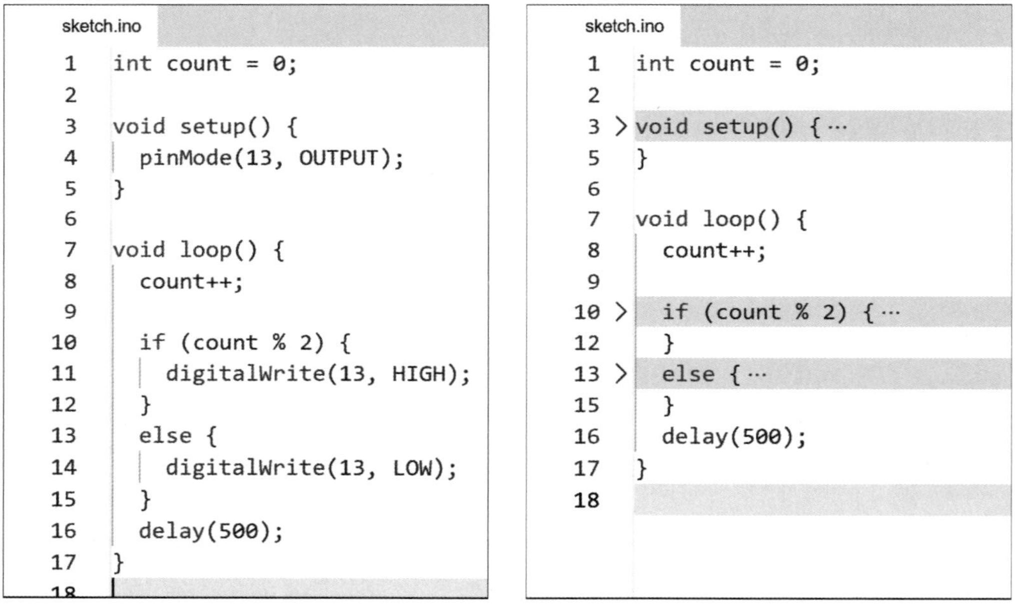

(a) 펼치기   (b) 접기

그림 4.40 스케치 펼치기와 접기

맺는말

아두이노 IDE 2는 첫 번째 정식 버전인 아두이노 IDE 1이 발표된 이후 거의 10년 만에 이루어진 대규모 버전업으로, 이전 버전에 비해 많은 기능이 개선되고 새로운 기능이 추가되었다. 아두이노 IDE 2의 변화 중 외형적으로 가장 큰 변화는 세로 툴바의 추가다. 세로 툴바는 아두이노 IDE를 사용하면서 흔히 사용하는 스케치 관리, 보드 관리, 라이브러리 관리 등의 기능을 별도의 다이얼로그가 아니라 메인 윈도에 통합된 패널을 통해 사용할 수 있도록 해준다. 이 외에 시리얼 모니터가 메인 윈도의 일부로 통합된 것도 아두이노 IDE 2에서 바뀐 부분이다.

디버깅이 추가됐다는 점도 아두이노 IDE 2에서의 큰 변화다. 하지만 AVR 시리즈 마이크로컨트롤러를 사용하는 아두이노 보드는 디버깅을 지원하지 않는다. 아두이노 우노 R4를 포함하여 디버깅을 지원하는 아두이노 보드 역시 디버깅을 위해서는 별도의 장치가 필요하므로 이 책에서는 다루지 않았다.

아쉬운 점이 있기는 하지만 아두이노 IDE 2는 이전 버전에 비해 다양한 기능이 추가되고 기존 기능이 개선되어 스케치 작성에 유용하게 사용할 수 있다. 아직 개선해야 할 점들이 눈에 띄지만 향후 업데이트를 통해 더욱 편리하고 효율적인 IDE로 거듭날 것으로 기대한다.

1 아두이노 IDE 2는 색 테마를 바꿀 수 있다. '파일 ➡ 기본 설정...' 메뉴 항목 또는 Ctrl + , 단축키를 선택하면 나타나는 기본 설정 다이얼로그에서 '색 테마' 펼침 메뉴를 선택하면 아두이노 IDE 2에서 제공하는 기본 색 테마를 확인할 수 있다. 아두이노 IDE 2의 기본 색 테마 이외에 다른 색 테마를 설치하여 사용하는 것도 가능하다. 아두이노 IDE 2는 Eclipse Theia IDE Framework를 바탕으로 만들어졌고 비주얼 스튜디오 코드Visual Studio Code 역시 마찬가지이므로 비주얼 스튜디오 코드를 위한 색 테마를 아두이노 IDE 2에서 사용할 수 있다. 다만 아두이노 IDE 2에 새로운 색 테마를 설치하는 기능이 없으므로 다음의 순서에 따라 색 테마를 직접 설치해야 한다. 또한 아두이노 IDE 2는 비주얼 스튜디오 코드보다 구성이 간단하므로 비주얼 스튜디오 코드를 위한 테마 중 일부만 사용할 수 있다. 새로운 색 테마를 설치하여 사용해 보자.

① https://marketplace.visualstudio.com에서 'theme'을 검색하여 설치하려는 테마를 선택한다.

② 선택한 테마를 클릭한 후 'Download Extension'을 선택하여 테마 파일을 내려받는다. 내려받은 파일은 압축 파일로 VSIX 확장자를 갖는다.

③ 'C:\Users\사용자_이름\.arduinoIDE' 디렉터리에 plugins 폴더를 만들고, 그 아래에 원하는 이름으로 테마 폴더를 만든다. 즉, 테마 파일을 설치할 디렉터리는 'C:\Users\사용자_이름\.arduinoIDE\plugins\테마_이름'이 된다.

④ 테마 폴더에 내려받은 VSIX 파일의 압축을 해제한다. 압축 해제를 위해서는 VSIX 확장자를 ZIP으로 수정한 후 압축을 해제하면 된다.

⑤ 아두이노 IDE를 다시 실행하고, 기본 설정 다이얼로그에서 색 테마를 선택한다.

2 아두이노 스케치를 작성하는 데는 아두이노 IDE가 주로 사용된다. 아두이노 IDE는 쉽고 간단하게 스케치를 작성할 수 있도록 해주지만, 다른 통합개발환경과 비교하면 많은 기능을 제공하지 않는 것이 사실이다. 아두이노 IDE 대신 사용할 수 있는 IDE 중 하나가 비주얼 스튜디오 코드다. 비주얼 스튜디오 코드는 확장 프로그램을 설치하여 다양한 프로그래밍 언어를 위한 통합개발환경으로 사용할 수 있으며, 아두이노 역시 지원한다. 비주얼 스튜디오 코드와 'Arduino for Visual Studio Code' 확장 프로그램을 설치하여 아두이노 스케치를 작성하고 업로드해 보자.

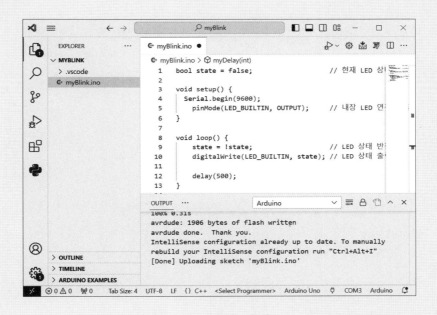

아두이노 기본 클래스

아두이노에서 스케치를 쉽게 작성할 수 있는 이유 중 하나는 마이크로컨트롤러 제어를 위한 저수준의 코드를 라이브러리로 추상화해서 제공하기 때문이며 추상화된 코드는 클래스 라이브러리로 제공되는 경우가 대부분이다. 라이브러리 중에서도 컴퓨터 및 주변 장치와의 시리얼 통신을 담당하는 Serial 클래스, 문자열을 다루는 String 클래스는 대부분의 스케치에서 사용할 정도로 흔히 사용되며 헤더 파일을 포함하지 않아도 사용할 수 있으므로 기본 클래스라고 불린다. 이 장에서는 아두이노의 기본 클래스인 Serial 클래스와 String 클래스의 사용 방법을 알아본다.

이 장에서
사용할 부품

아두이노 우노 R3 × 1

아두이노 우노 R4 × 1 ➡ 미니마 또는 와이파이

5.1 기본 클래스

아두이노 스케치는 C/C++ 언어를 사용하지만 C/C++ 언어보다 쉽게 스케치를 작성할 수 있는 이유는 스케치의 구조와 추상화된 라이브러리 때문이다. 스케치는 C/C++ 언어로 작성하므로 스케치에도 C/C++ 언어에서 실행 시작 위치를 나타내는 main 함수가 반드시 필요하다. 하지만 스케치는 setup과 loop 함수로만 구성되어 있고 main 함수는 숨겨져 있다. 이처럼 main 함수를 숨기는 것은 스케치의 실행 순서를 직관적으로 이해할 수 있도록 있도록 하기 위해서다. 숨겨진 main 함수는 컴파일 과정에서 setup 및 loop 함수와 연결되어 실행 파일이 만들어진다.

스케치의 구조보다 더 중요한 것이 아두이노의 라이브러리다. **아두이노 라이브러리는 아두이노 보드에 사용된 마이크로컨트롤러의 기본 기능을 추상화한 아두이노 함수와 마이크로컨트롤러의 고급 기능이나 주변 장치 제어를 추상화한 클래스로 나눌 수 있다.** 아두이노 함수에는 마이크로컨트롤러의 기본 기능인 아날로그 및 디지털 데이터 입출력 함수가 포함된다. 아두이노 함수를 라이브러리라고 이야기하지 않는 경우가 많은 이유는 아두이노 함수를 사용하기 위해 함수 선언이나 헤더 파일이 필요하지 않기 때문이다. C/C++ 언어에서 함수를 사용하기 위해서는 함수를 사용하기 이전에 선언이나 정의가 필요하며 이를 위해 헤더 파일로 포함하는 경우가 대부분이지만, **아두이노에서는 main 함수를 숨기는 것처럼 아두이노 함수를 사용하기 위한 과정을 숨기고 있다.** 따라서 아무런 준비 과정 없이 아두이노 함수를 바로 사용할 수 있으며 이 때문에 스케치를 작성하는 데 사용하는 언어가 C/C++ 언어가 아닌 다른 언어라는 오해를 하곤 한다. 하지만 **스케치는 C/C++ 언어를 사용하여 작성하며 복잡하고 번거로운 작업을 아두이노에서 대신 해줄 뿐이다.**

아두이노에서 라이브러리라고 부르는 것은 클래스로 구성된 클래스 라이브러리를 가리키는 경우가 대부분이다. 물론 일부 라이브러리는 클래스 없이 함수만으로 구성되거나 pitches 라이브러리처럼 상수로만 구성되기도 한다. 아두이노 라이브러리는 아두이노 IDE와 함께 설치되는 기본 라이브러리와 별도로 설치해서 사용하는 확장 라이브러리가 있다. 기본 라이브러리는 헤더 파일의 포함 여부에 따라 다시 두 가지로 나눌 수 있다. C/C++ 언어에서 함수를 사용하기 위해 헤더 파일이 필요한 것처럼 클래스를 사용하기 위해서도 헤더 파일이 필요하다. 하지만 기본 라이브러리 중 일부는 헤더 파일을 포함하지 않고도 사용할 수 있으며 이를 기본 클래스라고 한다. 시리얼 통신을 담당하는 Serial 클래스와 문자열을 다루는 String 클래스가 기본 클래스로, 두 클래스는 스케치에서 흔히 사용되는 클래스라는 의미이기도 하다.

main 함수 없이 스케치를 컴파일할 수 없지만 컴파일 과정에서 아두이노가 숨겨진 main 함수를 스케치에 연결하므로 main 함수 없이 스케치를 작성할 수 있는 것처럼 보인다. 라이브러리를 사용하기 위해서도 헤더 파일을 포함해야 하지만 기본 클래스에 해당하는 라이브러리는 컴파일 과정에서 아두이노가 헤더 파일을 자동으로 포함하므로 헤더 파일 없이 클래스를 사용할 수 있는 것처럼 보일 뿐이다.

Serial 클래스는 하드웨어로 지원되는 시리얼 통신을 담당하는 클래스로, 아두이노 보드의 USB 커넥터를 통해 사용할 수 있는 시리얼 통신을 담당한다. 이때 주의해야 할 점은 **아두이노 우노 R3에서 Serial 클래스는 UART 시리얼 통신을 담당하지만 아두이노 우노 R4에서 Serial 클래스는 USB 시리얼 통신을 담당한다**는 점이다. 하지만 Serial 클래스가 컴퓨터와의 시리얼 연결에 사용된다는 점에서 같은 기능을 제공하므로 아두이노 우노 R3와 R4에서 Serial이라는 같은 이름을 사용하고 있다.

Serial이 클래스 이름이 아닌 객체 이름이라는 점도 기억해야 한다. 아두이노 우노 R3에서 Serial 은 HardwareSerial 클래스의 객체다. 반면 아두이노 우노 R4에서 Serial은 HardwareSerial 클래스를 상속한 _SerialUSB 클래스의 객체다. 이처럼 Serial은 객체 이름이지만 클래스라고 이야기하는 이유는 하드웨어로 지원되는 시리얼 통신을 담당하기 때문이다. 아두이노 우노 R3에서 UART 시리얼 통신을 위한 포트는 하나뿐이고, 아두이노 우노 R4에서 USB 시리얼 통신을 위한 포트 역시 하나뿐이다. 즉, 클래스로 생성할 수 있는 객체는 하나뿐이므로 클래스와 객체를 구별하지 않고 사용하고 있다. **아두이노에서는 유일한 객체로 Serial을 미리 생성해 두고 있으므로 별도로 객체를 생성할 필요가 없다.**

String은 Serial과 달리 클래스의 이름이다. Serial은 하드웨어로 지원되는 시리얼 통신 포트에 대응되며 하드웨어 포트의 수는 하나뿐이다. 하지만 문자열을 다루는 String 클래스는 필요에 따라 원하는 만큼의 객체를 생성하여 사용할 수 있으며 이는 정수형 변수를 원하는 만큼 선언하여 사용할 수 있는 것과 같다.

5.2 UART와 USB 시리얼 통신

Serial 클래스는 하드웨어로 지원되는 시리얼 통신을 담당하는 클래스로, 아두이노 보드의 USB 커넥터를 통한 컴퓨터와의 연결에 사용된다. 아두이노 보드를 컴퓨터와 연결하는 경우는 두 가지인데, 첫 번째가 스케치를 업로드하는 경우이고 두 번째가 컴퓨터와 시리얼 통신으로 데이터를 주고받는 경우다. 스케치를 업로드하는 경우 역시 시리얼 통신으로 실행 파일이라는 특별한 데이터를 보내는 방법이지만, 스케치로 제어할 수 없으므로 Serial 클래스를 사용하지는 않는다.

컴퓨터와 아두이노 보드를 연결할 때 컴퓨터는 USB 시리얼 통신을 사용한다. 하지만 아두이노 우노 R3에 사용된 ATmega328 마이크로컨트롤러는 USB 시리얼 통신을 지원하지 않으므로 컴퓨터와 ATmega328 마이크로컨트롤러를 직접 연결할 수 없다. 따라서 아두이노 우노 R3에는 컴퓨터의 USB 시리얼 통신과 ATmega328 마이크로컨트롤러의 UART 시리얼 통신을 변환하기 위해 ATmega16u2 마이크로컨트롤러가 포함되어 있다. ATmega16u2 마이크로컨트롤러는 ATmega328 마이크로컨트롤러와 같은 AVR 시리즈 마이크로컨트롤러로 USB 시리얼 통신을 지원한다. 따라서 정확하게 이야기하자면 **아두이노 우노 R3에서 Serial 클래스는 ATmega328 마이크로컨트롤러의 UART 시리얼 통신을 담당하는 클래스로, ATmega328 마이크로컨트롤러와 ATmega16u2 마이크로컨트롤러 사이의 UART 시리얼 통신을 담당한다.**

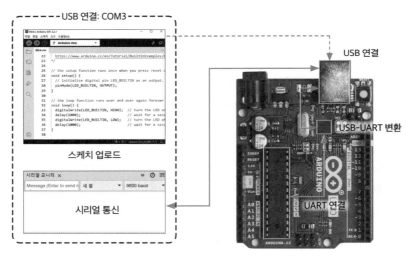

그림 5.1 **아두이노 우노 R3에서 Serial 클래스**

아두이노 우노 R4에 사용된 RA4M1 마이크로컨트롤러는 ATmega328 마이크로컨트롤러와 달리 USB 시리얼 통신을 지원하므로 컴퓨터에 직접 연결할 수 있다. 즉, **아두이노 우노 R4에서 Serial 클래스는 RA4M1 마이크로컨트롤러의 USB 시리얼 통신을 담당하는 클래스로 RA4M1 마이크로컨트롤러와 컴퓨터 사이의 USB 통신을 담당한다.**

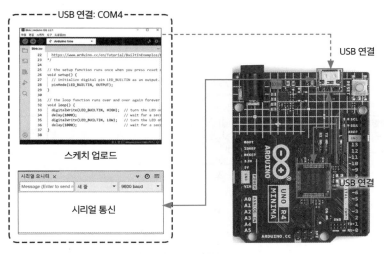

그림 5.2 아두이노 우노 R4에서 Serial 클래스

이처럼 아두이노 우노 R3와 R4에서 Serial 클래스는 UART와 USB라는 서로 다른 시리얼 통신을 담당하지만, 그림 5.1과 그림 5.2에서 알 수 있듯이 **서로 다른 시리얼 통신을 같은 목적으로 사용하고 있으므로 Serial이라는 같은 이름을 사용하고 있다.** 표 5.1은 아두이노 우노 R3와 R4에서 Serial을 비교한 것이다.

표 5.1 아두이노 우노 R3와 R4에서 Serial 비교

항목	아두이노 우노 R3	아두이노 우노 R4
실제 클래스 이름	HardwareSerial 클래스의 유일한 객체	HardwareSerial 클래스를 상속한 _SerialUSB 클래스의 유일한 객체
담당하는 시리얼 통신	UART	USB
연결 대상	ATmega16u2 마이크로컨트롤러	컴퓨터

UART와 USB 시리얼 통신은 모두 4개의 연결선을 기본으로 하며 이 중 2개는 데이터 선, 2개는 전원선 (VBUS 또는 VCC, GND)에 해당한다. UART 시리얼 통신 커넥터는 4개의 연결선을 사용한다는 점을 제외하면 커넥터 형태와 핀 배열이 표준화되어 있지 않지만, USB 시리얼 통신 커넥터는 표준화되어 있다. UART 시리얼 통신에서 2개의 데이터 연결선은 RX$_{receive}$ 또는 RXD$_{receive\,data}$로 수신을, TX$_{transmit}$ 또는 TXD$_{transmit\,data}$로 송신을 나타낸다. USB 시리얼 통신에서 2개의 데이터 연결선은 각각 D+와 D-라고 하며 신호 전압을 그 차이(D+ - D-)로 나타낸다. 즉, 2개의 연결선이 함께 송신 또는 수신에 사용된다. 그림 5.3은 컴퓨터와 아두이노 보드에서 사용하는 USB 커넥터의 핀 배열을 나타낸 것이다. 타입 A와 B는 4개의 핀으로 구성되어 있지만, 타입 C의 경우 방향성

없는 연결과 추가 기능을 지원하기 위해 24개의 핀으로 구성되어 있다. 그림 5.3에서 타입 C 커넥터는 다른 타입과 호환되는 핀만 표시했다.

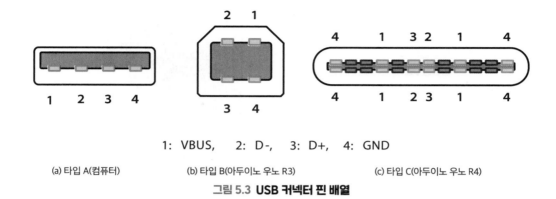

1: VBUS,   2: D-,   3: D+,   4: GND

(a) 타입 A(컴퓨터)   (b) 타입 B(아두이노 우노 R3)   (c) 타입 C(아두이노 우노 R4)

그림 5.3 USB 커넥터 핀 배열

UART와 USB 시리얼 통신에서 2개의 데이터 선이 다른 방식으로 사용되므로 연결하는 방식에서도 차이가 있다. **UART 시리얼 통신에 데이터 선은 송신과 수신을 나타내므로 두 장치를 연결할 때 송신 (TX)과 수신(RX)을 교차해서**cross **연결해야 한다.** 반면 **USB 시리얼 통신에서는 전압 차이로 데이터를 나타내므로 직접**direct **연결한다.**

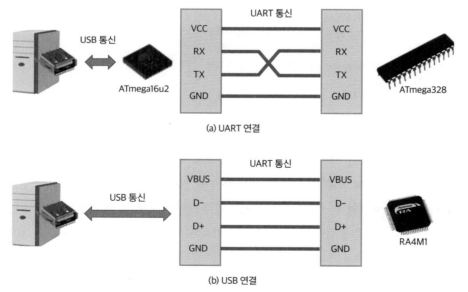

(a) UART 연결

(b) USB 연결

그림 5.4 UART와 USB 시리얼 통신의 핀 연결

5.3 Serial 클래스

아두이노 우노에서 Serial 클래스는 UART 또는 USB 시리얼 통신을 담당하는 클래스로, 아두이노 보드의 USB 커넥터를 통해 컴퓨터와의 연결에 주로 사용된다. 아두이노 우노 R3에서 Serial은 UART 시리얼 통신을, 아두이노 우노 R4에서 Serial은 USB 시리얼 통신을 담당하지만 지원하는 기능은 같다. 또한 아두이노 우노 R3에서 Serial은 HardwareSerial 클래스의 유일한 객체이고, 아두이노 우노 R4에서 Serial은 HardwareSerial 클래스를 부모 클래스로 하는 _SerialUSB 클래스의 유일한 객체이므로 같은 멤버 함수로 UART와 USB 시리얼 통신을 수행할 수 있다. Serial 클래스를 사용하여 컴퓨터로 데이터를 전송하기 위해서는 다음과 같은 함수가 사용된다.

■ begin

```
void Serial::begin(unsigned long baud)
    - 매개변수
        baud: 통신 속도, 보율baud rate
    - 반환값: 없음
```

시리얼 통신을 초기화한다. 매개변수인 baud는 통신 속도를 나타내며 저속 통신에서는 9,600보율, 고속 통신에서는 115,200보율이 흔히 사용된다.

■ if(Serial)

시리얼 포트가 준비되었는지 검사하여 준비되었으면 true를, 그렇지 않으면 false를 반환한다. 아두이노 우노 R3는 UART 시리얼 통신을 사용하며 항상 true를 반환한다. 아두이노 우노 R4는 USB 시리얼 통신을 사용하며 USB 시리얼 통신 방식에는 키보드나 마우스 같은 장치를 지원하는 HIDHuman Interface Device, 시리얼 통신에 사용되는 CDCCommunication Device Class 등이 포함된다. 따라서 아두이노 우노 R4에서는 begin 함수로 시리얼 포트를 초기화한 이후 USB CDC 포트가 준비되었는지 if(Serial) 검사를 통해 확인해야 한다.

- **print**

size_t Serial::print(value, format)[1]
  – 매개변수
    value: 출력값(char, char 배열, String, 정수, 실수 등)
    format: 출력 형식
  – 반환값: 시리얼 포트로 출력된 바이트 수

- **write**

size_t Serial::wirte(uint8_t ch)
  – 매개변수
    ch: 출력할 바이트 단위 데이터
  – 반환값: 시리얼 포트로 출력된 바이트 수

Serial 객체가 초기화된 후 **데이터 송신을 위해서는 문자열 기반의 print 및 println 함수와 이진 데이터 기반의 write 함수를 사용한다.** println 함수는 전송되는 문자열 끝에 '\r\n'의 개행문자를 추가한다는 점을 제외하면 print 함수와 같다. print 함수는 인자로 주어지는 내용을 문자열로 변환하여 출력하며 문자와 문자열 이외에 정수와 실수 역시 문자열로 변환하여 출력한다. 반면 **write** 함수는 바이트 단위로만 출력할 수 있다. 정수 65를 **print** 함수를 사용하여 출력하면 정수 65는 문자열 "65"로 변환되고 변환된 2바이트의 문자열이 전달되므로 시리얼 모니터에는 문자열 "65"가 출력된다. 반면 정수 65를 write 함수로 출력하면 시리얼 모니터에는 65에 해당하는 아스키 문자인 'A'가 출력된다.

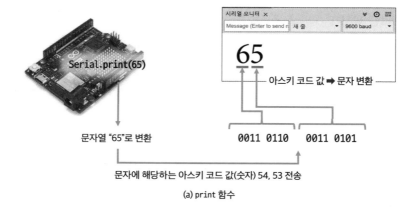

(a) print 함수

---

1   print에는 매개변수의 데이터 타입에 따라 10개가 넘는 멤버 함수가 오버로딩(overloading)되어 있으므로 매개변수의 데이터 타입을 표시하지 않았다.

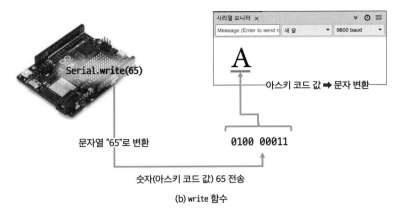

(b) write 함수

그림 5.5 print와 write 함수의 동작

스케치 5.1은 print 및 write 함수를 사용하여 다양한 종류의 데이터를 시리얼 모니터로 출력하는 예다.

스케치 5.1 print 함수와 write 함수   R3   R4

```
void setup() {
  Serial.begin(9600);                       // 시리얼 포트 초기화
  while (!Serial);                           // 시리얼 포트가 준비될 때까지 대기

  Serial.print("String  : ");
  Serial.println("Test String");            // 문자열 출력

  Serial.print("Char    : ");
  Serial.println('c');                      // 문자 출력

  Serial.print("Integer : ");
  Serial.println(123);                      // 정수 출력

  Serial.print("Float   : ");
  Serial.println(3.14);                     // 실수 출력

  byte data = 65;
  Serial.println();
  Serial.print("Output \'65\' with print : ");
  Serial.println(data);                     // print 함수

  Serial.print("Output \'65\' with write : ");
  Serial.write(data);                       // write 함수
}

void loop() {
}
```

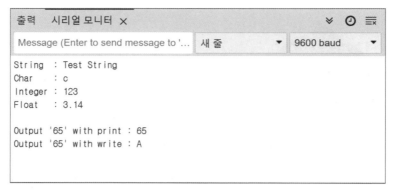

그림 5.6 **스케치 5.1 실행 결과**

print 함수로 숫자를 출력하면 먼저 문자열로 변환되며, 이때 두 번째 매개변수로 옵션을 지정할 수 있다. 지정할 수 있는 옵션은 정수의 경우 진법을, 실수의 경우 소수점 이하 자릿수를 지정할 수 있다. 디폴트 값은 정수를 십진수로 출력하고 실수를 소수점 이하 두 자리로 출력한다. 진법 지정을 위해서는 미리 정의된 상수인 BIN_{Binary}, OCT_{Octal}, DEC_{Decimal}, HEX_{Hexadecimal} 중 하나를 사용할 수 있다. 스케치 5.2는 정수의 진법을 지정하여 출력하고, 실수의 소수점 이하 자릿수를 지정하여 출력하는 방법을 보여준다.

스케치 5.2 **정수 및 실수 출력에서 옵션 설정**   R3   R4

```
void setup() {
  Serial.begin(9600);                    // 시리얼 포트 초기화
  while (!Serial);                       // 시리얼 포트가 준비될 때까지 대기

  int n = 1234;
  float f = 3.14159;

  Serial.println(n, BIN);                // 2진수
  Serial.println(n, OCT);                // 8진수
  Serial.println(n, DEC);                // 10진수. 디폴트 값으로 DEC는 생략 가능
  Serial.println(n, HEX);                // 16진수

  Serial.println();
  for(int i = 1; i < 6; i++) {
    Serial.println(f, i);                // 소수점 이하 자릿수 지정
  }
}

void loop() {
}
```

그림 5.7 스케치 5.2 실행 결과

Serial 클래스는 컴퓨터로 데이터를 송신하는 함수(print, write)와 함께 컴퓨터에서 보내온 데이터를 수신하는 데 필요한 함수를 제공하고 있다.

■ available

> int Serial::available(void)
> - 매개변수: 없음
> - 반환값: 시리얼 통신 수신 버퍼에 저장된 데이터의 바이트 수

시리얼 통신을 통해 수신하여 수신 버퍼에 저장된 데이터의 바이트 수를 반환한다. 수신 버퍼는 원형 버퍼circular buffer로, 수신 데이터를 자주 확인하지 않으면 수신된 데이터가 손실될 수 있다.

■ peek

> int Serial::peek(void)
> - 매개변수: 없음
> - 반환값: 시리얼 통신 수신 버퍼의 첫 번째 바이트 데이터 또는 -1

수신 버퍼에서 1바이트의 데이터를 읽어 반환한다. read 함수와 달리 peek 함수는 수신 버퍼에서 데이터를 삭제하지 않는다.

■ read

> int Serial::read(void)
> - 매개변수: 없음
> - 반환값: 시리얼 통신 수신 버퍼의 첫 번째 바이트 데이터 또는 -1

수신 버퍼에서 1바이트의 데이터를 읽어 반환한다. peek 함수와 달리 read 함수는 수신 버퍼에서 데이터를 삭제한다.

스케치 5.3은 시리얼 모니터에 입력한 문자를 아두이노에서 수신하고 수신된 문자 중 알파벳 대문자는 소문자로, 소문자는 대문자로 바꾸어 컴퓨터로 다시 전송하는 예다. 알파벳 이외의 문자는 그대로 재전송한다. 시리얼 모니터에서 입력창에 문자열을 입력하고 엔터 키를 누르면 아두이노로 전송되고, 아두이노에서 대소문자를 변경한 결과가 다시 컴퓨터로 보내져 시리얼 모니터의 출력창에 나타난다.

스케치 5.3 시리얼 데이터 송수신   R3 R4

```
void setup() {
  Serial.begin(9600);                    // 시리얼 포트 초기화
  while (!Serial);
}

void loop() {
  if (Serial.available() > 0) {          // 데이터 수신 여부 확인
    byte readData = Serial.read();       // 바이트 단위로 읽기
    byte writeData;

    if (readData >= 'a' && readData <= 'z') {
      writeData = readData - 'a' + 'A';  // 소문자를 대문자로 변환
    }
    else if (readData >= 'A' && readData <= 'Z') {
      writeData = readData - 'A' + 'a';  // 대문자를 소문자로 변환
    }
    else {
      writeData = readData;              // 알파벳 문자 이외에는 그대로 둠
    }

    Serial.write(writeData);             // 변환된 문자를 컴퓨터로 재전송
  }
}
```

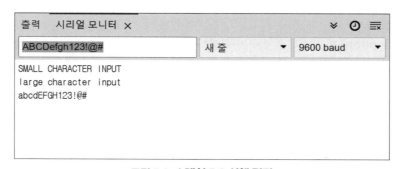

그림 5.8 스케치 5.3 실행 결과

Serial 클래스의 멤버 함수는 아니지만, 아두이노 우노 R3에서만 사용할 수 있는 시리얼 통신 관련 함수에 serialEvent 함수가 있다. **serialEvent 함수는 수신 버퍼에 수신된 데이터가 존재하면 자동으로 호출된다.** 스케치 5.4는 스케치 5.3과 같은 동작을 하는 스케치를 serialEvent 함수를 사용하여 구현한 것이다. 스케치 5.4의 loop 함수에는 데이터 수신을 확인하거나 처리하는 문장이 없지만, serialEvent 함수에서 수신된 데이터를 자동으로 처리한다. 스케치 5.4의 실행 결과는 스케치 5.3의 실행 결과와 같다.

스케치 5.4 serialEvent 함수 사용　　`R3`

```
void setup() {
  Serial.begin(9600);                        // 시리얼 포트 초기화
  while (!Serial);
}

void loop() {
}

// 수신 버퍼에 수신된 데이터가 존재하면 자동으로 호출됨
void serialEvent() {
  byte readData = Serial.read();             // 바이트 단위로 읽기
  byte writeData;

  if (readData >= 'a' && readData <= 'z') {
    writeData = readData - 'a' + 'A';        // 소문자를 대문자로 변환
  }
  else if (readData >= 'A' && readData <= 'Z') {
    writeData = readData - 'A' + 'a';        // 대문자를 소문자로 변환
  }
  else {
    writeData = readData;                    // 알파벳 문자 이외에는 그대로 둠
  }

  Serial.write(writeData);                   // 변환된 문자를 컴퓨터로 재전송
}
```

5.4　String 클래스

String 클래스는 문자열을 다루기 위한 클래스다. C 언어에서 문자열을 다룰 수 있는 데이터 타입이 없으므로 문자 배열을 이용하여 문자열을 다룬다. 문자 배열로 문자열을 다룰 수는 있지만 문

자 단위로 조작해야 하므로 사용이 번거롭고, 문자열 길이가 정해져 있지 않아 메모리 관리에 주의가 필요하다. 이러한 단점을 보완하기 위해 C++ 언어에서는 문자열을 위한 클래스를 제공하고 있으며, 아두이노에서도 문자열을 위한 String 클래스를 사용할 수 있다. String 클래스는 문자열 생성은 물론 생성 후 연결, 비교, 찾기, 바꾸기 등 다양한 작업을 간편하게 처리할 수 있도록 해준다. String 클래스가 문자 배열보다 많은 메모리를 사용한다는 것은 단점이지만, 아두이노에서 긴 문자열이나 많은 문자열을 다루는 경우는 흔하지 않으므로 String 클래스를 사용하는 것이 여러 모로 편리하다.

String 클래스 객체는 문자 배열을 포함하여 문자, 정수, 실수 등 여러 가지 타입의 데이터를 사용하여 생성할 수 있으며 이를 위해 10개가 넘는 생성자가 정의되어 있다. 다양한 타입의 데이터를 사용하여 문자열 객체를 생성하는 것은 Serial 클래스의 print 함수에서 다양한 타입의 데이터를 문자열로 변환한 후 출력하는 것과 같다. 다음은 대표적인 데이터 타입을 사용한 생성자의 예를 나타낸다.

```
String::String(const char *cstr = "");                 // 문자 배열
String::String(const String &str);                     // String 객체
String::String(char c);                                // 문자
String::String(int, unsigned char base = 10);          // 정수
String::String(float, unsigned char decimalPlaces = 2); // 실수
```

정수를 사용하여 문자열을 생성할 때 매개변수를 사용하여 진법을 지정할 수 있고, 실수를 사용할 때 소수점 이하 자릿수를 지정할 수 있는 것 역시 Serial 클래스의 print 함수에서 정수와 실수를 문자열로 변환하여 출력할 때와 같다. 스케치 5.5는 다양한 타입의 데이터를 사용하여 String 객체를 생성하는 방법을 보여준다. 스케치 5.5의 결과는 스케치 5.1의 결과와 거의 같다. 다만 스케치 5.1에서는 Serial 클래스의 print 함수에서 문자열 변환을 담당한다면, 스케치 5.5에서는 String 클래스의 생성자에서 변환을 담당한다는 차이가 있다.

스케치 5.5 String **객체 생성**　　R3　R4

```
void setup() {
  Serial.begin(9600);                    // 시리얼 포트 초기화
  while (!Serial);

  String str;                            // String 객체
  char array[] = "character array";
  char c = 'A';
  int n = 1234;
  float f = 3.1415;
```

```
    str = String(array);                          // 문자 배열로부터 생성
    // str = array;
    Serial.println(str);                          // 문자열 출력

    str = String(c);                              // 문자로부터 생성
    // str = c;
    Serial.println(str);

    str = String(n, BIN);                         // 2진 문자열 생성
    // str = n;                                   // 10진 문자열만 가능
    Serial.println(str);

    str = String(f, 4);                           // 소수점 이하 4자리 실수 문자열 생성
    // str = f;                                   // 소수점 이하 두 자리만 가능
    Serial.println(str);
}

void loop() {
}
```

그림 5.9 **스케치 5.5 실행 결과**

스케치 5.5에서는 문자열을 생성하기 위해 두 가지 방법을 보여주고 있다. 하나는 생성자를 사용하여 만들어진 객체를 대입하는 방법이고, 다른 하나는 값을 직접 대입하는 방법이다. 스케치 5.5에서 두 번째 방법이 모두 주석으로 표시된 이유는 아두이노 우노 R4에서는 문자 배열이나 String 클래스 객체인 문자열 이외에 정수나 실수는 대입 연산자의 오른쪽에 올 수 없기 때문이다. 아두이노 우노 R3에서는 두 가지를 모두 사용할 수 있다. 따라서 **코드 호환성을 위해서는 String 클래스 객체에 대입하는 값은 문자열이나 String 클래스 객체로 제한하는 것이 좋다.** 아두이노 우노 R3에서 값을 대입하여 객체를 생성할 때도 정수는 10진수, 실수는 소수점 이하 두 자리만 지정할 수 있다는 한계가 있다.

문자열이 만들어지면 문자열을 다양한 방식으로 조작할 수 있으며 가장 많이 사용되는 문자열 조작은 문자열을 이어 붙이는 것이다. 2개의 문자 배열을 연결할 때는 연결된 문자열을 저장하기에

배열의 크기가 충분히 커야 한다는 점에 주의해야 한다. String 클래스 역시 문자열을 저장하기 위해 문자 배열을 사용한다. 하지만 String 클래스는 문자 배열의 크기가 결과 문자열을 저장할 수 있을 만큼 크다는 것을 보장하며, 문자열을 연결하는 경우 역시 마찬가지다. 2개의 문자열을 연결하기 위해서는 concat 멤버 함수를 사용할 수 있다.

■ concat

```
unsigned char String::concat(const String &str)
unsigned char String::concat(const char *cstr)
unsigned char String::concat(char c)
unsigned char String::concat(int num)
unsigned char String::concat(float num)
   - 매개변수
     str, cstr, c, num: 이어 붙일 데이터
   - 반환값: 성공하면 true, 실패하면 false를 반환
```

매개변수로 주어진 내용을 문자열로 변환하여 기존 문자열에 이어 붙인 후 이어 붙이기 성공 여부를 반환한다. 이어 붙일 데이터 타입에 따라 여러 개의 함수가 정의되어 있다.

concat 함수로 문자열을 이어 붙일 수 있지만, 오버로딩된 '+' 연산자를 사용하는 편이 더 직관적이고 간단하다. concat 함수 대신 사용할 수 있는 것은 '+=' 연산자로, concat 함수를 사용하여 정의되어 있다.

```
String str1 = "abc", str2 = "123";

// 두 문장의 실행 결과는 같다.
str1.concat(str2);              // 멤버 함수를 이용한 문자열 연결
str1 += str;                    // 오버로딩 연산자를 이용한 문자열 연결
```

문자열에 대한 '+'와 '+=' 연산자는 concat 함수와 마찬가지로 문자, 정수, 실수 등 다양한 데이터 타입에 대해 오버로딩되어 있으므로 간단하게 문자열을 연결할 수 있다. 스케치 5.6은 다양한 데이터 타입을 연결하여 문자열을 만드는 방법을 보여준다.

스케치 5.6 **문자열 연결**　　　　　　　　　　　　　　　　　　　　　　R3　　R4

```
void setup() {
  Serial.begin(9600);                        // 시리얼 포트 초기화
  while (!Serial);
```

```
    String str = "string ";
    char ar[] = "array ";
    char c = 'A';
    int n = 1234;
    float f = 3.1415;

    String newStr;

    newStr = str + ar;                          // String + 문자 배열
    Serial.println(newStr);

    newStr = ar + String(n, BIN);               // 문자 배열 + String(정수)
    Serial.println(newStr);

    newStr = String(ar) + f;                    // String(문자 배열) + 실수
    Serial.println(newStr);
}

void loop() {
}
```

그림 5.10 **스케치 5.6 실행 결과**

문자열을 '+' 연산자로 연결할 때 피연산자 중 적어도 하나는 String 클래스의 객체여야 한다는 점에 주의가 필요하다. 특히 여러 문자열을 한 번에 연결할 때는 연산 순서까지 고려해야 한다. 다음 두 문장을 살펴보자.

```
String newStr1 = "One " + "Two " + String("Three ");
String newStr2 = String("One ") + "Two " + "Three ";
```

첫 번째 문장에서 2개의 '+' 연산자 중 왼쪽 연산자가 먼저 실행된다. 즉, "One " + "Two "가 먼저 실행된다. 여기서 또 한 가지 기억해야 할 점은 **큰따옴표 내의 문자열은 String 객체가 아니라 문자 배열로 취급된다**는 점이다. 따라서 "One " + "Two "는 두 문자 배열을 더하는 연산이다. 하지만 두 문자 배열을 더하는 것은 C/C++ 언어에 정의되어 있지 않으므로 오류가 발생한다. 반면 두 번째

문장에서는 String("One ") + "Two "로 "One Two "라는 String 객체가 먼저 만들어지고 여기에 문자 배열 "Three "를 이어 붙여 3개의 문자열을 이어 붙인 문자열을 얻을 수 있다.

String 클래스에는 문자열의 비교, 검색 등을 위해서도 다양한 멤버 함수를 제공하고 있으며 두 문자열의 내용을 사전 순서에 따라 비교하는 compareTo 함수가 그중 하나다.

■ compareTo

> int String::compareTo(const String &string2)
> - 매개변수
>   string2: 비교 대상이 되는 문자열
> - 반환값: 사전 순서에서 string2가 먼저 나오면 양의 값, string2가 뒤에 나오면 음의 값, 두 문자열이 같으면 0을 반환

두 문자열을 사전 배열 순서에 따라 비교하여 비교한 결과를 반환한다.

compareTo 함수는 문자열 정렬을 위해 사용할 수 있다. 스케치 5.7은 문자열을 오름차순으로 정렬하는 예다. 아두이노에서 사용할 수 있는 문자열에는 한글도 포함될 수 있지만, 한글은 사전 순서에서 영어보다 뒤에 나온다.

스케치 5.7 문자열 정렬 R3 R4

```
void setup() {
  Serial.begin(9600);                              // 시리얼 포트 초기화
  while (!Serial);

  // 정렬할 문자열 배열
  String str[5] = { "아두이노", "우노", "ATmega328", "시리얼 모니터", "String" };

  for (int i = 0; i < 4; i++) {                     // 문자열을 오름차순으로 정렬
    for (int j = i + 1; j < 5; j++) {
      int compare = str[i].compareTo(str[j]);
      if (compare > 0) {
        String temp = str[i];
        str[i] = str[j];
        str[j] = temp;
      }
    }
  }

  for (int i = 0; i < 5; i++) {                     // 정렬된 문자열 출력
    Serial.println(String(i) + " : " + str[i]);
  }
}
```

```
void loop() {
}
```

그림 5.11 스케치 5.7 실행 결과

문자열 정렬과 함께 흔히 사용되는 것은 문자열 내에서 특정 내용을 검색하는 것으로 이를 위해 indexOf와 lastIndexOf 함수를 사용할 수 있다. 두 함수는 검색 방향에서 차이가 있다.

■ **indexOf**

```
int String::indexOf(char ch)

int String::indexOf(char ch, unsigned int fromIndex)

int String::indexOf(const String &str)

int String::indexOf(const String &str, unsigned int fromIndex)
  - 매개변수
    ch, str: 탐색할 문자 또는 문자열
    fromIndex: 탐색을 시작할 위치
  - 반환값: 검색 문자 또는 문자열이 처음 발견된 위치를 반환하며, 발견되지 않으면 –1을 반환
```

문자열 내에서 주어진 문자나 문자열을 순방향으로 검사하여 첫 번째 발견된 위치를 반환한다. 주어진 문자나 문자열이 발견되지 않으면 –1을 반환한다. fromIndex 값으로 시작 위치를 지정할 수 있으며, 지정하지 않으면 문자열의 시작부터 검색한다.

■ **lastIndexOf**

```
int String::lastIindexOf(char ch)

int String::lastIndexOf(char ch, unsigned int fromIndex)

int String::lastIndexOf(const String &str)

int String::lastIndexOf(const String &str, unsigned int fromIndex)
```

- 매개변수
    ch, str: 탐색할 문자 또는 문자열
    fromIndex: 탐색을 시작할 위치
- 반환값: 검색 문자 또는 문자열이 처음 발견된 위치를 반환하며, 발견되지 않으면 –1을 반환

문자열 내에서 주어진 문자나 문자열을 역방향으로 검사하여 발견된 첫 번째 위치를 반환한다. 주어진 문자나 문자열이 발견되지 않으면 –1을 반환한다. `fromIndex` 값으로 시작 위치를 지정할 수 있으며 지정하지 않으면 문자열의 끝부터 검색한다.

스케치 5.8은 문자열에서 특정 문자열이 발견되는 횟수와 위치를 출력하는 예다. `indexOf` 함수는 발견된 첫 번째 위치를 반환하므로 이후 같은 문자열이 더 존재하는지 검색하기 위해서는 `indexOf` 함수가 반환하는 값을 검색 시작 위치로 사용하여 `indexOf` 함수를 다시 호출하면 된다. 스케치 5.8에서는 탐색 문자열이 발견된 위치에 탐색 문자열 길이만큼 밑줄을 표시하기 위해 문자열 길이를 알아내는 `length` 함수를 사용했다.

스케치 5.8 **문자열 내 내용 검색**   R3 R4

```
void setup() {
  Serial.begin(9600);                      // 시리얼 포트 초기화
  while (!Serial);

  String str = "ABCDEFACABabAB";           // 원본 문자열
  String searchStr = "AB";                 // 탐색 문자열
  int index = -1;                          // 탐색 시작 위치
  int findCount = 0;                       // 탐색 문자열 발견 횟수

  while (true) {
    // 검색 시작 위치를 바꾸면서 문자열 끝에 도달할 때까지 검색
    index = str.indexOf(searchStr, index + 1);
    if (index != -1) {                     // 탐색 문자열 발견
      findCount++;                         // 발견 횟수 증가

      Serial.println(str);                 // 문자열 출력
      // 발견된 문자열 위치 표시
      for (int i = 0; i < index; i++) {
        Serial.print(' ');
      }
      for (int i = 0; i < searchStr.length(); i++) {
        Serial.print('-');
      }
      Serial.print("> ");
      Serial.println(String(findCount) + "번째 발견 위치 : " + index);
    } else {                               // 더 이상 탐색 문자열 발견되지 않음
      break;
    }
  }
```

```
  }
}

void loop() {
}
```

그림 5.12 **스케치 5.8 실행 결과**

마지막으로 시리얼 모니터를 통해 문자열 단위의 입력을 받아 처리하는 방법을 살펴보자. **문자열 단위의 데이터를 받아들일 때 주의할 점은 입력받는 문자열의 길이가 일정하지 않다는 점이다.** 이처럼 가변 길이의 문자열을 처리할 때는 문자열의 끝을 표시하기 위해 특별한 기호를 사용하며 개행문자가 흔히 사용된다. 시리얼 모니터에서는 펼침 메뉴를 통해 문자열 끝에 추가할 개행문자를 선택할 수 있다. 시리얼 통신에서는 문자 단위(또는 바이트 단위)로 데이터가 전송되므로 문자가 수신될 때마다 종료 문자와 비교하여 종료 문자가 아니면 수신된 문자를 버퍼에 저장하고, 종료 문자면 지금까지 수신된 버퍼 내 문자열을 처리하는 방법을 사용하면 된다.

스케치 5.9는 시리얼 모니터에서 문자열을 입력받아 이를 다시 역순으로 시리얼 모니터에 출력하는 예다. 문자열의 끝을 나타내는 개행문자를 전송하기 위해 시리얼 모니터에서는 '새 줄' 옵션이 선택되어야 한다. String 객체에서 특정 위치의 문자를 알아내기 위해 문자 배열에서와 같이 배열 연산자([])를 사용할 수 있다는 점도 기억하자.

스케치 5.9 **문자열 단위 입력 처리** `R3` `R4`

```
char TERMINATOR = '\n';                  // 종료 문자
String buffer = "";                      // 문자열 수신 버퍼
boolean process = false;                 // 문자열 처리 시점 알림

void setup() {
  Serial.begin(9600);                    // 시리얼 포트 초기화
  while (!Serial);
}
```

```
void loop() {
  if (Serial.available() > 0) {                // 문자 수신 확인
    char ch = Serial.read();                    // 바이트 단위로 읽기

    if (ch == TERMINATOR) {                      // 문자열 종료 문자인 경우
      process = true;                            // 문자열 수신 종료 표시
    } else {                                      // 문자열 종료 문자가 아닌 경우
      buffer += ch;                               // 버퍼에 이어 붙여 저장
    }
  }

  if (process) {                                  // 문자열 수신 완료
    process = false;
    Serial.print(buffer + " => ");                // 원본 문자열 출력

    // 원본 문자열을 역순으로 출력
    for (int i = buffer.length() - 1; i >= 0; i--) {
      Serial.print(buffer[i]);
    }
    Serial.println();                             // 줄바꿈
    buffer = "";                                  // 문자열 수신 버퍼 비움
  }
}
```

그림 5.13 **스케치 5.9 실행 결과**

5.5 맺는말

아두이노에서 작성하는 코드를 스케치라고 부르는 이유는 그림을 그리듯 쉽게 코드를 작성할 수 있기 때문이며, 스케치하듯 코드를 작성할 수 있는 이유는 마이크로컨트롤러를 위한 저수준의 함수를 추상화한 아두이노 라이브러리가 있기 때문이다. 아두이노 라이브러리 중에서도 헤더 파일을 포함하지 않고 사용할 수 있는 Serial과 String 클래스는 시리얼 통신과 문자열 조작을 쉽게 할 수 있도록 해주는 기본 클래스로, 거의 모든 스케치에서 사용할 만큼 흔히 사용된다.

아두이노 우노 R3에서 Serial 클래스는 아두이노 보드의 USB 커넥터를 통한 시리얼 통신과 0번과 1번 핀을 통한 다른 주변 장치와의 통신에 사용될 수 있지만, 아두이노 우노 R4에서는 아두이노 보드의 USB 커넥터를 통한 시리얼 통신에만 사용될 수 있다. 따라서 이 장에서 Serial 클래스는 아두이노 보드의 USB 커넥터를 통한 시리얼 통신으로 한정했다. USB 커넥터를 통한 시리얼 통신에서 아두이노 우노 R3의 Serial은 UART 시리얼 통신을, 아두이노 우노 R4에서는 USB 시리얼 통신을 담당하지만, 같은 기능을 위해 사용되므로 같은 이름을 사용한다는 점도 주의해야 한다.

Serial이 클래스 이름이 아니라 객체의 이름인 점도 기억해야 한다. Serial은 하드웨어 포트로 제공되는 시리얼 통신을 담당하고 하드웨어 포트의 수는 정해져 있다. 따라서 아두이노에서는 각 포트에 해당하는 객체를 미리 생성해 사용하므로 별도로 객체를 생성하는 경우는 없다. 이러한 이유로 아두이노에서는 Serial을 클래스 또는 객체의 이름으로 사용하고 있으며, 다른 시리얼 통신에서도 마찬가지다.

String 클래스는 문자열을 다루기 위한 클래스로, 다양한 멤버 함수를 통해 쉽게 문자열을 조작할 수 있도록 해준다. 다만 String 클래스로 문자열을 다루면 문자 배열을 사용하는 경우보다 많은 메모리를 사용하므로, 아두이노 우노 R3와 같이 메모리가 충분하지 않을 때는 사용에 주의가 필요하다.

이 장에서는 Serial과 String 클래스의 기본적인 사용 방법을 알아봤다. 이 외에도 Serial 클래스와 String 클래스에는 유용한 멤버 함수들이 다수 정의되어 있으며 자세한 내용은 아두이노의 홈페이지[2]를 참고하면 된다.

---

2   https://www.arduino.cc/reference/en/

1 시리얼 모니터로 0~255 사이의 10진수를 입력받아 8자리의 2진수로 변환하여 출력하는 스케치를 작성해 보자. 10진수 입력의 끝은 '\n'으로 표시되는 것으로 가정하며, 10진 문자열을 10진수로 변환하기 위해서는 String 클래스의 toInt 멤버 함수를 사용할 수 있다.

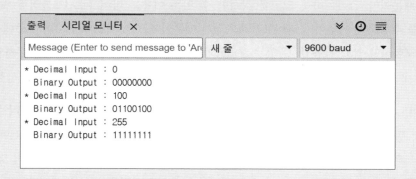

2 시리얼 모니터로 콤마로 분리되는 여러 개의 정수를 한 줄로 입력받고 이를 각각의 정수로 분리하여 출력하는 스케치를 작성해 보자. 예를 들어 문자열 "123,45,67"이 주어지면 "123", "45", "67"을 각각 출력하면 된다. 콤마 문자의 위치를 찾기 위해서는 indexOf 함수를, 문자열 중 일부를 가져오기 위해서는 substring 함수를, 문자열 앞뒤의 공백문자 제거를 위해서는 trim 함수를 사용할 수 있다. 문자열의 끝에는 '\n'이 추가된 것으로 가정한다.

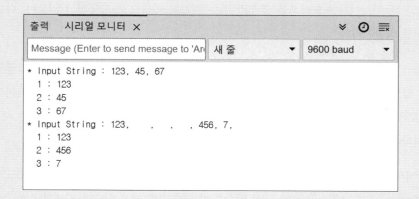

데이터 입출력

PART II   데이터 입출력

디지털 데이터 출력

마이크로컨트롤러는 디지털 컴퓨터의 한 종류로, 디지털 데이터 처리를 기본으로 한다. 아날로그 데이터 역시 입력이 가능하지만, 실제 처리는 아날로그 디지털 변환기를 거쳐 디지털 데이터로 변환한 후 가능하다. 아두이노 우노에서 사용할 수 있는 입출력 핀 20개는 모두 비트 단위의 디지털 데이터를 주고받는 데 사용할 수 있다. 이 장에서는 마이크로컨트롤러에서 데이터 입출력의 기본이 되는 디지털 데이터 출력 방법을 발광 다이오드를 이용하여 알아본다.

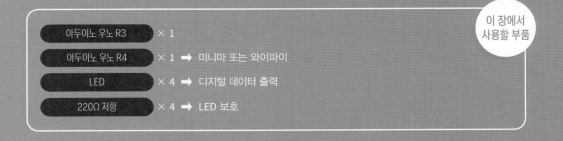

이 장에서
사용할 부품

아두이노 우노 R3	× 1	
아두이노 우노 R4	× 1 ➡	미니마 또는 와이파이
LED	× 4 ➡	디지털 데이터 출력
220Ω 저항	× 4 ➡	LED 보호

마이크로컨트롤러의 데이터 입출력

마이크로컨트롤러는 작은 컴퓨터로 ① 데이터를 가져오고 ② 데이터를 처리한 후 ③ 처리 결과를 내보내는 간단한 제어 장치를 만드는 데 사용할 수 있다. 데이터 처리는 스케치를 통해 이루어지므로, 마이크로컨트롤러의 기본 기능은 데이터 핀으로 데이터를 가져오고 처리된 데이터를 데이터 핀으로 내보내는 것이라 할 수 있다.

마이크로컨트롤러에서 데이터를 가져오거나 내보낼 때 데이터 핀을 사용한다. 이때 데이터 핀을 통해 전달되는 것은 아날로그 데이터라는 점을 기억해야 한다. 마이크로컨트롤러에서 데이터 핀을 통해 교환할 수 있는 데이터에는 아날로그와 디지털 데이터가 있지만, 디지털은 추상화된 수학적인 개념으로 실제 존재하는 데이터는 모두 아날로그 데이터다.

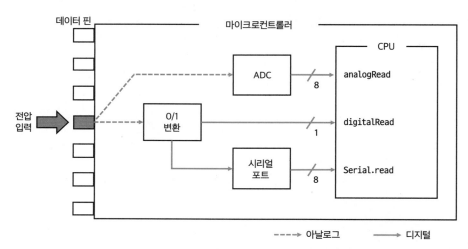

그림 6.1 **마이크로컨트롤러의 기본 기능: 데이터 가져오기**

그림 6.1은 마이크로컨트롤러가 데이터를 가져오는 방법을 나타낸 것으로, 데이터 핀에 가해진 전압을 아날로그 데이터로 간주할 것인지 디지털 데이터로 간주할 것인지에 따라 두 가지로 나눌 수 있다. 두 경우 모두 CPU에서 처리하기 위해서는 디지털 데이터로 변환되어야 하지만, 아날로그 데이터는 바이트 단위[1]를 기본으로 하고 디지털 데이터는 비트 단위를 기본으로 한다는 차이가

---

1   바이트 단위 데이터를 전달한다는 것은 1바이트 데이터를 전달하는 것 이외에 2바이트 이상의 데이터를 전달하는 것도 포함한다. 즉,
여기서 바이트 단위 데이터란 바이트의 정수배 데이터를 의미한다.

있다. 아날로그 데이터로 간주하는 예는 데이터 핀에 가해진 전압이 온도를 나타내는 경우다. 온도를 나타내기 위해서는 입력된 전압이 일정 범위의 이산적인 숫자로 변환되어야 하며 이를 위해 아날로그 디지털 변환 장치Analog Digital Converter, ADC가 사용된다. 데이터 핀에 가해진 아날로그 전압을 바이트 단위의 디지털 데이터로 변환하여 가져오기 위해 아두이노에서는 analogRead 함수를 제공하고 있다.

디지털 데이터로 간주하는 예는 문이 열리거나 닫힌 상태를 가져오는 경우다. 문이 열리거나 닫힌 상태는 비트 단위의 데이터로 충분하므로 데이터 핀에 가해진 전압을 0(LOW)이나 1(HIGH)의 두 가지 값 중 하나로 가져온다. ADC를 통해 1바이트 데이터를 가져올 때 0에서 255까지 256가지 값 중 하나를 가져오는 것과 차이가 있다. **같은 데이터 핀을 사용하더라도 아날로그와 디지털 데이터로 가져오기 위해서는 서로 다른 하드웨어가 사용된다**는 점도 기억해야 한다. 데이터 핀에 가해진 아날로그 전압을 비트 단위의 디지털 데이터로 변환하여 가져오기 위해 아두이노에서는 digitalRead 함수를 제공하고 있다.

디지털 데이터로 가져올 때도 비트 단위의 데이터로 충분하지 않은 경우가 있다. 예를 들어, 집 밖에 설치된 아두이노에서 ADC를 통해 가져온 외부 온도를 집 안에 설치된 아두이노로 보내려면 바이트 단위 데이터를 전달해야 한다. 바이트 단위 데이터 전달을 위해서는 8개 데이터 핀을 사용하는 병렬 방식이나 1개 핀을 사용하는 직렬 방식을 사용할 수 있다. 데이터 핀으로는 한 번에 한 비트만 가져올 수 있으므로 병렬 방식이 직관적이고 쉬워 보일 수 있다. 하지만 병렬 방식은 사용하는 데이터 핀의 수가 많아 연결이 복잡하고, 마이크로컨트롤러에서 사용할 수 있는 데이터 핀의 수가 많지 않으므로 흔히 사용하지는 않는다. 직렬 방식으로 바이트 단위 데이터를 전송하는 방법을 통틀어 시리얼 통신이라고 이야기하며, 시리얼 통신 역시 비트 단위 디지털 데이터 전송을 기본으로 한다.

시리얼 통신은 바이트 단위 데이터를 비트열로 만들어 순서대로 보낸다. 하지만 CPU 내부에서는 바이트 단위의 병렬 통신이 기본이다. 따라서 **CPU와 데이터 핀 사이에서 바이트 단위 데이터와 비트열 사이의 상호 변환이 필요하며 이를 담당하는 것이 시리얼 포트다.** 이 외에도 시리얼 포트에는 원활하게 데이터를 주고받기 위한 여러 가지 기능이 포함되어 있다. 아두이노에서는 여러 가지 시리얼 통신을 사용할 수 있고 이를 위해 전용 클래스를 제공하고 있다. 그림 6.1에서 Serial.read는 시리얼 통신 중 하나인 UART 통신에서 바이트 단위 데이터를 가져오는 데 사용하는 멤버 함수를 나타낸다.

마이크로컨트롤러는 데이터 핀을 통해 데이터를 가져오기 위해 여러 가지 방법을 사용할 수 있고, 데이터의 크기와 종류는 다르지만 하나의 핀을 사용해서 데이터를 가져오는 것이 기본이다. 이때 하나의 데이터 핀은 여러 가지 데이터 전달 방법을 사용할 수 있지만, 설정을 통해 한 가지를 선택해서 사용한다. 모든 데이터 핀이 그림 6.1에 표시된 모든 방법을 지원하지는 않는다는 점도 기억해야 한다. **아두이노 우노의 모든 데이터 핀은 비트 단위 디지털 데이터를 가져오는**(digitalRead) **용도로 사용할 수 있지만, 아날로그 데이터를 가져오거나**(analogRead) **시리얼 통신을 위해**(Serial.read) **사용할 수 있는 핀은 전용 하드웨어**(ADC, 시리얼 포트)**와 연결된 일부 핀만 가능하다.**

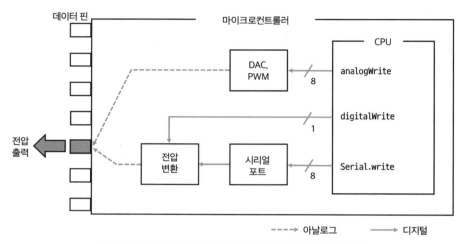

그림 6.2 마이크로컨트롤러의 기본 기능: 데이터 내보내기

그림 6.2는 마이크로컨트롤러가 데이터를 내보내는 방법을 나타낸 것으로, 그림 6.1과 같이 세 가지 방법을 사용할 수 있다. 데이터를 가져올 때 데이터 핀에 가해지는 것이 아날로그 전압인 것처럼, 데이터를 내보낼 때 데이터 핀에서 확인할 수 있는 것 역시 아날로그 전압이다. 따라서 아날로그 데이터를 내보내면 데이터 핀에서 연속적으로 변하는 전압을 확인할 수 있는 반면, 디지털 데이터를 내보내면 1과 0에 해당하는 **HIGH** 또는 **LOW** 전압만 확인할 수 있다.

아날로그 데이터를 내보낼 때는 아날로그 데이터를 가져오는 경우와 비슷하게 디지털 아날로그 변환기Digital Analog Converter, DAC를 통해 디지털 데이터를 연속적인 아날로그 데이터로 변환하여 내보낸다. 하지만 아두이노 우노 R3에 사용된 **ATmega328** 마이크로컨트롤러에는 DAC가 포함되어 있지 않으므로 연속적인 아날로그 데이터를 내보낼 수는 없다. 대신 연속적인 아날로그 데이터와 비슷한 효과를 얻을 수 있는 **PWM**Pulse Width Modulation 신호를 사용할 수 있다. PWM 신호는 디지털 데이터의 한 종류이지만 아날로그 데이터와 비슷한 효과를 가져오므로 **analogWrite** 함수를 사용하여 내보낼 수 있다. 아두이노 우노 R4에 사용된 RA4M1 마이크로컨트롤러에는 DAC가 포함되어 있어 아날로그 데이터를 내보낼 수 있으며 PWM 신호 역시 사용할 수 있다. 아두이노 우노 R4에서 아날로그 데이터를 내보내는 데도 analogWrite 함수를 사용한다.

디지털 데이터를 내보내는 경우는 비트 단위 데이터를 내보내는 경우와 바이트 단위 데이터를 비트열로 내보내는 경우로 나눌 수 있다. LED에 불을 켜거나 끄는 경우, 자물쇠를 잠그거나 여는 경우는 ON/OFF를 나타낼 수 있는 비트 단위 데이터로 충분하지만, 온도 데이터는 바이트 단위 데이터가 필요하다. 비트 단위 데이터를 내보내면 1 또는 0에 해당하는 전압을 데이터 핀에서 확인할 수 있으며, 비트 단위 데이터를 내보내기 위해 아두이노에서는 digitalWrite 함수를 제공하고 있다.

바이트 단위의 디지털 데이터를 내보내기 위해서는 데이터를 가져오는 경우와 마찬가지로 시리얼 통신이 주로 사용된다. 그림 6.2에서 Serial.write는 UART 통신에서 바이트 단위 데이터를 내보내는 데 사용하는 멤버 함수다.

데이터를 가져오는 경우와 마찬가지로 마이크로컨트롤러에서는 하나의 핀을 통해 크기와 종류가 다른 여러 가지 데이터를 내보낼 수 있다. 데이터를 내보내는 여러 가지 방법 중 한 가지를 선택하여 사용할 수 있으며, 모든 데이터 핀이 데이터를 내보내는 모든 방법을 지원하는 것은 아니라는 점도 마찬가지다. **아두이노 우노의 모든 데이터 핀은 비트 단위 디지털 데이터를 내보내는(digitalWrite) 용도로 사용할 수 있지만, 아날로그 데이터를 내보내거나(analogWrite) 시리얼 통신을 위해(Serial.write) 사용할 수 있는 것은 전용 하드웨어(DAC 또는 PWM, 시리얼 포트)와 연결된 일부 핀만 가능하다.**

위에서 이야기한 **마이크로컨트롤러의 기본 기능은 아날로그 및 디지털 데이터 입출력과 시리얼 통신으로 요약할 수 있다. 아날로그 및 디지털 데이터 입출력을 위해 아두이노에서 라이브러리 함수를 제공하고 있다면, 시리얼 통신을 위해서는 시리얼 통신용 클래스를 제공하고 있다.**

표 6.1 **아두이노 우노 R3 및 R4의 데이터 입출력 핀 기능**

디지털 핀 번호	아날로그 핀 번호	디지털 데이터 입출력	아날로그 데이터 입력	아날로그 데이터 출력(PWM)	시리얼 통신
0	–	○	×	×	UART(RX)
1	–	○	×	×	UART(TX)
2	–	○	×	×	
3	–	○	×	○	
4	–	○	×	×	
5	–	○	×	○	

(계속)

디지털 핀 번호	아날로그 핀 번호	디지털 데이터 입출력	아날로그 데이터 입력	아날로그 데이터 출력(PWM)	시리얼 통신
6	–	○	×	○	
7	–	○	×	×	
8	–	○	×	×	
9	–	○	×	○	
10	–	○	×	○	
11	–	○	×	○	SPI(MOSI)
12	–	○	×	×	SPI(MISO)
13	–	○	×	×	SPI(SCK)
14	A0	○	○	×	
15	A1	○	○	×	
16	A2	○	○	×	
17	A3	○	○	×	
18	A4	○	○	×	I2C(SDA)
19	A5	○	○	×	I2C(SCL)
핀 수		20개	6개	6개	

표 6.1은 아두이노 우노에서 아날로그 및 디지털 데이터 입출력과 시리얼 통신에 사용할 수 있는 핀을 요약한 것이다. **아두이노 우노의 20개 데이터 핀 모두는 디지털 데이터 입출력을 위해 사용할 수 있다.** 따라서 **데이터 핀을 디지털 데이터 입출력에 사용할 때는 입력으로 사용할지 출력으로 사용할지 먼저 정해야 한다.** 반면 **아날로그 데이터 입출력은 20개의 데이터 핀 중 전용 하드웨어와 연결된 6개의 핀을 통해서만 사용할 수 있다.** 또한 아날로그 데이터는 입력과 출력을 위해 필요한 하드웨어가 서로 달라 하나의 핀으로 아날로그 데이터 입력과 출력 모두를 위해 사용하는 경우는 없다. 따라서 **아날로그 데이터 입출력에 사용하는 핀은 사용하기 전에 디지털 데이터 입출력 핀과 같이 입력 또는 출력 모드로 지정할 필요가 없다.**

표 6.2는 아두이노의 디지털 및 아날로그 데이터 입출력 함수를 정리한 것으로, 표 6.2의 5개 함수는 아두이노에서 가장 기본이 되는 함수라고 할 수 있다.

표 6.2 아두이노의 디지털 및 아날로그 데이터 입출력 함수

	출력	입력
디지털	pinMode(13, OUTPUT); digitalWrite(13, HIGH);	pinMode(13, INPUT); boolean state = digitalRead(13);
아날로그	analogWrite(3, 128);	int v = analogRead(A0);

마이크로컨트롤러는 복잡한 기능이 필요한 곳에 사용하기 위해 만들어진 것은 아니며 아두이노 역시 마찬가지다. 따라서 아두이노에서 사용할 수 있는 아날로그 및 디지털 데이터 입출력을 이해하는 것은 아두이노를 이해하는 첫걸음이자 가장 중요한 부분이 될 것이다. 아날로그와 디지털 데이터 입출력을 이해한 후 시리얼 통신과 주변 장치 사용 방법이 더해진다면 아두이노로 다양한 시스템을 만드는 데 부족함이 없을 것이다.

6.2 다이오드와 LED

다이오드는 P형 반도체와 N형 반도체를 접합하여 만든 반도체 부품으로 양극anode과 음극cathode의 극성을 갖는 2개의 다리를 갖고 있다. 다이오드 중 양극에서 음극으로만 전류가 흐르는 특징을 갖는 다이오드를 정류 다이오드라 하고, 일반적으로 다이오드는 정류 다이오드를 가리킨다.

(a) 다이오드 기호   (b) 다이오드 외형

그림 6.3 다이오드

정류 다이오드는 교류를 직류로 변환하거나 역방향 전류로부터 회로를 보호하는 목적으로 많이 사용된다. 일반적으로 다이오드에 역방향 전압을 가하면 전류가 흐르지 않지만, 일정 수준 이상의 역방향 전압을 가하면 전류가 흐르는 항복break down 상태가 되고, 이 상태에서는 일정한 전압이 유지된다는 특징이 있다. 이러한 특징을 의도적으로 이용하여 회로에 일정한 전압을 공급하는 데 사용되는 다이오드를 제너Zener 다이오드 또는 정전압 다이오드라고 한다. 제너 다이오드는 정류 다이오드와 다른 기호를 사용하지만, 같은 모양을 하고 있어서 외형만으로는 구별하기가 쉽지 않다.

그림 6.4 제너 다이오드 기호

이 장에서는 디지털 데이터 출력을 알아보기 위해 발광 다이오드Light Emitting Diode, LED를 사용한다. LED 역시 다이오드의 한 종류이므로 양극에 (+) 전원을, 음극에 (-) 전원을 연결한 순방향 연결에서만 전류가 흘러 빛을 발산하므로 간단한 정보를 나타내는 표시 장치로 사용된다. LED는 첨가된 화학물질에 따라 다양한 색의 빛을 낼 수 있으며, 리모컨에 사용되는 적외선 LED, 살균 및 소독용의 자외선 LED 등도 주변에서 흔히 볼 수 있다. LED는 2개의 다리를 가지며 긴 쪽이 양극, 짧은 쪽이 음극에 해당한다.

(a) 발광 다이오드 기호   (b) 발광 다이오드 외형

그림 6.5 발광 다이오드

6.3 블링크

아두이노에서 처음 접하는 스케치는 블링크인 경우가 대부분이다. 스케치 6.1은 블링크 스케치를 간단히 정리한 것으로, 여기서 LED_BUILTIN은 아두이노 보드의 내장 LED가 연결된 핀 번호를 나타내는 상수다. 아두이노 우노 R3와 R4 모두 13번 핀에 내장 LED가 연결되어 있지만, 다른 아두이노 보드의 경우에는 다른 번호의 핀에 연결되어 있을 수 있다.

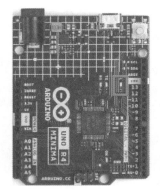

(a) 아두이노 우노 R3　　　　　　　　(b) 아두이노 우노 R4

그림 6.6 **아두이노 우노의 내장 LED**

스케치 6.1 블링크　　　　　　　　　　　　　　　　　　　　　　　　　　　　R3　R4

```
void setup() {
  pinMode(LED_BUILTIN, OUTPUT);                // LED 연결 핀을 출력으로 설정
}

void loop() {
  digitalWrite(LED_BUILTIN, HIGH);            // LED 켜기
  delay(1000);                                // 1초 대기
  digitalWrite(LED_BUILTIN, LOW);             // LED 끄기
  delay(1000);                                // 1초 대기
}
```

블링크 스케치에는 디지털 데이터 출력과 관련된 2개의 함수가 사용되고 있다. 그 첫 번째는 디지털 데이터 입출력 핀의 사용 모드를 지정하는 pinMode이고, 두 번째는 디지털 데이터를 출력하는 digitalWrite이다.

■ pinMode

```
void pinMode(uint8_t pin, uint8_t mode)
  - 매개변수
    pin: 설정하고자 하는 핀 번호
    mode: INPUT, OUTPUT, INPUT_PULLUP 등 미리 정해진 상수
  - 반환값: 없음
```

지정한 번호의 핀을 입력 또는 출력으로 설정한다. pinMode 함수로 지정할 수 있는 모드에는 출력을 나타내는 OUTPUT, 내장 풀업/풀다운 저항을 사용하지 않는 입력을 나타내는 INPUT, 내장 풀업

저항을 사용하는 입력을 나타내는 INPUT_PULLUP 등이 있다. 풀업/풀다운 저항은 디지털 데이터 입력을 다루는 다음 장에서 설명한다.

- **digitalWrite**

```
void digitalWrite(uint8_t pin, uint8_t value)
   - 매개변수
     pin: 핀 번호
     value: HIGH(1) 또는 LOW(0)
   - 반환값: 없음
```

출력 모드로 설정된 데이터 핀으로 비트 단위의 데이터를 출력하는 데 사용한다. 이때 출력값은 미리 정의된 상수인 HIGH 또는 LOW를 사용할 수 있다.

- **delay**

```
void delay(unsigned long ms)
   - 매개변수
     ms: 밀리초 단위의 지연 시간
   - 반환값: 없음
```

지정한 밀리초 단위의 시간만큼 프로그램 실행을 일시중지한다. 블링크 스케치에서는 LED 점멸 간격을 정하기 위해 사용했다.

6.4 LED 제어

블링크 스케치가 내장된 1개의 LED를 제어했다면, 블링크 스케치를 확장하여 여러 개의 LED를 제어해 보자. 1개의 LED를 제어하는 데는 1비트의 데이터가 필요하며 1비트 데이터를 출력하기 위해 1개의 데이터 핀이 필요하다. 따라서 n개의 LED를 연결하여 제어하기 위해서는 n개의 데이터 핀을 사용해야 한다. 그림 6.7과 같이 4개의 LED를 2번에서 5번 핀까지 연결하자.

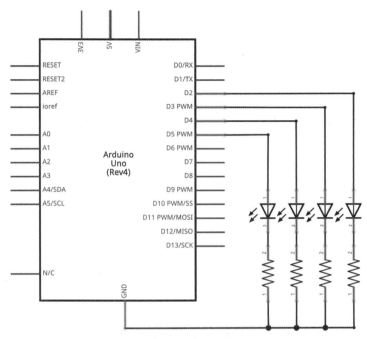

그림 6.7 **LED 연결 회로도**

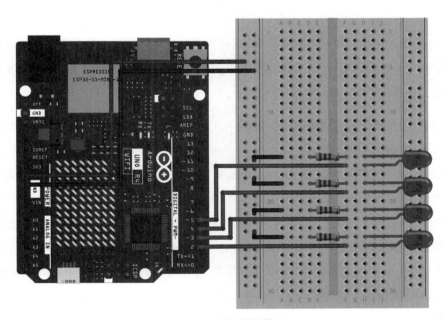

그림 6.8 **LED 연결 회로**

스케치 6.2는 블링크 스케치를 확장하여 4개의 LED를 1초 간격으로 동시에 점멸하는 예다. 스케치를 업로드하고 LED 4개가 동시에 깜빡이는지 확인해 보자.

```
int pins[] = {2, 3, 4, 5};                      // LED가 연결된 핀 배열

void setup() {
  for (int i = 0; i < 4; i++) {                 // LED 연결 핀을 출력으로 설정
    pinMode(pins[i], OUTPUT);
  }
}

void loop() {
  for (int i = 0; i < 4; i++) {                 // LED 켜기
    digitalWrite(pins[i], HIGH);
  }
  delay(1000);                                  // 1초 대기

  for (int i = 0; i < 4; i++) {                 // LED 끄기
    digitalWrite(pins[i], LOW);
  }
  delay(1000);                                  // 1초 대기
}
```

스케치 6.2를 아두이노 우노 R4에서 실행하는 데 문제는 없어 보이지만 아두이노 우노 R3에서 실행할 때와 밝기에서 차이가 있을 수 있으며 이는 데이터 핀으로 공급할 수 있는 전류의 차이 때문이다. 흔히 사용하는 LED를 완전히 켜기 위해서는 20mA 정도의 전류가 필요하다. **아두이노 우노 R3에 사용된 ATmega328 마이크로컨트롤러에서 하나의 데이터 핀으로 공급할 수 있는 최대 전류는 20mA이다.** 하지만 **아두이노 우노 R4에 사용된 RA4M1 마이크로컨트롤러에서 하나의 데이터 핀으로 공급할 수 있는 최대 전류는 8mA에 불과하다.**

마이크로컨트롤러에서 8mA 전류가 적은 전류는 아니며 데이터를 전달하는 용도로는 충분하다. 하지만 LED를 켜는 것은 데이터를 전달하는 것이 아니라 LED에 전력을 공급하는 것이다. **데이터 핀은 데이터를 전달하는 목적으로 사용하는 것이지 전력을 공급하여 장치를 구동하는 목적으로는 적합하지 않다.** 물론 적은 전류로도 켤 수 있는 LED라면 문제가 없지만, 많은 전류가 필요한 LED라면 데이터 핀에 직접 연결하여 켤 수 없다. **데이터 핀으로 직접 구동할 수 없는 경우에는 LED를 위한 별도의 전원을 구성하고 전원 공급 스위치를 제어하는 데 데이터 핀을 사용할 수 있다.** 많은 전류가 필요한 모터 역시 이런 방법으로 제어한다. 스위치를 제어하는 용도로 데이터 핀을 사용하기 위해서는 스위치에 해당하는 트랜지스터가 필요하며 2N2222와 같은 범용 트랜지스터를 사용할 수 있다. 그림 6.9는 9V로 구동되는 LED를 데이터 핀으로 제어하기 위해 트랜지스터를 사용한 예를 보여준다. 대부분의 Cortex-M 시리즈 마이크로컨트롤러에서 데이터 핀으로 공급할 수 있는 전류는 많지 않으므로 트랜지스터를 사용하는 것이 좋다.

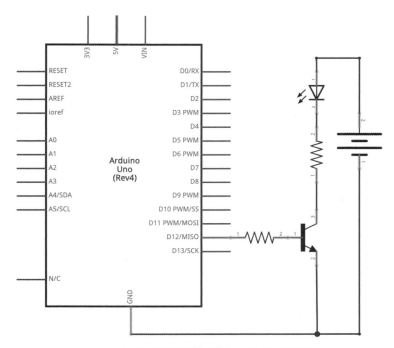

그림 6.9 **LED 구동을 위한 트랜지스터 사용 회로도**

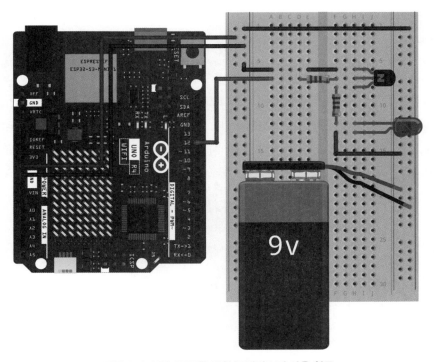

그림 6.10 **LED 구동을 위한 트랜지스터 사용 회로**

스케치 6.2는 스케치 6.1과 비교했을 때 연결된 LED가 늘어났고, 따라서 for 루프를 사용하는 것을 제외하면 블링크 스케치와 같다. 스케치 6.2의 loop 함수를 살펴보면 LED 4개를 켜고 끄기 위해 for 루프를 두 번 사용했다. 이를 하나로 줄여보자. 2개의 for 루프에서 다른 점은 LED로 출력하는 값이 HIGH와 LOW로 다른 것 이외에는 없다. 따라서 현재 LED의 상태를 변수에 저장하고 digitalWrite 함수에서 상수가 아닌 현재 LED의 상태를 나타내는 변수를 사용하면 for 루프를 하나로 줄일 수 있다. 스케치 6.3은 LED 상태를 나타내는 변수를 사용하여 4개의 LED를 점멸하는 예다.

스케치 6.3 **4개의 LED 블링크: 상태 변수 사용**   `R3` `R4`

```
int pins[] = {2, 3, 4, 5};              // LED가 연결된 핀 배열
boolean state = false;                  // LED 상태

void setup() {
  for (int i = 0; i < 4; i++) {         // LED 연결 핀을 출력으로 설정
    pinMode(pins[i], OUTPUT);
  }
}

void loop() {
  state = !state;                       // LED 상태 반전
  for (int i = 0; i < 4; i++) {         // LED에 상태 표시
    digitalWrite(pins[i], state);
  }
  delay(1000);                          // 1초 대기
}
```

블링크 스케치를 확장하면 간단하게 여러 개의 LED가 같은 상태에 있도록 할 수 있지만, 각각의 LED를 개별적으로 제어하는 경우는 조금 다르다. 그림 6.7과 같이 4개의 LED가 연결되어 있을 때 그림 6.11과 같이 4개의 LED 중 하나만 순서대로 켜지는 4개의 패턴이 반복되도록 스케치를 작성해 보자.

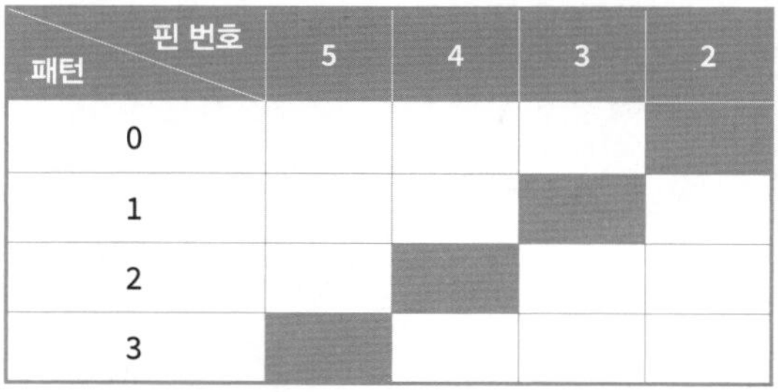

패턴 \ 핀 번호	5	4	3	2
0				■
1			■	
2		■		
3	■			

그림 6.11 **LED 패턴**(■: LED 켜짐, □: LED 꺼짐)

그림 6.11의 패턴이 반복해서 나타나도록 하는 방법에는 여러 가지가 있으며 그중 하나가 현재 켜질 LED를 가리키는 인덱스를 사용하는 것이다. 인덱스는 0부터 3까지 변하고 이후 다시 0으로 되돌아가도록 나머지 연산자(%)를 사용하면 그림 6.11의 패턴을 반복할 수 있다. 스케치 6.4를 업로드하고 LED가 순서대로 하나씩 켜지기를 반복하는지 확인해 보자.

스케치 6.4 4개의 LED 순서대로 켜기　

```
int pins[] = {2, 3, 4, 5};              // LED가 연결된 핀 배열
int index = 0;                          // 핀/LED 번호 인덱스

void setup() {
  for (int i = 0; i < 4; i++) {         // LED 연결 핀을 출력으로 설정
    pinMode(pins[i], OUTPUT);
  }
}

void loop() {
  for (int i = 0; i < 4; i++) {         // LED에 상태 표시
    if (i == index) {                   // 1개만 켬
      digitalWrite(pins[i], HIGH);
    }
    else {                              // 나머지 7개는 끔
      digitalWrite(pins[i], LOW);
    }
  }

  index = (index + 1) % 4;              // 0~3을 반복
  delay(1000);                          // 1초 대기
}
```

스케치 6.4에서는 4개의 LED 중 하나만 켜지고 나머지는 꺼진다. 좀 더 일반적으로 임의의 위치에 있는 LED를 켜기 위해서는 LED가 켜지는 패턴을 저장하는 방법을 사용할 수 있다. 그림 6.11은 한 번에 하나씩 LED가 켜지는 4개의 패턴을 정의하고 있으며, 하나의 패턴은 4개 LED의 ON/OFF 데이터이므로 바이트의 하위 4비트에 저장할 수 있다.

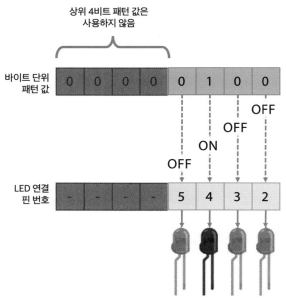

상위 4비트 패턴 값은
사용하지 않음

바이트 단위
패턴 값

| 0 | 0 | 0 | 0 | 0 | 1 | 0 | 0 |

OFF

ON

OFF

OFF

LED 연결
핀 번호

| - | - | - | - | 5 | 4 | 3 | 2 |

그림 6.12 **4개의 LED 제어를 위한 패턴 값과 대응 LED**

스케치 6.5는 4개의 패턴 값을 저장하기 위해 byte 형 배열을 사용했으며 patterns 값을 바꾸면
원하는 패턴을 자유롭게 나타낼 수 있다. 스케치 6.4에서 index 변수는 LED가 연결된 핀 번호 배
열의 인덱스를 나타낸다면, 스케치 6.5에서 index 변수는 4개 LED에 표시할 패턴 값 배열의 인덱
스를 나타낸다는 점에서 차이가 있다.

스케치 6.5 저장된 패턴 값으로 LED 제어   R3   R4

```
int pins[] = {2, 3, 4, 5};                  // LED가 연결된 핀 배열
byte index = 0;                             // 표시할 패턴 번호
// 패턴 정의 배열
byte patterns[] = {0x01, 0x02, 0x04, 0x08};

void setup() {
  for (int i = 0; i < 4; i++) {             // LED 연결 핀을 출력으로 설정
    pinMode(pins[i], OUTPUT);
  }
}

void loop() {
  for (int i = 0; i < 4; i++) {             // LED에 상태 표시
    // 비트 연산으로 바이트 단위 패턴 값에서 비트 단위 LED 상태 추출
    boolean state = (patterns[index] >> i) & 1;
    digitalWrite(pins[i], state);
  }

  index = (index + 1) % 4;                  // 0~3을 반복
```

```
    delay(1000);                                      // 1초 대기
}
```

표시하고자 하는 패턴을 저장하여 사용하는 것도 방법이지만 그림 6.11과 같이 일정한 규칙을 가지고 패턴 값이 바뀐다면 패턴 값을 계산하여 사용할 수도 있다. 그림 6.11에서 반복되는 패턴이 변화하는 과정은 왼쪽 원형 비트 이동 연산으로 설명할 수 있다. 하지만 왼쪽 원형 이동 연산은 C/C++ 언어에서 지원하지 않으므로 왼쪽 비트 이동 연산자(<<)를 사용하여 구현해야 한다. 이때 사용하는 LED가 4개이므로 4비트에 대한 원형 이동이 이루어져야 한다는 점도 기억해야 한다. 그림 6.13은 왼쪽 비트 이동 연산과 왼쪽 원형 비트 이동 연산을 비교한 것이다.

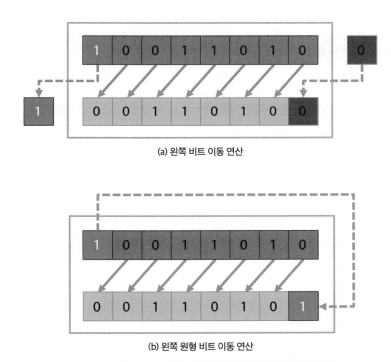

(a) 왼쪽 비트 이동 연산

(b) 왼쪽 원형 비트 이동 연산

그림 6.13 왼쪽 비트 이동 연산과 왼쪽 원형 비트 이동 연산

스케치 6.6은 4비트에 대한 왼쪽 원형 비트 이동 연산을 사용하여 그림 6.11의 패턴이 반복되도록 하는 예다.

스케치 6.6 원형 이동 연산을 사용한 LED 제어   R3 R4

```
int pins[] = {2, 3, 4, 5};                         // LED가 연결된 핀 배열
byte pattern = 0x01;                               // 표시할 패턴 값

void setup() {
```

```
    for (int i = 0; i < 4; i++) {                    // LED 연결 핀을 출력으로 설정
      pinMode(pins[i], OUTPUT);
    }
}

void loop() {
  for (int i = 0; i < 4; i++) {                      // LED에 상태 표시
    // 비트 연산으로 바이트 단위 패턴 값에서 비트 단위 LED 상태 추출
    boolean state = (pattern >> i) & 1;
    digitalWrite(pins[i], state);
  }

  pattern = circular_shift_left4(pattern, 1);        // 1비트 왼쪽 원형 이동
  delay(1000);                                       // 1초 대기
}

byte circular_shift_left4(byte p, byte n) {          // p를 n비트 왼쪽으로 원형 이동
  return (p << n) | (p >> (4 - n));
}
```

정해진 수의 패턴을 저장하여 사용하는 것이 아니라, 난수를 생성하고 생성된 난수의 각 비트 가 LED 상태를 결정하도록 스케치를 작성해 보자. 난수 생성을 위해서는 random 함수를 사용하고, random 함수를 사용하기 전에 초기화를 위해 randomSeed 함수를 사용한다. **randomSeed 함수의 매개변수는 아무것도 연결되지 않은 아날로그 입력 핀을 읽어 사용했다.** 4개의 LED 제어를 위해서는 0000_2에서 1111_2까지의 4비트 값을 사용할 수 있고, 이를 위해서는 0에서 15까지의 정수 난수를 사용하면 된다.

■ **random**

```
long random(long max)
long random(long min, long max)
  − 매개변수
     min: 생성될 난수의 최솟값
     max: max − 1이 생성될 난수의 최댓값
  − 반환값: [min, max) 범위의 정수 난숫값
```

[min, max) 범위의 정수 의사 난수를 생성한다. min 값을 지정하지 않으면 최솟값은 0으로 설정되어 [0, max) 범위의 난수가 생성된다.

▪ randomSeed

void randomSeed(unsigned int seed)
- 매개변수
  seed: 의사 난수의 시작 위치 결정을 위한 값
- 반환값: 없음

의사 난수 생성기를 초기화한다. 의사 난수는 이전 숫자를 사용하여 다음 숫자를 만들고 첫 번째 숫자가 seed로 주어지므로 seed가 같으면 같은 숫자열을 얻게 되어 난수로서의 역할을 할 수 없다. 따라서 의사 난수의 시작점이 되는 seed가 중요하며, seed는 외부 회로가 연결되지 않은 아날로그 핀으로부터 무작위 값을 읽어 사용하는 것이 가장 간단한 방법이다. 반대로 디버깅을 위해서는 같은 순서의 의사 난수가 필요할 수 있으며 이 경우 seed를 같은 값으로 설정함으로써 가능하다.

스케치 6.7을 업로드하여 켜지는 LED의 개수와 위치가 무작위로 변하는 것을 확인해 보자.

스케치 6.7 난수로 4개의 LED 제어하기   R3 R4

```
int pins[] = {2, 3, 4, 5};               // LED가 연결된 핀 배열
byte pattern = 0;                        // 표시할 패턴 값

void setup() {
  for (int i = 0; i < 4; i++) {          // LED 연결 핀을 출력으로 설정
    pinMode(pins[i], OUTPUT);
  }
  randomSeed(analogRead(A0));            // 난수 생성기 초기화
}

void loop() {
  pattern = random(16);                  // 0~15 사이 난수 생성
  for (int i = 0; i < 4; i++) {          // LED에 상태 표시
    boolean state = (pattern >> i) & 1;  // 비트 값 추출
    digitalWrite(pins[i], state);
  }

  delay(250);
}
```

6.5 시리얼 모니터로 LED 제어

그림 6.7과 같이 4개의 LED가 연결되어 있고 2번에서 5번 핀에 연결된 LED를 1에서 4번 LED라고 하자. 시리얼 모니터에서 1~4 사이의 값을 입력받아 해당 LED 상태를 반전하는 스케치를 작성해 보자. 시리얼 모니터로는 문자열 단위로 데이터를 입력받으므로 문자열 끝을 나타내기 위해 '\n' 개행문자를 사용하고 이를 위해 시리얼 모니터에서는 '새 줄' 옵션이 선택되어야 한다. 문자열이 수신되면 String 클래스의 toInt 함수로 정수로 변환하여 사용하고, 잘못된 LED 번호를 입력했을 때는 이를 알려주도록 한다. 스케치 6.8을 업로드하고 시리얼 모니터로 LED 번호를 입력하여 해당 LED가 반전되는지 확인해 보자.

스케치 6.8 시리얼 모니터를 통한 LED 제어 R3 R4

```
int pins[] = {2, 3, 4, 5};                    // LED가 연결된 핀 배열
char TERMINATOR = '\n';                        // 문자열 종료 문자
String buffer = "";                           // 문자열 저장 버퍼
boolean process_it = false;                   // 문자열 처리 여부
boolean LEDstate[] = {0, 0, 0, 0};            // LED 상태, 모두 꺼진 상태에서 시작

void setup() {
  Serial.begin(9600);
  while (!Serial);
  for (int i = 0; i < 4; i++) {               // LED 연결 핀을 출력으로 설정
    pinMode(pins[i], OUTPUT);
  }
}

void loop() {
  while (Serial.available() > 0) {            // 데이터 수신
    char ch = Serial.read();                  // 데이터 읽기

    if (ch == TERMINATOR) {                   // 문자열 종료 문자인 경우
      process_it = true;                      // 문자열 처리 지시
    }
    else {                                    // 그 외의 문자인 경우
      buffer = buffer + ch;                   // 버퍼에 문자 저장
    }
  }

  if (process_it) {                           // 저장된 문자열을 처리하는 경우
    Serial.print("\'" + buffer + "\' \t: ");  // 입력 문자열 표시
    int no = buffer.toInt();                  // 문자열을 정수로 변환

    if (no < 1 || no > 4) {                   // 입력한 숫자의 유효성 검사
```

```
      Serial.println("잘못된 LED 번호를 입력하였습니다.");
    }
    else {
      LEDstate[no - 1] = !LEDstate[no - 1];
      if (LEDstate[no - 1]) {
        Serial.println(String(no) + "번 LED를 켭니다.");
        digitalWrite(pins[no - 1], HIGH);
      }
      else {
        Serial.println(String(no) + "번 LED를 끕니다.");
        digitalWrite(pins[no - 1], LOW);
      }
    }

    process_it = false;                     // 문자열 처리 완료
    buffer = "";                            // 버퍼 비우기
  }
}
```

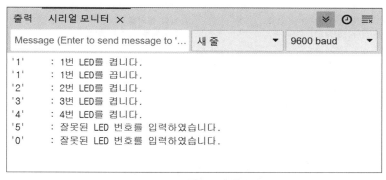

그림 16.14 스케치 6.8 실행 결과

스케치 6.8은 한 번에 하나의 LED만 제어할 수 있다. 이를 수정하여 0~15 사이의 숫자를 입력받고 입력받은 숫자의 하위 4비트로 그림 6.12와 같이 4개의 LED를 동시에 제어해 보자. 범위를 벗어나는 값이 입력되면 잘못된 입력임을 알려주고 모든 LED를 끈다. 문자열의 끝을 '\n' 개행문자로 구분하며 이를 위해 시리얼 모니터에서 '새 줄' 옵션이 선택되어야 하는 것은 스케치 6.8과 같다. 스케치 6.9를 업로드하고 0에서 15 사이 숫자를 입력하여 4개의 LED를 동시에 제어해 보자.

스케치 6.9 시리얼 모니터를 통한 여러 개의 LED 제어   R3   R4

```
int pins[] = {2, 3, 4, 5};              // LED가 연결된 핀 배열
char TERMINATOR = '\n';                  // 문자열 종료 문자
String buffer = "";                      // 문자열 저장 버퍼
boolean process_it = false;              // 문자열 처리 여부
```

```
void setup() {
  Serial.begin(9600);
  while (!Serial);
  for (int i = 0; i < 4; i++) {                   // LED 연결 핀을 출력으로 설정
    pinMode(pins[i], OUTPUT);
  }
}

void loop() {
  while (Serial.available() > 0) {                // 데이터 수신
    char ch = Serial.read();                      // 데이터 읽기

    if (ch == TERMINATOR) {                        // 문자열 종료 문자인 경우
      process_it = true;                           // 문자열 처리 지시
    }
    else {                                         // 그 외의 문자인 경우
      buffer = buffer + ch;                        // 버퍼에 문자 저장
    }
  }

  if (process_it) {                                // 저장된 문자열을 처리하는 경우
    Serial.print("\'" + buffer + "\'\t : ");       // 입력 문자열 표시
    int no = buffer.toInt();                       // 문자열을 정수로 변환

    if (no < 0 || no > 15) {                       // 입력한 숫자의 유효성 검사
      Serial.println("잘못된 데이터를 입력하였습니다.");
      for (int i = 0; i < 4; i++) {                // 모든 LED를 끔
        digitalWrite(pins[i], LOW);
      }
    }
    else {
      for (int i = 3; i >= 0; i--) {               // LED 제어
        // 비트 연산으로 바이트 단위 패턴 값에서 비트 단위 LED 상태 추출
        boolean state = (no >> i) & 1;
        digitalWrite(pins[i], state);

        if (state) {
          Serial.print("O ");                      // 켜지는 LED 위치에 'O' 표시
        }
        else {
          Serial.print("X ");                      // 꺼지는 LED 위치에 'X' 표시
        }
      }
      Serial.println();
    }

    process_it = false;                            // 문자열 처리 완료
    buffer = "";                                   // 버퍼 비우기
  }
}
```

그림 6.15 스케치 6.9 실행 결과

6.6 맺는말

마이크로컨트롤러는 디지털 컴퓨터의 한 종류이므로, 디지털 데이터를 받아 처리하고 그 결과를 출력하는 것을 기본으로 한다. 디지털 데이터는 0이나 1을 나타내는 비트 단위를 기본으로 하고 데이터 핀으로 주고받는 데이터 역시 비트 단위 데이터이지만, CPU 내에서는 바이트 단위를 기본으로 계산이 이루어진다는 점에 주의해야 한다. 아두이노는 개별 데이터 핀으로 직관적인 비트 단위 데이터 출력 함수를 제공하지만, 사실은 비트 연산을 통해 비트 단위로 연산이 이루어지는 효과를 얻고 있을 뿐이다.

비트 단위 디지털 데이터 출력을 위해 아두이노에서는 데이터 핀을 출력으로 사용하도록 설정하는 pinMode 함수와 디지털 데이터를 출력하는 digitalWrite 함수를 제공하고 있다. 이 함수들은 디지털 데이터를 입력하는 digitalRead 함수와 함께 디지털 데이터 입출력을 담당하며 아두이노에서 기본이 되는 함수다. 아두이노로 할 수 있는 일이 비트 단위 데이터로 LED를 점멸하는 것보다 훨씬 많지만, 비트 단위 데이터 입출력은 아두이노의 기본이라는 점을 잊지 말아야 한다.

1 그림 6.7과 같이 2번에서 5번까지 4개의 LED를 연결하자. 스케치 6.6의 circular_shift_
left4 함수를 참고하여 오른쪽 원형 비트 이동 연산을 위한 circular_shift_right4 함수
를 구현하고 아래 패턴을 1초 간격으로 반복하는 스케치를 작성해 보자.

byte circular_shift_right4(byte pattern, byte n);

핀 번호 패턴	5	4	3	2
0	■			
1		■		
2			■	
3				■

2 그림 6.7과 같이 2번에서 5번까지 4개의 LED를 연결하고 0~4 사이의 값을 시리얼 모니터
를 통해 입력받아 입력받은 수만큼 LED가 켜지도록 스케치를 작성해 보자. 잘못된 값을
입력하면 잘못된 입력임을 알려준 후 모든 LED를 끄고, 문자열 끝은 '\n' 문자로 구분하는
것으로 가정한다.

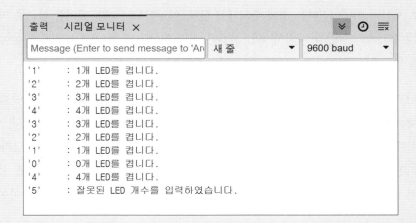

디지털 데이터 입력

마이크로컨트롤러는 비트 단위의 디지털 데이터 입출력을 기본으로 하고 있으므로 디지털 데이터 입력은 디지털 데이터 출력과 함께 마이크로컨트롤러의 가장 기본적이면서 중요한 기능이다. 이 장에서는 버튼을 사용하여 비트 단위 디지털 데이터를 입력하는 방법과 디지털 데이터 입력에서 주의해야 할 점을 알아본다.

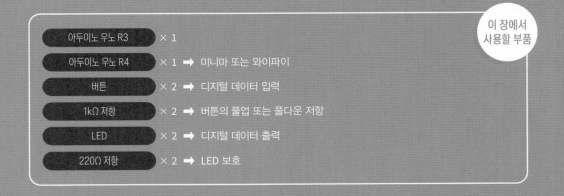

이 장에서
사용할 부품

아두이노 우노 R3   × 1

아두이노 우노 R4   × 1 ➡ 미니마 또는 와이파이

버튼   × 2 ➡ 디지털 데이터 입력

1kΩ 저항   × 2 ➡ 버튼의 풀업 또는 풀다운 저항

LED   × 2 ➡ 디지털 데이터 출력

220Ω 저항   × 2 ➡ LED 보호

디지털 데이터 입력

6장 '디지털 데이터 출력'에서 디지털 데이터를 아두이노의 데이터 핀으로 출력하고 이를 LED를 통해 확인하는 방법을 살펴봤다. 7장에서는 디지털 데이터 출력과 함께 마이크로컨트롤러의 기본이 되는 디지털 데이터 입력 방법을 알아본다. 디지털 데이터 입출력만 정확히 이해한다면 마이크로컨트롤러의 기본 동작은 모두 이해했다고 해도 과언이 아니다.

디지털 데이터 입력은 디지털 데이터 출력과 마찬가지로 비트 단위 데이터를 기본으로 한다. 물론 비트 단위 데이터로 나타낼 수 있는 정보가 그리 많지 않은 것은 사실이다. 디지털 데이터 출력에 사용되는 LED나 디지털 데이터 입력에 사용되는 버튼이 ON/OFF의 두 가지 상태만 나타낼 수 있지만, 이를 바탕으로 바이트 이상의 단위를 나타낼 수 있으며 바이트 단위를 기본으로 하는 시리얼 통신 역시 비트 단위의 디지털 데이터 입출력을 바탕으로 하고 있다. 디지털 데이터 입력을 위해서는 디지털 데이터 출력을 위해서도 사용했던 pinMode 함수와 디지털 데이터를 읽기 위한 digitalRead 함수를 사용한다.

풀업 저항과 풀다운 저항

이 장에서는 디지털 데이터 입력을 위해 버튼을 사용한다. 버튼을 사용할 때 가장 간단한 회로는 그림 7.1과 같이 버튼을 VCC와 데이터 핀 사이에 연결하여 버튼이 눌리면 VCC, 즉 논리 1이 가해지고, 버튼이 눌리지 않으면 개방된 상태로 논리 0이 가해지도록 하는 것이다.

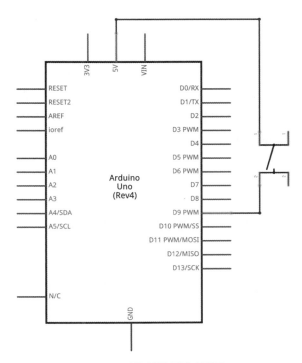

그림 7.1 **버튼 연결 기본 회로도**

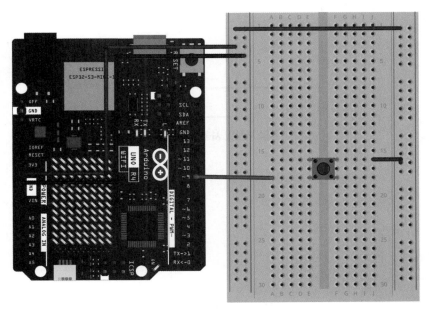

그림 7.2 **버튼 연결 기본 회로**

그림 7.1의 회로에서 버튼을 누르면 VCC가 9번 핀에 가해지는 것은 맞지만, 버튼을 누르지 않으면 데이터 핀에는 아무것도 연결되어 있지 않은 개방된open 상태에 있다. 개방된 상태의 데이터 핀을 읽으면 대부분 논리 0에 해당하는 값을 얻을 수 있지만, 인접한 핀에 가해지는 입력이나 정전기 등에 의해 1에 해당하는 값을 얻을 수도 있다. 이처럼 **개방된 데이터 핀은 플로팅**floating**되어 있다고 이야기하며, 플로팅된 데이터 핀은 잘못된 값을 반환할 수 있다. 플로팅 상태를 방지하기 위해서는 풀업 또는 풀다운 저항을 사용할 수 있다.** 그림 7.3은 풀업 저항을 사용한 회로다.

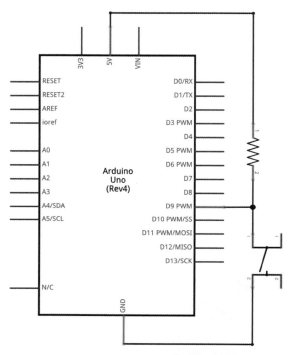

그림 7.3 풀업 저항을 사용한 버튼 연결 회로도

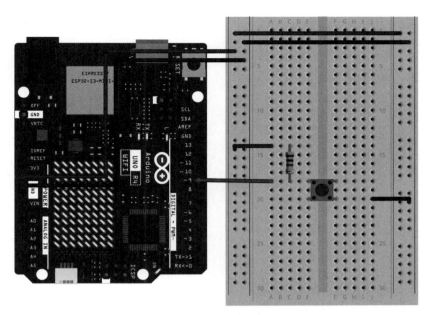

그림 7.4 풀업 저항을 사용한 버튼 연결 회로

그림 7.3에서 버튼이 눌리지 않았을 때 9번 핀에는 저항을 통해 VCC가 가해진다. 반면 버튼을 누르면 GND가 가해진다. 이처럼 **버튼을 누르지 않았을 때 데이터 핀에 가해지는 값이 VCC가 되도록 끌어 올리는 역할을 하는 저항을 풀업 저항이라고 한다.** 풀업 저항을 사용하면 버튼을 눌렀을 때 논리 0(VCC)을 읽을 수 있고, 버튼을 누르지 않았을 때 논리 1(VCC)을 읽을 수 있다. 이는 흔히 생각하는 경우와는 반대이므로 주의해야 한다. 그림 7.5는 풀다운 저항을 사용한 회로다.

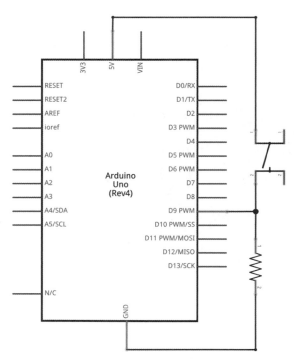

그림 7.5 **풀다운 저항을 사용한 버튼 연결 회로도**

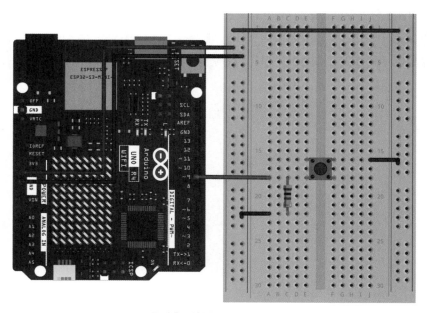

그림 7.6 **풀다운 저항을 사용한 버튼 연결 회로**

그림 7.5에서 버튼이 눌리지 않았을 때 9번 핀에는 저항을 통해 GND가 가해진다. 반면 버튼을 누르면 VCC가 가해진다. 이처럼 **버튼을 누르지 않았을 때 데이터 핀에 핀에 가해지는 값이 GND가 되도록 끌어내리는 역할을 하는 저항을 풀다운 저항이라고 한다.** 그림 7.3과 그림 7.5를 비교해 보면 연결된 전압이 서로 반대임을 알 수 있다. 풀업 저항과 풀다운 저항은 비슷해 보이면서 정반대의 결과를 가져오므로 연결할 때 주의해야 한다. 표 7.1은 버튼을 연결할 때 저항을 사용하는 방법에 따라 데이터 핀에 입력되는 값을 비교한 것이다. 풀업 저항이 직관적인 방식과 반대로 동작하지만 풀업 저항이 풀다운 저항에 비해 구현하기가 쉽고, VCC보다는 GND가 전압의 변동이 적은 등의 장점으로 인해 풀업 저항이 흔히 사용된다.

표 7.1 버튼 연결 회로에 따른 디지털 입력

저항	버튼 ON	버튼 OFF	그림
없음	1	플로팅	그림 7.1
풀업 저항 사용	0	1	그림 7.3
풀다운 저항 사용	1	0	그림 7.5

그림 7.7은 디지털 데이터 입력을 위해 사용할 수 있는 버튼을 나타낸다. 버튼이 연결되거나(ON) 연결이 끊어진(OFF) 상태를 나타내기 위해서는 2개의 핀이면 충분하지만, 흔히 사용하는 버튼은 4개의 핀을 갖고 있다. 4핀 버튼의 4개 핀 중 1번과 4번, 2번과 3번은 연결된 상태이므로 대각선 위치에 있는 1번과 3번 또는 2번과 4번의 2개 핀이 흔히 사용된다.

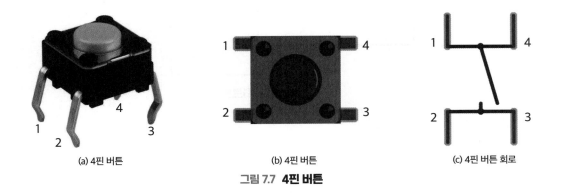

(a) 4핀 버튼　　　　　　(b) 4핀 버튼　　　　　　(c) 4핀 버튼 회로

그림 7.7 4핀 버튼

버튼은 누르거나 누르지 않은 두 가지 상태 중 하나를 가지므로 비트 단위의 디지털 데이터 입력에 사용할 수 있다. 2개의 버튼을 2번과 3번 핀에 연결하자. 버튼에는 모두 풀다운 저항을 사용한다.

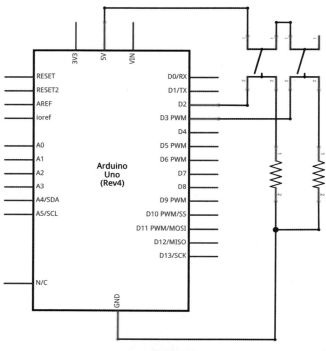

그림 7.8 **버튼 연결 회로도**

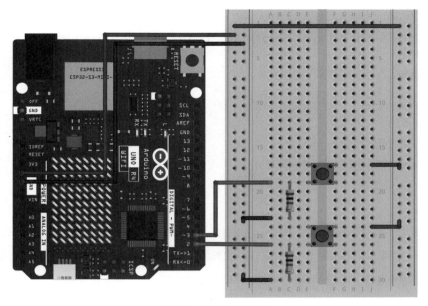

그림 7.9 **버튼 연결 회로**

스케치 7.1은 2개 버튼의 상태를 1초에 한 번 읽어서 시리얼 모니터로 출력하는 예다.

스케치 7.1 버튼 상태 읽기 R3 R4

```
int pins[] = {2, 3};                              // 버튼이 연결된 핀 배열

void setup() {
  Serial.begin(9600);                             // 시리얼 통신 초기화
  while (!Serial);

  for (int i = 0; i < 2; i++) {                   // 버튼 연결 핀을 입력으로 설정
    pinMode(pins[i], INPUT);
  }
}

void loop() {
  for (int i = 0; i < 2; i++) {
    boolean state = digitalRead(pins[i]);         // 버튼 상태 읽기

    if (state) {                                  // 버튼 상태에 따른 메시지 출력
      Serial.print("O ");
    }
    else {
      Serial.print("X ");
    }
  }
  Serial.println();                               // 줄바꿈
  delay(1000);                                    // 1초 대기
}
```

스케치 7.1에서는 버튼이 연결된 데이터 핀을 입력으로 사용하기 위해 pinMode 함수를 사용하고, 버튼 상태를 알아내기 위해 digitalRead 함수를 사용했다.

■ pinMode

```
void pinMode(uint8_t pin, uint8_t mode)
  - 매개변수
    pin: 설정하고자 하는 핀 번호
    mode: INPUT, OUTPUT, INPUT_PULLUP 등 미리 정해진 상수[1]
  - 반환값: 없음
```

지정한 번호의 핀을 입력 또는 출력으로 설정한다. pinMode 함수에서 지정할 수 있는 모드 중 디지털 데이터 입력과 관련하여 흔히 사용되는 모드에는 INPUT과 INPUT_PULLUP이 있다. 이 중 INPUT은 내장 풀업/풀다운 저항을 사용하지 않는 모드로, 외부에 풀업/풀다운 저항을 연결하여 사용해야 한다. 마이크로컨트롤러의 데이터 핀에는 소프트웨어로 제어할 수 있는 풀업 또는 풀다운 저항이 포함된 경우가 대부분이며, INPUT_PULLUP은 내장 풀업 저항을 사용할 때 선택하는 모드다. 스케치 7.1에서는 INPUT 모드와 외부 풀다운 저항을 사용했다.

■ digitalRead

```
int digitalRead(uint8_t pin)
  - 매개변수
    pin: 핀 번호
  - 반환값: HIGH(1) 또는 LOW(0)
```

입력으로 설정된 데이터 핀의 상태를 읽어 HIGH 또는 LOW 값을 반환한다.

스케치 7.1을 업로드하고 버튼을 누르면서 시리얼 모니터에 출력되는 내용을 확인해 보자. 풀다운 저항을 사용했으므로 두 버튼을 모두 누르지 않은 상태에서는 'X X'가 출력되고, 버튼을 누르면 해당 위치에 'O'가 표시된다.

---

[1]   아두이노 우노 R4를 위한 지원 파일에는 INPUT_PULLDOWN 상수가 정의되어 있어 내장 풀다운 저항을 사용할 수 있는 것처럼 보이지만, INPUT_PULLDOWN은 INPUT과 같은 기능을 하도록 구현되어 있어 RA4M1 마이크로컨트롤러의 데이터 핀에 포함된 내장 풀다운 저항을 사용할 수 없다. 아두이노 우노 R3에 사용된 ATmega328 마이크로컨트롤러의 데이터 핀에는 내장 풀다운 저항이 포함되어 있지 않다.

그림 7.10 스케치 7.1 실행 결과

내장 풀업 저항을 사용하기 위해서는 pinMode 함수에서 INPUT이 아니라 INPUT_PULLUP 모드를 선택해야 한다. 다만 **풀업 저항을 사용하면 버튼을 눌렀을 때 데이터 핀에 GND가 가해져야 하므로 버튼의 한쪽 끝을 GND로 연결해야 한다.** 그림 7.11은 2번과 3번 핀에 내장 풀업 저항을 사용하도록 버튼을 연결한 것으로, 그림 7.1과 전원을 연결하는 방법이 다르다.

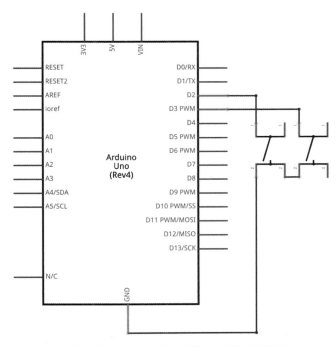

그림 7.11 내장 풀업 저항을 사용하는 버튼 연결 회로도

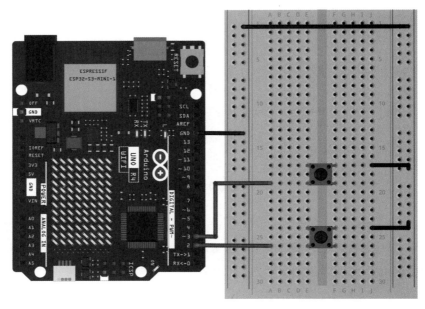

그림 7.12 내장 풀업 저항을 사용하는 버튼 연결 회로

스케치 7.2는 내장 풀업 저항을 사용하도록 설정된 버튼의 상태를 읽어 시리얼 모니터로 출력하는
예다. pinMode 함수에서 INPUT이 INPUT_PULLUP으로 바뀌고 버튼 상태를 출력할 때 'O'와 'X'가 서
로 바뀌었다는 점을 제외하면 스케치 7.1과 같다. 스케치 7.2의 실행 결과는 스케치 7.1의 실행 결
과와 같다.

스케치 7.2 내장 풀업 저항 사용　　　　　　　　　　　　　　　　　　　　　　R3　R4

```
int pins[] = {2, 3};                        // 버튼이 연결된 핀 배열

void setup() {
  Serial.begin(9600);                       // 시리얼 통신 초기화
  while (!Serial);

  for (int i = 0; i < 2; i++) {             // 버튼 연결 핀을 입력으로 설정
    pinMode(pins[i], INPUT_PULLUP);
  }
}

void loop() {
  for (int i = 0; i < 2; i++) {
    boolean state = digitalRead(pins[i]);   // 버튼 상태 읽기

    if (state) {                            // 버튼 상태에 따른 메시지 출력
      Serial.print("X ");
    }
    else {
```

```
      Serial.print("0 ");
    }
  }
  Serial.println();                          // 줄바꿈
  delay(1000);                               // 1초 대기
}
```

데이터 핀으로 읽은 디지털 데이터를 디지털 데이터 출력을 통해 확인해 보자. 이를 위해 2번과 3번 핀에 내장 풀업 저항을 사용하여 버튼을 연결하고 4번과 5번 핀에 LED를 연결한다.

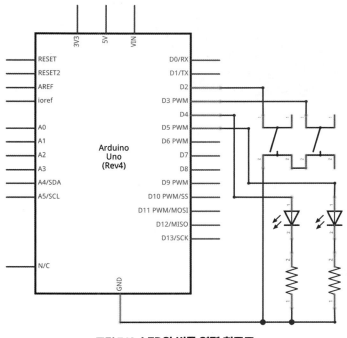

그림 7.13 **LED와 버튼 연결 회로도**

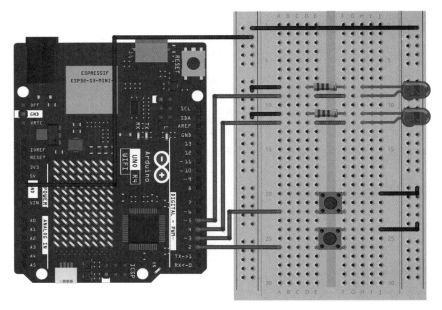

그림 7.14 **LED와 버튼 연결 회로**

스케치 7.3은 2번 핀에 연결된 버튼의 상태를 4번 핀에 연결된 LED에 나타내고, 3번 핀에 연결된
버튼의 상태를 5번 핀에 연결된 LED에 나타내는 예다. 버튼은 내장 풀업 저항을 사용했으므로
버튼을 눌렀을 때 LED가 켜지도록 **digitalRead** 함수로 읽은 버튼 상태를 반전시켜 LED 출력으
로 사용했다.

스케치 7.3 **버튼 상태를 LED에 나타내기**   R3   R4

```
int pin_button[] = {2, 3};                    // 버튼 연결 핀
int pin_LED[] = {4, 5};                        // LED 연결 핀

void setup() {
  for (int i = 0; i < 2; i++) {
    pinMode(pin_button[i], INPUT_PULLUP);      // 버튼 연결 핀을 입력으로 설정
    pinMode(pin_LED[i], OUTPUT);               // LED 연결 핀을 출력으로 설정
  }
}

void loop() {
  for (int i = 0; i < 2; i++) {
    boolean state = digitalRead(pin_button[i]);  // 버튼 상태 읽기
    digitalWrite(pin_LED[i], !state);            // LED로 상태 출력
  }
}
```

버튼을 누른 횟수 세기

버튼을 누른 횟수를 세어보자. 이를 위해 그림 7.11에서 2번 핀에 내장 풀업 저항을 사용하여 연결한 버튼을 사용한다. 스케치 7.4는 버튼이 눌린 상태이면, 즉 반환값이 LOW이면 버튼을 누른 횟수를 증가시키고 이를 시리얼 모니터로 출력하는 예다.

스케치 7.4 버튼을 누른 횟수: 눌린 상태 검사   R3   R4

```
boolean PRESSED = LOW;                      // 버튼이 눌린 상태에서의 입력값
int pin_button = 2;                         // 버튼이 연결된 핀
int press_count = 0;

void setup() {
  Serial.begin(9600);                       // 시리얼 통신 초기화
  while (!Serial);
  pinMode(pin_button, INPUT_PULLUP);        // 버튼 연결 핀을 입력으로 설정
}

void loop() {
  boolean state = digitalRead(pin_button);  // 버튼 상태 읽기

  if (state == PRESSED) {                    // 버튼이 눌린 경우
    press_count++;                           // 버튼을 누른 횟수 증가
    Serial.print("버튼을 ");                  // 메시지 출력
    Serial.println(String(press_count) + "번 눌렀습니다.");
  }

  delay(100);                                // 0.1초마다 버튼 상태 검사
}
```

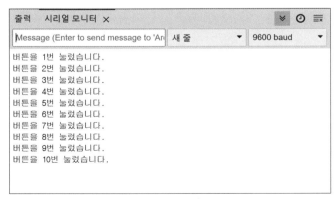

그림 7.15 스케치 7.4 실행 결과

스케치 7.4를 업로드하고 버튼을 눌러보자. 스케치 7.4는 데이터 핀에 가해지는 값만 검사하므로 버튼을 누르고 있으면 버튼을 누른 횟수 역시 계속 증가한다. 버튼을 누른 횟수를 알아내기 위해서는 버튼이 눌리는 순간을 찾아야 한다. 풀업 저항을 사용한 버튼은 누르지 않으면 HIGH 값을 반환하고, 누르면 LOW 값을 반환한다. 따라서 HIGH에서 LOW로 버튼의 상태가 변하는 순간이 버튼을 누른 순간에 해당하며, HIGH에서 LOW로 상태가 바뀌는 횟수가 버튼을 누른 횟수에 해당한다. 스케치 7.5는 버튼의 이전 상태(state_previous)와 현재 상태(state_current)를 나타내는 2개의 상태 변수를 두고 두 상태 변수의 값을 비교하여 버튼을 누른 횟수를 알아내는 예다.

스케치 7.5 버튼을 누른 횟수: 버튼을 누르는 순간 검사　　　　　　　R3　　R4

```
boolean PRESSED = LOW;                          // 버튼이 눌린 상태에서의 입력값
int pin_button = 2;                             // 버튼이 연결된 핀
int press_count = 0;                            // 버튼을 누른 횟수
boolean state_previous = !PRESSED;              // 버튼의 이전 상태
boolean state_current;                          // 버튼의 현재 상태

void setup() {
  Serial.begin(9600);                           // 시리얼 통신 초기화
  while (!Serial);
  pinMode(pin_button, INPUT_PULLUP);            // 버튼 연결 핀을 입력으로 설정
}

void loop() {
  state_current = digitalRead(pin_button);      // 버튼 상태 읽기

  if (state_current == PRESSED) {               // 현재 눌린 상태
    if (state_previous == !PRESSED) {           // 이전에 눌리지 않은 상태
      press_count++;

      Serial.print("버튼을 ");                   // 메시지 출력
      Serial.println(String(press_count) + "번 눌렀습니다.");
    }
    // delay(20);                               // 디바운싱
  }
  state_previous = state_current;               // 이전 상태 업데이트
}
```

스케치 7.5를 업로드하고 버튼을 누르면 스케치 7.4와 달리 버튼을 누르고 있는 동안 버튼을 누른 횟수가 증가하지 않는다. 하지만 여전히 버튼을 한 번 눌러도 버튼을 누른 횟수가 2 이상 증가할 수 있다. 이는 스케치 7.5의 문제가 아니라 버튼 자체의 문제. **버튼을 눌렀을 때 버튼 내부의 접점이 완전히 연결되기 전에 내부 스프링의 진동으로 접점이 미세하게 연결되고 떨어지기를 반복한다.** 이로 인해 버튼을 한 번 눌렀음에도 여러 번 누른 것으로 인식되며 이를 바운스 현상bounce effect 또는 채터링chattering이라고 한다. 그림 7.16은 풀업 저항이 사용된 버튼에서 채터링에 의해 발생하는 입

력 변화를 나타낸 것으로, 버튼을 한 번 눌렀을 때 짧은 시간 동안 논리 1과 논리 0 사이 입력이 반복되는 것을 볼 수 있다.

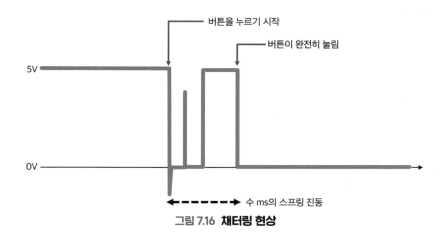

그림 7.16 채터링 현상

채터링 현상을 없애는 것을 디바운싱de-bouncing**이라고 하며, 채터링 현상은 소프트웨어 및 하드웨어적인 방법으로 줄일 수 있다.** 소프트웨어를 통해 채터링을 줄이는 방법에는 버튼을 누르기 시작하는 시점을 찾아내는 방법과 버튼이 완전히 눌린 시점을 찾아내는 방법 두 가지가 있다.

- 풀업 저항이 사용된 경우 버튼을 누르면 입력은 LOW 값을 갖게 된다. 따라서 버튼을 누르기 시작하는 시점 이후 일정 시간 동안의 입력을 무시함으로써 채터링 현상을 줄일 수 있다. 일정 시간 입력을 무시하기 위해서는 delay 함수를 사용할 수 있지만, 입력을 무시하는 시간은 버튼의 종류에 따라 달라질 수 있다.

- 버튼이 완전히 눌린 시점을 찾아내기 위해서는 버튼 입력을 짧은 시간 내에 두 번 검사하고 두 번의 검사에서 모두 LOW 값이 입력되는 시점을 찾으면 된다. 이 방법 역시 버튼을 두 번 검사하는 시간 간격이 버튼의 종류에 따라 달라질 수 있고, 버튼을 두 번 검사하기 위해 알고리즘이 복잡해질 수 있다.

스케치에서는 흔히 첫 번째 방법을 사용하며, 스케치 7.5에서 코멘트로 처리된 delay 함수가 LOW 값이 입력되기 시작하는 시점에서 일정 시간 입력을 무시하도록 해준다. 스케치 7.5를 실행했을 때 버튼을 한 번 눌러도 버튼을 누른 횟수가 2 이상 증가하면 delay 함수의 코멘트를 제거하고 업로드한 후 버튼을 눌러보자. 반면 스케치 7.6은 두 번째 방법을 사용한 예다.

```
boolean PRESSED = LOW;                          // 버튼이 눌린 상태에서의 입력값
int pin_button = 2;                             // 버튼이 연결된 핀
int press_count = 0;                            // 버튼을 누른 횟수
boolean state_previous = !PRESSED;              // 버튼의 이전 상태
boolean state_current;                          // 버튼의 현재 상태

void setup() {
  Serial.begin(9600);                           // 시리얼 통신 초기화
  while (!Serial);
  pinMode(pin_button, INPUT_PULLUP);            // 버튼 연결 핀을 입력으로 설정
}

void loop() {
  // 버튼을 짧은 시간 간격으로 두 번 읽어 모두 눌린 값이 나오는지 검사
  state_current = get_button_state(pin_button);

  if (state_current == PRESSED) {               // 현재 눌린 상태
    if (state_previous == !PRESSED) {           // 이전에 눌리지 않은 상태
      press_count++;

      Serial.print("버튼을 ");                   // 메시지 출력
      Serial.println(String(press_count) + "번 눌렀습니다.");
    }
  }
  state_previous = state_current;               // 이전 상태 업데이트

}

boolean get_button_state(byte pin_no) {
  if (digitalRead(pin_no) == PRESSED) {         // 첫 번째 버튼 검사
    delay(5);                                   // 버튼 종류에 따라 변경 가능
    if (digitalRead(pin_no) == PRESSED) {       // 두 번째 버튼 검사
      return PRESSED;
    }
  }
  return !PRESSED;
}
```

채터링 현상은 하드웨어를 통해서도 줄일 수 있으며, 커패시터를 사용하는 것이 대표적인 방법이다. 그림 7.17에서 커패시터는 버튼을 누르지 않았을 때 서서히 충전되고, 버튼을 눌렀을 때 서서히 방전되어 버튼 진동에 의한 전압 변동을 흡수함으로써 채터링을 줄일 수 있도록 해준다.

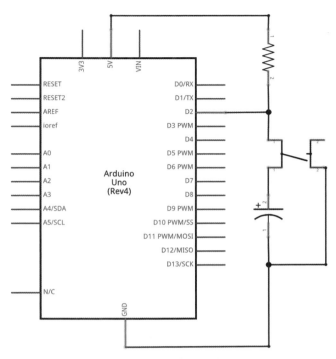

그림 7.17 풀업 저항과 디바운싱 회로를 포함하는 버튼 회로도

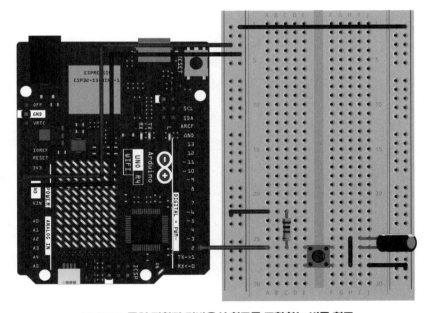

그림 7.18 풀업 저항과 디바운싱 회로를 포함하는 버튼 회로

디지털 데이터 입력은 디지털 데이터 출력과 함께 데이터 입출력의 기본이 된다. 디지털 데이터 입력을 위해 아두이노에서는 pinMode와 digitalRead 함수를 제공하고 있으며, 디지털 데이터 출력을 위한 digitalWrite 함수와 함께 아두이노에서 기본이 되는 함수라고 할 수 있다.

이 장에서는 버튼을 통해 디지털 데이터를 입력하는 방법을 살펴봤다. 버튼을 사용할 때 기억해야 할 점은 버튼이 연결된 핀이 플로팅 상태에 있지 않도록 해야 한다는 것으로, 플로팅 상태를 방지하기 위해 풀업 또는 풀다운 저항을 사용할 수 있다. 마이크로컨트롤러 대부분은 내장 풀업 또는 풀다운 저항을 제공하므로 별도로 저항을 사용하지 않고도 설정을 통해 풀업 또는 풀다운 저항을 사용할 수 있다. 또 한 가지 기억해야 할 점은 버튼의 기계적인 특성 때문에 잘못된 입력이 발생할 수 있다는 점이다. 잘못된 입력을 줄이기 위해서는 delay 함수를 사용하는 소프트웨어적인 방법이나 커패시터를 사용한 하드웨어적인 방법이 간단하면서도 효율적이지만, 이러한 방법이 채터링을 완전히 없애주는 것은 아니라는 점도 기억해야 한다.

1 그림 7.14를 참고하여 2번 핀에 내장 풀업 저항을 사용하는 버튼을 연결하고 4번 핀에 LED를 연결하자. 버튼을 누르면 버튼을 누르는 순간을 찾아내어 LED의 상태를 반전시키도록 스케치를 작성해 보자.

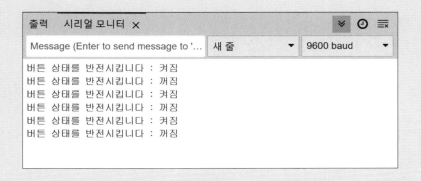

2 2번 핀에 내장 풀업 저항을 사용하여 버튼을 연결하자. 스케치 7.5를 참고하여 버튼을 누르는 순간과 버튼을 떼는 순간을 검사하여 시리얼 모니터에 출력하는 스케치를 작성해 보자.

3 버튼에 커패시터를 사용하면 하드웨어적으로 채터링 현상을 줄일 수 있지만 완전히 없애기는 힘들다. 채터링을 줄이기 위해 커패시터를 사용하는 방법 이외의 하드웨어적인 방법을 찾아보고 커패시터를 사용하는 방법과의 장단점을 비교해 보자.

아날로그 데이터 입력

마이크로컨트롤러는 디지털 데이터 입출력을 기본으로 하지만, 아날로그 디지털 변환기를 통해 아날로그 데이터를 디지털 데이터로 변환하여 읽고 처리할 수 있다. 이때 변환된 디지털 데이터는 마이크로컨트롤러에서 지원하는 해상도에 따라 값의 범위가 결정된다. 이 장에서는 아날로그 데이터를 디지털 데이터로 변환하여 읽고 이를 활용하는 방법을 알아본다.

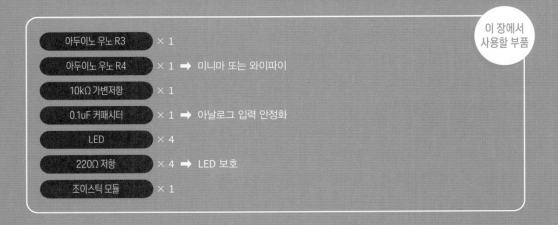

이 장에서
사용할 부품

아두이노 우노 R3	× 1	
아두이노 우노 R4	× 1 ➡	미니마 또는 와이파이
10kΩ 가변저항	× 1	
0.1uF 커패시터	× 1 ➡	아날로그 입력 안정화
LED	× 4	
220Ω 저항	× 4 ➡	LED 보호
조이스틱 모듈	× 1	

8.1 아날로그 데이터 입력

지금까지 살펴본 데이터는 모두 디지털 데이터였다. LED에 불을 켜거나 끄는 데이터, 스위치가 눌렸거나 눌리지 않은 데이터는 물론이거니와 UART 통신을 통해 컴퓨터로 전송되는 데이터 역시 HIGH 또는 LOW의 디지털 데이터를 바탕으로 하고 있다. 마이크로컨트롤러는 디지털 컴퓨터로 디지털 데이터만 처리할 수 있다. 하지만 온도, 습도, 조도 등 주변 환경에서 측정할 수 있는 데이터들은 연속적인 아날로그 데이터이므로 디지털 데이터로 변환해야 처리할 수 있다. 이때 **아날로그 데이터를 디지털 데이터로 변환하는 장치가 아날로그 디지털 변환기**Analog Digital Converter, ADC로 이 장에서 살펴볼 내용이다.

주변 환경으로부터 데이터를 획득하는 장치를 흔히 센서라고 하며 센서는 아날로그 데이터를 출력하는 경우가 많다. 예를 들어 온도 센서는 온도가 높은 경우 높은 전압을, 온도가 낮은 경우 낮은 전압을 출력한다. 마이크로컨트롤러는 아날로그 전압을 입력으로 받아 ADC를 거쳐 디지털 데이터로 변환하며, 이를 위해 아두이노에서는 아날로그 analogRead 함수를 제공하고 있다. **아두이노 우노에서 20개의 데이터 핀을 사용할 수 있지만 아날로그 데이터 입력에는 ADC에 연결된 6개의 핀만 사용할 수 있다.**

8.2 아날로그 디지털 변환

아두이노 우노 R3에 사용된 ATmega328 마이크로컨트롤러에는 6채널의 10비트 ADC가 포함되어 있다. **ADC에 연결된 핀에는 두 가지의 핀 번호가 할당되어 있으며 디지털 핀 번호로 14번에서 19번까지 할당된 것이 그 하나이고, A0에서 A5까지의 상수로 정의된 것이 다른 하나다.** 아두이노 우노 R4에 사용된 RA4M1 마이크로컨트롤러에는 14비트 ADC가 포함되어 있다. RA4M1 마이크로컨트롤러에서는 ATmega328 마이크로컨트롤러보다 많은 채널을 사용할 수 있지만, 아두이노 우노 R3와의 호환을 위해 6개의 채널만 사용하며 핀 번호는 아두이노 우노 R3와 같다. 다만 다른 아두이노 보드에서는 디지털 핀 번호와 아날로그 핀 번호가 아두이노 우노와는 다를 수 있다. 예를 들어 아두이노 우노에서는 A0가 14번으로 정의되어 있지만, 아두이노 MKR 제로에서는 A0가 15번으로 정의되어 있다. 따라서 **데이터 핀을 아날로그 입력으로 사용할 때는 디지털 핀 번호가 아닌 아날로그 핀 번호를 사용해야 스케치 호환성을 높일 수 있다.**

ADC에서 중요한 것 중 하나가 해상도로 **아두이노 우노 R3는 10비트 고정 해상도를 갖지만, 아두이노 우노 R4는 최대 14비트 해상도를 갖는다.** 해상도란 아날로그 값을 몇 단계의 디지털 값으로 변환할 것인지를 결정하는 값으로, 10비트의 해상도를 갖는다는 것은 입력값을 2^{10}단계의 디지털 값으로 변환할 수 있다는 의미다. 따라서 아두이노 우노 R3에서 입력되는 아날로그 전압은 0~1,023(= $2^{10} - 1$) 사이의 디지털 값 중 하나로 바뀌지만, 아두이노 우노 R4에서는 0~16,383(= $2^{14} - 1$) 사이의 디지털 값 중 하나로 바뀔 수 있다. 다만 아두이노 우노 R4에서는 디폴트로 10비트 해상도로 설정되어 있다.

ADC를 사용할 때 또 한 가지 주의할 점은 **ADC는 하나 포함되어 있다**는 점이다. 6개의 채널은 멀티플렉서_{Multiplexer, MUX}를 통해 ADC에 연결되어 있다. 따라서 아두이노 우노에 6개의 아날로그 데이터를 출력하는 장치를 연결할 수 있지만, 6개의 아날로그 데이터 입력을 동시에 디지털 데이터로 변환할 수는 없고 한 번에 하나만 가능하다. 아날로그 데이터 입력을 위해 아두이노에서는 다음과 같은 함수를 사용할 수 있다.

■ **analogRead**

```
int analogRead(uint8_t pin)
  - 매개변수
    pin: 핀 번호
  - 반환값: 디지털로 변환된 정숫값으로, 정숫값의 범위는 해상도($N$)에 따라 $0 \sim 2^N - 1$
```

핀에 가해지는 아날로그 데이터를 해상도에 따라 디지털 데이터로 변환하여 반환한다.

■ **analogReference**

```
void analogReference(uint8_t type)
  - 매개변수
    type: 아두이노 보드에 따라 정의된 상수
  - 반환값: 없음
```

아날로그 데이터를 읽을 때 고려해야 할 점 중 한 가지는 기준 전압 설정이다. **기준 전압은 analog Read 함수가 반환하는 최댓값에 해당하는 전압을 말한다.** 디폴트로 아두이노 우노 R3와 R4는 모두 5V를 기준 전압으로 사용하므로 디폴트 해상도에서 $\frac{5}{1024} \approx 4.9\text{mV}$의 전압 차이를 구별할 수 있다. 아두이노 우노 R3에서 기준 전압 설정에 사용할 수 있는 상수는 표 8.1과 같고, 아두이노 우노 R4에서 기준 전압 설정에 사용할 수 있는 상수는 표 8.2와 같다. analogReference 함수에서 외부 기준 전압(EXTERNAL, AR_EXTERNAL) 옵션을 사용할 때도 AREF 핀에 인가할 수 있는 전압의 최댓값은 5V이며, 아날로그 입력 핀에 5V 이상의 전압이 가해지면 보드가 손상될 수 있으므로 주의해야 한다.

표 8.1 아두이노 우노 R3에서 기준 전압 설정에 사용하는 상수(type)

상수	설명
DEFAULT	아두이노 우노 R3의 아날로그 전압(AVCC)인 5V를 기준 전압으로 설정
INTERNAL	ATmega328 마이크로컨트롤러의 내부 1.1V를 기준 전압으로 설정
EXTERNAL	AREF 핀에 가해지는 0~5V 사이의 전압을 기준 전압으로 설정

표 8.2 아두이노 우노 R4에서 기준 전압 설정에 사용하는 상수(type)

상수	설명
AR_DEFAULT	아두이노 우노 R4의 아날로그 전압(AVCC)인 5V를 기준 전압으로 설정
AR_INTERNAL	RA4M1 마이크로컨트롤러의 내부 1.5V를 기준 전압으로 설정
AR_EXTERNAL	AREF 핀에 가해지는 0~5V 사이의 전압을 기준 전압으로 설정

■ analogReadResolution

```
void analogReadResolution(int bits)
  - 매개변수
    bits: ADC 해상도로 10, 12, 14 중 하나
  - 반환값: 없음
```

아두이노 우노 R3의 ADC는 10비트 해상도를 지원하지만, 아두이노 우노 R4의 ADC는 14비트 해상도를 지원한다. 아두이노 우노 R4는 R3와의 호환성을 위해 디폴트로 10비트 값을 반환하지만, 설정에 따라 12비트나 14비트 값을 반환할 수 있다.

아두이노 우노에 사용된 마이크로컨트롤러에 포함된 ADC는 축차 비교successive approximation 방식을 사용한다. 축차 비교 방식은 먼저 변환될 디지털 값의 모든 비트를 0으로 설정한 후, MSBMost Significant Bit부터 1로 바꾸면서 아날로그 입력값과 현재 디지털 값에 해당하는 아날로그 전압을 비교하면서 각 비트의 값을 결정하는 방식이다.

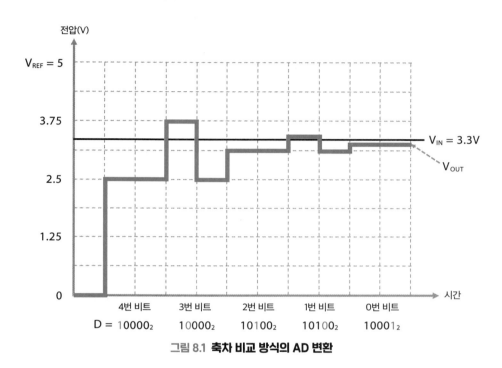

그림 8.1 축차 비교 방식의 AD 변환

그림 8.1은 V_{REF} = 5V를 기준 전압으로 하고, 입력 전압이 V_{IN} = 3.3V일 때 입력 전압을 5비트의 디지털 값으로 변환하는 과정을 나타낸 것이다. 변환될 디지털 값은 D = 00000_2에서 시작하고 현재 디지털 값에 해당하는 아날로그 전압은 V_{OUT}으로 나타낸다. 먼저 D의 4번 비트를 1로 설정하고(V_{OUT} = 10000_2 ÷ 100000_2 × V_{REF} = 2.5) 입력 전압인 3.3과 비교한다. V_{IN} > V_{OUT}의 조건을 만족시키므로 D의 4번 비트는 1을 유지한다. 다음은 3번 비트를 1로 설정하고(V_{OUT} = 11000_2 ÷ 100000_2 × V_{REF} = 3.75) V_{IN}과 비교하면 V_{IN} > V_{OUT}의 조건을 만족시키지 않으므로 3번 비트는 0으로 설정한다. 이러한 과정을 0번 비트까지 반복하면 입력 전압 3.3V에 해당하는 5비트 디지털 값 D = 10101_2을 얻을 수 있다. 표 8.3은 축차 비교 방식으로 아날로그 데이터를 디지털 데이터로 변환하는 계산 과정을 나타낸 것이다.

표 8.3 **축차 비교 방식에 의한 아날로그 디지털 변환**

순서	디지털 값(D)	디지털 값에 해당하는 아날로그 값	비트 변환 결과
0	–	–	00000_2
1	$\underline{1}0000_2$	$\dfrac{16}{32} \times 5V = 2.5V < 3.3V\ (\bigcirc)$	$\underline{1}0000_2$
2	$1\underline{1}000_2$	$\dfrac{16 + 8}{32} \times 5V = 3.75V > 3.3V\ (\times)$	$\underline{1}0000_2$
3	$10\underline{1}00_2$	$\dfrac{16 + 4}{32} \times 5V = 3.125V < 3.3V\ (\bigcirc)$	$10\underline{1}00_2$
4	$101\underline{1}0_2$	$\dfrac{16 + 4 + 2}{32} \times 5V = 3.4375V > 3.3V\ (\times)$	$10\underline{1}00_2$
5	$1010\underline{1}_2$	$\dfrac{16 + 4 + 1}{32} \times 5V = 3.28125V < 3.3V\ (\bigcirc)$	$1010\underline{1}_2$

8.3 가변저항을 사용한 아날로그 데이터 입력

아날로그 데이터 입력을 위해 이 장에서는 가변저항을 사용한다. 가변저항은 3개의 핀을 갖고 있고 양쪽 끝 핀에 VCC와 GND를 연결하면 가운데 핀으로 전압 분배에 따라 VCC와 GND 사이의 전압을 얻을 수 있다. 전원 연결 핀에 극성은 없지만 연결 순서에 따라 출력되는 전압이 증가하도록 노브를 돌리는 방향이 달라진다.

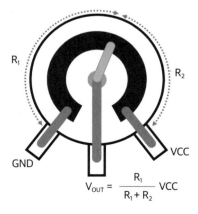

$$V_{OUT} = \dfrac{R_1}{R_1 + R_2}\ VCC$$

(a) 가변저항의 구조

(b) 가변저항

그림 8.2 **가변저항**

A0 핀에 가변저항을 연결하여 A0 핀에 가해지는 전압을 디지털 데이터로 변환하여 읽어보자. 가변저항을 연결할 때 A0 핀과 GND 사이에 0.1uF 커패시터를 연결하는 것은 필수는 아니지만, 가변저항을 그대로 둔 상태에서 ADC를 통해 읽은 값이 조금씩 바뀔 때 ADC 동작을 안정화하는 데도움이 된다.

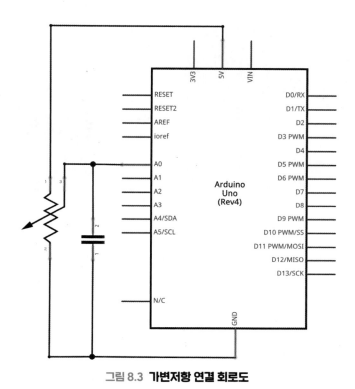

그림 8.3 가변저항 연결 회로도

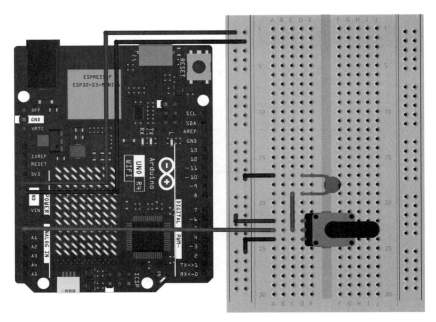

그림 8.4 **가변저항 연결 회로**

가변저항을 읽기 위해서는 analogRead 함수를 사용하고, 기준 전압은 디폴트 값인 AVCC 5V를 사용한다. 스케치 8.1은 가변저항값을 0.1초에 한 번 읽어 시리얼 플로터에서 확인하는 예다.

스케치 8.1 **가변저항값을 읽어 출력하기: 10비트 해상도**   R3   R4

```
int pin_vr = A0;                            // 가변저항 연결 핀

void setup() {
  Serial.begin(9600);                       // 시리얼 통신 초기화
  while (!Serial);
}

void loop() {
  int value = analogRead(pin_vr);           // 가변저항 읽기
  Serial.println(value);
  delay(100);                               // 0.1초 대기
}
```

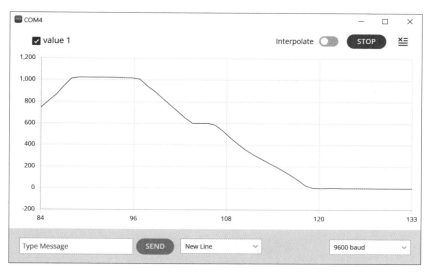

그림 8.5 스케치 8.1 실행 결과

스케치 8.1의 실행 결과에서 알 수 있듯이 디폴트 설정에서 ADC는 10비트 값을 반환한다. 스케치 8.2는 ADC의 해상도를 14비트로 설정하고 아날로그 신호를 디지털 데이터로 변환하는 예다. 스케치 8.2의 실행 결과를 스케치 8.1의 실행 결과와 비교해 보면 디폴트 설정에서 analogRead 함수로 얻을 수 있는 최댓값은 1,023이지만 14비트 해상도로 변경하면 최대 16,383을 얻을 수 있음을 알 수 있다. 스케치 8.2는 아두이노 우노 R4에서 실행할 수 있다.

스케치 8.2 가변저항값을 읽어 출력하기: 14비트 해상도   `R4`

```
int pin_vr = A0;                        // 가변저항 연결 핀

void setup() {
  Serial.begin(9600);                   // 시리얼 통신 초기화
  while (!Serial);
  analogReadResolution(14);             // 14비트 ADC 해상도 설정
}

void loop() {
  int value = analogRead(pin_vr);       // 가변저항 읽기
  Serial.println(value);
  delay(100);                           // 0.1초 대기
}
```

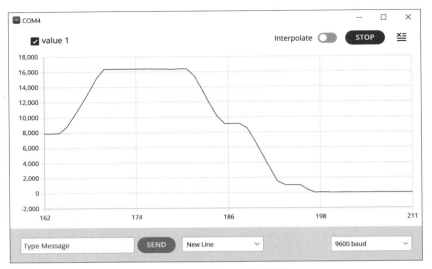

그림 8.6 스케치 8.2 실행 결과

디폴트 설정에서 가변저항값을 analogRead 함수로 읽으면 10비트의 디지털 값을 얻을 수 있다. 이를 0~4 사이의 정수로 변환하고 그 수만큼 LED를 켜는 스케치를 작성해 보자. 이를 위해 2번에서 5번 핀까지 4개의 LED를 연결하고 A0 핀에는 가변저항을 연결한다.

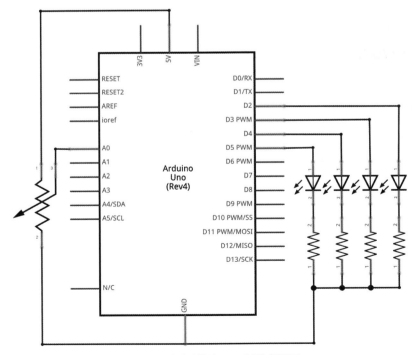

그림 8.7 가변저항과 LED 연결 회로도

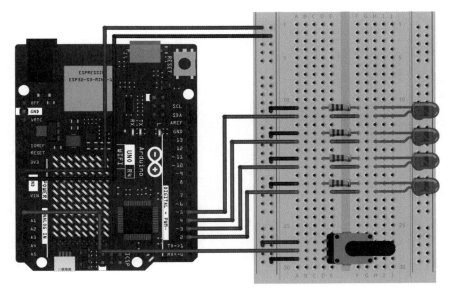

그림 8.8 가변저항과 LED 연결 회로

가변저항값은 0~1023 사이의 값을 가지고 LED의 개수는 0~4 사이의 값을 갖는다. 이처럼 서로 다른 범위를 갖는 두 값 사이의 변환을 위해서는 map 함수를 사용할 수 있다.

■ **map**

```
long map(long value, long fromLow, long fromHigh, long toLow, long toHigh)
  - 매개변수
    value: 데이터
    fromLow: 변환 전 데이터가 가질 수 있는 최솟값
    fromHigh: 변환 전 데이터가 가질 수 있는 최댓값
    toLow: 변환 전 최솟값이 변환 후 갖는 값
    toHigh: 변환 전 최댓값이 변환 후 갖는 값
  - 반환값: 지정한 범위로 변환한 값
```

주어진 데이터 값을 지정된 범위의 값으로 선형 사상(linear mapping)하여 반환한다. 이때 변환할 값은 [fromLow, fromHigh] 범위의 값이 아닐 수 있고, toLow 값이 toHigh 값보다 클 수 있다.

스케치 8.3은 map 함수를 사용하여 가변저항값을 LED 개수로 변환하고 그에 따라 LED를 제어하는 예다. LED 개수를 구할 때 변환될 범위를 0~4로 설정하면 가변저항값이 1,023이 되는 순간에만 4개의 LED가 모두 켜진다. 따라서 스케치 8.3에서는 0~5 사이의 값으로 변환하여 4개의 LED가 모두 켜지는 가변저항값의 구간이 다른 구간과 비슷해지도록 했다.

```
int pin_vr = A0;                          // 가변저항 연결 핀
int pin_LED[] = {2, 3, 4, 5};             // LED 연결 핀 배열

void setup() {
  Serial.begin(9600);                     // 시리얼 통신 초기화
  while (!Serial);
  for (int i = 0; i < 4; i++) {           // LED 연결 핀을 출력으로 설정
    pinMode(pin_LED[i], OUTPUT);
  }
}

void loop() {
  int value = analogRead(pin_vr);         // 가변저항 읽기
  // 가변저항값을 LED 개수로 변환
  int LEDcount = map(value, 0, 1023, 0, 5);

  for (int i = 0; i < 4; i++) {
    if (i < LEDcount) {
      digitalWrite(pin_LED[i], HIGH);
    }
    else {
      digitalWrite(pin_LED[i], LOW);
    }
  }

  Serial.print(String("가변저항값 : ") + value);
  Serial.println(String("\tLED 개수 : ") + LEDcount);

  delay(500);                             // 0.5초 대기
}
```

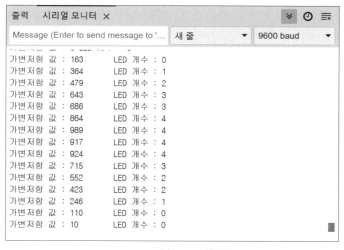

그림 8.9 **스케치 8.3 실행 결과**

조이스틱

조이스틱joystick은 게임용으로 흔히 사용되는 입력 장치의 하나로, 방향을 입력하기 위해 흔히 사용한다. 마이크로컨트롤러에서는 노브 형태의 조이스틱이 흔히 사용된다. 조이스틱은 2개의 가변저항으로 생각할 수 있다. 각 가변저항은 x축 및 y축의 위치를 나타내며, 노브형 조이스틱의 경우 노브를 버튼처럼 누를 수 있는 경우가 대부분이다. 그림 8.10은 노브형 조이스틱 모듈을 나타낸 것으로, **위치를 나타내기 위한 2개의 아날로그 출력 핀과 노브 누름을 위한 1개의 디지털 출력 핀 등 3개의 출력 핀**을 갖고 있다. 그림 8.10의 조이스틱 모듈에서 노브 버튼에는 풀업 저항이 연결되어 있으므로 노브를 누를 때 LOW 값이 출력된다.

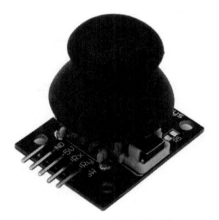

그림 8.10 **노브형 조이스틱**

조이스틱을 그림 8.11과 같이 연결해 보자. x축 및 y축 위치를 알아내기 위해서는 A1과 A2의 아날로그 입력 핀을 사용했다. 아날로그 입력 핀은 디지털 입력 핀으로도 사용할 수 있으므로 그림 8.11에서 노브의 누름을 알아내기 위해 아날로그 입력 핀인 A0을 사용했다.

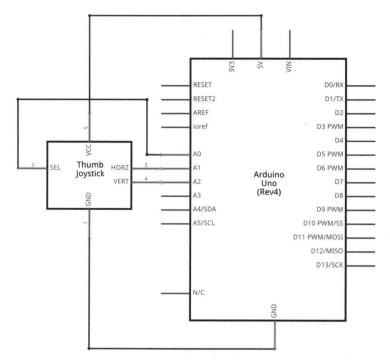

그림 8.11 **조이스틱 연결 회로도**

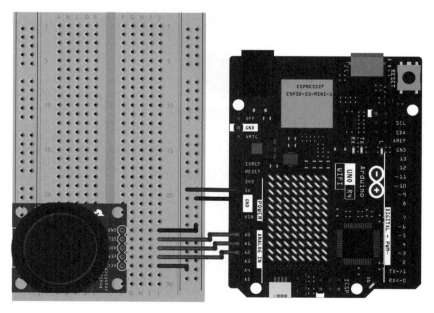

그림 8.12 **조이스틱 연결 회로**

스케치 8.4는 노브의 위치와 노브 버튼 상태를 시리얼 모니터로 출력하는 예다. 스케치를 업로드하고 노브를 움직이면서 값이 바뀌는 것을 확인해 보자. 또한 노브 버튼에 연결된 풀업 저항으로 버튼을 누르지 않을 때 HIGH 버튼을 눌렀을 경우 LOW가 출력되는 것도 확인해 보자.

스케치 8.4 조이스틱 값 읽기 R3 R4

```
int pin_button = A0;                      // 버튼 누름
int pin_X = A1;                           // x축 위치
int pin_Y = A2;                           // y축 위치

void setup() {
  pinMode(pin_button, INPUT);

  Serial.begin(9600);                     // 시리얼 통신 초기화
  while (!Serial);
}

void loop() {
  int x = analogRead(pin_X);              // X 위치
  int y = analogRead(pin_Y);              // Y 위치
  boolean press = digitalRead(pin_button); // 버튼 누름

  Serial.print("버튼 누름 : ");
  Serial.print(press ? "X" : "O");
  Serial.println(String(", X 위치 : ") + x + "\tY 위치 : " + y);

  delay(1000);                            // 1초 대기
}
```

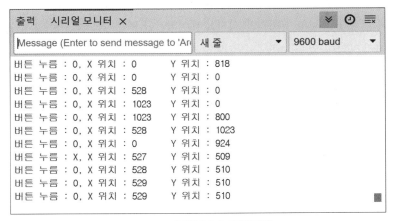

그림 8.13 스케치 8.4 실행 결과

주변 환경에서 얻을 수 있는 모든 데이터는 아날로그로, 우리가 보고 듣고 느끼는 모든 것이 아날로그다. 하지만 아두이노는 디지털 컴퓨터의 한 종류이므로 주변 환경과 아두이노를 연결하기 위해서는 아날로그 디지털 변환기가 필요하다. 아두이노 우노 R3에 사용된 ATmega328 마이크로컨트롤러는 10비트 해상도의 ADC를 포함하고 있어 주변 환경에서 1,024단계로 구분되는 디지털 데이터를 얻을 수 있다. 반면 아두이노 우노 R4에 사용된 RA4M1 마이크로컨트롤러의 ADC는 최대 14비트 해상도를 지원하므로 아두이노 우노 R3보다 많은 단계로 구분되는 디지털 데이터를 얻을 수 있다. 해상도가 증가하더라도 아두이노 우노의 ADC는 디폴트로 0~5V 범위를 기준으로 하고 있으며 범용이라는 점을 기억해야 한다. 아날로그 데이터를 출력하는 많은 장치가 이보다 훨씬 좁은 범위의 전압을 사용하고 장치에 따른 처리가 필요할 수 있다. 따라서 최근 많은 장치가 전용 ADC를 사용하고 신호 특성에 따른 처리 과정을 거친 디지털 데이터를 출력하고 있다.

아두이노 우노에 사용된 마이크로컨트롤러에 ADC는 하나만 포함되어 있다는 점도 주의해야 한다. 여러 개의 핀이 ADC로 연결되어 있지만 이는 서로 다른 채널을 사용하는 것이므로 동시에 여러 개의 아날로그 데이터를 디지털 데이터로 변환할 수 없다. **ADC의 채널은 TV에서의 채널과 비슷하다.** TV로 한 번에 한 채널만 시청할 수 있는 것처럼 ADC로는 한 번에 하나의 아날로그 데이터만 디지털 데이터로 변환할 수 있다. 기본적으로 마이크로컨트롤러는 디지털 컴퓨터이므로 아날로그 데이터 처리가 가능하긴 하지만 디지털 데이터만큼 빠른 속도로 처리할 수는 없으며, 이 외에도 여러 가지 제약이 있을 수 있음을 기억해야 한다.

1 스케치 8.3은 가변저항값에 따라 켜지는 LED의 개수가 변하는 예다. 이를 수정하여 가변 저항값에 따라 4개의 LED 중 켜지는 LED의 위치가 바뀌는 스케치를 작성해 보자. 이때 LED는 항상 1개만 켜지도록 한다. LED가 켜지는 위치는 0~3의 4개 값이면 가능하므로 10비트의 가변저항값을 오른쪽으로 8번 비트 이동시켜서 얻을 수 있다.

```
int LED_index = vr_value >> 8;  // 0~3의 인덱스
```

2 A0 핀에 가변저항을 연결하고 13번 핀에 LED를 연결하자. 가변저항값 0~1023을 200~1500ms로 변환하여 LED가 깜빡이는 속도가 변하도록 스케치를 작성해 보자. LED 를 깜빡이도록 하는 데는 delay 함수를 사용할 수 있다. 다만 delay 함수를 사용하면 지정 한 시간 동안 가변저항값을 읽을 수 없으므로 가변저항을 빠르게 돌리면 LED 점멸 속도 가 즉시 변경되지 않을 수 있다.

3 아두이노 우노에 사용된 마이크로컨트롤러는 아날로그 디지털 변환을 위해 축차 비교 방 식을 사용한다. 축차 비교 방식 이외에도 병렬 비교 방식, 파이프라인 방식 등 여러 가지 방법이 아날로그 디지털 변환에 사용된다. 아날로그 디지털 변환을 위한 방법의 종류와 그 장단점을 비교해 보자.

아날로그 데이터 출력

마이크로컨트롤러에서 처리를 거친 디지털 데이터는 다시 아날로그 데이터로 변환해야 처리 결과를 주변 환경으로 돌려줄 수 있다. 아날로그 데이터를 출력하는 데는 실제 아날로그 데이터를 출력하는 방법과 아날로그 데이터와 비슷한 효과를 얻을 수 있는 디지털 데이터인 펄스 폭 변조(PWM) 신호를 사용하는 방법이 있다. 이 장에서는 아두이노 우노에서 PWM 신호와 아날로그 데이터를 출력하는 방법을 알아본다.

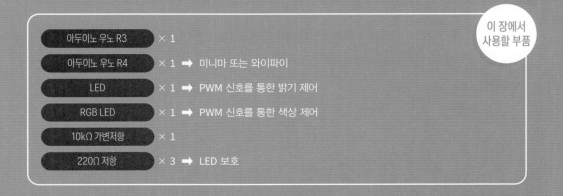

이 장에서
사용할 부품

아두이노 우노 R3	× 1	
아두이노 우노 R4	× 1	➡ 미니마 또는 와이파이
LED	× 1	➡ PWM 신호를 통한 밝기 제어
RGB LED	× 1	➡ PWM 신호를 통한 색상 제어
10kΩ 가변저항	× 1	
220Ω 저항	× 3	➡ LED 보호

아날로그 데이터 출력

아두이노는 처리된 데이터를 다른 장치로 전달하거나 직접 결과를 출력할 수 있다. 다른 장치로 데이터를 전달하기 위해서는 시리얼 통신을 사용하여 디지털 데이터를 전달하면 되지만, 직접 결과를 출력하기 위해서는 아날로그 데이터를 출력해야 한다. 아날로그 데이터를 출력하기 위해서는 아날로그 디지털 변환기와는 반대인 디지털 아날로그 변환기Digital Analog Converter, DAC가 필요하다. 아두이노 R4에 사용된 RA4M1 마이크로컨트롤러에는 DAC가 포함되어 있지만, 아두이노 우노 R3에 사용된 ATmega328 마이크로컨트롤러에는 DAC가 포함되어 있지 않아 아날로그 데이터를 직접 출력할 수는 없다.

아날로그 데이터를 출력할 수 없을 때 사용할 수 있는 것이 아날로그 데이터와 비슷한 효과를 얻을 수 있는 펄스 폭 변조Pulse Width Modulation, PWM 신호다. PWM 신호는 디지털 신호이지만 LED의 밝기 조절이나 모터의 속도 조절 등 아날로그 신호와 같은 효과를 낼 수 있다. 아두이노 함수에서 PWM 신호를 출력하는 함수의 이름이 analogWrite로, 'analog'라는 단어가 포함된 것도 이런 이유다. 아두이노 우노 R4에서는 A0 핀이 DAC에 연결되어 있어 아날로그 데이터를 출력할 수 있고 PWM 신호 역시 출력할 수 있다. PWM 신호 출력이 가능한 핀은 핀 번호 앞에 물결무늬(~)를 표시하여 구별하고 있다. 아두이노 우노에서 PWM 신호 출력이 가능한 핀은 3, 5, 6, 9, 10, 11번 6개 핀이다.

펄스 폭 변조

아날로그 신호를 디지털 신호로 나타내는 방법으로는 펄스 진폭 변조Pulse Amplitude Modulation, PAM 방식과 펄스 폭 변조Pulse Width Modulation, PWM 방식이 흔히 사용된다. 그림 9.1의 아날로그 신호를 생각해 보자.

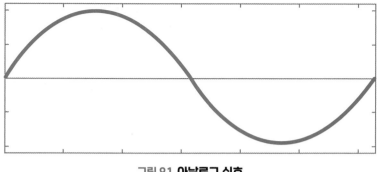

그림 9.1 **아날로그 신호**

아날로그 데이터를 디지털 데이터로 변환하기 위한 첫 번째 과정은 샘플링 과정이다. **샘플링 과정에서는 일정한 시간 간격으로 아날로그 신호의 값을 취한다.**

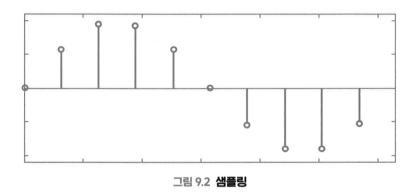

그림 9.2 **샘플링**

샘플링된 신호는 **주어진 해상도에 따라 가장 가까운 디지털 값으로 바꾸는 양자화**quantization 과정을 거친다. 8비트 해상도를 갖는다고 가정하면 그림 9.2에서 샘플링된 각 값은 0~255 사이의 8비트 값으로 표현된다.

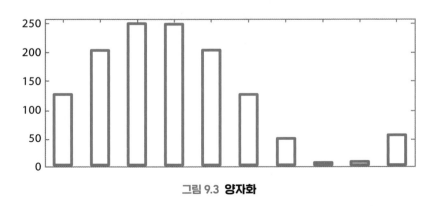

그림 9.3 **양자화**

PAM 방식에서는 양자화된 신호를 0과 1의 비트열로 나타내며 이를 부호화coding라고 한다. 부호화된 디지털 데이터는 시리얼 통신을 사용하여 전송하거나 CPU에서 처리할 수 있다.

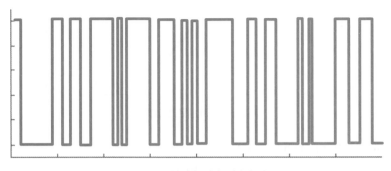

그림 9.4 **PAM 방식의 디지털 신호**

PWM 역시 아날로그 데이터를 디지털로 나타내는 방법 중 하나지만, 양자화된 값을 0과 1의 비트열로 나타내는 PAM 방식과 달리 펄스의 폭으로 나타낸다는 차이가 있다.

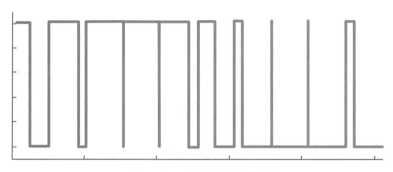

그림 9.5 **PWM 방식의 디지털 신호**

PWM 방식에서는 하나의 샘플을 한 주기 내에서 HIGH 값이 갖는 비율로 나타내며, **신호가 한 주기 내에서 갖는 HIGH 값의 비율을 듀티 사이클**duty cycle**이라고 한다.** 그림 9.6은 듀티 사이클에 따른 PWM 신호의 파형을 나타낸다.

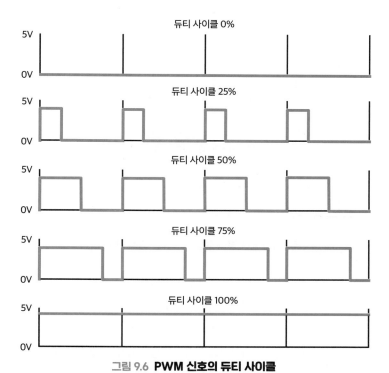

그림 9.6 **PWM 신호의 듀티 사이클**

그림 9.4의 PAM 방식과 그림 9.5의 PWM 방식의 차이는 데이터를 저장하고자 할 때 드러난다. 그림 9.7에서 비교한 것처럼 8비트 해상도를 갖는 PAM 방식에서 하나의 샘플을 표현하는 데는 8비트면 충분하지만, 같은 해상도의 PWM 방식에서는 256비트가 필요하다. 즉, **PWM 방식으로 디지털 데이터를 저장하기 위해서는 많은 저장 공간이 필요하며 동작 주파수 역시 PAM 방식보다 높아야 한다.** 따라서 PWM 방식은 데이터 저장이나 전송에서는 사용하지 않는다. 하지만 PWM 신호는 PAM 신호에 비해 간단하게 아날로그 신호로 변환할 수 있고, 그 자체로도 아날로그 신호의 효과를 얻을 수 있어 LED의 밝기 제어나 모터의 속도 제어 등을 위해 마이크로컨트롤러에서 흔히 사용된다.

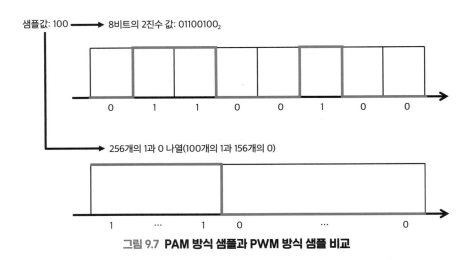

그림 9.7 PAM 방식 샘플과 PWM 방식 샘플 비교

LED에 가변저항을 연결하고 가변저항을 돌려 LED에 가해지는 전압과 전류를 조절하면 LED 밝기를 제어할 수 있다. 하지만 PWM 신호를 사용해서 한 주기 내에서 LED를 켜는 시간을 조절해서도 LED 밝기를 제어할 수 있다. 한 주기 동안 계속해서 LED를 켠다면, 즉 듀티 사이클이 100%라면 LED는 항상 켜져 있을 것이고 100%의 밝기를 보여줄 것이다. 하지만 한 주기 내에서 절반만 LED를 켜고 나머지 절반은 LED를 끈다면, 즉 듀티 사이클이 50%라면 LED는 50% 정도의 밝기로 켜질 것이다. 하지만 **50% 밝기로 LED를 켤 때 필수적인 것이 높은 PWM 주파수다.**

50% 듀티 사이클을 갖는 PWM 신호의 모양은 LED를 1초 간격으로 점멸하는 블링크 신호와 같지만, 주파수에서 차이가 있다. 블링크 신호의 주파수는 0.5Hz이다. 반면 아**두이노 우노에서 analogWrite 함수로 출력하는 PWM 신호의 주파수는 490Hz 또는 980Hz로 블링크 신호보다 훨씬 높** 다. 50% 듀티 사이클의 PWM 신호로 1초에 수백 번 LED를 켜고 *끄기*를 반복하면 LED가 각각의 ON/OFF 구간에 반응하지 못하고 절반 정도의 밝기로 켜진 것처럼 보인다. 즉, **블링크 신호에는 LED가 HIGH인 구간과 LOW인 구간에 개별적으로 반응하지만, PWM 신호에는 LED가 HIGH인 구간과 LOW 인 구간을 평균한 값에 반응하게 되고 아날로그 신호와 같은 밝기 조절 효과를 얻을 수 있다.** 블링크 신호도 50% 듀티 사이클의 PWM 신호라고 할 수 있지만, 블링크 신호는 낮은 주파수로 인해 아날로그 신호와 같은 밝기 조절 효과를 얻을 수 없다.

LED 밝기 조절

PWM 신호를 사용하여 LED 밝기를 조절해 보자. 이를 위해 PWM 신호 출력이 가능한 3번 핀에 LED를 연결한다.

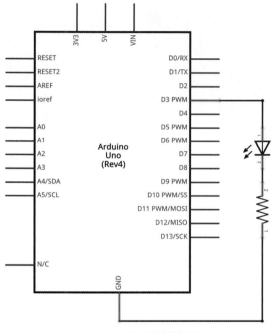

그림 9.8 **LED 연결 회로도**

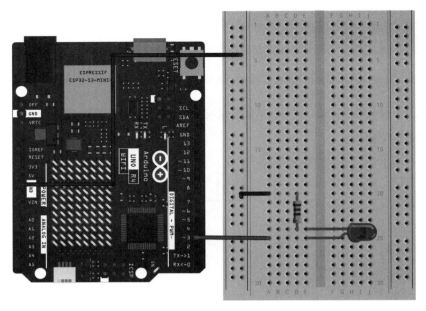

그림 9.9 **LED 연결 회로**

스케치 9.1은 PWM 신호를 사용하여 LED의 밝기를 변화시키는 예로, LED가 밝아졌다가 어두워지기를 반복한다.

스케치 9.1 **LED의 밝기 조절**   R3   R4

```
int pin_LED = 3;                        // LED 연결 핀

void setup() {
}

void loop() {
  for (int i = 0; i < 255; i++) {       // 점차 밝아짐
    analogWrite(pin_LED, i);
    delay(10);
  }
  for (int i = 255; i > 0; i--) {       // 점차 어두워짐
    analogWrite(pin_LED, i);
    delay(10);
  }
}
```

스케치 9.1에서 PWM 신호를 출력하기 위해 사용한 함수가 analogWrite로, 듀티 사이클을 0(0%)~255(100%) 사이의 값으로 지정하여 사용한다.

■ **analogWrite**

```
void analogWrite(uint8_t pin, int value)
  - 매개변수
    pin: 핀 번호
    value: 듀티 사이클
  - 반환값: 없음
```

지정한 번호의 핀으로 지정한 듀티 사이클을 갖는 PWM 신호를 출력한다.

■ **analogWriteResolution**

```
void analogWriteResolution(int bits)
  - 매개변수
    bits: PWM 신호 해상도(최대 12비트)
  - 반환값: 없음
```

PWM 신호의 해상도를 설정한다. 아두이노 우노 R3에서는 8비트 해상도를 사용하므로 0(0%) ~255(100%) 사이의 값을 사용할 수 있다. 아두이노 우노 R4에서는 아두이노 우노 R3와의 호환성을 위해 디폴트로 8비트로 설정되어 있지만 최대 12비트로 설정할 수 있다.

가변저항을 A0 핀에 연결하고 PWM 신호를 출력할 수 있는 3번 핀에 LED를 연결하여 LED 밝기를 가변저항으로 조절해 보자.

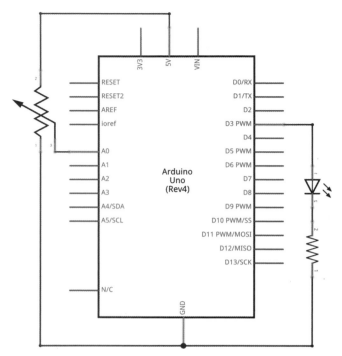

그림 9.10 가변저항과 LED 연결 회로도

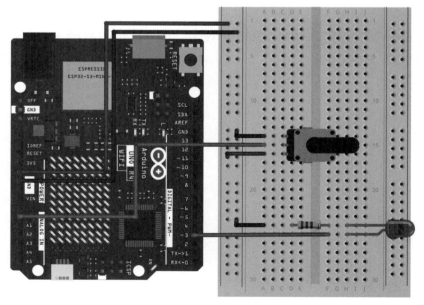

그림 9.11 가변저항과 LED 연결 회로

스케치 9.2는 가변저항값으로 LED 밝기를 조절하는 예다. 가변저항값은 디폴트로 10비트 값이고 LED 밝기 조절을 위한 PWM 값은 디폴트로 8비트 값이므로 오른쪽 비트 이동 연산을 사용하여 ADC 값을 PWM의 듀티 사이클로 변환하여 사용했다.

스케치 9.2 가변저항으로 LED 밝기 조절 `R3` `R4`

```
int pin_LED = 3;                              // LED 연결 핀
int pin_vr = A0;                              // 가변저항 연결 핀

void setup() {
  Serial.begin(9600);                         // 시리얼 통신 초기화
  while (!Serial);
}

void loop() {
  int value_vr = analogRead(pin_vr);          // 가변저항값 읽기
  int value_pwm = value_vr >> 2;              // 8비트 듀티 사이클 값으로 변환

  analogWrite(pin_LED, value_pwm);            // PWM 신호 출력

  Serial.print(String("가변저항값 : ") + value_vr);
  Serial.println(String("\tLED 밝기 : ") + value_pwm);

  delay(1000);                                // 1초 대기
}
```

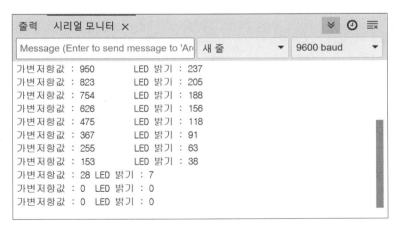

그림 9.12 스케치 9.2 실행 결과

아두이노 우노 R4에서는 PWM 해상도를 조정하여 ADC 값을 그대로 LED 밝기 조절에 사용할 수 있다. 스케치 9.3에서는 analogWriteResolution 함수를 사용하여 PWM 해상도를 조절한 후 analogWrite 함수의 매개변수로 사용했다. analogWrite 함수에서 출력하는 값의 범위는 스케치 9.2와 다르지만, 실행 결과는 스케치 9.2와 같다.

```
int pin_LED = 3;                          // LED 연결 핀
int pin_vr = A0;                          // 가변저항 연결 핀

void setup() {
  Serial.begin(9600);                     // 시리얼 통신 초기화
  while (!Serial);
  analogWriteResolution(10);              // 10비트 PWM 해상도
}

void loop() {
  int value_vr = analogRead(pin_vr);      // 가변저항값 읽기
  analogWrite(pin_LED, value_vr);         // PWM 신호 출력
  Serial.println(value_vr);

  delay(200);
}
```

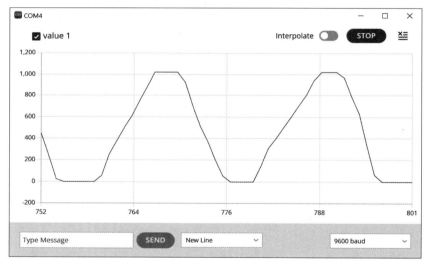

그림 9.13 **스케치 9.3 실행 결과**

9.4 RGB LED

RGB LED는 빛의 3원색에 해당하는 빨간색Red, 초록색Green, 파란색Blue LED를 하나의 패키지로 만든 것으로, 각 원색을 개별적으로 제어하기 위한 제어 핀 3개와 공통 핀 1개로 구성되어 있다. RGB LED에는 두 가지 종류가 있으며 **공통 핀을 GND에 연결하고 제어 핀에 VCC를 연결하면 LED가 켜지는 RGB LED를 공통 음극 방식**common cathode이라고 하고, **공통 핀을 VCC에 연결하고 제어 핀에 GND를 연결하면 LED가 켜지는 RGB LED를 공통 양극 방식**common anode이라고 한다. 이 장에서는 공통 양극 방식의 RGB LED를 사용한다. RGB LED의 4개 핀 중 가장 긴 핀이 공통 핀으로 VCC에 연결한다. 공통 양극 방식 RGB LED를 제어할 때는 100% 듀티 사이클에서 완전히 꺼지고 0% 듀티 사이클에서 완전히 켜진다는 점에 주의해야 한다.

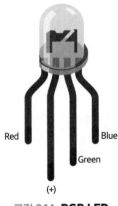

그림 9.14 **RGB LED**

RGB LED를 PWM 신호 출력이 가능한 8번, 9번, 10번 핀에 그림 9.15와 같이 연결한다.

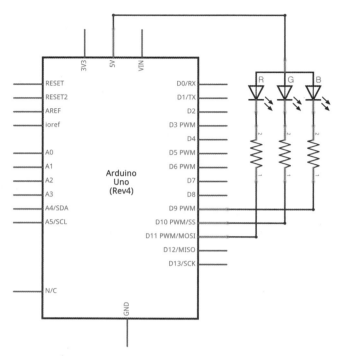

그림 9.15 **RGB LED 연결 회로도**

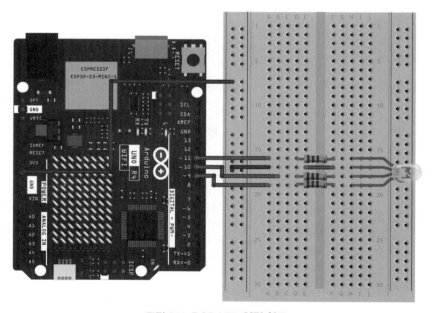

그림 9.16 **RGB LED 연결 회로**

스케치 9.4는 RGB의 각 원색 하나씩만 서서히 변하도록 하는 예다. 스케치 9.4에서는 3개의 원색 중 하나씩만 밝기를 조절했지만 3개의 원색을 모두 8비트로 제어한다면 2^{24}가지의 트루컬러true color를 표현할 수 있다.

스케치 9.4 RGB LED의 색상 조절 R3 R4

```
int RGB_LED[] = {9, 10, 11};                  // RGB LED 연결 핀(Blue, Green, Red)

void setup() {
}

void loop() {
  digitalWrite(RGB_LED[1], HIGH);
  digitalWrite(RGB_LED[2], HIGH);
  for (int i = 255; i >= 0; i--) {            // Blue 점점 밝게. Green, Red는 끔
    analogWrite(RGB_LED[0], i);
    delay(10);
  }
  analogWrite(RGB_LED[0], 255);               // Blue 끄기

  digitalWrite(RGB_LED[0], HIGH);
  digitalWrite(RGB_LED[2], HIGH);
  for (int i = 255; i >= 0; i--) {            // Green 점점 밝게. Blue, Red는 끔
    analogWrite(RGB_LED[1], i);
    delay(10);
  }
  analogWrite(RGB_LED[1], 255);               // Green 끄기

  digitalWrite(RGB_LED[0], HIGH);
  digitalWrite(RGB_LED[1], HIGH);
  for (int i = 255; i >= 0; i--) {            // Red 점점 밝게. Green, Blue는 끔
    analogWrite(RGB_LED[2], i);
    delay(10);
  }
  analogWrite(RGB_LED[2], 255);               // Red 끄기
}
```

시리얼 모니터로 밝기를 입력받아 RGB LED를 제어하는 스케치를 작성해 보자. RGB LED는 그림 9.15와 같이 연결하고, 시리얼 모니터에서 콤마로 분리된 3개의 값을 입력받아 이를 RGB LED의 각 요소에 대한 밝기로 사용한다. 스케치 9.5는 RGB LED의 밝기를 시리얼 모니터로 제어하는 예다. 그림 9.15의 RGB LED는 공통 양극 방식이므로 0의 값을 출력해야 최대 밝기가 되지만, 시리얼 모니터에는 255를 입력했을 때 최대 밝기가 되도록 255에서 뺀 값을 사용했다. 또한 스케치가 간단해지도록 형식에 맞추어 데이터를 입력하는 것으로 가정하고 입력에 대한 검사는 진행하지 않았다. 스케치 9.5를 업로드하고 콤마로 분리된 3개 값을 시리얼 모니터에 입력하여 LED의 색상이 바뀌는 것을 확인해 보자.

```
char TERMINATOR = '\n';                        // 문자열 종료 문자
String buffer = "";                            // 문자열 저장 버퍼
boolean process_it = false;                    // 문자열 처리 여부
int RGB_LED[] = {11, 10, 9};                   // RGB LED 연결 핀(Red, Green, Blue)

void setup() {
  Serial.begin(9600);
  while (!Serial);
}

void loop() {
  while (Serial.available() > 0) {             // 데이터 수신
    char ch = Serial.read();                   // 데이터 읽기

    if (ch == TERMINATOR) {                    // 문자열 종료 문자인 경우
      process_it = true;                       // 문자열 처리 지시
    }
    else {                                     // 그 외의 문자인 경우
      buffer = buffer + ch;                    // 버퍼에 문자 저장
    }
  }

  if (process_it) {                            // 저장된 문자열을 처리하는 경우
    int index_start = 0, index_current = -1;
    byte brightness[3] = {0}, index_rgb = 0;   // RGB 값 분리 저장

    Serial.print("( ");
    do {
      // 문자열 내에서 콤마(',') 위치 탐색
      index_current = buffer.indexOf(',', index_current + 1);
      if (index_current != -1) {               // 콤마 발견
        String str = buffer.substring(index_start, index_current);
        str.trim();                            // 앞뒤 공백 제거
        // R과 G 값을 배열에 저장
        brightness[index_rgb++] = str.toInt();
        index_start = index_current + 1;       // 콤마 탐색 시작 위치 조정

        Serial.print(str + " , ");
      }
      else {                                   // 마지막 B 값으로 더 이상 콤마 없음
        String str = buffer.substring(index_start);
        str.trim();
        brightness[index_rgb] = str.toInt();   // B 값을 배열에 저장

        Serial.println(str + " )");
      }
    } while (index_current != -1);

    for (int i = 0; i < 3; i++) {              // 공통 양극 방식을 고려한 출력
      analogWrite(RGB_LED[i], 255 - brightness[i]);
```

```
    }

    process_it = false;                    // 문자열 처리 완료
    buffer = "";                           // 버퍼 비우기
  }
}
```

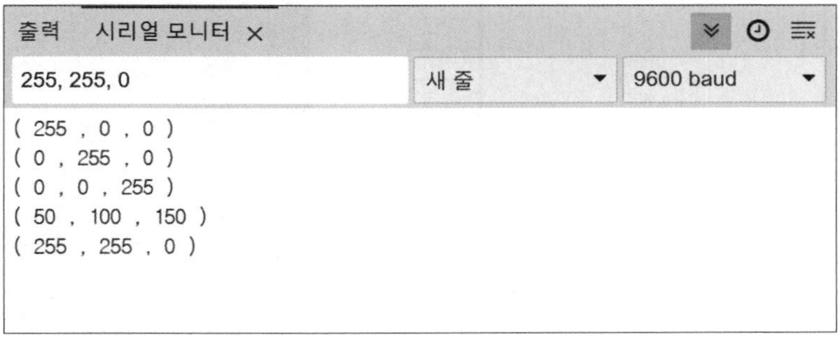

```
출력     시리얼 모니터  ×                              ≫  ⏱  ☰

255, 255, 0                          새 줄        ▼    9600 baud   ▼

( 255 , 0 , 0 )
( 0 , 255 , 0 )
( 0 , 0 , 255 )
( 50 , 100 , 150 )
( 255 , 255 , 0 )
```

그림 9.17 **스케치 9.5 실행 결과**

아날로그 신호 출력

아두이노 우노 R4에서 analogWrite 함수는 PWM 신호 출력 이외에 실제 아날로그 신호 출력을 위해서도 사용할 수 있다. 아두이노 우노 R4에 사용된 RA4M1 마이크로컨트롤러에는 DAC가 포함되어 있고 A0 핀이 DAC에 연결되어 있다. 따라서 아두이노 우노 R4에서 A0 핀은 analogRead와 analogWrite 함수 모두에서 매개변수로 사용할 수 있다. 아두이노 우노 R4에서 DAC로 출력할 수 있는 최대 해상도는 12비트다. DAC를 통한 아날로그 신호 출력은 PWM 신호 출력과 마찬가지로 analogWriteResolution 함수를 사용하여 해상도를 조절할 수 있다.

그림 9.18과 같이 A0 핀과 A1 핀을 서로 연결하자. A0 핀은 DAC를 통해 아날로그 신호를 출력하기 위해 사용하고, A1 핀은 A0 핀의 출력을 ADC를 통해 디지털 값으로 읽기 위해 사용한다. 이처럼 출력과 입력을 직접 연결하는 것은 루프백loopback 테스트의 일종으로, 출력과 입력을 동시에 검사하는 데 사용한다.

9.5 아날로그 신호 출력 209

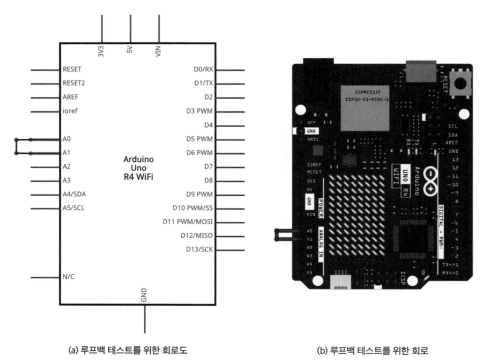

(a) 루프백 테스트를 위한 회로도　　　　　　　　(b) 루프백 테스트를 위한 회로

그림 9.18 **루프백 테스트를 위한 연결**

아두이노 우노 R4에서는 DAC를 통해 미리 정의된 파형을 출력할 수 있도록 AnalogWave 라이브러리가 포함되어 있다. AnalogWave 라이브러리를 사용하기 위해서는 먼저 헤더 파일을 포함해야한다. '스케치 ➡ 라이브러리 포함하기 ➡ AnalogWave' 메뉴 항목을 선택하거나 #include 문을 직접 입력하면 된다.

```
#include <analogWave.h>
```

AnalogWave 라이브러리에서는 정현파sine wave, 사각파square wave, 톱니파saw wave 등을 출력할 수있는 analogWave 클래스를 정의하고 있다.

■ **analogWave**

```
analogWave::analogWave(uint8_t pinNumber)
  - 매개변수
    pinNumber: DAC 연결 핀
```

DAC에 연결된 핀을 매개변수로 지정하여 analogWave 클래스 객체를 생성한다. 아두이노 우노 R4
에서는 A0 핀이 DAC에 연결되어 있으며, 상수 DAC 역시 같은 핀을 가리킨다.

■ sine, square, saw

```
void analogWave::sine(float freq_hz)
void analogWave::square(float freq_hz)
void analogWave::saw(float freq_hz)
   - 매개변수
     freq_hz: 생성할 파형의 주파수
   - 반환값: 없음
```

지정한 주파수를 사용하여 정현파, 사각파, 톱니파에 해당하는 아날로그 파형을 DAC 핀으로 출
력한다.

스케치 9.6은 그림 9.18과 같이 연결된 회로에서 미리 정의된 파형을 출력하고 이를 다시 ADC를
통해 읽어 시리얼 플로터에서 확인하는 예다.

스케치 9.6 파형 출력　　　　　　　　　　　　　　　　　　　　　　　　　　　　　　　　R4

```
#include <analogWave.h>

analogWave wave(DAC);                      // analogWave 클래스 객체 생성
int freq = 4;                              // 생성할 파형의 주파수

void setup() {
  Serial.begin(115200);                    // 시리얼 통신 초기화
  while (!Serial);

  wave.sine(freq);                         // 정현파 출력 시작
  // wave.square(freq);                     // 사각파 출력 시작
  // wave.saw(freq);                        // 톱니파 출력 시작
}

void loop() {
  Serial.println(analogRead(A1));          // 출력된 파형을 ADC로 읽어 플로팅
  delay(10);
}
```

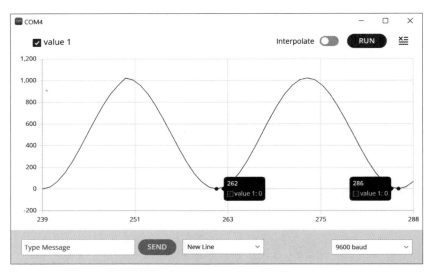

그림 9.19 스케치 9.6 실행 결과

그림 9.19는 정현파를 출력한 것으로 square, saw 등의 멤버 함수를 사용하면 사각파와 톱니 파 역시 확인할 수 있다. 미리 정의된 아날로그 파형 출력은 테스트 용도로 흔히 사용된다. AnalowWave 라이브러리는 간단한 멜로디 재생에도 사용할 수 있지만 출력이 낮아 별도의 증폭 장치가 필요하다. 따라서 간단한 멜로디나 효과음 재생을 위해서는 PWM 신호를 사용하는 tone 함수가 주로 사용된다.

9.6 맺는말

마이크로컨트롤러는 디지털 데이터를 기반으로 하지만, 주변 환경과 상호작용하기 위해서는 아날 로그 데이터 역시 처리할 수 있어야 한다. 아날로그 데이터 입력을 위해서는 아날로그 디지털 변환 기(ADC)를 사용할 수 있다. 반면 아날로그 데이터 출력을 위해서는 두 가지 방법을 사용할 수 있 는데, 하나는 디지털 아날로그 변환기(DAC)를 통해 실제 아날로그 신호를 출력하는 것이고 다른 하나는 펄스 폭 변조(PWM) 신호를 통해 아날로그 신호와 비슷한 효과를 얻는 것이다. PWM 신호 는 거의 모든 마이크로컨트롤러에서 지원하지만, DAC는 일부 마이크로컨트롤러에서만 지원한다. 아두이노 우노 R3에 사용된 ATmega328 마이크로컨트롤러에도 DAC는 포함되어 있지 않다.

PWM 신호는 디지털 신호다. 하지만 PWM 신호의 높은 주파수로 인해 아날로그 신호와 비슷한 효과를 얻을 수 있으며 LED의 밝기 조절이나 모터 속도 제어 등에 사용된다. 실제 아날로그 신호를 출력하는 대표적인 예는 소리를 재생하는 것이다. PWM 신호를 사용해서도 소리를 재생할 수 있지만 실제 아날로그 신호가 좀 더 자연스러운 소리를 낸다.

아두이노 우노 R4에 DAC가 포함됐다는 점 이외에 아날로그 데이터 입출력 해상도가 높아졌다는 점은 아두이노 우노 R3에 비해 장점이라고 할 수 있다. 해상도가 높아지면 데이터 크기가 커지지만, 실제 아날로그 데이터와 비슷한 디지털 데이터를 얻을 수 있고 좀 더 정밀한 제어가 가능하다. 표 9.1은 아날로그 데이터 입출력과 관련하여 아두이노 우노 R3와 R4의 해상도를 비교한 것이다.

표 9.1 아두이노 우노의 아날로그 데이터 입출력 해상도

	아두이노 우노 R3	아두이노 우노 R4	
		디폴트 값	최댓값
ADC 해상도	10비트	10비트	14비트
PWM 해상도	8비트	8비트	12비트
DAC 해상도	–	8비트	12비트

1 PWM 신호 출력이 가능한 5번과 6번 핀에 LED를 연결하고 A0 핀에 가변저항을 연결하자. 가변저항값을 읽어 두 LED의 밝기가 서로 반대가 되는 밝기로 켜지도록 하는 스케치를 스케치 9.2를 참고하여 작성해 보자. 예를 들어 5번 핀의 LED가 완전히 켜지면 6번 핀의 LED는 완전히 꺼지고, 5번 핀의 LED가 50% 밝기로 켜지면 6번 핀의 LED 역시 50% 밝기로 켜지는 식이다. 이때 두 LED의 밝기 합은 항상 일정하다.

2 아날로그 신호를 디지털로 표현하는 방법에는 PAMPulse Amplitude Modulation과 PWMPulse Width Modulation 이외에 PPMPulse Position Modulation 방식도 흔히 사용된다. PPM 방식은 한 주기 내에서 펄스의 위치로 값을 표현하는 방식으로, 항상 같은 크기의 펄스가 한 주기 내에 하나씩 나타난다는 특징이 있다. 이들을 포함하여 아날로그 신호를 디지털로 표현하는 방법을 알아보고 각각의 장단점을 비교해 보자.

10

delay와 millis 함수

delay와 millis 함수는 스케치의 실행 시간을 조절하는 데 사용할 수 있는 함수다. delay 함수는 일정 시간 동안 스케치 실행을 중지시켜 간단하게 시간 간격을 조절할 수 있도록 해주지만, 두 가지 이상의 작업을 동시에 실행할 때는 다른 작업의 실행을 방해할 수 있다. 반면 millis 함수는 스케치의 실행 시간을 즉시 반환해 다른 작업의 실행을 방해하지 않으므로 여러 가지 작업을 동시에 처리하는 데 적합하다. 이 장에서는 delay 함수와 millis 함수의 특징을 살펴보고, millis 함수를 사용하여 두 가지 이상의 작업을 실행하는 방법을 알아본다.

이 장에서 사용할 부품

아두이노 우노 R3	× 1
아두이노 우노 R4	× 1 ➡ 미니마 또는 와이파이
LED	× 2
220Ω 저항	× 2 ➡ LED 보호
버튼	× 1
10kΩ 가변저항	× 1

10.1 delay 함수와 millis 함수

delay 함수는 지정한 시간만큼 스케치 실행을 일시 중지하는 데 사용하는 함수다.

■ delay

```
void delay(unsigned long ms)
  - 매개변수
    ms: 밀리초 단위의 지연 시간
  - 반환값: 없음
```

delay 함수는 밀리초 단위의 지연 시간을 unsigned long 타입의 매개변수로 지정한다. unsigned long 타입은 4바이트 크기를 가지므로 지정할 수 있는 최대 지연 시간은 2^{32}밀리초로 약 50일의 지연 시간을 지정할 수 있다.

delay 함수로 밀리초 단위의 지연 시간을 사용할 수 있다면, delayMicroseconds 함수는 마이크로초 단위의 지연 시간을 사용할 수 있도록 해준다.

■ delayMicroseconds

```
void delayMicroseconds(unsigned int us)
  - 매개변수
    us: 마이크로초 단위의 지연 시간
  - 반환값: 없음
```

delayMicroseconds 함수는 마이크로초 단위의 지연 시간을 unsigned int 타입의 매개변수로 지정한다. unsigned int 타입은 아두이노 우노 R3에서는 2바이트, 아두이노 우노 R4에서는 4바이트 크기를 가지므로 지정할 수 있는 최대 지연 시간은 약 0.07초와 1.2시간으로 차이가 있다.

delay 함수를 사용하면 특정 작업을 실행하는 시간을 조절할 수 있으므로 일정한 시간 간격으로 반복되는 스케치를 간단하게 작성할 수 있으며, 블링크 스케치에서 LED를 1초 간격으로 점멸하는 데 사용한 것이 delay 함수다.

```
void setup() {
  pinMode(LED_BUILTIN, OUTPUT);                 // 내장 LED 연결 핀을 출력으로 설정
}

void loop() {
  digitalWrite(LED_BUILTIN, HIGH);              // LED 켜기
  delay(1000);                                  // 1초 대기
  digitalWrite(LED_BUILTIN, LOW);               // LED 끄기
  delay(1000);                                  // 1초 대기
}
```

스케치 10.1은 1초 간격으로 내장 LED를 점멸하는 블링크 스케치를 나타낸 것으로, 아무런 문제 없이 동작한다. 하지만 loop 함수를 한 번 실행하는 데 약 2초가 걸린다는 점은 문제가 될 수 있다. loop 함수를 실행하는 데 걸리는 시간 2초 중 대부분은 delay 함수에 의해 실행이 일시 중지된 상태다.

스케치 10.1에 버튼을 눌렀을 때 LED가 반전되도록 작업을 추가한다고 생각해 보자. 버튼 상태 검사는 loop 함수에서 이루어져야 하므로 2초에 한 번만 버튼 상태를 검사할 수 있다. 따라서 2초 이내에 두 번 이상 버튼을 누르면 버튼을 누른 것을 알아낼 수 없다. 2초 이상의 간격을 두고 버튼을 누른다고 하더라도 delay 함수에 의해 실행이 일시 중지된 상태에서 버튼을 누른다면 역시 버튼을 누른 것을 알아낼 수 없다. 이처럼 delay **함수는 스케치 실행을 일시 중지하여 다른 작업의 진행을 방해하므로 여러 가지 작업을 동시에 진행해야 할 때는** delay **함수를 사용할 수 없다.**

delay 함수에 의한 일시 중지 문제를 해결하는 방법 중 하나가 millis 함수를 사용하는 것이다. millis **함수는 현재 실행 중인 스케치가 시작된 이후의 경과 시간을 밀리초 단위로 즉시 반환하며 스케치 실행을 일시 중지하지 않는다.**

■ **millis**

```
unsigned long millis(void)
    - 매개변수: 없음
    - 반환값: 스케치가 시작된 이후의 밀리초 단위 경과 시간
```

스케치가 시작된 이후의 경과 시간을 밀리초 단위로 반환한다.

delay 함수를 사용하여 1초를 대기하면 1초 동안은 다른 작업을 할 수 없다. 이와 달리 millis 함수는 현재까지의 실행 시간을 즉시 반환하므로 다른 작업을 진행할 수 있다. 블링크 스케치로 돌

아가 보자. 스케치 10.2는 delay 함수를 사용하지 않고 스케치 10.1과 같이 1초 간격으로 LED를 점멸하도록 작성한 예로, '파일 ➡ 예제 ➡ 02.Digital ➡ BlinkWithoutDelay' 예제를 일부 수정한 것이다. 스케치 10.2에서 기억할 부분은 millis 함수를 호출한 후에는 즉시 반환한다는 점, 그리고 반환된 값을 사용해서 지정한 시간이 지났는지 계속 검사해야 한다는 점이다. delay 함수를 사용하면 지정한 시간이 지나기 전에는 반환하지 않으며, 따라서 지정한 시간이 지났는지 검사할 필요가 없다.

스케치 10.2 블링크: `millis` 함수 사용   R3 R4

```
int ledState = LOW;                          // LED 상태
unsigned long previousMillis = 0;            // LED 상태가 마지막으로 바뀐 시간
const long interval = 1000;                  // LED 점멸 간격
long count = 0;                              // 초당 loop 함수 실행 횟수

void setup() {
  Serial.begin(9600);
  while (!Serial);

  pinMode(LED_BUILTIN, OUTPUT);
}

void loop() {
  unsigned long currentMillis = millis();    // 현재까지의 실행 시간

  if (currentMillis - previousMillis >= interval) {
    previousMillis = currentMillis;          // LED 상태 변경 시간 업데이트
    ledState = !ledState;                     // LED 상태 변경
    digitalWrite(LED_BUILTIN, ledState);

    Serial.println(count);
    count = 0;
  }
  count++;                                    // loop 함수 실행 횟수
}
```

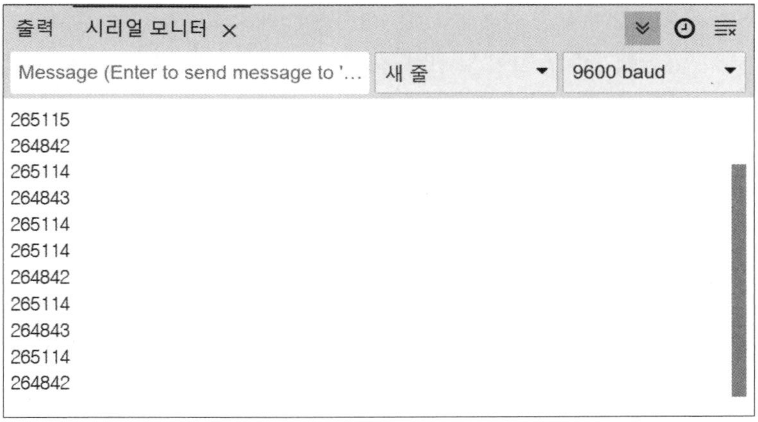

(a) 아두이노 우노 R3

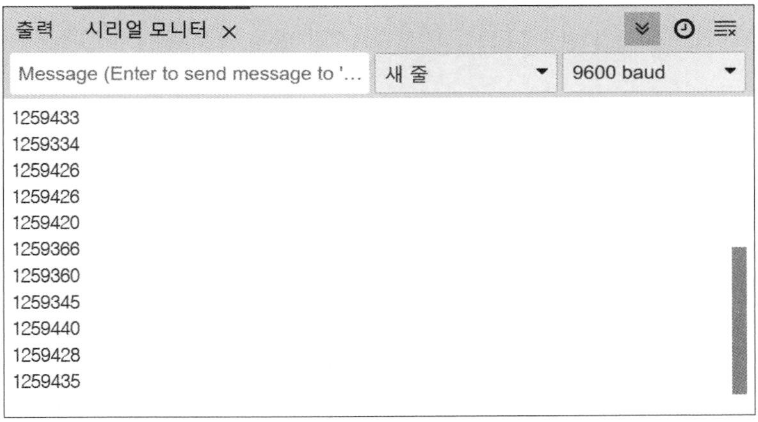

(b) 아두이노 우노 R4

그림 10.1 스케치 10.2 실행 결과

스케치 10.2에서는 현재 LED 상태를 나타내기 위해 ledState 변수를 사용했고, 초당 loop 함수가 실행되는 횟수를 세기 위해 count 변수를 사용했다. 실행 결과에서 알 수 있듯이 아두이노 우노 R3와 R4는 실행 속도가 달라 loop 함수가 실행되는 횟수에 차이가 있지만, loop 함수를 한 번 실행하는 데 1ms 미만의 시간이 걸린다는 점은 같다. 따라서 스케치 10.2에 버튼 상태를 검사하는 작업을 추가한다면 버튼 상태가 바뀐 것을 1ms 이내에 알아낼 수 있다. 반면 스케치 10.1에서는 버튼 상태를 검사하는 시간 간격이 2초이므로 버튼을 눌러도 반응하지 않거나 2초 정도의 지연 시간이 발생할 수 있다.

스케치 10.1과 스케치 10.2는 같은 동작을 한다. 하지만 스케치 10.1에 다른 작업을 추가하기가 쉽지 않다면 스케치 10.2에는 다른 작업을 쉽게 추가할 수 있다. 이런 차이는 delay와 millis 함수의 차이에서 시작되며 이는 loop 함수를 한 번 실행하는 시간 차이에서 시작된다. 즉, 여러 가지 작업을 동시에 실행하고자 한다면 1초에 loop 함수를 가능한 한 많이 실행할 수 있어야 한다. 실제로 두 가지 작업을 동시에 진행하는 예를 살펴보자.

10.2 LED 점멸 제어

그림 10.2와 같이 2번과 3번 핀에 LED를 연결하고 7번 핀에 내장 풀업 저항을 사용하여 버튼을 연결하자.

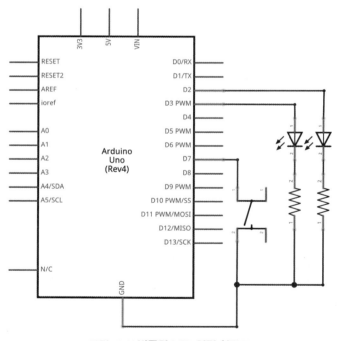

그림 10.2 **버튼과 LED 연결 회로도**

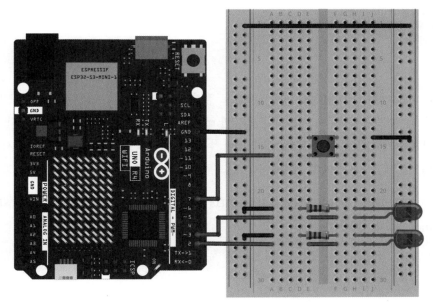

그림 10.3 **버튼과 LED 연결 회로**

먼저 2번 핀과 3번 핀에 연결된 LED가 서로 다른 간격으로 점멸하는 스케치를 작성해 보자. 두 점멸 간격이 정수배라면 delay 함수를 사용해서도 작성할 수 있다. 스케치 10.3은 delay 함수를 사용하여 0.5초와 1초 간격으로 LED를 점멸하도록 작성한 예다.

스케치 10.3 **점멸 간격이 다른 2개의 LED 블링크: delay 함수** `R3` `R4`

```
int LED1 = 2, LED2 = 3;                      // LED 연결 핀

void setup() {
  pinMode(LED1, OUTPUT);                      // LED 연결 핀을 출력으로 설정
  pinMode(LED2, OUTPUT);
}

void loop() {
  digitalWrite(LED1, LOW);                    // (OFF, OFF)
  digitalWrite(LED2, LOW);
  delay(500);

  digitalWrite(LED1, LOW);                    // (OFF, ON)
  digitalWrite(LED2, HIGH);
  delay(500);

  digitalWrite(LED1, HIGH);                   // (ON, OFF)
  digitalWrite(LED2, LOW);
  delay(500);
```

```
    digitalWrite(LED1, HIGH);                              // (ON, ON)
    digitalWrite(LED2, HIGH);
    delay(500);
}
```

스케치 10.3이 2개의 LED를 서로 다른 간격으로 점멸하도록 해주지만, 이는 두 LED의 점멸 간격이 정수배 차이가 나기 때문에 가능하다. 하지만 millis 함수를 사용하면 점멸 간격이 다른 LED 제어를 위한 스케치를 좀 더 구조적으로 작성할 수 있다. 스케치 10.4는 millis 함수를 사용하는 스케치 10.2를 확장하여 스케치 10.3과 같은 동작을 하도록 작성한 예다.

스케치 10.4 점멸 간격이 다른 2개의 LED 블링크: millis 함수   R3   R4

```
int ledState1 = LOW, ledState2 = LOW;
unsigned long previousMillis1 = 0, previousMillis2 = 0;
unsigned long interval1 = 1000, interval2 = 500;
int LED1 = 2, LED2 = 3;

void setup() {
  pinMode(LED1, OUTPUT);
  pinMode(LED2, OUTPUT);
}

void loop() {
  unsigned long currentMillis = millis();                  // 현재까지 실행 시간

  if (currentMillis - previousMillis1 >= interval1) {      // LED1 점멸 간격 검사
    previousMillis1 = currentMillis;                       // LED1의 마지막 상태 변경 시간

    ledState1 = !ledState1;                                // LED1 상태 반전
    digitalWrite(LED1, ledState1);                         // LED1 상태 출력
  }

  if (currentMillis - previousMillis2 >= interval2) {      // LED2 점멸 간격 검사
    previousMillis2 = currentMillis;                       // LED2의 마지막 상태 변경 시간

    ledState2 = !ledState2;                                // LED2 상태 반전
    digitalWrite(LED2, ledState2);                         // LED2 상태 출력
  }
}
```

스케치 10.3과 스케치 10.4는 같은 동작을 한다. 스케치 10.3과 같이 delay 함수를 사용하는 것이 간단해 보일 수는 있지만, 스케치 10.3을 0.3초와 1.5초 간격으로 LED를 점멸하도록 수정하려면 스케치를 완전히 다시 작성해야 한다. 반면 스케치 10.4를 0.3초와 1.5초 간격으로 LED를 점멸하도록 수정하려면 점멸 간격을 나타내는 변수 interval1과 interval2의 값만 수정하면 된다.

delay 함수가 간단하게 지연 시간을 설정할 수 있도록 해주지만, delay 함수는 한 가지 작업을 실행하는 경우에만 사용해야 다른 작업의 진행을 방해하지 않는다. 하지만 블링크와 같이 한 가지 작업만 실행하는 실용적인 스케치는 찾아보기 어려우므로 스케치에서 delay 함수는 가능한 한 사용하지 않는 것이 좋다.

그림 10.2와 같이 2개의 LED와 버튼을 연결하고 2번 핀에 연결된 LED를 1초 간격으로 점멸하면서 3번 핀에 연결된 LED는 7번 핀에 연결된 버튼을 눌렀을 때 반전되도록 스케치를 수정해 보자. 버튼을 눌렀을 때 3번 핀에 연결된 LED가 즉시 반전되도록 하려면 2번 핀에 연결된 LED를 1초 간격으로 점멸하는 데 delay 함수를 사용해서는 안 된다. 스케치 10.5는 1초 간격으로 점멸하는 LED와 버튼으로 상태를 반전시키는 LED를 제어하는 예다. 스케치 10.5는 버튼의 이전 상태와 현재 상태를 비교하여 버튼을 누르는 순간 하강 에지를 찾아 LED 상태를 반전시킨다. 채터링은 고려하지 않았으므로 한 번 버튼을 눌러도 두 번 LED가 반전되어 LED 상태가 바뀌지 않은 것으로 보일 수 있다. 채터링과 채터링을 줄이는 디바운싱은 7장 '디지털 데이터 입력'을 참고하면 된다.

스케치 10.5 버튼과 LED 제어   R3 R4

```
int ledState1 = LOW, ledState2 = LOW;
unsigned long previousMillis = 0;
unsigned long interval = 1000;
int LED1 = 2, LED2 = 3;

int BUTTON = 7;                           // 버튼 연결 핀
int btnStatePrevious = HIGH, btnStateCurrent;  // 버튼의 이전과 현재 상태

void setup() {
  pinMode(LED1, OUTPUT);
  pinMode(LED2, OUTPUT);
  pinMode(BUTTON, INPUT_PULLUP);          // 버튼 연결 핀을 입력으로 설정
}

void loop() {
  unsigned long currentMillis = millis();  // 현재까지 실행 시간

  if (currentMillis - previousMillis >= interval) { // LED1 점멸 간격 검사
    previousMillis = currentMillis;

    ledState1 = !ledState1;                // LED1 상태 반전
    digitalWrite(LED1, ledState1);         // LED1 상태 출력
  }

  btnStateCurrent = digitalRead(BUTTON);
  // 버튼을 누르는 순간의 상향 에지 검사
  if (btnStatePrevious == HIGH && btnStateCurrent == LOW) {
```

```
    ledState2 = !ledState2;                      // LED2 상태 반전
    digitalWrite(LED2, ledState2);               // LED2 상태 출력
  }
  btnStatePrevious = btnStateCurrent;
}
```

가변저항으로 LED 점멸 간격 조절

millis 함수를 사용하면 사용자 입력에 즉각적으로 반응하는 스케치를 작성할 수 있다. 이를 이용하여 가변저항으로 LED의 점멸 간격을 조절하는 스케치를 작성해 보자. LED는 2번 핀에, 가변저항은 A0 핀에 그림 10.4와 같이 연결한다.

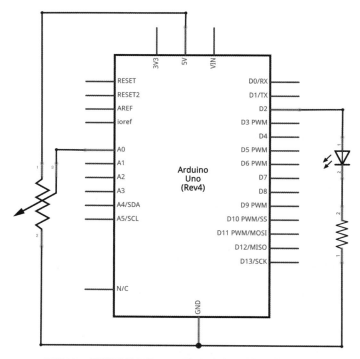

그림 10.4 **가변저항으로 LED 점멸 간격 조절을 위한 회로도**

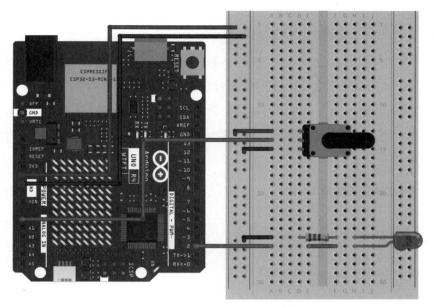

그림 10.5 가변저항으로 LED 점멸 간격 조절을 위한 회로

LED의 점멸 간격을 0.5~1.5초 사이로 가변저항의 값에 따라 바뀌도록 하려면 가변저항값인 0~1023을 LED 점멸 간격인 500~1500으로 변환해야 한다. 가변저항값을 점멸 간격으로 변환하는 간단한 방법은 map 함수를 사용하는 것이다. 스케치 10.6은 가변저항으로 LED 점멸 간격을 조절하기 위해 delay 함수를 사용한 것이다.

스케치 10.6 블링크 속도 조절: delay 함수 R3 R4

```
int pin_vr = A0;                          // 가변저항 연결 핀
int pin_LED = 2;                          // LED 연결 핀
int interval = 200;                       // LED 점멸 간격
boolean LED_state = false;                // LED 상태

void setup() {
  pinMode(pin_LED, OUTPUT);
}

void loop() {
  int value = analogRead(pin_vr);

  // 가변저항값을 LED 점멸 간격으로 변환 : [0, 1023] -> [500, 1500]
  interval = map(value, 0, 1023, 500, 1500);
  LED_state = !LED_state;                 // LED 상태 반전
  digitalWrite(pin_LED, LED_state);       // LED 상태 표시

  delay(interval);
}
```

스케치 10.6을 업로드하고 가변저항을 돌리면 LED의 점멸 간격이 바뀌는 것을 확인할 수 있다. 하지만 delay 함수를 사용했으므로 가변저항값을 확인하기 위해서는 최소 0.5초를 기다려야 한다. 즉, 점멸 간격이 바뀌고 0.5초 내에 가변저항을 다시 돌리면 가변저항값이 점멸 간격에 반영되지 않는다. millis 함수를 사용하면 가변저항값이 변했을 때 이를 즉시 점멸 간격에 반영할 수 있다. 스케치 10.7은 delay 함수 대신 millis 함수를 사용하여 스케치 10.6과 같은 동작을 하도록 수정한 예다. 스케치 10.7을 업로드하고 가변저항을 돌리면서 LED의 점멸 간격이 바로 바뀌는 것을 확인해 보자.

스케치 10.7 블링크 속도 조절: millis 함수 R3 R4

```
int pin_vr = A0;                      // 가변저항 연결 핀
int pin_LED = 2;                      // LED 연결 핀
int interval = 200;                   // LED 점멸 간격
boolean LED_state = false;            // LED 상태
unsigned long previousMillis, currentMillis;

void setup() {
  pinMode(pin_LED , OUTPUT);

  Serial.begin(9600);
    while (!Serial);
    previousMillis = millis();
}

void loop() {
  unsigned long currentMillis = millis();
  if (currentMillis - previousMillis >= interval) {
    Serial.print("점멸 간격 : ");
    Serial.print(interval);
    Serial.println(" ms.");

    previousMillis = currentMillis;         // LED의 마지막 상태 변경 시간

    LED_state = !LED_state;                 // LED 상태 반전
    digitalWrite(pin_LED, LED_state);
  }

  int adc = analogRead(A0);                 // 가변저항 읽기
  interval = map(adc, 0, 1023, 500, 1500);  // ADC 값을 점멸 간격으로 변환
}
```

그림 10.6 스케치 10.7 실행 결과

맺는말

마이크로컨트롤러를 사용하여 제어 장치를 구성할 때 흔히 접하는 문제 중 한 가지는 일정 시간 간격으로 특정 동작을 반복하는 것이다. 이때 시간 간격을 조절하기 위해 delay와 millis 함수를 사용할 수 있다. delay 함수는 지정한 시간 동안 프로그램의 실행을 일시 중지하는 함수로 간단하게 정해진 시간만큼 프로그램을 지연시킬 수 있지만, delay 함수가 실행 중인 동안에는 대부분의 마이크로컨트롤러 기능이 중지된다. 따라서 두 가지 이상의 작업이 진행되고 있을 때나 즉각적인 반응이 필요한 경우에는 delay 함수를 사용해서는 안 된다. delay 함수가 꼭 필요한 경우가 있을 수 있으며 디바운싱을 위해 사용하는 것이 그중 하나다. 하지만 일반적으로 **수십 밀리초 이상의 지연을 위해 delay 함수를 사용하는 것은 추천하지 않는다.**

millis 함수는 시간 지연을 위한 함수가 아니라 스케치가 실행된 이후의 시간을 알려주는 함수다. 따라서 millis 함수를 사용하여 시간 간격을 제어하기 위해서는 현재까지의 실행 시간을 기준 시간과 비교하여 지정한 시간이 지났는지 계속 확인해야 한다. 이처럼 millis 함수를 사용하는 것은 delay 함수를 사용하는 것보다 복잡하지만, delay 함수와 달리 millis 함수는 스케치 실행을 중지하지 않으므로 즉각적인 반응이 필요한 경우 사용할 수 있다. 서로 다른 주기를 가지면서 점멸하는 2개의 LED를 제어하는 것은 delay 함수로는 쉽지 않지만, millis 함수를 사용하면 간단하게 작성할 수 있는 것이 대표적인 예다.

1 2, 3, 4번 핀에 LED를 연결하자. 2번 핀에 연결된 LED는 0.5초 간격으로, 3번 핀에 연결된 LED는 1초 간격으로, 4번 핀에 연결된 LED는 1.5초 간격으로 점멸하도록 millis 함수를 사용하여 스케치를 작성해 보자.

2 millis 함수를 사용하여 LED를 점멸할 때 LED 점멸 조건, 즉 설정한 시간의 경과 여부를 검사하기 위해 if 문을 사용했다. 이처럼 작업 실행 조건을 소프트웨어로 검사하는 방식을 폴링polling 방식이라고 한다. 반면 작업 실행 조건을 하드웨어로 검사하는 방식을 인터럽트 interrupt 방식이라고 하며 여러 개의 작업을 동시에 진행할 때 사용할 수 있다. 폴링 방식과 인터럽트 방식의 차이점과 장단점을 비교해 보자.

PART

III

기본 입출력 장치

PART III 기본 입출력 장치

7세그먼트 표시 장치

7세그먼트 표시 장치는 8개의 LED를 이용하여 숫자나 간단한 문자를 표시할 수 있도록 만들어진 출력 장치로, 숫자 출력을 위해 흔히 사용된다. 7세그먼트 표시 장치를 8개의 LED와 비교하면 LED의 모양과 배치에서만 차이가 있으므로 8개 데이터 핀을 사용하여 8개의 LED를 제어하는 것과 같은 방법으로 제어할 수 있다. 이 장에서는 7세그먼트 표시 장치의 구조와 제어 방법을 알아본다.

이 장에서
사용할 부품

아두이노 우노 R3	× 1	
아두이노 우노 R4	× 1 ➡ 미니마 또는 와이파이	
한 자리 7세그먼트 표시 장치	× 1 ➡ 공통 음극 방식	
220Ω 저항	× 8 ➡ 세그먼트 보호	
10kΩ 가변저항	× 1	
74595	× 1	

7세그먼트 표시 장치

7세그먼트 표시 장치7 segment display는 8개의 LED로 숫자와 기호를 표시할 수 있도록 만들어진 출력 장치다. 출력 장치의 이름에는 '7'이 포함되어 있지만 '8'개의 LED가 사용되는 이유는 소수점Decimal Point, DP을 나타내는 LED가 추가되었기 때문이다. 7세그먼트 표시 장치의 각 LED는 숫자나 기호의 일부분을 나타내는 데 사용되며 세그먼트라고 부른다. FNDFlexible Numeric Display라고도 불리는 7세그먼트 표시 장치는 그 이름에서도 알 수 있듯이 숫자를 표시하는 데 흔히 사용된다. 7세그먼트 표시 장치 중에는 두 자리 이상의 숫자를 표시하도록 만들어진 경우도 많다. 하지만 두 자리 이상의 숫자를 표시하는 방법은 한 자리 숫자를 표시하는 것과 차이가 있으므로 이 장에서는 한 자리 숫자를 표시할 수 있는 7세그먼트 표시 장치만 다루고, 4자리 7세그먼트 표시 장치는 12장 '4자리 7세그먼트 표시 장치'에서 별도로 다룬다.

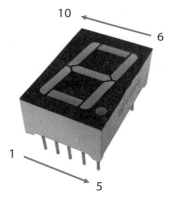

그림 11.1 7세그먼트 표시 장치 핀

7세그먼트 표시 장치는 10개의 핀을 갖고 있으며 핀 배열은 그림 11.1과 같다. 소수점이 있는 면을 아래로 놓았을 때 왼쪽 아래부터 반시계 방향으로 핀 번호가 증가한다. 7세그먼트 표시 장치의 10개 핀은 8개의 제어 핀과 2개의 공통 핀으로 나눌 수 있다. **8개의 제어 핀은 각 세그먼트를 제어하는 데 사용되며, 공통 핀은 8개 세그먼트의 공통 전원에 해당한다.**

7세그먼트 표시 장치는 공통 핀에 가하는 전원에 따라 두 가지 종류가 있으며 종류에 따라 세그먼트를 제어하는 방법이 다르다. 공통 핀에 VCC를 연결하는 공통 양극 방식 7세그먼트 표시 장치는 제어 핀에 VCC를 연결하면 해당 세그먼트가 꺼지고, GND를 연결하면 해당 세그먼트가 켜진다. 반대로 공통 핀에 GND를 연결하는 공통 음극 방식 7세그먼트 표시 장치는 제어 핀에 VCC를 연결했을 때 해당 세그먼트가 켜지고 GND를 연결했을 때 해당 세그먼트가 꺼진다. 제어 핀에 GND를 가해 해당 LED를 켜는 **공통 양극 방식은 직관적인 방식과는 제어 방식이 반대**라는 점에 주의해야 한다.

그림 11.2는 공통 양극 방식과 공통 음극 방식의 7세그먼트 표시 장치 내부 구조를 나타낸 것이다. 외형과 핀 배치는 같지만, 해당 세그먼트를 켜기 위해 가하는 전원이 반대이므로 LED의 방향이 반대임을 확인할 수 있다. 공통 양극 방식과 공통 음극 방식은 제어 방식이 반대이므로 7세그먼트 표시 장치를 사용하기 전에 종류를 확인해야 하며, 공통 핀과 제어 핀에 VCC와 GND를 연결하여 LED가 켜지는 것을 확인하거나 테스터기를 사용해서 검사할 수 있다.

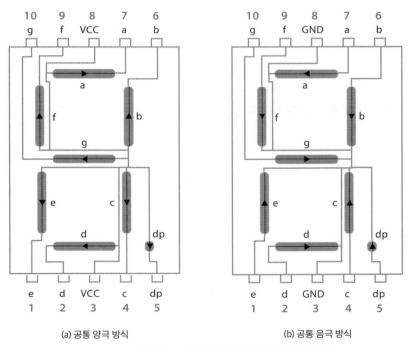

(a) 공통 양극 방식   (b) 공통 음극 방식

그림 11.2 7세그먼트 표시 장치의 핀 배열과 내부 구조

그림 11.2에서 볼 수 있듯이 각 세그먼트에는 이름이 정해져 있다. 세그먼트는 일반적으로 a → b → c → d → e → f → g → dp 순서로 나타낸다. 7세그먼트 표시 장치 제어를 위해서는 각 세그먼트를 위해 1비트 데이터를, 7세그먼트 표시 장치를 위해 1바이트 데이터를 사용한다. 그림 11.3은 한 자리 7세그먼트 표시 장치에 숫자를 표시하는 예를 나타낸 것으로, 소수점(dp)은 나타내지 않았다.

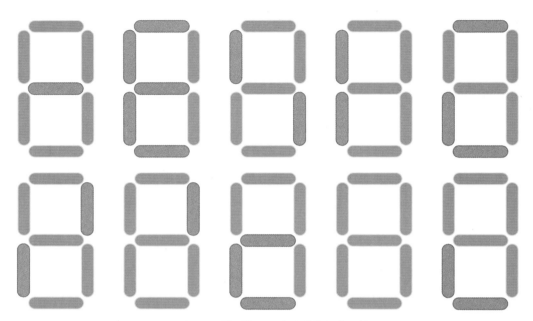

그림 11.3 7세그먼트 표시 장치의 숫자 표현

표 11.1 한 자리 7세그먼트 표시 장치를 위한 숫자 표시 데이터

숫자	세그먼트								바이트 데이터
	a	b	c	d	e	f	g	dp	
0	1	1	1	1	1	1	0	0	0xFC
1	0	1	1	0	0	0	0	0	0x60
2	1	1	0	1	1	0	1	0	0xDA
3	1	1	1	1	0	0	1	0	0xF2
4	0	1	1	0	0	1	1	0	0x66
5	1	0	1	1	0	1	1	0	0xB6
6	1	0	1	1	1	1	1	0	0xBE
7	1	1	1	0	0	0	0	0	0xE4
8	1	1	1	1	1	1	1	0	0xFE
9	1	1	1	0	0	1	1	0	0xE6

그림 11.3의 각 숫자를 1바이트의 데이터로 나타낸 것이 표 11.1로, 각 제어 핀에 가해야 할 값이다. 공통 양극 방식과 공통 음극 방식은 서로 반전된 값을 사용해야 하며, 표 11.1은 직관적인 방식과 일치하도록 논리 1을 가해 해당 세그먼트를 켜는 공통 음극 방식을 기준으로 했다. 공통 양

극 방식 7세그먼트 표시 장치를 사용할 때는 표 11.1의 데이터를 반전시켜 사용한다. 숫자를 표시하기 위한 표 11.1의 패턴은 다음과 같이 정의하여 사용할 수 있다.

```
// 0에서 9까지 숫자 표현을 위한 세그먼트 a, b, c, d, e, f, g, dp의 패턴
byte patterns[] = {
  0xFC,  // 0b11111100, '0'
  0x60,  // 0b01100000, '1'
  0xDA,  // 0b11011010, '2'
  0xF2,  // 0b11110010, '3'
  0x66,  // 0b01100110, '4'
  0xB6,  // 0b10110110, '5'
  0xBE,  // 0b10111110, '6'
  0xE4,  // 0b11100100, '7'
  0xFE,  // 0b11111110, '8'
  0xE6   // 0b11100110, '9'
};
```

11.2 7세그먼트 제어

7세그먼트 표시 장치의 a부터 dp까지 8개의 핀을 아두이노 우노의 2번부터 9번 핀까지 그림 11.4와 같이 연결한다. 공통 음극 방식을 사용하므로 공통 핀은 GND에 연결한다. 또한 각 제어 핀에는 세그먼트 LED 보호를 위해 저항을 연결한다.

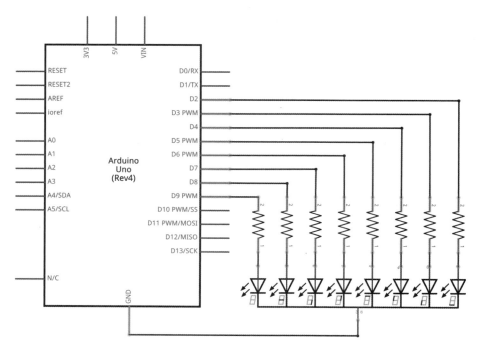

그림 11.4 한 자리 7세그먼트 표시 장치 연결 회로도

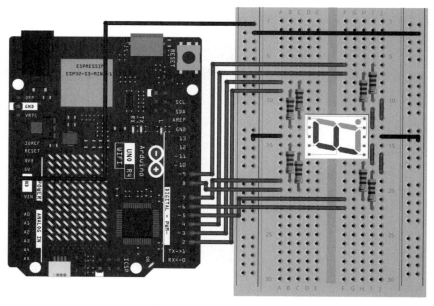

그림 11.5 한 자리 7세그먼트 표시 장치 연결 회로

스케치 11.1은 표 11.1의 패턴을 사용하여 7세그먼트 표시 장치에 0부터 9까지의 숫자를 1초 간격으로 표시하는 예다.

스케치 11.1 **상향 카운터: delay 함수**　　　　　　　　　　　　　　　　　　　R3　R4

```
// 0에서 9까지 숫자 표현을 위한 세그먼트 a, b, c, d, e, f, g, dp의 패턴
byte patterns[] = {
  0xFC, 0x60, 0xDA, 0xF2, 0x66, 0xB6, 0xBE, 0xE4, 0xFE, 0xE6
};
// 7세그먼트 연결 핀: a, b, c, d, e, f, g, dp 순서
int pins[] = { 2, 3, 4, 5, 6, 7, 8, 9 };

int index = 0;                          // 현재 출력하는 숫자

void setup(){
  for(int i = 0; i < 8; i++){           // 7세그먼트 연결 핀을 출력으로 설정
    pinMode(pins[i], OUTPUT);
  }
}

void loop(){
  displayOneDigit(index);               // 숫자 표시
  index = (index + 1) % 10;             // 0~9 반복

  delay(1000);                          // 1초 대기
}

void displayOneDigit(byte n) {          // 0~9 사이 숫자 표시
  for(int i = 0; i < 8; i++){           // 7세그먼트에 표시
    boolean on_off = bitRead(patterns[n], 7 - i);
    digitalWrite(pins[i], on_off);
  }
}
```

스케치 11.1에서 7세그먼트 표시 장치의 8개 LED를 위한 데이터는 1바이트로 표시되며, 각 세그먼트를 제어하는 데이터는 1비트로 표시된다. 따라서 바이트 값에서 비트 값을 알아내기 위해서는 비트 연산이 필요하다. 아두이노에서는 비트 값을 알아내기 위해 **bitRead** 함수를 정의하고 있으며, 스케치 11.1에서도 **bitRead** 함수를 사용하여 각 비트 값을 찾아내어 해당 세그먼트 제어에 사용하고 있다.

```
#define bitRead(value, bit) (((value) >> (bit)) & 0x01)

boolean on_off = bitRead(patterns[n], 7 - i);
boolean on_off = (patterns[n] >> (7 - i)) & 0x01;
```

(a) 0

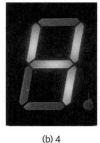
(b) 4

(c) 6

그림 11.6 스케치 11.1 실행 결과

7세그먼트 표시 장치는 숫자를 나타내는 데 주로 사용되지만, 간단한 애니메이션 효과를 위해 사용할 수도 있다. 그림 11.7과 같이 한 번에 하나의 세그먼트만 표시하는 6개 패턴을 반복하면 작업의 진행 상태를 표시하는 데 사용할 수 있다.

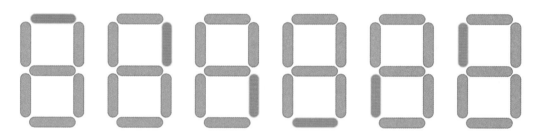

그림 11.7 진행 상태 표시를 위한 세그먼트 제어

임의의 패턴을 나타내기 위해서는 바이트 단위로 패턴을 정의해야 하며, 그림 11.7의 패턴은 다음과 같이 정의할 수 있다.

```
// 진행 상태 표시를 위한 세그먼트 a, b, c, d, e, f, g, dp의 패턴
byte patterns[] = {
  0x80,   // 0b10000000,
  0x40,   // 0b01000000,
  0x20,   // 0b00100000,
  0x10,   // 0b00010000,
  0x08,   // 0b00001000,
  0x04,   // 0b00000100
};
```

스케치 11.2는 그림 11.7의 6개 패턴이 0.2초 간격으로 반복되도록 하는 예다. 나타낼 패턴의 개수와 패턴을 나타내는 값이 바뀐 것을 제외하면 스케치 11.1과 같다.

```
// 진행 상태 표시를 위한 세그먼트 a, b, c, d, e, f, g, dp의 패턴
byte patterns[] = {
  0x80, 0x40, 0x20, 0x10, 0x08, 0x04
};
// 7세그먼트 연결 핀: a, b, c, d, e, f, g, dp 순서
int pins[] = { 2, 3, 4, 5, 6, 7, 8, 9 };

int index = 0;                              // 현재 출력하는 패턴 인덱스

void setup(){
  for(int i = 0; i < 8; i++){               // 7세그먼트 연결 핀을 출력으로 설정
    pinMode(pins[i], OUTPUT);
  }
}

void loop(){
  displayOneDigit(index);                   // 패턴 표시
  index = (index + 1) % 6;                   // 6개 패턴 반복

  delay(200);                               // 0.2초 대기
}

// 숫자 표시는 아니지만 패턴 값을 비트로 나누어 세그먼트를 제어하는 것은 동일
void displayOneDigit(byte n) {
  for(int i = 0; i < 8; i++){               // 7세그먼트에 표시
    boolean on_off = bitRead(patterns[n], 7 - i);
    digitalWrite(pins[i], on_off);
  }
}
```

그림 11.8과 같이 7세그먼트 표시 장치와 함께 가변저항을 A0 핀에 연결하고, 가변저항값 0~1023
을 0~9 사이의 값으로 변환하여 7세그먼트 표시 장치에 표시해 보자.

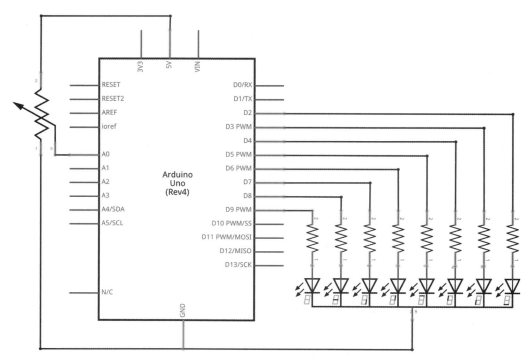

그림 11.8 **7세그먼트 표시 장치와 가변저항 연결 회로도**

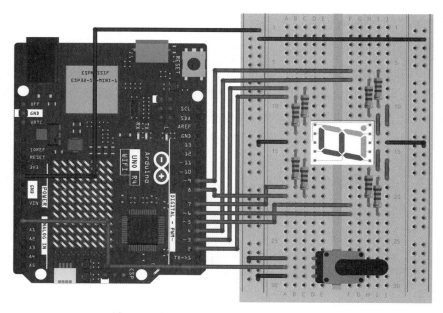

그림 11.9 **7세그먼트 표시 장치와 가변저항 연결 회로**

스케치 11.3은 가변저항을 읽어 7세그먼트 표시 장치에 0~9 사이의 값으로 나타내는 예다. map 함수를 사용할 때 0~9로 범위를 설정하면 가변저항값이 1023일 때만 9의 값을 가지므로 0~10로 범위를 설정하고 1023일 때 9를 표시하기 위해 if 문을 사용했다.

스케치 11.3 가변저항값을 7세그먼트 표시 장치에 표시　　　　　　　　　　　　　　`R3`　`R4`

```
// 0에서 9까지 숫자 표현을 위한 세그먼트 a, b, c, d, e, f, g, dp의 패턴
byte patterns[] = {
  0xFC, 0x60, 0xDA, 0xF2, 0x66, 0xB6, 0xBE, 0xE4, 0xFE, 0xE6
};
// 7세그먼트 연결 핀: a, b, c, d, e, f, g, dp 순서
int pins[] = { 2, 3, 4, 5, 6, 7, 8, 9 };

void setup(){
  for(int i = 0; i < 8; i++){                 // 7세그먼트 연결 핀을 출력으로 설정
    pinMode(pins[i], OUTPUT);
  }
}

void loop(){
  int vr = analogRead(A0);                     // 가변저항 읽기
  int index = map(vr, 0, 1023, 0, 10);         // 10개 구간을 동일하게 나누기 위함
  if (index > 9) index = 9;                    // 가변저항 1023에서 10으로 변환 방지

  displayOneDigit(index);                      // 숫자 표시

  delay(20);                                   // 세그먼트가 완전히 켜지도록 대기
}

void displayOneDigit(byte n) {                 // 0~9 사이 숫자 표시
  for(int i = 0; i < 8; i++){                  // 7세그먼트에 표시
    boolean on_off = bitRead(patterns[n], 7 - i);
    digitalWrite(pins[i], on_off);
  }
}
```

11.3 시리얼 모니터로 7세그먼트 표시 장치 제어

스케치 11.1의 상향 카운터는 문제없이 동작한다. 하지만 스케치 11.1은 delay 함수를 사용했으므로 다른 작업과 함께 진행하기는 어렵다. 예를 들어, 시리얼 모니터로 'U' 또는 'D'를 입력받아

상향 또는 하향 카운터로 동작하도록 하려면 delay 함수가 실행 중인 1초 동안은 데이터 입력을 검사할 수 없다. 이런 경우에는 delay 함수가 아닌 millis 함수를 사용해야 한다. 스케치 11.1을 millis 함수를 사용하여 수정한 것이 스케치 11.4이다. 스케치 11.4의 실행 결과는 스케치 11.1과 같지만, delay 함수를 사용하지 않았으므로 다른 작업을 쉽게 추가할 수 있다.

스케치 11.4 **상향 카운터: `millis` 함수** `R3` `R4`

```
// 0에서 9까지 숫자 표현을 위한 세그먼트 a, b, c, d, e, f, g, dp의 패턴
byte patterns[] = {
  0xFC, 0x60, 0xDA, 0xF2, 0x66, 0xB6, 0xBE, 0xE4, 0xFE, 0xE6
};
// 7세그먼트 연결 핀: a, b, c, d, e, f, g, dp 순서
int pins[] = { 2, 3, 4, 5, 6, 7, 8, 9 };

int index = 0;                              // 현재 출력하는 숫자
unsigned long previousMillis;

void setup(){
  for(int i = 0; i < 8; i++){               // 7세그먼트 연결 핀을 출력으로 설정
    pinMode(pins[i], OUTPUT);
  }
  previousMillis = millis();
}

void loop(){
  unsigned long currentMillis = millis();

  if (currentMillis - previousMillis >= 1000) {
    previousMillis = currentMillis;
    displayOneDigit(index);                 // 숫자 표시
    index = (index + 1) % 10;               // 0~9 반복
  }
}

void displayOneDigit(byte n) {              // 0~9 사이 숫자 표시
  for(int i = 0; i < 8; i++){               // 7세그먼트에 표시
    boolean on_off = bitRead(patterns[n], 7 - i);
    digitalWrite(pins[i], on_off);
  }
}
```

스케치 11.5는 시리얼 모니터에서 'U' 또는 'u'를 입력하면 상향 카운터로, 'D' 또는 'd'를 입력하면 하향 카운터로 동작하는 예다. millis 함수를 사용한 스케치 11.4에 시리얼 모니터 입력을 검사하여 카운팅 방향을 바꾸는 작업을 추가했다. 스케치 11.5에서는 한 문자로 카운팅 방향을 전환하므로 바이트 단위로 수신 데이터를 읽은 후 카운팅 방향을 결정하도록 했으며 잘못된 문자가 입력된 경우는 무시했다. 스케치 11.5는 상향 카운터로 시작한다.

```
// 0에서 9까지 숫자 표현을 위한 세그먼트 a, b, c, d, e, f, g, dp의 패턴
byte patterns[] = {
  0xFC, 0x60, 0xDA, 0xF2, 0x66, 0xB6, 0xBE, 0xE4, 0xFE, 0xE6
};
// 7세그먼트 연결 핀: a, b, c, d, e, f, g, dp 순서
int pins[] = { 2, 3, 4, 5, 6, 7, 8, 9 };

int index = 0;                            // 현재 출력하는 숫자
int change = 1;                           // 상향(1) 또는 하향(-1) 카운터 증분
unsigned long previousMillis;

void setup(){
  Serial.begin(9600);
  while (!Serial);

  for(int i = 0; i < 8; i++){             // 7세그먼트 연결 핀을 출력으로 설정
    pinMode(pins[i], OUTPUT);
  }
  previousMillis = millis();
}

void loop(){
    unsigned long currentMillis = millis();

  if (Serial.available()) {
    byte read = Serial.read();
    if (read == 'U' or read == 'u') {
      change = 1;
      Serial.print(char(read));
      Serial.print(" : ");
      Serial.println("상향 카운터로 전환합니다.");
    }
    if (read == 'D' or read == 'd') {
      change = -1;
      Serial.print(char(read));
      Serial.print(" : ");
      Serial.println("하향 카운터로 전환합니다.");
    }
  }

  if (currentMillis - previousMillis >= 1000) {
    previousMillis = currentMillis;
    displayOneDigit(index);               // 숫자 표시
    index = (index + 10 + change) % 10;   // 상향 및 하향 카운팅
  }
}

void displayOneDigit(byte n) {            // 0~9 사이 숫자 표시
  for(int i = 0; i < 8; i++){             // 7세그먼트에 표시
    boolean on_off = bitRead(patterns[n], 7 - i);
```

```
    digitalWrite(pins[i], on_off);
  }
}
```

그림 11.10 스케치 11.5 실행 결과

스케치 11.5에서 주의해야 할 점 중 하나가 상향 또는 하향 카운팅에서 표시하는 숫자가 반복되도록 인덱스를 조정하는 방법이다. 정해진 범위를 반복하기 위해서는 인덱스가 정해진 범위를 벗어나지 않아야 한다. 스케치 11.5에서 상향 카운팅의 경우 인덱스가 10이 되면 0으로, 하향 카운팅의 경우 인덱스가 –1이 되면 9로 인덱스를 수정해야 한다. 이를 위해 사용할 수 있는 방법 중 하나는 if 문을 사용하는 것이다. if 문을 사용하여 범위를 벗어나는 인덱스가 만들어지는지 검사하고, 범위를 벗어나면 범위 내 값으로 수정하면 된다.

```
// 상향 카운팅
int divisor = 10;                        // 나누는 수, 제수
index = index + 1;                       // 인덱스 증가
if (index == divisor) {                  // 10으로 범위를 벗어나면
  index = 0;                             // 인덱스를 0으로 수정
}
```

```
// 하향 카운팅
int divisor = 10;                        // 나누는 수, 제수
index = index - 1;                       // 인덱스 감소
if (index == -1) {                       // -1로 범위를 벗어나면
  index = divisor - 1;                   // 인덱스를 9로 수정
}
```

인덱스 값을 조정하기 위해 사용할 수 있는 다른 방법으로 나머지 연산자(%)를 사용하는 방법이 있다. 정수 나눗셈에서 나머지는 항상 0부터 나누는 수(제수$_{divisor}$)보다 1 작은 범위의 값이다. 따라서 0~9 사이의 인덱스를 얻기 위해서는 10으로 나눈 나머지를 사용할 수 있다.

```
// 상향 카운팅
int divisor = 10;                              // 나누는 수, 제수
index = index + 1;                             // 인덱스 증가
index = index % divisor;                       // 0~9 사이의 인덱스
```

상향 카운팅에서는 인덱스가 항상 0보다 크거나 같은 값을 가지므로 나머지 연산자를 사용하는 데 문제가 없다. 하지만 하향 카운팅에서는 인덱스가 음수가 될 수 있으므로 주의해야 한다. 스케치 11.6은 양수와 음수의 피제수dividend에 대해 나머지 연산자를 사용한 결과를 출력하는 예다.

스케치 11.6 나머지 연산자   R3   R4

```
void setup() {
  Serial.begin(9600);
  while (!Serial);

  for(int i = -4; i <= 4; i++){
    int remain = i % 3;                        // 나머지 연산
    Serial.print(i);
    Serial.print("\t%\t3 = ");
    Serial.println(remain);
  }
}

void loop() {
}
```

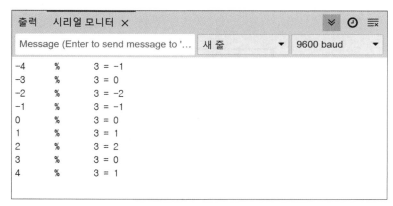

그림 11.11 스케치 11.6 실행 결과

스케치 11.6의 실행 결과에서 알 수 있듯이 음수인 피제수에 대한 나머지 연산 결과는 0보다 작거나 같은 값이다. 정수 나눗셈에서 나머지가 0에서 나누는 수(제수)보다 1 작은 범위의 값으로 나오는 것은 나눌 수(피제수)가 양수인 경우에 해당한다. 일반적으로 **양수인 제수를 사용한 나머지 연산**

의 결과는 절댓값이 0에서 제수보다 1 작은 범위의 값이 된다. 따라서 나머지 연산자를 사용할 때 피제수가 음수인 경우에도 나머지가 0보다 크거나 같은 값을 갖도록 하려면 제수를 한 번 더 더한 후 나머지 연산자를 사용하면 되고 스케치 11.5에서도 이 방법을 사용했다.

```
// 상하향 카운팅
int divisor = 10;                       // 나누는 수, 제수
int change = -1;                        // 변화량, 상향(+1) 또는 하향(-1)
index = index + change;                 // 인덱스 증가 또는 감소
index = (index + divisor) % divisor;    // 범위를 벗어난 인덱스 수정
```

11.4 74595 직렬 입력 병렬 출력 레지스터

7세그먼트 표시 장치를 사용하는 데 가장 큰 문제점은 8개의 데이터 핀이 필요하다는 점이다. 데이터 핀의 수가 제한된 마이크로컨트롤러에서 많은 수의 데이터 핀을 사용하는 것은 쉽지 않으며 20개의 데이터 핀을 사용할 수 있는 아두이노 우노 역시 마찬가지다. 데이터 핀의 수가 부족할 때 사용할 수 있는 것 중 하나가 74595 직렬 입력 병렬 출력 레지스터다. 74595 칩은 16핀의 칩으로 핀 배치는 그림 11.12와 같다.

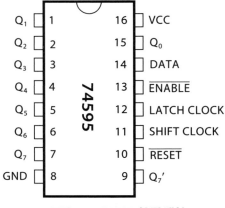

그림 11.12 **74595 칩 핀 배치**

74595는 하나의 데이터 입력 핀과 2개의 제어 핀, 총 3개의 핀을 사용하여 8개 핀의 출력을 제어할 수 있도록 해준다. **마이크로컨트롤러에서는 3개의 데이터 핀을 사용하여 8개의 데이터 핀을 사용하는 것과 같은 효과를 얻을 수 있다.**

표 11.2 74595 칩의 핀 설명

핀 번호	핀 이름	설명
15, 1~7	Qn(n = 0, ..., 7)	병렬 데이터 출력
8	GND	
9	Q_7'	다른 74595 칩으로 데이터 출력
10	RESET	리셋(Active Low)
11	SHIFT CLOCK	74595 칩 내 데이터 이동
12	LATCH CLOCK	74595 칩 내 저장된 8비트 데이터 출력
13	ENABLE	데이터 출력 활성화(Active Low)
14	DATA	직렬 데이터 입력
16	VCC	

74595 칩은 직렬로 1비트씩 8번에 걸쳐 8비트 데이터를 입력받아 이를 한 번에 병렬로 출력하며, 이를 위해 내부에 8비트의 메모리(래치)를 갖고 있다. 그림 11.12에서 14번 데이터 핀이 직렬 입력에 해당하며, Q_0에서 Q_7까지 8개의 핀이 병렬 출력에 해당한다. 74595 칩은 11번과 12번 핀에 2개의 클록을 연결한다. 11번 핀의 이동 클록shift clock은 14번 핀으로 입력된 데이터를 수신하여 74595 내부에서 1비트씩 이동시키는 데 사용한다. 반면 12번 핀의 래치 클록latch clock은 74595 칩에서 병렬로 데이터가 출력되는 시점을 결정하는 클록이다. 이동 클록이 8번 발생하면 8비트 데이터의 전송이 완료되어 8비트 래치에 저장되고, 이때 래치 클록이 발생하면 현재 래치에 저장된 데이터가 8개 출력 핀으로 동시에 출력된다. 출력 가능output enable 핀에 **LOW**를 가해야 병렬 출력 핀으로 데이터 출력이 가능하므로 출력 가능 핀을 GND(**LOW** 상태)에 연결하고 출력 시점을 래치 클록으로 조절하면 된다. 또는 래치 클록을 이동 클록과 같이 설정하고, 8비트 데이터가 전송된 이후 출력 가능 핀에 **LOW**를 가하여 병렬 데이터를 출력할 수도 있다.

10번 리셋reset 핀에 **LOW**를 가하면 래치에 저장된 내용이 초기화된다. 9번 Q_7'는 레지스터의 값을 직렬로 출력하는 핀으로 74595를 직렬로 여러 개 연결할 수 있도록 해준다. 9번 Q_7' 핀을 다른 74595의 데이터 핀으로 연결하면 3개의 데이터 핀을 사용하여 16비트 이상의 데이터 출력을 제어할 수 있다.

표 11.3은 '0000 0000$_2$'으로 초기화된 74595 칩에 1비트의 HIGH 데이터가 8번 전달되는 과정을 보여준다. 이동 클록이 발생할 때마다 74595 내의 8비트 래치는 왼쪽 비트 이동 연산 후 현재 데이터 핀의 값이 LSB에 추가된다. 왼쪽 이동 연산으로 버려지는 MSB 값이 출력되는 핀이 9번 Q$'$ 핀이다.

표 11.3 74595 칩에 데이터가 저장되는 과정

이동 클록	MSB Q$_7$	Q$_6$	Q$_5$	Q$_4$	Q$_3$	Q$_2$	Q$_1$	LSB Q$_0$
0	0	0	0	0	0	0	0	0
1	0	0	0	0	0	0	0	1
2	0	0	0	0	0	0	1	1
3	0	0	0	0	0	1	1	1
4	0	0	0	0	1	1	1	1
5	0	0	0	1	1	1	1	1
6	0	0	1	1	1	1	1	1
7	0	1	1	1	1	1	1	1
8	1	1	1	1	1	1	1	1

74595 칩을 그림 11.13과 같이 연결하자. 데이터 핀은 8번, 래치 클록 핀은 9번, 이동 클록 핀은 10번에 연결했다.

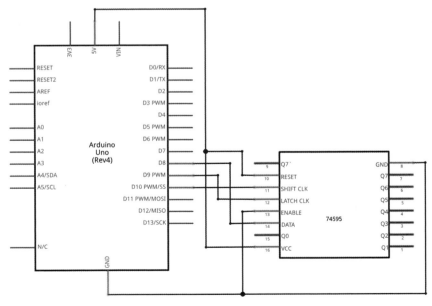

그림 11.13 아두이노와 74595 연결 회로도

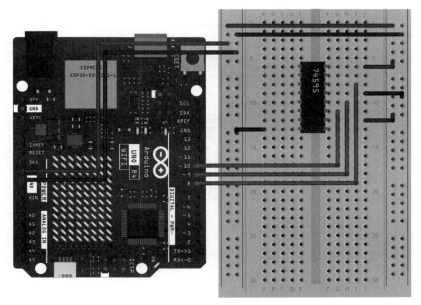

그림 11.14 **아두이노와 74595 연결 회로**

7세그먼트 표시 장치는 그림 11.15와 같이 74595 칩에 연결한다.

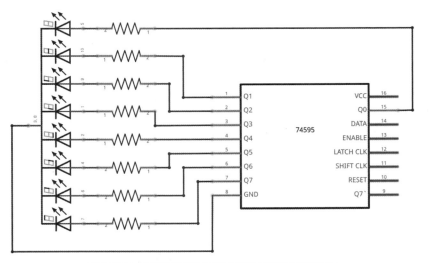

그림 11.15 **74595와 7세그먼트 표시 장치 연결 회로도**

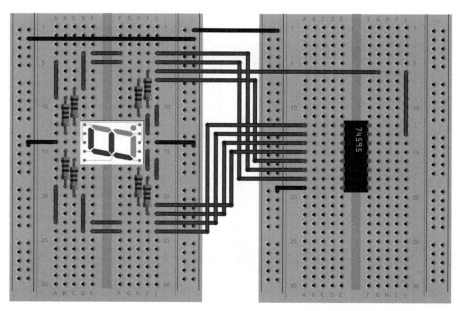

그림 11.16 **74595와 7세그먼트 표시 장치 연결 회로**

스케치 11.7에서는 0xFF를 전송하여 8개의 세그먼트를 모두 켜고 0x00을 전송하여 8개 세그먼트를 끄는 것을 반복하고 있다. 비트 단위 데이터의 직렬 입력과 바이트 단위 데이터의 병렬 출력은 모두 클록의 상승 에지에서 이루어지므로 LOW를 먼저 출력하고 HIGH를 이어서 출력했다.

스케치 11.7 **74595로 비트 단위 데이터 전송** R3 R4

```
int DATA = 8;
int LATCH_CLOCK = 9;
int SHIFT_CLOCK = 10;

void setup() {
  pinMode(DATA, OUTPUT);                       // 데이터와 제어 핀을 출력으로 설정
  pinMode(LATCH_CLOCK, OUTPUT);
  pinMode(SHIFT_CLOCK, OUTPUT);
}

void loop() {
  digitalWrite(DATA, HIGH);                    // 전송할 비트 데이터: HIGH
  for (int i = 0; i < 8; i++) {                // 0xFF 출력
    // 상승 에지에서 왼쪽 이동 후 LSB에 DATA 핀 값(HIGH) 추가
    digitalWrite(SHIFT_CLOCK, LOW);
    digitalWrite(SHIFT_CLOCK, HIGH);
  }

  // 상승 에지에서 현재 래치의 8비트 값을 출력
  digitalWrite(LATCH_CLOCK, LOW);
```

```
  digitalWrite(LATCH_CLOCK, HIGH);

  delay(500);

  digitalWrite(DATA, LOW);                    // 전송할 비트 데이터: LOW
  for (int i = 0; i < 8; i++) {               // 0x00 출력
    digitalWrite(SHIFT_CLOCK, LOW);
    digitalWrite(SHIFT_CLOCK, HIGH);
  }
  digitalWrite(LATCH_CLOCK, LOW);
  digitalWrite(LATCH_CLOCK, HIGH);

  delay(500);
}
```

스케치 11.7에서는 for 문을 사용하여 8번에 걸쳐 비트 단위 데이터를 전달했지만, shiftOut 함수를 사용하면 간단하게 바이트 단위 데이터를 전달할 수 있다.

■ shiftOut

void shiftOut(uint8_t dataPin, uint8_t clockPin, uint8_t bitOrder, uint8_t value)
 – 매개변수
   dataPin: 데이터 출력 핀
   clockPin: 이동 클록 출력 핀
   bitOrder: 비트 출력 순서로 MSB 우선(MSBFIRST) 또는 LSB 우선(LSBFIRST)
   value: 출력할 바이트 단위 데이터
 – 반환값: 없음

지정한 번호의 데이터 핀(dataPin)으로 바이트 단위의 값(value)을 출력 순서(bitOrder)에 따라 출력한다. 출력 순서는 MSB나 LSB부터 출력하도록 지정할 수 있다. 클록(clockPin)은 래치 내에서 데이터를 이동시키는 이동 클록에 해당한다.

shiftOut 함수는 8비트 데이터를 직렬로 전송하기만 하고 병렬로 출력하는 기능은 없으므로 병렬 출력을 위해서는 래치 클록에 상승 에지를 만들어 주어야 한다. 스케치 11.8은 스케치 11.7과 같은 동작을 shiftOut 함수를 사용하여 구현한 것이다.

스케치 11.8 74595로 바이트 단위 데이터 전송 R3 R4

```
int DATA = 8;
int LATCH_CLOCK = 9;
int SHIFT_CLOCK = 10;
```

```
void setup() {
  pinMode(DATA, OUTPUT);                          // 데이터와 제어 핀을 출력으로 설정
  pinMode(LATCH_CLOCK, OUTPUT);
  pinMode(SHIFT_CLOCK, OUTPUT);
}

void loop() {
  byte data = 0xFF;                               // 전송할 바이트 데이터
  shiftOut(DATA, SHIFT_CLOCK, MSBFIRST, data);
  // 상승 에지에서 현재 래치의 8비트 값을 출력
  digitalWrite(LATCH_CLOCK, LOW);
  digitalWrite(LATCH_CLOCK, HIGH);

  delay(500);

  data = 0x00;                                    // 전송할 바이트 데이터
  shiftOut(DATA, SHIFT_CLOCK, MSBFIRST, data);
  // 상승 에지에서 현재 래치의 8비트 값을 출력
  digitalWrite(LATCH_CLOCK, LOW);
  digitalWrite(LATCH_CLOCK, HIGH);

  delay(500);
}
```

스케치 11.9는 상향 카운터를 구현한 것으로 스케치 11.4와 같은 동작을 한다. 스케치 11.4에서는
8개의 데이터 핀을 사용했지만, 스케치 11.9에서는 74595 칩을 사용하여 3개의 데이터 핀만 사용
한다는 점에서 차이가 있다.

스케치 11.9 **74595를 사용한 상향 카운터**　　R3　R4

```
// 0에서 9까지 숫자 표현을 위한 세그먼트 a, b, c, d, e, f, g, dp의 패턴
byte patterns[] = {
  0xFC, 0x60, 0xDA, 0xF2, 0x66, 0xB6, 0xBE, 0xE4, 0xFE, 0xE6
};

int DATA = 8;
int LATCH_CLOCK = 9;
int SHIFT_CLOCK = 10;

int index = 0;                                    // 현재 출력하는 숫자
int interval = 1000;
unsigned long previousMillis;

void setup() {
  pinMode(DATA, OUTPUT);                          // 데이터와 제어 핀을 출력으로 설정
  pinMode(LATCH_CLOCK, OUTPUT);
  pinMode(SHIFT_CLOCK, OUTPUT);

  previousMillis = millis();
```

```
}

void loop() {
  unsigned long currentMillis = millis();

  if (currentMillis - previousMillis >= interval) {
    previousMillis = currentMillis;
    index = (index + 1) % 10;

    shiftOut(DATA, SHIFT_CLOCK, MSBFIRST, patterns[index]);
    // 상승 에지에서 현재 래치의 8비트 값을 출력
    digitalWrite(LATCH_CLOCK, LOW);
    digitalWrite(LATCH_CLOCK, HIGH);
  }
}
```

74595 칩을 사용하면 필요한 데이터 핀을 8개에서 3개로 줄일 수 있다. 줄어든 데이터 핀 수가 적어 보일 수 있지만, 7세그먼트 표시 장치를 2개 사용한다면 16개의 핀을 3개로 줄일 수 있다. 물론 7세그먼트 표시 장치를 2개를 사용하기 위해서는 74595 칩도 2개가 필요하다.

11.5 맺는말

FND_{Flexible Numeric Display}라고도 불리는 7세그먼트 표시 장치는 7개의 선분과 소수점까지 8개의 세그먼트로 숫자를 나타내는 데 흔히 사용되는 출력 장치로, 일상생활에서도 디지털 시계, 엘리베이터 등 숫자 표시가 필요한 곳에서 쉽게 찾아볼 수 있다. 7세그먼트 표시 장치는 LED 8개를 제어하는 것과 같은 방법으로 제어할 수 있다. 다만 7세그먼트 표시 장치에 사용된 LED의 형태와 배치가 숫자를 표시하는 데 적합할 뿐이다.

7세그먼트 표시 장치는 각 세그먼트를 제어할 때 논리 1의 값으로 해당 세그먼트를 켤 것인지, 논리 0의 값으로 해당 세그먼트를 켤 것인지에 따라 공통 음극 방식과 공통 양극 방식의 두 가지로 만들어진다. 두 가지 방식은 제어 방법이 서로 반대이므로 사용하기 전에 그 종류를 반드시 확인해야 한다.

7세그먼트 표시 장치가 간단하게 숫자를 표시할 수 있도록 해주지만 한 자리 숫자를 나타내는 데 8개의 데이터 핀이 필요하므로 여러 자리의 숫자를 표시하기 위해서는 많은 데이터 핀이 필요하고 데이터 핀의 수가 많지 않은 마이크로컨트롤러에서 사용하기 어려울 수 있다. 이런 경우에는 적은 수의 데이터 핀만 사용해서 많은 수의 출력 핀을 제어할 수 있도록 해주는 7447/7448, 74595 등의 전용 칩을 사용할 수 있다. 이 장에서 사용한 74595 칩은 직렬로 바이트 단위 데이터를 입력하고 이를 병렬로 출력할 수 있도록 해주므로 7세그먼트 표시 장치 제어를 위해 필요한 8개 데이터 핀을 3개로 줄일 수 있도록 해준다. 잔상효과를 사용하는 것도 필요한 데이터 핀 수를 줄이는 방법 중 하나로, 다음 장에서 살펴볼 4자리 7세그먼트 표시 장치에서 사용하는 방법이다.

1 그림 11.8과 같이 7세그먼트 표시 장치와 가변저항을 연결하자. 스케치 11.2와 스케치 11.3을 참고하여 가변저항값을 6개 구간으로 나누고 가변저항값에 따라 그림 11.7의 6개 패턴이 표시되는 스케치를 작성해 보자.

2 스케치 11.4를 참고하여 시리얼 모니터에서 'S' 또는 's'를 전송하면 카운팅을 시작하고, 'P' 또는 'p'를 전송하면 카운팅을 일시 중지하는 스케치를 작성해 보자. 바이트 단위로 데이터를 읽어 시작과 중지를 결정하고, 잘못된 문자가 입력된 경우는 무시한다. 스케치는 카운팅이 중지된 상태로 시작한다.

3 74595 칩 이외에도 7세그먼트 표시 장치를 사용하는 데 필요한 8개의 데이터 핀을 줄이는 데 사용할 수 있는 전용 칩에는 7세그먼트 표시 장치 전용 디코더인 7447/7448, 74595와는 다른 직렬 입력 병렬 출력 레지스터인 74164 등이 있다. 7세그먼트 표시 장치와 함께 사용할 수 있는 전용 칩의 종류와 특징을 비교해 보자.

4자리 7세그먼트
표시 장치

두 자리 이상의 숫자를 나타내기 위해서는 7세그먼트 표시 장치를 여러 개 사용하면 되지만, 여러 개의 7세그먼트 표시 장치를 사용하기 위해서는 많은 데이터 핀이 필요하므로 아두이노 우노에서는 사용하기 어렵다. 따라서 여러 자리 숫자를 표시하는 7세그먼트 표시 장치는 잔상효과를 이용하여 적은 수의 데이터 핀으로 많은 수의 LED를 제어하는 방법을 사용한다. 즉, 4자리 7세그먼트 표시 장치의 제어 방법은 7세그먼트 표시 장치의 제어 방법과는 차이가 있다. 이 장에서는 4자리 숫자를 표시할 수 있는 4자리 7세그먼트 표시 장치의 구조와 제어 방법을 알아본다.

이 장에서
사용할 부품

아두이노 우노 R3	× 1	
아두이노 우노 R4	× 1	➡ 미니마 또는 와이파이
4자리 7세그먼트 표시 장치	× 1	➡ 공통 음극 방식
220Ω 저항	× 8	➡ 세그먼트 보호용
7세그먼트 표시 장치 모듈	× 1	➡ 8자리, MAX7219 칩 사용
10kΩ 가변저항	× 1	

12.1 4자리 7세그먼트 표시 장치

7세그먼트 표시 장치는 한 자리 숫자를 표시하는 데 사용할 수 있지만, 여러 자리의 숫자를 표시해야 하는 경우도 흔히 볼 수 있으며 시계가 대표적인 예다. 여러 자리의 숫자를 표시하기 위해 7세그먼트 표시 장치를 사용하는 데 문제가 되는 것은 필요한 데이터 핀 수가 많다는 점이다. 7세그먼트 표시 장치를 제어하기 위해서는 8개 데이터 핀(8개의 세그먼트를 개별적으로 제어하기 위한 핀)이 필요하므로 두 자리를 제어하기 위해서는 16개, 세 자리를 제어하기 위해서는 24개의 데이터 핀이 필요하다. 따라서 아두이노 우노로는 세 자리 이상의 7세그먼트 표시 장치를 제어하는 것은 불가능하다. 하지만 아두이노 우노로 4자리 7세그먼트 표시 장치를 제어할 수 있는 이유는 데이터 핀 수를 줄이기 위해 잔상효과_{afterimage effect}를 사용하기 때문이다. **잔상효과란 사람의 눈에서 인식한 물체는 물체가 사라진 이후에도 잠깐은 물체가 존재하는 것처럼 느껴지는 현상을 말한다.**

4자리 숫자 '1234'를 한 자리씩 1초 간격으로 표시한다고 생각해 보자. '1 → 2 → 3 → 4'의 순서로 표시하기를 반복하면 한 번에 한 자리씩 자리를 바꾸어 숫자가 나타난다. 하지만 숫자를 표시하는 간격을 줄여 빠른 속도로 다음 자리 숫자를 보여주면 이전에 표시한 숫자는 잔상효과로 인해 표시된 것처럼 인식된다. 즉, '1 → 2 → 3 → 4'의 순서로 빠른 속도로 자리를 바꾸어 숫자를 표시하면 실제로는 한 번에 한 자리만 표시하지만 동시에 4자리가 모두 표시되는 것과 비슷한 효과를 얻을 수 있다. 잔상효과를 사용하면 제어에 필요한 핀 수를 줄일 수 있으므로 4자리 7세그먼트 표시 장치는 잔상효과를 이용하여 제어하는 것이 일반적이다. 먼저 4자리 7세그먼트 표시 장치의 구조부터 살펴보자.

4자리 7세그먼트 표시 장치는 4자리 숫자 이외에 표시할 수 있는 정보에 따라 여러 가지 종류가 있다. 흔히 볼 수 있는 형태는 숫자만 보여주는 형태와 가운데 콜론이 있는 형태다. 숫자만을 표시하는 4자리 7세그먼트 표시 장치가 12개의 핀을 갖고 있다면, 콜론이 추가된 4자리 7세그먼트 표시 장치는 14개의 핀을 갖고 있다. 이 장에서는 4자리 숫자만 표시할 수 있는 7세그먼트 표시 장치를 사용한다.

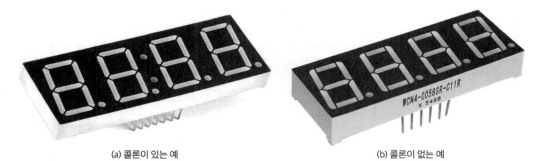

(a) 콜론이 있는 예   (b) 콜론이 없는 예

그림 12.1 4자리 7세그먼트 표시 장치

4자리 7세그먼트 표시 장치의 핀 번호는 7세그먼트 표시 장치의 경우와 같이 소수점이 있는 면을 아래로 놓았을 때 왼쪽 아래부터 반시계 방향으로 핀 번호가 증가한다.

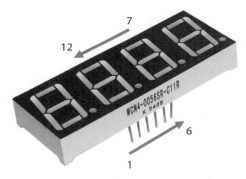

그림 12.2 4자리 7세그먼트 표시 장치 핀 번호

4자리 7세그먼트 표시 장치는 12개의 핀으로 32개의 LED를 제어한다. 이를 위해 **32개 LED를 8개씩 4 그룹으로 묶고 한 번에 한 그룹 내의 8개 LED, 즉 한 자리 숫자만 제어한다.** 한 자리 숫자를 표시하기 위해서는 8개의 핀이면 충분하다. 4자리 7세그먼트 표시 장치의 12개 핀 중 나머지 4개는 4자리 중 숫자를 표시할 자리를 선택하는 데 사용된다. 4자리 7세그먼트 표시 장치의 내부는 그림 12.3과 같이 구성되어 있다. 그림 12.3에서 괄호 안의 번호는 그림 12.2에서의 핀 번호를 나타낸다.

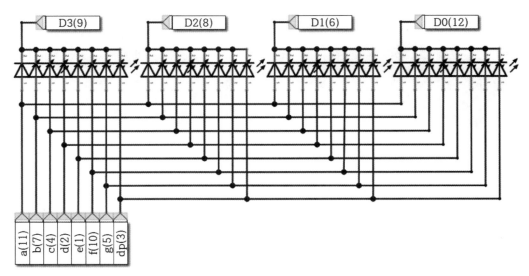

그림 12.3 **4자리 7세그먼트 표시 장치 회로도**

그림 12.3에서 아래쪽에 있는 **8개의 세그먼트 제어 핀은 각 세그먼트를 제어하는 데 사용**되며 이는 한 자리 숫자를 표시하는 7세그먼트 표시 장치와 같다. 세그먼트 제어 핀은 한 자리 숫자를 표시하는 데 사용된다고 했지만, 사실은 4자리 숫자의 같은 세그먼트를 공통으로 제어하는 데 사용된다. 즉, a(11) 핀에 HIGH를 가하면 4자리 숫자에서 4개의 세그먼트 a가 모두 켜질 수 있다. 하지만 실제로 켜지는 세그먼트 a는 자릿수 선택 핀(D0~D3)에 LOW가 가해진 자리다.

4개의 자릿수 선택 핀은 4자리 중에서 실제 숫자를 표시할 자리를 선택하는 데 사용된다. 그림 12.3의 회로에서 D3 핀에 LOW를 가하면 왼쪽 첫 번째 자리를 제어한다는 의미다. 이때 나머지 세 자리를 선택하는 핀(D2, D1, D0)에는 HIGH를 가하는 것이 일반적이다. 즉, 특정한 순간에는 4자리 중 한 자리에만 숫자를 표시한다. 자릿수 선택 핀 중 2개 이상에 LOW를 가하는 것도 가능하지만 **한 번에 자릿수 선택 핀 2개 이상을 선택하면 선택된 자리에는 같은 숫자만 표시할 수 있다.**

이 장에서 사용하는 그림 12.3의 4자리 7세그먼트 표시 장치는 세그먼트 제어 핀에 HIGH를 가할 때 해당 세그먼트가 켜진다. 7세그먼트 표시 장치에 공통 양극 방식과 공통 음극 방식이 있는 것처럼 4자리 7세그먼트 표시 장치에서도 **세그먼트를 켜기 위해 HIGH를 가하는 방식을 공통 음극 방식이라고 하고, 세그먼트를 켜기 위해 LOW를 가하는 방식을 공통 양극 방식이라고 한다.**

4자리 7세그먼트 표시 장치 제어

4자리 7세그먼트 표시 장치에 숫자를 표시하기 위해 그림 12.4와 같이 12개의 데이터 핀을 사용하여 아두이노 우노에 연결하자. a부터 dp까지 세그먼트 제어 핀은 2번 핀부터 9번 핀까지 연결하고, D3부터 D0까지 자릿수 선택 핀은 10번 핀부터 13번 핀까지 연결한다. 세그먼트 제어 핀에 LED 보호를 위해 저항을 연결하는 것은 7세그먼트 표시 장치와 같다.

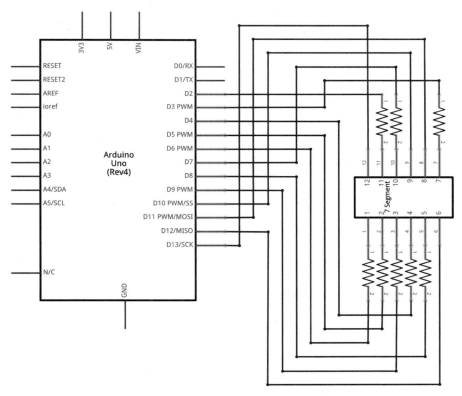

그림 12.4 **4자리 7세그먼트 표시 장치 연결 회로도**

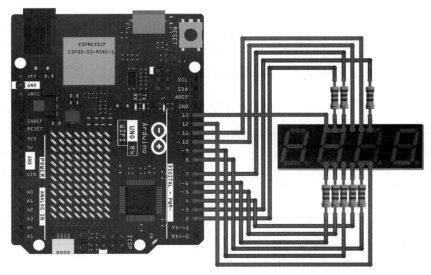

그림 12.5 **4자리 7세그먼트 표시 장치 연결 회로**

스케치 12.1은 D3에 0부터 9까지의 숫자를 출력하고 이후 D2, D1, D0 순서로 0부터 9까지 숫자를 출력하는 예다. 즉, 스케치 12.1은 한 번에 한 자리에만 숫자를 표시한다. 스케치 12.1에서 showOneNumber는 특정 자리에 특정 숫자를 표시하기 위해 사용하는 함수다.

스케치 12.1 **한 자리씩 숫자 출력** R3 R4

```
// 0에서 9까지 숫자 표현을 위한 세그먼트 a, b, c, d, e, f, g, dp의 패턴
byte patterns[] = {
  0xFC, 0x60, 0xDA, 0xF2, 0x66, 0xB6, 0xBE, 0xE4, 0xFE, 0xE6
};
// 7세그먼트 연결 핀: a, b, c, d, e, f, g, dp 순서
int pins[] = { 2, 3, 4, 5, 6, 7, 8, 9 };
int digits[] = { 10, 11, 12, 13 };                  // 자리 선택 핀: D3, D2, D1, D0

void setup() {
  for (int i = 0; i < 4; i++) {                     // 자리 선택 핀을 출력으로 설정
    pinMode(digits[i], OUTPUT);
  }
  for (int i = 0; i < 8; i++) {                      // 세그먼트 제어 핀을 출력으로 설정
    pinMode(pins[i], OUTPUT);
  }
}

void loop() {
  for (byte pos = 0; pos < 4; pos++) {              // 자리 선택(0~3)
    for (byte n = 0; n < 10; n++) {                 // 숫자 선택(0~9)
      showOneNumber(pos, n);                        // pos번 자리에 숫자 n 표시
      delay(100);
    }
```

```
    }
  }

// pos: 출력 위치(0~3), no: 출력할 숫자(0~9)
void showOneNumber(byte pos, byte no) {
  for (int i = 0; i < 4; i++) {                      // 자리 선택을 모두 해제
    digitalWrite(digits[i], HIGH);
  }
  for (int i = 0; i < 8; i++) {                      // 모든 세그먼트 끔
    digitalWrite(pins[i], LOW)
  }

  for (int i = 0; i < 4; i++) {
    if (i == pos) {                                  // 해당 자릿수의 선택 핀만 LOW로 설정
      digitalWrite(digits[i], LOW);
    }
  }
  for (int i = 0; i < 8; i++) {                      // 8개 세그먼트 제어로 숫자 표시
    boolean on_off = bitRead(patterns[no], 7 - i);
    digitalWrite(pins[i], on_off);
  }
}
```

스케치 12.1은 자리를 바꾸면서 한 번에 한 자리에만 숫자를 보여주며 자릿수 선택 핀 4개 중 하나만 LOW를 가하고 나머지 3개는 HIGH를 가한다. 흔히 사용하지는 않지만 2개 이상의 자릿수 선택 핀에 LOW를 가하는 것도 가능하다. 다만 선택된 모든 자리에는 같은 숫자만 표시할 수 있다. 스케치 12.2는 4자리에 모두 같은 숫자를 표시하는 예로, 0000에서 9999까지 같은 숫자 4개를 표시한다.

스케치 12.2 **4자리에 같은 숫자 출력**   R3 R4

```
// 0에서 9까지 숫자 표현을 위한 세그먼트 a, b, c, d, e, f, g, dp의 패턴
byte patterns[] = {
  0xFC, 0x60, 0xDA, 0xF2, 0x66, 0xB6, 0xBE, 0xE4, 0xFE, 0xE6
};
// 7세그먼트 연결 핀: a, b, c, d, e, f, g, dp 순서
int pins[] = { 2, 3, 4, 5, 6, 7, 8, 9 };
int digits[] = { 10, 11, 12, 13 };                 // 자리 선택 핀: D3, D2, D1, D0
int no = 0;                                         // 표시할 숫자

void setup() {
  for (int i = 0; i < 4; i++) {                     // 자리 선택 핀을 출력으로 설정
    pinMode(digits[i], OUTPUT);
    digitalWrite(digits[i], LOW);                   // 모든 자리를 선택한 상태로 시작
  }
  for (int i = 0; i < 8; i++) {                     // 세그먼트 제어 핀을 출력으로 설정
    pinMode(pins[i], OUTPUT);
  }
```

```
}

void loop() {
  for (int i = 0; i < 8; i++) {                      // 8개 세그먼트 제어로 숫자 표시
    boolean on_off = bitRead(patterns[no], 7 - i);
    digitalWrite(pins[i], on_off);
  }

  no = (no + 1) % 10;                                // 0~9 반복

  delay(500);
}
```

스케치 12.2를 업로드하면 같은 숫자 4개가 표시되는 것을 확인할 수 있다. 하지만 4자리 7세그먼트 표시 장치는 4자리의 같은 숫자만 표시하기 위한 것이 아니라 서로 다른 숫자를 표시하기 위해 사용한다. 4자리 7세그먼트 표시 장치에 1234를 표시하기 위해서는 아래와 같이 먼저 자리를 선택하고 해당 자리에 숫자를 표시하는 과정을 반복하면 된다. 아래의 방법은 **실제로는 한 번에 하나의 자리에만 숫자를 표시하지만 빠르게 자리를 바꾸어 숫자를 표시함으로써 잔상효과에 의해 4자리 숫자가 한꺼번에 표시된 것과 같은 효과를 얻을 수 있다.**

❶ 첫 번째 자리를 선택한다: D3 = LOW, D2 = D1 = D0 = HIGH

❷ 첫 번째 자리에 1을 표시한다: 8개 세그먼트 제어 핀(a, b, c, d, e, f, g, dp)에 1을 표시할 수 있도록 0x60을 비트 단위로 나누어 각 세그먼트 제어 핀에 가한다.

❸ 두 번째 자리를 선택한다: D2 = LOW, D3 = D1 = D0 = HIGH

❹ 두 번째 자리에 2를 표시한다: 8개 세그먼트 제어 핀에 2를 표시할 수 있는 0xDA를 비트 단위로 나누어 8개 세그먼트 제어 핀에 가한다.

❺ 세 번째 자리를 선택한다: D1 = LOW, D3 = D2 = D0 = HIGH

❻ 세 번째 자리에 3을 표시한다: 8개 세그먼트 제어 핀에 3을 표시할 수 있는 0xF2를 비트 단위로 나누어 8개 세그먼트 제어 핀에 가한다.

❼ 네 번째 자리를 선택한다: D0 = LOW, D3 = D2 = D1 = HIGH

❽ 네 번째 자리에 4를 표시한다: 8개 세그먼트 제어 핀에 4를 표시할 수 있는 0x66을 비트 단위로 나누어 8개 세그먼트 제어 핀에 가한다.

위의 과정을 반복하면 그림 12.6과 같이 실제로는 한 번에 한 자리를 표시하지만, 잔상효과에 의해 4자리가 한꺼번에 표시되는 것과 같은 효과를 얻을 수 있다.

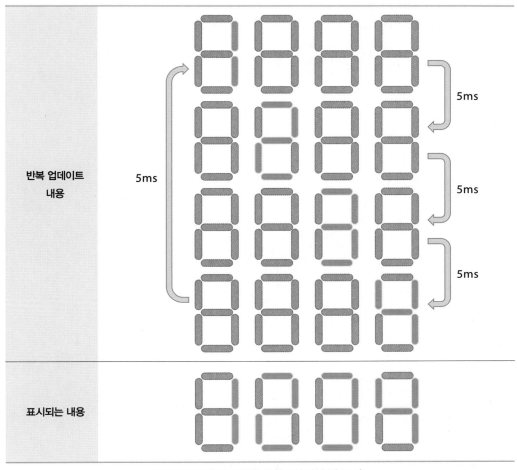

반복 업데이트 내용

5ms

5ms

5ms

5ms

5ms

표시되는 내용

그림 12.6 잔상효과에 의한 4자리 숫자 표시

스케치 12.3은 그림 12.6의 과정을 통해 1234를 출력하는 예다. 스케치 12.3을 업로드해서 4자리 7세그먼트 표시 장치에 1234가 표시되는 것을 확인해 보자.

스케치 12.3 **4자리 숫자 출력**   R3 R4

```
// 0에서 9까지 숫자 표현을 위한 세그먼트 a, b, c, d, e, f, g, dp의 패턴
byte patterns[] = {
  0xFC, 0x60, 0xDA, 0xF2, 0x66, 0xB6, 0xBE, 0xE4, 0xFE, 0xE6
};
// 7세그먼트 연결 핀: a, b, c, d, e, f, g, dp 순서
int pins[] = { 2, 3, 4, 5, 6, 7, 8, 9 };
int digits[] = { 10, 11, 12, 13 };              // 자리 선택 핀: D3, D2, D1, D0
const int DIGIT_DELAY = 5;                       // 자리를 옮기는 시간 간격

void setup() {
  for (int i = 0; i < 4; i++) {                  // 자리 선택 핀을 출력으로 설정
```

```
    pinMode(digits[i], OUTPUT);
    digitalWrite(digits[i], LOW);                    // 모든 자리를 선택한 상태로 시작
  }
  for (int i = 0; i < 8; i++) {                      // 세그먼트 제어 핀을 출력으로 설정
    pinMode(pins[i], OUTPUT);
  }
}

void loop() {
  showFourNumber(1234);
}

void showFourNumber(int number) {
  byte no[4];

  for (int i = 0; i < 4; i++) {                      // 각 자릿값을 구함
    no[3 - i] = number % 10;
    number /= 10;
  }

  for (int i = 0; i < 4; i++) {                      // 한 자리씩 출력
    showOneNumber(i, no[i]);
    delay(DIGIT_DELAY);
  }
}

// pos: 출력 위치(0~3), no: 출력할 숫자(0~9)
void showOneNumber(byte pos, byte no) {
  for (int i = 0; i < 4; i++) {                      // 자리 선택을 모두 해제
    digitalWrite(digits[i], HIGH);
  }
  for (int i = 0; i < 8; i++) {                      // 모든 세그먼트 끔
    digitalWrite(pins[i], LOW);
  }

  for (int i = 0; i < 4; i++) {
    if (i == pos) {                                  // 해당 자릿수의 선택 핀만 LOW로 설정
      digitalWrite(digits[i], LOW);
    }
  }
  for (int i = 0; i < 8; i++) {                      // 8개 세그먼트 제어로 숫자 표시
    boolean on_off = bitRead(patterns[no], 7 - i);
    digitalWrite(pins[i], on_off);
  }
}
```

스케치 12.3에서 showFourNumber는 4자리 숫자를 천의 자리, 백의 자리, 십의 자리, 일의 자리로 나누고, 각 자리의 수를 showOneNumber 함수를 사용하여 표시하는 함수다. 자리를 나누기 위해서는 나머지 연산과 정수 나누기 연산을 반복해서 사용했다.

스케치 12.3에서 주의해야 할 점은 loop **함수에서 showFourNumber 함수를 계속 호출한다**는 점이다. 1234를 출력하고 싶을 때 1234를 한 번만 출력하면 네 번째 자리에 4만 출력된다. 이는 4자리 7세그먼트 표시 장치에서 한 번에 한 자리만 표시할 수 있기 때문이며, 4자리가 한 번에 표시되는 것처럼 보이는 것은 잔상효과 때문이다. 한 번만 출력했을 때의 출력 결과를 확인하려면 loop 함수의 showFourNumber 함수를 setup 함수로 옮겨서 업로드하면 된다.

스케치 12.3에서 주의해야 할 다른 한 가지는 자리를 옮길 때 5ms의 지연 시간을 둔다는 것으로, LED가 완전히 켜지는 데 필요한 시간이다. 사용하는 4자리 7세그먼트 표시 장치에 따라 다르지만 지연 시간을 더 짧게 하면 LED가 완전히 켜지기 전에 다음 자리로 옮겨가 LED가 희미하게 켜진다. 이는 잔상효과의 문제가 아니라 LED의 반응 속도가 충분히 빠르지 않아 발생한다. 반면 지연 시간을 더 길게 하면 잔상효과를 얻을 수 없어 4자리가 한꺼번에 표시되지 않고 깜빡이는 현상이 발생한다. 스케치 12.3에서 DIGIT_DELAY 값을 바꾸면서 표시되는 내용의 변화를 확인해 보자.

12.3 가변저항값 표시

잔상효과를 이용하여 4자리 숫자를 4자리 7세그먼트 표시 장치에 표시할 수 있다. 4자리 7세그먼트 표시 장치에 가변저항값을 나타내 보자. 가변저항은 A0 핀에 연결하고 4자리 7세그먼트 표시 장치는 그림 12.4와 같은 방법으로 연결한다.

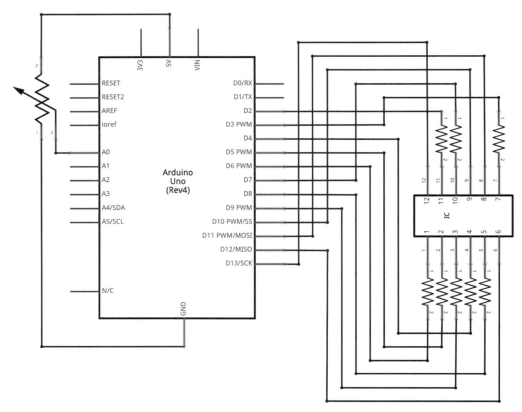

그림 12.7 **4자리 7세그먼트 표시 장치와 가변저항 연결 회로도**

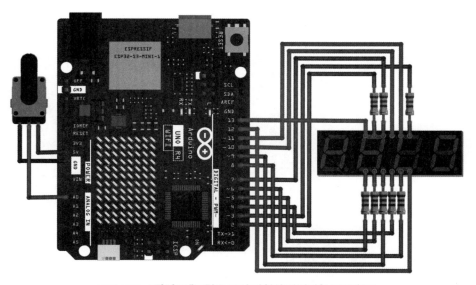

그림 12.8 **4자리 7세그먼트 표시 장치와 가변저항 연결 회로**

스케치 12.4는 가변저항값을 4자리 7세그먼트 표시 장치에 나타내는 예다.

스케치 12.4 가변저항값 표시   R3   R4

```
// 0에서 9까지 숫자 표현을 위한 세그먼트 a, b, c, d, e, f, g, dp의 패턴
byte patterns[] = {
  0xFC, 0x60, 0xDA, 0xF2, 0x66, 0xB6, 0xBE, 0xE4, 0xFE, 0xE6
};
// 7세그먼트 연결 핀: a, b, c, d, e, f, g, dp 순서
int pins[] = { 2, 3, 4, 5, 6, 7, 8, 9 };
int digits[] = { 10, 11, 12, 13 };                 // 자리 선택 핀: D3, D2, D1, D0
const int DIGIT_DELAY = 5;                          // 자리를 옮기는 시간 간격

void setup() {
  for (int i = 0; i < 4; i++) {                     // 자리 선택 핀을 출력으로 설정
    pinMode(digits[i], OUTPUT);
    digitalWrite(digits[i], LOW);                   // 모든 자리를 선택한 상태로 시작
  }
  for (int i = 0; i < 8; i++) {                     // 세그먼트 제어 핀을 출력으로 설정
    pinMode(pins[i], OUTPUT);
  }
}

void loop() {
  showFourNumber(analogRead(A0));
}

void showFourNumber(int number) {
  byte no[4];

  for (int i = 0; i < 4; i++) {                     // 각 자릿값을 구함
    no[3 - i] = number % 10;
    number /= 10;
  }

  for (int i = 0; i < 4; i++) {                     // 한 자리씩 출력
    showOneNumber(i, no[i]);
    delay(DIGIT_DELAY);
  }
}

// pos: 출력 위치(0 ~ 3), no: 출력할 숫자(0 ~ 9)
void showOneNumber(byte pos, byte no) {
  for (int i = 0; i < 4; i++) {                     // 자리 선택을 모두 해제
    digitalWrite(digits[i], HIGH);
  }
  for (int i = 0; i < 8; i++) {                     // 모든 세그먼트 끔
    digitalWrite(pins[i], LOW);
  }

  for (int i = 0; i < 4; i++) {
    if (i == pos) {                                 // 해당 자릿수의 선택 핀만 LOW로 설정
```

```
      digitalWrite(digits[i], LOW);
    }
  }
  for (int i = 0; i < 8; i++) {                    // 8개 세그먼트 제어로 숫자 표시
    boolean on_off = bitRead(patterns[no], 7 - i);
    digitalWrite(pins[i], on_off);
  }
}
```

그림 12.9 스케치 12.4 실행 결과

스케치 12.4의 실행 결과에서 알 수 있듯이 showFourNumber 함수는 항상 4자리로 숫자를 표시한다. 따라서 그림 12.9에서 '148'은 '0148'로 표시되며 이때 의미 없는 0을 '선행 영leading zero'이라고 한다. 스케치 12.5는 4자리 숫자에서 선행 영을 제거하는 디폴트 매개변수를 추가하여 만든 showFourNumber2 함수로, 스케치 12.4에서 showFourNumber 함수 대신 사용하면 선행 영 없이 4자리 숫자를 표시할 수 있다. showFourNumber2 함수에서는 선행 영을 제거하는 것이 디폴트이므로 별도로 매개변수를 지정하지 않아도 된다.

스케치 12.5 4자리 숫자를 선행 영 없이 표시   R3   R4

```
// number: 표시할 4자리 이하 숫자, leadingZero: 선행 영 표시 여부
void showFourNumber2(int number, bool leadingZero = false) {
  byte no[4];

  for (int i = 0; i < 4; i++) {                    // 각 자릿값을 구함
    no[3 - i] = number % 10;
    number /= 10;
  }

  int firstNonZero = 0;                            // 배열 인덱스와 같은 0~3 사용
  if (!leadingZero) {                              // 선행 영 제거 옵션을 선택한 경우
    // 처음으로 0이 아닌 숫자가 나오는 위치를 찾음
    while (firstNonZero < 4 && no[firstNonZero] == 0) {
      firstNonZero++;
    }
    // 모든 자릿값이 0인 경우 한 자리는 0으로 표시
    firstNonZero = (firstNonZero < 3) ? firstNonZero : 3;
  }
```

```
    for (int i = firstNonZero; i < 4; i++) {        // 한 자리씩 출력
        showOneNumber(i, no[i]);
        delay(DIGIT_DELAY);
    }
}
```

스케치 12.5와 같이 디폴트 매개변수가 사용되었을 때는 함수의 위치에 주의해야 한다. **아두이노 스케치에서는 함수 선언이나 정의가 반드시 함수 사용 이전에 오지 않아도 되지만, 디폴트 매개변수를 갖는 함수는 반드시 사용 이전에 선언이나 정의가 와야 한다.** 스케치 12.4의 loop 함수에서 showFourNumber2 함수를 호출하고 있으므로 showFourNumber2 함수는 loop 함수 앞에 와야 한다. loop 함수 이전에 showFourNumber2 함수를 선언할 수도 있지만, **디폴트 매개변수의 디폴트 값은 선언이나 정의 중 한 곳에서만 지정해야 한다**는 점도 주의해야 한다.

12.4 카운터와 시계

4자리 7세그먼트 표시 장치에 나타낼 수 있는 값 중 하나가 일정한 시간 간격으로 증가 또는 감소하는 카운터 값으로, 시간 간격을 조정하여 시계로 사용할 수 있다. 먼저 분과 초를 표시해 보자. 콜론이 포함된 4자리 7세그먼트 표시 장치를 사용하면 좀 더 직관적으로 시간을 표시할 수 있지만, 콜론 표시를 위해 필요한 데이터 핀의 수가 증가한다는 점도 고려해야 한다. 스케치 12.6은 분과 초를 표시하는 스케치로 선행 영을 표시하여 항상 두 자리로 시와 분이 표시되도록 showFourNumber2 함수 호출에서 leadingZero 매개변수를 true로 지정했다.

스케치 12.6 분과 초 표시   R3   R4

```
// 0에서 9까지 숫자 표현을 위한 세그먼트 a, b, c, d, e, f, g, dp의 패턴
byte patterns[] = {
  0xFC, 0x60, 0xDA, 0xF2, 0x66, 0xB6, 0xBE, 0xE4, 0xFE, 0xE6
};
// 7세그먼트 연결 핀: a, b, c, d, e, f, g, dp 순서
int pins[] = { 2, 3, 4, 5, 6, 7, 8, 9 };
int digits[] = { 10, 11, 12, 13 };              // 자리 선택 핀: D3, D2, D1, D0
const int DIGIT_DELAY = 5;

unsigned long time_previous = 0;
int INTERVAL = 1000;                            // 시간 업데이트 간격
byte minutes = 0, seconds = 0;                  // 현재 시각, 분과 초
```

```
// 함수 선언을 loop 함수 앞에 두면 정의는 loop 함수 뒤에 둘 수 있다.
// 선언에서 디폴트 값을 지정했으므로 정의에서는 지정하지 않아야 한다.
void showFourNumber2(int number, bool leadingZero = false);

void setup() {
  for (int i = 0; i < 4; i++) {                    // 자리 선택 핀을 출력으로 설정
    pinMode(digits[i], OUTPUT);
  }
  for (int i = 0; i < 8; i++) {                    // 세그먼트 제어 핀을 출력으로 설정
    pinMode(pins[i], OUTPUT);
  }
}

void loop() {
  unsigned long time_current = millis();

  if (time_current - time_previous >= INTERVAL) {
    time_previous = time_current;

    seconds++;                                     // 초 증가
    minutes = minutes + (seconds / 60);            // 분 증가
    seconds %= 60;                                 // 초 0~59 사이 반복
    minutes %= 60;                                 // 분 0~59 사이 반복
  }

  // 분과 초로 4자리 정수를 만들어 호출하고 선행 영 표시
  showFourNumber2(minutes * 100 + seconds, true);
}

// pos: 출력 위치(0~3), no: 출력할 숫자(0~9)
void showOneNumber(byte pos, byte no) {
  for (int i = 0; i < 4; i++) {                    // 자리 선택을 모두 해제
    digitalWrite(digits[i], HIGH);
  }
  for (int i = 0; i < 8; i++) {                    // 모든 세그먼트 끔
    digitalWrite(pins[i], LOW);
  }

  for (int i = 0; i < 4; i++) {
    if (i == pos) {                                // 해당 자릿수의 선택 핀만 LOW로 설정
      digitalWrite(digits[i], LOW);
    }
  }
  for (int i = 0; i < 8; i++) {                    // 8개 세그먼트 제어로 숫자 표시
    boolean on_off = bitRead(patterns[no], 7 - i);
    digitalWrite(pins[i], on_off);
  }
}

// number: 표시할 4자리 이하 숫자, leadingZero: 선행 영 표시 여부
void showFourNumber2(int number, bool leadingZero) {
```

```
byte no[4];

for (int i = 0; i < 4; i++) {                    // 각 자릿값을 구함
  no[3 - i] = number % 10;
  number /= 10;
}

int firstNonZero = 0;                            // 배열 인덱스와 같은 0~3 사용
if (!leadingZero) {                              // 선행 영 제거 옵션을 선택한 경우
  // 처음으로 0이 아닌 숫자가 나오는 위치를 찾음
  while (firstNonZero < 4 && no[firstNonZero] == 0) {
    firstNonZero++;
  }
  // 모든 자릿값이 0인 경우 한 자리는 0으로 표시
  firstNonZero = (firstNonZero < 3) ? firstNonZero : 3;
}

for (int i = firstNonZero; i < 4; i++) {         // 한 자리씩 출력
  showOneNumber(i, no[i]);
  delay(DIGIT_DELAY);
}
}
```

4자리 7세그먼트 표시 장치 라이브러리

4자리 7세그먼트 표시 장치를 제어하는 것이 어렵지는 않지만 복잡하고 번거로운 작업인 것은 사실이다. 하지만 이러한 번거로운 제어 과정을 대신 해줄 수 있는 라이브러리를 사용하면 간단하게 4자리 7세그먼트 표시 장치를 제어할 수 있다. SevSeg 라이브러리 역시 그중 하나다. 먼저 라이브러리 매니저에서 SevSeg 라이브러리를 검색하여 설치하자.

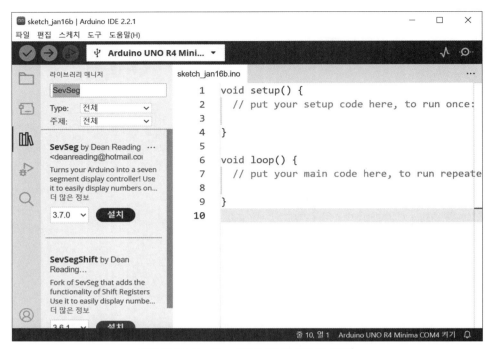

그림 12.10 **SevSeg 라이브러리 검색 및 설치**[1]

SevSeg 라이브러리를 사용하기 위해서는 먼저 헤더 파일을 포함해야 한다. '스케치 ➡ 라이브러리 포함하기 ➡ SevSeg' 메뉴 항목을 선택하거나 #include 문을 직접 입력하면 된다.

```
#include <SevSeg.h>
```

SevSeg 라이브러리는 객체를 생성한 이후 두 단계로 숫자를 표시한다. 첫 번째는 7세그먼트 표시 장치에 나타낼 데이터를 지정하는 setXXX 함수다. 7세그먼트 표시 장치에는 숫자를 표시하는 것이 일반적이지만 간단한 알파벳이나 기호 등도 표시할 수 있다. 데이터를 지정한 이후 실제 7세그먼트 표시 장치에 데이터를 나타내는 함수는 refreshDisplay로, 잔상효과를 얻기 위해 반복해서 호출해야 한다. 즉, **setXXX 함수는 표시하는 데이터가 바뀔 때만 호출하면 되지만 refreshDisplay 함수는 loop 함수에서 계속 호출해야 한다.**

---

1 https://github.com/DeanIsMe/SevSeg

■ **begin**

```
void SevSeg::begin(byte hardwareConfig, byte numDigitsIn, byte digitPinsIn[],
  byte segmentPinsIn[], bool resOnSegmentsIn = 0, bool updateWithDelaysIn = 0,
  bool leadingZerosIn = 0, bool disableDecPoint = 0)
  - 매개변수
    hardwareConfig: 공통 양극(COMMON_ANODE) 또는 공통 음극(COMMON_CATHODE) 중에서 선택
    numDigitsIn: 7세그먼트 표시 장치의 자릿수
    digitPinsIn: 자리 선택 핀 핀 번호 배열
    segmentPinsIn: 세그먼트 제어 핀 핀 번호 배열
    resOnSegmentsIn: 세그먼트 연결 쪽에 저항 연결 여부
    updateWithDelaysIn: 숫자 표시 과정에 delay 함수 사용 여부
    leadingZerosIn: 선행 영 표시 여부
    disableDecPoint: 소수점 사용 불가 여부
  - 반환값: 없음
```

세그먼트를 제어하기 위한 환경 설정 및 초기화 함수다. hardwareConfig는 공통 양극 방식을 나타내는 상수 COMMON_ANODE와 공통 음극 방식을 나타내는 상수 COMMON_CATHODE 중 하나를 사용하면 된다. numDigitsIn은 7세그먼트 표시 장치에 나타낼 수 있는 최대 자릿수를 의미한다. digitPinsIn은 자리 선택 핀 배열로 D3, D2, D1, D0 순서로 지정한다. segmentPinsIn은 세그먼트 연결핀 배열로 a, b, c, d, e, f, g, dp 순서로 지정한다. 4자리 7세그먼트 표시 장치에서 저항은 세그먼트 쪽에 연결하는 것이 일반적이므로 resOnSegmentsIn은 true로 설정한다. updateWithDelaysIn은 숫자를 표시할 때 delay 함수로 업데이트 시간을 결정한다. delay 함수를 사용하지 않으면 micros 함수를 사용하여 업데이트 시간을 결정하며, delay 함수를 사용하지 않는 것이 추천된다. leadingZerosIn은 선행 영을 사용할 것인지를 나타내고, disableDecPoint는 소수점을 사용하지 않도록 한다.

■ **setNumber**

```
void SevSeg::setNumber(int numToShow, char decPlaces = -1, bool hex = 0)
  - 매개변수
    numToShow: 표시할 숫자
    decPlaces: 소수점 위치
    hex: 16진수로 표시 여부
  - 반환값: 없음
```

7세그먼트 표시 장치에 표시할 숫자를 지정한다. decPlaces는 소수점이 표시될 위치를 소수점 이하 자릿수로 표시한다. 예를 들어 1을 지정하면 소수점 이하 한 자리로 표시되고, 디폴트 값인 −1은 소수점을 표시하지 않는다. hex를 true로 설정하면 16진수로 표시된다.

■ setChars

```
void SevSeg::setChars(char str[])
   - 매개변수
      str: 문자 단위 세그먼트 데이터 배열
   - 반환값: 없음
```

7세그먼트 표시 장치에 나타낼 알파벳 문자열을 지정한다. 일부 알파벳 문자는 표시되지 않을 수 있으며 2개 이상의 문자가 같은 형태로 나타날 수 있다.

■ setSegments

```
void SevSeg::setSegments(byte segs[])
   - 매개변수
      segs: 바이트 단위 세그먼트 데이터 배열
   - 반환값: 없음
```

라이브러리에 정의되어 있지 않은 기호나 문자 등을 표시하기 위해 바이트 단위의 세그먼트 데이터 배열을 지정한다. 세그먼트 데이터는 세그먼트 a가 LSB에, 세그먼트 dp가 MSB에 오도록 정렬되어야 한다.

■ refreshDisplay

```
void SevSeg::refreshDisplay(void)
   - 매개변수: 없음
   - 반환값: 없음
```

숫자, 문자열, 세그먼트 데이터 등이 지정된 이후 이를 잔상효과를 사용하여 표시하기 위해 반복해서 호출한다. loop 함수 내에서 호출하면 되고, SevSeg 객체에서 시간 계산을 통해 업데이트 시간을 자동으로 결정한다.

스케치 12.7은 0.1초 간격으로 증가하는 카운터를 SevSeg 라이브러리를 사용하여 구현한 것이다.

SevSeg 라이브러리가 다양한 기능을 지원하므로 설정이 복잡한 점은 있지만, begin 함수로 초기화한 이후에는 숫자 데이터 설정을 위한 setNumber 함수와 잔상효과를 위한 refreshDisplay 함수로 간단하게 카운터를 구현할 수 있다.

스케치 12.7 0.1초 단위 카운터 R3 R4

```
#include <SevSeg.h>

SevSeg sevseg;                                // 7세그먼트 표시 장치 제어 객체
unsigned long time_previous;                  // 업데이트 시간
int count = 0;                                // 표시할 카운터 값
int INTERVAL = 100;                           // 0.1초 간격으로 카운터 증가

void setup() {
  byte dPins[] = {10, 11, 12, 13};            // 자리 선택 핀
  byte sPins[] = {2, 3, 4, 5, 6, 7, 8, 9};    // 세그먼트 제어 핀
  bool leadingZeros = false;                  // 선행 영 없음
  bool disableDecPoint = false;               // 소수점 사용함

  sevseg.begin(COMMON_CATHODE, 4, dPins, sPins, true, false,
    leadingZeros, disableDecPoint);           // 7세그먼트 제어 객체 초기화
  time_previous = millis();
}

void loop() {
  unsigned long time_current = millis();

  // INTERVAL 이상의 시간이 지나면 카운터를 증가시킴
  if (time_current - time_previous >= INTERVAL) {
    time_previous = time_current;
    count = (count + 1) % 10000;              // 0~9999 반복

    // 7세그먼트에 표시할 숫자 변경, 소수점 이하 한 자리
    sevseg.setNumber(count, 1);
  }

  sevseg.refreshDisplay();                    // 잔상효과를 이용하여 7세그먼트 업데이트
}
```

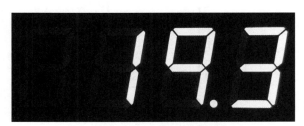

그림 12.11 스케치 12.7 실행 결과

MAX7219 디스플레이 드라이버

잔상효과를 이용하면 4자리 7세그먼트 표시 장치를 32개가 아닌 12개의 핀을 사용하여 제어할 수 있지만, 12개 역시 적은 수가 아니다. 또한 잔상효과를 얻기 위해서는 같은 데이터를 계속 출력해야 하므로 아두이노에서 다른 작업을 수행하기가 어려울 수 있다. 또 다른 문제점은 데이터 핀으로 공급할 수 있는 전류가 제한적이라는 점이다. 아두이노 우노 R3의 데이터 핀으로는 최대 20mA의 전류를 공급할 수 있지만, 아두이노 우노 R4의 데이터 핀으로는 최대 8mA 전류만 공급할 수 있다. 따라서 많은 LED를 한꺼번에 켜면 LED가 어두워지고 LED의 밝기가 균일하지 않을 수 있다. 이런 문제를 해결하는 방법 중 하나가 7세그먼트 표시 장치 제어를 위한 전용 칩을 사용하는 것이며 MAX7219 칩이 대표적이다.

MAX7219 칩은 공통 음극 방식의 4자리 7세그먼트 표시 장치 2개, 8자리 7세그먼트 표시 장치를 3개의 데이터 핀으로 제어할 수 있도록 해준다. 그림 12.12는 MAX7219의 핀 배치를 나타낸 것이다. 'DIGITn(n = 0, ..., 7)'은 자릿수를 의미하며, 'SEG X(X = A, ..., G, DP)'는 세그먼트를 나타낸다.

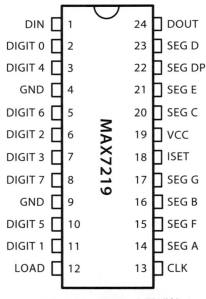

그림 12.12 MAX7219 핀 배치

MAX7219 칩을 사용하면 각 세그먼트에 저항을 연결할 필요 없이 10kΩ 저항 하나로 모든 세그먼트의 전류를 제어할 수 있다. 표 12.1은 MAX7219 칩의 제어 핀 기능을 나타낸 것으로 DIN, LOAD, CLK 3개의 핀을 아두이노와 연결하면 된다.

표 12.1 **MAX7219 칩의 제어 핀**

핀 이름	설명
DIN(Data IN)	시리얼 데이터 입력으로, 8자리 7세그먼트 표시 장치에 표시할 데이터 입력에 사용한다.
DOUT(Data OUT)	시리얼 데이터 출력으로, 여러 개의 MAX7219 칩을 연결할 때 사용한다. 이때 아두이노에 연결된 MAX7219 칩의 DOUT을 다른 MAX7219 칩의 DIN으로 연결한다.
LOAD	시리얼 데이터 입력(DIN)을 내부 레지스터에 저장하는 신호로 사용한다.
CLK(Clock)	시리얼 클록 입력으로, 최대 10MHz로 동작한다.
ISET	LED 전류 제한을 위한 저항을 연결한다. 10kΩ 저항을 사용하면 된다.

MAX7219 칩을 사용했을 때 가장 큰 장점은 잔상효과를 위해 반복적으로 데이터를 출력할 필요가 없다는 것이다. 정확하게 이야기하면 MAX7219 칩에서 잔상효과를 얻기 위한 반복 출력을 담당하므로 아두이노에서는 반복 출력할 필요가 없다. 4자리 이상의 7세그먼트 표시 장치는 MAX7219 칩을 사용하여 모듈 형태를 만들어진 경우를 흔히 볼 수 있으며, 이 장에서도 MAX7219 칩을 사용하여 만든 8자리 7세그먼트 표시 장치 모듈을 사용한다.

그림 12.13 **MAX7219 칩을 사용한 8자리 7세그먼트 표시 장치 모듈**

그림 12.14와 같이 8자리 7세그먼트 표시 장치 모듈을 아두이노에 연결하자.

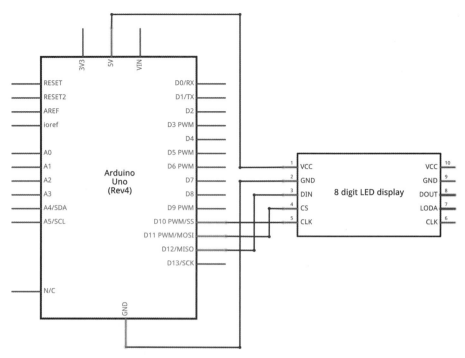

그림 12.14 8자리 7세그먼트 표시 장치 모듈 연결 회로도

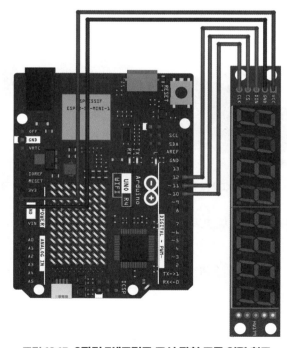

그림 12.15 8자리 7세그먼트 표시 장치 모듈 연결 회로

MAX7219 칩을 사용한 7세그먼트 표시 장치 모듈을 제어하기 위해서는 전용 라이브러리를 사용하는 것이 편리하다. 라이브러리 매니저에서 LedControl 라이브러리를 검색하여 설치하자.

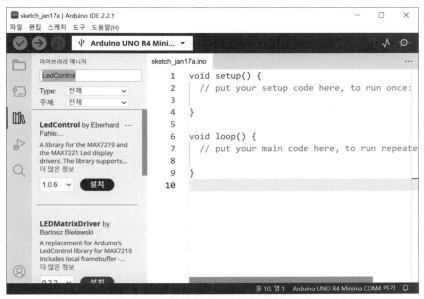

그림 12.16 LedControl 라이브러리 검색 및 설치

LedControl 라이브러리는 7세그먼트 표시 장치 제어를 위한 LedControl 클래스를 제공하고 있다. MAX7219 칩은 8×8 LED 매트릭스 역시 제어할 수 있으며, MAX7219 칩을 사용하여 LED 매트릭스를 제어하는 방법은 13장 'LED 매트릭스'를 참고하면 된다.

LedControl 라이브러리를 사용하기 위해서는 먼저 헤더 파일을 포함해야 한다. '스케치 ➡ 라이브러리 포함하기 ➡ LedControl' 메뉴 항목을 선택하거나 #include 문을 직접 입력하면 된다.

```
#include <LedControl.h>
```

LedControl 클래스에는 MAX7219 칩을 통해 7세그먼트 표시 장치를 제어할 수 있도록 다음과 같은 멤버 함수들이 정의되어 있다.

■ LedControl

```
LedControl::LedControl(int dataPin, int clkPin, int csPin, int numDevices = 1)
  - 매개변수
    dataPin: 시리얼 데이터 입력 핀
```

```
        clkPin: 시리얼 클록 핀
        csPin: 데이터 저장 핀
        numDevices: 연결된 MAX7219 칩의 수
    - 반환값: 없음
```

7세그먼트 표시 장치 모듈 제어를 위한 객체를 생성한다. 이때 아두이노와 연결된 제어 핀 번호와 연결된 모듈의 수를 지정한다. 연결된 모듈의 수는 디폴트로 1개로 설정되어 있다. 연결된 모듈은 주소로 구분되며 아두이노에 가까운 모듈부터 0번에서 시작한다.

■ shutdown

```
void LedControl::shutdown(int addr, bool status)
    - 매개변수
        addr: 7세그먼트 표시 장치 모듈의 주소
        status: 저전력 모드를 위해서는 true를, 정상 동작을 위해서는 false를 지정
    - 반환값: 없음
```

지정한 7세그먼트 표시 장치 모듈의 동작 상태를 저전력 모드(true) 또는 정상 동작 모드(false)로 설정한다.

■ setIntensity

```
void LedControl::setIntensity(int addr, int intensity)
    - 매개변수
        addr: 7세그먼트 표시 장치 모듈의 주소
        intensity: 7세그먼트 표시 장치 모듈의 밝기(0~15)
    - 반환값: 없음
```

지정한 7세그먼트 표시 장치 모듈의 밝기를 0~15 사이의 값으로 설정한다.

■ clearDisplay

```
void LedControl::clearDisplay(int addr)
    - 매개변수
        addr: 7세그먼트 표시 장치 모듈의 주소
    - 반환값: 없음
```

지정한 7세그먼트 표시 장치 모듈의 LED를 모두 끈다.

▪ setDigit

```
void LedControl::setDigit(int addr, int digit, byte value, boolean dp)
   - 매개변수
      addr: 7세그먼트 표시 장치 모듈의 주소
      digit: 표시할 위치 [0 7]
      value: 표시할 숫자 [0 15]
      dp: 소수점 표시 여부
   - 반환값: 없음
```

지정한 위치에 지정한 숫자를 표시한다. 위치는 낮은 자리부터 0에서 시작하고 가장 높은 자리 위치가 7이다. 표시할 수 있는 숫자는 16진수 한 자리로, 0에서 9까지의 숫자와 A에서 F까지의 알파벳을 표시할 수 있다.

스케치 12.8은 8자리 7세그먼트 표시 장치에 숫자를 나타내는 예다. 스케치 12.7과 가장 큰 차이점은 setup 함수에서 7세그먼트 표시 장치로 한 번 데이터를 출력한 후 잔상효과를 얻기 위해 반복해서 출력할 필요가 없으므로 loop 함수가 비어 있다는 점이다. **MAX7219 칩은 8자리 7세그먼트 표시 장치의 64개 LED 제어 데이터를 저장하고 있고, 잔상효과를 얻는 데 필요한 반복 출력은 MAX7219 칩이 담당하므로 스케치에서 반복 출력은 고려하지 않아도 된다.**

스케치 12.8 8자리 숫자 표시   R3   R4

```
#include <LedControl.h>

// 객체 생성(DIN, CLK, CS(LOAD), 모듈 수)
LedControl segment8 = LedControl(12, 10, 11, 1);

void setup() {
  segment8.shutdown(0, false);              // 정상 동작 모드
  segment8.setIntensity(0, 5);              // 밝기 설정
  segment8.clearDisplay(0);                 // LED 매트릭스 끄기

  for (int digit = 0; digit < 8; digit++) { // 숫자 출력
    segment8.setDigit(0, digit, digit, false);
  }
}

void loop() {
  // 잔상효과는 MAX7219 칩이 담당하므로 아두이노가 신경 쓰지 않아도 된다.
}
```

그림 12.17 스케치 12.8 실행 결과

12.7 맺는말

7세그먼트 표시 장치는 간단한 정보 표시를 위해 8개의 세그먼트를 바이트 단위 데이터로 제어하는 표시 장치의 한 종류다. 7세그먼트 표시 장치가 다양한 응용에 사용되지만, 8개의 제어 핀을 사용하므로 자릿수가 증가하면 그에 따라 제어 핀의 개수 역시 늘어난다는 문제점이 있다. 따라서 두 자리 이상의 7세그먼트 표시 장치는 적은 수의 제어 핀으로 많은 수의 세그먼트를 제어하기 위해 잔상효과를 사용한다. 4자리 7세그먼트 표시 장치에 잔상효과를 사용하면 32개가 아닌 12개의 제어 핀만 사용하여 제어할 수 있다. 하지만 잔상효과를 얻기 위해서는 자리를 옮겨가면서 한 번에 한 자리씩 반복해서 출력해야 하므로 숫자를 표시하는 작업 자체가 부담이 될 수 있다.

4자리 7세그먼트 표시 장치를 제어하는 데 필요한 데이터 핀 수를 줄이기 위해서는 입출력 확장 칩을 사용할 수 있으며 74595 칩이 대표적이다. 74595 칩을 사용하면 3개의 핀만으로 4자리 7세그먼트 표시 장치를 제어할 수 있다. 하지만 74595 칩을 사용해도 여전히 반복해서 데이터를 출력해야 잔상효과를 얻을 수 있다. MAX7219 칩을 사용하면 잔상효과를 위한 반복 출력이 자동으로 이루어져 아두이노에서는 표시할 값이 바뀐 경우에만 표시할 데이터를 전송하면 되므로 간단하게 많은 자리의 7세그먼트 표시 장치를 사용할 수 있다. MAX7219 칩은 LED 매트릭스 제어에도 사용할 수 있으며, LED 매트릭스를 제어하는 방법은 13장 'LED 매트릭스'를 참고하면 된다.

1 아래와 같이 6개의 패턴을 정의하고 4자리 7세그먼트 표시 장치의 각 자리에 1초 간격으로 패턴 1에서 패턴 6까지 반복해서 표시하는 스케치를 작성해 보자. 단, 첫 번째 자리는 패턴 1, 두 번째 자리는 패턴 2, 세 번째 자리는 패턴 3, 네 번째 자리는 패턴 4부터 시작한다.

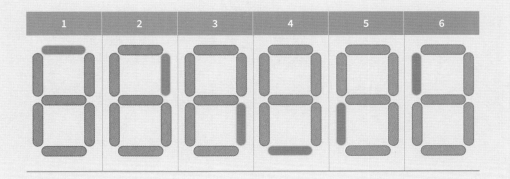

2 그림 12.4와 같이 4자리 7세그먼트 표시 장치를 연결하고 A0 핀에 내장 풀업 저항을 사용하여 버튼을 연결하자. 스케치 12.6을 참고하여 분과 초가 표시되는 시계에서 버튼을 한번 누르면 시간이 정지하고 다시 버튼을 누르면 시간이 흐르도록 스케치를 작성해 보자. 스케치는 시간이 흐르는 상태로 시작한다.

LED 매트릭스

LED 매트릭스는 LED를 행렬 형태로 배치하여 문자, 기호, 숫자 등을 표시할 수 있도록 만든 출력 장치다. LED 매트릭스는 4자리 7세그먼트 표시 장치와 마찬가지로 잔상효과를 이용하여 적은 수의 핀으로 많은 수의 LED를 제어한다. 이 장에서는 LED 매트릭스의 구조와 LED 매트릭스 제어를 위해 잔상효과를 사용하는 방법을 살펴본다.

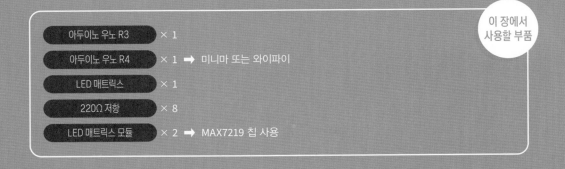

이 장에서
사용할 부품

아두이노 우노 R3 × 1

아두이노 우노 R4 × 1 ➡ 미니마 또는 와이파이

LED 매트릭스 × 1

220Ω 저항 × 8

LED 매트릭스 모듈 × 2 ➡ MAX7219 칩 사용

LED 매트릭스

도트 매트릭스라고도 불리는 LED 매트릭스는 LED를 행렬 형태로 배열하여 알파벳, 숫자, 기호 등을 표시할 수 있도록 해주는 출력 장치다. 특히 8×8 크기의 매트릭스는 알파벳을 포함하여 아스키 문자 한 글자를 표현할 수 있어 정보 표시를 위해 흔히 사용된다. 시중에 판매되고 있는 8×8 크기의 LED 매트릭스에는 LED만을 포함하고 있는 단순한 제품에서부터 LED 매트릭스를 제어하기 위한 칩을 포함하여 모듈 형태로 제작된 것까지 다양한 종류가 있다. 또한 매트릭스의 도트dot를 구성하는 LED도 단색, 이색, RGB 등 다양한 종류가 사용되고 있다. 이 장에서는 단색의 8×8 LED 매트릭스를 사용한다.

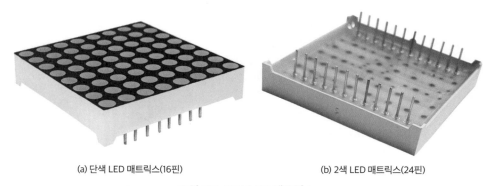

(a) 단색 LED 매트릭스(16핀)   (b) 2색 LED 매트릭스(24핀)

그림 13.1 8×8 LED 매트릭스

8×8 LED 매트릭스는 16개의 핀을 갖고 있으며 각 핀은 8개 행과 8개 열에 대응한다. 핀 번호는 제품 번호가 기록된 면을 아래로 했을 때 가장 왼쪽 핀이 1번이고 반시계 방향으로 핀 번호가 증가한다.

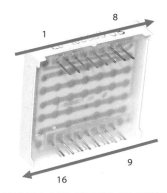

그림 13.2 LED 매트릭스의 핀 배치

이 장에서 사용하는 LED 매트릭스 내부는 그림 13.3과 같이 행에 해당하는 핀에 (+)를, 열에 해당하는 핀에 (-)를 연결하여 해당 위치의 LED가 켜지도록 연결되어 있으며, 이를 공통 행 양극 common-row anode 방식 또는 간단히 양극 방식이라고 한다. 반대로 행에 해당하는 핀에 (-)를, 열에 해당하는 핀에 (+)를 연결하여 해당 위치의 LED가 켜지도록 연결된 것을 공통 행 음극common-row cathode 방식이라고 한다. 그림 13.3에서 알 수 있듯이 행이나 열 번호와 LED 매트릭스의 핀 번호 사이에는 규칙이 없으므로 연결할 때 주의해야 한다.

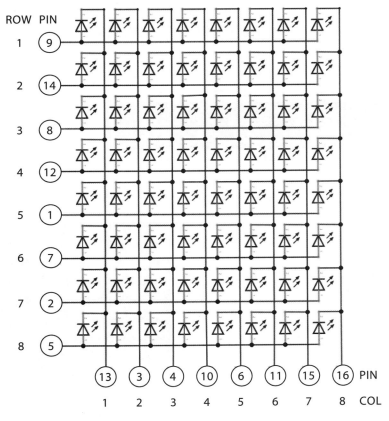

그림 13.3 **공통 행 양극 방식 LED 매트릭스 회로**

LED 매트릭스를 제어할 때 기억해야 할 점은 8×8 LED 매트릭스에 64개의 LED가 포함되어 있다는 점이다. 하지만 LED 매트릭스에 핀은 16개뿐이다. 적은 수의 핀으로 많은 수의 LED를 제어하는 것은 4자리 7세그먼트 표시 장치에서도 문제가 된 것으로 잔상효과를 이용하여 해결했다. LED 매트릭스 역시 잔상효과를 이용하여 64개 LED를 한 번에 제어하는 것과 비슷한 효과를 얻을 수 있다.

LED 매트릭스는 8자리 7세그먼트 표시 장치와 같으며 같은 방법으로 제어할 수 있다. LED 매트릭스와 8자리 7세그먼트 표시 장치의 차이라면 LED의 배열이 다르다는 점으로, LED 매트릭스에서 하나의 그룹에 포함되는 8개의 LED가 한 줄로 배치되어 있다면 8자리 7세그먼트 표시 장치에서는 하나의 숫자를 나타내도록 배치되어 있다.

LED 매트릭스는 하나의 행에 8개의 LED가 포함되어 있지만 하나의 열에도 8개의 LED가 포함되어 있다. 따라서 행과 열 중 어디를 기준으로 할 것인지 정해야 한다. **하나의 행을 하나의 그룹으로 보고 제어하는 방법을 행 단위 스캔**row scan**이라 하고, 하나의 열을 하나의 그룹으로 보고 제어하는 방법을 열 단위 스캔**column scan**이라 한다.** 이 장에서는 행 단위 스캔을 기준으로 한다.

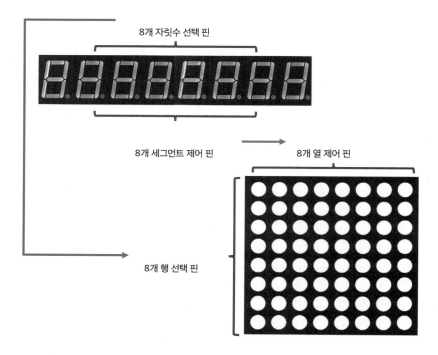

그림 13.4 LED 매트릭스와 8자리 7세그먼트 표시 장치

그림 13.4는 8자리 7세그먼트 표시 장치와 LED 매트릭스를 비교한 것으로 모두 16개의 핀을 사용한다. 8자리 7세그먼트 표시 장치는 8개의 자리(그룹) 중 하나를 선택하기 위해 8개 핀을 사용하고 나머지 8개 핀은 한 자리(그룹) 내에서 8개 세그먼트를 제어하는 데 사용한다. LED 매트릭스 역시 8개의 행(그룹) 중 하나를 선택하기 위해 8개 핀을 사용하고 나머지 8개 핀은 하나의 행(그룹) 내에서 8개 열을 제어하는 데 사용한다.

8자리 7세그먼트 표시 장치는 자릿수 선택 핀으로 한 자리를 선택한 다음, 세그먼트 제어 핀으로 한 자리 숫자를 표시한 후 다음 자리로 이동함으로써 8자리를 동시에 숫자가 표시하는 효과를 얻는다. 마찬가지로 **LED 매트릭스는 행 선택 핀으로 한 행을 선택한 다음, 열 제어 핀으로 한 행에 포함된 8개 LED를 제어한 후 다음 행으로 이동함으로써 8행을 동시에 표시하는 효과를 얻는다.**

그림 13.5는 4행의 2번과 7번 열 LED를 켜는 예를 보여준다. 4행을 선택하기 위해서는 해당 행 선택 핀에만 HIGH를, 나머지 행 선택 핀에는 LOW를 가하면 된다. 반면 열 제어를 위해서는 해당 열 위치의 핀에 LOW를, 나머지 핀에는 HIGH를 가하면 된다. 일반적으로 행 단위 스캔에서 8개 행 선택 핀 중 HIGH 값을 가하는 핀은 하나다. 2개 이상의 행 선택 핀에 HIGH를 가할 수 있지만, 이 경우 선택한 행은 모두 같은 열의 LED만 켤 수 있다. 이는 8자리 7세그먼트 표시 장치에서 두 자리 이상을 동시에 선택했을 때 선택된 자리에 같은 숫자만 표시할 수 있는 것과 같다.

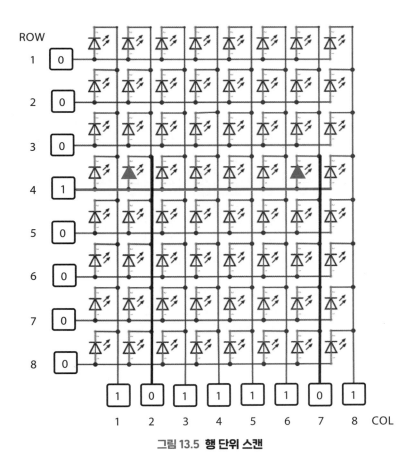

그림 13.5 **행 단위 스캔**

LED 매트릭스를 연결할 때 주의할 점 중 하나는 저항의 연결 위치다. **저항은 하나의 LED만 켜지는 쪽에 연결해야 한다.** 그림 13.5의 행 단위 스캔에서 하나의 행에는 0개에서 8개까지 LED가 켜질 수 있지만, 하나의 열에는 0개 아니면 1개의 LED만 켜질 수 있다. 따라서 행 단위 스캔에서는 열 쪽에 저항을 연결해야 한다. 행 쪽에 저항을 연결하면 켜지는 LED의 개수에 따라 LED의 밝기가 달라질 수 있다.

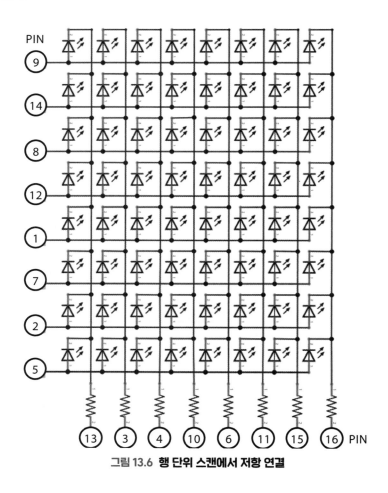

그림 13.6 행 단위 스캔에서 저항 연결

LED 매트릭스 제어

LED 매트릭스를 그림 13.7과 같이 아두이노 우노에 연결하자. 2번에서 9번까지 8개의 핀은 LED 매트릭스의 행을, 10번부터 17번까지 8개의 핀은 LED 매트릭스의 열을 제어하는 데 사용된다.

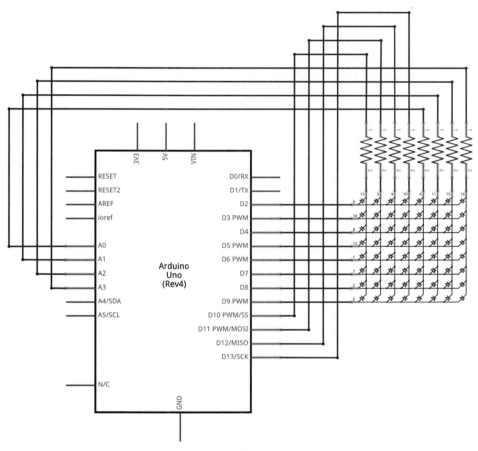

그림 13.7 LED 매트릭스 연결 회로도

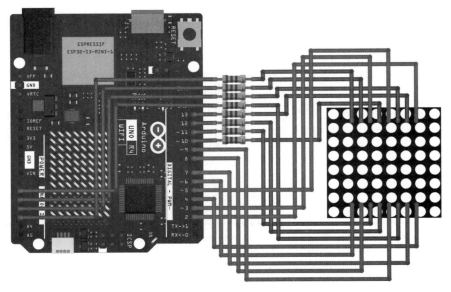

그림 13.8 LED 매트릭스 연결 회로

스케치 13.1은 LED 매트릭스의 LED를 1행 1열부터 행 우선으로 8행 8열까지 하나씩 켜기를 반복하는 예다.

스케치 13.1 **LED 하나씩 켜기**   R3   R4

```
int rows[] = {2, 3, 4, 5, 6, 7, 8, 9};          // 행 연결 핀
int cols[] = {10, 11, 12, 13, A0, A1, A2, A3};  // 열 연결 핀

void setup() {
  for (int i = 0; i < 8; i++) {                 // 행과 열 제어 핀을 출력으로 설정
    pinMode(rows[i], OUTPUT);
    pinMode(cols[i], OUTPUT);
  }
}

void clear() {                                  // 모든 LED를 끔
  for (int i = 0; i < 8; i++) {
    digitalWrite(rows[i], LOW);
    digitalWrite(cols[i], HIGH);
  }
}

void loop() {
  for (int row = 0; row < 8; row++) {
    for (int col = 0; col < 8; col++) {
      clear();

      digitalWrite(rows[row], HIGH);            // row행 col열 LED 켜기
```

```
      digitalWrite(cols[col], LOW);

      delay(100);
    }
  }
}
```

스케치 13.1은 한 번에 하나의 LED만 켜기 때문에 잔상효과가 필요하지 않다. **행 단위 스캔에서 잔상효과는 여러 행에 걸쳐 켜지는 LED가 있는 경우 필요하다.** 잔상효과를 이용해 사용자 정의 문자를 표시해 보자. 먼저 스마일 문자를 그림 13.9와 같이 정의한다.

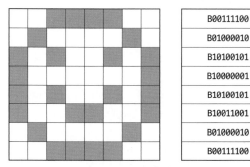

| B00111100 |
| B01000010 |
| B10100101 |
| B10000001 |
| B10100101 |
| B10011001 |
| B01000010 |
| B00111100 |

그림 13.9 **스마일 문자 정의**

스케치 13.2는 LED 매트릭스에 스마일 문자를 표시하는 예다.

스케치 13.2 **스마일 문자 나타내기**   R3   R4

```
int rows[] = {2, 3, 4, 5, 6, 7, 8, 9};          // 행 연결 핀
int cols[] = {10, 11, 12, 13, A0, A1, A2, A3};  // 열 연결 핀

byte smile[] = {                                 // 사용자 정의 문자 데이터
  B00111100, B01000010, B10100101, B10000001,
  B10100101, B10011001, B01000010, B00111100
};

int ROW_DELAY = 2;                               // 행 전환 간격

void setup() {
  for (int i = 0; i < 8; i++) {                  // 행과 열 제어 핀을 출력으로 설정
    pinMode(rows[i], OUTPUT);
    pinMode(cols[i], OUTPUT);
  }
}

void clear() {                                   // 모든 LED를 끔
  for (int i = 0; i < 8; i++) {
```

```
    digitalWrite(rows[i], LOW);
    digitalWrite(cols[i], HIGH);
  }
}

void loop() {
  for (int row = 0; row < 8; row++) {
    clear();
    digitalWrite(rows[row], HIGH);                    // 해당 행 선택
    for (int col = 0; col < 8; col++) {
      // 행 단위 데이터에서 각 열의 데이터 추출
      boolean ox = bitRead(smile[row], 7 - col);
      // 공통 행 양극 방식으로 켜지는 LED는 LOW를 출력해야 하므로 반전 출력
      digitalWrite(cols[col], !ox);
    }
    delay(ROW_DELAY);
  }
}
```

스케치 13.2에서 ROW_DELAY 값을 작게 하면 LED의 밝기가 어두워지고, 켜지는 LED의 밝기가 위치에 따라 차이가 날 수 있다. 이는 너무 빠른 행 전환으로 인해 LED가 완전히 켜지기 전에 행을 이동하기 때문이다. 반면 ROW_DELAY 값을 크게 하면 행 사이의 이동이 느려 잔상효과를 얻을 수 없게 되어 스마일 문자가 깜빡거린다. 이 장에서 사용한 모듈의 경우 2ms 정도의 지연 시간에서 안정된 동작을 보여주었으며, 이는 12장 '4자리 7세그먼트 표시 장치'에서 자리를 변경하는 시간이 5ms인 것과 비교해 볼 수 있다.

LED를 켤 때 또 한 가지 주의할 점은 사용자 정의 문자 데이터에서 켜지는 LED를 1로 표시했다는 점이다. 하지만 공통 행 양극 방식에서 켜지는 LED를 위한 열 데이터는 0이므로 열 데이터는 반전해서 출력해야 한다.

13.3 문자 애니메이션 구현

스케치 13.2를 수정하여 스마일 문자가 움직이게 만들어 보자. 스마일 문자를 움직이기 위해서는 먼저 움직이는 방향을 고려해야 한다. 우선 수직 방향으로의 움직임을 구현해 보자. 수직 방향의 움직임을 구현하기 위한 간단한 방법은 그림 13.9의 스마일 문자 위에 여백을 주어 정의하고 그중 8개의 연속된 행만을 출력하는 것이다. 그림 13.10과 같이 스마일 문자를 정의하자.

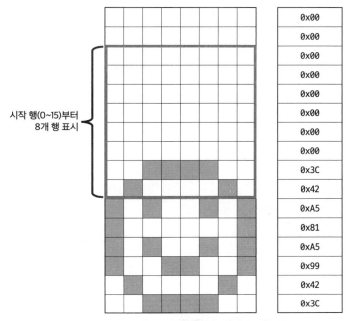

	0x00
시작 행(0~15)부터 8개 행 표시	0x00
	0x00
	0x00
	0x00
	0x00
	0x00
	0x00
	0x3C
	0x42
	0xA5
	0x81
	0xA5
	0x99
	0x42
	0x3C

그림 13.10 수직 방향 움직임 구현을 위한 스마일 문자 정의

그림 13.10과 같이 스마일 문자를 정의하면 시작 행을 0에서 15까지 변화시키면서 이후 8개 행을 표시하여 스마일 문자가 아래에서 위로 움직이는 효과를 얻을 수 있다. 0~15번 행을 시작 행으로 반복하기 위해서는 나머지 연산자를 사용하면 된다. 15번 이후의 행이 필요한 경우에도 나머지 연산자를 사용하여 위쪽의 여백을 사용하면 된다.

스케치 13.3 스마일 문자 수직으로 움직이기　R3　R4

```
int rows[] = { 2, 3, 4, 5, 6, 7, 8, 9 };          // 행 연결 핀
int cols[] = { 10, 11, 12, 13, A0, A1, A2, A3 };  // 열 연결 핀

byte smile_vertical[] = {                         // 사용자 정의 문자 데이터
  0x00, 0x00, 0x00, 0x00, 0x00, 0x00, 0x00, 0x00,
  0x3C, 0x42, 0xA5, 0x81, 0xA5, 0x99, 0x42, 0x3C
};

int ROW_DELAY = 2;                                // 행 전환 간격
int row_start = 0;                                // 표시 시작 행
int interval = 1000;                              // 이동 시간 간격

unsigned long previousMillis;

void setup() {
  for (int i = 0; i < 8; i++) {                   // 행과 열 제어 핀을 출력으로 설정
    pinMode(rows[i], OUTPUT);
    pinMode(cols[i], OUTPUT);
```

```
  }
  previousMillis = millis();
}

void clear() {                               // 모든 LED를 끔
  for (int i = 0; i < 8; i++) {
    digitalWrite(rows[i], LOW);
    digitalWrite(cols[i], HIGH);
  }
}

void loop() {
  unsigned long currentMillis = millis();

  if (currentMillis - previousMillis >= interval) {
    previousMillis = currentMillis;
    row_start = (row_start + 1) % 16;        // 시작 행 업데이트
  }

  for (int row = 0; row < 8; row++) {
    clear();
    digitalWrite(rows[row], HIGH);           // 해당 행 선택
    // 사용자 정의 문자의 행(0~15) 중에서 출력할 행
    int index = (row_start + row) % 16;

    for (int col = 0; col < 8; col++) {
      // 행 단위 데이터에서 각 열의 데이터 추출
      boolean ox = bitRead(smile_vertical[index], 7 - col);
      // 공통 행 양극 방식으로 켜지는 LED는 LOW를 출력해야 하므로 반전 출력
      digitalWrite(cols[col], !ox);
    }
    delay(ROW_DELAY);
  }
}
```

스마일 문자를 수직으로 움직이는 것과 비슷하게 수평으로 움직이는 것도 가능하다. 열 단위 스캔을 사용하면 스케치 13.3에서와 같은 방법으로 16개 열 중에서 연속된 8개를 출력하여 스마일 문자를 수평으로 움직일 수 있다. 하지만 열 단위 스캔을 사용하기 위해서는 저항을 행 쪽에 연결해야 하므로 여기서는 다른 방법을 사용한다.

그림 13.10과 비슷하게 스마일 문자 왼쪽에 여백을 주어 그림 13.11과 같이 스마일 문자를 정의하자. 그림 13.9에서는 스마일 문자의 한 행을 1바이트로 정의했다면 그림 13.11에서는 2바이트로 정의한다. 움직이는 효과를 얻기 위해서는 2바이트 데이터에서 시작 위치를 달리하는 8개 비트를 추출하여 사용하면 된다.

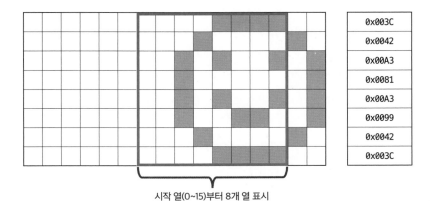

	0x003C
	0x0042
	0x00A3
	0x0081
	0x00A3
	0x0099
	0x0042
	0x003C

시작 열(0~15)부터 8개 열 표시

그림 13.11 수평 방향 움직임 구현을 위한 스마일 문자 정의

스케치 13.4는 스마일 문자를 왼쪽으로 움직이는 예다.

스케치 13.4 스마일 문자 수평으로 움직이기　　　　　　　　　　　R3　R4

```
int rows[] = { 2, 3, 4, 5, 6, 7, 8, 9 };              // 행 연결 핀
int cols[] = { 10, 11, 12, 13, A0, A1, A2, A3 };      // 열 연결 핀

int smile_horizonal[] = {                             // 사용자 정의 문자 데이터
  0x003C, 0x0042, 0x00A5, 0x0081, 0x00A5, 0x0099, 0x0042, 0x003C
};

int ROW_DELAY = 2;                                    // 행 전환 간격
int col_start = 0;                                    // 표시 시작 열
int interval = 1000;                                  // 이동 시간 간격

unsigned long previousMillis;

void setup() {
  for (int i = 0; i < 8; i++) {                       // 행과 열 제어 핀을 출력으로 설정
    pinMode(rows[i], OUTPUT);
    pinMode(cols[i], OUTPUT);
  }
  previousMillis = millis();
}

void clear() {                                        // 모든 LED를 끔
  for (int i = 0; i < 8; i++) {
    digitalWrite(rows[i], LOW);
    digitalWrite(cols[i], HIGH);
  }
}

void loop() {
  unsigned long currentMillis = millis();

  if (currentMillis - previousMillis >= interval) {
```

```
    previousMillis = currentMillis;
    col_start = (col_start + 1) % 16;                    // 시작 열 업데이트
  }

  for (int row = 0; row < 8; row++) {
    clear();
    digitalWrite(rows[row], HIGH);                       // 해당 행 선택

    for (int col = 0; col < 8; col++) {
      // 행 단위 데이터에서 시작점을 달리해서 각 열의 데이터 추출
      int index = (col_start + col) % 16;
      boolean ox = bitRead(smile_horizonal[row], 15 - index);
      // 공통 행 양극 방식으로 켜지는 LED는 LOW를 출력해야 하므로 반전 출력
      digitalWrite(cols[col], !ox);
    }
    delay(ROW_DELAY);
  }
}
```

13.4 MAX7219 디스플레이 드라이버

잔상효과를 이용하면 7세그먼트 표시 장치와 같은 방법으로 LED 매트릭스를 제어할 수 있다. 하지만 제어를 위해 많은 데이터 핀이 필요하고 잔상효과를 얻기 위해 반복해서 데이터를 출력해야 한다는 단점 역시 7세그먼트 표시 장치와 마찬가지다. 8자리 7세그먼트 표시 장치에서는 이러한 문제점을 해결하기 위해 MAX7219 칩을 사용했다. 이는 LED 매트릭스에도 그대로 적용된다. 그림 13.4에서 볼 수 있듯이, 8자리 7세그먼트 표시 장치와 LED 매트릭스는 LED의 모양과 배열만 다르고 제어 방법은 같다.

LED 매트릭스를 MAX7219 칩을 사용하여 제어할 때 주의할 점은 MAX7219 칩이 음극 방식을 기준으로 하고 있다는 점이다. 즉, 행 단위 스캔에서 열에 HIGH를 출력하여 해당 LED를 켜는 것이 기준이며, 이는 양극 방식을 사용한 앞의 예와는 반대가 된다. 하지만 이 장에서는 MAX7219 칩과 LED 매트릭스를 사용하여 만든 모듈을 사용할 것이므로 걱정하지 않아도 된다. 한 가지 더 주의할 점은 MAX7219 칩의 데이터시트에서는 8자리 7세그먼트 표시 장치를 기준으로 설명하고 있다는 점이다. 그림 13.12는 8자리 7세그먼트 표시 장치를 기준으로 나타낸 핀 배치와 LED 매트릭스를 기준으로 나타낸 핀 배치를 비교한 것이다. 7세그먼트 표시 장치에서 세그먼트는 흔히

'a → b → c → d → e → f → g → dp' 순서로 나타내지만, MAX7219 칩에서는 'dp → a → b →
c → d → e → f → g' 순서로 dp를 첫 번째로 나타내며, 따라서 첫 번째 열이 dp에 해당한다는
점도 주의해야 한다.

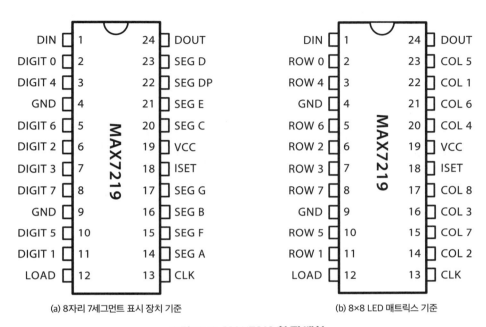

(a) 8자리 7세그먼트 표시 장치 기준 (b) 8×8 LED 매트릭스 기준

그림 13.12 MAX7219 칩 핀 배치

MAX7219 칩을 사용한 LED 매트릭스 모듈은 8자리 7세그먼트 표시 장치 모듈과 마찬가지로 3개
의 데이터 핀만 사용해서 아두이노에 연결할 수 있다. 그림 13.13은 이 장에서 사용하는 LED 매
트릭스 모듈로 MAX7219 칩이 포함되어 있다.

그림 13.13 LED 매트릭스 모듈

그림 13.14와 같이 LED 매트릭스 모듈을 아두이노 우노에 연결하자.

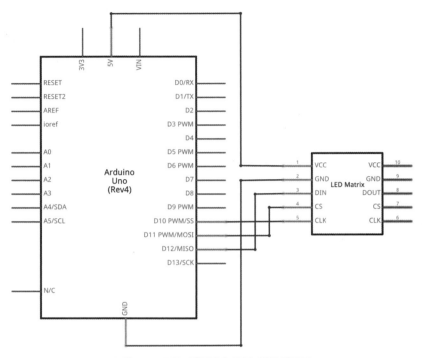

그림 13.14 **LED 매트릭스 모듈 연결 회로도**

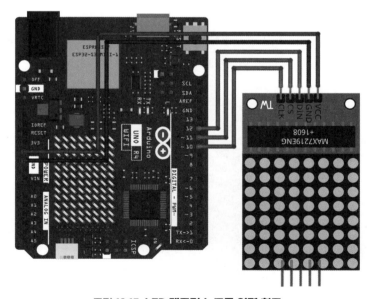

그림 13.15 **LED 매트릭스 모듈 연결 회로**

MAX7219 칩을 사용한 LED 매트릭스를 제어하는 데는 LedControl 라이브러리를 사용한다.[1] LedControl 라이브러리 설치와 기본적인 사용 방법은 12장 '4자리 7세그먼트 표시 장치'를 참고하면 된다. 여기서는 LED 매트릭스를 제어하는 데 사용할 수 있는 픽셀 기반의 제어 함수만 소개한다.

■ **setLed**

```
void LedControl::setLed(int addr, int row, int col, boolean state)
  - 매개변수
    addr: LED 매트릭스 모듈의 주소
    row: 행 번호(0~7)
    col: 열 번호(0~7)
    state: LED 상태(1 또는 0)
  - 반환값: 없음
```

지정한 LED 매트릭스 모듈에서 row행 col열의 LED 상태를 state로 변경한다. 즉, 하나의 LED 상태만 변경한다.

■ **setRow**

```
void LedControl::setRow(int addr, int row, byte value)
  - 매개변수
    addr: LED 매트릭스 모듈의 주소
    row: 행 번호(0~7)
    value: 8개 LED의 상태
  - 반환값: 없음
```

지정한 LED 매트릭스 모듈에서 row행의 8개 LED 상태를 value 값으로 변경한다. 1번 열의 값이 value의 MSB에 해당한다.

■ **setColumn**

```
void LedControl::setColumn(int addr, int col, byte value)
  - 매개변수
    addr: LED 매트릭스 모듈의 주소
```

---

1   http://wayoda.github.io/LedControl/

col: 열 번호(0~7)

value: 8개 LED의 상태

- 반환값: 없음

지정한 LED 매트릭스 모듈에서 col열의 8개 LED 상태를 value 값으로 변경한다. 1번 행의 값이 value의 MSB에 해당한다.

스케치 13.5는 LED 매트릭스 모듈에 스마일 문자를 나타내는 예다. 스케치 13.5가 스케치 13.2와 다른 점은 loop 함수가 비어 있다는 것으로, MAX7219 칩이 반복 출력을 담당하기 때문에 나타 내고자 하는 값이 바뀐 경우에만 출력이 필요하다.

스케치 13.5 스마일 문자 나타내기: MAX7219 R3 R4

```
#include <LedControl.h>

// 객체 생성(DIN, CLK, CS(LOAD), 모듈 수)
LedControl matrix = LedControl(12, 10, 11, 1);

byte smile[] = {                                    // 사용자 정의 문자 데이터
  B00111100, B01000010, B10100101, B10000001,
  B10100101, B10011001, B01000010, B00111100
};

void setup() {
  matrix.shutdown(0, false);                        // 정상 동작 모드
  matrix.setIntensity(0, 5);                        // 밝기 설정
  matrix.clearDisplay(0);                           // LED 매트릭스 끄기

  for (int r = 0; r < 8; r++) {                     // 스마일 문자 데이터 출력
    matrix.setRow(0, r, smile[r]);
  }
}

void loop() {
  // 잔상효과는 MAX7219 칩이 담당하므로 아두이노가 신경 쓰지 않아도 된다.
}
```

MAX7219 칩은 직렬로 연결하여 사용할 수 있다. 2개 이상의 MAX7219 칩을 사용할 때 아두이 노에서 사용하는 핀 수는 증가하지 않으며, 첫 번째 모듈의 출력을 두 번째 모듈의 입력으로 연결 하고, CS와 CLK 핀을 그대로 연결하면 된다. 그림 13.16과 같이 2개의 LED 매트릭스 모듈을 아 두이노 우노에 연결하자.

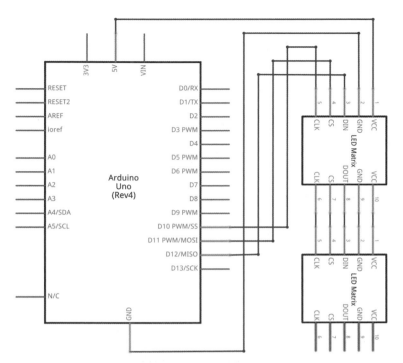

그림 13.16 2개의 LED 매트릭스 모듈 연결 회로도

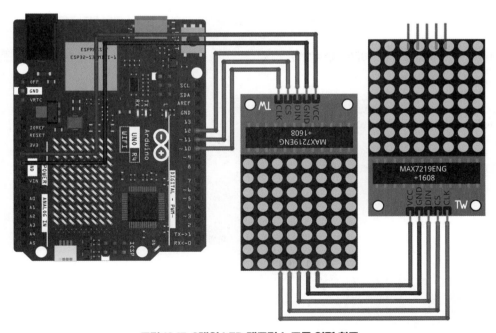

그림 13.17 2개의 LED 매트릭스 모듈 연결 회로

스케치 13.6은 2개의 LED 매트릭스 모듈에서 스마일 문자가 왼쪽으로 움직이도록 하는 예다. 스케치 13.6에서 스마일 문자는 그림 13.11과 비슷하게 16×8 크기로 정의하고 16개 열이 모두 2개의 LED 매트릭스에 나누어 표시되도록 했다. 따라서 스케치 13.4에서는 스마일 문자가 경계를 벗어나면 일부가 보이지 않지만, 스케치 13.6에서는 경계를 벗어난 스마일 문자의 일부는 반대쪽에 표시된다.

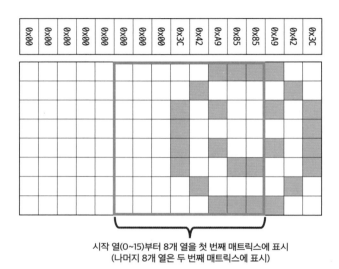

시작 열(0~15)부터 8개 열을 첫 번째 매트릭스에 표시
(나머지 8개 열은 두 번째 매트릭스에 표시)

그림 13.18 2개의 LED 매트릭스에서 수평 방향 움직임 구현을 위한 스마일 문자 정의

스케치 13.6 스마일 문자 움직이기: MAX7219   R3   R4

```
#include <LedControl.h>

// 객체 생성(DIN, CLK, CS(LOAD), 모듈 수)
LedControl matrix = LedControl(12, 10, 11, 2);
  byte smile_horizonal[] = {                  // 사용자 정의 문자 데이터, 열 단위
  0x00, 0x00, 0x00, 0x00, 0x00, 0x00, 0x00, 0x00,
  0x3C, 0x42, 0xA9, 0x85, 0x85, 0xA9, 0x42, 0x3C
};

unsigned long previousMillis;
int interval = 500;
int start = 0;                                // 스마일 문자 표시 시작 열

void setup() {
  for (int i = 0; i < 2; i++) {
    matrix.shutdown(i, false);                // 정상 동작 모드
    matrix.setIntensity(i, 5);                // 밝기 설정
    matrix.clearDisplay(i);                   // LED 매트릭스 끄기
  }
```

```
    previousMillis = millis();
    showSmile(start);
}

void loop() {
  unsigned long currentMillis = millis();

  if (currentMillis - previousMillis >= interval) {
    previousMillis = currentMillis;
    start = (start + 1) % 16;

    showSmile(start);
  }
}

void showSmile(int start) {
  for (int col = 0; col < 8; col++) {              // 첫 번째 매트릭스에 표시
    int index = (start + col) % 16;
    matrix.setColumn(0, col, smile_horizonal[index]);
  }
  for (int col = 0; col < 8; col++) {              // 두 번째 매트릭스에 표시
    int index = (start + 8 + col) % 16;
    matrix.setColumn(1, col, smile_horizonal[index]);
  }
}
```

13.5 맺는말

LED 매트릭스는 LED를 행과 열로 배치하여 문자, 숫자, 기호 등을 표시할 수 있도록 만든 출력 장치다. 8×8 크기의 LED 매트릭스는 64개의 LED를 사용하므로 개별적으로 제어하기 위해서는 64개의 입출력 핀이 필요하다. 하지만 한 번에 하나의 행 또는 열에 속하는 8개의 LED만 제어하고 행 또는 열을 빠른 속도로 이동하면 잔상효과를 통해 LED가 한꺼번에 제어되는 것과 비슷한 효과를 얻을 수 있으며, 이때 필요한 입출력 핀의 수는 행과 열의 수를 합한 16개다.

LED 매트릭스를 제어하는 것은 8자리 7세그먼트 표시 장치를 제어하는 것과 같다. 두 출력 장치 모두 8개 LED로 이루어진 8개 그룹으로 나눌 수 있고, 그룹별로 제어할 수 있다. 즉, 8자리 7세그먼트 표시 장치와 LED 매트릭스는 LED의 모양과 배치에서만 차이가 있을 뿐 제어 방법은 같다.

잔상효과를 통해 사용하는 핀 수를 줄일 수는 있지만 여전히 많은 수의 데이터 핀이 필요하고, 잔상효과를 위해 반복해서 데이터를 출력해야 한다는 것은 단점이 될 수 있다. 이를 해결하기 위해서는 7세그먼트 표시 장치와 마찬가지로 MAX7219와 같은 전용 칩을 사용할 수 있으며, 7세그먼트 표시 장치를 위해 사용했던 라이브러리를 사용하여 LED 매트릭스 역시 제어할 수 있다.

CHAPTER 13

1 그림 13.14와 같이 LED 매트릭스 모듈을 연결하자. 0에서 9까지의 숫자를 표시하기 위해
다음과 같이 숫자 패턴을 정의하고, LedControl 라이브러리를 사용하여 1초 간격으로 0에
서 9까지의 숫자를 반복해서 표시하는 스케치를 작성해 보자.

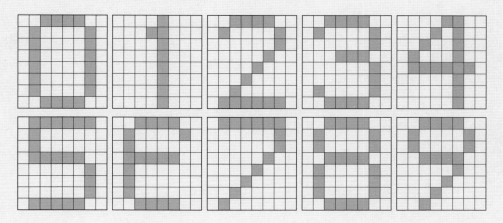

2 그림 13.14와 같이 LED 매트릭스 모듈을 연결하자. 스케치 13.6에서와 같이 열 단위로 스
마일 문자 데이터를 정의하고, LedControl 라이브러리를 사용하여 스케치 13.4와 같이 스
마일 문자가 왼쪽으로 움직이도록 스케치를 작성해 보자.

내장 LED 매트릭스

LED 매트릭스는 LED를 행과 열로 배열한 것으로, 간단한 정보를 표시하기 위해 사용한다. LED 매트릭스에는 많은 수의 LED가 사용되며 이를 개별적으로 제어하는 데는 많은 데이터 핀이 필요하다. 하지만 LED를 그룹으로 묶고 그룹 단위로 제어하면 필요한 데이터 핀의 수를 줄일 수 있다. 찰리플렉싱은 한 번에 하나의 LED만 제어하는 방식으로 LED 매트릭스를 제어하는 데 필요한 데이터 핀 수를 줄이는 방법으로 그룹 단위 제어보다 적은 핀을 사용한다. 이 장에서는 찰리플렉싱의 동작 방식과 이를 이용하여 아두이노 우노 R4 와이파이에 포함된 LED 매트릭스를 제어하는 방법을 알아본다.

아두이노 우노 R4 와이파이 × 1

이 장에서
사용할 부품

LED 매트릭스

아두이노 우노 R3와 비교해서 아두이노 우노 R4에서 가장 크게 바뀐 부분은 마이크로컨트롤러가 8비트의 ATmega328에서 32비트의 RA4M1으로 바뀐 것이다. 마이크로컨트롤러가 RA4M1으로 바뀌면서 CPU의 비트 수와 동작 속도가 향상된 것은 물론 더 많은 데이터 핀을 사용할 수 있게 되었다. 하지만 아두이노 우노 R4는 아두이노 우노 R3와의 호환성을 위해 아두이노 우노 R3에서 사용할 수 있는 20개의 핀만 사용하므로 RA4M1 마이크로컨트롤러에는 사용할 수 있지만 사용하지 않는 데이터 핀이 많이 남아 있다. 아두이노 우노 R4는 미니마와 와이파이의 두 가지 버전이 있고, 그중 아두이노 우노 R4 와이파이는 RA4M1 마이크로컨트롤러에서 남은 데이터 핀을 사용하여 LED 매트릭스 제어와 와이파이 모듈 연결에 사용하고 있다. 이 장에서는 아두이노 우노 R4 와이파이에 포함된 LED 매트릭스의 사용 방법을 다룬다.

그림 14.1 내장 LED 매트릭스

LED 매트릭스를 사용할 때의 문제점은 LED를 개별적으로 제어하는 데 너무 많은 데이터 핀이 필요하므로 적은 수의 데이터 핀으로 많은 수의 LED를 제어하는 방법이 필요하다는 것이다. 이를 위해 13장 'LED 매트릭스'에서 8×8 형태의 LED 매트릭스를 제어할 때 LED를 8개씩 8개 그룹으로 묶고 한 번에 하나의 그룹만 제어하는 방법을 사용했다. 한 번에 제어할 수 있는 LED는 64개 중 8개이지만, 빠른 속도로 그룹을 이동하면서 제어하면 잔상효과에 의해 64개의 LED를 한꺼번에 제어하는 것과 비슷한 효과를 얻을 수 있다. 이러한 그룹 단위 제어 방법을 사용하면 64개의 LED를 제어하는 데 필요한 64개의 데이터 핀을 16개로 줄일 수 있다.

아두이노 우노 R4에 포함된 LED 매트릭스 역시 마찬가지다. 아두이노 우노 R4에는 8×12 형태의 LED 매트릭스가 포함되어 있다. 매트릭스에 포함된 96개의 LED를 제어하기 위해서는 96개의 데이터 핀이 필요하지만, 그룹 단위로 묶어서 제어하면 20개의 데이터 핀이면 충분하다. 하지만 20개의 데이터 핀 역시 적은 개수가 아니다. 필요한 데이터 핀의 수를 더 줄이기 위해 전용 칩을 사용할 수도 있으며, MAX7219 칩을 사용하면 3개 핀으로 8×8 형태의 LED 매트릭스를 제어할 수 있다. 하지만 전용 칩이 필요하다는 것은 단점이 될 수 있다.

전용 칩을 사용하지 않고 많은 수의 LED를 적은 수의 데이터 핀으로 제어하는 방법 중 하나가 찰리플렉싱charlieplexing으로, 아두이노 우노 R4 와이파이에서 사용하는 방법이다. 찰리플렉싱 역시 잔상효과를 사용한다. 하지만 **그룹 단위 제어 방법에서 동시에 제어할 수 있는 LED의 개수가 그룹 크기와 같다면, 찰리플렉싱에서는 동시에 제어할 수 있는 LED가 하나다.** LED를 개별적으로 제어하므로 그룹 단위 제어와 비교했을 때 LED 매트릭스 전체를 제어하는 데 시간이 더 필요하지만, 그룹 단위 제어보다 적은 수의 데이터 핀을 사용한다는 점이 가장 큰 장점이다. **그룹 단위 제어를 사용할 때 (A × B) 형태 LED 매트릭스 제어에 필요한 데이터 핀의 수는 (A + B)개다.** 따라서 8×8 형태 LED 매트릭스 제어에는 16개의 데이터 핀이 필요하다. 반면 **찰리플렉싱에서 N개의 데이터 핀을 사용할 때 제어할 수 있는 LED의 개수는 최대 $N(N-1)$개다.** 따라서 64개의 LED를 찰리플렉싱으로 제어하는 데는 9개의 데이터 핀이면 충분하며, 아두이노 우노 R4 와이파이에 포함된 8×12 형태 LED 매트릭스 제어에는 11개($(N-1)(N-2) \le 96 \le N(N-1)$)의 데이터 핀이 필요하다.

14.2 찰리플렉싱

찰리플렉싱은 여러 개의 LED를 적은 수의 데이터 핀을 사용하여 제어하는 방법으로, 찰스 앨런 Charles Allen이 제안한 방법이다. 찰리플렉싱은 그룹 단위 제어와 달리 한 번에 하나의 LED만 제어한다. 그룹 단위 제어에서는 데이터 핀을 출력 상태로 설정하고 HIGH 또는 LOW 값을 출력했다면, **찰리플렉싱에서는 데이터 핀은 출력 상태는 물론 입력 상태, 즉 하이 임피던스 상태 역시 사용한다.** 따라서 찰리플렉싱에서 사용하는 데이터 핀의 상태는 HIGH, LOW, 하이 임피던스의 세 가지다. 하이 임피던스 상태는 저항이 아주 큰 상태로 전류가 흐르지 않는 상태, 연결되지 않은 상태와 같다.

2개의 LED를 연결하여 제어하는 방법부터 살펴보자. 2개의 LED를 제어하기 위해서는 찰리플렉싱을 사용하더라도 2개의 핀이 필요하므로 실용성은 없지만, 기본적인 LED 배열과 제어 과정을 살펴보는 데 유용하다. 찰리플렉싱에서 LED는 2개씩 서로 반대 방향으로 연결한다.

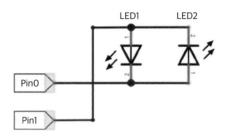

그림 14.2 **2개의 핀으로 2개의 LED 제어**

그림 14.2에서 LED1을 켜기 위해서는 Pin0에 (–)를, Pin1에 (+)를 가하면 되고, LED2를 켜기 위해서는 Pin0에 (+)를, Pin1에 (–)를 가하면 된다. 반면 LED1과 LED2를 모두 끄기 위해서는 Pin0과 Pin1에 모두 (+)나 (–)를 가하면 된다. 이 외에 Pin0이나 Pin1을 입력 상태로 설정하여 하이 임피던스 상태로 두면 전류가 흐르지 않으므로 LED1과 LED2는 모두 끌 수 있다.

2개의 LED를 제어할 때는 Pin0이나 Pin1을 입력 상태로 둘 필요가 없지만, LED의 개수가 늘어나면 이야기가 달라진다. 데이터 핀 3개를 사용하면 3 × (3 − 1) = 6개의 LED를 제어할 수 있으며 그림 14.3과 같이 반대 방향으로 연결된 3쌍, 6개의 LED를 사용한다.

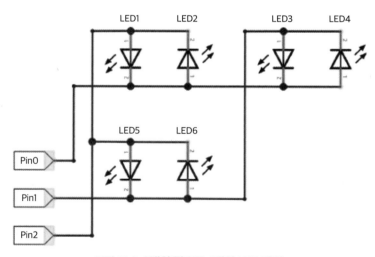

그림 14.3 **3개의 핀으로 6개의 LED 제어**

그림 14.3에서 LED1을 켜기 위해서는 Pin2에 (+)를, Pin0에 (–)를 가하면 된다. 이때 Pin1에 (+)를 가하면 그림 14.4와 같이 LED1 이외에 LED3도 켜진다.

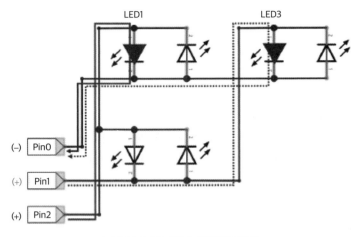

그림 14.4 Pin1에 (+)를 가한 경우

비슷하게 Pin1에 (-)를 가하면 그림 14.5와 같이 LED1 이외에 LED5도 켜진다.

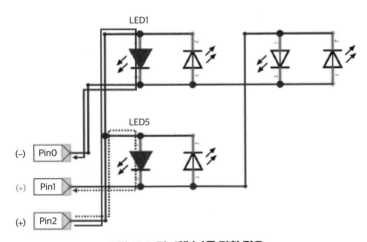

그림 14.5 Pin1에 (−)를 가한 경우

이처럼 제어하고자 하는 LED와 관계없는 핀에 (+)나 (-)를 가하면 다른 LED가 영향을 받을 수 있다. 따라서 제어하고자 하는 LED와 연결되지 않은 핀은 입력 상태, 즉 하이 임피던스 상태로 설정하여 연결을 끊어주어야 한 번에 1개의 LED만 제어할 수 있으며 이것이 찰리플렉싱에서 입력 상태를 사용하는 이유다.

LED 매트릭스 제어

아두이노 우노 R4 와이파이에 포함된 8×12 형태의 LED 매트릭스를 사용하기 위해서는 아두이노 우노 R4 지원 프로그램과 함께 설치되는 LED Matrix 라이브러리를 사용하면 된다. LED Matrix 라이브러리를 사용하기 위해서는 먼저 헤더 파일을 포함해야 한다. '스케치 ➡ 라이브러리 포함하기 ➡ LED_Matrix' 메뉴 항목을 선택하거나 #include 문을 직접 입력하면 된다.

```
#include <Arduino_LED_Matrix.h>
```

LED Matrix 라이브러리는 LED 매트릭스 제어를 위한 ArduinoLEDMatrix 클래스를 제공하고 있다. ArduinoLEDMatrix 클래스의 객체를 생성하고, setup 함수에서 begin 함수로 객체를 초기화하면 LED 매트릭스를 사용할 준비가 끝난다.

■ **begin**

```
int ArduinoLEDMatrix::begin(void)
  - 매개변수: 없음
  - 반환값: 없음[1]
```

ArduinoLEDMatrix 클래스 객체를 초기화한다. 초기화 과정에는 LED 매트릭스 업데이트를 위한 하드웨어 타이머 연결이 포함되어 있다. 연결된 타이머는 잔상효과를 위한 반복 출력 시간 조절에 사용된다.

LED 매트릭스에 원하는 데이터를 표시하기 위해서는 먼저 LED 매트릭스에 표시할 데이터를 프레임으로 정의하고 정의된 프레임 데이터를 버퍼에 복사해야 한다. 프레임을 정의하는 방법은 두 가지로, 첫 번째는 2차원의 byte 배열을 사용하는 것이다.

```
byte frame[8][12] = {                           // 하트 모양
  { 0, 0, 1, 1, 0, 0, 0, 1, 1, 0, 0, 0 },
  { 0, 1, 0, 0, 1, 0, 1, 0, 0, 1, 0, 0 },
  { 0, 1, 0, 0, 0, 1, 0, 0, 0, 1, 0, 0 },
```

---

1   begin 함수는 int 값을 반환하는 것으로 정의되어 있지만 실제로 반환하는 값은 없다.

```
  { 0, 0, 1, 0, 0, 0, 0, 0, 1, 0, 0, 0 },
  { 0, 0, 0, 1, 0, 0, 0, 1, 0, 0, 0, 0 },
  { 0, 0, 0, 0, 1, 0, 1, 0, 0, 0, 0, 0 },
  { 0, 0, 0, 0, 0, 1, 0, 0, 0, 0, 0, 0 },
  { 0, 0, 0, 0, 0, 0, 0, 0, 0, 0, 0, 0 }
};
```

2차원 배열로 프레임을 정의한 후에는 renderBitmap 함수로 프레임 데이터를 버퍼로 복사하면 된다. 버퍼에 복사된 데이터는 LED 매트릭스에 연결된 타이머와 함께 LED 매트릭스로 데이터 출력이 필요할 때 사용한다.

■ **renderBitmap**

```
#define renderBitmap(bitmap, rows, columns)
        loadPixels(&bitmap[0][0], rows*columns)
void ArduinoLEDMatrix::loadPixels(uint8_t *arr, size_t size)
   – 매개변수
     arr: 2차원 배열로 정의된 프레임 데이터를 1차원 포인터로 변환하여 사용
     size: LED 매트릭스의 도트 수
   – 반환값: 없음
```

byte 배열로 정의한 프레임 데이터를 버퍼로 복사한다. renderBitmap 함수는 매크로 함수로, 내부적으로는 loadPixels 함수를 사용한다.

스케치 14.1은 하트 모양을 나타내는 byte 배열로 프레임을 정의하고 이를 LED 매트릭스에 표시하는 예다. 스케치 14.1에서 loop 함수가 비어 있다는 점에 주의해야 한다. MAX7219와 같은 전용 칩을 사용하지는 않았지만, **LED Matrix 라이브러리는 마이크로컨트롤러의 타이머를 사용하여 반복 출력이 자동으로 이루어지므로 스케치에서 반복 출력은 필요하지 않다.**

스케치 14.1 byte 배열 프레임 사용　　　　　　　　　　　　　　　　　　　　　`R4 WiFi`

```
#include <Arduino_LED_Matrix.h>

ArduinoLEDMatrix matrix;

byte frame[8][12] = {                        // 하트 모양
  { 0, 0, 1, 1, 0, 0, 0, 1, 1, 0, 0, 0 },
  { 0, 1, 0, 0, 1, 0, 1, 0, 0, 1, 0, 0 },
  { 0, 1, 0, 0, 0, 1, 0, 0, 0, 1, 0, 0 },
  { 0, 0, 1, 0, 0, 0, 0, 0, 1, 0, 0, 0 },
  { 0, 0, 0, 1, 0, 0, 0, 1, 0, 0, 0, 0 },
  { 0, 0, 0, 0, 1, 0, 1, 0, 0, 0, 0, 0 },
```

```
  { 0, 0, 0, 0, 0, 1, 0, 0, 0, 0, 0, 0 },
  { 0, 0, 0, 0, 0, 0, 0, 0, 0, 0, 0, 0 }
};

void setup() {
  matrix.begin();                          // LED 매트릭스 초기화

  matrix.renderBitmap(frame, 8, 12);       // 프레임 데이터를 버퍼로 복사
}

void loop() {
}
```

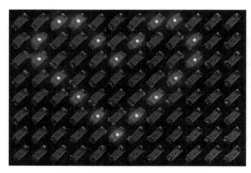

그림 14.6 스케치 14.1 실행 결과

byte 배열로 프레임을 정의하는 것이 직관적이고 수정이 간편하지만 96바이트의 많은 메모리가 필요하다는 단점이 있다. LED 매트릭스의 96개 LED를 제어하는 데는 96바이트가 아니라 96비트면 충분하며, 이를 위해 비트 단위 프레임을 정의하여 사용할 수 있다. 비트 단위 프레임 정의에서는 하나의 행을 12비트로 나타내고, 이를 다시 3개의 4바이트 정수로 나타낸다.

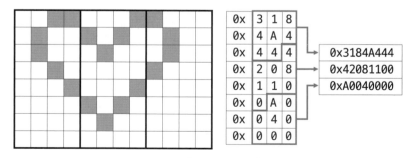

그림 14.7 비트 단위 프레임 정의

비트 단위로 프레임을 정의했을 때 버퍼에 데이터를 복사하기 위해서는 loadFrame 함수를 사용한다.

■ loadFrame

```
void ArduinoLEDMatrix::loadFrame(uint32_t buffer[3])
  - 매개변수
    buffer: 비트 단위로 정의한 프레임 데이터 버퍼
  - 반환값: 없음
```

비트 단위로 정의한 프레임 데이터를 버퍼로 복사한다.

스케치 14.2는 스케치 14.1과 같이 하트 모양을 나타내는 예로, 비트 단위 데이터로 프레임을 정의
하여 사용한다는 점에서 스케치 14.1과 차이가 있다.

스케치 14.2 비트 배열 프레임 사용　　　　　　　　　　　　　　　　　　　　　　　R4 WiFi

```
#include <Arduino_LED_Matrix.h>

ArduinoLEDMatrix matrix;

unsigned long frame[] = {                    // 하트 모양
  0x3184a444,
  0x42081100,
  0xa0040000
};

void setup() {
  matrix.begin();                            // LED 매트릭스 초기화

  matrix.loadFrame(frame);                   // 프레임 데이터를 버퍼로 복사
}

void loop() {
}
```

비트 단위의 프레임 데이터 정의를 위해서는 아두이노에서 제공하는 온라인 LED 매트릭스 에디
터[2]를 사용할 수 있다.

2　　https://ledmatrix-editor.arduino.cc

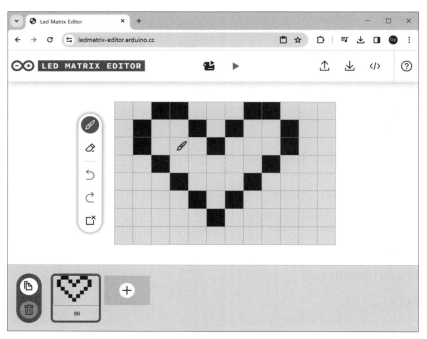

그림 14.8 LED 매트릭스 에디터

LED 매트릭스 에디터에서 나타내고자 하는 모양을 그린 후 오른쪽 위에 있는 내려받기 버튼(</>)
을 누르면 확장자가 *.h인 헤더 파일을 내려받을 수 있다. 헤더 파일에서 하나의 프레임은 크기
4의 배열로 정의되어 있으며, 처음 3개 값은 프레임 데이터를 나타내고 마지막 값은 애니메이션에
서 사용하는 프레임 지속 시간이다. 내려받은 데이터가 2차원 배열로 정의된 것은 여러 개의 프레
임을 한꺼번에 정의하여 애니메이션에 사용할 수 있도록 하기 위해서다.

```
const uint32_t heart[][4] = {
  {
    0x3184a444,
    0x42081100,
    0xa0040000,
    66
  }
};
```

애니메이션 만들기

여러 개의 프레임을 사용하면 애니메이션을 만들 수 있다. 애니메이션을 위해서는 여러 개의 프레임을 2차원 배열에 저장한 시퀀스 데이터가 필요하며 LED 매트릭스 에디터에서 내려받은 데이터 역시 시퀀스 데이터에 해당한다. 스케치 14.3의 시퀀스 데이터는 '파일 ➡ 예제 ➡ LED_Matrix ➡ PlayAnimation' 예제에서 가져온 것이다.

스케치 14.3 animation.h `R4 WiFi`

```
const uint32_t animation[][4] = {
    { 0x00030c20, 0x43fc3fc2, 0x0430c000, 66 },
    { 0x00030c29, 0x436c36c2, 0x9430c000, 66 },
    { 0x00030c2f, 0x430c30c2, 0xf430c000, 66 },
    { 0x00036c29, 0x41081082, 0x9436c000, 66 },
    { 0x0003fc30, 0xc1081083, 0x0c3fc000, 66 },
    { 0x0003fc20, 0x42042042, 0x043fc000, 66 },
    { 0x0000003f, 0xc2042043, 0xfc000000, 66 },
    { 0x00000000, 0x03fc3fc0, 0x00000000, 66 },
    { 0x00000000, 0x01f81f80, 0x00000000, 66 },
    { 0x00000000, 0x00f00f00, 0x00000000, 66 },
    { 0x00000000, 0x00600600, 0x00000000, 66 },
    { 0x00000000, 0x00000000, 0x00000000, 66 }
};
```

애니메이션을 보여주기 위해 `ArduinoLEDMatrix` 클래스에는 다음과 같은 멤버 함수가 정의되어 있다.

■ loadSequence

```
#define loadSequence(frames)
        loadWrapper(frames, sizeof(frames))
void ArduinoLEDMatrix::loadWrapper(const uint32_t frames[][4], uint32_t howMany)
  - 매개변수
    frames: 애니메이션을 위한 프레임 데이터 모음
    howMany: 프레임 데이터 모음의 바이트 수로, 프레임 수 결정에 사용
  - 반환값: 없음
```

비트 단위로 정의한 시퀀스 데이터를 객체에 복사한다. 애니메이션이 진행되면 시퀀스 데이터 배

열에서 하나의 프레임 데이터를 버퍼로 복사하여 LED 매트릭스에 나타낸다. loadSequence 함수는 매크로 함수로 내부적으로 loadWrapper 함수를 사용한다.

■ **play**

```
void ArduinoLEDMatrix::play(bool loop = false)
  – 매개변수
    loop: 애니메이션이 끝난 후 반복 여부
  – 반환값: 없음
```

객체에 저장된 시퀀스 데이터를 사용하여 애니메이션을 시작한다. 애니메이션을 반복하기 위해서는 매개변수 loop를 true로 설정하면 된다. 디폴트 값은 false로, 애니메이션은 한 번만 진행된다.

스케치 14.4는 시퀀스 데이터를 사용하여 애니메이션을 보여주는 예다. 스케치 14.4를 입력한 후 오른쪽 위의 메뉴 확장 버튼을 누른 다음 '새 탭' 메뉴 항목을 선택하거나 'Ctrl+Shift+N' 단축키를 눌러 새 탭을 만들고 'animation.h'를 이름으로 입력한다. 새로 생긴 animation.h 탭에는 스케치 14.3의 시퀀스 데이터를 입력한다.

스케치 14.4 애니메이션 보여주기 `R4 WiFi`

```
#include <Arduino_LED_Matrix.h>
#include "animation.h"                    // 시퀀스 데이터 정의 헤더 파일

ArduinoLEDMatrix matrix;

void setup() {
  matrix.begin();                        // LED 매트릭스 객체 초기화
  matrix.loadSequence(animation);        // 시퀀스 데이터를 객체로 복사

  matrix.play(true);                     // 애니메이션 시작, 종료 후 반복
}

void loop() {
}
```

문자열 출력과 스크롤

아두이노 우노 R4 와이파이에 포함된 LED 매트릭스는 8×12 크기로 해상도가 낮아 그래픽 요소나 이미지를 표시하기는 어렵지만 간단한 도형이나 텍스트를 출력할 수 있다. LED 매트릭스에 그래픽 요소를 출력하기 위해서는 아두이노의 ArduinoGraphics 라이브러리를 사용할 수 있다. ArduinoGraphics 라이브러리는 아두이노를 위한 그래픽 라이브러리로, 가상의 화면에 대한 그래픽 요소 출력을 지원한다. 만들어진 가상의 화면은 물리적인 화면으로 출력할 수 있으며, 물리적인 화면에는 TFT LCD, OLED, LED 매트릭스 등이 포함된다. 즉, **LED 매트릭스는 해상도가 낮고 단색만 표현할 수 있지만 TFT LCD나 OLED 같은 디스플레이로 생각할 수 있다.** ArduinoGraphics 라이브러리에서 그래픽 요소를 출력하는 방식은 LED Matrix 라이브러리에서 버퍼에 데이터를 쓰고 버퍼를 사용하여 실제 LED 매트릭스에 나타내는 두 단계로 이루어진다.

ArduinoGraphics 라이브러리를 사용하기 위해서는 라이브러리를 설치해야 한다. 라이브러리 매니저에서 'ArduinoGraphics'를 검색하여 설치하자.

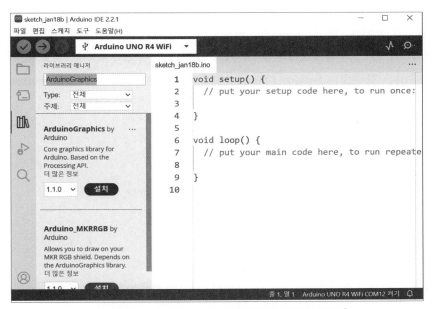

그림 14.9 **ArduinoGraphics 라이브러리 검색 및 설치**[3]

---

[3] https://github.com/arduino-libraries/ArduinoGraphics

ArduinoGraphics 라이브러리를 사용하기 위해서는 먼저 헤더 파일을 포함해야 한다. '스케치 ➡ 라이브러리 포함하기 ➡ArduinoGraphics' 메뉴 항목을 선택하거나 #include 문을 직접 입력하면 된다. **LED Matrix 라이브러리를 위한 헤더 파일 역시 포함해야 하며 ArduinoGraphics 라이브러리를 위한 헤더 파일이 먼저 포함되어야 한다**는 점에 주의해야 한다.

```
#include <ArduinoGraphics.h>
#include <Arduino_LED_Matrix.h>
```

그래픽 요소 출력을 지원하는 **ArduinoGraphics 라이브러리는 공식적으로 아두이노 우노 R4와 호환되지 않는다.** 따라서 ArduinoGraphics 라이브러리를 사용한 스케치를 컴파일하면 경고 문구가 출력되고 일부 함수는 정상적으로 동작하지 않는다. 아두이노 우노 R4에서 사용할 수 있는 기능 중하나가 텍스트 출력 및 텍스트 스크롤 기능으로, 여기서는 텍스트 관련 내용을 살펴본다.

> **⚠ 경고**
>
> 라이브러리 ArduinoGraphics가 samd 아키텍처에서 실행되며 renesas_uno 아키텍처에서 실행되는 현재 보드에서는 호환되지 않을 수 있다.

LED 매트릭스에 텍스트를 출력하기 위해서는 출력을 시작하기 전에 beginText 함수를 호출하고 텍스트를 출력한 후 endText 함수를 호출해야 실제로 가상 화면의 내용이 LED 매트릭스에 표시된다. 텍스트 출력에 사용하는 함수들은 `ArduinoLEDMatrix` 클래스를 통해 사용하며, 이는 `ArduinoLEDMatrix` 클래스가 ArduinoGraphics 클래스를 상속하여 만들어진 것이기 때문이다.

■ beginText

```
void ArduinoLEDMatrix::beginText(int x = 0, int y = 0)
void ArduinoLEDMatrix::beginText(int x, int y, uint8_t r, uint8_t g, uint8_t b)
void ArduinoLEDMatrix::beginText(int x, int y, uint32_t color)
  - 매개변수
    x, y: 텍스트를 출력할 위치
    r, g, b: 8비트의 Red, Green, Blue 색상
    color: 24비트의 RGB 색상으로, 최상위 바이트는 사용되지 않음
  - 반환값: 없음
```

지정한 위치에 지정한 색상으로 텍스트 출력을 시작한다. 이후 텍스트 출력은 가상 화면에 진행되고 실제 LED 매트릭스로의 출력은 endText 함수를 호출해야 진행된다. 텍스트 출력은 Serial 클래스에서와 같이 print 함수를 사용하면 된다. 텍스트 출력은 지정한 색상을 사용하여 이루어진다. 색상은 24비트 RGB 컬러로 지정할 수 있지만 LED 매트릭스에는 단색만 사용할 수 있으므로 0이 아닌 값을 지정하면 해당 LED가 켜진다.

■ endText

```
void ArduinoLEDMatrix::endText(int scroll = NO_SCROLL)
    - 매개변수
    scroll: 텍스트 스크롤 방향으로 NO_SCROLL, SCROLL_LEFT, SCROLL_RIGHT, SCROLL_UP, SCROLL_
    DOWN 중 하나를 지정
    - 반환값: 없음
```

텍스트 출력을 끝낸다. endText 함수를 호출한 후 가상 화면의 내용이 LED 매트릭스에 출력된다.

■ stroke

```
void ArduinoLEDMatrix::stroke(uint8_t r, uint8_t g, uint8_t b)
void ArduinoLEDMatrix::stroke(uint32_t color)
    - 매개변수
    r, g, b: 8비트의 Red, Green, Blue 색상
    color: 24비트의 RGB 색상으로 최상위 바이트는 사용되지 않음
    - 반환값: 없음
```

텍스트 출력을 위한 색상을 지정한다. 색상은 24비트 RGB 컬러로 지정할 수 있지만 LED 매트릭스에서는 단색만 사용할 수 있으므로 0이 아닌 값을 지정하면 해당 LED가 켜진다. beginText 함수에서 색상을 지정할 수도 있다.

■ textFont

```
void ArduinoLEDMatrix::textFont(const Font& which)
    - 매개변수
    which: 텍스트 종류를 나타내는 상수로 Font_4x6, Font_5x7 중 하나 사용
    - 반환값: 없음
```

출력에 사용할 폰트를 지정한다.

스케치 14.5는 LED 매트릭스에 문자열 "UNO"를 출력하는 예다. 8×12 해상도로는 세 글자를 모두 표시할 수 없지만, 범위를 벗어나는 문자는 라이브러리에서 자동으로 처리해 주므로 걱정할 필요가 없다.

스케치 14.5 텍스트 스크롤　　　　　　　　　　　　　　　　　　　　　　　　　R4 WiFi

```
#include <ArduinoGraphics.h>
#include <Arduino_LED_Matrix.h>

ArduinoLEDMatrix matrix;

void setup() {
  matrix.begin();                          // LED 매트릭스 초기화

  const char text[] = "UNO";
  matrix.textFont(Font_5x7);               // 폰트 선택

  // 출력 위치 및 색상을 지정하여 문자열 출력 시작
  matrix.beginText(0, 1, 0xFFFFFF);
  matrix.print(text);                      // 문자열 출력

  // 문자열 출력 끝, 실제 LED 매트릭스에 문자열 표시
  matrix.endText();
}

void loop() {
}
```

그림 14.10 스케치 14.5 실행 결과

텍스트를 스크롤하기 위해서는 스크롤 속도를 textScrollSpeed 함수로 지정하고 endText 함수에서 스크롤 방향을 지정하면 된다. 이때 출력할 문자열이 짧은 경우에는 스크롤이 정상적으로 이루어지지 않으므로 여백을 주어 충분히 긴 문자열을 사용하는 것을 추천한다. 또한 LED 매트릭스에는 한 줄로만 문자를 표시할 수 있으므로 왼쪽(SCROLL_LEFT) 또는 오른쪽(SCROLL_RIGHT) 스크롤만 사용하는 것이 좋다.

14.6 맺는말

LED 매트릭스는 LED를 행과 열로 배치한 것으로, 하나의 LED는 디스플레이의 한 픽셀에 해당한다. LED 매트릭스가 다른 디스플레이와 비교했을 때 해상도가 낮지만, 흔히 볼 수 있는 8×8 LED 매트릭스에도 64개의 LED가 사용되므로 개별적인 제어를 위해서는 64개의 데이터 핀이 필요하다. 따라서 LED 매트릭스는 그룹 단위 제어와 잔상효과를 통해 적은 수의 데이터 핀을 사용하여 제어하는 것이 일반적이다. 하지만 그룹 단위 제어 역시 많은 데이터 핀이 필요하므로 데이터 핀 수를 더 줄일 수 있는 찰리플렉싱 역시 흔히 사용되며 아두이노 우노 R4 와이파이에서 사용하는 방식이기도 하다. 찰리플렉싱에서도 잔상효과를 사용하지만, 한 번에 하나의 LED만 제어한다는 차이가 있다. 찰리플렉싱은 회로 구성과 제어가 복잡하지만, 사용하는 핀 수가 적고 아두이노에서 LED Matrix 라이브러리를 제공하므로 간단하게 찰리플렉싱을 사용하여 LED 매트릭스를 제어할 수 있다.

그룹 단위 제어와 찰리플렉싱은 모두 별도의 하드웨어를 사용하지 않고 적은 수의 데이터 핀으로 많은 LED를 제어하는 방법이다. LED Matrix 라이브러리에서는 하드웨어 타이머를 사용하여 잔상효과를 위한 반복적인 출력 과정을 숨기고 있지만 마이크로컨트롤러에 부담이 되는 것이 사실이다. 따라서 많은 연산이 필요한 경우라면 LED 매트릭스 제어를 위한 전용 칩을 사용하여 마이크로컨트롤러의 부담을 줄이는 것을 고려해 볼 수 있다.

1 ArduinoGraphics 라이브러리를 사용하여 1초 간격으로 증가하는 상향 카운터 값을 LED 매트릭스에 표시하는 스케치를 작성해 보자. 숫자 출력을 위해서는 print 함수를 사용할 수도 있지만, 바이트 단위 출력에 사용되는 write 함수를 사용할 수도 있다.

2 LED 매트릭스 에디터에서 스마일 문자가 좌우로 이동하는 8개의 프레임을 만든다. 프레임 복사는 'Ctrl+D' 키를 사용하면 되고, 프레임 전체를 좌우로 옮기는 데는 'Shift+→/←' 키를 사용하면 된다. 프레임 데이터를 내려받아 스마일 문자가 좌우로 움직이는 스케치를 작성해 보자. ArduinoLEDMatrix 클래스의 play 함수를 호출할 때 매개변수를 지정하지 않으면 애니메이션은 한 번만 실행된다. 애니메이션을 다시 진행하기 위해서는 next 함수를 사용할 수 있고, 플레이가 끝났는지는 sequenceDone 함수로 확인할 수 있다. 스케치 14.4를 참고하여 loop 함수에서 플레이가 끝났는지를 확인하고, 플레이가 끝났으면 다시 플레이하도록 스케치를 작성해 보자.

텍스트 LCD

텍스트 LCD는 문자 단위로 정보를 표시하는 데 사용할 수 있는 출력 장치로, 간단한 정보 표시에 사용된다. 텍스트 LCD는 표시할 수 있는 문자의 수에 따라 다양한 크기가 사용되며 16×2 크기가 가장 흔하다. 이 장에서는 텍스트 LCD의 구조와 제어 방법 그리고 텍스트 LCD를 위한 LiquidCrystal 라이브러리 사용 방법을 살펴본다.

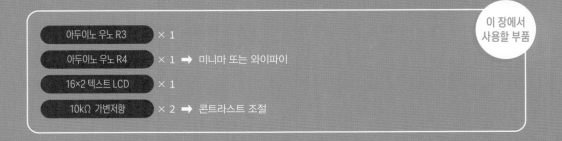

이 장에서
사용할 부품

아두이노 우노 R3	× 1
아두이노 우노 R4	× 1 ➡ 미니마 또는 와이파이
16×2 텍스트 LCD	× 1
10kΩ 가변저항	× 2 ➡ 콘트라스트 조절

텍스트 LCD

액정liquid crystal은 액체와 결정의 중간 성질을 가진 화합물로, 전기를 가하면 분자 배열이 달라져 빛을 차단하거나 투과시키는 역할을 할 수 있다. 이러한 특징을 이용하여 디스플레이로 만든 것이 LCDLiquid Crystal Display이며 LCD 중 하나가 고정된 위치에 문자 단위로 영문자와 숫자 등을 표시하는 텍스트 LCD이다. 텍스트 LCD는 문자 단위로만 정보를 표시할 수 있고 한글 표현이 어려우며 표시할 수 있는 글자 수가 적다는 등의 단점이 있지만, 가격이 저렴하고 제어가 쉬워 간단한 메시지 출력을 위해 흔히 사용된다.

텍스트 LCD는 표시할 수 있는 문자의 수에 따라 여러 종류가 있지만 16글자씩 2줄, 총 32문자를 표시할 수 있는 텍스트 LCD가 흔히 사용된다. 이 장에서 사용하는 텍스트 LCD 역시 32문자를 표시할 수 있는 텍스트 LCD이다. 그림 15.1은 텍스트 LCD의 문자 표시 영역을 나타낸 것으로, 지정된 위치에만 문자를 표시할 수 있다.

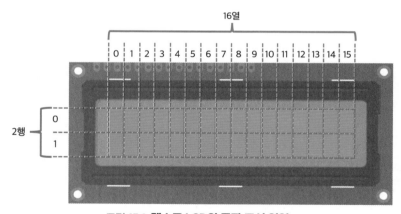

그림 15.1 텍스트 LCD의 문자 표시 영역

텍스트 LCD에서 문자가 표시되는 영역을 확대한 것이 그림 15.2이다. 하나의 문자는 5×8픽셀로 표시해야 하므로 아스키 코드로 정한 문자 이외에 한글과 같은 복잡한 문자는 나타낼 수 없다.

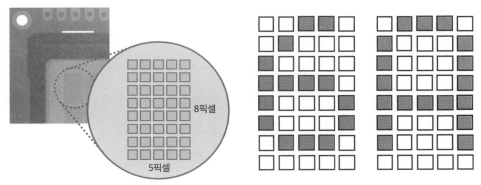

그림 15.2 텍스트 LCD의 문자 구성

텍스트 LCD는 16개의 연결 핀을 갖고 있다. 이 중 3개는 제어 신호 핀, 8개는 데이터 신호 핀이며 나머지 5개는 전원 및 백라이트 제어를 위해 사용되는 핀이다.

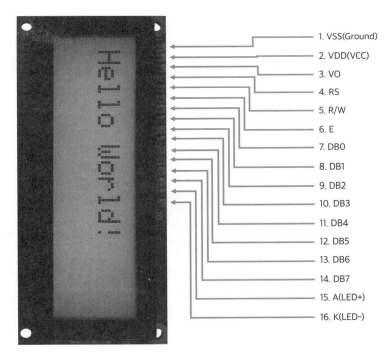

그림 15.3 텍스트 LCD 핀 맵

표 15.1 텍스트 LCD의 핀

핀 번호	이름	설명
1	VSS	그라운드(GND)
2	VDD	5V 동작 전원(VCC)
3	VO	가변저항을 통해 0~5V 사이 전압을 입력하여 콘트라스트 조정에 사용(Contrast Adjust)
4	RS	레지스터 선택(Register Select)
5	R/W	읽기/쓰기(Read/Write)
6	E	활성화(Enable)
7~14	DB0~DB7	데이터 신호 핀
15	A(LED+)	백라이트 전원
16	K(LED−)	

텍스트 LCD에 문자를 표시하려면 먼저 문자를 표시할 위치, 문자의 종류 등의 데이터와 문자를 표시하라는 제어 명령을 전송한다. 이후 데이터와 명령어를 사용하여 실제 문자를 나타내도록 텍스트 LCD에 포함된 디스플레이 드라이버에 신호를 보낸다. 이러한 출력 과정에서 사용되는 핀이 RS, R/W, E라는 3개의 제어 핀으로, 표 15.2는 제어 핀의 역할을 나타낸 것이다. 데이터와 명령어를 전달하고 처리하는 과정이 복잡해 보이지만 라이브러리에서 처리해 주므로 걱정하지 않아도 된다.

표 15.2 텍스트 LCD 제어 신호

제어 신호	설명
RS (Register Select)	텍스트 LCD를 제어하기 위해서는 제어 레지스터와 데이터 레지스터라는 2개의 레지스터를 사용한다. RS 신호는 제어 명령을 담고 있는 레지스터(RS = LOW)와 데이터를 담고 있는 레지스터(RS = HIGH) 중 하나를 선택하기 위해 사용한다.
R/W (Read/Write)	읽기(R/W = HIGH) 및 쓰기(R/W = LOW) 모드 선택을 위해 사용한다. R/W 신호는 보통 GND에 연결하여 쓰기 용도로만 사용한다.
E (Enable)	하강 에지(falling edge)에서 디스플레이 드라이버가 전송된 명령 처리를 시작하도록 지시하는 신호로 사용한다.

표 15.2에서 3개의 제어 핀 중 R/W 제어 핀은 읽기나 쓰기 선택을 위해 사용되지만, 텍스트 LCD에서 데이터를 읽는 경우는 거의 없으므로 GND에 연결하여 쓰기 용도로만 사용하는 것이 일반적이다.

텍스트 LCD에는 DDRAM_{Display Data RAM}, CGRAM_{Character Generator RAM}, CGROM이라는 세 종류

의 메모리가 포함되어 있다. **DDRAM은 화면에 표시된 문자 데이터를 저장하는 데 사용되는 메모리로, 최대 80문자까지 저장할 수 있다.** 16×2 텍스트 LCD에 표시할 수 있는 문자는 최대 32문자이므로 80문자를 저장할 필요가 없지만, 텍스트 LCD 중 가장 큰 것이 20×4 크기이므로 같은 디스플레이 드라이버를 사용하기 위해 메모리 크기가 정해졌다. 따라서 16×2 텍스트 LCD는 DDRAM에 저장된 데이터 중 일부만 화면에 표시한다. CGROM은 아스키 문자 출력을 위한 폰트 데이터가 저장된 읽기 전용 메모리이고, CGRAM은 사용자 정의 문자를 정의하여 나타내는 데 사용된다. **CGRAM은 64바이트 크기를 가지며 8개의 사용자 정의 문자를 정의하여 사용할 수 있다.**

15.2 텍스트 LCD 제어

텍스트 LCD는 사용하는 데이터 신호 핀 수에 따라 4비트 모드 또는 8비트 모드로 사용할 수 있다. 3개의 제어선 중 R/W는 일반적으로 사용하지 않으므로 **4비트 모드의 경우 최소 6개**(데이터 선 4개 + 제어선 2개), **8비트 모드의 경우 최소 10개**(데이터 선 8개 + 제어선 2개)의 데이터 핀이 필요하다. 마이크로컨트롤러는 데이터 핀의 수가 많지 않으므로 4비트 모드를 주로 사용한다. 텍스트 LCD를 그림 15.4와 같이 4비트 모드로 아두이노 우노에 연결하자.

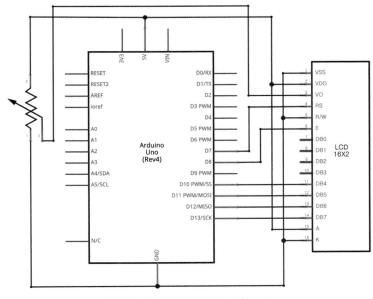

그림 15.4 **텍스트 LCD 연결 회로도**

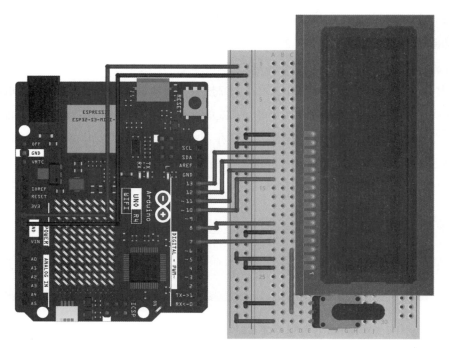

그림 15.5 **텍스트 LCD 연결 회로**

텍스트 LCD에서 VO는 가변저항을 연결하여 콘트라스트를 조절하는 데 사용한다. **텍스트 LCD를 사용할 때 연결과 스케치에 아무런 문제가 없는데도 텍스트 LCD에 아무런 문자가 나타나지 않거나 검정색 사각형만 나타나는 경우 대부분은 콘트라스트 조절이 잘못된 것이다.** 텍스트 LCD에서 원하는 결과를 확인할 수 없다면 제일 먼저 가변저항을 돌려 콘트라스트 조절해 보자.

텍스트 LCD 제어를 위해서는 먼저 LiquidCrystal 라이브러리를 설치해야 한다. 라이브러리 매니저에서 'LiquidCrystal'을 검색하여 LiquidCrystal 라이브러리를 설치하자.

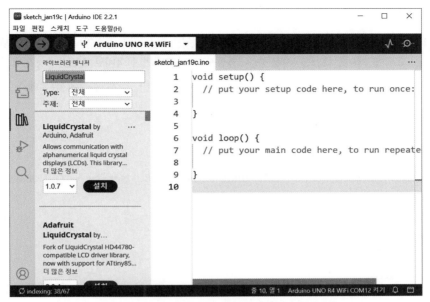

그림 15.6 **LiquidCrystal 라이브러리 검색 및 설치**[1]

LiquidCrystal 라이브러리를 사용하기 위해서는 먼저 헤더 파일을 포함해야 한다. '스케치 ➡ 라이 브러리 포함하기 ➡ LiquidCrystal' 메뉴 항목을 선택하거나 #include 문을 직접 입력하면 된다.

```
#include <LiquidCrystal.h>
```

LiquidCrystal 라이브러리에는 텍스트 LCD 제어를 위해 다음과 같은 멤버 함수들이 정의되어 있다.

■ **LiquidCrystal**

```
LiquidCrystal::LiquidCrystal(uint8_t rs, uint8_t enable,
                            uint8_t d0, uint8_t d1, uint8_t d2, uint8_t d3)
 - 매개변수
   rs: RS 제어 핀과 연결할 핀 번호
   enable: E 제어 핀과 연결할 핀 번호
   d0, d1, d2, d3: 데이터 핀 DB4, DB5, DB6, DB7과 연결할 핀 번호
```

---

1   https://github.com/arduino-libraries/LiquidCrystal

LiquidCrystal 클래스의 객체를 생성할 때는 4비트 또는 8비트 모드에 따라 지정해야 하는 데이터 핀 수가 다르고 R/W 신호 역시 생략할 수 있으므로 총 4개의 생성자가 정의되어 있다. 여기서는 4비트 모드에 제어선 2개를 사용하는 생성자만 나타내었다. 4비트 모드 생성자에서 데이터선을 위한 매개변수는 d0, d1, d2, d3이라는 이름을 사용하지만, 실제 연결에서는 테스트 LCD의 DB4, DB5, DB6, DB7이 사용된다는 점에 주의해야 한다.

■ **begin**

```
void LiquidCrystal::begin(uint8_t cols, uint8_t rows, uint8_t charsize = LCD_5x8DOTS)
  - 매개변수
    cols: 열의 개수
    rows: 행의 개수
    charsize: 폰트 크기
  - 반환값: 없음
```

텍스트 LCD를 초기화한다. 초기화 과정에서는 표시할 수 있는 문자의 수를 행과 열로 지정한다. 폰트 크기는 5×10(LCD_5x10DOTS) 또는 5×8(LCD_5x8DOTS) 중 선택할 수 있지만, 이 장에서 사용하는 텍스트 LCD에는 디폴트 값인 5×8 크기 폰트만 사용할 수 있다.

■ **clear**

```
void LiquidCrystal::clear(void)
  - 매개변수: 없음
  - 반환값: 없음
```

LCD에 표시된 내용을 지우고 커서를 (0, 0) 위치로 옮긴다.

■ **home**

```
void LiquidCrystal::home(void)
  - 매개변수: 없음
  - 반환값: 없음
```

LCD에 표시된 내용은 지우지 않으면서 커서만 (0, 0) 위치로 옮긴다.

■ **setCursor**

```
void LiquidCrystal::setCursor(uint8_t col, uint8_t row)
  – 매개변수
    col: 열 위치
    row: 행 위치
  – 반환값: 없음
```

좌상단 (0, 0)을 기준으로 커서를 지정한 위치로 옮긴다.

■ **write**

```
size_t LiquidCrystal::write(uint8_t ch)
  – 매개변수
    ch: 출력할 문자
  – 반환값: 성공 여부
```

텍스트 LCD의 현재 커서 위치에 문자를 출력하고 출력 성공 여부를 반환한다.

■ **print**

```
size_t LiquidCrystal::print(value, format)
  – 매개변수
    value: 출력값(char, char 배열, String, 정수, 실수 등)
    format: 출력 형식
  – 반환값: 출력된 바이트 수
```

매개변수로 지정한 값을 텍스트 LCD의 현재 커서 위치에 출력한다. print 함수는 문자열은 물론 문자, 숫자 등을 출력할 수 있으며 동작 방식은 Serial 클래스의 print 함수와 같다.

스케치 15.1은 LCD 객체를 생성하고 begin 함수로 초기화한 후 print 함수를 이용하여 "Hello LCD!" 문자열을 출력하는 예다.

스케치 15.1 Hello LCD!　　　　　　　　　　　　　　　　　　　　R3　R4

```
#include <LiquidCrystal.h>

LiquidCrystal lcd(7, 8, 10, 11, 12, 13);          // RS 핀, E 핀, 데이터 핀 4개

void setup() {
```

```
  lcd.begin(16, 2);                          // LCD 크기 지정, 2줄 16칸
  lcd.clear();                               // LCD 지우기
  lcd.print("Hello LCD!");                   // 문자열 출력
}

void loop() {
}
```

그림 15.7 스케치 15.1 실행 결과

텍스트 LCD의 DDRAM은 80바이트 크기를 가지므로 연속해서 출력할 수 있는 문자의 최대 개수는 80개
다. 80개보다 많은 문자를 출력하면 처음 출력한 문자부터 DDRAM에서 교체된다. 80개의 문자
를 출력했다고 하더라도 16×2 크기 텍스트 LCD에서는 32개 문자만 화면에 나타나며 나머지는
가상의 화면에 출력되어 보이지 않는다. 보이지 않는 문자는 화면을 스크롤하면 확인할 수 있지
만, 출력 위치를 16×2 위치 내로 한정해서 출력하는 것이 일반적이다. 문자가 출력되는 위치는 현
재 커서가 위치한 곳으로, 임의의 위치로 커서를 옮기기 위해서는 setCursor 함수를 사용하면 된
다. 스케치 15.2는 setCursor 함수를 사용하여 출력하고 싶은 위치를 지정하여 문자를 출력하는
예다.

스케치 15.2 출력 위치를 지정한 문자 출력   R3   R4

```
#include <LiquidCrystal.h>

LiquidCrystal lcd(7, 8, 10, 11, 12, 13);       // RS 핀, E 핀, 데이터 핀 4개

void setup() {
  lcd.begin(16, 2);                            // LCD 크기 지정, 2줄 16칸
  lcd.clear();                                 // LCD 지우기

  lcd.setCursor(1, 0);                         // (x, y) 형식으로 (0, 0)에서 시작
  lcd.print("1st Row");

  lcd.setCursor(2, 1);                         // (x, y) 형식으로 (0, 0)에서 시작
  lcd.print("2nd Row");
}

void loop() {
}
```

그림 15.8 스케치 15.2 실행 결과

15.3 사용자 정의 문자 출력

텍스트 LCD에 표시할 수 있는 문자는 아스키 문자로, 최대 256개의 서로 다른 문자를 사용할 수 있다. **표시할 문자의 비트맵 데이터는 문자당 8바이트로 정의되어 CGROM에 저장되어 있다.** 아스키 문자 이외에 사용자 정의 문자를 8개까지 정의하여 사용할 수 있다. **사용자 정의 문자 역시 문자 하나를 정의하는 데 8바이트가 필요하며 텍스트 LCD에는 CGROM과 별도로 64바이트의 CGRAM에 저장하여 사용한다.** 8개 사용자 정의 문자는 아스키 코드 0에서 7까지의 값으로 정의된다. 이는 아스키 코드 0에서 7까지는 화면에 출력할 수 있는 문자가 아닌 제어 문자이기 때문이다.

사용자 정의 문자를 사용하기 위해서는 먼저 문자를 정의해야 한다. 문자 정의는 8바이트를 사용하지만, 텍스트 LCD에서 문자 크기는 5×8이므로 각 바이트에서 하위 5비트만 사용한다. 그림 15.9와 같이 4개의 사용자 정의 문자를 정의하자.

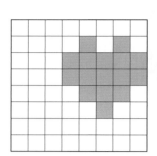

2진수	16진수
0b00000000	0x00
0b00001010	0x0A
0b00011111	0x1F
0b00011111	0x1F
0b00001110	0x0E
0b00000100	0x04
0b00000000	0x00
0b00000000	0x00

2진수	16진수
0b00000100	0x04
0b00001110	0x0E
0b00001110	0x0E
0b00001110	0x0E
0b00011111	0x1F
0b00000000	0x00
0b00000100	0x04
0b00000000	0x00

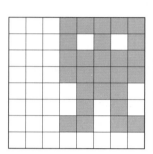

2진수	16진수
0b00011111	0x1F
0b00010101	0x15
0b00011111	0x1F
0b00011111	0x1F
0b00001110	0x0E
0b00001010	0x0A
0b00011011	0x1B
0b00000000	0x00

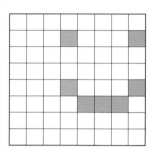

2진수	16진수
0b00000000	0x00
0b00010001	0x11
0b00000000	0x00
0b00000000	0x00
0b00010001	0x11
0b00001110	0x0E
0b00000000	0x00
0b00000000	0x00

그림 15.9 **사용자 정의 문자**

사용자 정의 문자 데이터를 CGRAM에 저장하기 위해서는 createChar 함수를 사용한다.

■ **createChar**

```
void LiquidCrystal::createChar(uint8_t location, uint8_t charmap[])
  - 매개변수
    location: 사용자 정의 문자 번호 또는 사용자 정의 문자의 아스키 코드 값(0~7)
    charmap: 문자 정의 데이터 배열
  - 반환값: 없음
```

LCD에 표시할 사용자 정의 문자를 생성한다. **생성할 수 있는 문자의 수는 최대 8개이며 문자 번호는 0에서 7까지의 아스키 코드 값에 해당한다.** 사용자 정의 문자는 5×8 크기 패턴으로 8바이트 배열을 사용하여 정의하며 각 바이트의 하위 5비트가 사용된다. **정의된 문자를 표시하기 위해서는 0에서 7까지의 문자 코드를 매개변수로 하는 write 함수를 사용하여 출력할 수 있다.**

스케치 15.3은 사용자 정의 문자를 생성하고 이를 텍스트 LCD에 표시하는 예다.

```
#include <LiquidCrystal.h>

LiquidCrystal lcd(7, 8, 10, 11, 12, 13);                  // RS 핀, E 핀, 데이터 핀 4개

byte custom_character[4][8] = {
  { 0x00, 0x0A, 0x1F, 0x1F, 0x0E, 0x04, 0x00, 0x00 },     // heart
  { 0x04, 0x0E, 0x0E, 0x0E, 0x1F, 0x00, 0x04, 0x00 },     // bell
  { 0b00011111, 0b00010101, 0b00011111, 0b00011111,
    0b00001110, 0b00001010, 0b00011011, 0b00000000 },     // alien
  { 0b00000000, 0b00010001, 0b00000000, 0b00000000,
    0b00010001, 0b00001110, 0b00000000, 0b00000000 }};     // smile

void setup() {
  lcd.begin(16, 2);                                       // LCD 크기 지정, 2줄 16칸

  for (int i = 0; i < 4; i++) {                           // 사용자 정의 문자 생성
    lcd.createChar(i, custom_character[i]);
  }

  lcd.clear();                                            // 화면 지우기
  lcd.print("Custom Character");
  for (int i = 0; i < 4; i++) {
    lcd.setCursor(i * 4, 1);
    lcd.write(i);                                         // 사용자 정의 문자 표시
  }
}

void loop() {
}
```

그림 15.10 **스케치 15.3 실행 결과**

텍스트 LCD에 0x00부터 0x7F까지의 아스키 문자를 출력하는 데는 print 함수를 사용할 수 있다. 하지만 0x80부터 0xFF까지의 아스키 코드 값을 갖는 확장 아스키 문자는 키보드로 입력하기가 쉽지 않아 print 함수로 출력할 수 없다. 확장 아스키 문자 출력을 위해서는 사용자 정의 문자와 마찬가지로 write 함수를 사용할 수 있다. 스케치 15.4는 CGROM에 정의된 256개의 문자를 32개씩 8페이지에 나누어 텍스트 LCD에 표시하는 예다.

```
#include <LiquidCrystal.h>

LiquidCrystal lcd(7, 8, 10, 11, 12, 13);        // RS 핀, E 핀, 데이터 핀 4개
int index = 0;

void setup() {
  lcd.begin(16, 2);                             // LCD 크기 지정, 2줄 16칸
}

void loop() {
  lcd.clear();                                  // 화면 지움
  for (int i = 0; i < 16; i++) {                // 첫 번째 행
    lcd.write(index * 32 + i);
  }
  lcd.setCursor(0, 1);
  for (int i = 16; i < 32; i++) {               // 두 번째 행
    lcd.write(index * 32 + i);
  }

  delay(2000);                                  // 2초 간격 페이지 전환

  index = (index + 1) % 8;                      // 페이지당 32문자, 8페이지 반복
}
```

그림 15.11은 스케치 15.4에서 출력하는 8개 페이지 중 하나다.

그림 15.11 스케치 15.4 실행 결과 일부

가변저항값 표시

텍스트 LCD는 간단한 정보를 표시하는 데 주로 사용된다. 가변저항값을 읽어 텍스트 LCD에 출력해 보자. 텍스트 LCD와 가변저항은 그림 15.12와 같이 연결한다.

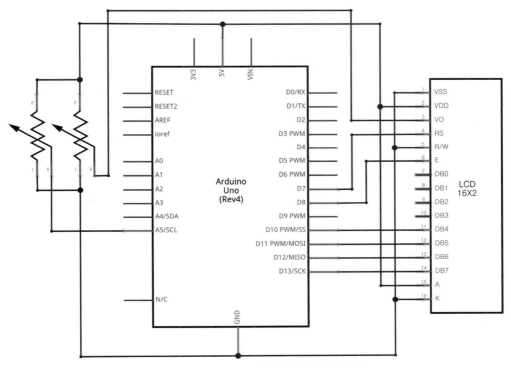

그림 15.12 텍스트 LCD와 가변저항 연결 회로도

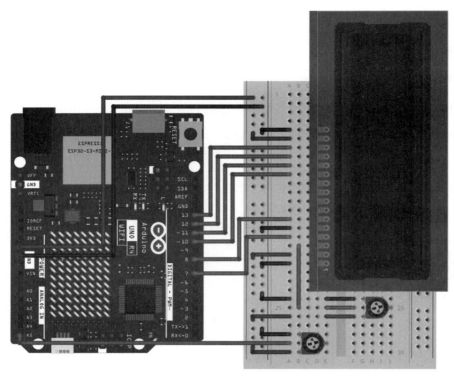

그림 15.13 텍스트 LCD와 가변저항 연결 회로

스케치 15.5는 가변저항값을 텍스트 LCD에 표시하는 예다. 가변저항값을 표시할 때 주의할 점은 가변저항값이 0~1023의 범위를 가지므로 자릿수가 변한다는 점이다. 따라서 값을 출력하기 전에 먼저 출력할 위치에 4개의 공백을 출력하여 이전에 출력된 숫자를 지우지 않으면 이전 값이 남아서 잘못된 정보가 표시될 수 있다. 텍스트 LCD 전체를 지우는 clear 함수를 사용하는 것도 방법이 될 수 있지만, 텍스트 LCD의 업데이트 속도가 빠르지 않아 clear 함수를 자주 호출하면 글자가 겹쳐 보이거나 깜빡이는 현상이 나타날 수 있다.

스케치 15.5 가변저항값 표시　　　　　　　　　　　　　　　　　　　R3　R4

```
#include <LiquidCrystal.h>

LiquidCrystal lcd(7, 8, 10, 11, 12, 13);              // RS 핀, E 핀, 데이터 핀 4개

void setup() {
  lcd.begin(16, 2);                                   // LCD 크기 지정, 2줄 16칸
  lcd.print("Variable R");
}

void loop() {
```

```
    int vr = analogRead(A5);

    lcd.setCursor(2, 1);
    lcd.print("    ");                              // 이전 출력 숫자 지우기

    lcd.setCursor(2, 1);
    lcd.print(vr);                                  // 가변저항값 표시

    delay(100);
}
```

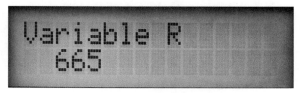

그림 15.14 스케치 15.5 실행 결과

맺는말

텍스트 LCD는 아스키 문자를 지정된 위치에 출력하는 출력 장치로, 32개의 문자를 표시할 수 있는 16×2 형태의 텍스트 LCD가 가장 흔하다. 텍스트 LCD에는 텍스트 LCD 제어를 위한 전용 드라이버(또는 컨트롤러)가 포함되어 있어 데이터와 명령어를 받아 처리한다. 텍스트 LCD 연결을 위해서는 최대 3개의 제어선과 최대 8개의 데이터 선을 연결해야 하지만, 쓰기 전용으로 사용하는 경우 제어선 2개와 데이터 선 4개, 총 6개만 연결하면 된다.

아두이노에서 제공하는 LiquidCrystal 라이브러리를 사용하면 간단하게 텍스트 LCD에 문자를 표시할 수 있다. 하지만 텍스트 LCD에 표시할 수 있는 문자의 수가 적고, 글자 단위의 제어만 가능하며, 고정된 위치에만 출력할 수 있는 등의 단점이 있다. 따라서 최근에는 픽셀 단위의 제어가 가능하고 그래픽이나 한글 표현이 가능한 TFT LCD, OLED 등의 사용이 증가하고 있으며 특히 OLED는 작고 가벼운 출력 장치를 만들 수 있고 I2C 통신을 사용하여 2개의 연결선만으로 제어할 수 있으므로 텍스트 LCD 대신 사용할 수 있다. OLED의 사용 방법은 23장 'OLED 디스플레이'를 참고하면 된다.

1 텍스트 LCD를 그림 15.4와 같이 연결하고 임의의 위치에 임의의 알파벳 문자가 출력되도록 스케치를 작성해 보자. 임의의 위치와 알파벳 문자를 생성하기 위해서는 random 함수를 사용하면 되고, random 함수를 사용하기 위해서는 randomSeed 함수로 난수 생성기를 초기화한 후 사용해야 한다.

2 텍스트 LCD와 가변저항을 그림 15.12와 같이 연결하자. 사용자 정의 문자로 아래와 같이 5개의 문자를 정의하고 가변저항값을 5개 구간으로 나누어 사용자 정의 문자와 가변저항값을 표시하는 스케치를 작성해 보자.

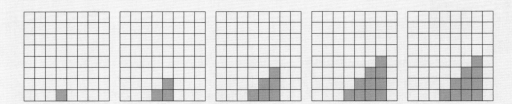

센서 사용하기

센서는 주변 환경에서 다양한 물리량을 감지하고 측정하는 장치로, 제어 장치를 구성할 때 주변 환경 데이터를 입력하는 데 사용된다. 주변 환경에서 측정할 수 있는 물리량은 모두 아날로그이며 센서 출력 역시 아날로그 데이터를 기본으로 한다. 하지만 마이크로컨트롤러에서 처리할 수 있는 데이터는 디지털 데이터뿐이므로 센서 모듈에서 디지털 데이터로 변환하여 출력하는 경우도 흔히 볼 수 있다. 이 장에서는 아날로그와 디지털 데이터를 출력하는 여러 가지 센서를 사용하여 주변 환경에서 다양한 물리량을 얻는 방법을 알아본다.

이 장에서
사용할 부품

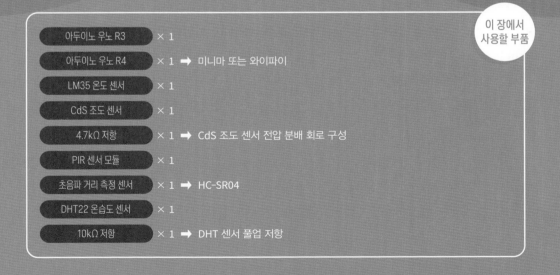

아두이노 우노 R3	× 1	
아두이노 우노 R4	× 1 ➡ 미니마 또는 와이파이	
LM35 온도 센서	× 1	
CdS 조도 센서	× 1	
4.7kΩ 저항	× 1 ➡ CdS 조도 센서 전압 분배 회로 구성	
PIR 센서 모듈	× 1	
초음파 거리 측정 센서	× 1 ➡ HC-SR04	
DHT22 온습도 센서	× 1	
10kΩ 저항	× 1 ➡ DHT 센서 풀업 저항	

아두이노는 간단한 제어 장치를 구성하기 위해 흔히 사용되며, 제어 장치 구성을 위한 대표적인 입력 장치 중 하나가 센서다. **센서는 특정 사건event이나 양을 감지하고 이를 전기적 신호로 출력하는 장치를 말한다.** 센서는 빛, 소리, 온도 등 인간의 감각기관으로 알아낼 수 있는 신호는 물론 인간이 인지할 수 없는 화학물질, 전자기파 등도 찾아내고 측정할 수 있다. 사람을 감지해서 자동으로 문을 여는 데 사용하는 인체 감지 센서, 화재를 감지하는 데 사용하는 온도 센서와 연기 감지 센서, 환자의 맥박 이상을 감지하는 심박 센서 등 일상생활에서도 센서가 사용된 예를 쉽게 찾아볼 수 있다.

센서가 출력하는 데이터는 아날로그 데이터와 디지털 데이터로 나눌 수 있다. 아날로그 데이터를 출력하는 센서는 측정하고자 하는 양에 따라 변하는 전압을 출력할 수 있다. 예를 들어 온도 센서는 온도에 비례하는 전압을 출력할 수 있으며, 자외선 센서는 자외선 강도에 비례하는 전압을 출력할 수 있다. 하지만 아날로그 데이터는 아날로그 디지털 변환기Analog Digital Converter, ADC를 통해 디지털 값으로 변환해야 아두이노에서 처리할 수 있다.

센서는 기본적으로 아날로그 데이터를 출력하지만, 아두이노에서 디지털 데이터로 변환해야 하고 변환 과정에서 다양한 센서의 특성을 충분히 반영할 수 없다는 등의 문제가 있으므로 일부 센서는 아날로그 데이터를 디지털 데이터로 변환하여 출력하기도 한다. 출력되는 디지털 데이터는 비트 단위 또는 바이트 단위 데이터를 출력할 수 있다. 자동문에 사용되는 인체 감지 센서는 사람의 유무를 비트 단위로 출력하므로 digitalRead 함수로 읽어 확인할 수 있다. 하지만 비트 단위 데이터로는 다양한 양을 나타낼 수 없으므로 바이트 단위 디지털 데이터로 변환한 후 시리얼 통신으로 전달하는 센서 역시 흔히 볼 수 있다. 시리얼 통신을 위해서는 UART, SPI, I2C 등의 시리얼 통신이 흔히 사용되고, 디지털 온습도 센서와 같이 센서 전용의 통신 방법을 사용하기도 한다.

LM35 온도 센서

온도는 다양한 응용에 사용되는 기본적인 물리량 중 하나로, 온도를 측정하는 데 사용할 수 있는 센서에는 여러 종류가 있다. 그중 LM35 온도 센서는 아날로그 전압을 출력하는 센서다.

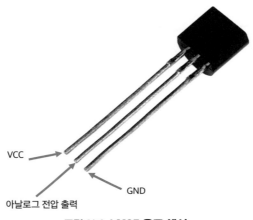

VCC

아날로그 전압 출력

GND

그림 16.1 **LM35 온도 센서**

LM35 온도 센서는 트랜지스터와 모양이 같으며 섭씨온도에 비례하는 전압을 출력한다. LM35 온도 센서는 전원만 연결하면 온도에 비례하는 전압을 출력하므로 analogRead 함수로 전압을 읽어 온도로 변환하여 사용할 수 있다. LM35 온도 센서는 2~150℃ 범위를 측정할 수 있다. 그림 16.2와 같이 LM35 온도 센서를 A0 핀에 연결하자.

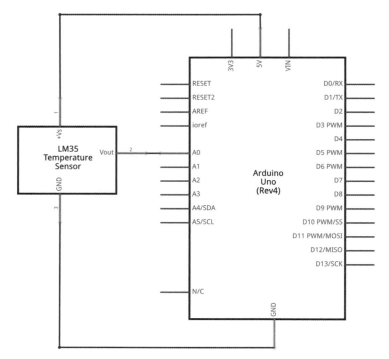

그림 16.2 **LM35 온도 센서 연결 회로도**

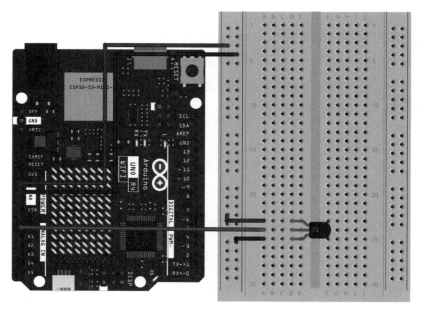

그림 16.3 **LM35 온도 센서 연결 회로**

스케치 16.1은 LM35 온도 센서의 값을 읽고 이를 온도로 변환하여 시리얼 모니터로 출력하는 예다. 그림 16.2와 같이 LM35 온도 센서를 연결하면 **출력 전압은 1°C에 10mV씩 증가하고 0°C에서 출력 전압은 0V**이므로 출력 전압에 100을 곱하면 섭씨온도를 얻을 수 있다.

스케치 16.1 LM35 온도 센서　　　　　　　　　　　　　　　　　　　　　　R3　R4

```
void setup() {
  Serial.begin(9600);
  while (!Serial);
}

void loop() {
  int reading = analogRead(A0);              // 온도 센서 읽기
  Serial.print("ADC : ");
  Serial.print(String(reading) + ",\t");

  float voltage = reading * 5.0 / 1023.0;    // 전압으로 변환
  Serial.print("전압 : ");
  Serial.print(voltage, 2);
  Serial.print(",\t");

  float temperature = voltage * 100;         // '전압 * 100'으로 온도 계산
  Serial.print("온도 : ");
  Serial.print(temperature, 2);
  Serial.println(" C");

  delay(1000);
}
```

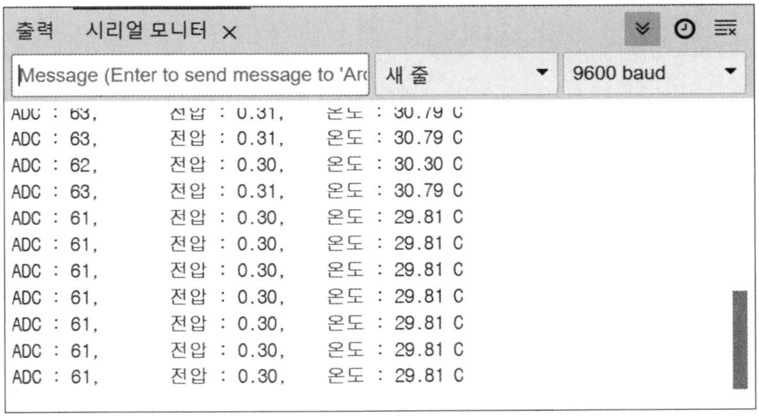

그림 16.4 **스케치 16.1 실행 결과**

CdS 조도 센서

빛의 양에 따라 물리적인 특성이 변하는 소자에는 포토레지스터photo resistor, 포토다이오드photo diode, 포토트랜지스터photo transistor 등이 있다. 이 중 흔히 사용되는 소자는 빛의 양에 따라 저항값이 변하는 포토레지스터로 광센서, 조도 센서 등으로도 불린다. 조도 센서는 CdS 조도 센서가 주로 사용된다. CdS 조도 센서는 카드뮴(Cd)과 황(S)이 결합하여 만들어진 황화카드뮴 결정에 금속 다리를 연결하여 만든다.

그림 16.5 CdS 조도 센서

CdS 조도 센서는 광량에 반비례하는 저항값을 갖는다. 즉, 어두운 곳에서는 큰 저항값을 갖고 밝은 곳에서는 저항값이 작아진다. 조도 센서는 가격이 저렴하고 사용법이 간단하다는 장점이 있지만, 반응 속도가 느리고 광량에 따른 출력 특성이 정밀하지 않으므로 광량을 정확하게 측정하고 싶다면 포토다이오드나 포토트랜지스터를 사용해야 한다.

조도 센서는 광량에 따라 저항값이 변하므로 전압 분배 회로를 구성하여 광량에 따라 변하는 전압을 얻을 수 있다. 그림 16.6과 같이 CdS 조도 센서를 A0 핀에 연결하자. 조도 센서는 저항과 같으므로 극성이 없어 연결 방향과 무관하다. 전압 분배를 위해서는 4.7kΩ 저항을 사용했다.

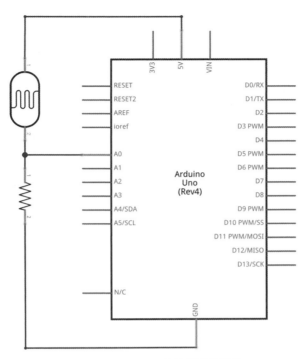

그림 16.6 CdS 조도 센서 연결 회로도

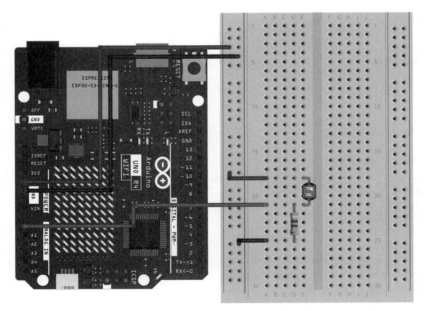

그림 16.7 CdS 조도 센서 연결 회로

조도 센서를 그림 16.6과 같이 연결하면 밝은 곳에서 작은 저항값을 가져서 큰 전압이 A0 핀에 가해지고, 어두운 곳에서 큰 저항값을 가져서 작은 전압이 A0 핀에 가해진다. 스케치 16.2는 조도 변화에 따른 조도 센서의 저항값을 출력하는 예다. CdS 조도 센서의 저항값을 R_{CdS}라고 하면 그림 16.6에서 4.7kΩ 저항에 가해지는 전압, 즉 출력 전압은 다음과 같이 계산할 수 있다.

$$V_{OUT} = \frac{4.7K}{4.7K + R_{CdS}} \cdot VCC$$

V_{OUT}은 아날로그 입력에서 얻을 수 있으므로 조도 센서의 저항값은 다음과 같이 계산할 수 있다.

$$R_{CdS} = \frac{4.7K \cdot VCC}{V_{OUT}} - 4.7K$$

CdS 조도 센서의 저항값은 최대 광량에서 수 kΩ, 최소 광량에서 수십 MΩ까지 변하지만, 조도와 저항값의 관계는 선형 관계가 아니어서 간단하게 조도를 계산하기는 쉽지 않으며 조도와 저항값의 관계가 정밀하지 않으므로 스케치 16.2에서는 조도로 변환하지는 않았다.

스케치 16.2 CdS 조도 센서   R3   R4

```
int VCC = 5;                              // 아날로그 기준 전압
float R_divide = 4.7;                     // 전압 분배를 위한 저항

void setup() {
  Serial.begin(9600);
  while (!Serial);
}

void loop() {
  int reading = analogRead(A0);           // 조도 센서 읽기
  Serial.print("ADC : ");
  Serial.print(String(reading) + ",\t");

  float voltage = reading * VCC / 1023.0; // 전압으로 변환
  Serial.print("전압 : ");
  Serial.print(voltage, 2);               // 소수점 이하 2자리 출력
  Serial.print(",\t");

  // 전압 분배에 의해 CdS 센서의 저항값 계산
  float r_cds = R_divide * VCC / voltage - R_divide;
  Serial.print("저항 : ");
  Serial.print(r_cds, 2);
  Serial.println("K");

  delay(1000);
}
```

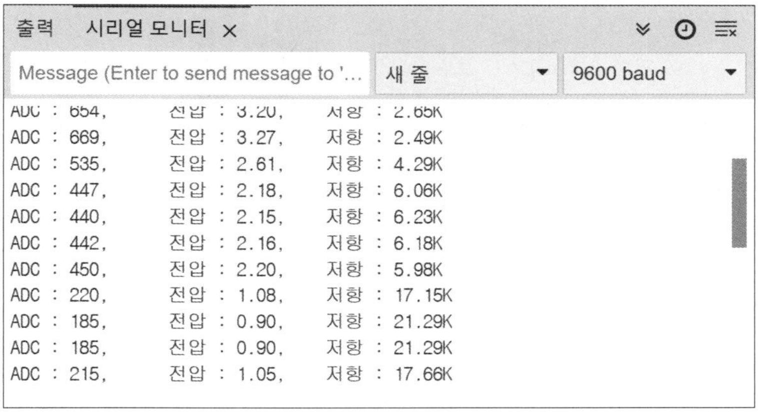

그림 16.8 스케치 16.2 실행 결과

16.4 PIR 센서

온도를 갖는 모든 물체는 복사선을 방출하며 인체 역시 피부 온도인 20~35°C에 해당하는 10µm 파장의 적외선을 방출한다. 따라서 **10µm 파장의 적외선 변화를 통해 사람의 움직임을 알아낼 수 있으며 이 원리를 사용하여 만들어진 센서가 PIR**Passive Infrared **센서로**, 흔히 인체 감지 센서라고 한다. '수동형passive'이라는 단어를 사용하는 이유는 PIR 센서에서 적외선을 방출하지 않고 인체에서 방출되는 적외선을 감지하여 사용하기 때문이다. PIR 센서 이외에 적외선을 사용하는 센서에는 라인트레이서에서 경로를 찾는 데 사용하는 센서, 적외선을 이용한 거리 측정 센서 등이 있다. 이러한 센서는 PIR 센서와 달리 적외선을 방출한 후 반사되어 돌아오는 적외선을 측정하여 사용하므로 능동형 적외선 센서라고 한다. PIR 센서는 적외선의 변화량을 기반으로 하고 있으므로 움직이는 사람만 감지할 수 있으며, 사람의 체온과 비슷한 온도를 갖는 물체의 움직임 역시 감지할 수 있다.

적외선은 직진성이 강해 검출 범위가 좁으므로 넓은 범위에서 들어오는 적외선을 수집할 수 있도록 센서 앞에 렌즈를 사용하는 경우가 대부분이다. PIR 센서와 함께 사용하는 렌즈는 프레넬 Fresnel 렌즈가 주로 사용된다. 프레넬 렌즈는 프랑스의 물리학자인 오귀스탱 장 프레넬Augustin Jean Fresnel이 고안한 렌즈로, 볼록렌즈의 역할을 하면서도 얇고 가벼워 큰 렌즈를 만들 수 있다는 장점이 있다.

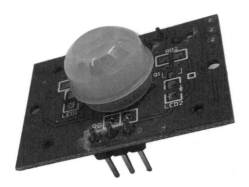

그림 16.9 PIR 센서 모듈

그림 16.9는 이 장에서 사용하는 PIR 센서 모듈로 센서 신호를 처리하여 인체 감지 여부를 디지털 펄스로 출력하므로 쉽게 사용할 수 있다. PIR 센서 모듈에는 2개의 가변저항이 포함된 경우가 많다. 2개의 가변저항 중 하나는 감지 후 감지 신호를 보내는 시간, 즉 HIGH를 유지하는 시간을 조절하기 위해 사용된다. 다른 하나는 감지 감도를 조절하는 가변저항으로, 최대 7m 거리의 인체 움직임을 감지할 수 있다.

PIR 센서 모듈은 움직이는 인체의 감지 여부를 디지털 신호로 출력하므로 임의의 디지털 핀으로 연결하여 사용할 수 있다. PIR 센서 모듈을 그림 16.10과 같이 아두이노 우노의 2번 핀에 연결하자. 3번 핀에는 LED를 연결하여 인체가 감지되면 LED에도 불이 켜지도록 한다.

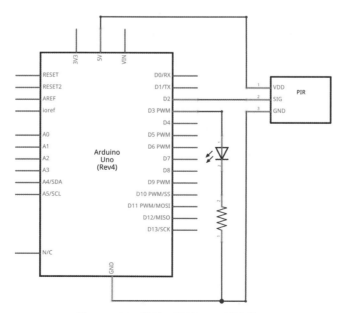

그림 16.10 PIR 센서 모듈과 LED 연결 회로도

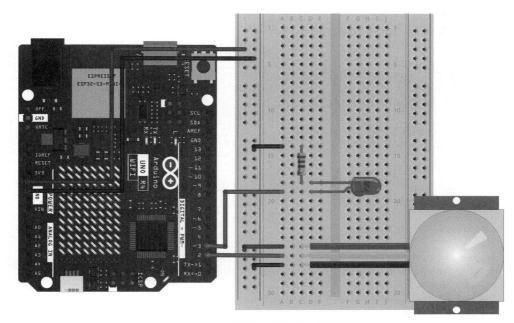

그림 16.11 PIR 센서 모듈과 LED 연결 회로

스케치 16.3은 PIR 센서 모듈의 값을 읽어 인체의 움직임이 감지되면 시리얼 모니터로 메시지를 출력함과 동시에 LED에 불을 켜고, 일정 시간이 지나면 LED를 끄는 예다.

스케치 16.3 PIR 센서 모듈 `R3` `R4`

```
int PIRpin = 2, LEDpin = 3;
boolean state_previous = false;              // PIR 센서 상태
boolean state_LED = false;                   // LED 상태
int interval = 4000;                         // 4초 후에 LED 끔
unsigned long previousMillis = 0;            // PIR 센서로 마지막 인체 감지 시간
unsigned long startMillis = 0;               // LED가 켜진 시간

void setup() {
  pinMode(PIRpin, INPUT);
  pinMode(LEDpin, OUTPUT);

  digitalWrite(LEDpin, state_LED);

  Serial.begin(9600);
  while (!Serial);
}

void loop() {
  boolean state_current = digitalRead(PIRpin);
```

```
  // 이전에 감지되지 않은 상태에서 감지된 상태로 변한 경우
  if (state_current == true && state_previous == false) {
    previousMillis = millis();                     // PIR 센서로 인체를 감지한 시간

    Serial.print("* 인체가 감지되었습니다 : ");
    if (state_LED) {                               // LED가 켜진 상태이므로 켜진 상태 유지
      Serial.println("LED ON 상태 유지");
    } else {                                       // LED를 켜진 상태로 변경
      Serial.println("LED off -> ON 상태 변경");
      startMillis = previousMillis;                // LED가 켜진 시간
    }

    state_LED = true;                              // LED 켜기
    digitalWrite(LEDpin, state_LED);
  }
  state_previous = state_current;

  unsigned long currentMillis = millis();
  if (state_LED == true && currentMillis - previousMillis >= interval) {
    Serial.print("* 시간 경과(");
    Serial.print((currentMillis - startMillis) / 1000.0, 1);
    Serial.println("초)로 LED를 끕니다.");

    state_LED = false;                             // LED 끄기
    digitalWrite(LEDpin, state_LED);               // LED 상태 변경
  }
}
```

그림 16.12는 스케치 16.3의 실행 결과로, LED가 켜지면 최소 4초 동안 켜진 상태를 유지한다. LED는 인체가 마지막으로 감지된 이후 4초 후에 꺼지도록 설정했으므로 LED가 켜진 상태에서 다시 인체가 감지되면 LED가 켜져 있는 시간은 늘어난다.

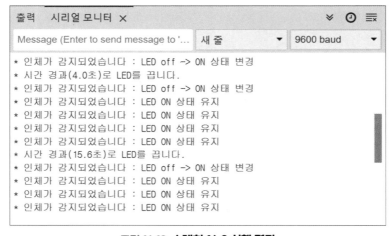

그림 16.12 스케치 16.3 실행 결과

스케치 16.3은 loop 함수 내에서 PIR 센서의 출력을 확인하고 센서 출력이 LOW에서 HIGH로 변할 때 동작한다. loop 함수에서 센서 모듈의 출력 변화를 검사하는 방법 대신 인터럽트를 사용할 수도 있다. 인터럽트를 사용하면 하드웨어에서 입력 핀의 변화를 감시하고 입력값에 변화가 생겼을 때 인터럽트 서비스 루틴Interrupt Service Routine, ISR을 자동으로 호출하여 필요한 동작을 수행할 수 있다. **인터럽트는 하드웨어의 지원이 필요하므로 아두이노 우노의 경우 2번과 3번 핀으로만 사용할 수 있다.** 인터럽트를 사용하기 위해서는 attachInterrupt 함수로 입력의 변화 종류와 ISR을 지정해야 한다.

■ attachInterrupt

```
void attachInterrupt(uint8_t interrupt, void (*function)(void), int mode)
  - 매개변수
    interrupt: 인터럽트 번호
    function: 인터럽트 서비스 루틴 이름
    mode: 인터럽트 발생 시점
  - 반환값: 없음
```

매개변수인 interrupt는 인터럽트 번호로, 인터럽트 사용이 가능한 핀 번호를 인터럽트 번호로 변환하는 digitalPinToInterrupt 함수를 사용하면 얻을 수 있다. function에는 ISR 이름을 지정하며, mode는 인터럽트 발생 시점으로 상승 에지에서 발생하는 RISING, 하강 에지에서 발생하는 FALLING, 상승 및 하강 에지에서 발생하는 CHANGE 등이 주로 사용된다.

■ digitalPinToInterrupt

```
uint8_t digitalPinToInterrupt(uint8_t pin)
  - 매개변수
    pin: 핀 번호
  - 반환값: 인터럽트 번호
```

attachInterrupt 함수에서 사용하는 인터럽트 번호는 핀 번호와는 다르므로 핀 번호를 인터럽트 번호로 변환하는 데 digitalPinToInterrupt 함수를 사용한다. 아두이노 우노에서는 2번과 3번 핀으로만 인터럽트를 사용할 수 있다.

스케치 16.4는 2번 핀으로 들어오는 PIR 센서 값이 LOW에서 HIGH로 변할 때 LED가 반전되는 예로, 시리얼 모니터로 메시지를 출력하지는 않는다. 스케치 16.4에서 한 가지 주의할 점은 loop 함수가 비어 있다는 것이다. **인터럽트를 사용하면 하드웨어가 입력 변화를 검사하고 입력에 변화가 있을 때 ISR을 호출하는 역할 역시 하드웨어가 담당하므로 스케치에서는 직접 ISR을 호출할 필요가 없다.** 스케치 16.4를 업로드하고 센서 앞에서 손을 움직임에 따라 LED가 켜지고 꺼지는 것을 확인해 보자.

스케치 16.4 PIR 센서 모듈: 인터럽트 사용 `R3` `R4`

```
int PIRpin = 2, LEDpin = 3;
boolean stateLED = false;

void setup() {
  pinMode(PIRpin, INPUT);
  pinMode(LEDpin, OUTPUT);

  digitalWrite(LEDpin, stateLED);

  // 2번 핀의 입력이 변할 때(CHANGE) 자동으로 ISR(turnOnOffLED)이 호출된다.
  attachInterrupt(digitalPinToInterrupt(PIRpin), turnOnOffLED, RISING);
}

void turnOnOffLED(){
  stateLED = !stateLED;                    // LED 상태 반전
  digitalWrite(LEDpin, stateLED);          // LED 상태 출력
}

void loop() {
  // loop 함수는 비어 있다.
}
```

16.5 초음파 거리 센서

거리는 일상생활에서 흔히 접하는 기본적인 양 중 하나로, 다양한 방법으로 측정하여 다양한 제품에서 사용되고 있다. 거리 측정에 사용되는 센서로는 자동차 후방 감지에 사용되는 초음파 거리 센서, 로봇 청소기나 공기청정기 등의 가전제품에서 흔히 사용되는 적외선 거리 센서, 무인 자동차에 사용하는 LIDARlight detection and ranging 센서, 자동차의 전방 차량 및 차선 인식에 사용되는 스테레오 카메라 등이 있다. 이 중 초음파 거리 센서는 한 점까지의 거리만 측정할 수 있고 측정 범위도 짧지만, 가격이 싸고 간단하게 사용할 수 있어 아두이노에서 흔히 사용된다. 초음파 거리 센서는 비가 와도 사용할 수 있고 심지어 물속에서도 사용할 수 있어 응용 범위가 넓다. 다만

온도에 따라 초음파의 전파 속도가 달라지고 일부 재질에서는 초음파가 반사되지 않아 거리 측정이 어려울 수 있다.

초음파 거리 센서는 초음파를 이용하여 거리를 측정하는 센서로 발신부와 수신부로 구성된다. 발신부는 (+)와 (-) 전압을 압전 소자에 번갈아 가해주면 압전 소자의 변형에 따라 초음파가 발생하는 역압전 효과를 이용한다. 반면 수신부는 발신부에서 발생한 초음파가 물체에 반사되어 돌아오는 반사파에 의해 압전소자가 진동하고, 압전소자 진동으로 전압이 발생하는 정압전효과를 이용한다. **초음파 거리 센서는 발신부에서 초음파를 출력한 시간과 수신부에서 반사파가 감지된 시간을 기초로 거리를 계산한다.**

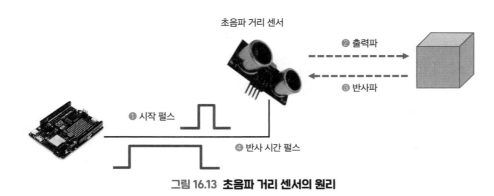

그림 16.13 초음파 거리 센서의 원리

초음파는 지향성과 직진성이 높으며 20°C 공기 중에서 약 344m/s의 일정한 속도로 진행하므로 거리 측정에 흔히 사용된다. 그림 16.13의 초음파 거리 센서는 4개의 연결 핀을 갖고 있다. 이 중 2개는 전원 연결 핀이고 나머지 2개는 거리 측정에 사용되는 트리거trigger, TRIG와 에코echo, ECHO 핀이다. 트리거 핀은 거리 측정을 시작하기 위한 신호를 출력하는 핀이고, 에코 핀은 반사파 감지 여부를 출력하는 핀이다. 초음파 거리 센서로 거리를 측정하는 방법은 다음과 같다.

❶ 트리거 핀으로 10μs의 펄스를 출력하여 거리 측정을 시작한다.
❷ 트리거 핀의 펄스에 의해 거리 측정이 시작되면 초음파 거리 센서의 발신부는 초음파 펄스를 출력한다.
❸ 초음파 펄스 출력이 끝나면 에코 핀은 HIGH 상태가 되고, 초음파 거리 센서의 수신부는 물체에 반사되어 돌아오는 반사파를 기다린다.
❹ 초음파 거리 센서의 수신부가 반사파를 감지하면 에코 핀은 LOW 상태로 바뀌면서 거리 측정이 끝난다.
❺ 아두이노에서는 에코 핀의 펄스 길이를 바탕으로 거리를 계산한다.

그림 16.14는 초음파 거리 센서로 거리를 측정하는 과정을 나타낸 것이다.

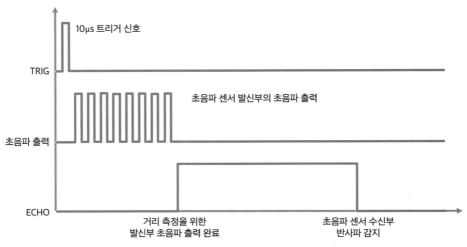

그림 16.14 **초음파 거리 센서로 거리를 측정하는 과정**

에코 핀으로 거리에 비례하는 펄스가 출력되면 아두이노에서는 펄스의 길이를 측정해서 거리를 계산할 수 있으며 pulseIn 함수를 사용할 수 있다.

■ **pulseIn**

```
unsigned long pulseIn(uint8_t pin, uint8_t state, unsigned long timeout = 1000000L)
  – 매개변수
    pin: 펄스를 읽어 들일 핀 번호
    state: 읽어 들일 펄스의 종류, HIGH 또는 LOW
    timeout: 지정한 종류의 펄스가 끝나기까지의 마이크로초 단위 대기 시간으로, 디폴트 값은 1초
  – 반환값: 마이크로초 단위의 펄스 길이를 반환하며 타임아웃 이전에 펄스가 끝나지 않으면 0을
    반환
```

지정한 번호의 핀으로부터 펄스를 읽어 펄스의 길이를 마이크로초 단위로 반환한다. state에 HIGH를 지정하고 pulseIn 함수를 호출하면 먼저 입력 핀으로 상승 에지가 발생할 때까지 기다린 후, 하강 에지가 발생할 때까지의 시간을 측정하여 그 길이를 마이크로초 단위로 반환한다. 펄스의 길이 측정이 완료되기까지의 대기 시간을 timeout 값으로 지정할 수 있다.

초음파는 20℃에서 약 344m/s의 속도로 공기 중에서 전파되므로 344m 거리에 있는 물체에 초음파가 반사되어 돌아오기 위해서는 2초의 시간이 필요하다. 즉, 344m 거리에 있는 물체까지의 거리를

측정하면 2×10^6마이크로초 길이의 펄스가 에코 핀에서 출력된다. 펄스 길이($2\times10^6\mu s$)를 센티미터 단위의 거리(34,400cm)로 나누면 펄스 길이에서 센티미터 단위의 거리를 얻기 위한 상수($\frac{2\times10^6}{34,400}\approx58.14$)를 얻을 수 있으며, pulseIn 함수가 반환하는 값을 구해진 상수 58.14로 나누면 센티미터 단위의 거리를 얻을 수 있다. 그림 16.15와 같이 초음파 거리 센서를 아두이노 우노에 연결하자.

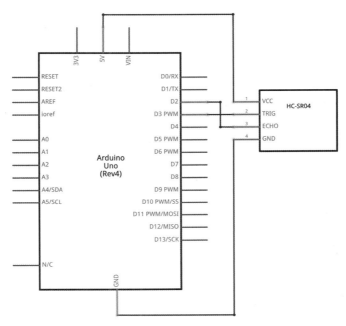

그림 16.15 **초음파 거리 센서 연결 회로도**

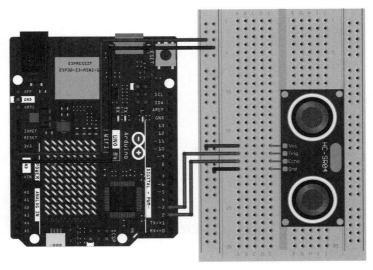

그림 16.16 **초음파 거리 센서 연결 회로**

스케치 16.5는 초음파 거리 센서 앞에 놓인 물체까지의 거리를 측정하여 1초에 한 번 시리얼 모니터로 출력하는 예다.

스케치 16.5 초음파 거리 센서 R3 R4

```
int triggerPin = 3;
int echoPin = 2;

void setup() {
  Serial.begin(9600);
  while (!Serial);

  pinMode(triggerPin, OUTPUT);              // 트리거 핀 출력으로 설정
  pinMode(echoPin, INPUT);                  // 에코 핀 입력으로 설정
}

void loop() {
  digitalWrite(triggerPin, HIGH);           // 트리거 핀으로 10μs의 펄스 발생
  delayMicroseconds(10);
  digitalWrite(triggerPin, LOW);

  // echo 핀 입력으로부터 거리를 cm 단위로 계산
  int pulseWidth = pulseIn(echoPin, HIGH);
  int distance = pulseWidth / 58.14;        // 정수로만 출력

  Serial.println("거리 (cm) = " + String(distance));

  delay(1000);
}
```

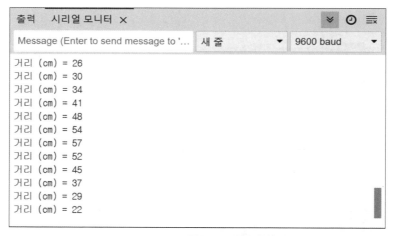

그림 16.17 스케치 16.5 실행 결과

초음파 거리 센서의 사용 방법이 어렵지는 않지만, 거리를 계산하고 단위 변환까지 제공해 주는 라이브러리 역시 여러 가지가 공개되어 있다. 그중 하나인 NewPing 라이브러리를 사용하여 거리를 측정해 보자. 먼저 라이브러리 매니저에서 NewPing 라이브러리를 찾아 설치한다.[1]

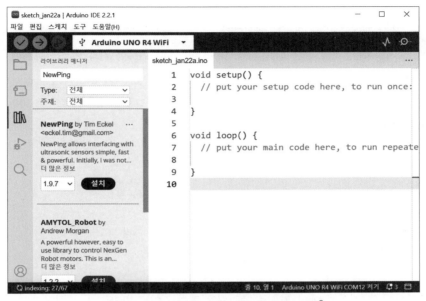

그림 16.18 **NewPing 라이브러리 검색 및 설치**[2]

NewPing 라이브러리를 사용하기 위해서는 먼저 헤더 파일을 포함해야 한다. '스케치 ➡ 라이브러리 포함하기 ➡ NewPing' 메뉴 항목을 선택하거나 #include 문을 직접 입력하면 된다.

```
#include <NewPing.h>
```

NewPing 라이브러리는 객체를 통해 물체까지의 거리 정보를 다양한 방법으로 제공한다.

■ **NewPing**

```
NewPing::NewPing(uint8_t trigger_pin, uint8_t echo_pin, unsigned int max_cm_distance = MAX_
SENSOR_DISTANCE)
```
  – 매개변수

---

1   아두이노 우노 R4에서 NewPing 라이브러리를 사용한 스케치를 컴파일하면 "경고: 라이브러리 NewPing이 avr, arm, megaavr, esp32 아키텍처에서 실행되며 renesas_uno 아키텍처에서 실행되는 현재 보드에서는 호환되지 않을 수 있습니다."라는 경고 메시지가 출력되지만, 거리 측정에는 문제가 없다.

2   https://bitbucket.org/teckel12/arduino-new-ping/wiki/Home

```
    trigger_pin: 트리거 핀
    echo_pin: 에코 핀
    max_cm_distance: 센티미터(cm) 단위의 측정 가능한 최대 거리
 - 반환값: 없음
```

초음파 거리 센서 제어를 위한 객체를 생성한다. 객체를 생성할 때는 트리거 및 에코 핀으로 사용할 핀 번호를 지정한다. 서로 다른 핀을 사용하는 여러 개의 초음파 거리 센서를 동시에 사용하기 위해 여러 개의 객체를 생성하여 사용할 수 있다. 측정할 수 있는 최대 거리는 디폴트로 500cm로 설정되어 있지만, 200cm 이상의 거리는 신뢰도가 낮은 것으로 알려져 있으므로 **200cm 이내의 거리 측정에 사용하는 것을 추천한다.**

■ ping

```
unsigned int NewPing::ping(unsigned int max_cm_distance = 0)
 - 매개변수
   max_cm_distance: 센티미터(cm) 단위의 측정 가능한 최대 거리
 - 반환값: 에코 핀으로 출력되는 마이크로초 단위 펄스 길이
```

거리를 측정하여 그 결과를 에코 핀으로 출력되는 펄스 길이로 반환한다. 지정한 최대 거리에 따라 대기 시간이 설정되며, 대기 시간 내에 반사파를 감지하지 못하면 0을 반환한다.

■ ping_cm

```
unsigned long NewPing::ping_cm(unsigned int max_cm_distance = 0)
 - 매개변수
   max_cm_distance: 센티미터(cm) 단위의 측정 가능한 최대 거리
 - 반환값: 센티미터(cm) 단위의 거리
```

거리를 측정하여 그 결과를 센티미터 단위로 반환하는 것을 제외하면 ping 함수와 같다.

■ ping_in

```
unsigned long NewPing::ping_in(unsigned int max_cm_distance = 0)
 - 매개변수
   max_cm_distance: 센티미터(cm) 단위의 측정 가능한 최대 거리
 - 반환값: 인치(inch) 단위의 거리
```

거리를 측정하여 그 결과를 인치 단위로 반환하는 것을 제외하면 ping 함수와 같다.

■ **ping_median**

```
unsigned long NewPing::ping_median(uint8_t it = 5, unsigned int max_cm_distance = 0)
  - 매개변수
    it: 측정 횟수
    max_cm_distance: 센티미터(cm) 단위의 측정 가능한 최대 거리
  - 반환값: 에코 핀으로 출력되는 마이크로초 단위 펄스 길이
```

it 값으로 지정한 횟수만큼 거리 측정을 반복하여 측정값의 중앙값$_{median}$을 반환한다. 반환값의 형식은 ping 함수와 같은 펄스의 길이다.

■ **convert_cm, convert_in**

```
static unsigned int NewPing::convert_cm(unsigned int echoTime)
static unsigned int NewPing::convert_in(unsigned int echoTime)
  - 매개변수
    echoTime: 거리 측정에서 에코 핀으로 출력되는 펄스 길이
  - 반환값: 센티미터(cm) 또는 인치(inch) 단위의 거리
```

ping 함수나 ping_median 함수 등에서 반환하는 마이크로초 단위 펄스 길이를 센티미터 또는 인치 단위의 거리로 변환하여 반환한다.

스케치 16.6은 초음파 거리 센서 앞에 놓인 물체까지의 거리를 측정하여 1초에 한 번 시리얼 모니터로 출력하는 스케치를 NewPing 라이브러리를 사용하여 작성한 것이다.

스케치 16.6 초음파 거리 센서: newPing 라이브러리　R3　R4

```
#include <NewPing.h>

NewPing ultrasonic(3, 2);                              // (트리거 핀, 에코 핀)

void setup() {
  Serial.begin(9600);
  while (!Serial);
}

void loop() {
  int pulseWidth = ultrasonic.ping_median();           // 5번 측정 중앙값
  int distanceCM = ultrasonic.convert_cm(pulseWidth);  // 센티미터 단위 변환
  int distanceIN = ultrasonic.convert_in(pulseWidth);  // 인치 단위 변환
```

```
    Serial.print("거리 = ");
    Serial.print(String(distanceCM) + " cm,\t");
    Serial.println(String(distanceIN) + " inch");

    delay(1000);
}
```

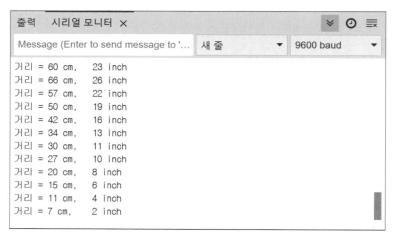

그림 16.19 스케치 16.6 실행 결과

디지털 온습도 센서

LM35 센서는 온도에 비례하는 아날로그 전압을 출력하므로 analogRead 함수로 읽어 디지털 데이터로 변환한 후 온도로 변환하는 과정을 거친다. 이에 비해 **DHT 시리즈 센서는 디지털 값으로 변환된 온도를 얻을 수 있고, 습도 역시 함께 얻을 수 있으며, 시리얼 통신을 사용하므로 하나의 연결선만 사용하는 등 여러 가지 장점이 있다.** DHT 시리즈 센서는 DHT 시리즈 센서에서만 사용할 수 있는 전용 시리얼 통신을 사용한다.

DHT 시리즈 센서 중 DHT11 센서는 4개의 핀을 갖고 있으며 이 중 2개는 전원 핀, 1개는 데이터 출력 핀이고 나머지 1개는 사용하지 않는 핀이다. DHT22 센서 역시 핀의 개수와 배치는 같지만, DHT11보다 정밀도가 높다는 차이가 있다.

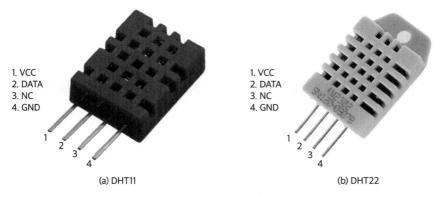

| 1. VCC
2. DATA
3. NC
4. GND | 1. VCC
2. DATA
3. NC
4. GND |
| (a) DHT11 | (b) DHT22 |

그림 16.20 **DHT 시리즈 온습도 센서**

데이터 핀으로는 5바이트의 데이터를 전송하며 2바이트의 습도 데이터, 2바이트의 온도 데이터 그리고 1바이트의 패리티 데이터로 구성된다. DHT11 센서가 반환하는 데이터 형식은 표 16.1과 같다.

표 16.1 **DHT11 센서 데이터 형식**

습도		온도		패리티 바이트
0011 0101	0000 0000	0001 1000	0000 0000	0100 1101
data[0]	data[1]	data[2]	data[3]	data[4]

패리티 바이트는 4바이트의 온도와 습도 데이터를 모두 더한 값과 일치하며, 이때 자리올림은 무시한다.

온도와 습도 데이터 바이트 합   패리티 바이트
0011 0101 + 0000 0000 + 0001 1000 + 0000 0000 = 0100 1101

DHT11 센서가 반환하는 2바이트의 온도 데이터와 습도 데이터 중 첫 번째 데이터 바이트(data[0]과 data[2])에만 온도와 습도 정보가 포함되어 있고 두 번째 데이터 바이트(data[1]과 data[3])는 사용하지 않는다. DHT11 센서에서는 표 16.1에서 첫 번째 바이트의 이진수 값을 그대로 10진수로 변환하여 섭씨온도와 상대 습도Relative Humidity, RH를 얻을 수 있다. 상대 습도란 공기 중에 최대로 포함될 수 있는 수증기의 양(포화수증기량)과 비교해서 현재 수증기의 양을 퍼센트로 나타낸 것으로, 온도에 따라 달라지는 값이다.

$$0011\ 0101_2 = 53\%$$
$$0001\ 1000_2 = 24°C$$

DHT22 센서가 반환하는 데이터 형식은 DHT11 센서와 같지만 두 번째 바이트에도 온도와 습도 정보가 포함되어 있다.

표 16.2 **DHT22 센서 데이터 형식**

습도		온도		패리티 바이트
0000 0010	1001 0010	0000 0001	0000 1101	1010 0010
data[0]	data[1]	data[2]	data[3]	data[4]

패리티 바이트 계산 방법은 DHT11 센서와 같다. 하지만 DHT22 센서는 소수점 첫째 자리까지 측정값을 제공하며, 표 16.2에서 2바이트 2진수 데이터를 십진수로 변환한 후 10으로 나누어 온도와 상대 습도를 얻을 수 있다.

$$0000\ 0010\ 1001\ 0010 = 0x0292 = 658 \rightarrow 65.8\% \text{ 습도}$$
$$0000\ 0001\ 0000\ 1101 = 0x010D = 269 \rightarrow 26.9°C \text{ 온도}$$

표 16.3은 DHT11 센서와 DHT22 센서의 사양을 비교한 것이다.

표 16.3 **DHT11 센서와 DHT22 센서 사양 비교**

항목		DHT11	DHT22
동작 전압		3~5V	
샘플링 속도		1Hz(1초에 한 번)	0.5Hz(2초에 한 번)
온도	분해능	1°C	0.1°C
	정확도	±2°C	±0.5°C
	측정 범위	0~50°C	−40~80°C
습도	분해능	1%RH	0.1%RH
	정확도	±5%RH	±3%RH
	측정 범위	20~90%RH	0~100%RH

DHT 센서를 사용하기 위해서는 먼저 라이브러리를 설치해야 한다. 라이브러리 매니저에서 'DHT sensor'를 검색해서 Adafruit의 DHT sensor library를 설치하자.

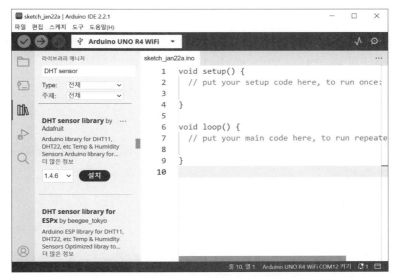

그림 16.21 **DHT sensor library 검색 및 설치**[3]

DHT sensor library 설치를 선택하면 연관된 라이브러리인 Adafruit Unified Sensor 라이브러리 설치를 위한 창이 나타날 수 있다. Adafruit Unified Sensor 라이브러리는 다양한 센서를 위한 공통의 인터페이스를 제공하는 라이브러리이므로 함께 설치하자. 함께 설치하지 않았다면 라이브러리 매니저에서 'Unified Sensor'를 검색하여 별도로 설치할 수 있다.

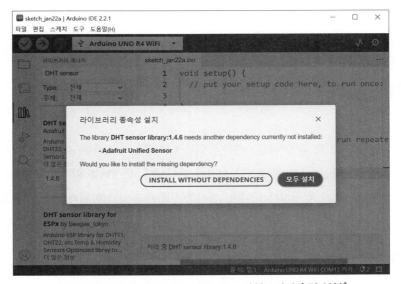

그림 16.22 **Adafruit Unified Sensor 라이브러리 추가 설치**[4]

---

3   https://github.com/adafruit/DHT-sensor-library

4   https://github.com/adafruit/Adafruit_Sensor

DHT sensor library를 사용하기 위해서는 먼저 헤더 파일을 포함해야 한다. '스케치 ➡ 라이브러리 포함하기 ➡ DHT sensor library' 메뉴 항목을 선택하면 2개의 헤더 파일이 포함되지만, 꼭 포함해야 하는 헤더 파일은 DHT.h뿐이므로 #include 문을 직접 입력해도 된다.

```
#include <DHT.h>
```

DHT sensor library에서 제공하는 DHT 클래스는 온도와 습도를 얻기 위해 다음과 같은 멤버 함수를 제공하고 있다.

■ DHT

```
DHT::DHT(uint8_t pin, uint8_t type)
  - 매개변수
    pin: 센서 연결 핀
    type: 센서 종류(DHT11, DHT12, DHT21, DHT22 등)
  - 반환값: 없음
```

DHT 센서를 위한 객체를 생성한다. 이때 센서가 연결된 핀과 센서의 종류를 지정한다. 센서 종류는 미리 정의된 상수를 사용하면 된다.

■ begin

```
void DHT::begin(uint8_t usec = 55)
  - 매개변수
    usec: 데이터 읽기 시작할 때 데이터 라인을 LOW로 설정할 시간
  - 반환값: 없음
```

객체를 초기화한다. 초기화 과정에서는 센서를 읽는 타이밍을 설정하며, 매개변수는 데이터를 읽기 시작할 때 데이터 라인을 LOW로 설정할 시간을 나타낸다. 데이터를 읽기 시작할 때 최소 $18\mu s$ 동안 데이터 라인을 LOW로 설정해야 하지만, 안정적인 데이터 읽기를 위해 디폴트 값을 사용하면 된다.

■ readTemperature

```
float DHT::readTemperature(bool S = false, bool force = false)
  - 매개변수
```

센서로부터 데이터를 읽어 온도를 반환한다. 온도와 습도는 센서로부터 5바이트 데이터를 한 번에 읽고 이를 나누어 사용한다. 온도 단위는 섭씨가 디폴트다. 매개변수 force는 센서로부터 데이터를 강제로 읽기 위해 사용한다. 하지만 **DHT 센서를 2초 이내에 다시 읽으면 이전에 읽어 저장한 값을 반환**하므로, DHT 클래스 역시 마지막으로 센서 값을 읽은 후 2초가 지나지 않으면 마지막으로 읽어 객체에 저장된 값을 반환한다.[5] 센서로부터 데이터를 읽기에 실패하면 NAN을 반환한다.

■ **readHumidity**

```
float DHT::readHumidity(bool force = false)
 – 매개변수
   force: 센서로부터 데이터를 강제로 읽을지 여부
 – 반환값: 습도 또는 NAN
```

센서로부터 데이터를 읽어 습도를 반환한다. 온도와 습도는 센서로부터 5바이트 데이터를 한 번에 읽고 이를 나누어 사용한다. 매개변수 force는 **readTemperature** 함수에서와 마찬가지로 센서로부터 데이터를 강제로 읽기 위해 사용한다. 센서로부터 데이터를 읽는 데 실패하면 NAN을 반환한다.

DHT22 온습도 센서를 그림 16.21과 같이 연결하자. 데이터 핀에는 5kΩ에서 10kΩ 사이의 풀업 저항을 사용해야 하며 그림 16.21에서는 10kΩ 저항을 사용했다. DHT11 온습도 센서도 같은 방법으로 연결하여 사용할 수 있다.

---

5   DHT11 센서의 경우 1초 간격으로 센서 값을 읽을 수 있지만, DHT 라이브러리는 DHT22 센서를 기준으로 최소 2초 간격으로 읽을 수 있도록 만들어져 있다.

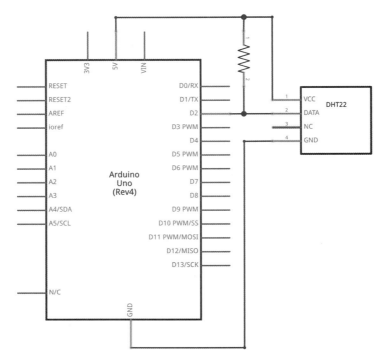

그림 16.23 DHT22 온습도 센서 연결 회로도

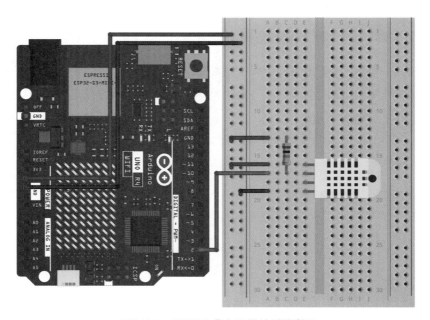

그림 16.24 DHT22 온습도 센서 연결 회로

스케치 16.7은 DHT22 온습도 센서에서 온도와 습도를 읽어 시리얼 모니터로 출력하는 예다. 스케치 16.7에서는 센서에서 데이터 읽기 성공 여부를 확인하기 위해 C/C++ 표준 함수인 isnan 함수를 사용했다. DHT11 센서를 사용한다면 객체를 생성할 때 DHT22가 아닌 DHT11을 지정하면 된다.

스케치 16.7 DHT11 온습도 센서　　　R3　R4

```
#include <DHT.h>

const byte DHTPIN = 2;                      // DHT22 센서가 연결된 핀
DHT dht(DHTPIN, DHT22);                      // 객체 생성

void setup() {
  Serial.begin(9600);
  while (!Serial);

  dht.begin();                              // 센서 초기화
}

void loop() {
  delay(2000);                              // 2초 이상의 시간 간격을 둔 읽기 추천

  float h = dht.readHumidity();
  float c = dht.readTemperature();          // 섭씨온도, 디폴트 값
  float f = dht.readTemperature(true);      // 화씨온도

  if (isnan(h) || isnan(c) || isnan(f)) {
    Serial.println("* 데이터 읽기 실패");
      return;
  }

  Serial.println(String("습도 \t: ") + h + " %");
  Serial.println(String("섭씨온도 \t: ") + c + " C");
  Serial.println(String("화씨온도 \t: ") + f + " F");
  Serial.println();
}
```

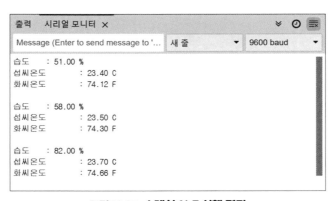

그림 16.25 스케치 16.7 실행 결과

16.7 맺는말

아두이노는 간단한 제어 장치를 만드는 데 흔히 사용되며 이를 위한 입력 장치로 다양한 센서가 사용된다. 센서는 주변 환경에서 다양한 물리량을 측정하는 장치로, 아날로그 데이터를 출력한다. 하지만 아날로그 데이터는 디지털로 변환된 후에라야 아두이노에서 사용할 수 있다. 하지만 아두이노에 포함된 ADC는 다양한 센서의 특성을 반영하지 못하고 ADC의 0~5V 전압 범위는 센서를 위해 사용하기에는 너무 넓은 것이 사실이다. 따라서 최근에는 센서에 맞는 ADC와 센서 특징을 반영한 데이터 처리 기능까지 포함하고 있는 센서 모듈을 흔히 볼 수 있다.

이 장에서는 아날로그 데이터를 출력하는 온도 센서와 조도 센서, 비트 단위의 디지털 데이터를 출력하는 PIR 센서, 길이가 다른 펄스를 출력하는 초음파 거리 센서, 그리고 센서 전용의 시리얼 통신을 사용하는 온습도 센서의 사용 방법을 살펴봤다. 이 외에도 다양한 센서가 다양한 물리량을 측정하고 수집하는 데 사용될 수 있다. 센서가 많은 데이터를 전송하지는 않으므로 저속이지만 연결이 간편한 I2C 통신을 사용하는 경우 역시 흔히 볼 수 있으며 19장 'I2C 통신'에서 I2C 통신을 사용하는 가속도 센서의 사용 방법을 살펴볼 것이다.

1 DHT22 온습도 센서를 그림 16.23과 같이 2번 핀에 연결하자. 온도가 T1보다 작거나 같으면 내장 LED는 꺼져 있고, T1보다 크고 T2(> T1)보다 작거나 같으면 1초 간격으로 내장 LED가 점멸하고, T2보다 크면 0.5초 간격으로 내장 LED가 점멸하도록 스케치를 작성해 보자.

출력 시리얼 모니터 ✕	≫ ⏱ ☰
Message (Enter to send message to '...	새 줄 ▾ 9600 baud ▾

```
온도 :  23.7도   LED 꺼진 상태
온도 :  23.7도   LED 꺼진 상태
온도 :  23.7도   LED 꺼진 상태
온도 :  23.7도   LED 꺼진 상태
온도 :  24.2도   현재 점멸 주기 : 1.0초
온도 :  24.2도   현재 점멸 주기 : 1.0초
온도 :  25.3도   현재 점멸 주기 : 0.5초
온도 :  25.3도   현재 점멸 주기 : 0.5초
온도 :  25.3도   현재 점멸 주기 : 0.5초
온도 :  25.3도   현재 점멸 주기 : 0.5초
온도 :  26.7도   현재 점멸 주기 : 0.5초
온도 :  26.7도   현재 점멸 주기 : 0.5초
```

2 아두이노에서 흔히 사용하는 거리 센서에는 초음파 거리 센서 이외에 적외선 거리 센서가 있다. 적외선은 빛의 속도로 전파되므로 초음파와 같이 반사되어 오는 시간을 기준으로 거리를 측정하기는 어렵다. 적외선 거리 센서의 동작 원리를 알아보고, 초음파 거리 센서와 장단점을 비교해 보자.

3 다양한 센서를 다양한 환경에서 사용할 수 있는 이유 중 하나는 아주 작은 크기의 센서를 만들 수 있기 때문이며 이를 가능하게 하는 기술 중 하나가 MEMS Micro-ElectroMechanical Systems 기술이다. MEMS 센서는 반도체 미세 공정 기술을 응용하여 만들어지므로 작은 크기, 낮은 가격, 높은 신뢰성 등 기존 센서에 비해 장점이 많다. MEMS 센서는 스마트폰, 웨어러블 기기 등 다양한 기기에 포함되어 있다. 일상생활에서 사용되고 있는 MEMS 센서를 찾아보자.

소리 재생하기

소리를 재생하기 위해서는 아날로그 데이터를 사용해야 한다. 소리 재생을 위해 아두이노 우노 R4의 DAC를 사용할 수도 있지만, 아날로그 데이터와 비슷한 효과를 얻을 수 있는 펄스 폭 변조 신호를 사용해서도 간단한 멜로디를 재생할 수 있다. 아날로그 데이터를 출력하는 것과 비교하면 소리의 품질에 차이가 있지만, 마이크로컨트롤러로 간단한 효과음을 내기에는 충분하다. 이 장에서는 아두이노 우노에서 PWM 신호를 사용하여 소리를 재생하는 방법을 살펴본다.

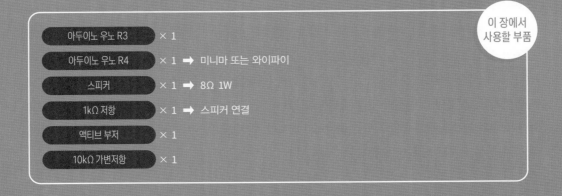

이 장에서
사용할 부품

아두이노 우노 R3	× 1	
아두이노 우노 R4	× 1	➡ 미니마 또는 와이파이
스피커	× 1	➡ 8Ω 1W
1kΩ 저항	× 1	➡ 스피커 연결
액티브 부저	× 1	
10kΩ 가변저항	× 1	

tone 함수

사람의 오감을 통해 인지할 수 있는 데이터는 아날로그 데이터이며 소리도 그중 하나다. 하지만 마이크로컨트롤러는 디지털 컴퓨터의 한 종류로 디지털 데이터만을 다룰 수 있어 소리를 직접 재생하기는 어렵다. 아두이노 우노 R4에는 DAC가 포함되어 있으므로 소리를 직접 재생하는 것이 가능하지만, 일반적으로 마이크로컨트롤러는 음악을 재생하는 목적으로 사용되지는 않으며 필요한 경우 간단한 효과음을 내는 것으로 충분하다. 마이크로컨트롤러에서 아날로그 데이터와 비슷한 효과를 얻기 위해 사용하는 것이 펄스 폭 변조Pulse Width Modulation, PWM 신호이며, PWM 신호를 사용하면 간단한 멜로디를 재생할 수 있다.

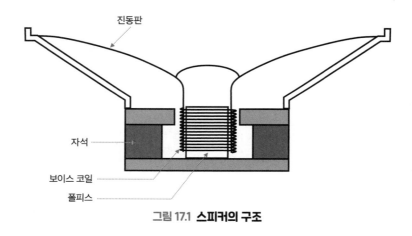

그림 17.1 스피커의 구조

소리를 내는 데는 스피커가 필요하다. 스피커는 그림 17.1과 같이 진동판, 영구자석, 보이스 코일 등으로 구성되어 있다. 보이스 코일에 아날로그 신호를 흘려보내면 코일에 자기장이 형성되고, 영구자석과 코일 사이에 인력과 척력이 발생하여 폴피스pole piece를 밀거나 당기면 진동판 역시 같이 움직여 진동이 발생하고, 이 진동으로 소리가 만들어진다. 이때 낮은 주파수의 아날로그 신호로 진동판을 천천히 진동시키면 저음이 만들어지고, 높은 주파수로 빨리 진동시키면 고음이 만들어진다. 같은 주파수라도 큰 전력으로 자기장이 세지면 진동판이 움직이는 진폭이 커져 큰 소리가 만들어지고, 진폭이 작아지면 낮은 소리가 만들어진다. 즉, **스피커를 통해 소리를 만들 수 있는 신호는 주파수와 진폭을 변화시킬 수 있는 아날로그 신호다.** 하지만 아두이노 우노에서 소리를 재생하는 데는 대부분 PWM 신호가 사용된다.

PWM 신호 역시 주파수를 변화시킬 수 있다. 하지만 아날로그 신호와 달리 진폭을 변화시킬 수는 없다. 따라서 **PWM 신호로 음높이를 바꾸는 것은 가능하지만 소리의 크기를 바꿀 수는 없다.** 물론 가변저항을 사용하면 소리 크기를 변화시킬 수 있다. PWM 신호를 사용하여 단음을 재생할 수 있도록 아두이노에서는 tone 함수를 제공하고 있으므로 스피커만 연결하면 간단한 멜로디를 재생할 수 있다.

■ tone

```
void tone(uint8_t pin, unsigned int frequency, unsigned long duration = 0)
  - 매개변수
    pin: 핀 번호
    frequency: 출력 주파수
    duration: 밀리초 단위의 출력 지속 시간
  - 반환값: 없음
```

지정한 번호의 핀으로 50% 듀티 사이클과 지정된 주파수를 갖는 구형파square wave를 지정된 시간 동안 출력하여 단음을 재생한다. 지속 시간이 지정되지 않으면 noTone 함수가 호출될 때까지 출력이 계속된다.

■ noTone

```
void noTone(uint8_t pin)
  - 매개변수
    pin: 핀 번호
  - 반환값: 없음
```

지정한 번호의 핀으로 tone 함수에 의해 시작된 구형파 출력을 정지한다.

tone 함수를 사용하면 스피커나 피에조 버저piezo buzzer를 통해 소리를 재생할 수 있다. tone 함수는 마이크로컨트롤러의 타이머를 사용하는 논블로킹 함수non-blocking function다. 즉, 소리 재생이 타이머에 의해 자동으로 이루어지므로 tone 함수를 호출하면 지속 시간이 다할 때까지 기다리지 않고 즉시 반환한다. 한 가지 주의할 점은 아두이노 우노 R3에서는 3번과 11번 핀으로의 PWM 신호 출력과 tone 함수를 위해 같은 타이머를 사용한다는 점이다. 따라서 **아두이노 우노 R3에서는 3번과 11번 핀으로의 PWM 신호 출력과 tone 함수를 같이 사용할 수 없다. 아두이노 우노 R4에서는 더 많은 수의 타이머를 사용할 수 있으므로 이런 제약이 없다.** 1kΩ 저항을 통해 스피커를 디지털 8번 핀에 연결하고 tone 함수를 사용하여 단음을 재생해 보자.

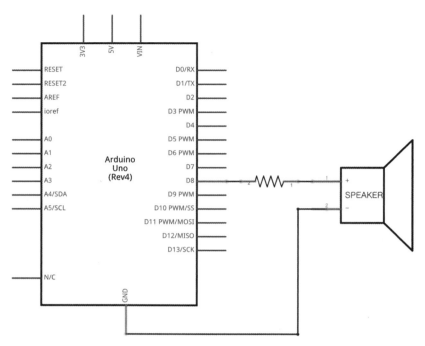

그림 17.2 **스피커 연결 회로도**

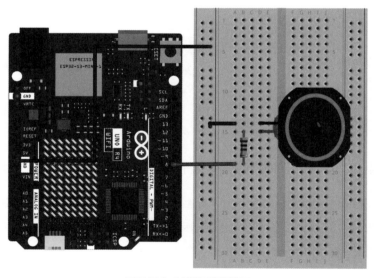

그림 17.3 **스피커 연결 회로**

tone 함수를 사용하여 음을 재생하기 위해서는 재생하고자 하는 음의 주파수를 알고 있어야 한다. 음높이에 해당하는 주파수는 pitches 라이브러리에서 확인할 수 있다. 먼저 pitches 라이브러리리를 설치해 보자. pitches 라이브러리는 라이브러리 매니저에서 검색되지 않으므로 라이브러리 사이트[1]에서 파일을 내려받아야 한다. pitches 라이브러리는 pitches.h 파일 하나로 구성되어 있다. 파일을 내려받은 후 스케치북 디렉터리의 'libraries' 폴더 아래에 'pitches' 폴더를 만들고 그 안에 내려받은 pitches.h 파일을 복사한다. **라이브러리 파일을 복사해서 라이브러리를 설치하면 아두이노 IDE를 다시 시작해야 한다.**

pitches 라이브러리를 사용하기 위해서는 먼저 헤더 파일을 포함해야 한다. '스케치 ➡ 라이브러리 포함하기 ➡ pitches' 메뉴 항목을 선택하거나 #include 문을 직접 입력하면 된다.

```
#include <pitches.h>
```

pitches 라이브러리는 함수나 클래스 없이 음높이에 해당하는 주파수만 정의하고 있다. 흔히 사용하는 음높이는 4옥타브를 기준으로 하고 있으며 도레미파솔라시는 알파벳 CDEFGAB로 표시된다. 즉, 기본 '도'는 NOTE_C4, '레'는 NOTE_D4, '미'는 NOTE_E4 등의 상수로 정의되어 있다.

스케치 17.1은 pitches 라이브러리에 정의된 상수와 tone 함수를 사용하여 학교종 멜로디를 재생하는 예다. 스케치 17.1에서 모든 음 길이는 4분음표, 즉 1분에 4개의 음을 재생하는 길이로 설정했다.

스케치 17.1 학교종 멜로디 재생: delay 함수   R3 R4

```
#include <pitches.h>

int speakerPin = 8;                              // 스피커 연결 핀

int melody[] = {                                 // 학교종 멜로디. 0은 쉼표
  NOTE_G4, NOTE_G4, NOTE_A4, NOTE_A4, NOTE_G4, NOTE_G4, NOTE_E4, 0,
  NOTE_G4, NOTE_G4, NOTE_E4, NOTE_E4, NOTE_D4, 0,
  NOTE_G4, NOTE_G4, NOTE_A4, NOTE_A4, NOTE_G4, NOTE_G4, NOTE_E4, 0,
  NOTE_G4, NOTE_E4, NOTE_D4, NOTE_E4, NOTE_C4, 0
};

int duration = 4;                                // 모든 음표는 4분음표로 통일

void setup() {
  for (int thisNote = 0; thisNote < sizeof(melody) / sizeof(int); thisNote++) {
    int noteLength = 1000 / duration;            // 음표 길이를 시간으로 변환
    // tone 함수로 지정한 음을 지정한 시간 동안 재생
    tone(speakerPin, melody[thisNote], noteLength);
```

---

1   https://gist.github.com/mikeputnam/2820675

```
    // 음표와 음표 사이의 시간 간격을 두도록 지연 시간을 음표 길이의 110%로 설정
    int pause = noteLength * 1.10;
    delay(pause);
  }
}

void loop() {
}
```

스케치 17.1에서 tone 함수는 음 재생을 시작하고 바로 반환하지만, 음 재생이 끝날 때까지 기다리기 위해 delay 함수를 사용하고 있다. 따라서 스케치 17.1에 다른 작업을 추가하기는 쉽지 않다. 이를 해결하기 위해서는 millis 함수를 사용해야 한다. 스케치 17.2는 스케치 17.1에서 delay 함수 대신 millis 함수를 사용하여 멜로디를 재생하도록 한 예다. 다만 스케치 17.1은 멜로디가 한 번 재생된 후 멈춘다면 스케치 17.2는 반복해서 멜로디가 재생된다는 차이가 있다.

스케치 17.2 **학교종 멜로디 재생: millis 함수**   R3   R4

```
#include <pitches.h>

int speakerPin = 8;                        // 스피커 연결 핀

int melody[] = {                           // 학교종 멜로디. 0은 쉼표
  NOTE_G4, NOTE_G4, NOTE_A4, NOTE_A4, NOTE_G4, NOTE_G4, NOTE_E4, 0,
  NOTE_G4, NOTE_G4, NOTE_E4, NOTE_E4, NOTE_D4, 0,
  NOTE_G4, NOTE_G4, NOTE_A4, NOTE_A4, NOTE_G4, NOTE_G4, NOTE_E4, 0,
  NOTE_G4, NOTE_E4, NOTE_D4, NOTE_E4, NOTE_C4, 0
};

int duration = 4;                          // 모든 음표는 4분음표로 통일
int noteLength = 1000 / duration;          // 음 재생 시간
int pause = noteLength * 1.1;              // 음 재생 간격

int index = 0;                             // 현재 재생 음
int noNote = sizeof(melody) / sizeof(int); // 재생 음의 개수

unsigned long previousMillis;

void setup() {
  previousMillis = millis();

  tone(speakerPin, melody[index], noteLength);   // 멜로디 재생 시작
}

void loop() {
  unsigned long currentMillis = millis();

  if (currentMillis - previousMillis >= pause) {
    previousMillis = currentMillis;
```

```
    index = (index + 1) % noNote;            // 반복 재생
    tone(speakerPin, melody[index], noteLength);    // 다음 음 재생
  }
}
```

17.2 RTTTL 라이브러리

tone 함수를 사용하여 간단하게 멜로디를 재생할 수 있지만, 재생할 음높이와 길이를 지정하여 멜로디를 작성하는 것은 번거로운 것이 사실이다. 멜로디를 텍스트 기반으로 나타내는 방법 중 하나가 RTTTL이다. RTTTLRing Tone Text Transfer Language은 노키아에서 스마트폰 벨소리 전송을 위해 개발한 형식으로, 텍스트 기반이어서 쉽게 읽고 수정할 수 있으며 인터넷에서 RTTTL 형식으로 만들어진 멜로디를 쉽게 찾을 수 있다.

RTTTL 데이터는 제목, 디폴트 매개변수, 음표 데이터의 세 부분이 콜론으로 구분되어 있다. 간단한 RTTTL 데이터는 다음과 같이 나타낼 수 있다.

> Smurfs:d=32,o=5,b=200:4c#6,16p,4f#6

첫 번째 부분 'Smurfs'가 제목에 해당하고, 두 번째 디폴트 매개변수에는 표 17.1의 세 가지 값을 지정한다.

표 17.1 RTTTL의 디폴트 매개변수

기호	의미
d	디폴트 음표 길이를 나타낸다. 32는 32분음표를 의미한다.
o	디폴트 옥타브를 나타낸다.
b	디폴트 BPM(Bits Per Minute)을 지정한다. BPM은 1분에 재생하는 4분음표 수에 해당한다.

디폴트 값을 지정하지 않으면 'd=4,o=6,b=63' 값이 사용된다. 마지막 세 번째 부분은 콤마로 분리된 음표 데이터를 나타내며 하나의 음표 데이터는 4개 부분으로 이루어진다.

표 17.2 **RTTTL의 음표 표시 방법**

표시	의미
숫자	첫 번째 숫자는 음표 길이를 나타내며, 지정하지 않으면 디폴트 매개변수가 사용된다.
문자와 샵(#)	알파벳과 샵은 음높이를 나타낸다. 음높이는 a에서 g까지 기호를 사용하며 p는 쉼표를 나타낸다.
도트(.)	음높이 다음에 나오는 도트는 점음표로, 음표 길이를 1.5배로 늘리기 위해 사용한다.
숫자	마지막 숫자는 옥타브를 나타내며, 지정하지 않으면 디폴트 매개변수가 사용된다.

아두이노에서 RTTTL을 사용하기 위해서는 먼저 라이브러리를 설치해야 한다. 라이브러리 매니저에서 'RTTTL'을 검색하여 PlayRtttl 라이브러리를 설치하자.

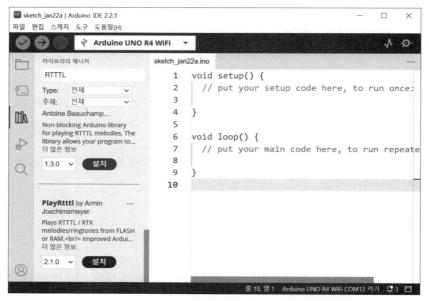

그림 17.4 **PlayRtttl 라이브러리 검색 및 설치**[2]

PlayRtttl 라이브러리를 사용하기 위해서는 먼저 헤더 파일을 포함해야 한다. '스케치 ➡ 라이브러리 포함하기 ➡ PlayRtttl' 메뉴 항목을 선택하거나 #include 문을 직접 입력하면 된다. PlayRtttl 라이브러리는 클래스가 아닌 함수 집합으로 구현되어 있으므로 포함하는 파일은 PlayRtttl.hpp이다.

```
#include <PlayRtttl.hpp>
```

---

2   https://github.com/ArminJo/PlayRtttl

PlayRtttl 라이브러리는 tone 함수를 사용하여 RTTTL 데이터를 재생하기 위해 다음과 같은 함수를 정의하고 있다.

- **startPlayRtttl**

```
void startPlayRtttl(uint8_t aTonePin, char *aRTTTLArrayPtr, void (*aOnComplete)() = NULL)
   - 매개변수
      aTonePin: 스피커 연결 핀
      aRTTLArrayPtr: RTTTL 데이터 포인터
      aOnComplete: RTTTL 데이터 재생이 끝났을 때 호출되는 콜백 함수 포인터
   - 반환값: 없음
```

RTTTL 데이터 재생을 시작한다. 스피커 연결 핀과 재생할 RTTTL 데이터에 대한 포인터 이외에 세 번째 매개변수로 재생이 끝났을 때 호출할 콜백 함수 포인터를 지정할 수 있다.

- **updatePlayRtttl**

```
bool updatePlayRtttl(void)
   - 매개변수: 없음
   - 반환값: 현재 재생 중이면 true를, 재생이 끝났거나 정지 상태이면 false를 반환
```

RTTTL 데이터 재생 상태를 업데이트한다. 재생 상태 업데이트란 현재 재생 중인 음의 길이를 확인하여 다음 음으로 진행되도록 하고 재생이 끝나면 정지하는 등의 작업을 말한다. RTTTL 데이터가 재생 중이면 true를, 아니면 false를 반환한다.

- **stopPlayRtttl**

```
void stopPlayRtttl(void)
   - 매개변수: 없음
   - 반환값: 없음
```

RTTTL 데이터 재생을 중지한다.

스케치 17.3은 RTTTL 형식의 멜로디를 재생하는 예다. RTTTL 형식의 멜로디는 인터넷에서 쉽게 찾아볼 수 있으며 PlayRtttl 라이브러리의 PlayRtttl.h 파일 내에도 20여 개의 멜로디가 정의되어 있다. 스케치 17.3에서도 라이브러리에 정의된 Flinstones 멜로디를 사용한다. PlayRtttl 라이브

러리에서는 스케치 17.2와 마찬가지로 시간 조절을 위해 millis 함수를 사용하므로 loop 함수 내에서 updatePlayRtttl 함수를 호출해야 한다.

스케치 17.3 RTTTL 데이터 재생 `R3` `R4`

```
#include <PlayRtttl.hpp>

const int TONE_PIN = 8;

void setup() {
  // 라이브러리에서 미리 정의된 멜로디 중 하나인 Flinstones 재생 시작
  startPlayRtttl(TONE_PIN, Flinstones);
}

void loop() {
  // 재생 상태를 업데이트하고 재생이 끝나면 다시 재생 시작
  if (!updatePlayRtttl()) {
    startPlayRtttl(TONE_PIN, Flinstones);
  }
}
```

17.3 버저

버저buzzer**는 직류로 구동하는 음향 장치**로, 전자제품에서 안내음이나 경고음 등을 내는 데 사용한다. 버저에서 소리를 내는 원리는 여러 가지가 있지만, 아두이노와 함께 사용되는 버저는 피에조 버저piezo buzzer가 대부분이다. 피에조 버저는 피에조 효과 또는 압전 효과를 이용한다. **피에조 효과란 압전 소자에 가하는 압력을 변화시키면 전압이 발생하고, 반대로 압전 소자에 가하는 전압을 변화시키면 압전 소자에 물리적인 변형이 생겨 진동이 발생하는 현상을 말한다.** 전자를 정압전 효과, 후자를 역압전 효과라고 하며 피에조 버저는 역압전 효과를 사용한다. 역압전 효과를 통해 진동이 발생하면 압전 소자에 연결된 막이 진동하면서 소리가 만들어진다.

피에조 버저는 다시 액티브 버저active buzzer와 패시브 버저passive buzzer로 나눌 수 있다. **액티브 버저는 발진회로가 포함되어 있어 전압을 가하는 것만으로 버저음을 낼 수 있다.** 액티브 버저 내부의 발진회로는 고정된 주파수의 단음만을 낼 수 있으므로 ON/OFF 간격을 조절하여 정해진 주파수의 음으로 여러 가지 효과음을 만들 수 있다. 액티브 버저는 극성이 있으며 긴 다리가 (+)에 해당한다.

패시브 버저는 발진회로가 포함되어 있지 않으며 PWM 신호를 사용하여 버저음을 낼 수 있다. 즉, 스피커만큼 자연스럽지는 않지만 tone 함수를 사용하여 소리를 낼 수 있다. 패시브 버저 역시 극성이 있지만, 액티브 버저처럼 다리 길이로 구별하지 않고 윗면에 (+) 표시를 해서 구별한다. 패시브 버저는 액티브 버저와 연결 방법이 같고 스피커와 같은 방법으로 소리를 낼 수 있으므로 별도로 설명하지 않는다.

(a) 액티브 버저　　　　　　　　　(b) 패시브 버저

그림 17.5 액티브 버저와 패시브 버저

액티브 버저를 그림 17.6과 같이 연결하자.

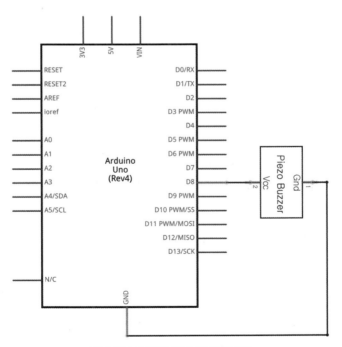

그림 17.6 액티브 버저 연결 회로도

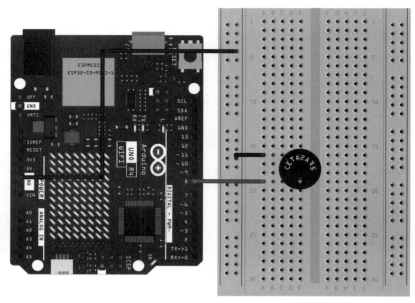

그림 17.7 액티브 버저 연결 회로

스케치 17.4는 버저로 소리를 내는 예다. 액티브 버저는 전원만 연결하면 내부 회로에서 소리를 만들어 내므로 스케치 17.4에서는 1초에 10번 ON/OFF를 반복하면서 경고음을 낸다. 이는 10Hz의 PWM 신호에 해당한다. 따라서 그림 17.6에서 액티브 버저를 패시브 버저로 바꾸면 10Hz의 소리가 재생되지만, 10Hz는 가청주파수를 벗어난 주파수이므로 딸깍거리는 소리만 들을 수 있다.

스케치 17.4 액티브 버저 구동   R3 R4

```
int buzzerPin = 8;                              // 버저 연결 핀
int BUZZER_INTERVAL = 50;

void setup () {
  pinMode(buzzerPin, OUTPUT);                    // 버저 연결 핀을 출력으로 설정
}

void loop () {
  digitalWrite(buzzerPin, HIGH);                 // 버저 소리 내기
  delay(BUZZER_INTERVAL);
  digitalWrite(buzzerPin, LOW);                  // 버저 소리 끄기
  delay(BUZZER_INTERVAL);
}
```

액티브 버저는 미리 설정된 주파수의 소리만 난다. 하지만 스케치 17.4에서 ON/OFF 간격을 바꾸면 음높이는 같지만 느낌이 다른 소리가 난다. 그림 17.8과 같이 A0 핀에 가변저항을 연결하고 8번 핀에 액티브 버저를 연결하자.

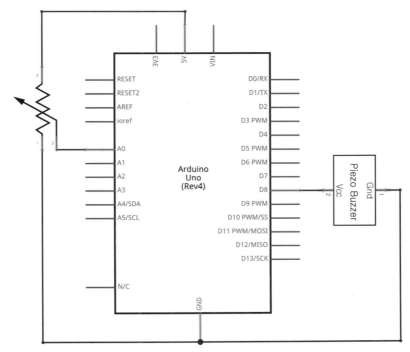

그림 17.8 **액티브 버저와 가변저항 연결 회로도**

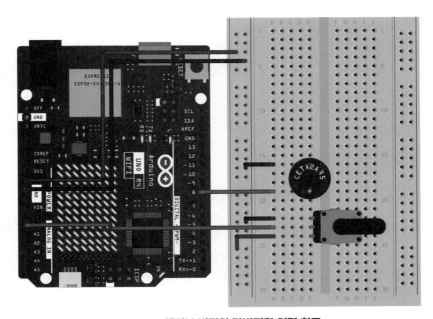

그림 17.9 **액티브 버저와 가변저항 연결 회로**

스케치 17.5는 가변저항값에 따라 초당 10번에서 100번 사이에서 액티브 버저에 가하는 ON/OFF 신호 횟수를 변경하는 예다. 스케치 17.5를 업로드하고 가변저항을 돌리면서 액티브 버저에서 나는 소리를 비교해 보자.

스케치 17.5 액티브 버저 소리 변경　`R3`　`R4`

```
int buzzerPin = 8;                          // 버저 연결 핀
int interval;
unsigned long previousMillis;
boolean buzzState = false;

void setup() {
  pinMode(buzzerPin, OUTPUT);               // 버저 연결 핀을 출력으로 설정

  previousMillis = millis();
}

void loop() {
  int value = analogRead(A0);               // ON/OFF 간격 결정
  interval = map(value, 0, 1023, 10, 100);

  unsigned long currentMillis = millis();

  if (currentMillis - previousMillis >= interval) {
    previousMillis = currentMillis;
    buzzState = !buzzState;
    digitalWrite(buzzerPin, buzzState);
  }
}
```

17.4 맺는말

마이크로컨트롤러에서 음악을 재생하는 경우는 그리 많지 않지만, 간단한 효과음을 사용하는 경우는 흔히 볼 수 있다. 소리를 재생하기 위해서는 아날로그 신호가 필요하지만, 아날로그 대신 사용할 수 있는 PWM 신호를 사용해서 소리를 재생할 수 있다. 아두이노에서는 PWM 신호를 사용하여 소리를 재생할 수 있는 tone 함수를 제공하므로 단음을 재생하는 데 사용할 수 있다. 긴 멜로디를 재생해야 한다면 RTTTL 형식을 사용하여 텍스트 기반으로 멜로디를 작성하고 PlayRtttl 라이브러리를 사용하여 재생하는 것도 생각해 볼 수 있다.

아두이노에서 소리를 재생하는 데는 스피커와 피에조 버저가 주로 사용되며, 피에조 버저는 액티브 타입과 패시브 타입으로 나눌 수 있다. 스피커와 패시브 피에조 버저는 음질의 차이를 제외하면 같은 방식으로 제어할 수 있고 같은 목적으로 사용할 수 있다. 반면 액티브 피에조 버저는 미리 설정된 주파수의 소리만 낼 수 있으므로 간단한 효과음을 내는 데 주로 사용된다.

아두이노로 간단한 효과음이나 멜로디 재생이 가능하지만, 스케치에서 직접 제어해야 하고 음질이 좋지 않은 것이 사실이다. 간단하게 음악을 재생하고 싶다면 WAV나 MP3 형식의 파일을 SD 카드에 저장하고 이를 읽어 재생하는 전용 오디오 모듈을 고려할 수 있다. 또한 아두이노 우노 R4에 포함된 DAC를 사용하는 방법도 고려할 수 있다. 하지만 이러한 방법에 모두 별도의 하드웨어가 필요하다는 점은 생각해야 한다.

1 스케치 17.1은 학교종 멜로디를 재생하는 예이지만 모든 음표가 같은 길이로 재생된다. 각 음표의 길이를 나타내는 별도의 배열을 만들어 음표가 다른 길이로 재생될 수 있도록 스케치 17.1을 수정해 보자.

2 연습문제 1에서 tone 함수를 사용하여 작성한 학교종 멜로디 재생 스케치를 PlayRtttl 라이브러리를 사용하여 수정해 보자. RTTTL 형식에서는 음높이와 길이를 한 번에 지정할 수 있으므로 배열을 하나만 사용해서 멜로디를 작성할 수 있다.

시리얼 통신

PART IV 시리얼 통신

UART 통신

UART 통신은 대표적인 시리얼 통신 방법으로, 마이크로컨트롤러에서 시리얼 통신은 흔히 UART 시리얼 통신을 가리킨다. 아두이노 우노 R3는 1개의 UART 포트만 지원하고 컴퓨터와의 연결에 사용하므로 UART 통신을 사용하는 것이 쉽지 않다. 따라서 하드웨어로 제공하는 포트가 아닌 소프트웨어로 에뮬레이션하는 포트가 흔히 사용된다. 반면 아두이노 우노 R4에서는 컴퓨터와의 연결에 USB 통신을 사용하므로 아두이노 우노 R3보다 UART 통신이 자유롭다. 이 장에서는 아두이노 우노에서 하드웨어와 소프트웨어로 지원되는 UART 통신의 사용 방법을 살펴본다.

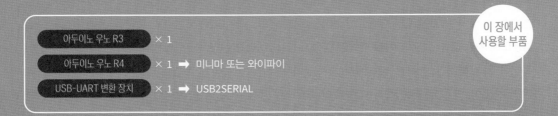

이 장에서
사용할 부품

아두이노 우노 R3 × 1

아두이노 우노 R4 × 1 ➡ 미니마 또는 와이파이

USB-UART 변환 장치 × 1 ➡ USB2SERIAL

아두이노에서 사용할 수 있는 시리얼 통신은 10여 가지가 넘지만, 마이크로컨트롤러에서 하드웨어로 지원하는 시리얼 통신은 많지 않다. 전용 하드웨어가 지원되고 대부분의 마이크로컨트롤러에서 사용할 수 있는 시리얼 통신은 UART, I2C, SPI 등이 대표적이다. 아두이노 우노 R3 역시 이러한 시리얼 통신을 지원하고 있으며, 아두이노 우노 R4에는 여기에 더해 USB, CAN 등의 시리얼 통신을 하드웨어로 지원한다. 시리얼 통신을 위해 사용되는 전용 하드웨어를 포트port라고 하며, 마이크로컨트롤러에서는 하나의 시리얼 통신을 위해 2개 이상의 포트를 제공할 수 있다.

시리얼 통신은 많은 데이터를 적은 수의 연결선을 사용해서 보내는 방법이다. 여러 가지 시리얼 통신이 존재하는 이유는 장치 연결에 사용하는 연결선의 수, 연결선으로 데이터를 보내는 방법 등이 서로 다르기 때문이다. 이러한 차이로 인해 각 시리얼 통신은 사용하는 곳이 다르다. 시리얼 통신을 비교할 때는 여러 가지 요인을 고려해야 하며 첫 번째가 동기화 방식이다. 시리얼 통신은 하나의 데이터 선을 사용하여 바이트 단위 데이터를 비트열로 보낸다. 따라서 데이터를 받을 때 비트열에서 비트 단위 데이터를 구분할 수 있어야 하며 이를 데이터 동기화라고 한다. **데이터 동기화를 위해 하드웨어를 사용하는 방법을 동기식**synchronous**이라 하고 소프트웨어를 사용하는 방법을 비동기식** asynchronous**이라 한다.** 동기식에서는 데이터 동기화를 위해 클록clock을 데이터 선과 별도의 연결선으로 보낸다. 별도의 연결선을 사용하면 연결선의 수는 늘어나지만, 간단하게 데이터를 동기화할 수 있고 시리얼 통신을 위한 하드웨어가 간단해진다는 장점이 있다. 반면 비동기식에서는 통신을 시작하기 전 초기화 과정에서 전송 속도와 전송 방법 등을 정해야 하며, UART 통신에서 포트를 초기화하는 begin 함수에서 통신 속도인 보율을 지정하는 것이 여기에 해당한다.

두 번째는 사용하는 데이터 선의 수로, 데이터 선은 데이터를 전송하기 위해 사용되는 연결선을 말한다. 시리얼 통신에서는 양방향 데이터 전송이 필요하다. 양방향 데이터 전송에서 **송신과 수신을 위한 전용 데이터 선을 사용하는 방식을 전이중 방식**full-duplex**이라고 한다.** 하지만 일부 시리얼 통신은 단방향 데이터 전송이 많은 경우를 위해 만들어졌고 센서에서 마이크로컨트롤러로 데이터를 전송하는 것이 여기에 해당한다. 한 방향으로만 주로 데이터를 보낸다면 **데이터 선을 송신과 수신 겸용으로 사용할 수 있으며 이를 반이중 방식**half-duplex**이라고 한다.** 전이중 방식에서는 송신과 수신이 동시에 가능하지만 반이중 방식에서는 송신과 수신을 동시에 수행할 수 없다. 따라서 양방향 데이터 전송이 잦은 경우라면 전송 시간이 두 배로 걸릴 수 있지만, 연결선의 수가 적고 제어가 간단한 것은 반이중 방식의 장점이라 할 수 있다.

데이터를 전송하는 데이터 선의 전압을 V_D라고 할 때 데이터 전압을 그라운드를 기준으로 $V_D -$ GND로 정하는 방식을 단일 종단 방식이라고 한다. 단일 종단 방식은 UART, I2C, SPI 등에서 사용하는 방식으로 데이터 선 하나로 데이터 전압을 결정할 수 있다. 반면 USB와 CAN 통신은 2개의 데이터 선을 사용하지만 두 데이터 선의 전압 차이로 데이터 전압을 나타내는 차동 방식을 사용한다. 차동 방식에서 두 데이터 선의 전압이 V_{D+}와 V_{D-}라면 이때 데이터 전압은 $V_{D+} - V_{D-}$가 된다. **차동 방식은 2개의 데이터 선을 사용하지만 반이중 방식이다.**

세 번째는 시리얼 통신을 위한 전용 하드웨어인 포트에 연결할 수 있는 장치의 수다. UART 통신은 하나의 포트에 하나의 주변 장치만 연결할 수 있다. 하지만 UART 이외의 시리얼 통신에서는 하나의 포트에 여러 개의 장치를 연결할 수 있다. 하나의 포트에 1개의 장치만 연결할 수 있는 경우를 1:1 연결이라고 하고, 여러 개의 장치를 연결할 수 있는 경우를 1:N 연결이라고 한다. 1:N 연결에서 '1'에 해당하는 장치를 마스터, 'N'에 해당하는 장치를 슬레이브라고 한다. **마스터는 특정 슬레이브를 선택하여 통신을 수행하면서 포트를 통한 통신 전체를 책임지는 역할을 하고, 슬레이브는 마스터의 요구에 따라 통신을 수행한다.** 따라서 1:N 연결에서는 마스터와 슬레이브 사이의 통신만 가능하고 슬레이브 사이의 통신은 불가능하다.

UART 통신과 같은 1:1 연결에서는 마스터와 슬레이브로 구별하지 않으며 연결된 두 장치의 역할은 같다. CAN 통신에서는 하나의 포트에 여러 개의 장치를 연결할 수 있지만 마스터와 슬레이브 구별이 없고 모든 장치가 같은 역할을 한다. 또한 한 장치가 다른 여러 장치로 데이터를 전달하는 브로드캐스팅 방식의 N:N 연결을 사용한다.

네 번째는 1:N 연결에서 여러 개의 슬레이브가 연결되어 있을 때 슬레이브를 구별하는 방법이다. 하나의 포트에 여러 개의 슬레이브가 연결되면 모든 슬레이브가 데이터 선을 공유하므로 마스터에서 보낸 데이터는 모든 슬레이브로 전달된다. 따라서 **1:N 연결에서 마스터는 특정 슬레이브로 데이터를 보내기 위해 슬레이브를 구별할 수 있어야 한다.**

마스터가 슬레이브를 구별하기 위해서는 하드웨어적인 방법이나 소프트웨어적인 방법을 사용할 수 있다. **SPI 통신은 하드웨어적으로 슬레이브를 구별하기 위해 슬레이브별로 별도의 연결선을 사용한다.** 따라서 N개 슬레이브가 SPI 통신으로 연결되어 있다면 슬레이브 선택을 위해 N개의 슬레이브 선택 연결선이 필요하다. 이처럼 SPI 통신은 슬레이브 선택 연결선으로 인해 다른 시리얼 통신보다 많은 연결선을 사용하지만, 동기화 방식에서와 마찬가지로 하드웨어 구성과 제어가 간단해 고속 통신에 적합하다는 장점이 있다.

소프트웨어적인 방법으로 슬레이브를 구별하기 위해 I2C, 1-와이어, USB 통신에서는 주소를 사용한다. 주소를 사용하는 예는 인터넷에서도 찾아볼 수 있다. 인터넷에는 수많은 컴퓨터가 연결되어 있지만 특정 컴퓨터를 구별하기 위해 IP~Internet Protocol~ 주소라는 소프트웨어적인 방법을 사용한다. I2C, 1-와이어, USB 통신은 각기 다른 주소 체계를 사용하고 IP 주소와도 다르지만, 소프트웨어적인 방법으로 슬레이브를 구별한다는 점은 같다.

CAN 통신은 *N:N* 연결로 브로드캐스팅을 사용하므로 동시에 여러 개의 장치가 데이터를 수신할 수 있다. **CAN 통신에서 여러 장치가 동시에 데이터를 수신할 수 있는 이유는 1:*N* 연결처럼 장치를 구별하는 것이 아니라 전송되는 데이터에 주소와 비슷한 아이디를 부여하여 데이터를 구별하기 때문이다.** 하나의 장치가 특정 아이디를 갖는 데이터를 전송하면 해당 아이디를 갖는 데이터가 필요한 다른 모든 장치가 데이터를 수신할 수 있다.

그림 18.1은 6가지 시리얼 통신에서 3개의 장치를 연결하는 방법을 나타낸 것으로, 동기화 방법과 데이터 전송에 사용하는 데이터 선의 개수에 따라 비교한 것이다. USB와 CAN 통신은 2개의 데이터 선을 사용하지만 반이중 통신이므로 별도로 표시했으며 모두 동기화 클록을 사용하지 않는 비동기식 통신이다. UART 통신은 슬레이브라는 개념을 사용하지 않지만, 다른 시리얼 통신과의 비교를 위해 2개의 포트를 사용하는 쪽을 마스터로 표시했으며, CAN 통신에서는 모든 장치가 마스터와 슬레이브의 구별 없이 CAN 버스에 같은 방법으로 연결된다.

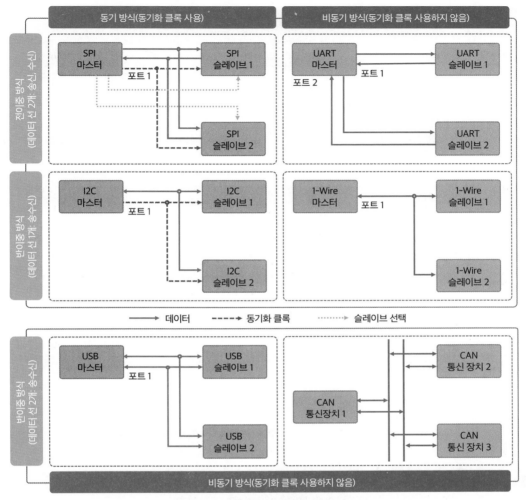

그림 18.1 시리얼 통신에 따른 연결 방법

표 18.1은 아두이노 우노에서 사용할 수 있는 시리얼 통신을 비교한 것이다. UART, I2C, SPI 통신은 아두이노 우노 R3와 R4에서 하드웨어로 지원되는 통신이며 USB, CAN은 아두이노 우노 R4에서만 하드웨어로 지원되는 통신이다. 1-와이어 통신은 아두이노 우노 R3와 R4 모두에서 하드웨어로 지원되지 않으며 에뮬레이션을 통해 사용할 수 있다. 1-와이어 통신을 제외한 다른 모든 시리얼 통신은 아두이노에서 제공하는 공식 라이브러리를 사용할 수 있다. 특히 USB 통신을 위해 아두이노에서는 아두이노 우노 R4를 키보드나 마우스로 동작하도록 하는 Keyboard, Mouse 라이브러리를 제공하고 있으며 이 외에 다양한 장치로 동작할 수 있도록 해주는 확장 라이브러리를 찾아볼 수 있다.

표 18.1 시리얼 통신 비교

항목			UART	SPI	I2C	1-Wire	USB	CAN
슬레이브 연결 방법			1:1	1:N	1:N	1:N	1:N	N:N
데이터 전송 방법			전이중	전이중	반이중	반이중	반이중 (차동 방식)	반이중 (차동 방식)
데이터 동기화 방법			비동기식	동기식	동기식	비동기식	비동기식	비동기식
연결선 개수	1개 슬레이브 연결	데이터	2개	2개	1개	1개	2개	2개
		동기화 클록	-	1개	1개	-	-	-
		슬레이브 선택	-	1개	-	-	-	-
		총	2개	4개	2개	1개	2개	2개
	N개 슬레이브 연결		2N개	(3 + N)개	2개	1개	2개	2개
슬레이브 선택			-	하드웨어 (SS 연결선)	소프트웨어 주소	소프트웨어 주소	소프트웨어 주소	메시지 아이디
아두이노 지원			기본 클래스 (Serial)	SPI 라이브러리	Wire 라이브러리	확장 라이브러리	Keyboard, Mouse 라이브러리	Arduino CAN 라이브러리

18.2 UART 통신

UART 통신은 시리얼 통신 중 가장 오래된 방법의 하나로, 아두이노에서 시리얼 통신이라고 하면 UART 통신을 가리킬 만큼 흔히 사용되는 방법이다. UART 통신은 역사가 오래된 만큼 다양한 주변 장치에서 사용하고 있으며 거의 모든 마이크로컨트롤러가 하나 이상의 UART 통신 포트를 제공하고 있다. **UART 통신은 하나의 포트에 하나의 장치만 연결할 수 있는 1:1 통신, 데이터 송수신을 위해 2개의 데이터 선을 사용하는 전이중 통신, 별도의 동기화 클록을 사용하지 않는 비동기식 통신이다.**

UART 통신에서 사용하는 데이터 선은 데이터 송신을 위한 TX~transmit~ 또는 TXD와 데이터 수신을 위한 RX~receive~ 또는 RXD 2개로 이루어져 있으며, **두 장치를 연결할 때는 RX와 TX를 서로 교차해서 연결해야 한다.** 전원 연결선인 VCC와 GND 역시 연결해야 하지만, 연결된 두 장치가 별도로 전원을 공급받는다면 VCC는 연결하지 않아도 된다. 다만 GND는 두 장치의 전압 기준을 통일하기 위해 연결해야 한다.

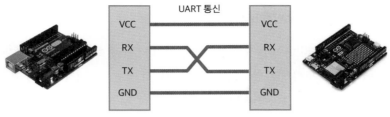

그림 18.2 UART 통신을 위한 교차 연결

UART 통신은 비동기식 통신이므로 별도의 동기화 클록을 사용하지 않는다. 동기화 클록을 사용하지 않으면 수신 측에서 얼마나 자주 데이터를 읽는지에 따라 수신하는 데이터가 달라질 수 있다. 1초에 한 번 0이나 1의 값을 보낸다고 생각해 보자. '01'의 데이터를 보냈을 때 수신 측에서 1초에 한 번 값을 읽으면 '01'의 데이터를 받을 수 있지만, 0.5초에 한 번 값을 읽으면 '0011'이라는 전혀 다른 데이터를 받게 된다.

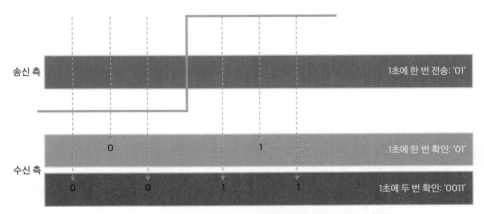

그림 18.3 송신 속도와 수신 속도 차이에 의한 전송 데이터 차이

이처럼 송신과 수신 속도가 달라 발생하는 문제는 통신을 시작하기 전에 두 장치에서 통신 속도를 같은 값으로 설정해서 해결하며 UART 통신에서는 속도를 보율baud rate로 정한다. 보율은 변조 속도를 나타내는 단위이지만 흔히 사용되는 데이터 전송 속도 단위인 BPSBits Per Second와 같은 것으로 생각하면 된다.

송신 측과 수신 측이 같은 속도로 데이터를 주고받는다고 해서 모든 것이 해결되는 것은 아니다. 송신 측은 항상 데이터를 보내는 것이 아니며 필요한 경우에만 데이터를 보낸다. 따라서 수신 측은 언제 송신 측이 데이터를 보내는지, 그리고 어디서부터가 송신 측에서 보낸 데이터의 시작인지 알아낼 방법이 필요하다. 이를 위해 UART 통신에서는 '0'의 시작 비트start bit와 '1'의 정지 비트stop bit를 사용한다. **UART 통신은 바이트 단위 통신을 주로 사용하며 여기에 시작 및 정지 비트가 추가되어 10비트 데이터를 전송하는 것이 일반적이다.**

데이터를 보내지 않을 때 데이터 핀은 '1'의 상태에 있다. 데이터 전송이 시작되는 시점에서 데이터 핀은 시작 비트에 의해 '0'의 상태로 변하고, 이어서 8비트의 실제 데이터가 보내진 후 데이터 전송이 끝났음을 알리는 정지 비트 '1'이 전송된다.

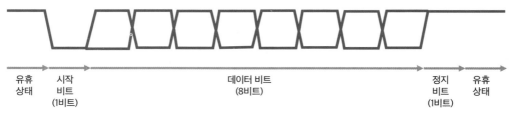

| 유휴
상태 | 시작
비트
(1비트) | 데이터 비트
(8비트) | 정지
비트
(1비트) | 유휴
상태 |

그림 18.4 UART 통신에서의 데이터 전송 형식

이처럼 통신을 시작하기 전에 연결된 두 장치에서 통신 속도를 같이 설정하고, 데이터 전송의 시작과 끝을 위해 특별한 신호를 전송함으로써 UART 통신은 하드웨어적인 동기화 클록을 사용하지 않고도 동기화가 가능하다.

18.3 아두이노 우노의 UART 포트

아두이노 우노 R3에서는 하나의 UART 포트만 사용할 수 있으므로 UART 통신을 사용하는 주변 장치를 하나만 연결할 수 있다. 하지만 아두이노 우노 R3의 UART 포트는 스케치 업로드를 위해 사용되며, 스케치 업로드에 사용하지 않을 때는 컴퓨터와의 시리얼 통신을 위해 사용된다. 따라서 아두이노 우노 R3에 UART 통신을 사용하는 주변 장치를 연결하는 것이 쉽지 않다. 아두이노 우노 R4 역시 하나의 UART 포트만 사용할 수 있다. 하지만 아두이노 우노 R3와 달리 스케치 업로드 및 컴퓨터와의 시리얼 통신에 UART 포트가 아닌 USB 포트를 사용한다. 따라서 아두이노 우노 R4에는 아두이노 우노 R3보다 쉽게 UART 통신을 사용하는 주변 장치를 연결하여 사용할 수 있다.

아두이노 우노 R3와 R4에서 컴퓨터와 시리얼 통신을 담당하는 클래스가 Serial인 점은 같다. Serial 클래스와 아두이노 IDE의 시리얼 모니터를 사용하면 컴퓨터와 아두이노 우노는 데이터를 주고받을 수 있다. 아두이노 우노 R3에서는 별도의 마이크로컨트롤러인 ATmega16u2를 통해 ATmega328의 UART 통신과 컴퓨터의 USB 통신을 변환하여 사용하고, 아두이노 우노 R4에서는 RA4M1 마이크로컨트롤러와 컴퓨터가 USB 통신으로 직접 연결된다는 점은 차이가 있다.

아두이노 우노 R3에서 UART 포트는 데이터 핀 0번과 1번을 통해서도 사용할 수 있다. 하지만 0번과 1번 핀은 ATmega16u2를 통해 컴퓨터로 연결되는 포트와 같은 포트를 사용한다. UART 포트에는 하나의 주변 장치만 연결할 수 있고 이미 컴퓨터와 연결되어 있으므로 0번과 1번 핀에 다른 장치를 연결하면 컴퓨터와 0번 및 1번 핀에 연결된 장치를 구별할 수 없다. 따라서 아두이노 우노 R3에서는 0번과 1번 핀 사용을 추천하지 않는다. 0번과 1번 핀을 UART 통신이 아닌 디지털 입출력 핀으로도 사용할 수 있지만, 이 역시 같은 이유로 추천하지 않는다. 하지만 0번과 1번 핀이 UART 포트를 사용할 수 있는 유일한 핀이므로, UART 통신 장치를 연결했을 때 스케치 업로드에 문제가 있다면 장치를 제거한 후 스케치를 업로드하고 스케치 업로드가 끝난 후에 연결하여 사용하는 것이 좋다. 단, 0번과 1번 핀에 UART 통신 장치를 연결해서 사용할 때는 컴퓨터와의 연결, 즉 시리얼 모니터를 사용할 수 없다.

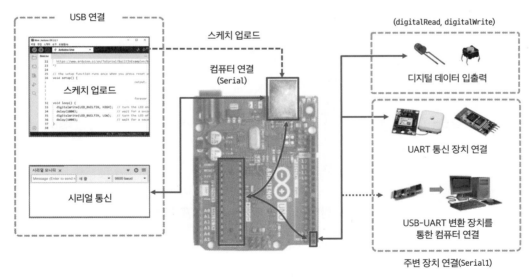

그림 18.5 **아두이노 우노 R3의 UART 포트 사용**

그림 18.5는 아두이노 우노 R3에서 UART 포트가 사용되는 방법을 나타낸 것이다. **컴퓨터와의 연결과 0번과 1번 핀을 통한 연결은 모두 ATmega328의 같은 핀을 사용하므로 함께 사용할 수 없다.** 0번

과 1번 핀은 디지털 입출력은 물론 UART 통신을 사용하는 주변 장치 연결에 사용할 수 있으며 UART 통신을 사용하는 주변 장치에는 GPS 모듈과 블루투스 모듈 등이 대표적이다. 아두이노 우노 R3의 ATmega16u2 마이크로컨트롤러 기능을 담당하는 USB-UART 변환 장치를 연결하면 컴퓨터와 연결할 수도 있지만, 아두이노 우노의 USB 커넥터를 통해 컴퓨터와 연결하는 것과 같으므로 사용하는 경우는 거의 없다.

아두이노 우노 R4에서도 1개의 UART 포트만 사용할 수 있고 0번과 1번 핀이 UART 포트에 연결된 것은 아두이노 우노 R3와 같다. 하지만 컴퓨터와의 연결에 UART 포트를 사용하지 않으므로 0번과 1번 핀의 사용과 컴퓨터와의 연결을 동시에 사용할 수 있다. 이때 **0번과 1번 핀을 통해 사용하는 UART 통신은 Serial1 클래스를 통해 관리된다는 점은 아두이노 우노 R3와 다른 점이다.** 아두이노 우노 R3에서 Serial이 유일한 UART 포트에 해당하는 객체이므로 Serial을 객체이면서 클래스로 이야기하는 것처럼, Serial1 역시 아두이노 우노 R4에서 유일한 UART 포트에 해당하는 객체이므로 객체이면서 클래스로 이야기한다.

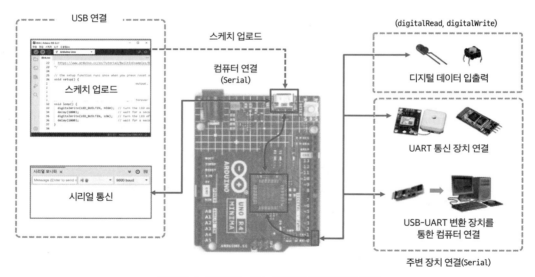

그림 18.6 아두이노 우노 R4의 UART 포트 사용

그림 18.6은 아두이노 우노 R4에서 UART 포트가 사용되는 방법을 나타낸 것이다. 아두이노 우노 R3와 달리 컴퓨터와 동시에 2개의 연결이 가능하며 Serial과 Serial1 클래스가 통신을 담당한다. 그림 18.7과 같이 아두이노 우노 R4의 0번과 1번 핀에 USB-UART 변환 장치를 연결하자.

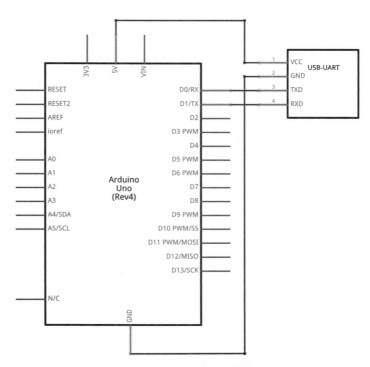

그림 18.7 아두이노 우노 R4와 USB-UART 변환 장치 연결 회로도

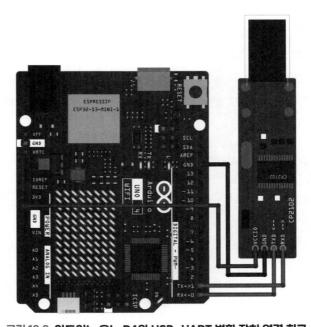

그림 18.8 아두이노 우노 R4와 USB-UART 변환 장치 연결 회로

아두이노 우노 R4와 USB-UART 변환 장치를 컴퓨터에 연결하면 장치 관리자에서 2개의 포트를 확인할 수 있다.

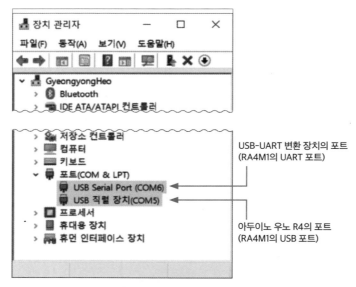

그림 18.9 **아두이노 우노 R4와 컴퓨터 연결 포트**

2개의 포트가 컴퓨터와 연결되어 있으므로 각각의 포트로 주고받는 데이터를 확인하기 위해서는 2개의 시리얼 모니터가 필요하다. 아두이노 IDE에서 새 창을 띄우고 2개의 창에서 각각 다른 포트를 선택하면 그림 18.9의 COM5와 COM6 포트에 연결된 시리얼 모니터를 사용할 수 있다. 스케치 18.1은 그림 18.9의 두 포트 사이에 데이터를 주고받는 예다. COM5에 연결된 시리얼 모니터에 입력된 데이터는 COM6으로 보내지고 COM6에 연결된 시리얼 모니터에 입력된 데이터는 COM5로 보내진다.

스케치 18.1 아두이노 우노 R4의 2개 시리얼 포트 통신   R4

```
void setup() {
  Serial.begin(9600);                    // USB 커넥터를 통한 연결
  while (!Serial);
  Serial1.begin(9600);                   // 0번과 1번 핀을 통한 연결
}

void loop() {
  if (Serial.available()) {              // USB 포트를 통한 입력
    Serial1.write(Serial.read());        // UART 포트로 출력
  }

  if (Serial1.available()) {             // UART 포트를 통한 입력
    Serial.write(Serial1.read());        // USB 포트로 출력
```

```
    }
}
```

그림 18.10 스케치 18.1 실행 결과

스케치 18.1에서는 Serial과 Serial1이라는 2개의 클래스를 사용하고 있다. 아두이노 우노 R4에서 두 클래스는 USB와 UART라는 서로 다른 시리얼 통신을 담당하지만, 같은 부모 클래스를 갖고 있으며 같은 멤버 함수를 사용할 수 있다. Serial과 Serial1 클래스의 사용 방법은 5장 '아두이노 기본 클래스'를 참고하면 된다.

18.4 SoftwareSerial 클래스

UART 통신을 사용하는 주변 장치는 흔히 볼 수 있으므로 2개 이상의 UART 통신 장치를 아두이노에 연결하여 사용하는 경우도 흔하다. 2개 이상의 UART 통신 장치를 사용하기 위해서는 아두이노 메가2560과 같이 2개 이상의 UART 포트를 제공하는 아두이노 보드를 사용하는 것이 한 가지 방법이다. 다른 한 가지는 SoftwareSerial 클래스를 사용하는 방법이다. SoftwareSerial 클래스는 임의의 입출력 핀을 UART 포트를 에뮬레이션하는 클래스로, 임의의 데이터 핀을 UART 통신 포트처럼 쓸 수 있도록 해준다. 에뮬레이션 포트를 통해 사용하는 UART 통신은 하드웨어로 지원되는 UART 통신과 비교했을 때 전송 속도가 느리고 연산 능력을 많이 필요로 하는 등 여러 가지 제약이 있지만, **아두이노 우노에서 2개의 UART 포트가 필요하다면 SoftwareSerial 클래스가 유일한 해결책이다.** SoftwareSerial 클래스는 아두이노의 기본 라이브러리 중 하나인 SoftwareSerial 라이브러리를 통해 제공된다.

USB-UART 변환 장치를 그림 18.11과 같이 2번과 3번 핀에 연결하자. 그림 18.7과 비교하면 사용하는 핀이 하드웨어 UART 포트에 연결된 0번과 1번에서 2번과 3번으로 바뀌었다.

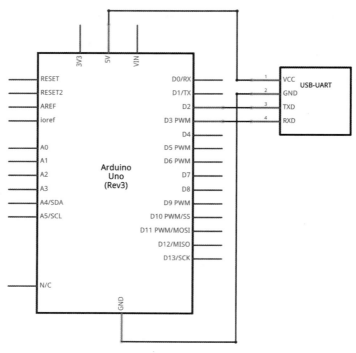

그림 18.11 **아두이노 우노와 USB-UART 변환 장치 연결 회로도**

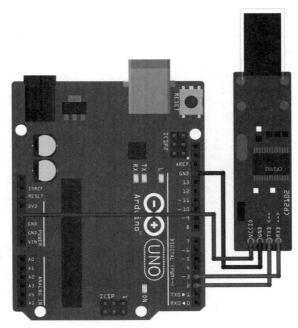

그림 18.12 아두이노 우노와 USB-UART 변환 장치 연결 회로

아두이노 우노와 USB-UART 변환 장치를 컴퓨터에 연결하면 그림 18.9와 마찬가지로 장치 관리자에서 2개의 포트를 확인할 수 있으며, 앞에서와 마찬가지로 아두이노 IDE에서 각기 다른 COM 포트를 선택해 2개의 시리얼 모니터를 사용하면 된다.

SoftwareSerial 클래스를 사용하기 위해서는 먼저 헤더 파일을 포함해야 한다. '스케치 ➡ 라이브러리 포함하기 ➡ SoftwareSerial' 메뉴 항목을 선택하면 RingBuffer.h 파일 역시 포함하지만, SoftwareSerial.h에서 이미 포함하고 있으므로 #include 문을 직접 입력해도 된다.

```
#include <SoftwareSerial.h>
```

Serial이나 Serial1은 미리 생성된 객체를 사용하지만, SoftwareSerial 클래스 객체는 필요에 따라 사용할 핀을 지정하여 생성해야 한다. 다른 멤버 함수의 사용 방법은 Serial이나 Serial1과 같다.

■ **SoftwareSerial**

```
SoftwareSerial::SoftwareSerial(uint8_t receivePin, uint8_t transmitPin, bool inverse_logic
= false)
  - 매개변수
```

소프트웨어 시리얼 포트는 임의의 디지털 입출력 핀을 사용할 수 있으므로 SoftwareSerial 클래스의 객체를 생성할 때 UART 통신에 사용할 핀 번호를 지정해야 한다. 마지막 매개변수인 inverse_logic은 반전 로직을 사용하는 주변 장치와의 통신을 위한 것이다.

스케치 18.2는 스케치 18.1과 같은 동작을 하는데, 사용하는 포트가 하드웨어 시리얼 포트에서 소프트웨어 시리얼 포트로 바뀌고 스케치 18.1에서 Serial1이 SoftwareSerial 클래스의 객체인 mySerial로 바뀐 것 이외에는 동일하다. 스케치 18.2를 업로드하고 그림 18.10과 같이 데이터를 주고받을 수 있는지 확인해 보자.

스케치 18.2 소프트웨어 시리얼 포트 사용 R3 R4

```
#include <SoftwareSerial.h>

SoftwareSerial mySerial(2, 3);              // 소프트웨어 시리얼 포트 생성, (RX, TX)

void setup() {
  Serial.begin(9600);                       // USB 커넥터를 통한 연결
  while (!Serial);
  mySerial.begin(9600);                     // 2번과 3번 핀을 통한 연결
}

void loop() {
  if (Serial.available()) {                 // USB 포트를 통한 입력
    mySerial.write(Serial.read());          // 에뮬레이션 포트로 출력
  }

  if (mySerial.available()) {               // 에뮬레이션 포트를 통한 입력
    Serial.write(mySerial.read());          // USB 포트로 출력
  }
}
```

스케치 18.2의 동작에 문제는 없지만, 소프트웨어 시리얼 포트를 사용할 때는 낮은 전송 속도로 사용하기를 추천한다. 소프트웨어 시리얼 포트에서 사용할 수 있는 최고 속도는 115,200보율로 알려져 있지만, 아두이노 우노 R3에서는 38,400보율을 넘어가는 속도에서 송수신에 문제가 발생하는 경우가 있으므로 SoftwareSerial 클래스를 사용할 때는 **38,400보율 이하로 사용하기를 추천한다.**

SoftwareSerial 클래스는 Serial이나 Serial1 클래스와 마찬가지로 UART 통신을 지원하기 위한 클래스이므로 사용 방법은 기본적으로 같다. 하지만 클래스의 특성이 약간씩 차이가 있으므로 사용에 주의가 필요하다. 표 18.2는 아두이노 우노에서 하드웨어와 소프트웨어로 UART 포트를 비교한 것이다.

표 18.2 **하드웨어와 소프트웨어 UART 포트 비교**

항목	하드웨어 UART 포트	소프트웨어 UART 포트
사용 클래스	Serial(아두이노 우노 R3) 또는 Serial1(아두이노 우노 R4)	SoftwareSerial
객체 생성	미리 생성된 객체 사용	필요에 따라 생성해서 사용
통신 속도	≤ 115,200보율	≤ 38,400보율
사용 가능한 포트 수	1	9 (임의의 데이터 핀 사용)
포트의 동시 사용	가능	불가능
헤더 파일 포함	필요 없음	필요함

18.5 아두이노 우노 사이의 통신

아두이노 보드 사이에서 데이터를 주고받는 데 시리얼 통신을 사용할 수 있으며 UART 통신이 연결과 사용이 간편하므로 흔히 사용된다. 아두이노 우노 R3와 R4를 연결하여 서로 데이터를 주고받도록 해보자. 아두이노 우노 R3와 R4는 모두 2개의 시리얼 포트를 사용한다. 두 포트 중 하나는 컴퓨터와 연결하여 시리얼 모니터로 데이터를 입력하거나 확인하는 데 사용하고, 다른 하나는 다른 아두이노 보드와의 연결에 사용한다. 아두이노 우노 R3는 하드웨어 시리얼 포트를 사용할 수 없으므로 2번과 3번 핀을 통해 소프트웨어 시리얼 포트를 사용하지만, 아두이노 우노 R4는 0번과 1번 핀을 통해 하드웨어 시리얼 포트를 사용한다. 아두이노 우노 R3와 R4를 그림 18.13과 같이 연결하자. RX와 TX는 교차해서 연결해야 하고 스케치 18.1과 스케치 18.2를 그대로 사용하기 위해 아두이노 우노 R4의 0번과 1번을 아두이노 우노 R3의 3번과 2번으로 각각 연결한다.

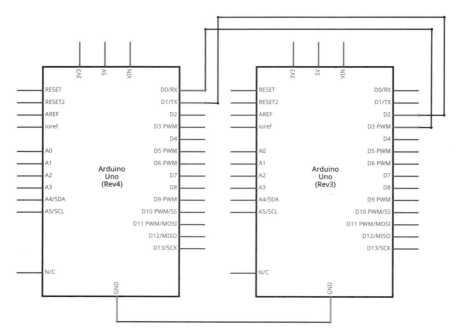

그림 18.13 아두이노 우노 R3와 R4 연결 회로도

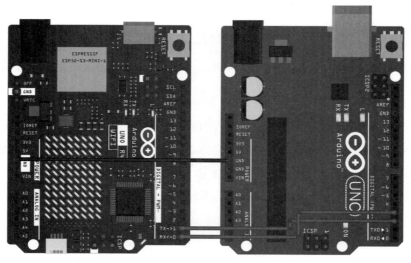

그림 18.14 아두이노 우노 R3와 R4 연결 회로

스케치 18.1은 아두이노 우노 R4에, 스케치 18.2는 아두이노 우노 R3에 각각 업로드한다. 아두이노 우노 R3에 연결된 시리얼 모니터에서 데이터를 입력하면 아두이노 우노 R4에 연결된 시리얼 모니터에 나타나고, 그 반대도 경우도 마찬가지다. 그림 18.15는 그림 18.13과 같이 연결된 아두이노 보드 사이에서 데이터가 전송되는 과정을 나타낸 것이다.

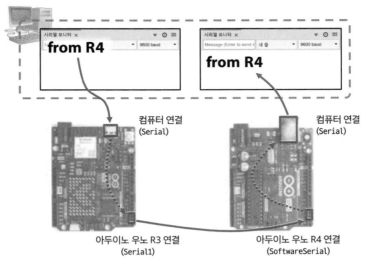

그림 18.15 **아두이노 보드 사이의 데이터 흐름**

맺는말

UART 통신은 오랜 역사와 간단한 사용 방법으로 인해 현재까지도 많은 장치가 지원하는 시리얼 통신 방법으로 다양한 분야에서 사용되고 있다. 하지만 UART 통신은 1:1 통신이므로 여러 개의 장치를 연결하기 위해서는 장치 개수만큼의 UART 포트가 필요하다. 특히 아두이노 우노 R3는 하나의 UART 포트만을 제공하고 있고 이 포트 역시 스케치 업로드를 위해 사용되므로 다른 용도로 사용하기에는 어려움이 있다. 이러한 문제점을 해결하는 방법 중 하나가 임의의 데이터 핀을 이용하여 UART 포트를 에뮬레이션하는 방법으로, 이를 위해 아두이노에서는 SoftwareSerial 클래스를 제공하고 있다. SoftwareSerial 클래스를 사용하면 전용 하드웨어 포트 없이 UART 통신이 가능하지만, 소프트웨어가 하드웨어 포트가 담당하는 일을 대신 하므로 다른 작업을 수행하는 데 제약이 있을 수 있고 특히 아두이노 우노 R3와 같이 낮은 사양의 마이크로컨트롤러가 사용된 아두이노 보드에서는 통신 속도에 제한이 있을 수 있다. 이 장에서는 하드웨어와 소프트웨어 UART 포트를 통해 데이터를 주고받는 방법을 알아봤다. 두 가지 모두 기본적인 사용 방법은 같지만, 사용 방법에서 약간의 차이가 있을 수 있다는 점은 주의해야 한다.

1 그림 18.15와 같이 아두이노 우노 2개를 연결하자. 아두이노 우노 R4에서는 문자열 단위로 'on' 또는 'off'를 전송하고, 아두이노 우노 R3에서는 문자열을 수신하여 그에 따라 내장 LED를 켜거나 끄는 스케치를 작성해 보자. 문자열 끝을 나타내기 위해 '\n'을 사용하고, 대소문자는 구별하지 않으며, 잘못된 문자가 수신되면 LED 상태는 변하지 않는다.

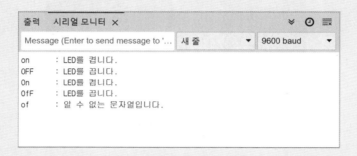

2 UART 통신과 함께 이야기되는 통신 기술에 RS-232C가 있다. UART와 RS-232C의 관계는 전화기와 전화선의 관계로 비유할 수 있으며, UART가 데이터 송수신 방법과 오류 제어 등을 담당한다면 RS-232C는 데이터 전송을 위한 전압 레벨과 커넥터의 핀 배열 등을 담당한다는 차이가 있다. UART와 RS-232C의 관계와 특징을 비교해 보자.

I2C 통신

I2C 통신은 적은 양의 데이터를 낮은 빈도로 전송하기 위해 만들어진 시리얼 통신으로 UART, SPI 와 더불어 아두이노에서 사용되는 대표적인 시리얼 통신 중 하나다. I2C 통신은 동기화를 위한 클록을 사용하는 동기식 통신이고, 1개의 데이터 선을 사용하는 반이중 방식 통신이다. 특히 I2C 통신은 1:*N* 연결을 지원하며 슬레이브의 개수에 상관없이 2개의 연결선만을 사용하므로 연결과 확장이 간편하다는 것이 가장 큰 장점이다. 이 장에서는 I2C 통신의 원리와 사용 방법을 알아본다.

이 장에서
사용할 부품

아두이노 우노 R3 × 1

아두이노 우노 R4 × 1 ➡ 미니마 또는 와이파이

I2C 방식 텍스트 LCD × 1

I2C 통신

아두이노에서 대표적인 시리얼 통신이라면 UART 통신을 꼽을 수 있다. 하지만 UART 통신은 1:1 연결만 가능해 여러 개의 주변 장치를 연결하기가 불편하므로 1:N 연결을 지원하는 시리얼 통신 역시 많이 사용되며 SPI와 I2C가 1:N 연결을 지원하는 대표적인 시리얼 통신이다. I2C 통신은 간단한 연결을 통해 여러 개의 장치를 연결하면서 저속으로 데이터를 전송하기 위해 필립스에서 만든 시리얼 통신이다. I2C 통신은 그 목적에서도 알 수 있듯이 고속 통신에는 적합하지 않으므로 **가끔씩 적은 데이터를 전송하는 센서 연결에 흔히 사용된다.**

I2C 통신은 간단한 하드웨어 구성이 가능하도록 동기 방식을, 많은 주변 장치를 간단하게 연결할 수 있도록 1:N 연결을 지원한다. 또한 저속으로 단방향 데이터 전송을 주로 하므로 송수신을 하나의 데이터 선으로 수행하는 반이중 방식을 사용한다. 따라서 I2C 통신에서는 **데이터 송수신을 위해 1개, 동기화 클록을 위해 1개, 총 2개의 연결선만 사용한다. 또한 1:N 연결에서 슬레이브 구별을 위해 소프트웨어적인 주소를 사용하므로 슬레이브의 수가 늘어나도 사용하는 연결선의 수는 늘어나지 않는다.**

그림 19.1 I2C 통신으로 1개 슬레이브 연결

그림 19.1은 아두이노에 1개의 슬레이브를 I2C 통신으로 연결한 것이다. I2C 통신에서 데이터 전송을 위한 연결선은 SDASerial Data, 클록 전송을 위한 연결선은 SCLSerial Clock이라고 한다. 데이터 연결선인 SDA는 UART에서의 TX와 RX 기능을 담당하며, SCL은 데이터 동기화를 위한 클록 전송에 사용된다.

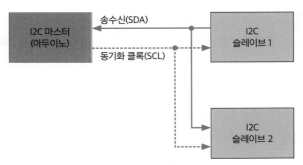

그림 19.2 I2C 통신으로 2개 슬레이브 연결

그림 19.2는 2개의 슬레이브를 I2C 통신으로 연결한 것이다. **모든 슬레이브는 마스터로부터의 SDA 와 SCL 연결선을 공유한다.** 즉, 마스터가 보내는 데이터는 모든 슬레이브에 전달된다. 하지만 실제 로 데이터를 받아 처리하는 슬레이브는 통신 시작 전에 마스터가 지정한 주소를 갖는 슬레이브다. 나머지 슬레이브는 데이터를 받기는 하지만 무시한다.

I2C 통신은 7비트 또는 10비트 주소를 사용하며 아두이노에서는 7비트 주소를 사용한다. 7비트가 어색 할지 모르지만, 나머지 1비트는 읽기/쓰기를 선택하는 데 사용된다. 읽기/쓰기 비트가 HIGH인 경 우 마스터는 지정한 슬레이브로부터 전송되는 데이터를 SDA 라인에서 읽을Read 것임을 나타내고, 읽기/쓰기 비트가 LOW인 경우 마스터는 지정한 슬레이브로 SDA 라인을 통해 데이터를 쓸Write 것 임을 나타낸다. I2C 주소 중 일부는 특별한 용도로 예약되어 있으므로 실제 사용할 수 있는 주소 는 $0000\ 001_2$에서 $1110\ 111_2$까지다.

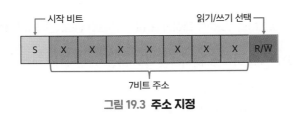

그림 19.3 주소 지정

마스터가 시작 비트(S)와 7비트의 주소를 보내고 LOW 값($\overline{W}$)을 보내면 지정한 주소를 갖는 슬레이브 는 마스터가 보내는 바이트 단위 데이터가 수신되기를 기다린다. 마스터가 주소 전송 이후 HIGH 값 (R)을 보내면, 지정한 주소를 갖는 슬레이브는 마스터로 바이트 단위로 데이터를 전송한다.

한 가지 더 기억해야 할 점은 **데이터를 수신한 장치는 데이터를 정상적으로 수신했음을 ACK 비트로 알려주어야 한다**는 점이다. I2C는 바이트 단위로 데이터를 전송하며 8비트의 데이터가 전송된 이 후 데이터 선(SDA)은 풀업 저항으로 인해 HIGH 상태에 있다. 바이트 단위 데이터가 전송된 이후 수신 장치는 정상적인 수신을 알리기 위해 9번째 비트를 송신 장치로 전송하며 이때 LOW 값은 'ACK_{acknowledge} 비트'로 정상적인 데이터 수신을 알려주기 위해 사용되고, HIGH 값은 'NACK_{not acknowledge} 비트'로 정상적인 데이터 수신 이외의 상황이 발생했음을 알려주는 데 사용된다. 데이터를 수신한 장치가 정상적으로 데이터를 수신하지 못했을 때 NACK 비트를 전송하지 않는 경우가 많다. 데이터 전송이 완료된 이후 SDA는 풀업 저항으로 HIGH 상태를 유지하므로 별도로 NACK 비트를 전송하지 않아도 효과는 같다.

마스터에서 슬레이브로 n바이트의 데이터를 송신하는 과정을 나타낸 것이 그림 19.4이다. 먼저 데이터 전송 시작 비트(S)와 7비트 주소, 그리고 데이터 송신 신호($\overline{W}$)를 보낸다. 지정된 주소의 슬레이브는 데이터를 수신할 준비를 시작하면서 9번째 비트인 수신 확인 신호를 보낸다. 이후 마스터는 n바이트의 데이터를 송신하며 각 바이트가 수신된 이후 슬레이브는 수신 확인 비트를 마스터로 전송한다. 데이터 전송이 끝나면 마스터가 데이터 송신 종료 비트(P)를 전송함으로써 통신을 끝낸다.

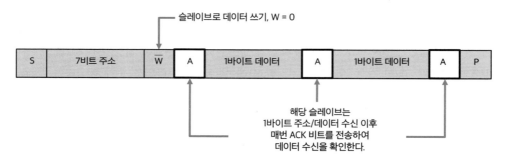

그림 19.4 마스터의 n바이트 데이터 쓰기(■: 마스터 전송, □: 슬레이브 전송)

마스터가 슬레이브로부터 n바이트의 데이터를 수신하는 것도 이와 비슷하다. 먼저 데이터 전송 시작 비트와 7비트 주소, 그리고 데이터 수신 신호(R)를 보낸다. 지정된 주소의 슬레이브는 9번째 비트인 수신 확인 신호를 보내고 데이터를 보낼 준비를 시작한다. 이후 슬레이브는 n바이트의 데이터를 마스터로 보내고 각 바이트가 수신된 이후 마스터는 수신 확인 비트를 슬레이브로 전송한다. **마지막 n번째 바이트가 수신된 이후 마스터는 NACK 비트를 슬레이브로 전송하여 수신이 완료되었음을 알린다.** 데이터 전송이 끝나면 데이터 송신 종료 비트(P)를 전송함으로써 통신을 끝낸다. 데이터 송신과 수신 모두에서 전송을 시작하는 시작 비트(S)와 종료 비트(P)는 마스터가 보낸다. 이는 마스터-슬레이브 구조의 통신에서 모든 통신 과정이 마스터 주도로 이루어지기 때문이다.

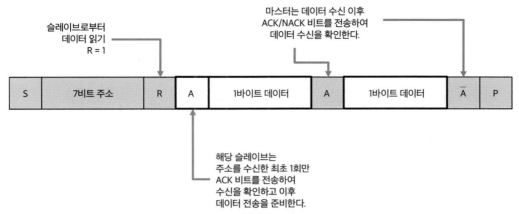

마스터는 데이터 수신 이후
ACK/NACK 비트를 전송하여
데이터 수신을 확인한다.

슬레이브로부터
데이터 읽기
R = 1

| S | 7비트 주소 | R | A | 1바이트 데이터 | A | 1바이트 데이터 | Ā | P |

해당 슬레이브는
주소를 수신한 최초 1회만
ACK 비트를 전송하여
수신을 확인하고 이후
데이터 전송을 준비한다.

그림 19.5 **마스터로의 n바이트 데이터 읽기(■: 마스터 전송, □: 슬레이브 전송)**

19.2 아두이노 우노의 I2C 통신

아두이노 우노에는 I2C 통신을 위한 전용 하드웨어가 포함되어 있으며, A4번과 A5번 핀이 각각
SDA와 SCL에 연결되어 있다. 이 외에도 같은 핀에 연결된 핀 헤더가 디지털 핀 헤더 쪽에도 있으
므로 어디에 연결해도 상관없다.

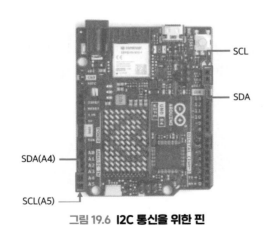

SCL

SDA

SDA(A4)

SCL(A5)

그림 19.6 **I2C 통신을 위한 핀**

그림 19.7은 아두이노 우노에 2개의 슬레이브를 연결한 것이다. **SDA와 SCL 연결선에는 유휴 상태에
서 HIGH 값이 가해지도록 풀업 저항을 연결해야 한다.** 다만 I2C 통신을 사용하는 장치에는 풀업 저항

이 포함된 경우가 많고, I2C 통신을 위한 아두이노의 Wire 라이브러리에서 내부 풀업 저항을 사용하므로 외부 풀업 저항을 연결하지 않아도 된다.

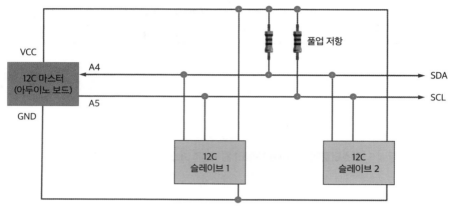

그림 19.7 **아두이노 우노의 I2C 연결 방법**

아두이노에서는 I2C 통신을 지원하기 위한 Wire 라이브러리를 제공하고 있다. Wire 라이브러리를 사용하기 위해서는 먼저 헤더 파일을 포함해야 한다. '스케치 ➡ 라이브러리 포함하기 ➡ Wire' 메뉴 항목을 선택하거나 #include 문을 직접 입력하면 된다.

```
#include <Wire.h>
```

Wire 라이브러리에서는 I2C 통신을 위해 **TwoWire** 클래스를 정의하고 있지만, 아두이노 우노에서는 I2C 포트를 하나만 사용할 수 있고 유일한 포트를 제어하는 객체가 **Wire**이다. 따라서 **Wire**가 클래스 이름이면서 객체로 사용되는 것은 UART 통신을 위한 **Serial**의 경우와 같다. Wire 라이브러리에는 기본적인 통신 설정 및 데이터 전송을 위해 다음과 같은 멤버 함수들이 정의되어 있다.

■ **begin**

```
void Wire::begin(void)
void Wire::begin(uint8_t address)
   - 매개변수
     address: 7비트 형식의 I2C 주소
   - 반환값: 없음
```

Wire 라이브러리를 초기화하고 I2C 버스에 마스터나 슬레이브로 참여한다. **주소를 지정하면 슬레이브로 I2C 버스에 참여하는 것을, 주소를 지정하지 않으면 마스터로 참여하는 것을 나타낸다.**

■ beginTransmission

```
void Wire::beginTransmission(uint8_t address)
  - 매개변수
    address: 슬레이브 주소
  - 반환값: 없음
```

지정한 주소의 슬레이브 장치로 데이터 전송을 시작한다. 실제 데이터 전송은 write 함수로 버퍼에 데이터를 쓴 후 endTransmission 함수가 호출될 때 일어난다.

■ endTransmission

```
uint8_t Wire::endTransmission(void)
uint8_t Wire::endTransmission(uint8_t sendStop)
  - 매개변수
    sendStop: 요청 완료 후 정지 메시지 전송 여부(true 또는 false)
  - 반환값: 전송 상태 메시지
```

write 함수를 사용하여 버퍼에 쓴 데이터를 전송함으로써 beginTransmission 함수에 의해 시작된 슬레이브 장치에 대한 전송을 종료한다. sendStop이 false이면 전송이 완료된 후에도 연결을 유지하여 다른 마스터 장치가 데이터를 전송할 수 없도록 한다. 디폴트 값은 true이다. 반환값은 전송 결과를 나타내는 값으로, 0이 아닌 값은 전송 과정에서 오류가 발생했음을 나타낸다.

■ write

```
size_t Wire::write(uint8_t data)
size_t Wire::write(const uint8_t *data, size_t quantity)
  - 매개변수
    data: 전송할 단일 바이트 또는 바이트 배열에 대한 포인터
    quantity: 전송할 바이트 수
  - 반환값: 전송된 바이트 수
```

마스터 장치의 요청에 따라 슬레이브 장치가 데이터를 전송하거나, 마스터 장치에서 슬레이브 장치로 전송할 데이터를 큐에 기록하기 위해 사용한다. 마스터 장치에서 슬레이브 장치로 데이터를 전송하는 경우 write 함수는 beginTransmission 함수와 endTransmission 함수 사이에 와야 한다. 슬레이브 장치에서 마스터 장치로 데이터를 전송하는 경우 write 함수는 onRequest 함수로 등록한 송신 요청 핸들러 함수 내에 온다.

■ **requestFrom**

```
uint8_t Wire::requestFrom(uint8_t address, uint8_t quantity)
uint8_t Wire::requestFrom(uint8_t address, uint8_t quantity, uint8_t sendStop)
    - 매개변수
      address: 슬레이브 주소
      quantity: 요청하는 바이트 수
      sendStop: 요청 완료 후 정지 메시지 전송 여부(true 또는 false)
    - 반환값: 슬레이브 장치로부터 전송된 바이트 수
```

마스터 장치가 특정 주소(address)의 슬레이브 장치에 지정한 양(quantity)의 데이터를 요청한다. sendStop은 요청이 완료된 후 정지 메시지 전송 여부로, false를 지정하면 요청이 완료된 후에도 연결을 유지하여 다른 장치가 데이터를 요구할 수 없도록 한다. 디폴트 값은 true이다. 마스터 장치가 요청한 데이터는 available 함수와 read 함수를 사용하여 확인할 수 있다.

■ **available**

```
int Wire::available(void)
    - 매개변수: 없음
    - 반환값: 유효 바이트 수
```

데이터가 수신되어 read 함수로 읽을 수 있는 바이트 수를 반환한다. available 함수는 마스터 장치에서 requestFrom 함수를 통해 슬레이브 장치로부터 데이터를 요청한 이후 실제 도착한 데이터를 검사하기 위해 사용하거나, 슬레이브 장치에서 onReceive 함수로 등록한 수신 핸들러 함수 내에서 마스터가 보낸 데이터를 확인하기 위해 사용한다.

■ **read**

```
int Wire::read(void)
    - 매개변수: 없음
    - 반환값: 수신 버퍼의 한 바이트를 읽어서 반환
```

마스터 장치의 requestFrom 함수 호출에 따라 슬레이브 장치가 마스터 장치로 전송한 1바이트 데이터를 읽는다. 또한 마스터 장치가 전송한 데이터를 슬레이브 장치에서 읽기 위해 슬레이브 장치에서 onReceive 함수로 등록한 수신 핸들러 함수에서도 사용할 수 있다.

- **onReceive**

```
void Wire::onReceive( void (*function)(int) )
   - 매개변수
      function: 데이터를 수신했을 때 호출되는 핸들러 함수 포인터
   - 반환값: 없음
```

슬레이브 장치가 마스터 장치로부터 데이터를 수신했을 때 호출되는 핸들러handler 함수를 등록한다. 핸들러 함수는 반환값이 없으며, 수신한 데이터의 바이트 수를 나타내는 **int** 타입의 매개변수를 갖는다.

- **onRequest**

```
void Wire::onRequest( void (*function)(void) )
   - 매개변수
      function: 데이터 요청이 있을 때 호출되는 핸들러 함수 포인터
   - 반환값: 없음
```

슬레이브 장치가 마스터 장치로부터 데이터 요청을 받았을 때 호출되는 핸들러 함수를 등록한다. 핸들러 함수는 반환값이 없으며 매개변수도 없다.

I2C 통신에서 모든 데이터 송수신은 마스터가 정한 순서에 따라 이루어진다. 마스터에서 슬레이브로 데이터를 전송하거나 요청하는 경우 전형적인 멤버 함수 사용 순서는 그림 19.8과 같다. 반면 슬레이브는 인터럽트 기반으로 동작하여 onReceive, onRequest 함수로 등록한 핸들러 함수가 마스터 장치로부터 데이터를 수신하거나 송신 요청이 있는 경우 자동으로 호출된다.

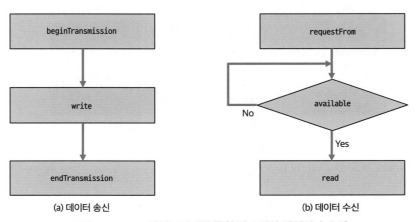

(a) 데이터 송신   (b) 데이터 수신

그림 19.8 **Wire 라이브러리를 통한 마스터의 데이터 송수신**

Wire 라이브러리는 I2C 통신으로 데이터를 송수신하는 데 필요한 함수를 정의하고 있다. 하지만 실제 전송되는 데이터의 의미는 주변 장치에 따라 다르다. 따라서 I2C 통신을 사용하는 주변 장치는 Wire 라이브러리를 바탕으로 하는 전용 라이브러리를 사용하여 제어하는 경우가 대부분이며, 직접 Wire 라이브러리를 사용하는 경우는 많지 않다. 또한 아두이노가 마스터로, 주변 장치가 슬레이브로 동작하는 경우가 대부분으로 아두이노를 슬레이브로 사용하는 경우 역시 흔하지 않다.

19.3 텍스트 LCD

15장 '텍스트 LCD'에서는 정해진 위치에 문자 단위로 출력할 수 있는 텍스트 LCD를 살펴봤다. 마이크로컨트롤러에서 병렬 방식의 데이터 전송을 사용하는 경우는 드물지만, 텍스트 LCD는 4비트 또는 8비트의 병렬 방식을 사용하고 있다. 따라서 텍스트 LCD를 사용할 때는 최소 6개의 연결선이 필요하다. 텍스트 LCD를 사용하는 데 필요한 연결선의 수를 줄이기 위해 UART, I2C 등의 시리얼 통신을 사용하는 텍스트 LCD를 쉽게 찾아볼 수 있으며 I2C 통신을 사용하는 텍스트 LCD가 가장 흔하다.

I2C 통신을 사용하는 텍스트 LCD는 텍스트 LCD에 I2C 통신을 위한 변환 모듈이 연결된 형태로, 전원을 제외하면 2개의 연결선만 사용하여 텍스트 LCD를 제어할 수 있다.

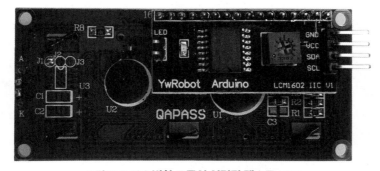

그림 19.9 I2C 변환 모듈이 연결된 텍스트 LCD

I2C 방식 텍스트 LCD를 그림 19.10과 같이 연결하자.

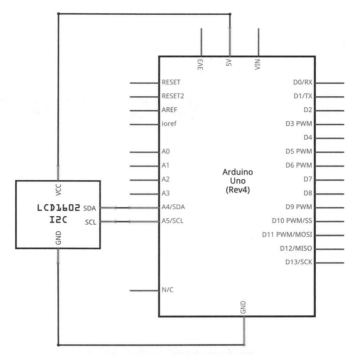

그림 19.10 I2C 방식 텍스트 LCD 연결 회로도

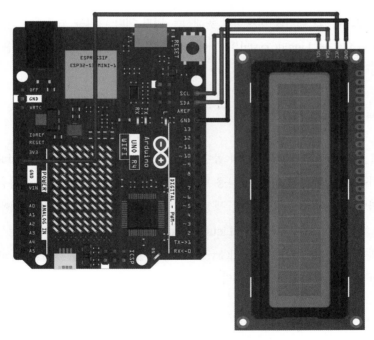

그림 19.11 I2C 방식 텍스트 LCD 연결 회로

I2C 방식 텍스트 LCD를 사용하기 위해서는 먼저 라이브러리를 설치해야 한다. 라이브러리 매니저에서 'LiquidCrystal I2C'를 검색해서 LiquidCrystal I2C 라이브러리를 설치하자.

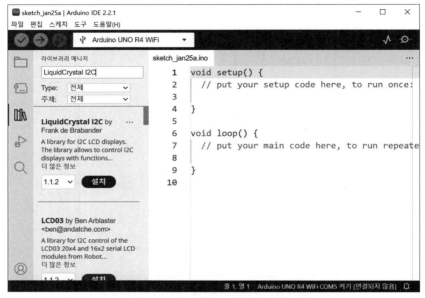

그림 19.12 **LiquidCrystal I2C 라이브러리 검색 및 설치**[1]

LiquidCrystal I2C 라이브러리를 사용하기 위해서는 먼저 헤더 파일을 포함해야 한다. '스케치 ➡ 라이브러리 포함하기 ➡ LiquidCrystal I2C' 메뉴 항목을 선택하거나 #include 문을 직접 입력하면 된다.

```
#include <LiquidCrystal_I2C.h>
```

LiquidCrystal_I2C 클래스에 정의된 멤버 함수는 LiquidCrystal 라이브러리의 LiquidCrystal 클래스에서 사용하는 멤버 함수와 이름 및 사용 방법이 거의 같다. 다만 I2C 통신을 사용하므로 객체 생성과 초기화에서 차이가 있다. 객체를 생성할 때 LiquidCrystal I2C 라이브러리에서는 I2C 통신을 위한 주소를 지정해야 한다. 또한 LiquidCrystal 라이브러리에서는 객체를 생성한 후 begin 함수로 초기화한 후 사용했다면, LiquidCrystal I2C 라이브러리에서는 객체를 생성하고 init 함수로 초기화한 후 사용한다는 차이가 있다.

---

1 https://github.com/johnrickman/LiquidCrystal_I2C

■ LiquidCrystal_I2C

LiquidCrystal_I2C::LiquidCrystal_I2C(uint8_t addr, uint8_t cols, uint8_t rows)
- 매개변수
    addr: 텍스트 LCD의 I2C 주소
    cols: 열의 개수
    rows: 행의 개수
- 반환값: 없음

I2C 방식 텍스트 LCD의 객체를 생성한다. 이때 텍스트 LCD를 위한 I2C 주소와 텍스트 LCD의 크기를 지정한다. 이 장에서 사용한 **텍스트 LCD는 I2C 주소로 0x27을 사용**하고 있지만, 다른 주소를 사용하는 경우도 있으므로 텍스트 LCD가 정상적으로 동작하지 않을 때는 데이터시트를 확인해야 한다.

■ init

void LiquidCrystal_I2C::init(void)
- 매개변수: 없음
- 반환값: 없음

I2C 방식 텍스트 LCD를 초기화한다.

스케치 19.1은 텍스트 LCD에 'Hello, I2C LCD!'를 출력하는 예다. 객체를 생성하고 초기화하는 부분 이외에 15장 '텍스트 LCD'와 다른 점은 백라이트를 켜는 부분이다. 15장 '텍스트 LCD'에서는 백라이트가 항상 켜지도록 연결되어 있고 LiquidCrystal 라이브러리는 백라이트를 제어하는 함수를 제공하지 않는다. 반면 LiquidCrystal I2C 라이브러리에서는 디폴트로 백라이트가 꺼진 상태이므로 backlight 함수로 켜주어야 한다.

스케치 19.1 I2C 방식 텍스트 LCD   `R3` `R4`

```
#include <LiquidCrystal_I2C.h>

LiquidCrystal_I2C lcd(0x27, 16, 2);           // (주소, 열, 행)

void setup() {
  lcd.init();                                 // LCD 초기화

  lcd.backlight();                            // 백라이트 켜기

  lcd.print("Hello, I2C LCD!");               // 문자열 출력
```

```
}

void loop() {
}
```

그림 19.13 스케치 19.1 실행 결과

연결한 I2C 장치의 주소를 확인하기 어려울 때는 I2C 장치의 응답을 통해 특정 주소를 갖는 장치가 연결되어 있는지를 확인할 수 있다. Wire 라이브러리의 endTransmission 함수는 전송이 성공했을 때 0(전송 성공)을 반환하므로, 반환값을 통해 해당 주소를 갖는 장치의 연결 여부를 확인할 수 있다. 하지만 연결 여부를 확인할 수 있을 뿐 장치의 종류까지는 알 수 없다. 스케치 19.2를 업로드하고 그림 19.10과 같이 연결된 텍스트 LCD의 I2C 주소를 확인해 보자.

스케치 19.2 I2C 주소 스캐닝　　　　　　　　　　　　　　　　　　　　　　`R3`　`R4`

```
#include <Wire.h>

void setup() {
  Wire.begin();                              // I2C 통신 초기화
  Serial.begin(9600);                        // UART 통신 초기화
  while (!Serial);
}

void loop() {
  byte error, address;
  int nDevices = 0;                          // 발견된 I2C 통신 장치 수

  Serial.println("* I2C 장치 스캔을 시작합니다");
  for (address = 1; address < 119; address++) {
    Wire.beginTransmission(address);
    error = Wire.endTransmission();          // 전송 과정에서의 오류 반환

    if (error == 0) {                        // 오류 없음, 즉 장치가 존재함
      Serial.print(nDevices + 1);
      Serial.print(" :\t0x");
      if (address < 16) {                    // 항상 두 자리 주소로 출력
        Serial.print('0');
      }
      Serial.print(address, HEX);
      Serial.println(" 주소에서 I2C 장치 발견");
```

```
      nDevices++;
    }
  }
  if (nDevices == 0) {
    Serial.println("* I2C 장치가 발견되지 않았습니다.\n");
  }
  else {
    Serial.println("* 주소 스캔이 끝났습니다.");
    Serial.println(String("* ") + nDevices + "개 I2C 장치가 발견되었습니다.\n");

  }

  delay(5000);                                      // 다음 스캔까지 5초 대기
}
```

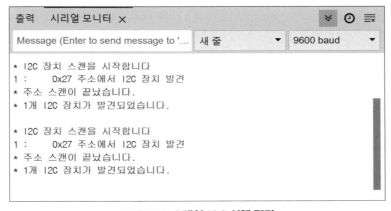

그림 19.14 스케치 19.2 실행 결과

19.4 맺는말

I2C 통신은 적은 양의 데이터를 가끔 보내는 용도에 최적화된 시리얼 통신으로 센서 연결에서 흔히 볼 수 있다. I2C 통신은 동기식, 반이중 방식, 1:*N* 연결 등의 특징을 가지며 UART 통신과 비교했을 때 많은 주변 장치를 2개의 연결선만으로 연결할 수 있다는 점이 가장 큰 장점이다. 이 외에도 SPI, 1-와이어, USB, CAN 등의 시리얼 통신을 사용할 수 있지만, 각기 다른 목적으로 만들어진 만큼 특징을 잘 이해하고 필요에 따라 선택해서 사용해야 한다.

이 장에서는 I2C 통신을 사용하는 예로 텍스트 LCD를 살펴봤다. 텍스트 LCD는 간단하게 문자 단위의 출력이 가능하지만, 아두이노와 함께 사용되는 주변 장치 중에서는 드물게 병렬 방식을 사용하여 최소 6개의 연결선이 필요하다. I2C 통신을 사용하여 2개 연결선으로 문자를 표시할 수 있는 텍스트 LCD는 일반 텍스트 LCD와 거의 같은 방법으로 제어할 수 있으므로 쉽게 연결하고 사용할 수 있다. 이 외에도 UART 통신을 사용하는 텍스트 LCD도 찾아볼 수 있으므로 선택에 고려해 볼 수 있다.

연 / 습 / 문 / 제

1 LiquidCrystal I2C 라이브러리를 사용하면 LiquidCrystal 라이브러리와 같은 방법으로 사용자 정의 문자를 정의하고 사용할 수 있다. 다음과 같이 4개의 문자를 정의하고 I2C 방식 텍스트 LCD에 출력하는 스케치를 작성해 보자.

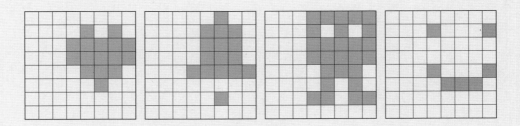

2 I2C 통신과 비슷한 시리얼 통신에는 I2C 통신의 확장 버전이라 할 수 있는 SMBus 통신, I2C 통신에서 연결선의 수를 더 줄인 1-와이어 통신, 스테레오 오디오 전송을 위한 I2S 통신 등이 있다. 이 통신들을 비교해 보고 장단점과 사용 목적을 알아보자.

SPI 통신

SPI는 고속 데이터 전송을 위한 시리얼 통신의 하나로, 1:*N* 연결이 가능하고 동기식 통신으로 하드웨어가 간단하다는 등 여러 가지 장점이 있다. 하지만 동기화 클록을 위한 연결선과 슬레이브 선택을 위한 연결선이 필요하므로 시리얼 통신 중에서는 가장 많은 연결선을 사용한다는 단점도 있다. 이 장에서는 SPI 통신의 원리와 SPI 통신을 사용하는 SD 카드 모듈의 사용 방법을 알아본다.

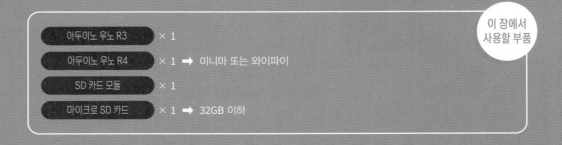

이 장에서
사용할 부품

아두이노 우노 R3	× 1	
아두이노 우노 R4	× 1	➡ 미니마 또는 와이파이
SD 카드 모듈	× 1	
마이크로 SD 카드	× 1	➡ 32GB 이하

SPI 통신

시리얼 통신은 적은 수의 연결선으로 많은 데이터를 보내는 방법이므로 고속의 데이터 전송에 적합하지 않은 것이 사실이다. 하지만 마이크로컨트롤러에서도 많은 데이터 전송이 필요한 경우가 있으며 많은 데이터를 송수신해야 하는 와이파이 모듈과 많은 픽셀의 정보를 전송해야 하는 TFT LCD 등이 그런 예에 속한다. 아두이노 우노 R4 와이파이에 사용된 와이파이 모듈 역시 SPI_{Serial}
Peripheral Interface 통신으로 RA4M1과 연결되어 있다. **SPI는 고속 전송을 위해 만들어진 시리얼 통신이다.** 고속 전송을 위해서는 연결선의 수가 늘어나더라도 가능한 한 제어를 간단하게 하는 것이 좋다. 따라서 SPI 통신에서는 데이터 동기화를 위해 별도의 클록을 사용하고, I2C 통신에서 여러 슬레이브 중 하나를 선택하기 위해 주소를 사용하는 것과 달리 전용의 슬레이브 선택 연결선을 사용한다. 또한 다른 시리얼 통신과 달리 송신과 수신이 동시에 일어나는 방식을 통해 제어를 간단하게 하고 있다.

SPI 통신이 고속 통신을 위해서라고는 하지만 최대 전송 속도는 60Mbps 정도다. 데스크톱 컴퓨터에서 흔히 사용하는 USB의 경우 USB 4에서는 최대 40Gbps 전송 속도를 낼 수 있어 SPI 통신에 비해 훨씬 빠른 전송이 가능하다. 하지만 빠른 데이터 전송을 위해서는 높은 클록이 필요하고 많은 전력이 필요하므로 마이크로컨트롤러에서 이를 만족시키기는 어렵다. 즉, 단순히 최대 전송 속도만을 비교하는 것은 의미가 없다.

SPI 통신은 고속의 시리얼 통신을 위해 전이중 방식을 사용하므로 2개의 데이터 선을 사용하고, 동기식 통신이므로 별도의 동기화 클록 전송선을 사용한다. 또한 I2C 통신과 마찬가지로 1:N 연결을 지원하지만, **슬레이브 선택을 위해 슬레이브별로 별도의 연결선을 사용**하므로 1개의 슬레이브 장치를 연결하는 데만 4개의 연결선을 사용한다.

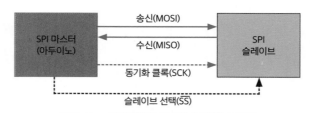

그림 20.1 SPI 통신으로 1개 슬레이브 연결

그림 20.1은 아두이노에 1개의 슬레이브를 SPI 통신으로 연결한 것이다. MOSI와 MISO는 데이터 전송을 위해 사용되며 UART에서 TX와 RX에 해당한다. MOSI는 'Master Out Slave In'의 약어로 마스터에서 슬레이브로 데이터를 전송하는 데 사용하고, MISO는 'Master In Slave Out'의 약어로 슬레이브에서 마스터로 데이터를 전송하는 데 사용한다. SCK_Serial Clock는 데이터 동기화를 위한 클록으로, I2C 통신에서의 SCL과 같은 역할을 한다. SS는 'Slave Select'의 약어로 여러 슬레이브 중 하나를 선택하는 데 사용하며 CS_Chip Select라고도 한다.

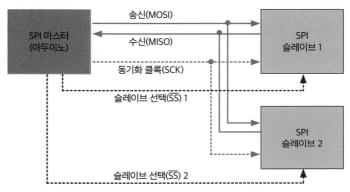

그림 20.2 SPI 통신으로 2개 슬레이브 연결

그림 20.2는 2개의 슬레이브를 SPI 통신으로 연결한 것이다. 모든 슬레이브가 마스터로부터의 MOSI, MISO, SCK 연결선을 공유하는 것은 I2C 통신과 같다. 여러 슬레이브 중 하나의 슬레이브를 선택하기 위해 I2C 통신에서는 주소를 먼저 보내는 방법을 사용했다면, SPI 통신에서는 SS 연결선에 LOW로 가하여 해당 슬레이브를 선택한다. 따라서 **마스터가 선택한 슬레이브의 SS는 LOW 상태에 있고, 선택하지 않은 슬레이브의 SS는 HIGH 상태에 있다.**

SPI 통신은 다른 시리얼 통신과 다르게 **항상 송신과 수신이 동시에 일어난다**는 특징이 있다. UART 통신도 송신과 수신이 동시에 일어날 수 있지만, 항상 그런 것은 아니고 송신과 수신은 별개로 동작한다. SPI 통신은 동기식으로 동기화 클록을 사용한다. 동기화 클록은 I2C 통신에서와 마찬가지로 마스터가 공급하지만, 반이중 방식인 I2C 통신과 달리 전이중 방식인 SPI 통신에서는 간단한 제어를 위해 송신과 수신이 항상 동시에 일어나도록 만들어졌다.

SPI 통신에서 마스터와 슬레이브의 데이터 버퍼는 원형 큐를 이루고 있다. 마스터에서 슬레이브로 보낼 데이터 A가 마스터의 큐에 저장되어 있고, 슬레이브에서 마스터로 보낼 데이터 B가 슬레이브의 큐에 저장되어 있다고 생각해 보자.

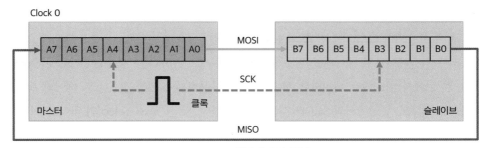

그림 20.3 데이터 전송 준비

데이터가 준비된 상태에서 하나의 클록이 발생하면 마스터의 1비트 데이터 A0는 MOSI를 통해 슬레이브로 전달되며 동시에 슬레이브의 1비트 데이터 B0는 MISO를 통해 마스터로 전달된다. 데이터 이동 후 마스터와 슬레이브에 저장되는 데이터는 데이터 A와 B에 오른쪽 원형 이동 연산을 수행한 것과 같다. 다만 데이터 A와 B가 저장된 버퍼는 마스터와 슬레이브에 물리적으로 나뉘어 있다는 점이 일반적인 원형 이동 연산과 차이가 있다.

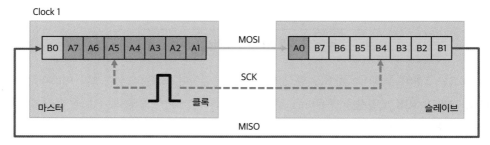

그림 20.4 1비트 데이터 전송

비슷하게 8개의 클록이 발생하면 마스터의 8비트 데이터 A는 슬레이브로 전달되고, 슬레이브의 8비트 데이터 B는 마스터로 전달된다. 이처럼 SPI 통신에서 마스터와 슬레이브는 일방적으로 데이터를 보내거나 받는 것이 아니라 서로 데이터를 교환하는 방식으로 동작한다. 하지만 이런 방식은 마스터와 슬레이브가 항상 교환할 데이터가 있는 것이 아니라는 점에서 문제가 될 수 있다. 따라서 **마스터가 슬레이브로 데이터를 보낼 때 마스터는 슬레이브로부터 의미 없는 데이터를 받을 수 있고, 슬레이브로부터 데이터를 받을 때도 마스터는 슬레이브로 의미 없는 데이터를 보내야 할 수 있다.**

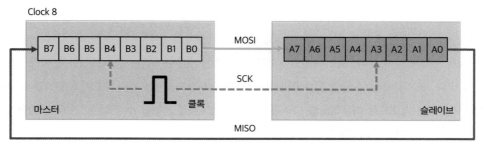

그림 20.5 **1바이트 데이터 전송**

아두이노 우노의 SPI 통신

아두이노 우노에는 SPI 통신을 위한 전용 하드웨어가 포함되어 있으며, SPI 통신에 필요한 핀 중 SS를 제외한 나머지 3개의 핀은 전용 핀을 사용해야 한다. 아두이노 우노에서 SPI 통신을 위해 사용하는 핀은 표 20.1과 같다. SS 핀도 정의되어 있지만, 필요한 경우 다른 핀을 사용해도 된다. 또한 연결하는 슬레이브 수가 늘어나면 필요한 SS 핀의 수도 늘어나야 하므로 임의의 데이터 핀을 SS 핀으로 사용해야 한다.

표 20.1 **아두이노 우노의 SPI 연결 핀**

SPI 핀	아두이노 우노 핀 번호	비고
MOSI	11	슬레이브로 전송되는 데이터
MISO	12	마스터로 전송되는 데이터
SCK	13	동기화 클록
SS	10	슬레이브 선택을 위한 디폴트 핀 다른 핀으로 변경 가능

아두이노에서는 SPI 통신을 지원하기 위해 기본 라이브러리의 하나로 SPI 라이브러리를 제공하고 있다. SPI 라이브러리에는 기본적인 SPI 통신 설정 및 데이터 전송 함수들이 정의되어 있다. 아두이노 우노에서 사용할 수 있는 SPI 포트는 1개뿐이므로 SPI 라이브러리에서 정의하고 있는 SPIClass 클래스의 객체를 생성하지 않고 미리 생성된 SPI 객체를 사용한다. 이는 UART와 I2C 통신에서도 마찬가지다.

SPI 라이브러리를 사용하여 SPI 통신을 수행하는 것이 가능하지만, SPI 통신은 I2C 통신보다 복잡하다. 따라서 주변 장치에 따라 SPI 라이브러리를 바탕으로 만들어진 전용 라이브러리를 사용하는 것이 일반적이며, 직접 SPI 라이브러리를 사용하는 경우는 Wire 라이브러리를 사용하는 경우보다 적다. 또 한 가지 주의할 점은 **아두이노의 SPI 라이브러리가 마스터 모드만 지원하고 슬레이브 모드를 지원하지 않으므로 아두이노를 SPI 통신에서 슬레이브로 사용할 수 없다는 점이다. 반면 Wire 라이브러리는 마스터와 슬레이브 모드 모두 지원한다.**

20.3 SD 카드

SD_{Secure Digital} 카드는 휴대용 전자기기에서 데이터 저장을 위한 외부 저장 장치로 흔히 사용되는 메모리 카드를 말한다. SD 카드는 용량에 따라 2기가바이트 이하의 용량을 표준 SD 또는 SDSC_{Standard Capacity}, 32기가바이트 이하의 용량을 SDHC_{High Capacity}, 2테라바이트 이하의 용량을 SDXC_{eXtended Capacity}, 128테라바이트 이하의 용량을 SDUC_{Ultra Capacity} 등으로 구분한다. SD 카드는 크기에 따라서도 SD, 미니_{mini} SD, 마이크로_{micro} SD의 세 가지로 구분한다.

마이크로컨트롤러에도 SD 카드처럼 자유롭게 읽고 쓸 수 있는 메모리가 포함되어 있지만 크기가 작아 많은 데이터를 저장해야 할 때는 SD 카드가 흔히 사용된다. **아두이노에서 제공하는 SD 라이브러리는 FAT16 또는 FAT32 형식의 파일 시스템과 최대 32GB 용량을 지원한다.**

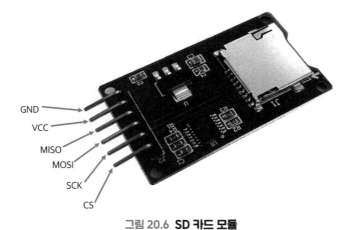

그림 20.6 **SD 카드 모듈**

SD 카드 모듈은 읽고 쓰는 속도를 고려해 SPI 통신이 흔히 사용되며, 이 장에서 사용하는 SD 카드 모듈 역시 마찬가지다. SD 카드 모듈을 그림 20.7과 같이 연결하자. 연결에 사용하는 핀은 표 20.1을 참고하면 된다.

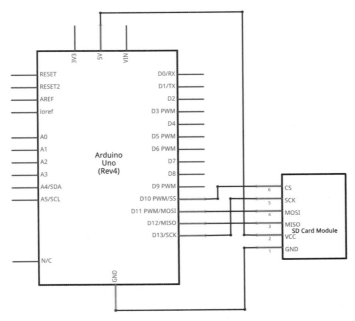

그림 20.7 **SD 카드 모듈 연결 회로도**

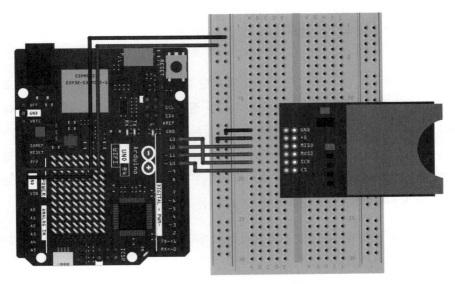

그림 20.8 **SD 카드 모듈 연결 회로**

SD 라이브러리는 SD 카드 제어와 SD 카드 내의 파일과 디렉터리 조작을 위한 **SDClass** 클래스와 SD 카드 내의 파일에 데이터를 읽고 쓰기 위한 **File** 클래스를 제공한다. SD 카드 제어를 위한 클래스는 **SDClass** 클래스이며 **SDClass** 클래스의 유일한 객체로 **SD**를 생성하고 있으므로 객체를 생성할 필요 없이 사용할 수 있다. **SDClass** 클래스에는 SD 카드 제어를 위해 다음과 같은 멤버 함수들이 정의되어 있다.

■ begin

```
boolean SD::begin(uint8_t csPin)
```
 - 매개변수
  csPin: CS_{Chip Select} 또는 SS_{Slave Select} 핀 번호
 - 반환값: SD 카드 초기화에 성공하면 **true**, 실패하면 **false**를 반환

SD 라이브러리를 초기화한다. 매개변수는 SD 카드 모듈을 위한 CS/SS 핀을 지정한다. SPI 라이브러리에서 CS/SS는 표 20.1에서와 같은 10번 핀으로 정의되어 있다.

■ open

```
File SD::open(const char *filename, uint8_t mode = FILE_READ)
File SD::open(const String &filename, uint8_t mode = FILE_READ)
```
 - 매개변수
  filename: 파일 이름
  mode: 파일의 접근 모드, 읽기(FILE_READ) 또는 쓰기(FILE_WRITE)
 - 반환값: 파일 객체 또는 **false**

SD 카드에 있는 파일을 연다. 쓰기 모드로 열 때 해당 파일이 존재하지 않으면 파일을 새로 만들지만, 디렉터리까지 만들지는 않는다. **mode**는 파일의 접근 모드를 나타내며, 읽기(FILE_READ) 또는 쓰기(FILE_WRITE) 중 하나를 지정할 수 있다. 디폴트 값은 읽기 모드다. 반환되는 값은 열린 파일을 가리키는 **File** 클래스 객체이며, 열기에 실패하면 **false**를 반환한다. 반환되는 객체를 통해 파일을 읽거나 쓸 수 있으며 **close** 함수를 사용하여 파일을 닫을 수 있다. 이때 **close** 함수는 SD 클래스의 멤버 함수가 아니라 **File** 클래스의 멤버 함수라는 점에 주의해야 한다.

SDClass 클래스를 통해 파일을 열면 **File** 클래스의 객체를 반환하며 반환된 객체를 사용하여 파일을 읽고 쓸 수 있다.

■ **name**

```
char *File::name(void)
   - 매개변수: 없음
   - 반환값: 파일 이름
```

File 객체와 연결된 파일 이름을 반환한다.

■ **size**

```
uint32_t File::size(void)
   - 매개변수: 없음
   - 반환값: 바이트 단위 파일 크기
```

파일의 크기를 바이트 단위로 반환한다.

■ **close**

```
void File::close(void)
   - 매개변수: 없음
   - 반환값: 없음
```

읽거나 쓰기 위해 열려 있는 파일을 닫는다. 파일을 닫을 때는 파일로 쓴 데이터가 실제로 SD 카드에 기록되었음을 보장한다.

■ **isDirectory**

```
boolean File::isDirectory(void)
   - 매개변수: 없음
   - 반환값: 디렉터리 여부
```

디렉터리는 특별한 종류의 파일로 처리되며 디렉터리를 위한 별도의 클래스는 없다. **isDirectory** 함수는 File 클래스의 객체가 디렉터리를 가리키는지를 반환한다.

▪ openNextFile

```
File File::openNextFile(uint8_t mode = O_RDONLY)
  – 매개변수
    mode: 파일 열기 모드
  – 반환값: 디렉터리 내 파일이나 하위 디렉터리 객체
```

디렉터리 내의 다음 파일이나 하위 디렉터리를 나타내는 객체를 반환한다. 디렉터리가 아닌 파일에 대해 openNextFile 함수를 호출하거나 디렉터리 내에 더는 파일이나 하위 디렉터리가 존재하지 않으면 false를 반환한다.

SD 라이브러리를 사용하기 위해서는 먼저 헤더 파일을 포함해야 한다. '스케치 ➡ 라이브러리 포함하기 ➡ SD' 메뉴 항목을 선택하거나 #include 문을 직접 입력하면 된다.

```
#include <SD.h>
```

스케치 20.1은 루트 디렉터리부터 재귀적으로 디렉터리 내의 파일을 보여주는 예로, 파일이나 디렉터리 이름과 크기를 출력한다. 디렉터리에 대해 openNextFile 함수를 계속 호출하면 디렉터리 내 파일과 하위 디렉터리 목록을 얻을 수 있고, 하위 디렉터리가 발견되면 재귀 호출을 통해 하위 디렉터리 내 파일과 디렉터리 목록을 출력할 수 있다.

스케치 20.1 재귀적인 파일 목록 보기　　　　　　　　　　　　　　　　　　R3　R4

```
#include <SD.h>

File root;

void setup() {
  Serial.begin(9600);
  while (!Serial);

  if (!SD.begin(CS)) {                    // SD 카드 초기화
    Serial.println("** 초기화 과정에서 오류 발생");
    while (1);
  }
  Serial.println("* 디렉터리 리스팅 시작\n");

  root = SD.open("/");                    // 루트 디렉터리 열기
  printDirectory(root, 0);                // 재귀적 디렉터리 리스팅 시작
  root.close();                           // 디렉터리 리스팅 종료

  Serial.println("\n* 디렉터리 리스팅 종료");
```

```
}

void printDirectory(File dir, int level) {
  while (true) {
    File entry = dir.openNextFile();            // 다음 파일 열기
    if (!entry) break;                          // 현재 디렉터리 내 파일 리스팅 끝

    // 디렉터리 수준(level)에 따라 탭 수를 늘려 출력 시작 위치 맞춤
    for (int i = 0; i < level; i++) {
      Serial.print("\t");
    }

    Serial.print(entry.name());                 // 파일 이름 출력

    if (entry.isDirectory()) {                  // 디렉터리인 경우
      Serial.println("/");                      // 디렉터리 표시로 이름 다음에 '/' 출력
      printDirectory(entry, level + 1);         // 하위 디렉터리에 대한 재귀 호출
    } else {
      // 디렉터리 수준에 따라 탭 수를 조절하여 파일 크기 출력 위치 맞춤
      for (int i = 0; i < 4 - level; i++) {
        Serial.print("\t");
      }
      Serial.println(entry.size());             // 파일 크기 출력
    }
    entry.close();                              // 리스팅이 끝난 파일 닫기
  }
}

void loop() {
}
```

그림 20.9와 같이 디렉터리와 파일이 만들어진 SD 파일에 대해 스케치 20.1을 실행한 결과가 그림 20.10이다. 그림 20.10에서 'SYSTEM~1' 디렉터리는 'System Volume Information' 디렉터리로, 윈도우에서 사용하는 시스템 디렉터리다. 물결 문자(~)가 디렉터리 이름에 포함된 이유는 **SD 라이브러리가 8.3 형식의 파일 이름만 지원**해서 파일 이름이 8자 이내로 제한되기 때문이다.

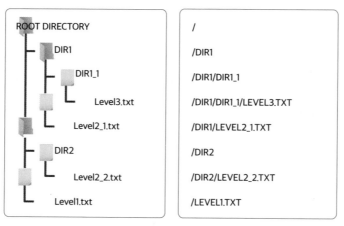

그림 20.9 **SD 카드의 디렉터리와 파일 구조**

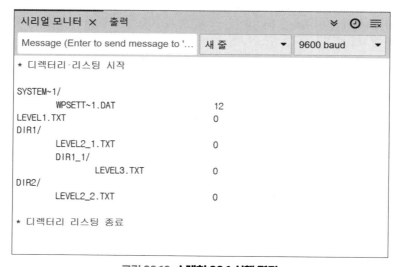

그림 20.10 **스케치 20.1 실행 결과**

SD 카드는 많은 데이터를 저장하기 위해 사용되며, 센서 데이터를 수집해서 저장하는 데이터 로 깅이 대표적인 예다. 클라우드에 데이터를 저장하는 방법도 많이 사용되지만, 항상 인터넷에 연결 되어 있음을 보장하지 못한다면 SD 카드를 사용하는 것이 대안이 될 것이다.

SD 카드에 텍스트 파일을 생성하고 데이터를 기록한 후 이를 다시 읽어보자. 파일을 쓰기 모드 (FILE_WRITE)로 열면 파일이 없는 경우 자동으로 생성되고, 파일이 있으면 파일 끝에 내용을 추가한 다. 파일에 데이터를 쓸 때는 print, println, write 등의 함수를 사용할 수 있고, 파일에서 데이터 를 읽을 때는 available, read 등의 함수를 사용할 수 있는 것은 Serial 클래스를 사용하는 경우와 같다. 다만, Serial 클래스에서 read와 write 함수는 바이트 단위 데이터만 읽거나 쓸 수 있지만 File 클래스에서는 바이트 배열도 읽거나 쓸 수 있다.

■ exists

```
boolean SD::exists(const char *filepath)
boolean SD::exists(const String &filepath)
    - 매개변수
      filepath: 파일 또는 디렉터리 경로
    - 반환값: 파일 또는 디렉터리가 존재하면 true, 존재하지 않으면 false를 반환
```

SD 카드에 지정한 파일 또는 디렉터리가 존재하는지 검사하여 존재 여부를 반환한다. **SD 라이브러리는 루트 디렉터리를 작업 디렉터리로 하므로 항상 전체 경로를 지정해야 한다.**

■ remove

```
boolean SD::remove(const char *filepath)
boolean SD::remove(const String &filepath)
    - 매개변수
      filename: 삭제할 파일 이름
    - 반환값: 파일 삭제 성공 여부
```

SD 카드에서 지정한 파일을 삭제하고 삭제 성공 여부를 반환한다. 루트 디렉터리부터 전체 경로를 지정해야 한다.

■ available

```
int File::available(void)
    - 매개변수: 없음
    - 반환값: 파일에서 읽을 수 있는 데이터 바이트 수
```

파일에서 읽을 수 있는 데이터의 바이트 수를 반환한다. 파일에서 읽을 수 있는 데이터는 파일에서 현재 읽기 위치에 따라 달라지므로 파일의 크기보다 작거나 같다.

■ read

```
int File::read(void)
int File::read(uint8_t *buf, size_t size)
  - 매개변수
    buf: 읽어 들인 데이터를 저장할 버퍼
    size: 버퍼의 바이트 단위 크기
  - 반환값: 읽어 들인 1바이트 데이터, 읽어 들인 데이터의 바이트 수 또는 -1
```

매개변수가 없는 read 함수는 파일의 현재 위치에서 첫 번째 바이트를 읽어 반환한다. 매개변수가 있는 read 함수는 최대 size바이트를 읽어 buf에 저장하고 저장한 데이터의 바이트 수를 반환한다. 읽을 데이터가 존재하지 않을 때는 -1을 반환한다.

■ write

```
size_t File::write(uint8_t data)
size_t File::write(const uint8_t *buf, size_t size)
  - 매개변수
    data: 1바이트 크기의 데이터
    buf: 바이트 배열 데이터
    size: buf 내 데이터 크기
  - 반환값: 기록한 바이트 수
```

파일에 데이터를 기록하고 기록한 바이트 수를 반환한다. 기록할 데이터는 1바이트 크기의 값이나 바이트 배열로 주어질 수 있다. 바이트 배열로 주어지는 경우 기록할 데이터의 크기도 함께 매개변수로 지정해야 한다.

■ flush

```
void File::flush(void)
  - 매개변수: 없음
  - 반환값: 없음
```

파일로 쓴 데이터가 실제로 SD 카드에 기록되도록 한다. 파일을 닫는 close 함수를 호출하면 자동으로 flush 함수가 호출되므로 변경된 데이터가 SD 카드에 기록되는 것을 보장한다.

스케치 20.2는 SD 카드에 test.txt 파일을 만들고 데이터를 쓴 후, 파일의 내용을 다시 읽어 시리얼 모니터로 출력하는 예다.

스케치 20.2 **SD 카드에 파일 쓰기와 읽기** R3 R4

```
#include <SD.h>

const char fileName[] = "test.txt";

void setup() {
  Serial.begin(9600);
  while (!Serial);

  if (!SD.begin(SS)) {                      // SD 카드 초기화
    Serial.println("** 초기화 과정에서 오류 발생");
    while (1);
  }

  if (SD.exists(fileName)) {                // 같은 이름의 파일 존재
    Serial.println("* 기존 파일 삭제");
    SD.remove(fileName);
  }

  File myFile = SD.open(fileName, FILE_WRITE);   // 쓰기 모드로 열기

  if (myFile) {
    Serial.println("* 파일로 쓰기 시작");
    for (int i = 1; i <= 5; i++) {          // 5번 파일로 쓰기
      myFile.print("Count : ");
      myFile.println(i);
    }
    myFile.close();                         // 파일 닫기
    Serial.println("* 파일로 쓰기 종료");
  }

  myFile = SD.open(fileName);               // 읽기 모드로 열기
  if (myFile) {
    Serial.println("* 파일 읽기 시작");
    Serial.println();

    while (myFile.available()) {            // 파일에 읽을 내용이 존재
      char ch = myFile.read();              // 파일에서 읽기
      Serial.write(ch);                     // 시리얼 모니터로 출력
    }
    myFile.close();                         // 파일 닫기

    Serial.println();
    Serial.println("* 파일 읽기 종료");
  } else {                                  // 파일 열기 실패
    Serial.println("** 파일을 여는 과정에서 오류 발생");
  }
```

```
}

void loop() {
}
```

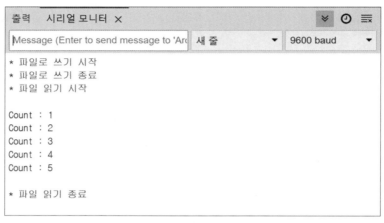

그림 20.11 **스케치 20.2 실행 결과**

20.4 맺는말

SPI 통신은 고속의 데이터 전송을 위해 만들어진 전이중, 동기식 시리얼 통신으로 많은 연결선을 사용하고 슬레이브 수가 증가함에 따라 사용하는 연결선의 수가 증가한다는 단점이 있지만, 시리얼 통신 중에서는 전송 속도가 가장 빠르다는 장점이 있다. 따라서 SPI 통신은 많은 데이터 전송이 필요한 통신 모듈, 디스플레이, 메모리와 저장 장치 등에서 흔히 사용한다.

이 장에서는 SPI 통신을 사용하는 예로 SD 카드 모듈을 살펴봤다. SD 카드는 데이터 저장이 자유롭지 않은 마이크로컨트롤러에서 외부 저장 장치로 흔히 사용된다. 데이터 로깅을 위해 사용하는 경우, 멀티미디어 파일을 저장하고 이를 읽어 활용하는 경우 등이 마이크로컨트롤러에서 SD 카드를 사용하는 대표적인 예라고 할 수 있다. SD 카드는 읽고 쓰는 속도가 느리므로 저장해야 하는 데이터가 아주 적다면 마이크로컨트롤러 내부의 EEPROM이나 데이터 플래시를 사용하는 것도 고려해 볼 수 있다.

CHAPTER 20

1 SD 카드에는 디렉터리를 만들고 디렉터리별로 파일을 저장할 수 있으며 이를 위해 SDClass 클래스는 디렉터리를 만드는 mkdir, 디렉터리를 삭제하는 rmdir 함수를 제공하고 있다. 루트 디렉터리에 test 디렉터리를 만들고 디렉터리 내에 test.txt 파일을 만든 후, 생성한 파일과 디렉터리를 삭제하는 스케치를 작성해 보자. 비어 있지 않은 디렉터리는 삭제할 수 없으므로 하위 디렉터리 내의 파일을 remove 함수로 먼저 삭제해야 하며, 파일을 삭제할 때는 루트 디렉터리부터 전체 경로를 지정해야 한다.

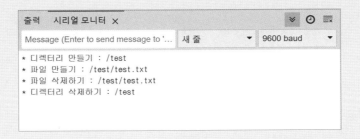

2 SPI 통신이 고속의 데이터 전송을 위해 만들어지기는 했지만, SPI 통신 규격상의 최대 속도를 얻기는 쉽지 않다. 따라서 좀 더 빠른 전송을 위해 데이터 선의 개수를 늘린 Dual SPI, Quad SPI 등이 사용되고 있으며 이 장에서 다룬 SPI 통신은 Single SPI로 구별한다. 연결선의 수와 데이터 전송 속도를 포함하여 각 방법의 특징을 비교해 보자.

CAN 통신

CAN 통신은 자동차에서 많은 수의 전자 제어 장치를 쉽고 간단하게 연결할 수 있도록 만들어진 시리얼 통신이다. CAN 통신은 반이중 방식, 비동기식 통신으로 다른 시리얼 통신과 비교했을 때 신뢰성 있는 통신을 특징으로 하며, 이를 위해 차동 방식의 데이터 전송과 ID를 기반으로 하는 프레임 단위의 데이터 전송을 사용한다. 이 장에서는 CAN 통신의 특징을 알아보고 아두이노 우노 R4에서 CAN 통신을 사용하는 방법을 알아본다.

이 장에서
사용할 부품

아두이노 우노 R4 × 2 ➡ 미니마 또는 와이파이

CAN 트랜시버 × 2 ➡ TJA1050 칩 사용

CAN 통신

CAN~Controller Area Network~ 통신은 1980년대 보쉬~Bosch~사에서 자동차에서 사용할 수 있는 간단하고 신뢰성 있는 시리얼 통신으로 개발한 것이다. 자동차에는 엔진 제어, 브레이크 제어, 에어백 제어, 오디오 시스템 제어 등을 위해 전자 제어 장치~Electronic Control Unit, ECU~를 사용하며, ECU는 서로 데이터를 주고받으면서 자동차를 제어한다. 이러한 환경에서 **여러 제어기를 쉽게 연결하고, 연결선의 무게를 줄이며, 안정성이 높은 통신으로 개발된 것이 CAN 통신이다.** CAN 통신은 자동차에 사용할 목적으로 개발된 만큼 최근 출시된 자동차 대부분이 CAN 통신을 사용하고 있다. 이 외에도 CAN 통신은 기차에서 선박에 이르는 다양한 차량과 산업용 제어 장치에서도 사용되고 있는 등 사용 범위가 점차 넓어지고 있다.

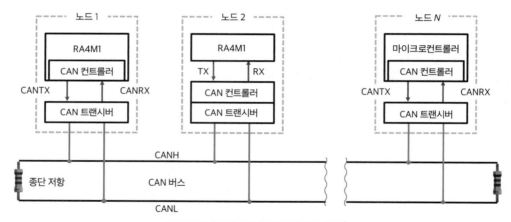

그림 21.1 **CAN 통신을 위한 노드 연결**[1]

CAN 통신에서 노드~node~라고 불리는 ECU는 그림 21.1과 같이 2개의 연결선을 사용하여 CAN 버스에 병렬로 연결된다. CANH~CAN High~와 CANL~CAN Low~로 이루어진 CAN 버스에는 종단 저항이 사용되며 120Ω이 흔히 사용된다. CAN 통신은 50k~1Mbps 속도로 통신이 가능한 고속 CAN 통신, 50k~123kbps 속도로 통신이 가능한 저속 CAN 통신으로 나눌 수 있다. 고속 CAN 통신에서는 CAN 버스 끝에 종단 저항이 연결되어 있다면, 저속 CAN 통신에서는 각 노드에 종단 저항이

---

1   아두이노 우노 R3에서 CAN 컨트롤러로의 연결을 RX와 TX로 표시한 이유는 CANRX 및 CANTX와 비교하여 데이터 송수신을 나타내기 위한 것이지 UART 통신을 의미하지는 않는다. 실제 아두이노 우노 R3에 사용하는 CAN 통신 모듈에는 SPI 통신을 사용하는 MCP2515 칩이 주로 사용된다.

포함되어 CAN 버스에 종단 저항을 연결하지 않아도 된다. 저속 CAN은 전송 속도는 느리지만 각 노드에 종단 저항을 포함하고 있어 CAN 버스가 일부 손상되었을 때도 통신이 가능하다는 장점이 있어 내결함성fault tolerant CAN 통신이라고 한다. 반면 고속 CAN 통신은 고장에 취약하다는 단점은 있지만 연결이 간단하여 널리 사용되고 있다. 이 장에서도 고속 CAN 통신을 사용한다.

CAN 통신에서는 2개의 연결선을 사용하지만, **2개의 연결선을 모두 데이터 선으로 사용하는 비동기식 통신**이다. 2개의 연결선이 모두 데이터 선이면 UART 통신과 비슷해 보이지만, UART 통신이 전이중 방식 통신이라면 **CAN 통신은 차동 방식에 의한 반이중 방식 통신이다.** 지금까지 살펴본 UART, I2C, SPI 등의 통신은 모두 GND를 기준으로 해서 신호 레벨을 결정하며 이를 단일 종단single ended 방식이라고 한다. 단일 종단 방식은 GND가 결정되면 데이터 전송을 위해 하나의 연결선만 필요하므로 연결이 간단하고 연결선이 적다는 장점이 있다. 하지만 잡음에 민감하므로 짧은 거리에서 주로 사용된다. 반면 차동differential 방식은 서로 반대되는 극성을 갖는 2개의 연결선을 사용하여 두 연결선의 전압 차로 데이터를 나타낸다. 차동 방식은 연결선의 수가 많다는 단점은 있지만, 잡음 대부분이 2개의 연결선에 같은 영향을 미치므로 연결선 사이의 전압 차는 잡음의 영향을 적게 받는다는 장점이 있다. 자동차에서는 많은 전기 잡음이 발생하므로 단일 종단 방식보다는 차동 방식이 적합하다고 할 수 있다.

CAN 통신은 기본적으로 비동기식, 반이중 방식 통신이지만, 다른 시리얼 통신과는 다른 몇 가지 특징이 있다. CAN 통신의 특징 중 하나는 별도의 트랜시버transceiver가 필요하다는 점이다. 트랜시버는 송신기transmitter와 수신기receiver를 하나로 합한 것으로 송수신기라고도 불린다. 그림 21.1에서 각 노드에는 CAN 컨트롤러 이외에 CAN 트랜시버가 포함되어 있다. CAN 컨트롤러는 CAN 통신을 위한 전용 하드웨어로 다른 시리얼 통신에서와 같다. 아두이노 우노 R3의 ATmega328 마이크로컨트롤러에는 CAN 컨트롤러가 없지만, 아두이노 우노 R4의 RA4M1 마이크로컨트롤러에는 CAN 컨트롤러가 포함되어 있다. CAN 컨트롤러에 연결된 데이터 핀 이름은 CANRX와 CANTX로 송신과 수신을 위한 핀이 별도로 존재하며 단일 종단 방식을 사용한다. 하지만 CAN 버스는 차동 방식을 사용하므로 **CAN 컨트롤러의 단일 종단 방식과 CAN 버스의 차동 방식 사이 상호 변환을 위해 CAN 트랜시버가 사용된다.** 이는 RA4M1 마이크로컨트롤러 역시 마찬가지로 아두이노 우노 R4를 CAN 버스에 연결하기 위해서는 별도의 CAN 트랜시버가 필요하다. 아두이노 우노 R3에도 CAN 컨트롤러와 CAN 트랜시버 일체형 모듈을 사용하면 CAN 버스에 연결하여 CAN 통신을 사용할 수 있다. 그림 21.2는 이 장에서 사용하는 CAN 트랜시버 모듈로 TJA1050 칩을 사용하며 5V를 지원한다. 아두이노에서 흔히 사용하는 MCP2515 칩은 3.3V만 지원하며 이 경우 레벨 변환기가 필요하다.

그림 21.2 **CAN 트랜시버 모듈**

CAN 버스에 전송되는 신호는 0을 나타내는 도미넌트dominant(우성) 상태와 1을 나타내는 리세시브recessive(열성) 상태로 구분할 수 있으며 도미넌트 상태가 이름처럼 우선권을 갖는다. 고속 CAN 통신과 저속 CAN 통신에서 도미넌트 상태와 리세시브 상태를 나타내는 전압에 차이가 있으며 표 21.1은 CAN 버스에 나타나는 전압을 비교한 것이다. 고속과 저속 CAN 통신 모두에서 도미넌트 상태에서 'CANH – CANL'이 큰 값을 갖는다면 리세시브 상태에서 'CANH – CANL'이 작은 값을 갖는다는 공통점이 있다.

표 21.1 **CAN 버스에서의 전압(V)**

데이터	CAN 버스	고속 CAN	저속 CAN
도미넌트, 0	CANH	3.5	3.6
	CANL	1.5	1.4
리세시브, 1	CANH	2.5	0
	CANL	2.5	5

그림 21.3은 고속 CAN 통신에서 CAN 버스에 나타나는 신호를 나타낸 것이다.

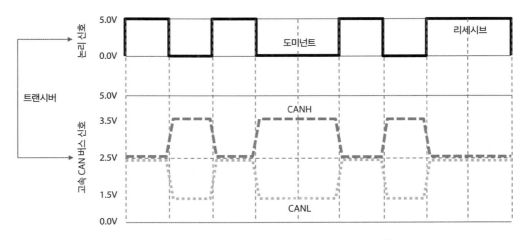

그림 21.3 **CAN 버스의 도미넌트와 리세시브 신호 표현**

CAN 트랜시버를 사용하여 CAN 버스에 아두이노 우노 R4를 연결했다고 가정하자. 그림 21.1에서 볼 수 있듯이 CAN 버스에는 여러 개의 노드가 병렬로 연결된다. 즉, CAN 통신은 1:N 연결을 지원한다. I2C와 SPI 통신 역시 1:N 연결을 지원하는 시리얼 통신으로 마스터 슬레이브 구조를 가지고 마스터가 모든 통신 과정을 제어한다. 하지만 CAN 통신에서는 모든 노드가 마스터가 될 수 있다. 즉, **통신 전체를 책임지고 관리하는 유일한 노드가 없다.** 특정 시점에서 CAN 버스에는 하나의 노드만 데이터를 송신할 수 있으며 다른 모든 노드는 데이터를 수신하는 상태에 있다는 점은 I2C, SPI 통신과 같다. 이때 데이터를 수신한 노드는 자신에게 보내진 데이터인지 확인해야 하며 이를 위해 I2C 통신에서는 주소를, SPI 통신에서는 슬레이브 선택 연결선을 사용한다. 반면 **CAN 통신에서는 전송되는 데이터에 ID를 부여하여 데이터를 수신하는 노드가 ID를 기반으로 자신에게 필요한 데이터인지 판단한다.** 따라서 I2C나 SPI 통신은 특정 순간에 1:1 통신이 기본이지만, CAN 통신은 특정 순간에도 1:N 통신이 가능하다. 이처럼 **CAN 통신은 브로드캐스트를 기반으로 동작하고 모든 노드가 마스터 역할을 할 수 있으므로 N:N 연결을 지원한다고 이야기한다.**

CAN 통신에서 데이터를 전송하는 단위를 프레임frame 또는 메시지message라고 하며 물리적인 데이터 전송에서는 프레임을, 프로그래밍 과정에서는 메시지를 주로 사용한다. 이 장에서도 CAN 통신 과정을 설명할 때는 프레임을, 라이브러리를 사용하여 스케치를 작성할 때는 메시지를 사용한다. 그림 21.4는 프레임 구조를 나타낸 것으로, 관심 있는 데이터를 선택하는 데 사용하는 ID가 포함되어 있다.

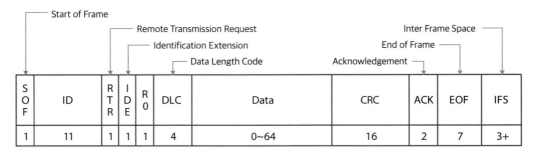

그림 21.4 **CAN 통신에서 표준 프레임 구조**

CAN 통신에서 사용되는 프레임에는 표준 프레임과 확장 프레임의 두 가지가 있다. 두 가지 프레임은 ID를 지정할 수 있는 비트 수가 11비트와 29비트인 점을 제외하면 기본적으로 같다. 표 21.2는 그림 21.4에서 프레임을 구성하는 필드를 나타낸 것이다. **하나의 프레임에 포함될 수 있는 데이터는 최대 8바이트이므로 CAN 통신은 적은 데이터를 전송하는 용도로만 사용할 수 있다.**

표 21.2 **표준 프레임의 구성 필드**

필드	비트 수	설명
SOF	1	프레임의 시작(Start of Frame)으로 0을 전송한다. 유휴 상태를 나타내는 1에서 0의 데이터가 전송되면 프레임이 시작되었음을 알 수 있다.
ID	11	유일한 ID로 프레임의 우선순위를 결정한다. 작은 값일수록 우선순위가 높다.
RTR	1	원격 전송 요청(Remote Transmission Request) 비트로 1은 해당 ID를 갖는 프레임을 요청하는 데 사용하고, 0은 해당 ID를 갖는 프레임을 전송하는 데 사용한다.
IDE	1	ID 확장(IDentification Extension) 비트로 1은 확장 프레임을, 0을 표준 프레임을 나타낸다.
R0	1	예약(reserved)
DLC	4	데이터 길이 코드(Data Length Code)로 전송되는 데이터의 바이트 수를 나타낸다.
DATA	0~64	실제 전송되는 데이터로 최대 8바이트를 전송할 수 있다.
CRC	16	데이터 오류 검사를 위한 CRC(Cyclic Redundancy Check) 값을 나타낸다.
ACK	2	송신 노드에서는 1을 보내고, 프레임을 성공적으로 수신한 노드는 0으로 덮어써 수신을 확인(acknowledgement)한다.
EOF	7	프레임의 끝(End of Frame)으로 1을 전송한다.
IFS	3+	프레임 간 간격(Inter Frame Space)으로 오류 없이 수신된 데이터를 버퍼로 옮겨 처리하는 데 필요하다. 최소 3비트의 1을 수신한 후 0의 비트를 수신하면 새로운 프레임이 시작(SOF)된다.

그림 21.4의 형식을 따르는 프레임은 데이터 프레임data frame과 원격 프레임remote frame으로 나눌 수 있다. 데이터 프레임은 데이터의 브로드캐스트에 사용된다면, 원격 프레임은 데이터를 정상적으로 수신하지 못했거나 특정 데이터가 필요한 경우 데이터를 요청하는 데 사용된다. 데이터 프레임

은 RTR 비트가 0으로 설정되어 있고 데이터가 포함되어 있다면, 원격 프레임은 RTR 비트가 1로 설정되어 있고 데이터는 포함되어 있지 않다.

오류 처리를 위해 사용되는 오류 프레임error frame과 오버로드 프레임overload frame은 그림 21.4와는 다른 구조를 갖고 있다. 오류 프레임은 전송 과정에서 발생하는 다양한 오류를 처리하기 위해 사용되는 프레임이고, 오버로드 프레임은 수신 노드가 데이터를 처리하는 데 더 많은 시간이 필요하다는 것을 알려주는 프레임이다. 오류 프레임과 오버로드 프레임은 모두 6개의 0을 전송한다는 점에서 같지만, 오류 프레임이 프레임이 수신되는 동안 발생한다면 오버로드 프레임은 프레임과 프레임 사이에서 발생하여 발생 위치에서 차이가 있다.

오류 검사는 CAN 컨트롤러에서 이루어지고 오류가 감지되면 자동으로 해당 프레임이 재전송되므로 CAN 통신은 전송 오류에 강하다는 특징이 있다. 하지만 오류가 자주 발생하면 잦은 재전송으로 다른 노드가 데이터를 전송하지 못하는 문제가 발생할 수 있다. 이를 해결하기 위해 CAN 컨트롤러는 노드의 오류 발생 횟수를 기록하고 일정 횟수 이상의 오류가 발생하면 해당 노드를 CAN 버스에서 차단해 신뢰성 있는 데이터 전송을 보장한다. 노드를 차단하는 것과 반대로 통신 중에 노드를 추가하는 것 역시 가능하다.

CAN 통신에서 데이터는 프레임 단위로 수신하고 ID를 통해 선별하면 되지만 데이터를 송신하는 것은 이보다 복잡하다. 다른 노드가 CAN 버스를 사용하지 않을 때 모든 노드가 데이터를 전송할 수 있다. 하지만 CAN 통신에는 데이터 전송을 관리할 마스터가 없으므로 데이터 전송을 시작하기 전에 일정 시간 동안 CAN 버스가 사용 중인지를 검사해야 한다. 데이터가 전송 중이지 않을 때 CAN 버스는 리세시브(1, HIGH) 상태에 있으므로 이를 바탕으로 CAN 버스의 유휴 상태를 판단할 수 있다. 문제는 동시에 여러 노드가 데이터 전송을 시작한 경우다. **여러 노드가 동시에 데이터를 전송할 때는 ID가 낮은 프레임이 우선권을 가지며 이를 위해 중재**arbitration **기능을 사용한다.**

그림 21.4에서 11비트의 ID와 1비트의 RTR 필드까지 12비트를 중재 필드라고 한다. 그림 21.5는 노드 A와 노드 B가 동시에 데이터를 전송하는 과정을 나타낸 것이다. 노드 A는 ID 00000001111$_2$을 갖는 프레임을, 노드 B는 0000001****$_2$를 갖는 프레임을 전송한다고 가정해 보자. 시작 비트와 처음 6개 ID 비트는 같은 값을 가지므로 아무런 문제가 없지만, 4번 비트를 전송할 때 노드 A는 0을, 노드 B는 1을 전송하므로 충돌이 발생한다. 충돌 발생 여부는 노드가 전송한 데이터와 실제 CAN 버스에 전송되는 데이터를 비교해서 알아낼 수 있다. CAN 버스에서 도미넌트 상태가 우선권을 가지므로 0을 전송하는 노드 A(작은 ID를 갖는 프레임)는 충돌이 발생한 것을 인식하지 못하고 계속 프레임을 전송할 수 있지만, 1을 전송하는 노드 B(큰 ID를 갖는 프레임)는 충돌이 발생

한 것을 인식하고 전송을 중지한다. 이처럼 중재 기능을 사용하면 우선순위가 높은 프레임은 충돌이 발생하더라도 이미 전송한 데이터가 손상되지 않으므로 재전송이 필요하지 않다.

	시작 비트	ID 비트											나머지 프레임
		10	9	8	7	6	5	4	3	2	1	0	
노드 A 전송 데이터	0	0	0	0	0	0	0	0	1	1	1	1	...
노드 B 전송 데이터	0	0	0	0	0	0	0	X	전송 중지				
CAN 버스 데이터	0	0	0	0	0	0	0	0	1	1	1	1	...

↑ 중재에 의해 노드 A 전송 계속

그림 21.5 **비트 단위 중재**

21.2 아두이노 우노 R4의 CAN 통신

아두이노 우노 R4에서 CAN 통신을 위해서는 CAN 트랜시버 모듈을 연결해야 한다. 이때 **아두이노 우노 R4 미니마와 와이파이에서 사용하는 핀이 다르다**는 점에 주의해야 한다. 표 21.3은 아두이노 우노 R4 미니마와 와이파이에서 CAN 통신에 사용되는 핀을 나타낸 것이다.

표 21.3 **아두이노 우노 R4에서 CAN 통신을 위해 사용되는 데이터 핀**

	CANTX	CANRX
아두이노 우노 R4 미니마	4	5
아두이노 우노 R4 와이파이	10	13

그림 21.6 및 그림 21.8과 같이 아두이노 우노 R4 미니마와 와이파이에 트랜시버를 연결하자. 트랜시버에서 CANH와 CANL은 그림 21.1과 같이 서로 연결하면 된다. 이 장에서 사용한 그림 21.2의 트랜시버 모듈에는 종단 저항이 포함되어 있으므로 별도로 종단 저항을 연결하지 않아도 된다.

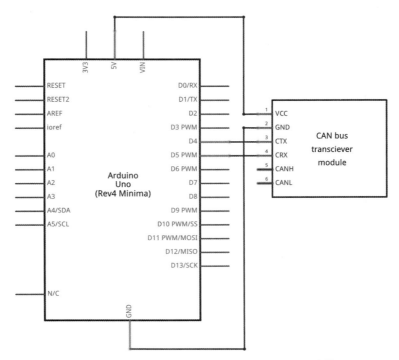

그림 21.6 **아두이노 우노 R4 미니마에 CAN 트랜시버 연결 회로도**

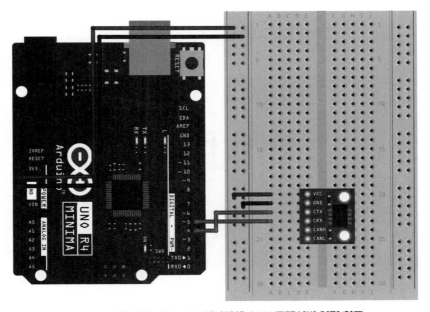

그림 21.7 **아두이노 우노 R4 미니마에 CAN 트랜시버 연결 회로**

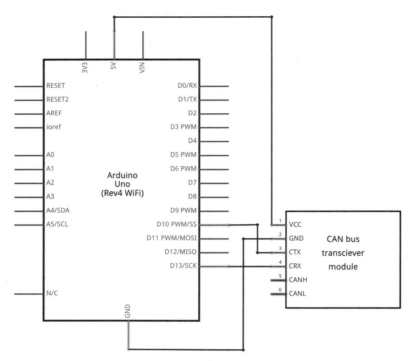

그림 21.8 아두이노 우노 R4 와이파이에 CAN 트랜시버 연결 회로도

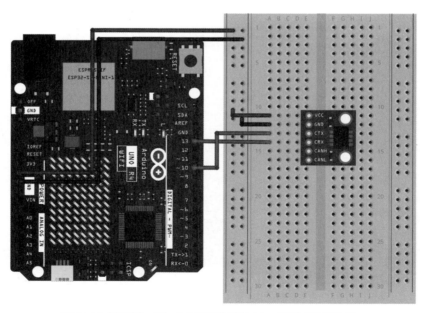

그림 21.9 아두이노 우노 R4 와이파이에 CAN 트랜시버 연결 회로

CAN 통신을 위해서는 Arduino CAN 라이브러리를 사용한다. Arduino CAN 라이브러리를 사용하기 위해서는 먼저 헤더 파일을 포함해야 한다. '스케치 ➡ 라이브러리 포함하기 ➡ Arduino_CAN' 메뉴 항목을 선택하면 여러 개의 헤더 파일이 포함되지만, 꼭 필요한 파일은 Arduino_CAN.h 파일뿐이므로 #include 문을 직접 입력하면 된다.

```
#include <Arduino_CAN.h>
```

Arduino CAN 라이브러리에서는 CAN 통신을 위해 R7FA4M1_CAN 클래스를 정의하고 있고 그 객체로 CAN을 생성하고 있으므로 별도의 객체를 생성하지 않고 사용할 수 있다. R7FA4M1_CAN 클래스에서는 CAN 통신을 사용하여 데이터를 송수신할 수 있도록 다음과 같은 멤버 함수를 정의하고 있다.

■ begin

```
bool CAN::begin(CanBitRate const can_bitrate)
  - 매개변수
    can_bitrate: 통신 속도
  - 반환값: 초기화 성공 여부
```

통신 속도를 지정하여 CAN 통신을 초기화하고 초기화 성공 여부를 반환한다. 통신 속도는 CanBitRate 클래스에 정의된 상수 CanBitRate::BR_125k, CanBitRate::BR_250k, CanBitRate::BR_500k, CanBitRate::BR_1000k 중 하나를 사용할 수 있다.

데이터 수신을 위해서는 Serial 클래스와 비슷하게 버퍼에서 데이터를 확인하는 데 available, 데이터를 읽는 데 read 함수를 사용할 수 있다. 다만 read 함수는 바이트 단위 데이터를 읽는 것이 아니라 메시지 단위로 데이터를 읽어 반환한다. 메시지 단위의 처리는 데이터 전송에 사용되는 write 함수 역시 마찬가지다.

■ read

```
CanMsg CAN::read(void)
  - 매개변수: 없음
  - 반환값: 수신된 CAN 메시지
```

수신된 CAN 메시지를 읽어 CanMsg 클래스 객체를 반환한다.

▪ write

```
int CAN::write(CanMsg const & msg)
  - 매개변수
    msg: 전송할 CAN 메시지
  - 반환값: 전송에 성공하면 1, 실패하면 음수의 오류 코드 반환
```

매개변수로 주어진 CAN 메시지를 전송한다. 전송에 성공하면 1을 반환하고 실패하면 음수의 오류 코드를 반환한다.

Arduino CAN 라이브러리에서 메시지는 **CanMsg** 클래스로 표현된다. **CanMsg** 클래스 객체에는 최대 8바이트의 데이터를 저장할 수 있고 11비트 표준 메시지 아이디와 29비트의 확장 메시지 아이디를 사용할 수 있다. 여기서는 표준 메시지 아이디를 사용하는 것으로 가정한다.

▪ CanMsg

```
CanMsg::CanMsg(uint32_t const id, uint8_t const data_len, uint8_t const * data_ptr)
  - 매개변수
    id: CAN 메시지 아이디
    data_len: 메시지에 포함되는 데이터 길이
    data_ptr: 데이터에 대한 포인터
  - 반환값: 표준 메시지 아이디
```

메시지 아이디와 데이터를 사용하여 CAN 메시지 객체를 생성한다.

▪ getStandardId

```
uint32_t CanMsg::getStandardId(void)
  - 매개변수: 없음
  - 반환값: 표준 메시지 아이디
```

11비트의 표준 메시지 아이디를 반환한다.

아이디 이외에 데이터 길이와 데이터를 읽는 멤버 함수는 없지만, 아이디를 포함하여 데이터 길이와 데이터를 저장하는 멤버 변수는 모두 **public**으로 선언되어 있어 직접 읽어 사용할 수 있다. **CanMsg** 클래스는 **Printable** 클래스를 상속하여 만들어졌으므로 **Serial.print** 함수의 매개변수로

지정할 수 있다. Serial.print 함수로 CAN 메시지를 출력하면 메시지 아이디, 데이터 길이, 데이터 순서로 출력된다.

```
class CanMsg {
  ...
  uint32_t id;                        // 최대 29비트 아이디
  uint8_t  data_length;               // 최대 8비트 데이터
  uint8_t  data[MAX_DATA_LENGTH];
}
```

스케치 21.1은 3초에 한 번 CAN 통신으로 메시지를 보내는 예다. 메시지에 포함된 데이터는 8바이트로 4바이트의 고정 데이터와 4바이트의 카운터가 포함되어 있다. 스케치 21.2는 CAN 통신으로 메시지를 수신하는 예다. 스케치 21.1에서 메시지 출력을 위해 Serial.print 함수를 사용했다면, 스케치 21.2에서는 CanMsg 클래스의 멤버 변수를 사용하여 내용을 출력하도록 했다. 스케치 21.1과 스케치 21.2를 2개의 아두이노 우노 R4에 업로드하고 송신과 수신을 확인해 보자. **아두이노 우노 R4 미니마와 와이파이는 CAN 통신에 사용하는 핀 번호가 다르므로 트랜시버 연결에 주의해야 한다.**

스케치 21.1 CAN 통신 메시지 송신   R4

```
#include <Arduino_CAN.h>

static uint32_t const CAN_ID = 0x20;              // 메시지 아이디
uint32_t msg_cnt = 0;

void setup() {
  Serial.begin(9600);
  while (!Serial);

  if (!CAN.begin(CanBitRate::BR_250k)) {
    Serial.println("** CAN 통신 초기화에 실패했습니다.");
    while (true);
  } else {
    Serial.println("* CAN 통신을 시작합니다.\n");
  }
}

void loop() {
  // 상위 4바이트에는 데이터 'CAFE0000'이 포함
  // 하위 4바이트에는 메시지 카운터 포함
  uint8_t const msg_data[] = { 0xCA, 0xFE, 0, 0, 0, 0, 0, 0 };
  memcpy((void *)(msg_data + 4), &msg_cnt, sizeof(msg_cnt));

  // 전송할 메시지 객체 생성
  CanMsg const msg(CAN_ID, sizeof(msg_data), msg_data);
```

```
  int const rc = CAN.write(msg);
  Serial.print("송신 메시지 : ");
  Serial.println(msg);

  if (rc < 0) {
    Serial.print("** CAN 통신으로 데이터 전송에 실패했습니다. 오류 코드 : ");
    Serial.println(rc);
    while (true);
  }

  msg_cnt++;                                  // 메시지 카운터 증가
  delay(3000);                                // 3초에 한 번 메시지 전송
}
```

스케치 21.2 CAN 통신 메시지 수신 R4

```
#include <Arduino_CAN.h>

void setup() {
  Serial.begin(9600);
  while (!Serial);

  if (!CAN.begin(CanBitRate::BR_250k)) {
    Serial.println("** CAN 통신 초기화에 실패했습니다.");
    while (true);
  } else {
    Serial.println("* CAN 통신을 시작합니다.\n");
  }
}

void loop() {
  if (CAN.available()) {                      // 메시지 수신 확인
    CanMsg const msg = CAN.read();            // 메시지 읽기

    Serial.print("수신 메시지 : ");
    printMessage(msg);
  }
}

void printMessage(CanMsg msg) {
  char buffer[4] = "";

  Serial.print("[");
  sprintf(buffer, "%03X", msg.id);
  Serial.print(buffer);                       // 아이디 출력
  Serial.print("] (");
  Serial.print(msg.data_length);              // 데이터 길이 출력
  Serial.print(") : ");
  for (int i = 0; i < msg.data_length; i++) {
    sprintf(buffer, "%02X", msg.data[i]);     // 데이터 출력
```

```
    Serial.print(buffer);
  }
  Serial.println();
}
```

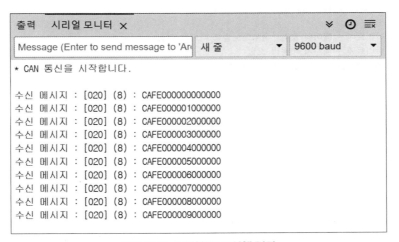

그림 21.10 스케치 21.1 실행 결과

출력   시리얼 모니터 ✕

Message (Enter to send message to 'Ar   새 줄 ▼   9600 baud ▼

```
★ CAN 통신을 시작합니다.

수신 메시지 : [020] (8) : CAFE000000000000
수신 메시지 : [020] (8) : CAFE000001000000
수신 메시지 : [020] (8) : CAFE000002000000
수신 메시지 : [020] (8) : CAFE000003000000
수신 메시지 : [020] (8) : CAFE000004000000
수신 메시지 : [020] (8) : CAFE000005000000
수신 메시지 : [020] (8) : CAFE000006000000
수신 메시지 : [020] (8) : CAFE000007000000
수신 메시지 : [020] (8) : CAFE000008000000
수신 메시지 : [020] (8) : CAFE000009000000
```

그림 21.11 스케치 21.2 실행 결과

스케치 21.1과 스케치 21.2가 송신 또는 수신 전용이라면 이를 결합한 것이 스케치 21.3이다. 스케치 21.3은 millis 함수를 사용하여 3초 간격으로 메시지를 전송하고 수신한 메시지를 출력한다. 2개의 아두이노 우노 R4에 스케치 21.3을 업로드하면 메시지의 송신과 수신을 확인할 수 있다. 이때 메시지 아이디는 각 노드에서 다르게 지정해야 하며 데이터에는 원하는 값을 지정하면 된다.

```
#include <Arduino_CAN.h>

unsigned long millis_previous, INTERVAL = 3000;
uint32_t msg_cnt = 0;
uint32_t const CAN_ID = 0x20;                          // 아두이노별로 다르게 지정

void setup() {
  Serial.begin(9600);
  while (!Serial);

  if (!CAN.begin(CanBitRate::BR_250k)) {
    Serial.println("** CAN 통신 초기화에 실패했습니다.");
    while (true);
  } else {
    Serial.println("* CAN 통신을 시작합니다.\n");
  }

  millis_previous = millis();
}

void loop() {
  unsigned long millis_current = millis();
  if (millis_current - millis_previous >= INTERVAL) {
    millis_previous = millis_current;

    // 상위 4바이트에는 데이터 포함: 아두이노별로 다르게 지정
    // 하위 4바이트에는 메시지 카운터 포함
    uint8_t const msg_data[] = { 0xAB, 0xCD, 0, 0, 0, 0, 0, 0 };
    memcpy((void *)(msg_data + 4), &msg_cnt, sizeof(msg_cnt));

    // 전송할 메시지 객체 생성
    CanMsg const msg(CAN_ID, sizeof(msg_data), msg_data);

    int const rc = CAN.write(msg);
    Serial.print("=> 송신 메시지 : ");
    Serial.println(msg);

    if (rc < 0) {
      Serial.print("** CAN 통신으로 데이터 전송에 실패했습니다. 오류 코드 : ");
      Serial.println(rc);
      while (true);
    }

    msg_cnt++;                                        // 메시지 카운터 증가
  }

  if (CAN.available()) {                              // 메시지 수신 확인
    CanMsg const msg = CAN.read();                    // 메시지 읽기

    Serial.print("<= 수신 메시지 : ");
```

```
    Serial.println(msg);
  }
}
```

그림 21.12 스케치 21.3 실행 결과

21.3 맺는말

CAN 통신은 자동차에서 사용할 수 있는 신뢰성 있는 통신으로 만들어져 다양한 차량은 물론 산업용 제어 장치에도 사용하는 등 적용 범위가 확대되고 있다. 아두이노에서 CAN 통신을 사용하기 위해서는 CAN 포트를 지원하는 것 이외에 트랜시버라는 별도의 장치가 필요하다는 점에서 다른 시리얼 통신과 차이가 있다. 트랜시버는 CAN 포트의 단일 종단 방식 신호를 잡음에 강한 차동 방식 신호로 만들어 CAN 버스에 연결하는 데 사용된다. 아두이노에서 CAN 통신을 위해 RX와 TX의 두 핀이 사용되므로 전이중 통신처럼 보일 수 있지만, 실제 CAN 버스로 전송되는 신호는 CANH와 CANL의 차이로 나타나는 반이중 통신이라는 점도 다른 시리얼 통신과 다른 점이다.

이 장에서는 아두이노에서 제공하는 Arduino CAN 라이브러리를 사용하여 데이터를 송수신하는 방법을 살펴봤다. 데이터 송수신은 메시지 단위로 이루어지며, 메시지에는 적은 데이터만을 담을 수 있으므로 간단한 정보를 여러 개의 노드로 보내는 브로드캐스트에 적합한 통신이라고 할 수 있다. 많은 노드 사이에서 브로드캐스트 방식 데이터 송수신을 위해서는 블루투스나 지그비 등의 무선 통신도 많이 사용되지만, CAN 통신은 잡음이 많은 환경에서 신뢰성 있는 통신을 위해 만들어진 유선 통신이므로 적용 분야가 다르다고 할 수 있다. CAN 통신이 신뢰성에서 뛰어난 것은 사실이지만 전송할 수 있는 데이터양과 속도에 제한이 있고 보안이 취약하다는 등의 단점도 있으며 이러한 단점을 보완하기 위한 작업 역시 진행 중이므로 향후 CAN 통신의 적용 분야는 더 넓어질 것으로 기대된다.

연 / 습 / 문 / 제

1 아두이노 우노 R4 2개를 CAN 통신으로 연결하자. 한 아두이노에서는 1초 간격으로 LED on/off 메시지를 보내고, 다른 아두이노에서는 메시지에 따라 내장 LED의 상태를 설정하도록 스케치를 작성해 보자. LED 제어를 위해서는 1바이트의 데이터만 전송하면 된다.

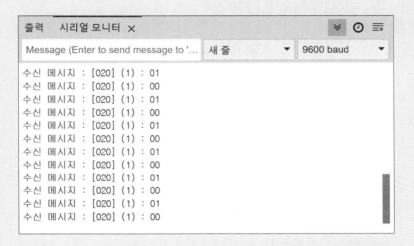

2 메시지에 서로 다른 여러 종류의 값이 포함되도록 하는 방법 중 하나가 구조체를 사용하는 것이다. 스케치 21.1에서 메시지 데이터를 uint8_t 타입 배열이 아닌 구조체로 정의하여 그림 21.10 및 그림 21.11과 같은 결과를 얻을 수 있도록 스케치를 수정해 보자.

```
typedef struct{
  uint32_t data;
  uint32_t count;
} message_data;
```

고급 입출력 장치

PART V 고급 입출력 장치

RTC

아두이노에서 날짜와 시간을 유지하는 방법에는 소프트웨어 라이브러리를 사용하는 방법과 하드웨어 RTC(Real Time Clock)를 사용하는 방법이 있다. 소프트웨어 라이브러리를 사용하는 방법이 마이크로컨트롤러의 클록을 기준으로 한다면, 하드웨어 RTC는 별도의 클록을 포함하는 전용 하드웨어를 사용한다. 아두이노 우노 R4의 RA4M1 마이크로컨트롤러에는 하드웨어 RTC가 포함되어 있어 별도의 하드웨어를 추가하지 않아도 RTC 기능을 사용할 수 있다. 이 장에서는 아두이노 우노 R4의 하드웨어 RTC와 별도의 RTC 모듈을 사용하는 방법을 알아본다.

이 장에서
사용할 부품

아두이노 우노 R3 × 1

아두이노 우노 R4 × 1 ➡ 미니마 또는 와이파이

RTC 모듈 × 1 ➡ DS3231 RTC 칩 사용

22.1 RTC

컴퓨터에는 배터리에 의해 동작하는 시계가 메인 보드에 내장되어 있어 컴퓨터 전원을 내렸다가 올린 뒤에도 날짜와 시간 정보가 유지되며 이를 RTC_{Real Time Clock}라고 한다. 아두이노에서도 날짜와 시간을 사용하는 경우는 흔하며 여러 가지 방법을 사용할 수 있다. 모든 아두이노 보드에서 사용할 수 있는 방법이 마이크로컨트롤러의 동작 클록을 기준으로 하는 소프트웨어 RTC이다. 소프트웨어 RTC는 별도의 하드웨어 없이 사용할 수 있다는 장점이 있지만, 아두이노 보드의 전원을 끄면 정보가 유지되지 않으며 마이크로컨트롤러의 동작 클록은 시간 기능을 위해 최적화되어 있지 않으므로 정확한 시간을 관리하기는 어렵다.

하드웨어 RTC는 시계 기능을 위한 전용 하드웨어와 별도의 전용 전원을 사용한다. 아두이노 우노 R3의 ATmega328 마이크로컨트롤러에는 RTC 하드웨어가 포함되어 있지 않으므로 별도의 RTC 전용 칩과 배터리를 사용하는 RTC 모듈을 사용해야 하며 아두이노 우노 R4에서도 사용할 수 있다. 여기에 더해 아두이노 우노 R4의 RA4M1 마이크로컨트롤러에는 하드웨어 RTC가 포함되어 있으므로 별도의 모듈 없이도 시계 기능을 사용할 수 있다. 다만 아두이노 우노 R4 미니마는 전용 배터리를 연결하는 방법을 제공하지 않으므로 RTC 사용에 제한이 있을 수 있다. 반면 **아두이노 우노 R4 와이파이는 RTC 전용 전원 연결을 위해 핀 헤더를 제공하고 있다.** 먼저 RTC 모듈의 사용 방법부터 살펴보자.

22.2 RTC 모듈

하드웨어 RTC는 날짜와 시간을 유지하기 위해 사용되는 전용 하드웨어를 가리키며, 일반적으로 RTC는 하드웨어 RTC를 가리킨다. 하드웨어 RTC는 아두이노의 전원과 상관없이 자체적으로 시간을 유지할 수 있다. 또한 일부 하드웨어 RTC는 알람 기능, 지정한 시간 간격으로 구형파를 출력하는 기능 등이 포함되어 있어 시간 관리나 다른 장치의 제어에 사용할 수 있다. 그림 22.1은 아두이노에서 흔히 사용하는 RTC 모듈로, 모두 I2C 통신으로 아두이노에 연결할 수 있다.

(a) Tiny RTC 모듈: DS1307 RTC 칩

(b) DS3231 RTC 모듈

그림 22.1 **RTC 모듈**

이 장에서는 DS3231 RTC 칩을 사용한 RTC 모듈을 사용한다. 이 외에 아두이노에서 흔히 사용하는 RTC 칩에는 DS1307이 있지만, DS3231 RTC 칩은 DS1307 RTC 칩에 비해 시간 정밀도가 높고 많은 기능을 제공하는 등 여러 가지 장점이 있다.

- DS1307 RTC 칩을 사용하기 위해 꼭 필요한 부품 중 하나가 발진자로, 시간의 정확도는 발진자의 정밀도에 영향을 받는다. DS3231 RTC 칩에는 내부 발진자가 포함되어 있어 별도의 외부 발진자가 필요하지 않으며, 내부 온도 센서를 통해 온도에 따른 발진 주파수의 보상이 가능하므로 높은 시간 정밀도를 얻을 수 있다.

- DS3231에서 얻을 수 있는 온도 센서의 값은 칩의 내부 온도이지만, 동작 환경의 온도와 큰 차이가 없으므로 별도로 읽어 사용할 수 있다.

- DS1307 RTC 칩은 5V 전원을 사용하지만, DS3231 RTC 칩은 2.3~5.5V 전원에서 동작하므로 다양한 환경에서 DS3231 RTC 칩을 사용할 수 있다.

- DS3231 RTC 칩은 32.768kHz 구형파 출력을 위한 전용 핀을 갖고 있으며, DS1307 RTC 칩에서는 불가능한 1.024kHz 구형파를 출력할 수 있다.

- DS3231 RTC 칩에는 2개의 알람이 포함되어 있어 주기적인 작업 진행이나 시계 애플리케이션에 사용할 수 있다.

RTC 모듈을 그림 22.2와 같이 아두이노 우노에 연결하자. 날짜와 시간 정보만 사용하는 경우라면 전원 관련 VCC와 GND, I2C 통신 관련 SCL과 SDA의 4개 핀만 연결하면 된다. 구형파 출력을 사용하기 위해서는 SQW 핀 역시 연결해야 한다. SQW 핀은 아두이노 우노에서 외부 인터럽트를 사용할 수 있는 2번 핀에 연결한다.

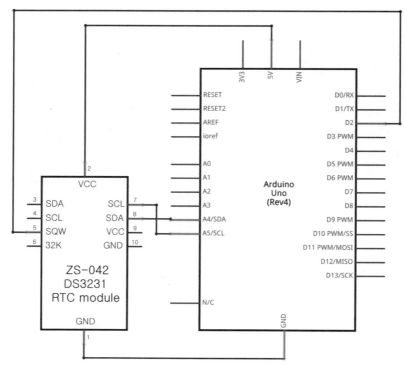

그림 22.2 **RTC 모듈 연결 회로도**

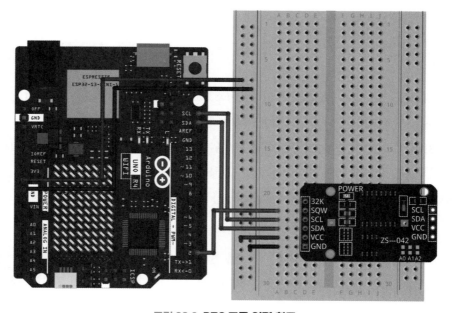

그림 22.3 **RTC 모듈 연결 회로**

RTC 모듈을 사용하기 위해서는 먼저 라이브러리를 설치해야 한다. 라이브러리 매니저에서 'RTC Makuna'를 검색하여 Rtc by Makuna 라이브러리를 설치한다. 비슷한 기능의 라이브러리가 여러 종류 있으며 사용 방법 역시 비슷하다.

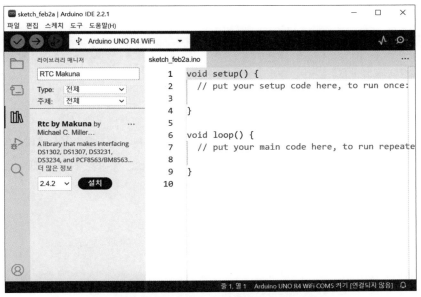

그림 22.4 **Rtc by Makuna 라이브러리 검색 및 설치**[1]

Rtc by Makuna 라이브러리를 사용하기 위해서는 먼저 헤더 파일을 포함해야 한다. '스케치 ➡ 라이브러리 포함하기 ➡ Rtc by Makuna' 메뉴 항목을 선택하면 많은 수의 헤더 파일을 포함한다. 이 중 RTC 모듈을 사용하기 위해 꼭 필요한 헤더 파일은 RtcDS3231.h 파일이다. Rtc by Makuna 라이브러리에서 Wire 라이브러리를 사용하므로 Wire.h 파일도 포함해야 하지만 메뉴 항목을 선택했을 때 포함하는 파일 중에는 없으므로 직접 입력해야 한다.

```
#include <Wire.h>
#include <RtcDS3231.h>
```

Rtc by Makuna 라이브러리는 여러 가지 RTC 칩을 지원하며 그중 하나가 DS3231 RTC 칩으로 RtcDS3231 클래스를 사용한다. Rtc by Makuna 라이브러리에서는 DS3231 RTC 칩을 위한 I2C 주소를 내부적으로 정의하고 있으므로 스케치를 작성할 때 I2C 주소를 지정하지 않아도 된다.

---

1   https://github.com/Makuna/Rtc/wiki

```
const uint8_t DS3231_ADDRESS = 0x68;              // DS3231 RTC 칩의 I2C 주소
```

RtcDS3231 클래스는 DS3231 RTC 칩을 제어하기 위해 다음과 같은 멤버 함수를 제공한다.

▪ RtcDS3231

```
RtcDS3231::RtcDS3231(T_WIRE_METHOD& wire)
  - 매개변수
    wire: DS3231 RTC 칩과의 통신에 사용될 객체
  - 반환값: 없음
```

DS3231 RTC 칩을 위한 객체를 생성한다. T_WIRE_METHOD는 I2C 통신을 위한 클래스의 이름을, wire는 그 객체를 가리킨다. 아두이노 우노에서는 TwoWire가 I2C 통신을 위한 클래스이고 Wire가 그 유일한 객체에 해당한다.

▪ Begin

```
void RtcDS3231::Begin(void)
  - 매개변수: 없음
  - 반환값: 없음
```

Wire 라이브러리와 RtcDS3231 객체를 초기화한다.

▪ GetIsRunning

```
bool RtcDS3231::GetIsRunning(void)
  - 매개변수: 없음
  - 반환값: RTC의 동작 상태
```

DS3231 RTC 칩의 동작 상태를 반환한다.

▪ SetIsRunning

```
void RtcDS3231::SetIsRunning(bool isRunning)
  - 매개변수
    isRunning: RTC 동작 상태
  - 반환값: 없음
```

DS3231 RTC 칩의 동작 상태를 설정한다.

■ SetDateTime

```
void RtcDS3231::SetDateTime(const RtcDateTime& dt)
  - 매개변수
    dt: 날짜 및 시간 정보
  - 반환값: 없음
```

DS3231 RTC 칩의 날짜 및 시간 정보를 설정한다. 이때 매개변수는 날짜와 시간을 나타내는 RtcDateTime 클래스 객체다.

■ GetDateTime

```
RtcDateTime RtcDS3231::GetDateTime(void)
  - 매개변수: 없음
  - 반환값: RTC 현재 시각
```

DS3231 RTC 칩의 현재 시각을 반환한다. 반환값은 SetDateTime 함수의 매개변수와 같은 RtcDateTime 클래스 객체다.

■ GetTemperature

```
RtcTemperature RtcDS3231::GetTemperature(void)
  - 매개변수: 없음
  - 반환값: 칩 온도
```

DS3231 RTC 칩에는 온도에 따른 발진 주파수를 보정하기 위해 온도 센서가 포함되어 있으므로 온도 측정이 가능하다. 반환값은 RtcTemperature 클래스의 객체로, AsFloatDegC 함수나 AsFloatDegF 함수를 사용하여 섭씨온도 또는 화씨온도를 얻을 수 있다.

RtcDS3231 클래스에서 매개변수와 반환값 형식으로 사용되는 RtcDateTime 클래스는 날짜와 시간을 나타내는 데 사용된다. RtcDateTime 클래스의 객체는 숫자 또는 문자열 형식으로 날짜와 시간을 지정하여 생성할 수 있다.

■ RtcDateTime

```
RtcDateTime::RtcDateTime(uint16_t year, uint8_t month, uint8_t dayOfMonth, uint8_t hour,
uint8_t minute, uint8_t second)
RtcDateTime::RtcDateTime(const char* date, const char* time)
  – 매개변수
    year, month, dayOfMonth: 연월일
    hour, minute, second: 시분초
    date: "FEB 02 2024"와 같이 "MMM DD YYYY" 형식의 날짜 문자열
    time: "14:04:20"과 같이 "hh:mm:ss" 형식의 시간 문자열
  – 반환값: 없음
```

지정한 날짜와 시간을 사용하여 RtcDateTime 클래스 객체를 생성한다. 요일은 날짜를 사용하여 계산하므로 객체를 생성할 때는 요일을 지정하지 않는다.

RtcDateTime 클래스에는 날짜와 시간 정보를 개별적으로 가져올 수 있는 멤버 함수들이 정의되어 있으므로 GetDateTime 함수가 반환하는 객체와 함께 사용하면 된다.

```
uint16_t RtcDateTime::Year(void)
uint8_t RtcDateTime::Month(void)
uint8_t RtcDateTime::Day(void)
uint8_t RtcDateTime::Hour(void)
uint8_t RtcDateTime::Minute(void)
uint8_t RtcDateTime::Second(void)
uint8_t RtcDateTime::DayOfWeek(void)          // 일요일부터 0에서 시작
```

스케치 22.1은 DS3231 RTC 모듈을 사용하여 현재 시각이 바뀔 때마다 시리얼 모니터로 현재 시각을 출력하는 예다. 스케치 22.1에서는 스케치를 업로드할 때 컴파일 시간으로 RTC 모듈의 시간을 업데이트하고 있지만, RTC 모듈은 전용 배터리에 의해 시간이 관리되므로 시간 설정은 한 번만 하면 된다.

스케치 22.1 DS3231 RTC 모듈 사용   R3 R4

```
#include <Wire.h>
#include <RtcDS3231.h>

RtcDS3231<TwoWire> RTC(Wire);              // DS3231 RTC 칩 객체 생성
byte sec_previous = -1, sec_current;       // 초 단위 시간 경과 확인
```

```
void setup() {
  Serial.begin(9600);                               // 시리얼 통신 초기화
  while (!Serial);
  RTC.Begin();                                      // DS3231 RTC 칩 초기화

  if (!RTC.GetIsRunning()) {                        // RTC 동작 상태 검사
    Serial.println("* RTC 재시작");
    RTC.SetIsRunning(true);                         // RTC 시작
  }

  // 2024년 1월 1일 12시 34분 56초로 RTC 모듈 시간 업데이트
  // RtcDateTime myTime = RtcDateTime(2024, 1, 1, 12, 34, 56);
  // 컴파일 시간으로 RTC 모듈 시간 업데이트
  RtcDateTime myTime = RtcDateTime(__DATE__, __TIME__);
  RTC.SetDateTime(myTime);                          // 시간 업데이트
}

void loop() {
  RtcDateTime now = RTC.GetDateTime();              // 현재 시각 얻기
  sec_current = now.Second();

  if (sec_current != sec_previous) {                // 마지막 출력 후 1초 이상 경과
    sec_previous = sec_current;
    printDateTime(now);                             // 시간 출력
  }
}

void printDateTime(const RtcDateTime dt) {
  Serial.print(dt.Year() + String("년 "));
  Serial.print(dt.Month() + String("월 "));
  Serial.print(dt.Day() + String("일, "));
  Serial.print(dt.Hour() + String("시 "));
  Serial.print(dt.Minute() + String("분 "));
  Serial.println(dt.Second() + String("초"));
}
```

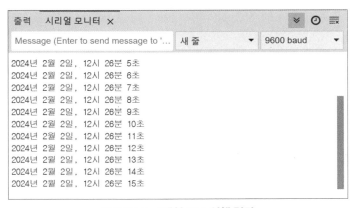

그림 22.5 스케치 22.1 실행 결과

그림 22.2의 회로도에서 RTC 모듈의 구형파 출력을 아두이노 우노의 2번 핀으로 연결했으므로 구형파에 의한 인터럽트를 사용할 수 있다. 구형파 출력을 위해서는 다음과 같은 멤버 함수를 사용할 수 있다.

■ Enable32kHzPin

```
void RtcDS3231::Enable32kHzPin(bool enable)
  - 매개변수
    enable: 32kHz 구형파 출력 여부
  - 반환값: 없음
```

DS3231 RTC 칩은 RTC 클록에 해당하는 32kHz 구형파를 출력하는 전용 핀을 제공한다. 따라서 다른 주파수의 구형파와 별도로 사용할 수 있다.

■ SetSquareWavePin

```
void RtcDS3231::SetSquareWavePin(DS3231SquareWavePinMode pinMode, bool
enableWhileInBatteryBackup = true)
  - 매개변수
    pinMode: 구형파 출력 핀의 출력 모드
    enableWhileInBatteryBackup: 배터리로 동작하는 경우 구형파 출력 여부
  - 반환값: 없음
```

DS3231 RTC 칩은 구형파 이외에도 알람에 의한 인터럽트 신호 역시 SQW 핀으로 출력하므로 SetSquareWavePin 함수로 출력되는 신호의 종류를 먼저 선택해야 한다. 구형파 출력을 선택했을 때 구형파의 주파수는 SetSquareWavePinClockFrequency 함수로 선택할 수 있다. RtcDS3231 클래스에서는 출력 모드로 다음의 5가지를 정의하고 있다.

- DS3231SquareWavePin_ModeNone: 구형파 및 알람 신호 출력 금지

- DS3231SquareWavePin_ModeClock: 지정한 주파수의 구형파 출력

- DS3231SquareWavePin_ModeAlarmOne: 1번 알람의 알람 신호 출력

- DS3231SquareWavePin_ModeAlarmTwo: 2번 알람의 알람 신호 출력

- DS3231SquareWavePin_ModeAlarmBoth: 1번과 2번 알람의 알람 신호 출력

■ SetSquareWavePinClockFrequency

```
void RtcDS3231::SetSquareWavePinClockFrequency(DS3231SquareWaveClock freq)
 - 매개변수
    freq: 구형파 출력 핀의 출력 주파수를 정의한 상수로 DS3231SquareWaveClock_1Hz,
       DS3231SquareWaveClock_1kHz, DS3231SquareWaveClock_4kHz, DS3231SquareWaveClock_8kHz 중
       하나
 - 반환값: 없음
```

구형파 출력 핀의 출력 주파수를 열거형으로 정의된 상수를 사용하여 설정한다.

스케치 22.2는 1Hz의 구형파 출력을 아두이노 우노의 2번 핀에 연결하여 상승 및 하강 에지에서 13번 핀에 연결된 내장 LED를 반전시키는 예다. LED 반전은 외부 인터럽트에 의해 자동으로 이루어지므로 loop 함수는 비어 있다는 점에 주의해야 한다.

스케치 22.2 구형파 출력에 의한 인터럽트 `R3` `R4`

```
#include <Wire.h>
#include <RtcDS3231.h>

RtcDS3231<TwoWire> RTC(Wire);                    // DS3231 RTC 칩 객체 생성
byte sec_previous = -1, sec_current;            // 초 단위 시간 경과 확인
boolean state = false;                          // LED 상태

void setup() {
  Serial.begin(9600);
  while (!Serial);                              // 시리얼 통신 초기화
  RTC.Begin();                                  // DS3231 RTC 칩 초기화

  if (!RTC.GetIsRunning()) {                    // RTC 동작 상태 검사
    Serial.println("* RTC 재시작");
    RTC.SetIsRunning(true);                     // RTC 시작
  }

  pinMode(LED_BUILTIN, OUTPUT);                 // LED 연결 핀을 출력으로 설정
  digitalWrite(LED_BUILTIN, state);            // LED 초기 상태

  RTC.Enable32kHzPin(false);                    // 32.768kHz 구형파 생성 금지
  // SQW 핀으로 알람 신호가 아닌 구형파 출력
  RTC.SetSquareWavePin(DS3231SquareWavePin_ModeClock);
  // 구형파 주파수 설정
  RTC.SetSquareWavePinClockFrequency(DS3231SquareWaveClock_1Hz);

  // 디지털 2번 핀으로 입력되는 정현파의 상승 및 하강 에지에서
  // 'blink' 함수가 호출되도록 인터럽트 처리 함수 등록
  attachInterrupt(digitalPinToInterrupt(2), blink, CHANGE);
```

```
}

void blink() {                            // 외부 인터럽트 서비스 루틴
  state = !state;                         // LED 상태 반전
  digitalWrite(LED_BUILTIN, state);       // 현재 LED 상태 출력
}

void loop() {
}
```

DS3231 RTC 칩에는 알람 기능 역시 포함되어 있다. 알람 기능은 RTC 내의 현재 시각과 알람으로 설정한 시간이 일치할 때 인터럽트 신호를 발생시키는 기능이다. **DS3231 RTC 칩에는 초 단위 설정이 가능한 1번 알람과 분 단위 설정이 가능한 2번 알람의 2개 알람이 포함되어 있다.**

알람 기능을 사용하기 위해서는 먼저 알람 시간을 설정해야 한다. 알람 시간 설정을 위해서는 알람 번호에 맞는 클래스의 객체가 필요하다. Rtc by Makuna 라이브러리에는 1번 알람과 2번 알람을 위해 DS3231AlarmOne 클래스와 DS3231AlarmTwo 클래스를 별도로 정의하고 있다.

■ DS3231AlarmOne

```
DS3231AlarmOne::DS3231AlarmOne(uint8_t dayOf, uint8_t hour, uint8_t minute,
uint8_t second, DS3231AlarmOneControl controlFlags)
    - 매개변수
      dayOf: 요일 또는 일
      hour: 시
      minute: 분
      second: 초
      controlFlags: 알람 설정
    - 반환값: 없음
```

1번 알람은 일, 시, 분, 초, 요일 정보를 포함하고 있다. 다만 요일과 일은 같은 변수를 공유하고 있으므로 알람 설정에 따라 다른 정보로 해석된다. 알람 설정을 위한 플래그는 다음 값 중 하나를 지정할 수 있다.

* DS3231AlarmOneControl_OncePerSecond: 1초에 한 번 알람 발생

* DS3231AlarmOneControl_SecondsMatch: 초가 일치할 때 1분에 한 번 알람 발생

* DS3231AlarmOneControl_MinutesSecondsMatch: 분, 초가 일치할 때 1시간에 한 번 알람 발생

- DS3231AlarmOneControl_HoursMinutesSecondsMatch: 시, 분, 초가 일치할 때 1일에 한 번 알람 발생

- DS3231AlarmOneControl_HoursMinutesSecondsDayOfWeekMatch: 시, 분, 초, 요일이 일치할 때 1주일에 한 번 알람 발생

- DS3231AlarmOneControl_HoursMinutesSecondsDayOfMonthMatch: 일, 시, 분, 초가 일치할 때 1달에 한 번 알람 발생

■ DS3231AlarmTwo

```
DS3231AlarmTwo::DS3231AlarmTwo(uint8_t dayOf, uint8_t hour, uint8_t minute,
DS3231AlarmTwoControl controlFlags)
  - 매개변수
    dayOf: 요일 또는 일
    hour: 시
    minute: 분
    controlFlags: 알람 설정
  - 반환값: 없음
```

2번 알람에 대한 정보에는 초 정보가 포함되어 있지 않으므로 0초를 기준으로 동작한다는 점을 제외하면 1번 알람과 비슷하다. 알람 설정을 위한 플래그는 다음 값 중 하나를 지정할 수 있다.

- DS3231AlarmTwoControl_OncePerMinute: 1분에 한 번 알람 발생

- DS3231AlarmTwoControl_MinutesMatch: 분이 일치할 때 1시간에 한 번 알람 발생

- DS3231AlarmTwoControl_HoursMinutesMatch: 시, 분이 일치할 때 1일에 한 번 알람 발생

- DS3231AlarmTwoControl_HoursMinutesDayOfWeekMatch: 시, 분 요일이 일치할 때 1주일에 한 번 알람 발생

- DS3231AlarmTwoControl_HoursMinutesDayOfMonthMatch: 일, 시, 분이 일치할 때 1달에 한 번 알람 발생

■ SetAlarmOne, SetAlarmTwo

```
void RtcDS3231::SetAlarmOne(DS3231AlarmOne alarm)
void RtcDS3231::SetAlarmTwo(DS3231AlarmTwo alarm)
  - 매개변수
    alarm: 알람 정보
  - 반환값: 없음
```

설정된 알람 정보는 DS3231 RTC 칩으로 전송해야 알람이 설정되며 알람 정보 전송을 위해서는 알람 종류에 따라 SetAlarmOne 함수나 SetAlarmTwo 함수를 사용한다.

■ LatchAlarmsTriggeredFlags

```
DS3231AlarmFlag RtcDS3231::LatchAlarmsTriggeredFlags(void)
  – 매개변수: 없음
  – 반환값: 알람 번호
```

알람이 설정되면 알람 발생 플래그를 클리어해야 한다. **플래그는 알람이 발생하면 자동으로 세트되고 클리어하기 전에는 다시 알람이 발생하지 않는다. 플래그 클리어는 알람 설정 이후에도 해주어야 한다.**

스케치 22.3은 1번 알람을 사용하여 1초에 한 번 알람이 발생하도록 하는 예로, 알람이 발생하면 인터럽트가 발생하는 것은 스케치 22.2와 같다. 다만 인터럽트가 발생하면 인터럽트가 발생한 것만 인터럽트 서비스 루틴에서 표시하고 실제 인터럽트 처리는 loop 함수에서 이루어진다. 스케치 22.3에서 생략된 printDateTime 함수는 스케치 22.1을 참고하면 된다.

스케치 22.3 알람 사용 `R3` `R4`

```
#include <Wire.h>
#include <RtcDS3231.h>

RtcDS3231<TwoWire> RTC(Wire);                  // DS3231 RTC 칩 객체 생성
boolean interrupted = false;                   // 인터럽트 발생 플래그

void handleAlarm() {                           // 외부 인터럽트 서비스 루틴
    interrupted = true;                        // 인터럽트 발생 표시
}

void setup () {
  Serial.begin(9600);                          // 시리얼 통신 초기화
  while (!Serial);
  RTC.Begin();                                 // DS3231 RTC 칩 초기화

  if (!RTC.GetIsRunning()) {                    // RTC 동작 상태 검사
    Serial.println("* RTC 재시작");
    RTC.SetIsRunning(true);                    // RTC 시작
  }

  RTC.Enable32kHzPin(false);                   // 32.768kHz 구형파 생성 금지
  // 1번 알람을 사용하도록 설정
  RTC.SetSquareWavePin(DS3231SquareWavePin_ModeAlarmOne);
  // 1번 알람의 알람 정보 설정
  DS3231AlarmOne alarm1(0, 0, 0, 0, DS3231AlarmOneControl_OncePerSecond);
  RTC.SetAlarmOne(alarm1);                     // 알람 정보를 DS3231 RTC 칩으로 전송
```

```
  RTC.LatchAlarmsTriggeredFlags();                      // 알람 발생 허용

  // 디지털 2번 핀으로 입력되는 정현파의 하강 에지에서
  // 'handleAlarm' 함수가 호출되도록 인터럽트 처리 함수 등록
  attachInterrupt(digitalPinToInterrupt(2), handleAlarm, FALLING);
}

void loop () {
  if (interrupted) {
    Serial.print("알람 발생 : ");
    RtcDateTime now = RTC.GetDateTime();                // 현재 시각 얻기
    printDateTime(now);                                 // 시간 출력

    RTC.LatchAlarmsTriggeredFlags();                    // 알람 발생 허용
    interrupted = false;                                // 인터럽트 발생 플래그 클리어
  }
}

void printDateTime(const RtcDateTime dt) {
  // 스케치 22.1 참고
}
```

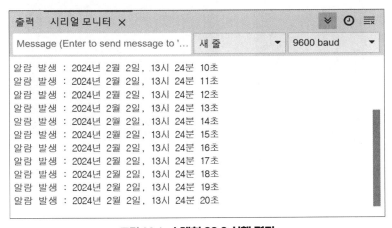

그림 22.6 스케치 22.3 실행 결과

아두이노 우노 R4에 사용된 RA4M1 마이크로컨트롤러에는 하드웨어 RTC가 포함되어 있으므로 별도의 모듈을 사용하지 않아도 RTC를 사용할 수 있다. 다만 아두이노 우노 R4 미니마에는 RTC 전용 배터리를 연결할 수 있는 핀이 존재하지 않으므로 사용하는 데 제한이 있을 수 있다. **아두이노 우노 R4 와이파이에는 RTC 전용 배터리 연결을 위한 핀(VRTC)이 있으므로 1.6~3.3V 전원을 연결하여 사용할 수 있다.**

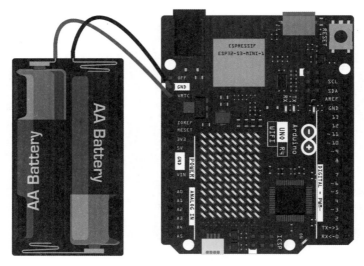

그림 22.7 아두이노 우노 R4 와이파이에 RTC 전용 배터리 연결

내장 RTC를 사용하기 위해서는 기본 라이브러리 중 하나인 RTC 라이브러리를 사용한다. RTC 라이브러리를 사용하기 위해서는 먼저 헤더 파일을 포함해야 한다. '스케치 ➡ 라이브러리 포함하기 ➡ RTC' 메뉴 항목을 선택하거나 #include 문을 직접 입력하면 된다.

```
#include <RTC.h>
```

RTC 라이브러리에서는 RTClock 클래스를 정의하고 유일한 객체인 RTC를 생성하고 있으므로 별도로 객체를 생성할 필요가 없다. RTClock 클래스에는 RTC 사용을 위해 다음과 같은 멤버 함수가 정의되어 있다.

■ begin

```
bool RTC::begin(void)
   - 매개변수: 없음
   - 반환값: RTC 초기화 성공 여부
```

RTC를 초기화하고 성공 여부를 반환한다.

■ isRunning

```
bool RTC::isRunning(void)
   - 매개변수: 없음
   - 반환값: RTC 동작 여부
```

RTC의 동작 여부를 반환한다.

■ setTime

```
bool RTC::setTime(RTCTime &t)
   - 매개변수
     t: 설정할 날짜와 시간 정보
   - 반환값: 시간 설정 성공 여부
```

지정한 날짜와 시간 정보로 RTC 시간을 설정하고 성공 여부를 반환한다. 이때 매개변수는 RTCTime 클래스 객체다.

■ getTime

```
bool RTC::getTime(RTCTime &t)
   - 매개변수
     t: 현재 RTC 날짜와 시간 정보를 저장할 변수
   - 반환값: 시간 얻기 성공 여부
```

현재 RTC 날짜와 시간을 매개변수에 저장하고 성공 여부를 반환한다. 이때 매개변수는 setTime 함수와 마찬가지로 RTCTime 클래스 객체다.

RTClock 클래스에서 사용하는 RTCTime 클래스는 날짜와 시간을 나타내는 데 사용되며 Rtc by

Makuna 라이브러리에서 RtcDateTime 클래스와 같은 역할을 한다. RTCTime 클래스의 객체는 숫자와 열거형 상수를 사용하여 생성할 수 있다.

■ **RTCTime**

```
RTCTime::RTCTime(int _day, Month _m, int _year, int _hours, int _minutes, int _seconds,
DayOfWeek _dof, SaveLight _sl)
    – 매개변수
     _day, _m, _year: 일월년
     _hours, _minutes, _seconds: 시분초
     _dof: 요일
     _sl: 일광절약 시간제 적용
   – 반환값: 없음
```

지정한 날짜와 시간을 사용하여 RTCTime 클래스 객체를 생성한다. 이때 월, 요일, 일광절약 시간제 적용 데이터는 각각 Month, DayOfWeek, SaveLight 등의 열거형 클래스 객체로 주어진다. Month 클래스에서는 1월이 0부터 시작하고, DayOfWeek 클래스에서는 일요일이 0부터 시작한다. SaveLight 클래스에서는 일광절약 시간제가 적용되지 않는 SAVING_TIME_INACTIVE 상수가 0, 일광절약 시간제가 적용되는 SAVING_TIME_ACTIVE 상수가 1로 정의되어 있다.

RTCTime 클래스에는 날짜와 시간 정보를 개별적으로 가져오거나 설정할 수 있는 멤버 함수들이 정의되어 있으므로 매개변수로 사용되는 객체에 사용하면 된다.

```
int RTCTime::getYear()                bool RTCTime::setYear(int year)
Month RTCTime::getMonth()             bool RTCTime::setMonthOfYear(Month m)
int RTCTime::getDayOfMonth()          bool RTCTime::setDayOfMonth(int day)
int RTCTime::getHour()                bool RTCTime::setHour(int hour)
int RTCTime::getMinutes()             bool RTCTime::setMinute(int minute)
int RTCTime::getSeconds()             bool RTCTime::setSecond(int second)
DayOfWeek RTCTime::getDayOfWeek()     bool RTCTime::setDayOfWeek(DayOfWeek d)
```

스케치 22.4는 아두이노 우노 R4의 내부 RTC를 사용하여 현재 시각이 바뀔 때마다 시리얼 모니터로 현재 시각을 출력하는 예로, 스케치 22.1과 같은 동작을 한다. 스케치 22.4에서는 getMonth 함수가 반환하는 Month 클래스 객체를 정수로 변환하기 위해 Month2int 함수를 사용했다.

```
#include <RTC.h>

byte sec_previous = -1, sec_current;              // 초 단위 시간 경과 확인

void setup() {
  Serial.begin(9600);                             // 시리얼 통신 초기화
  while (!Serial);

  RTC.begin();                                    // RTC 초기화
  if (!RTC.isRunning()) {                         // RTC가 동작하지 않을 때
    // 2024년 1월 1일 12시 34분 56초로 RTC 모듈 시간 업데이트
    // RTCTime myTime(1, Month::JANUARY, 2024, 12, 34, 56,
    //                DayOfWeek::MONDAY, SaveLight::SAVING_TIME_INACTIVE);
    RTCTime myTime = getCompileTime();
    RTC.setTime(myTime);                          // 시간 설정
  }
}

void loop() {
  RTCTime now;
  RTC.getTime(now);                               // 현재 시각 얻기
  sec_current = now.getSeconds();

  if (sec_current != sec_previous) {              // 마지막 출력 후 1초 이상 경과
    sec_previous = sec_current;
    printDateTime(now);                           // 시간 출력
  }
}

void printDateTime(RTCTime dt) {
  Serial.print(dt.getYear() + String("년 "));
  Serial.print(Month2int(dt.getMonth()) + String("월 "));
  Serial.print(dt.getDayOfMonth() + String("일, "));
  Serial.print(dt.getHour() + String("시 "));
  Serial.print(dt.getMinutes() + String("분 "));
  Serial.println(dt.getSeconds() + String("초"));
}

RTCTime getCompileTime() {                        // 컴파일 시간을 RTCTime 객체로 반환
  String datestr = __DATE__;                      // "MMM DD YYYY"
  String timestr = __TIME__;                      // "hh:mm:ss"

  Month month;
  String str_month = datestr.substring(0, 3);
  if (str_month == "Jan") month = Month::JANUARY;
  else if (str_month == "Feb") month = Month::FEBRUARY;
  else if (str_month == "Mar") month = Month::MARCH;
  else if (str_month == "Apr") month = Month::APRIL;
  else if (str_month == "May") month = Month::MAY;
  else if (str_month == "Jun") month = Month::JUNE;
```

```
else if (str_month == "Jul") month = Month::JULY;
else if (str_month == "Aug") month = Month::AUGUST;
else if (str_month == "Sep") month = Month::SEPTEMBER;
else if (str_month == "Oct") month = Month::OCTOBER;
else if (str_month == "Nov") month = Month::NOVEMBER;
else if (str_month == "Dec") month = Month::DECEMBER;

int day = datestr.substring(4, 6).toInt();
int year = datestr.substring(7).toInt();

int hour = timestr.substring(0, 2).toInt();
int minutes = timestr.substring(3, 5).toInt();
int seconds = timestr.substring(6).toInt();

RTCTime myTime;
myTime.setYear(year);
myTime.setMonthOfYear(month);
myTime.setDayOfMonth(day);
myTime.setHour(hour);
myTime.setMinute(minutes);
myTime.setSecond(seconds);

return myTime;
}
```

외부 RTC 모듈에서 일정한 주파수의 구형파를 출력한 것은 구형파를 통해 인터럽트를 발생
시키고 인터럽트 서비스 루틴을 사용하여 주기적인 작업을 처리하기 위해서다. 내부 RTC에서
도 이와 비슷하게 주기적인 인터럽트를 사용할 수 있다. 주기적인 인터럽트 설정을 위해서는
setPeriodicCallback 함수를 사용한다.

■ setPeriodicCallback

```
bool RTC::setPeriodicCallback(rtc_cbk_t fnc, Period p)
  - 매개변수
    fnc: 콜백 함수 포인터
    p: Period 클래스의 상수로 콜백 함수를 호출하는 시간 간격
  - 반환값: 주기적 콜백 함수 설정 성공 여부
```

지정한 시간 간격으로 콜백 함수를 호출하도록 설정하고 설정 성공 여부를 반환한다. 콜백 함수
호출 간격은 열거형 클래스인 Period에 다음과 같이 정의되어 있다.

- ONCE_EVERY_2_SEC: 2초에 1번 호출, 0.5Hz

- ONCE_EVERY_1_SEC: 1초에 1번 호출, 1Hz

- N2_TIMES_EVERY_SEC: 1초에 2번 호출, 2Hz

- N4_TIMES_EVERY_SEC: 1초에 4번 호출, 4Hz

- N8_TIMES_EVERY_SEC: 1초에 8번 호출, 8Hz

- N16_TIMES_EVERY_SEC: 1초에 16번 호출, 16Hz

- N32_TIMES_EVERY_SEC: 1초에 32번 호출, 32Hz

- N64_TIMES_EVERY_SEC: 1초에 64번 호출, 64Hz

- N128_TIMES_EVERY_SEC: 1초에 128번 호출, 128Hz

- N256_TIMES_EVERY_SEC: 1초에 256번 호출, 256Hz

스케치 22.5는 1초에 2번 콜백 함수를 호출하여 내장 LED를 반전시키는 예로, 스케치 22.2와 같은 동작을 한다. 스케치 22.5에서 getCompileTime 함수는 생략했으므로 스케치 22.4를 참고하면 된다.

스케치 22.5 아두이노 우노 R4 내부 RTC에 의한 주기적 함수 호출 R4

```
#include <RTC.h>

boolean state = false;                          // LED 상태

void setup() {
  Serial.begin(9600);                           // 시리얼 통신 초기화
  while (!Serial);

  RTC.begin();                                  // RTC 초기화
  if (!RTC.isRunning()) {                       // RTC가 동작하지 않을 때
    RTCTime myTime = getCompileTime();
    RTC.setTime(myTime);                        // 시간 설정
  }

  // 1초에 2번 blink 콜백 함수를 호출하도록 설정
  RTC.setPeriodicCallback(blink, Period::N2_TIMES_EVERY_SEC);
}

void blink() {                                  // RTC의 주기적인 콜백 함수
  state = !state;                               // LED 상태 반전
  digitalWrite(LED_BUILTIN, state);             // 현재 LED 상태 출력
}

void loop() {
}

RTCTime getCompileTime() {                      // 컴파일 시간을 RTCTime 객체로 반환
  // 스케치 22.4 참고
}
```

내장 RTC에서도 알람 기능을 사용할 수 있다. 알람 기능을 사용하기 위해서는 주기적인 콜백 함수와 마찬가지로 알람 콜백 함수를 설정하면 된다. 알람 시간은 별도의 AlarmMatch 클래스를 사용하여 원하는 시간을 지정할 수 있다.

■ setAlarmCallback

```
bool RTC::setAlarmCallback(rtc_cbk_t fnc, RTCTime &t, AlarmMatch &m)
  - 매개변수
    fnc: 콜백 함수 포인터
    t: 알람 설정 시간
    m: 알람 조건
  - 반환값: 알람 콜백 함수 설정 성공 여부
```

지정한 시간(t)에 알람이 발생하고 콜백 함수를 호출하도록 설정하고 설정 성공 여부를 반환한다. 이때 알람 조건(m)은 연월일시분초와 요일 중에서 알람 발생 조건을 비교할 때 사용하는 항목을 나타내는 데 사용한다. AlarmMatch 클래스의 객체를 생성하면 아무런 항목도 선택되지 않은 상태이고, AlarmMatch 클래스는 각 항목을 선택하거나 제거하는 멤버 함수를 제공하고 있다. 알람을 발생시킬 수 있는 최소 단위는 1분에 한 번이다.

```
void AlarmMatch::addMatchYear()          void AlarmMatch::removeMatchYear()
void AlarmMatch::addMatchMonth()         void AlarmMatch::removeMatchMonth()
void AlarmMatch::addMatchDay()           void AlarmMatch::removeMatchDay()
void AlarmMatch::addMatchHour()          void AlarmMatch::removeMatchHour()
void AlarmMatch::addMatchMinute()        void AlarmMatch::removeMatchMinute()
void AlarmMatch::addMatchSecond()        void AlarmMatch::removeMatchSecond()
void AlarmMatch::addMatchDayOfWeek()     void AlarmMatch::removeMatchDayOfWeek()
```

스케치 22.6은 1분에 한 번 알람이 발생한다는 점 이외에는 스케치 22.3과 같은 동작을 한다. 스케치 22.6에서 생략된 getCompileTime 함수와 printDateTime 함수는 스케치 22.4를 참고하면 된다.

스케치 22.6 아두이노 우노 R4 내부 RTC에 의한 알람 사용　　　R4

```
#include <RTC.h>

boolean interrupted = false;              // 인터럽트 발생 플래그

void handleAlarm() {                      // 외부 인터럽트 서비스 루틴
  interrupted = true;                     // 인터럽트 발생 표시
```

```
}

void setup() {
  Serial.begin(9600);                               // 시리얼 통신 초기화
  while (!Serial);

  RTC.begin();                                      // RTC 초기화
  if (!RTC.isRunning()) {                           // RTC가 동작하지 않을 때
    RTCTime myTime = getCompileTime();
    RTC.setTime(myTime);                            // 시간 설정
  }

  // 초가 10초일 때 handleAlarm 콜백 함수를 호출하도록 설정
  RTCTime matchTime;
  matchTime.setSecond(10);                          // 알람 발생 시간을 10초로 설정
  AlarmMatch match;
  match.addMatchSecond();                           // 초를 비교하도록 설정
  RTC.setAlarmCallback(handleAlarm, matchTime, match);
}

void loop() {
  if (interrupted) {
    RTCTime now;
    RTC.getTime(now);                               // 현재 시각 얻기

    Serial.print("알람 발생 : ");
    printDateTime(now);                             // 시간 출력

    interrupted = false;                            // 인터럽트 발생 플래그 클리어
  }
}

void printDateTime(RTCTime dt) {
  // 스케치 22.4 참고
}

RTCTime getCompileTime() {                          // 컴파일 시간을 RTCTime 객체로 반환
  // 스케치 22.4 참고
}
```

맺는말

RTC는 날짜와 시간을 유지하는 장치로, 전용 전원을 사용하여 마이크로컨트롤러와 무관하게 날짜와 시간을 유지하는 전용 하드웨어를 가리키는 경우가 대부분이다. 하드웨어 RTC가 없다면 CPU 클록을 기준으로 하는 소프트웨어 라이브러리 역시 사용할 수 있지만, 하드웨어 RTC보다 정밀도가 낮고 마이크로컨트롤러 전원에 영향을 받으므로 절대적인 시간을 유지하기 어렵다는 한계가 있다. 아두이노에서도 DS1307, DS3231 등의 RTC 칩이 흔히 사용된다. 특히 이 장에서 사용한 DS3231 RTC 칩은 발진회로와 온도 보상 회로까지 갖추고 있어 실온에서 하루 0.2초 이하의 오차만 발생하므로 정밀한 시간 관리를 위해 사용할 수 있다.

아두이노 우노 R4에 사용된 RA4M1 마이크로컨트롤러에는 RTC 하드웨어가 포함되어 있으므로 외부 RTC를 사용하지 않아도 날짜와 시간을 유지할 수 있다. 하지만 아두이노 우노 R4에서 사용된 내부 클록은 하루 20분 이하의 오차가 발생하고, 아두이노 우노 R4 미니마는 RTC 전용 전원을 연결하는 방법을 제공하지 않으므로 사용에 한계가 있을 수 있다. 또한 아두이노에서 제공하는 RTC 라이브러리는 다른 RTC 라이브러리와 비교했을 때 기능 일부를 제공하지 않으며, 특히 알람 관련 기능 사용이 직관적이지 않다는 단점이 있다. 하지만 내부 RTC 사용은 시스템을 간단하게 할 수 있으므로 정밀한 시간 관리가 필요하지 않다면 좋은 선택이 될 것이다.

1 RTC 모듈을 그림 22.2와 같이 아두이노에 연결하고, 시리얼 모니터에 'NOW'를 입력했을 때 현재 시각을 시리얼 모니터로 출력하는 스케치를 작성해 보자. 시리얼 모니터에서는 '새 줄' 옵션을 선택하여 문자열 끝을 표시하도록 하고, 현재 시각을 알아내는 명령은 대소문자를 구별하지 않도록 한다.

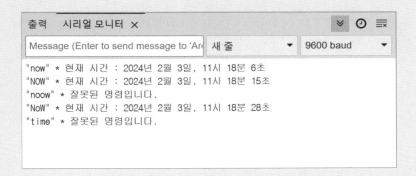

2 스케치 22.6을 참고하여 내부 RTC에서 분이 일치할 때 알람이 발생하는 스케치를 작성해 보자. 비교 항목으로 분(addMatchMinute)만 선택하고 초(addMatchSecond)는 선택하지 않았을 때 분이 일치하고 0초일 때 한 번만 알람이 발생하는 것을 확인해 보자. 이는 Rtc by Makuna 라이브러리에서 2번 알람을 통한 DS3231AlarmTwoControl_MinutesMatch 와 같은 조건이다. 초까지 선택하면 Rtc by Makuna 라이브러리에서 1번 알람을 통한 DS3231AlarmOneControl_MinutesSecondsMatch와 같은 조건이 된다.

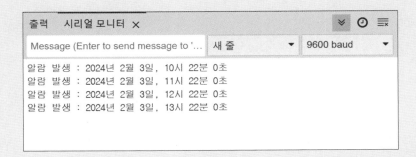

OLED 디스플레이

LCD가 백라이트에서 발산된 빛을 액정에서 굴절시켜 색을 표현한다면, OLED 디스플레이는 스스로 빛을 내는 유기소자를 사용해 백라이트를 사용하지 않고 직접 색을 표현한다는 점이 가장 큰 특징이다. 백라이트를 사용하지 않음으로써 얇고, 휘는, 심지어는 입는 디스플레이까지 가능하게 됨으로써 OLED 디스플레이는 LCD를 빠르게 대체하고 있다. 이 장에서는 I2C 통신을 사용하는 OLED 디스플레이를 제어하는 방법을 살펴본다.

이 장에서
사용할 부품

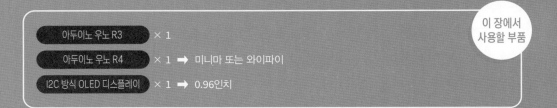

아두이노 우노 R3   × 1

아두이노 우노 R4   × 1 ➡ 미니마 또는 와이파이

I2C 방식 OLED 디스플레이   × 1 ➡ 0.96인치

OLED 디스플레이

OLED는 'Organic Light Emitting Diode'의 약어로, **형광성 유기화합물에 전류를 흘리면 빛을 내는 현상을 이용해서 만든 유기 발광 다이오드**를 말한다. OLED는 스마트폰 디스플레이에 사용되면서 주목을 받기 시작해 LCD를 빠르게 대체하고 있다. LCD에 사용되는 액정Liquid Crystal은 빛을 통과시키는 양을 조절하는 막이므로 빛을 내는 별도의 광원, 즉 백라이트가 필요하다. 광원은 백색의 광을 균일하게 발산하는 역할만 하고 액정은 빛이 통과하는 비율을 조절한다. 여기에 RGB 컬러 필터를 통과시키면 원하는 색을 얻을 수 있다. 이에 비해 OLED는 사용된 유기 물질에 따라 RGB 중 하나의 색을 원하는 밝기로 얻을 수 있고 이들의 조합으로 임의의 색을 얻을 수 있다.

LCD를 이야기할 때 함께 등장하는 용어가 TFTThin Film Transistor, 박막 트랜지스터로 흔히 TFT-LCD라고 이야기한다. TFT는 디스플레이에서 각각의 화소를 개별적으로 제어하는 역할을 한다. OLED 디스플레이에서는 TFT라는 용어를 흔히 볼 수 없지만, OLED 디스플레이에서도 화소를 제어하는 데 TFT가 사용된다. **LCD에서 TFT는 액정의 배열 상태를 변화시켜 통과하는 빛의 양을 조절하는 역할을 한다면, OLED 디스플레이에서 TFT는 유기 물질에 공급되는 에너지를 조절하여 OLED의 밝기를 조절하는 역할을 한다.**

OLED 디스플레이는 LCD와 비교했을 때 여러 가지 장점이 있다. OLED 디스플레이는 백라이트가 필요하지 않으므로 디스플레이를 만들 때 필요한 층의 수가 적어 LCD보다 얇게 만들 수 있고, 전력 소비가 적으며, 개별 픽셀을 완전히 끌 수 있으므로 LCD보다 검은색을 더 어둡게 표시할 수 있어 명암비가 높다. 시야각 역시 LCD보다 넓고 표현할 수 있는 색 영역이 넓은 점 역시 장점으로 꼽는다. 하지만 OLED 디스플레이는 LCD와 비교했을 때 제조 비용이 많이 들고, 같은 위치에 같은 색을 계속 표현했을 때 발생하는 번인burn-in 현상은 OLED에서 해결해야 할 가장 큰 문제점이다.

이 장에서는 0.96인치 크기에 128×64 해상도를 갖는 단색 OLED 디스플레이를 사용한다. 아두이노에는 I2C나 SPI 통신을 통해 연결할 수 있으며 같은 라이브러리를 사용하여 제어할 수 있으므로 필요에 따라 연결 방법을 선택할 수 있다. 그림 23.1은 이 장에서 사용하는 I2C 방식 OLED 디스플레이로 4개의 연결선을 갖고 있다.

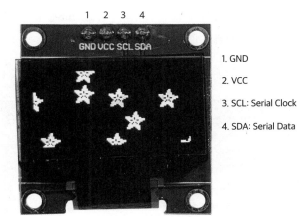

1. GND

2. VCC

3. SCL: Serial Clock

4. SDA: Serial Data

그림 23.1 **OLED 디스플레이**

OLED 제어

OLED 디스플레이를 사용하기 위해서는 먼저 라이브러리를 설치해야 한다. 라이브러리 매니저에서 'OLED'를 검색하여 Adafruit SSD1306 라이브러리를 설치하자.

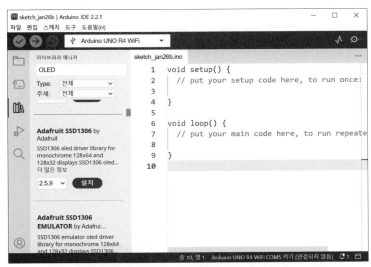

그림 23.2 **Adafruit SSD1306 라이브러리 검색 및 설치**[1]

---

1 https://github.com/adafruit/Adafruit_SSD1306

Adafruit SSD1306 라이브러리를 사용하기 위해서는 역시 Adafruit에서 제공하는 여러 가지 라이브러리가 필요하다. '모두 설치'를 선택해서 함께 설치하자.

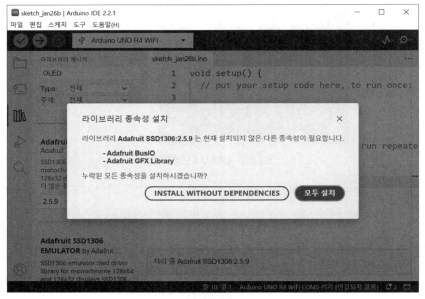

그림 23.3 **종속된 라이브러리 설치**

라이브러리의 이름이기도 한 SSD1306은 최대 128×64 해상도의 OLED를 제어할 수 있는 디스플레이 드라이버 칩이다. SSD1306 칩은 마이크로컨트롤러와 여러 가지 방법으로 연결할 수 있으며 I2C 통신이 그중 하나다. 그림 23.4와 같이 OLED를 아두이노 우노에 연결하자. OLED 연결에는 아두이노 우노의 **A4**(SDA)와 **A5**(SCL) 핀을 사용하면 된다.

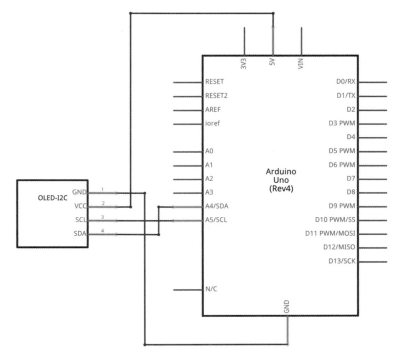

그림 23.4 **I2C 방식 OLED 연결 회로도**

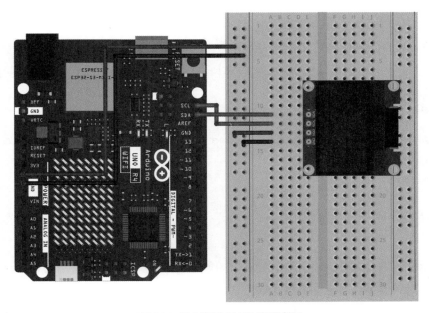

그림 23.5 **I2C 방식 OLED 연결 회로**

Adafruit SSD1306 라이브러리를 사용하기 위해서는 먼저 헤더 파일을 포함해야 한다. '스케치 ➡ 라이브러리 포함하기 ➡ Adafruit SSD1306' 메뉴 항목을 선택하거나 #include 문을 직접 입력하면 된다. 함께 포함되는 splash.h 파일에는 Adafruit 로고를 나타내는 비트맵 패턴이 포함되어 있으므로 포함하지 않아도 된다.

```
#include <Adafruit_SSD1306.h>
```

Adafruit SSD1306 라이브러리에서 OLED를 제어하기 위해 사용하는 클래스는 Adafruit_SSD1306 이다. Adafruit_SSD1306 클래스는 I2C 방식 이외에 SPI 방식도 지원하므로 객체를 생성할 때 사용하는 통신 방식에 맞는 생성자를 사용하면 된다.

■ Adafruit_SSD1306

```
Adafruit_SSD1306::Adafruit_SSD1306(uint8_t w, uint8_t h, TwoWire *twi = &Wire)
  - 매개변수
    w: OLED의 픽셀 단위 x축 해상도
    h: OLED의 픽셀 단위 y축 해상도
    Wire: I2C 통신을 담당하는 객체에 대한 포인터
  - 반환값: 없음
```

I2C 방식 OLED 제어를 위한 객체를 생성한다. 객체를 생성할 때 I2C 통신을 담당하는 객체인 Wire가 마지막 매개변수의 디폴트 값으로 지정되어 있으므로 화면 해상도만 지정하면 된다.

■ begin

```
boolean Adafruit_SSD1306::begin(uint8_t switchvcc = SSD1306_SWITCHCAPVCC, uint8_t i2caddr = 0)
  - 매개변수
    switchvcc: 전원 옵션
    i2caddr: I2C 주소
  - 반환값: 버퍼 할당 및 초기화 성공 여부
```

객체가 생성된 후 초기화를 수행해야 한다. 초기화 과정에서는 전원 선택을 위한 switchvcc를 지정할 수 있으며 디폴트 값을 사용하면 된다. I2C 주소는 0x3C 또는 0x3D가 가장 흔하며 주소 스캐닝 스케치를 통해 확인할 수 있다. begin 함수에서는 디스플레이를 위한 가상 화면인 버퍼를 할당하며 초기화 성공 여부를 반환한다.

- **display**

```
void Adafruit_SSD1306::display(void)
    - 매개변수: 없음
    - 반환값: 없음
```

SSD1306 라이브러리는 내부적으로 화면에 출력할 데이터를 저장하는 버퍼를 갖고 있다. 따라서 **모든 출력은 버퍼에 수행되며 버퍼의 내용을 실제 화면에 보여주기 위해서 display 함수를 호출해야 한다.**

- **clearDisplay**

```
void Adafruit_SSD1306::clearDisplay(void)
    - 매개변수: 없음
    - 반환값: 없음
```

버퍼의 내용을 모두 지운다. 버퍼의 내용을 지운 후에 실제 화면을 지우기 위해서도 **display** 함수를 호출해야 한다.

- **setTextColor**

```
void Adafruit_SSD1306::setTextColor(uint16_t c)
    - 매개변수
      c: 색상값
    - 반환값: 없음
```

문자 표시를 위해서는 5-6-5 형식의 16비트 RGB 색상을 사용할 수 있다. 하지만 이 장에서 사용하는 OLED는 단색만 나타낼 수 있으므로 전경색을 위해 SSD1306_WHITE나 WHITE를 사용하고 배경색을 위해 SSD1306_BLACK 또는 BLACK을 사용하면 된다.

스케치 23.1은 I2C 방식 OLED에 문자열을 출력하는 예다. 문자열 출력을 위해서는 Serial 클래스에서와 같이 print 또는 println 함수를 사용하면 된다.

스케치 23.1 Hello OLED Display
R3 R4

```
#include <Adafruit_SSD1306.h>

#define WIDTH 128          // x축 해상도
#define HEIGHT 64          // y축 해상도
```

```
// OLED 제어를 위한 객체 생성
Adafruit_SSD1306 display(WIDTH, HEIGHT);

void setup() {
  // OLED 객체 초기화 및 디스플레이 버퍼 할당, I2C 주소 지정
  if( !display.begin(SSD1306_SWITCHCAPVCC, 0x3C) ) {
    while(1);                                  // 초기화 실패
  }
  display.clearDisplay();                      // 디스플레이 버퍼 지우기
  display.setTextColor(WHITE);                 // 텍스트 색상 지정
  display.print("Hello OLED Display~");        // 문자열 출력
  display.display();                           // 디스플레이 버퍼 화면에 나타내기
}

void loop() {
}
```

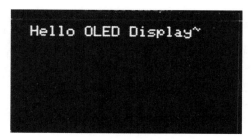

그림 23.6 스케치 23.1 실행 결과

SSD1306 라이브러리에서 사용하는 폰트는 5×7 크기 폰트로 여백까지 포함해서 6×8픽셀을 차지하므로 128×64 해상도의 OLED 디스플레이에는 8행 21열로 문자를 표시할 수 있다. setTextSize 함수를 사용하면 기본 폰트 크기의 정수배로 폰트를 확대하여 사용할 수 있다.

■ setTextSize

```
void Adafruit_SSD1306::setTextSize(uint8_t s)
void Adafruit_SSD1306::setTextSize(uint8_t s_x, uint8_t s_y)
  – 매개변수
    s: 텍스트 크기 확대 비율
    s_x: x축 방향 텍스트 크기 확대 비율
    s_y: y축 방향 텍스트 크기 확대 비율
  – 반환값: 없음
```

텍스트를 출력하기 위해 사용하는 폰트 크기를 정수 단위로 확대한다. x축과 y축 방향으로 확대 비율을 다르게 지정할 수 있다.

■ setCursor

```
void Adafruit_SSD1306::setCursor(int16_t x, int16_t y)
  - 매개변수
    x: 픽셀 단위의 $x$축 위치($0 \leq x < 128$)
    y: 픽셀 단위의 $y$축 위치($0 \leq y < 64$)
  - 반환값: 없음
```

원하는 위치에 문자를 출력하기 위해 커서를 옮긴다. print 함수를 사용하여 문자를 계속 출력하면 자동으로 다음 줄로 이동하며, println 함수를 사용하면 줄바꿈이 된다. 하지만 자동 스크롤을 지원하지 않으므로 커서가 화면 내에 있지 않으면 출력되는 내용이 표시되지 않는다. 커서 위치는 좌상단 (0, 0)을 기준으로 픽셀 단위로 지정한다.

스케치 23.2는 텍스트의 크기를 변경하면서 지정한 위치에 문자열을 출력하는 예다. 커서 위치를 옮기지 않고 print 대신 println을 사용해도 비슷한 결과를 얻을 수 있지만, 자동 줄바꿈을 사용하면 문자 간 여백이 1픽셀로 고정된다.

스케치 23.2 텍스트 크기와 출력 위치 지정   R3 R4

```
#include <Adafruit_SSD1306.h>

#define WIDTH 128                               // OLED x축 해상도
#define HEIGHT 64                               // OLED y축 해상도

// OLED 제어를 위한 객체 생성
Adafruit_SSD1306 display(WIDTH, HEIGHT);

void setup() {
  // OLED 객체 초기화 및 디스플레이 버퍼 할당, I2C 주소 지정
  if( !display.begin(SSD1306_SWITCHCAPVCC, 0x3C) ) {
    while(1);                                   // 초기화 실패
  }
  display.clearDisplay();                       // 디스플레이 버퍼 지우기
  display.setTextColor(WHITE);                  // 텍스트 색상 지정

  int y = 0;                                    // 문자열을 출력할 y축 위치
  for (int scale = 1; scale < 4; scale++) {
    display.setTextSize(scale);                 // 텍스트 배율 지정
    display.setCursor(0, y);                    // 텍스트 커서 위치 변경, 픽셀 단위

    display.print("Size:");
    display.print(scale);

    y = y + 8 * scale + 2;                      // 2픽셀 여백
```

```
  }
  display.display();                              // 디스플레이 버퍼 화면에 나타내기
}

void loop() {
}
```

그림 23.7 스케치 23.2 실행 결과

23.3 도형 그리기

Adafruit SSD1306 라이브러리에는 문자 이외에 다양한 그래픽 요소 출력을 위한 멤버 함수가 정
의되어 있으므로 간단한 그래픽 요소를 사용할 수 있다.

```
void Adafruit_SSD1306::drawLine(         // 직선
  int16_t x0, int16_t y0, int16_t x1, int16_t y1, uint16_t color );
void Adafruit_SSD1306::drawRect(         // 직사각형
   int16_t x, int16_t y, int16_t width, int16_t height, uint16_t color );
void Adafruit_SSD1306::drawCircle(       // 원
  int16_t x, int16_t y, int16_t radius, uint16_t color );
void Adafruit_SSD1306::drawTriangle(     // 삼각형
  int16_t x0, int16_t y0, int16_t x1, int16_t y1, int16_t x2, int16_t y2, uint16_t color );
```

스케치 23.3은 직선과 원을 사용하여 간단한 도형을 그리는 예다.

```
#include <Adafruit_SSD1306.h>

#define WIDTH 128                                // OLED x축 해상도
#define HEIGHT 64                                // OLED y축 해상도

// OLED 제어를 위한 객체 생성
Adafruit_SSD1306 display(WIDTH, HEIGHT);

void setup() {
  // OLED 객체 초기화 및 디스플레이 버퍼 할당, I2C 주소 지정
  if( !display.begin(SSD1306_SWITCHCAPVCC, 0x3C) ) {
    while(1);                                    // 초기화 실패
  }
  display.clearDisplay();

  display.drawLine(0, 0, 127, 63, WHITE);        // 직선
  display.drawLine(127, 0, 0, 63, WHITE);

  for (int r = 30; r >= 5; r -= 5) {
    if (r % 10 == 0) {
      display.fillCircle(64, 32, r, WHITE);      // 채워진 원
    }
    else {
      display.fillCircle(64, 32, r, BLACK);      // 채워진 원으로 내부를 지움
    }
  }

  display.display();                             // 디스플레이 버퍼 화면에 나타내기
}

void loop() {
}
```

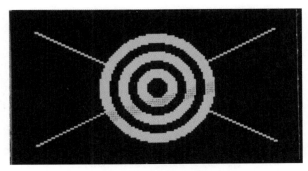

그림 23.8 스케치 23.3 실행 결과

이미지 표시

OLED 디스플레이는 픽셀 단위의 제어가 가능한 출력 장치이므로 이미지를 표시하는 것도 가능하다. 하지만 단색의 흑백 이미지만 표시할 수 있고 이미지를 비트 패턴으로 변환해야 한다. 변환할 단색 비트맵 파일을 준비한 후 LCD Assistant 프로그램[2]을 내려받아 실행하자.

그림 23.9 **LCD Assistant 프로그램**

LCD Assistant 프로그램의 'File ➡ Load image' 메뉴 항목을 선택하여 준비한 비트맵 파일을 연다.

그림 23.10 **비트맵 파일 변환**

---

2   http://en.radzio.dxp.pl/bitmap_converter

LCD Assistant 프로그램의 'File → Save output' 메뉴 항목을 선택하여 변환된 결과를 텍스트 파일로 저장한다. 이때 'Byte orientation' 설정은 디폴트로 'Vertical'로 설정되어 있지만, 변환 후 이미지가 정상적으로 보이지 않을 때는 'Horizontal'을 선택하면 된다. 내려받은 파일을 열어보면 배열 변수로 이미지가 변환된 것을 확인할 수 있다.

로고 데이터

```
const unsigned char logo [] = {
  0x00, 0x00, 0x00, 0x08, 0x00, 0x00, 0x00, 0x00,
  0x00, 0x00, 0x7E, 0x00, 0x00, 0x00, 0x00, 0x00,
  0x01, 0xFF, 0xC0, 0x00, 0x00, 0x00, 0x00, 0x0F,
  0xFF, 0xF0, 0x00, 0x00, 0x00, 0x00, 0xFF, 0xFF,
  ...
};
```

스케치 23.4는 OLED 디스플레이에 이미지를 표시하는 예다. 이미지 표시를 위해서는 drawBitmap 함수를 사용한다.

■ DrawBitmap

```
void Adafruit_SSD1306::drawBitmap(int16_t x, int16_t y, uint8_t *bitmap, int16_t w,
int16_t h, uint16_t color)
   – 매개변수
     x: 표시 시작 영역의 x 좌표
     y: 표시 시작 영역의 y 좌표
     bitmap: 표시할 이미지 데이터
     w: 이미지 폭width
     h: 이미지 높이height
     color: 이미지 표시 색상
   – 반환값: 없음
```

이미지를 (x, y) 위치에서부터 나타낸다. 이 장에서 사용하는 OLED 디스플레이는 단색만 표시할 수 있으므로 색상은 SSD1306_WHITE나 WHITE를 사용하면 된다.

이미지를 표시하기 위해서는 내려받은 텍스트 파일의 내용 역시 필요하다. 가로 툴바의 오른쪽 아래에 있는 확장 메뉴에서 '새 탭' 메뉴 항목을 선택하거나 Ctrl + Shift + N 단축키를 선택하고 파일 이름으로 'logo.h'를 지정한다. 새로 열리는 탭에는 내려받은 텍스트 파일 내용을 붙여 넣는다. 이때 변수 logo에 한 가지 추가할 것이 PROGMEM 키워드다. 일반적으로 변숫값은 SRAM에 저장되지만, SRAM은 크기가 작아 큰 크기의 배열을 저장하는 데 적합하지 않다. 따라서 **상대적**

으로 큰 플래시 메모리에 변수를 저장하고 직접 읽어 사용할 수 있도록 해주는 키워드가 PROGMEM이다. 내려받은 파일의 변수 정의를 다음과 같이 수정하자.

```
// const unsigned char logo [] = {
const unsigned char PROGMEM logo [] = {
```

스케치 23.4에 logo.h 파일을 포함(#include)해야 한다는 점도 주의해야 한다.

스케치 23.4 **이미지 표시**   R3   R4

```
#include <Adafruit_SSD1306.h>
#include "logo.h"                          // 로고 데이터

int logo_width = 56, logo_height = 60;     // 로고 크기
#define WIDTH 128                          // x축 해상도
#define HEIGHT 64                          // y축 해상도

// OLED 제어를 위한 객체 생성
Adafruit_SSD1306 display(WIDTH, HEIGHT);

void setup() {
  // OLED 객체 초기화 및 디스플레이 버퍼 할당, I2C 주소 지정
  if( !display.begin(SSD1306_SWITCHCAPVCC, 0x3C) ) {
    while(1);                              // 초기화 실패
  }
  display.clearDisplay();

  display.drawBitmap(                      // 화면 가운데에 이미지 표시
    (display.width() - logo_width) / 2,
    (display.height() - logo_height) / 2,
    logo, logo_width, logo_height, WHITE);

  display.display();                       // 디스플레이 버퍼 화면에 나타내기
}

void loop() {
}
```

그림 23.11 스케치 23.4 실행 결과

OLED 디스플레이에 이미지를 표시하는 것보다 텍스트 LCD에서와 같이 사용자 정의 문자를 표시하는 경우가 더 많다. 사용자 정의 문자 역시 작은 이미지로 생각할 수 있으므로 drawBitmap 함수로 나타낼 수 있고, 텍스트 LCD와 달리 개수 제한은 없다. 그림 23.12와 같이 2개의 사용자 정의 문자를 정의하자. 사용자 정의 문자는 행 우선으로 8바이트로 정의하여 사용하면 된다.

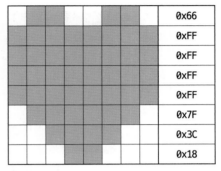

그림 23.12 사용자 정의 문자 정의

스케치 23.5는 그림 23.12에서 정의한 사용자 정의 문자를 출력하는 예다.

스케치 23.5 사용자 정의 문자 `R3` `R4`

```
#include <Adafruit_SSD1306.h>

#define WIDTH 128                               // x축 해상도
#define HEIGHT 64                               // y축 해상도

// OLED 제어를 위한 객체 생성
Adafruit_SSD1306 display(WIDTH, HEIGHT);

const uint8_t PROGMEM heart1[] = {              // 사용자 정의 문자 1, 빈 하트
  0x66, 0x99, 0x81, 0x81, 0x81, 0x42, 0x24, 0x18 };
const uint8_t PROGMEM heart2[] = {              // 사용자 정의 문자 2, 꽉 찬 하트
  0x66, 0xFF, 0xFF, 0xFF, 0xFF, 0x7E, 0x3C, 0x18 };

void setup() {
  // OLED 객체 초기화 및 디스플레이 버퍼 할당, I2C 주소 지정
  if (!display.begin(SSD1306_SWITCHCAPVCC, 0x3C)) {
    while (1);                                  // 초기화 실패
  }
  display.clearDisplay();

  display.setTextColor(WHITE);
  display.drawBitmap(5, 20, heart1, 8, 8, WHITE);
  display.setCursor(20, 21);
  display.print("I Love Arduino~");
  display.drawBitmap(115, 20, heart2, 8, 8, WHITE);
```

```
    display.display();                                  // 디스플레이 버퍼 화면에 나타내기
}

void loop() {
}
```

그림 23.13 스케치 23.5 실행 결과

23.5 맺는말

OLED 디스플레이는 스스로 빛을 내는 유기 발광 다이오드를 사용하여 만든 표시 장치로, LCD와 비교했을 때 백라이트가 필요하지 않다는 점이 가장 큰 차이점이자 장점이다. 백라이트가 없으면 디스플레이를 더 얇게 만들 수 있고 휘거나 접는 디스플레이를 만드는 것이 가능하므로 다양한 사용자 인터페이스에 적용할 수 있다. OLED 디스플레이의 가격이 비싸 높은 해상도나 컬러를 표현할 수 있는 OLED 디스플레이를 아두이노에서 사용하는 경우는 흔하지 않지만, 간단한 정보를 표시하기 위해 작은 크기의 단색 OLED 디스플레이를 사용한 예는 쉽게 찾아볼 수 있다.

이 장에서는 I2C 통신을 사용하는 OLED 디스플레이를 살펴봤다. I2C 통신은 적은 수의 연결선만을 사용하므로 간단하게 연결할 수 있다는 장점이 있다. 하지만 I2C 통신은 다른 시리얼 통신보다 전송 속도가 느린 것이 사실이다. 128×64 해상도의 단색 OLED 디스플레이를 위해 I2C 통신을 사용하는 데는 문제가 없지만, 높은 해상도의 OLED 디스플레이나 컬러 OLED 디스플레이를 사용하고자 한다면 다른 시리얼 통신 방법을 고려해야 할 수 있다.

1 그림 23.4와 같이 OLED 디스플레이를 연결하고 A0 핀에 가변저항을 연결하여 가변저항값
을 1초 간격으로 OLED 디스플레이에 표시하는 스케치를 작성해 보자. 새 값을 출력하기
전에 이전에 출력된 값을 지워야 숫자가 겹쳐 보이지 않는다. 이전에 출력된 값을 지우기
위해서는 clearDisplay 멤버 함수를 사용하여 화면 전체를 지우거나, setTextColor 함수에
서 BLACK을 지정하고 출력된 내용을 다시 출력해서 해당 글자만 지우는 방법을 사용할 수
있다.

2 OLED 디스플레이와 함께 아두이노에서 흔히 사용되는 표시 장치에 TFT-LCD가 있다.
아두이노에서 사용하는 TFT-LCD는 이 장에서 사용한 OLED 디스플레이보다 해상도가
높고, 컬러 표시도 가능하다. OLED 디스플레이와 TFT-LCD를 비교해서 장단점을 알아
보자.

가속도, 각속도 센서

가속도 센서는 직선 방향으로 단위 시간의 속도 변화, 즉 가속도를 측정하고 각속도 센서는 축을 기준으로 단위 시간에 물체가 회전한 각도, 즉 각속도를 측정하는 센서를 말한다. 가속도와 각속도는 물체의 움직임 감지는 물론 물체의 기울어진 정도를 측정하는 용도로 흔히 사용된다. 이 장에서는 가속도와 각속도를 함께 측정할 수 있는 MPU-6050 센서 모듈로부터 가속도와 각속도 데이터를 얻고 이를 활용하여 기울어진 정도를 얻는 방법을 알아본다.

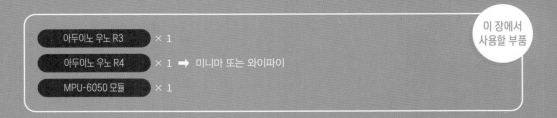

이 장에서
사용할 부품

아두이노 우노 R3	× 1	
아두이노 우노 R4	× 1 ➡	미니마 또는 와이파이
MPU-6050 모듈	× 1	

가속도 센서와 각속도 센서는 주변에서 흔히 볼 수 있는 센서로, 스마트폰의 움직임과 기울어짐을 측정하는 데 사용된다. 이 외에도 가속도와 각속도는 물체와 관련된 다양한 정보를 얻는 기초 정보로 사용되고 있다. 가속도와 각속도를 측정하는 데 사용할 수 있는 칩 중 하나가 MPU-6050이다. MPU-6050 칩은 InvenSense[1]의 6축 모션 트래킹 장치로, 모션 트래킹을 위해 가속도와 각속도를 사용한다. MPU-6050 칩은 가속도를 x, y, z의 3축 방향으로 측정하고 각속도 역시 3축 방향으로 측정하므로 합해서 6축이라고 이야기한다. 이 외에 MPU-6050 칩에는 센서 값 보정을 위한 온도 센서가 포함되어 있다.

MPU-6050 칩은 4×4mm의 작은 크기에 24개의 핀을 갖고 있어 사용하기가 쉽지 않다. 따라서 MPU-6050 칩에 필요한 주변 회로를 추가한 모듈이 흔히 사용되며 이 장에서도 MPU-6050 모듈을 사용한다.

그림 24.1 **MPU-6050 모듈**

MPU-6050 모듈은 I2C 통신을 위한 핀을 포함하여 8개의 핀을 갖고 있다. 표 24.1은 MPU-6050 모듈의 핀 기능을 요약한 것이다.

---

1   https://invensense.tdk.com

표 24.1 MPU-6050 모듈의 핀

번호	핀 이름	설명
1	VCC	5V
2	GND	
3	SCL	I2C 시리얼 클록
4	SDA	I2C 시리얼 데이터
5	XDA	보조 I2C 시리얼 데이터
6	XCL	보조 I2C 시리얼 클록
7	AD0	I2C 주소 선택
8	INT	인터럽트 출력

MPU-6050 칩은 I2C 통신을 사용한다. MPU-6050 모듈의 XDA와 XCL은 다른 I2C 방식 센서를 MPU-6050 모듈에 연결할 때 사용한다. AD0(Address Zero) 핀은 I2C 주소를 선택하기 위해 사용된다. **MPU-6050 모듈의 I2C 주소는 디폴트로 0x68로 설정되어 있으며, AD0 핀을 3.3V에 연결하면 0x69를 I2C 주소로 사용할 수 있다.** AD0 핀에 3.3V를 연결하는 것은 MPU-6050 칩의 동작 전압이 3.3V이기 때문이지만, MPU-6050 모듈에는 3.3V 레귤레이터가 포함되어 있으므로 VCC에 5V 전원을 연결하면 된다.

MPU-6050 모듈을 사용하기 전에 모듈이 움직이는 방향과 그에 따른 가속도 및 각속도의 변화를 이해해야 한다. 그림 24.2는 MPU-6050 칩을 바르게 놓았을 때 각 축의 방향을 나타낸 것으로 좌우가 x 방향, 앞뒤가 y 방향, 위아래가 z 방향에 해당한다.

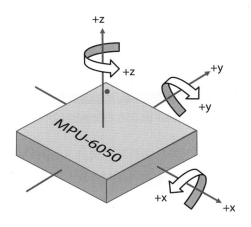

그림 24.2 **MPU-6050 칩의 축 방향**

x-y-z축의 관계는 오른손 법칙 또는 오른나사 법칙을 따른다. 오른나사 법칙에서는 $+x$에서 $+y$축 방향으로 오른나사를 돌릴 때 나사가 나아가는 방향이 $+z$ 방향이 된다. 축 방향과 축의 회전 방향 역시 오른나사의 법칙을 따른다. 예를 들어, $+x$축 방향으로 오른나사가 나아가도록 나사를 돌리는 방향이 (+) 회전 방향이다.

24.2 MPU-6050을 위한 라이브러리

MPU-6050 모듈을 사용하기 위해서는 먼저 라이브러리를 설치해야 한다. 라이브러리 매니저에서 'MPU6050'을 검색해서 Adafruit MPU6050 라이브러리를 설치하자.

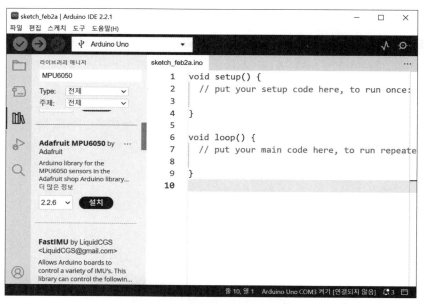

그림 24.3 **Adafruit MPU6050 라이브러리 검색 및 설치**[2]

Adafruit MPU6050 라이브러리를 사용하기 위해서는 역시 Adafruit에서 제공하는 여러 가지 라이브러리가 필요하다. '모두 설치'를 선택해서 함께 설치하자.

---

2   https://github.com/adafruit/Adafruit_MPU6050

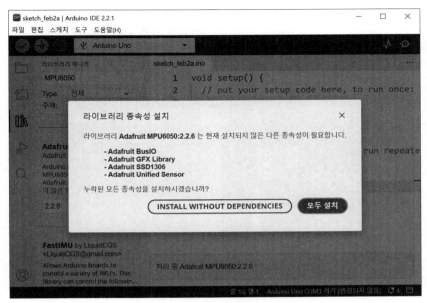

그림 24.4 **종속된 라이브러리 설치**

MPU-6050 모듈은 그림 24.5와 같이 아두이노에 연결하자.

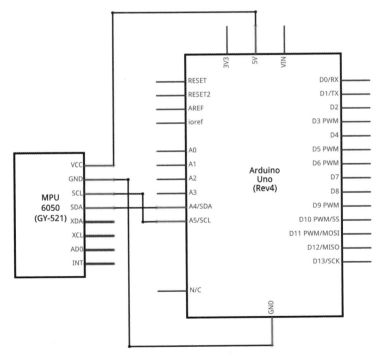

그림 24.5 **MPU-6050 모듈 연결 회로도**

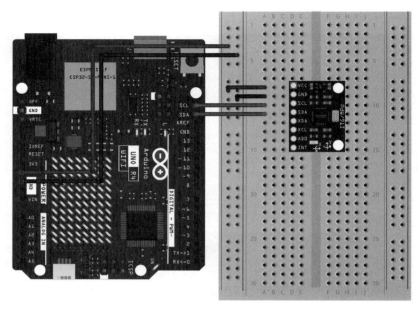

그림 24.6 **MPU-6050 모듈 연결 회로**

MPU6050 라이브러리를 사용하기 위해서는 헤더 파일을 포함해야 한다. '스케치 ➡ 라이브러리 포함하기 ➡ Adafruit MPU6050' 메뉴 항목을 선택하거나 #include 문을 직접 입력하면 된다.

```
#include <Adafruit_MPU6050.h>
```

MPU-6050 모듈을 사용하기 위해서는 Adafruit_MPU6050 클래스의 객체를 생성하고 begin 함수로 초기화한 후 getEvent 함수로 측정된 결과를 가져오면 된다.

■ **Adafruit_MPU6050**

```
Adafruit_MPU6050::Adafruit_MPU6050(void)
  - 매개변수: 없음
  - 반환값: 없음
```

MPU-6050 모듈을 위한 객체를 생성한다.

■ **begin**

```
bool Adafruit_MPU6050::begin(uint8_t i2c_addr = MPU6050_I2CADDR_DEFAULT, TwoWire *wire =
&Wire, int32_t sensorID = 0)
```

MPU-6050 모듈과 I2C 통신을 초기화하고 초기화 성공 여부를 반환한다. I2C 주소는 디폴트 값인 0x68(MPU6050_I2CADDR_DEFAULT)로 설정되어 있고, I2C 통신을 담당하는 유일한 객체인 Wire의 포인터 역시 디폴트 값으로 지정되어 있다. sensor_id는 여러 개의 센서를 사용할 때 센서를 구별하기 위해 사용자가 지정하는 ID이다.

■ getEvent

가장 최근의 센서 데이터를 얻어온다. accel, gyro, temp에는 각각 가속도, 각속도, 온도 데이터가 저장된다. 매개변수는 모두 sensors_event_t 타입으로, 여러 종류의 센서 정보를 저장할 수 있도록 공용체를 사용하여 만든 구조체다. 가속도 데이터는 accel.acceleration.x와 같이 각 축(x, y, z)의 값을 얻어올 수 있고, 각속도 데이터는 gyro.gyro.x와 같이 각 축(x, y, z)의 값을 얻어올 수 있으며, 온도 데이터는 temp.temperature로 얻어올 수 있다.

스케치 24.1은 가속도, 각속도, 온도를 시리얼 모니터로 출력하는 예다. 처음 3개 값이 x, y, z축의 가속도 값을, 다음 3개 값이 x, y, z축의 각속도 값을, 마지막이 온도를 나타낸다. 센서를 수평으로 놓고 움직이지 않을 때 대부분의 가속도와 각속도 값은 0에 가까운 값이 나오지만, **z축 가속도 값은 센서가 움직이지 않을 때도 중력 가속도 값인 9.8m/s²에 가까운 값이 나온다.** 센서 모듈을 움직이면서 움직이는 방향과 값의 변화를 확인해 보자.

```
#include <Adafruit_MPU6050.h>

Adafruit_MPU6050 mpu;                      // MPU-6050 모듈을 위한 객체 생성

void setup(void) {
  Serial.begin(9600);                      // 시리얼 통신 초기화
  while (!Serial);

  if (!mpu.begin()) {                      // MPU-6050 모듈 초기화
    Serial.println("* MPU6050 칩을 찾을 수 없음.");
    while (1);
  }
}

void loop() {
  sensors_event_t a, g, temp;
  mpu.getEvent(&a, &g, &temp);             // 가장 최근의 센서 데이터 얻기

  Serial.print(a.acceleration.x);          // 가속도 출력
  Serial.print("\t");
  Serial.print(a.acceleration.y);
  Serial.print("\t");
  Serial.print(a.acceleration.z);
  Serial.print("\t");

  Serial.print(g.gyro.x);                  // 각속도 출력
  Serial.print("\t");
  Serial.print(g.gyro.y);
  Serial.print("\t");
  Serial.print(g.gyro.z);
  Serial.print("\t");

  Serial.println(temp.temperature);        // 온도 출력

  delay(200);
}
```

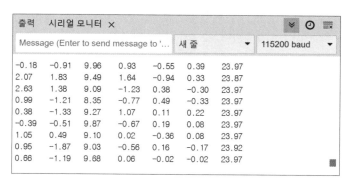

그림 24.7 스케치 24.1 실행 결과

Adafruit MPU6050 라이브러리는 디폴트로 가속도는 ±2g 범위를, 각속도는 ±250deg/s 범위를 측정할 수 있도록 설정한다. MPU-6050 칩은 최대 ±16g 범위의 가속도를, 최대 ±2000deg/s 범위의 각속도를 측정할 수 있으므로 필요에 따라 선택할 수 있다.

■ **setAccelerometerRange, getAccelerometerRange**

```
void Adafruit_MPU6050::setAccelerometerRange(mpu6050_accel_range_t range)
 - 매개변수
   range: 설정하고자 하는 가속도 범위
 - 반환값: 없음
```

```
mpu6050_accel_range_t Adafruit_MPU6050::getAccelerometerRange(void)
 - 매개변수: 없음
 - 반환값: 현재 설정된 가속도 범위
```

가속도 범위는 mpu6050_accel_range_t 형식의 열거형 상수로 정의되어 있으며 MPU6050_RANGE_250_DEG, MPU6050_RANGE_500_DEG, MPU6050_RANGE_1000_DEG, MPU6050_RANGE_2000_DEG 중 하나의 상수를 사용하면 된다.

■ **setGyroRange, getGyroRange**

```
void Adafruit_MPU6050::setGyroRange(mpu6050_gyro_range_t range)
 - 매개변수
   range: 설정하고자 하는 각속도 범위
 - 반환값: 없음
```

```
mpu6050_gyro_range_t Adafruit_MPU6050::getGyroRange(void)
 - 매개변수: 없음
 - 반환값: 현재 설정된 각속도 범위
```

각속도 범위는 mpu6050_gyro_range_t 형식의 열거형 상수로 정의되어 있으며 MPU6050_RANGE_2_G, MPU6050_RANGE_4_G, MPU6050_RANGE_8_G, MPU6050_RANGE_16_G 중 하나의 상수를 사용하면 된다.

스케치 24.1을 업로드하고 MPU-6050 모듈을 움직이면 센서 값이 변하지만, MPU-6050 모듈을 기울여도 값이 변하는 것을 확인할 수 있다. 센서를 기울이면 기울이는 동안에는 각속도 값이 변하지만 기울인 상태를 유지하면 각속도 값은 0의 값을 갖는다. 반면 **가속도 값은 중력 가속도의 영향으로 기울인 상태에서도 기울인 각도에 따라 변한 값이 유지된다.** 이처럼 가속도 값을 사용하면 기울어진 정도를 측정할 수 있으며 다양한 응용에 사용된다. 3차원 공간에서 물체의 기울어진 방향을 나타내는 데 사용하는 값이 롤roll, 피치pitch, 요yaw다.

- 롤(φ): 진행 방향인 x축을 중심으로 회전한 각도
- 피치(θ): y축을 중심으로 회전한 각도
- 요(ψ): 지면 방향인 z축을 중심으로 회전한 각도

롤은 진행 방향인 x축을 중심으로 회전한 각도를 나타내므로 **좌우로 흔들리는 것을 롤링**rolling이라고 하고, **앞뒤로 흔들리는 것을 피칭**pitching이라고 한다. 하지만 MPU-6050 칩에서 진행 방향은 일반적으로 y축으로 나타내므로 차이가 있다.

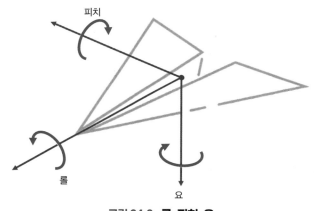

그림 24.8 **롤, 피치, 요**

가속도 값을 사용하여 롤과 피치는 다음과 같이 계산할 수 있다. 식에서 A_X, A_Y, A_Z는 x, y, z축 방향의 가속도를 나타낸다. 다만, **가속도는 기울어진 정도뿐만이 아니라 움직임에 의해서도 영향을 받으므로 정지한 상태에서만 기울어진 정도를 정확하게 얻을 수 있다.** 또한 요는 평면상에서 회전한 정도를 나타내는 값으로 기울어짐과는 무관한 값일 뿐만 아니라 요 값을 정확하게 구하기 위해서는 자기장 센서가 필요하므로 자기장 센서가 없는 MPU-6050 칩으로는 계산할 수 없다.

$$\text{롤: } \phi = \mathrm{atan}\left(\frac{A_Y}{\sqrt{A_X^2 + A_Z^2}}\right)$$

$$\text{피치: } \theta = \mathrm{atan}\left(\frac{A_X}{\sqrt{A_Y^2 + A_Z^2}}\right)$$

스케치 24.2는 롤과 피치를 계산하여 출력하는 예다.

스케치 24.2 롤과 피치 구하기　　　　　　　　　　　　　　　　　　R3　R4

```
#include <Adafruit_MPU6050.h>

Adafruit_MPU6050 mpu;                    // MPU-6050 모듈을 위한 객체 생성
double pitch, roll;

void setup(void) {
  Serial.begin(9600);                    // 시리얼 통신 초기화
  while (!Serial);

  if (!mpu.begin()) {                    // MPU-6050 모듈 초기화
    Serial.println("* MPU6050 칩을 찾을 수 없음.");
    while (1);
  }
}

void loop() {
  sensors_event_t a, g, temp;
  mpu.getEvent(&a, &g, &temp);           // 가장 최근의 센서 데이터 얻기

  calcRollPitch(a);                      // 피치, 롤 계산

  Serial.print(pitch);
  Serial.print('\t');
  Serial.println(roll);

  delay(100);
}

void calcRollPitch(sensors_event_t accel) {
  double X = accel.acceleration.x;
  double Y = accel.acceleration.y;
  double Z = accel.acceleration.z;

  roll = atan2(Y, sqrt(X * X + Z * Z));       // 롤
  pitch = atan2(X, sqrt(Y * Y + Z * Z));      // 피치

  roll = roll * (180.0 / PI);                 // 라디안(radian)을 디그리(degree)로 변환
  pitch = pitch * (180.0 / PI);
}
```

그림 24.9는 스케치 24.2를 업로드한 상태에서 전후좌우로 MPU-6050 모듈을 기울였을 때의 롤과 피치를 나타낸 것이다. 가속도를 사용하여 롤과 피치를 간단하게 구할 수 있지만, 가속도는 실제 기울어진 정도 이외에도 움직임에 의해서도 영향을 받으며 잡음에 민감하다는 점도 생각해야 한다. 이러한 단점을 보완하기 위해서는 계산된 값에 잡음 제거 필터를 적용하는 방법, 각속도에 의한 롤과 피치를 함께 사용하는 방법 등을 고려할 수 있다.

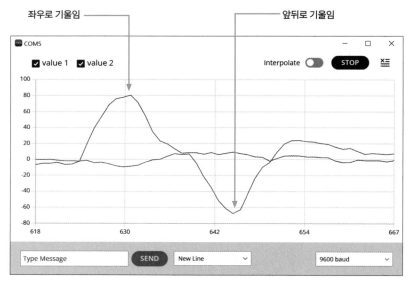

그림 24.9 **스케치 24.2 실행 결과**

스케치 24.2에서 출력된 롤과 피치 값은 컴퓨터로 전달된다. 그림 24.9는 롤과 피치를 시리얼 플로터로 나타내었지만, 3차원 공간에서 물체를 회전시켜 보여주면 아두이노 보드의 기울어진 정도를 직관적으로 알 수 있다. 롤과 피치로 적용하여 물체의 기울어짐을 3차원으로 나타내기 위해서는 프로세싱Processing을 사용할 수 있다.

프로세싱은 시각적 요소를 가지는 프로그램 개발을 목적으로 만들어진 오픈소스 프로그래밍 도구로 2001년 MIT 미디어 그룹에서 시작되었다. 프로세싱은 아두이노에도 많은 영향을 주었으며 아두이노에서 소스 코드를 스케치라고 부르는 것 역시 프로세싱에서 유래한 것이다. 프로세싱 스케치의 구조는 아두이노의 **setup-loop** 구조와 비슷한 **setup-draw** 구조를 갖고 있다.

먼저 프로세싱을 설치하자. 프로세싱은 아두이노와 마찬가지로 무료로 내려받아 사용할 수 있다. 프로세싱 홈페이지[3]에서 운영체제에 맞는 파일을 내려받는다. 내려받은 파일은 압축 파일 형태이므로 압축을 해제하는 것만으로 설치 과정 없이 사용할 수 있다.

---

3 https://processing.org

그림 24.10 **프로세싱 IDE**

프로세싱 IDE에 스케치 24.3을 입력하고 툴바의 실행 버튼(▶)을 누르면 프로세싱 스케치가 실행된다. 실행을 끝내기 위해서는 실행 창을 닫거나 툴바의 정지 버튼(■)을 누르면 된다. 스케치 24.2에서는 롤과 피치 값은 분리하는 데 '\t'를 사용하고, 개행문자로 문자열의 끝을 표시했다. 따라서 스케치 24.3에서는 개행문자를 만나면 구분 기호로 분리되는 롤과 피치 값을 찾아내고 이 값으로 물체를 회전시켜 보여준다. 스케치 24.3에서는 아두이노 우노가 COM5에 연결된 것으로 가정했다. 포트 번호는 컴퓨터에 따라 달라질 수 있으므로 스케치 24.3을 실행하기 전에 컴퓨터에 맞게 포트 번호를 변경해야 한다.

스케치 24.3 **롤과 피치에 따라 물체 기울이기**

```
import processing.serial.*;
import java.io.IOException;

Serial myPort;
String data = "";                          // 아두이노에서 수신한 문자열 데이터 버퍼
float roll, pitch;                         // 롤과 피치
```

```
void setup() {
  size (960, 640, P3D);                         // 실행 창 크기
  // 시리얼 통신 초기화, 사용하는 컴퓨터에 따라 포트 번호를 바꾸어야 한다.
  myPort = new Serial(this, "COM5", 9600);
  myPort.bufferUntil('\n');                      // 개행문자를 만날 때까지 수신
}

void draw() {
  translate(width / 2, height / 2, 0);           // 창의 중심으로 원점 설정
  background(33);
  textAlign(CENTER);

  textSize(30);                                  // 롤과 피치 값을 문자열로 출력
  text("Pitch: " + int(pitch) + "     Roll: " + int(roll), 0, 265);

  // 육면체의 회전 설정
  // 아두이노 보드의 축 방향과 화면에서의 축 방향에 차이가 있어 x, z축에 회전 적용
  rotateX(radians(roll));
  rotateZ(radians(-pitch));

  fill(0, 76, 153);
  box (386, 40, 200);                            // 육면체 그리기

  fill(255, 255, 255);
  textSize(25);
  text("Arduino Uno R4", 0, 10, 101);            // 육면체에 문자열 출력
}

// 개행문자를 만나면 자동으로 호출
void serialEvent (Serial myPort) {               // 시리얼 포트에서 문자열 읽기
  data = myPort.readStringUntil('\n');           // 개행문자까지 읽기

  if (data != null) {
    data = trim(data);
    String items[] = split(data, '\t');          // 구분 기호로 값 분리
    if (items.length > 1) {
      pitch = float(items[0]);
      roll = float(items[1]);
    }
  }
}
```

스케치 24.3을 업로드하고 아두이노 보드를 기울이면서 그에 따라 육면체가 기울어지는 것을 확인해 보자. 아두이노 보드에는 스케치 24.2가 업로드된 상태여야 한다.

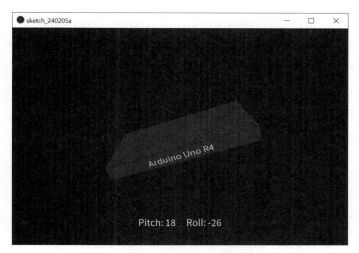

그림 24.11 **스케치 24.3 실행 결과**

맺는말

MPU-6050 칩은 3축의 가속도와 각속도를 구할 수 있는 MEMS 센서를 포함하고 있는 칩으로, I2C 통신을 사용하여 아두이노에 연결할 수 있다. 가속도와 각속도는 운동하는 물체를 나타내기 위한 기본적인 물리량으로, 가속도나 각속도 자체는 물론 가속도와 각속도를 이용하여 기울어진 정도를 알아내는 데도 흔히 사용된다. 기울어진 정도는 밸런싱 로봇이나 드론 등에서 균형을 유지하기 위해 사용되는 것이 대표적인 예다.

이 장에서는 센서에서 제공하는 가속도와 각속도를 얻어오는 방법과 이를 이용하여 기울어진 정도를 나타내는 피치와 롤을 구하는 방법을 살펴봤다. 가속도는 기울어진 정도 이외에 움직임에도 영향을 받고 잡음에 민감하다는 등의 문제가 있으므로 정확한 계산이 필요하다면 다른 방법을 함께 사용하는 것이 좋다. 잡음 민감성을 줄이는 한 가지 방법은 잡음 제거 필터를 사용하는 것으로 Adafruit MPU6050 라이브러리에 적용되어 있다. 이 외에 가속도와 각속도를 함께 사용하는 상보 필터와 칼만 필터Kalman filter 등도 흔히 사용하는 방법이므로 정밀한 제어가 필요한 경우라면 사용을 고려해 볼 수 있다.

1 물체의 기울어진 정도를 나타내는 피치와 롤은 가속도만을 사용해서도 구할 수 있지만 가속도는 이동에 영향을 받고 잡음에 민감하다는 문제점이 있다. 이를 해결하는 방법 중 하나로 가속도와 각속도를 함께 사용하는 상보 필터와 칼만 필터가 있다. 상보 필터와 칼만 필터의 원리를 알아보고 각각의 장단점을 비교해 보자.

2 스케치 24.2에서 피치와 롤은 주어진 공식에 따라 계산한 것으로 이 경우 잡음에 민감하다는 문제가 있을 수 있다. 상보 필터나 칼만 필터를 사용하지 않더라도 잡음 제거를 위한 저주파 필터를 적용하는 방법이 이전 값과 현재 값의 가중치 합을 구하는 것이다. 이전 값의 가중치를 WEIGHT라고 했을 때 필터가 적용된 값을 구하는 방법은 다음과 같다.

```
v_corrected = WEIGHT * v_corrected + (1 – WEIGHT) * v_current;
```

스케치 24.2에 가중치 합을 적용하여 적용하지 않았을 때와 값의 변화를 비교해 보자. 이전 값이 많이 반영되는 경우, 즉 WEIGHT가 큰 경우 빠른 움직임에 반응하지 못한다는 점도 확인해 보자.

모터

PART VI 모터

DC 모터

모터는 전자기유도 현상을 통해 전기 에너지를 운동 에너지로 변환하는 장치로, 움직이는 장치를
만들기 위해 필수적인 부품 중 하나다. 아두이노와 함께 사용되는 모터에는 여러 가지 종류가 있고
그 특성이 서로 달라 용도에 맞게 선택해서 사용해야 한다. 이 장에서는 모터 중에서도 가장 간단
하고 많이 사용되는 DC 모터의 동작 원리와 제어 방법을 알아본다.

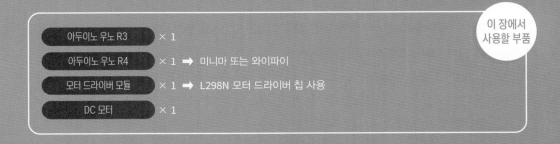

이 장에서
사용할 부품

아두이노 우노 R3	× 1
아두이노 우노 R4	× 1 ➡ 미니마 또는 와이파이
모터 드라이버 모듈	× 1 ➡ L298N 모터 드라이버 칩 사용
DC 모터	× 1

25.1 모터와 DC 모터

모터는 자동차, 로봇, 공작기계 등에서 움직임을 구현하는 데 필수적인 장치 중 하나다. **모터는 전기장의 변화에 따라 자기장의 변화가 발생하고 자기장의 인력과 척력에 의해 움직임을 만든다.** 아두이노에서는 DC 모터, 스텝 모터, 서보 모터 등 다양한 모터가 사용되며 각 모터는 그 특징이 다르므로 사용하고자 하는 목적에 맞는 모터를 선택하는 것이 중요하다.

- **DC**Direct Current **모터**: 가장 간단한 형태의 모터로, 제어가 간단하고 다양한 크기와 출력을 제공하므로 다양한 분야에서 사용된다. 정확한 회전량과 정지 위치를 지정하기는 어렵다.

- **서보**servo **모터**: 귀환 제어 회로를 추가하여 회전 위치를 제어할 수 있도록 만든 모터다. 제어 회로로 인해 가격이 비싸지만, 위치, 속도, 토크 등을 정밀하게 제어할 수 있다.

- **스텝**step **모터**: 펄스가 주어지면 일정 각도를 회전하고 멈추는 특성을 가진 모터다. 이때 하나의 펄스로 회전하는 양을 분할 각도step angle라고 한다. 스텝 모터는 제어하기 쉽고 정확한 위치 제어가 가능하지만, 분할 각도 단위로만 회전할 수 있으며 고속 회전에는 적합하지 않다는 단점이 있다.

모든 모터는 고정자와 회전자로 이루어져 있고 고정자와 회전자 모두 자석으로 만들어 자석 사이의 인력과 척력에 의해 회전이 발생한다. 자석은 영구자석과 전자석 두 종류가 있으므로 모터를 구성하기 위해서는 표 25.1과 같이 4가지 조합이 가능하다.

표 25.1 고정자와 회전자 조합에 따른 모터의 종류

-	브러시드 모터	브러시리스 모터	션트 모터
고정자	영구자석	영구자석	전자석	전자석
회전자	영구자석	전자석	영구자석	전자석
비고	회전이 발생하지 않음	브러시 마모로 수명이 짧음		큰 회전력을 얻을 수 있음

모터가 회전하기 위해서는 고정자나 회전자 중 하나 이상은 자기장을 변화시킬 수 있어야 하므로 고정자와 회전자 중 하나 이상은 전자석으로 만들어야 한다. 고정자와 회전자가 모두 전자석인 경우는 4가지 조합 중 가장 큰 힘을 얻을 수 있어 기차, 자동차 등에서 사용한다. 마이크로컨트롤러와 함께 사용되는 모터는 고정자와 회전자 중 하나는 영구자석, 다른 하나는 전자석으로 만들어진 브러시드brushed 모터와 브러시리스brushless 모터가 대부분이다. 두 모터의 차이는 단어 의미 그대로 브러

시 유무에 있다. 마이크로컨트롤러와 함께 사용되는 모터 중 DC 모터는 브러시드 모터와 브러시 리스 모터 모두가 사용되고 있고, 서보 모터는 DC 모터의 일종이므로 역시 브러시드 모터와 브러시리스 모터 모두가 사용된다. 반면 스텝 모터는 브러시리스 모터가 주로 사용된다. 흔히 볼 수 있는 브러시드 DC 모터의 구성은 그림 25.1과 같다.

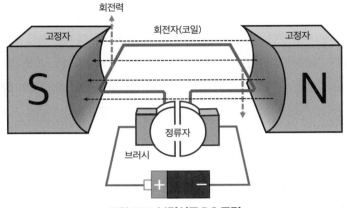

그림 25.1 브러시드 DC 모터

그림 25.1의 브러시드 DC 모터에서는 회전자가 전자석으로 만들어진다. 전자석(코일)에 가하는 전압 방향에 따라 N극과 S극이 번갈아 만들어지고 바깥쪽의 영구자석과 인력과 척력에 따라 회전자가 회전한다. 이때 코일에 가해지는 전압 방향을 바꿔야 하며 이를 위해 필요한 것이 브러시와 정류자다. **정류자**commutator**는 회전축의 양쪽에 금속을 붙여서 만들고 회전축이 회전함에 따라 코일에 흐르는 전류의 방향을 바꾸는 역할을 한다. 정류자에 전력을 공급하는 역할을 하는 것이 브러시로, 정류자와 브러시는 접촉을 통해 전력을 공급한다.** 따라서 브러시드 모터에서는 정류자의 회전에 따라 접촉하고 있는 브러시의 마모와 열이 발생하는 등의 문제가 있다. 브러시리스 모터는 회전자를 영구자석으로 만들어 이러한 단점을 없앴다. 브러시리스 모터는 수명이 길고 발열이 적으며, 효율이 높아 작은 크기로도 큰 힘을 얻을 수 있다는 등의 장점이 있다. 반면 가격이 비싸고 제어가 어려운 것은 단점이다. 이 장에서는 사용하는 모터는 브러시드 DC 모터다.

DC 모터는 2개의 연결선만 갖고 있어 연결선에 전원을 연결하는 순서에 따라 모터의 회전 방향이 결정되고, PWMPulse Width Modulation 신호를 사용하여 간단하게 속도 제어가 가능하다. 하지만 DC 모터를 사용하는 경우 기억해야 할 점이 있다. 첫 번째는 **모터에 충분한 전력을 공급하기 위해 모터 전용 전원이 필요하다는** 점이고, 두 번째는 **속도와 방향 제어를 위해 H 브리지 회로가 필요하다는** 점이다.

DC 모터의 연결선 하나를 마이크로컨트롤러의 데이터 핀에 연결하고 다른 하나를 GND에 연결한 후 데이터 핀으로 HIGH를 출력하면 모터가 회전할 것이고, PWM 신호로 회전 속도 역시 조절할 수 있을 것으로 생각하기 쉽다. 하지만 DC 모터를 포함해서 모터 대부분은 마이크로컨트롤러의 데이터 핀으로 공급할 수 있는 것보다 많은 전류가 필요하고 데이터 핀에서의 출력 레벨보다 높은 전압이 필요한 경우도 많다. 따라서 DC 모터를 사용할 때는 아두이노를 위한 전원과는 별도로 모터 전용 전원을 사용하고 디지털 출력 핀은 전원을 제어하는 스위치 역할을 하도록 구성하는 것이 일반적이다. 이 외에도 모터에 전원을 공급하는 방법으로는 아두이노의 배럴잭에 연결하는 전원을 사용하는 방법, 아두이노에서 레귤레이터를 거쳐 만들어진 5V를 사용하는 방법 등이 있을 수 있으며 그림 25.2는 이 방법들을 나타낸 것이다. **모터 전용 전원을 사용할 때 모터의 GND와 아두이노의 GND를 연결해야 한다**는 점을 잊어서는 안 된다. 표 25.2는 각 전원 공급 방법을 비교한 것이다.

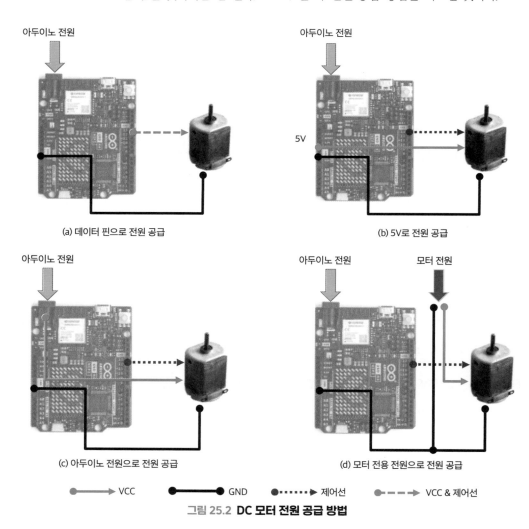

그림 25.2 **DC 모터 전원 공급 방법**

표 25.2 **모터 전원 공급 방법 비교**

전원	전압	최대 전류	비고
데이터 핀	5V	40mA(R3) 8mA(R4)	• 일부 소형 모터 이외에는 거의 사용하지 않음
5V 핀	5V	800mA(R3) 1,200mA(R4)	• 5V 모터만 구동 가능 • 마이크로컨트롤러도 5V를 사용하므로 최대 전류를 모두 사용할 수 없음
아두이노 전원	6~20V(R3) 6~24V(R4)	아두이노 전원 허용 범위	• 가장 많이 사용하는 방법
모터 전용 전원	모터 전용 전원 허용 범위		• 가장 안정적인 구성 방법 • 2개 전원이 필요해 구성이 어려움

그림 25.1에서 제어선은 전원의 공급 여부를 제어하는 역할을 하며 흔히 트랜지스터와 함께 사용된다. **트랜지스터는 디지털 출력 핀으로 출력되는 낮은 전압과 적은 전류로 모터 구동에 필요한 높은 전압과 많은 전류를 제어할 수 있도록 해준다.**

전용 전원과 트랜지스터를 사용하면 많은 전력을 사용하는 모터에 충분한 전력을 공급할 수 있지만 이것만으로는 충분하지 않다. DC 모터 사용에서 또 다른 문제점은 DC 모터의 회전 방향이 전원을 연결하는 방향에 따라 결정된다는 점으로, 모터를 연결한 후에는 회전 방향을 변경할 수 없다. 따라서 **DC 모터의 연결 핀에 (+) 또는 (-) 전원을 선택해서 연결하는 방법이 필요하며 이를 위해 사용하는 것이 H 브리지**bridge **회로다.** H 브리지 회로는 그림 25.3과 같이 4개의 스위치로 표현할 수 있다. H 브리지 회로는 스위치 S1과 S4를 누른 경우와 스위치 S2와 S3을 누른 경우 모터에 가해지는 전압이 서로 반대가 되는 원리를 사용하여 모터에 가해지는 전원 방향을 조절하고 이를 통해 모터의 회전 방향을 제어할 수 있다. H 브리지 회로에서 사용되는 스위치 역시 트랜지스터로 만들어진다.

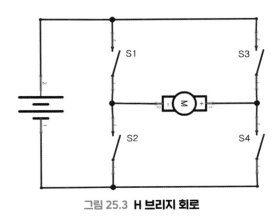

그림 25.3 **H 브리지 회로**

모터의 속도 제어를 위해서는 **PWM 신호를 사용한다.** PWM 신호를 H 브리지 회로의 스위치 개폐에 사용하면 모터에 공급되는 전력을 조절하고 이를 통해 모터의 속도를 제어할 수 있다. 이처럼 트랜지스터와 H-브리지 회로를 사용하면 모터에 필요한 전력 공급 문제와 모터의 속도 및 방향 제어 문제를 해결할 수 있다.

25.2 DC 모터 제어

모터 제어에서 전용 전원 연결과 회전 및 속도 제어를 담당할 수 있도록 만들어진 전용 칩을 모터 드라이버_{motor driver} 칩 또는 간단히 모터 드라이버라고 하고, 모터 드라이버에 모터와 전용 전원 연결 커넥터 등 필요한 부품을 추가하여 만든 모듈을 모터 드라이버 모듈이라고 한다. DC 모터 제어를 위한 모터 드라이버로는 L293, L298 등이 흔히 사용되며 이 장에서는 2개의 DC 모터를 제어할 수 있는 L298을 사용한다. L298은 5V에서 동작하지만, 모터 전원으로 35V까지 연결하여 사용할 수 있다. 그림 25.4는 L298 모터 드라이버를 사용하여 만든 모터 드라이버 모듈로 이 장에서 사용하는 모듈이다.

레귤레이터 사용 점퍼

모터 1 연결 단자

모터 2 연결 단자

모터 전원 연결 단자
모터 드라이버 칩 전원 연결 단자

모터 2 제어 핀 연결 단자(IN3, IN4, ENB)
모터 1 제어 핀 연결 단자(ENA, IN1, IN2)

그림 25.4 모터 드라이버 모듈

모터 드라이버 모듈은 모터 하나를 제어하는 데 3개의 제어선을 사용하며, 그중 **2개(IN1과 IN2 또는 IN3과 IN4)는 모터의 회전 방향을 제어하는 데 사용한다.** 나머지 **1개(Enable)는 모터를 제어 가능 상태로 놓는 역할을 하며 **PWM 신호를 가해 속도를 제어하는 데 사용한다.** 표 25.3은 제어선에 연결하는 신호에 따른 모터의 동작을 나타낸다.

표 25.3 **모터 제어 신호와 모터의 동작**

Enable	Input n	Input $n + 1$	설명
LOW	–	–	정지
HIGH	LOW	LOW	정지
HIGH	LOW	HIGH	정회전
HIGH	HIGH	LOW	역회전
HIGH	HIGH	HIGH	정지

모터 드라이버 모듈에는 L298 모터 드라이버를 위한 전원과 모터를 위한 전원 2개를 연결할 수 있다. 하지만 모터 드라이버 모듈에는 5V 레귤레이터가 포함되어 있어 모터 전원에서 5V 전원을 만들고 이를 칩 구동에 사용할 수 있다. 단, 이를 위해서는 모터 드라이버 모듈의 '레귤레이터 사용' 점퍼가 연결된 상태여야 한다. 점퍼가 연결되지 않은 상태라면 모터 드라이버 칩을 위한 5V 전압을 '모터 드라이버 칩 전원 연결 단자'에 연결해야 하며 아두이노의 5V 출력을 사용할 수 있다.

모터 드라이버 모듈과 모터를 그림 25.5와 같이 아두이노 우노에 연결하자. 그림 25.4의 모터 드라이버 모듈에는 2개의 DC 모터를 연결할 수 있지만, 두 모터의 제어 방법이 같으므로 이 장에서는 1개의 모터만 사용한다.

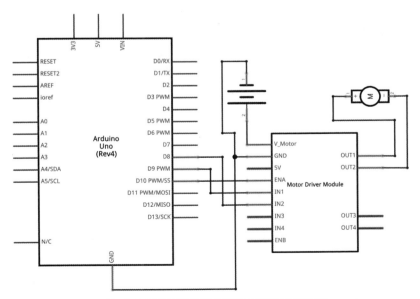

그림 25.5 **모터 드라이버 모듈과 모터 연결 회로도**

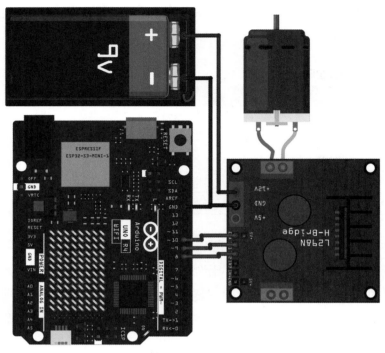

그림 25.6 **모터 드라이버 모듈과 모터 연결 회로**

스케치 25.1은 모터를 정방향과 역방향으로 회전시키는 예다. 스케치 25.1에서 모터의 속도는 제어하지 않지만, 모터 속도를 제어할 수 있도록 Enable 핀을 PWM 신호 출력이 가능한 10번 핀에 연결하고 HIGH를 출력하여 제어 가능한 상태가 되도록 했다.

스케치 25.1 DC 모터 회전 방향 제어
R3   R4

```
int ENA = 10;                              // Enable A 핀
int INPUT1 = 9;                            // 모터 제어 핀 1
int INPUT2 = 8;                            // 모터 제어 핀 2

void setup() {
  pinMode(ENA, OUTPUT);
  pinMode(INPUT1, OUTPUT);
  pinMode(INPUT2, OUTPUT);

  digitalWrite(ENA, HIGH);                 // 제어 가능한 상태로 둠
}

void loop() {
  forward();                               // 정회전
  delay(2000);

  backward();                              // 역회전
```

```
  delay(2000);
}

void forward() {
  digitalWrite(INPUT1, LOW);                        // 표 25.3 참고
  digitalWrite(INPUT2, HIGH);
}

void backward() {
  digitalWrite(INPUT1, HIGH);                       // 표 25.3 참고
  digitalWrite(INPUT2, LOW);
}
```

모터 제어를 위한 입력 핀(IN1, IN2)은 모터의 회전 방향만 조절하고 모터의 회전 속도는 Enable 핀에 PWM 신호를 출력하여 조절한다. 스케치 25.1에서는 모터의 회전 방향만 조절했다면, 스케치 25.2는 PWM 신호를 사용하여 모터의 회전 속도까지 조절한다. 스케치 25.2는 정방향으로 속도를 최저 속도에서 최고 속도로 증가시킨 후 정지하고, 다시 역방향으로 최저 속도에서 최고 속도로 속도를 증가시킨다. **모터의 속도를 조절할 때 모터에서 소리가 나면서 움직이지 않는 것은 모터에 충분한 전력이 공급되지 못한 경우가 대부분이다.** 특히 저속 회전에서는 모터에 공급되는 전력이 적어 모터가 움직이지 않을 수 있다.

스케치 25.2 DC 모터 회전 속도 제어 R3 R4

```
int ENA = 10;                                       // Enable A 핀
int INPUT1 = 9;                                     // 모터 제어 핀 1
int INPUT2 = 8;                                     // 모터 제어 핀 2

void setup() {
  pinMode(ENA, OUTPUT);
  pinMode(INPUT1, OUTPUT);
  pinMode(INPUT2, OUTPUT);

    digitalWrite(ENA, LOW);                         // 제어 불가능한 상태로 둠
}

void loop() {
  forward();                                        // 정회전
  for (int i = 0; i < 256; i++) {                   // Enable 핀으로 속도 증가
    analogWrite(ENA, i);
    delay(30);
  }

  motor_stop();                                     // 표 25.3 참고

  backward();                                       // 역회전
  for (int i = 0; i < 256; i++) {                   // 속도 증가
```

```
    analogWrite(ENA, i);
    delay(30);
  }
}

void motor_stop() {
  digitalWrite(INPUT1, LOW);
  digitalWrite(INPUT2, LOW);
}

void forward() {
  digitalWrite(INPUT1, LOW);                              // 표 25.3 참고
  digitalWrite(INPUT2, HIGH);
}

void backward() {
  digitalWrite(INPUT1, HIGH);                             // 표 25.3 참고
  digitalWrite(INPUT2, LOW);
}
```

25.3 DC 모터 라이브러리

DC 모터를 제어하는 것은 간단하지만 간단한 동작에 비해 스케치가 길어지는 이유는 모터를
제어하기 위해 3개의 제어 핀으로 직관적이지 않은 값을 출력하기 때문이다. 이러한 번거로움
은 모터 제어 라이브러리를 사용하여 해결할 수 있다. 라이브러리 매니저에서 'L298'을 검색하여
L298N 라이브러리를 설치하자. 모터 제어를 위해 사용할 수 있는 드라이버 칩은 여러 가지가 있
고 드라이버 칩에 따라 다른 라이브러리를 사용해야 한다.

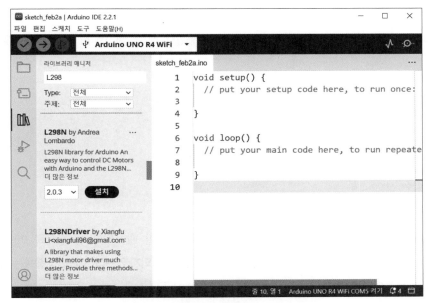

그림 25.7 **L298N 라이브러리 검색 및 설치**[1]

L298N 라이브러리는 L298 모터 드라이버 칩을 지원하기 위해 L298N 클래스를 제공하고 있다. L298N 라이브러리를 사용하기 위해서는 먼저 헤더 파일을 포함해야 한다. '스케치 ➡ 라이브러리 포함하기 ➡ L298N' 메뉴 항목을 선택하거나 #include 문을 직접 입력하면 된다.

```
#include <L298N.h>
```

L298N 클래스에서는 L298 모터 드라이버를 사용하여 모터를 제어하기 위해 다음과 같은 멤버 함수를 제공하고 있다.

■ L298N

```
L298N::L298N(uint8_t pinEnable, uint8_t pinIN1, uint8_t pinIN2)
  - 매개변수
    pinEnable: Enable 핀
    pinIN1: 제어 입력 핀 1
    pinIN2: 제어 입력 핀 2
  - 반환값: 없음
```

---

1   https://github.com/AndreaLombardo/L298N

모터 제어를 위한 객체를 생성한다. **제어는 모터 드라이버 칩 단위가 아니라 모터 단위로 이루어지므로 모터 하나당 하나의 객체를 생성해야 한다.** 객체를 생성할 때는 제어에 사용되는 핀 3개를 지정한다.

■ setSpeed

```
void L298N::setSpeed(unsigned short pwmVal)
  - 매개변수
    pwmVal: 모터의 속도 [0 255]
  - 반환값: 없음
```

모터의 속도를 설정한다. 모터의 속도는 PWM 신호를 출력할 때 사용되는 값으로 0~255 사이의 값을 갖는다. **속도 설정은 다음 이동 명령이 있을 때까지 반영되지 않는다.** 이동 명령에는 forward, backward, run 등이 포함된다.

■ forward, backward

```
void L298N::forward(void)
void L298N::backward(void)
  - 매개변수: 없음
  - 반환값: 없음
```

모터를 앞으로 또는 뒤로 회전시킨다.

■ run

```
void L298N::run(uint8_t direction)
  - 매개변수
    direction: 회전 방향으로 L298N::BACKWARD 또는 L298N::FORWARD 중 하나
  - 반환값: 없음
```

모터를 지정한 방향으로 회전시킨다. 이때 회전 방향은 미리 정의된 상수인 L298N::BACKWARD 또는 L298N::FORWARD 중 하나를 사용하면 된다.

■ **stop**

```
void L298N::stop(void)
    - 매개변수: 없음
    - 반환값: 없음
```

모터 회전을 멈춘다.

스케치 25.3은 스케치 25.2와 같은 동작을 L298N 라이브러리를 사용하여 구현한 예다. 스케치 25.3에서 setSpeed 함수로 속도를 변경한 후에는 forward, backward, run 등의 이동 함수를 호출해야 변경된 속도가 반영되며, 이는 스케치 25.2에서 속도를 변경하는 즉시 반영되었던 것과 차이가 있다.

스케치 25.3 L298N 라이브러리 사용   R3   R4

```
#include <L298N.h>

// 모터 제어 객체(Enable, Input1, Input2)
L298N motor(10, 9, 8);

void setup() {
}

void loop() {
  for (int i = 0; i < 256; i++) {
    motor.setSpeed(i);                      // 속도 설정
    motor.run(L298N::FORWARD);              // 설정한 속도 반영
    delay(30);
  }

  motor.stop();                             // 모터 정지

  for (int i = 0; i < 256; i++) {
    motor.setSpeed(i);
    motor.run(L298N::BACKWARD);
    delay(30);
  }
}
```

L298N 라이브러리에서 유용한 함수는 지정한 시간 동안 같은 방향, 같은 속도로 모터를 회전시키는 forwardFor, backwardFor 함수다. 이 함수들은 지정한 시간 동안 회전한 후 콜백 함수를 호출하는 데 사용할 수 있다. 다만 시간 계산이 인터럽트 방식이 아닌 폴링 방식으로 이루어지므로 loop 함수 내에서 forwardFor, backwardFor 함수를 계속 호출해야 한다.

- **forwardFor**

```
void L298N::forwardFor(unsigned long delay)
void L298N::forwardFor(unsigned long delay, CallBackFunction callback)
  - 매개변수
    delay: 회전을 계속할 밀리초 단위 시간
    callback: 지정한 시간 경과 후 호출할 콜백 함수 포인터
  - 반환값: 없음
```

지정한 시간 동안 같은 속도로 모터를 정회전시킨다. 콜백 함수를 지정하면 지정한 시간 동안 정회전한 후 콜백 함수가 호출된다.

- **backwardFor**

```
void L298N::backwardFor(unsigned long delay)
void L298N::backwardFor(unsigned long delay, CallBackFunction callback)
  - 매개변수
    delay: 회전을 계속할 밀리초 단위 시간
    callback: 지정한 시간 경과 후 호출할 콜백 함수 포인터
  - 반환값: 없음
```

지정한 시간 동안 같은 속도로 모터를 역회전시킨다. 콜백 함수를 지정하면 지정한 시간 동안 역회전한 후 콜백 함수가 호출된다.

- **reset**

```
void L298N::reset(void)
  - 매개변수: 없음
  - 반환값: 없음
```

forwardFor, backwardFor 함수에서 지정한 시간이 지나면 모터는 제어할 수 없는 상태가 된다. 이는 loop 함수 내에서 해당 함수를 계속 호출해야 하므로 지정한 시간 이후 원하지 않는 움직임이 발생하는 것을 방지하기 위해서다. 다시 모터가 움직일 수 있는 상태로 바꾸기 위해서는 reset 함수를 명시적으로 호출해야 한다.

스케치 25.4는 스케치 25.2 및 스케치 25.3과 같은 동작을 하는 스케치를 콜백 함수를 사용하여 구현한 것이다.

```
#include <L298N.h>

// 모터 제어 객체(Enable, Input1, Input2)
L298N motor(10, 9, 8);

int motorSpeed = 0;                         // 모터 속도
boolean motorDirection = true;              // 모터 회전 방향

void setup() {
}

void loop() {
  if (motorDirection) {                     // 정회전
    motor.forwardFor(30, motorSpeedChange);
  }
  else {                                    // 역회전
    motor.backwardFor(30, motorSpeedChange);
  }
}

void motorSpeedChange() {
  motorSpeed++;                             // 속도 증가

  // 최고 속도를 넘으면 방향을 바꾸고 속도를 0으로 변경
  if (motorSpeed > 255) {
    motorSpeed = 0;
    motorDirection = !motorDirection;
  }

  motor.reset();                            // 다시 움직일 수 있는 상태로 바꿈
  motor.setSpeed(motorSpeed);               // 변경한 속도 적용
}
```

25.4 맺는말

DC 모터는 구조와 제어 방법이 간단하고 가격이 저렴해 여러 분야에서 사용되고 있다. 하지만 DC 모터는 전원 공급과 제어의 편이를 위해 모터 드라이버 칩을 사용하여 제어하는 것이 일반적이다. 이 장에서 사용한 L298 모터 드라이버는 2개의 모터를 제어할 수 있으며, 1개 모터를 제어하는 데 방향 제어를 위해 2개, 속도 제어를 위해 1개, 총 3개 제어선을 사용한다. L298 모터 드

라이버를 사용한 모듈이 여러 종류 판매되고 있으며, 모듈에 따라 약간의 차이가 있을 수 있지만 기본적인 사용 방법은 같다.

L298 모터 드라이버 이외에도 다양한 모터 드라이버가 존재하며 모터 드라이버에 따라 제어 방법에 차이가 있을 수 있다. 또한 모터 드라이버에 따라 제어할 수 있는 최대 전력에 차이가 있으므로 사용하고자 하는 모터에 맞는 모터 드라이버 칩을 선택하는 것이 중요하며, 모터 전용 전원 역시 모터에 맞게 구성해야 한다는 점도 잊지 말아야 한다.

1 DC 모터를 그림 25.5와 같이 연결하고 A0 핀에 가변저항을 연결하자. 0에서 1023 사이의 가변저항값을 0~255 사이의 PWM 값으로 변경하여 DC 모터의 속도를 제어하는 스케치를 작성해 보자. 가변저항값은 10비트로 표현되고 DC 모터의 속도는 8비트로 표현되므로, 가변저항값을 오른쪽으로 2비트 이동하면 속도를 얻을 수 있다. 모터는 정방향으로만 회전하는 것으로 가정한다.

2 DC 모터를 그림 25.5와 같이 연결하자. 시리얼 모니터에서 'forward', 'backward', 'stop' 명령을 문자열로 받아 모터를 정회전, 역회전, 정지하는 스케치를 작성해 보자. 잘못된 문자열을 입력받으면 아무런 동작도 하지 않으며, 명령은 대소문자를 구분하지 않는다. 문자열의 끝을 나타내기 위해서는 '\n' 문자를 사용하며 이를 위해 시리얼 모니터에서는 '새 줄' 옵션을 선택해야 한다.

서보 모터

서보 모터는 DC 모터에 귀환 제어 회로를 추가하여 정확한 위치 제어가 가능하도록 만든 모터다. 서보 모터는 180도 범위에서만 회전할 수 있는 표준 서보 모터가 흔히 사용되며, PWM 신호를 사용하여 회전 위치를 제어할 수 있다. 이 외에 회전 속도를 제어할 수 있는 연속 회전 서보 모터도 사용된다. 이 장에서는 표준 서보 모터의 동작 원리와 제어 방법을 알아본다.

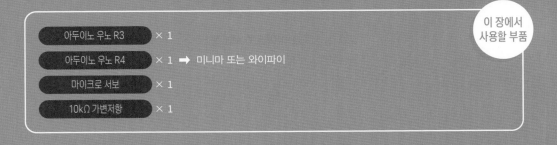

이 장에서
사용할 부품

아두이노 우노 R3   × 1

아두이노 우노 R4   × 1 ➡ 미니마 또는 와이파이

마이크로 서보   × 1

10kΩ 가변저항   × 1

서보 모터

서보 모터는 DC 모터의 한 종류로, 귀환 회로를 통해 모터의 회전 위치나 속도를 제어할 수 있는 모터를 말한다. 서보 모터는 표준 서보 모터와 연속 회전 서보 모터로 나눌 수 있다. **표준 서보 모터는 0~180도 범위에서만 회전할 수 있고 회전 위치를 제어할 수 있다면 연속 회전 서보 모터는 DC 모터와 마찬가지로 360도 회전할 수 있으며 회전 속도를 제어할 수 있다.** 서보 모터는 일반적으로 표준 서보 모터를 가리킨다. 서모 모터의 회전 범위에 제한이 있지만, 한정된 범위 내에서 정확한 위치로 이동할 수 있다는 점은 장점으로 정밀한 위치 제어가 필요한 로봇에서 많이 사용되고 있다.

서보 모터는 3개의 연결선을 가지며 전원을 제외한 나머지 하나의 연결선으로 위치 또는 속도를 제어한다. 서보 모터의 3개 연결선은 색상에 의해 기능이 구별되며 표 26.1의 색상이 흔히 사용된다.

표 26.1 서보 모터의 연결선 색상

연결선	색상
VCC	붉은색
GND	검정색, 갈색
제어선	노란색, 주황색, 흰색

DC 모터의 경우 VCC와 GND의 구별이 없으며 반대로 연결하면 모터가 반대 방향으로 회전하지만, 서보 모터는 전원 연결선에 극성이 있으므로 주의해야 한다.

그림 26.1 표준 마이크로 서보 모터

서보 모터의 위치 제어에는 **PWM 신호가 사용된다.** 서보 모터가 PWM 신호를 받으면 입력된 PWM 신호에 의한 위치와 현재 위치를 비교하고, 모터를 PWM 신호에 의한 위치로 회전시킨다. 이때 PWM 신호에 의한 모터의 위치는 듀티 사이클에 의해 결정된다. **서보 모터는 주파수 50Hz, 주기 20ms(= 1/50Hz)의 PWM 신호를 사용한다.** 20ms의 주기 중 서보 모터의 위치를 결정하는 구간은 1~2ms로 1ms에서 반시계 방향으로 최대로 회전한 상태(0°)를, 2ms에서 시계 방향으로 최대로 회전한 상태(180°)를 나타낸다.

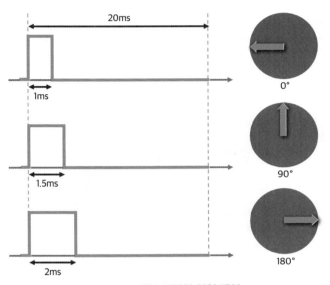

그림 26.2 서보 모터의 위치 제어

DC 모터의 경우 회전 속도와 방향을 제어하고 모터 전용 전원을 연결하기 위해 모터 드라이버를 사용한다. 서보 모터는 별도의 제어선을 사용하므로 제어 목적으로 모터 드라이버를 사용할 필요는 없다. 많은 전력이 필요한 서보 모터의 경우 전용 전원이 필요한 것은 DC 모터와 같다. 그림 26.3은 서보 모터에 전원을 공급하는 방법을 나타낸 것으로 DC 모터와 비슷하다. 다만 서보 모터에는 항상 전원이 연결된 상태여야 하므로 데이터 핀으로 전원을 공급하는 경우는 없다.

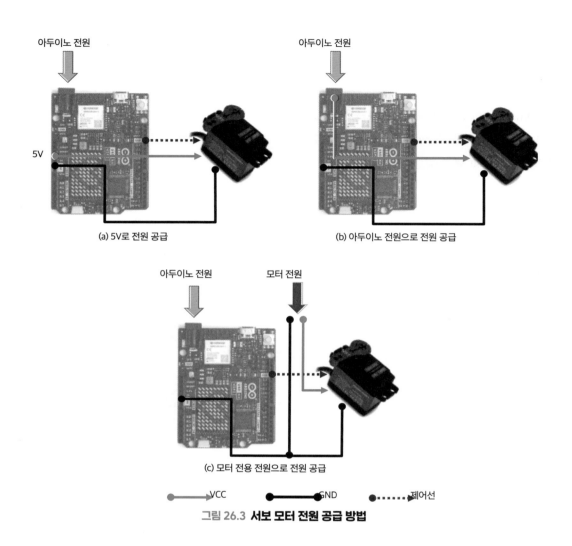

(a) 5V로 전원 공급

(b) 아두이노 전원으로 전원 공급

(c) 모터 전용 전원으로 전원 공급

VCC GND 제어선

그림 26.3 서보 모터 전원 공급 방법

26.2 Servo 라이브러리

아두이노에서는 서보 모터 제어를 위한 Servo 라이브러리를 제공하고 있다. Servo 라이브러리를 사용하기 위해서는 먼저 헤더 파일을 포함해야 한다. '스케치 ➡ 라이브러리 포함하기 ➡ Servo' 메뉴 항목을 선택하거나 #include 문을 직접 입력하면 된다.

```
#include <Servo.h>
```

Servo 클래스에서는 서보 모터 제어를 위해 다음과 같은 멤버 함수를 제공하고 있다. Servo 클래스의 객체는 모터의 수만큼 생성하고 모터가 연결된 임의의 핀을 attach 함수로 지정하여 사용한다.

■ Servo

```
Servo::Servo()
    - 매개변수: 없음
    - 반환값: 없음
```

서보 모터 제어를 위한 객체를 생성한다.

■ attach

```
uint8_t Servo::attach(int pin)
uint8_t Servo::attach(int pin, int min, int max)
    - 매개변수
      pin: 서보 모터의 제어선이 연결된 핀 번호
      min: 0도에 해당하는 마이크로초 단위의 펄스 폭
      max: 180도에 해당하는 마이크로초 단위의 펄스 폭
    - 반환값: 서보 모터가 연결된 채널
```

서보 모터를 지정한 핀에 연결하고 현재 서보 모터가 연결된 채널을 반환한다. 아두이노 우노의 경우 12개까지 서보 모터를 연결할 수 있으므로 연결에 성공하면 1~12 사이의 값을 반환하고 연결할 수 있는 개수를 초과하면 255를 반환한다. min과 max는 PWM 제어 신호의 최소 및 최대 폭을 나타낸다. 모터에 따라서는 0~180도 범위에 해당하는 PWM 신호의 폭이 다를 수 있으므로 설정이 필요한 경우 사용하면 된다.

■ write

```
void Servo::write(int value)
    - 매개변수
      value: 서보 모터의 제어 값(0~180)
    - 반환값: 없음
```

서보 모터로 0~180 사이의 값을 출력한다. 표준 서보 모터의 경우 value 값은 축의 회전 위치를 나타낸다. 연속 회전 서보 모터의 경우 value 값은 속도 조절을 위해 사용되며 0은 정방향 최고 속도, 180은 역방향 최고 속도, 90은 정지 상태를 나타낸다.

■ writeMicroseconds

```
void Servo::writeMicroseconds(int value)
  - 매개변수
    value: 서보 모터의 제어 값
  - 반환값: 없음
```

서보 모터로 마이크로초 단위의 PWM 신호 펄스 폭을 출력한다. 표준 서보 모터의 경우 1,000이 0도, 1,500이 90도, 2,000이 180도에 해당한다. 일부 서보 모터의 경우 그 범위가 달라질 수 있다.

■ read

```
int Servo::read(void)
  - 매개변수: 없음
  - 반환값: 서보 모터의 현재 축 위치
```

서보 모터에 마지막으로 write 함수를 사용하여 쓴 값을 [0, 180] 범위의 값으로 반환한다.

■ attached

```
bool Servo::attached(void)
  - 매개변수: 없음
  - 반환값: 서보 모터의 연결 여부
```

Servo 클래스의 객체가 특정 핀에 연결되어 있는지를 반환한다. 객체를 생성한 후 attach 함수로 서보 모터가 연결된 핀을 지정하지 않았다면 Servo 클래스 객체는 특정 핀에 연결되지 않은 상태다.

■ detach

```
void Servo::detach(void)
  - 매개변수: 없음
  - 반환값: 없음
```

서보 모터 연결을 해제한다.

서보 모터를 그림 26.4와 같이 아두이노 우노에 연결하자. 서보 모터의 제어 핀은 9번 핀에 연결했지만, 임의의 데이터 핀을 사용할 수 있다.

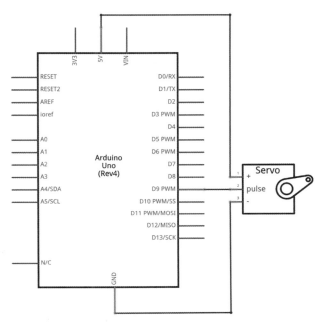

그림 26.4 **표준 서보 모터 연결 회로도**

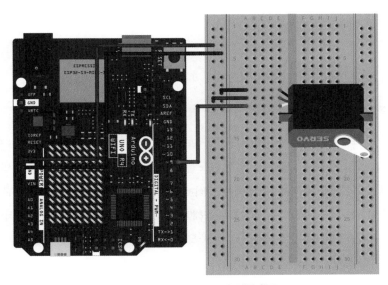

그림 26.5 **표준 서보 모터 연결 회로**

스케치 26.1은 서보 모터가 0~180도 사이를 반복해서 회전하도록 하는 예다.

스케치 26.1 서보 모터 테스트　　　　　　　　　　　　　　　　　　　　R3　R4

```
#include <Servo.h>
#define INTERVAL    5

Servo microServo;                      // 서보 모터 제어 객체
int servoPin = 9;                      // 서보 모터 연결 핀
int angle = 0, angleStep = 1;          // 현재 회전 위치 및 위치 변화량

void setup() {
  microServo.attach(servoPin);         // 서보 모터 연결
  microServo.write(angle);
}

void loop() {
  angle += angleStep;                  // 위치 증감

  if (angle == 180) {                  // 180도에 도달하면
    angleStep = -1;                    // 각도 감소로 설정
  }
  else if (angle == 0) {               // 0도에 도달하면
    angleStep = 1;                     // 각도 증가로 설정
  }

  microServo.write(angle);             // 서보 모터 위치 조정
  delay(INTERVAL);
}
```

26.3 서보 모터 속도 제어

서보 모터는 하나의 제어선만 사용하며 표준 서보 모터에서 제어선은 회전 위치를 제어하는 데 사용된다. 따라서 표준 서보 모터에서 회전 속도를 제어할 수 있는 하드웨어적인 방법은 없다. **표준 서보 모터에서 회전 속도를 제어하기 위해서는 delay 함수나 millis 함수를 사용하여 단위 회전을 위한 시간 간격을 조절하는 소프트웨어적인 방법을 사용해야 한다.** 그림 26.6과 같이 서보 모터와 가변저항을 연결하자. 가변저항은 A0 핀에 연결하고 서보 모터의 제어 핀은 9번 핀에 연결한다.

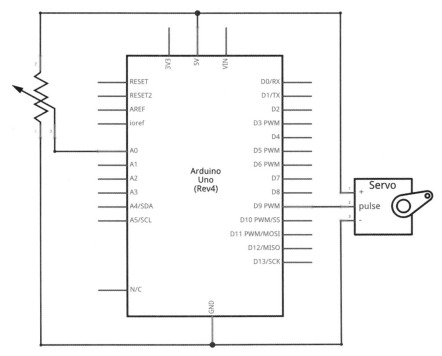

그림 26.6 서보 모터와 가변저항 연결 회로도

그림 26.7 서보 모터와 가변저항 연결 회로

스케치 26.2는 가변저항값에 따라 서보 모터의 회전 속도를 변경하는 예다. 스케치 26.2에서는 가변저항값에 따라 회전각을 변화시키는 시간 간격을 5~20밀리초 사이에서 변하도록 했다. 또한 모터의 떨림을 줄이기 위해 가변저항값이 일정 값 이상 변하는 경우에만 회전각 변화 간격을 조절하도록 했다. 스케치 26.2를 업로드하고 가변저항을 돌리면서 서보 모터의 회전 속도가 변하는 것을 확인해 보자.

스케치 26.2 **회전 속도 제어**   R3 R4

```
#include <Servo.h>

// 가변저항값이 1024를 20단계로 나눈 값의 50% 이상 변할 때만 시간 조절
#define THRESH ((1024 / 20) / 2)

Servo microServo;                          // 서보 모터 제어 객체
int servoPin = 9;                          // 서보 모터 연결 핀

unsigned long time_previous, time_current;
int interval = 10;                         // 현재 이동 시간 간격
int reading = -2000;                       // 가변저항값
int angle = 0;                             // 현재 회전 위치 및 위치 변화량
int angle_step = 1;                        // 회전 위치 변화량(1 또는 -1)

void setup() {
  microServo.attach(servoPin);             // 서보 모터 연결
  microServo.write(angle);                 // 0도에서 시작
  delay(100);

  time_previous = millis();
}

void loop() {
  time_current = millis();

  if (time_current - time_previous >= interval) {
    time_previous = time_current;

    angle += angle_step;                   // 현재 위치 조정
    if (angle >= 180) {                    // 180도를 넘어가면 방향 전환
      angle = 180;
      angle_step *= -1;
    }
    else if (angle <= 0) {                 // 0도를 넘어가면 방향 전환
      angle = 0;
      angle_step *= -1;
    }

    microServo.write(angle);               // 서보 모터 위치 조정
  }
```

```
  int reading_cur = analogRead(A0);              // 가변저항값 읽기
  // 임계치 이상 변한 경우에만 이동 시간 간격 조정
  if (abs(reading_cur - reading) > THRESH) {
    reading = reading_cur;
    int new_interval = map(reading, 0, 1023, 5, 20);
    if (new_interval != interval) {
      interval = new_interval;                   // 이동 시간 간격 조정
    }
  }
}
```

아두이노에서 서보 모터 제어를 위해 제공하는 Servo 라이브러리는 속도 제어 기능을 제공하지는 않는
다. 다른 서보 모터 라이브러리 중에는 표준 서보 모터의 속도 제어 기능까지 제공하는 라이브러
리도 있으며 그중 하나가 MobaTools 라이브러리다. 라이브러리 매니저에서 'MobaTools'를 검색하
여 MobaTools 라이브러리를 설치하자.

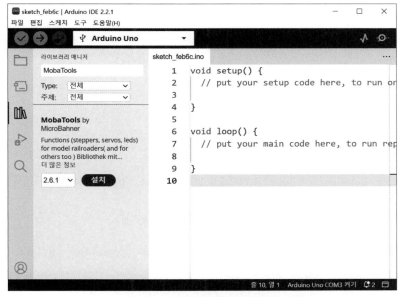

그림 26.8 **MobaTools 라이브러리 검색 및 설치**[1]

MobaTools 라이브러리에서는 서보 모터와 스텝 모터 제어를 위한 다양한 클래스를 제공하고
있으며, 이 장에서 사용할 클래스는 서보 모터의 속도 제어를 지원하는 MoToServo 클래스다.
MobaTools 라이브러리를 사용하기 위해서는 먼저 헤더 파일을 포함해야 한다. '스케치 ➡ 라이브
러리 포함하기 ➡ MobaTools' 메뉴 항목을 선택하거나 #include 문을 직접 입력하면 된다.

---

1   https://github.com/MicroBahner/MobaTools

```
#include <MobaTools.h>
```

MoToServo 클래스에서는 서보 모터 제어를 위해 많은 멤버 함수를 정의하고 있으며 기본적인 사용 방법은 아두이노의 Servo 라이브러리와 비슷하다. 아두이노의 Servo 라이브러리에서 제공하지 않는 속도 제어를 위해서는 setSpeed와 setSpeedTime 멤버 함수를 사용할 수 있다. 하지만 setSpeed 함수에서 속도를 지정하는 방법이 아두이노 우노 R3와 R4에서 서로 다르므로 여기서는 setSpeedTime 함수를 사용한다.

■ setSpeedTime

```
void MoToServo::setSpeedTime(int time)
   – 매개변수
     time: 180도 회전에 소요되는 밀리초 단위 시간
   – 반환값: 없음
```

서보 모터의 회전 속도를 180도를 회전하는 데 필요한 시간을 기준으로 설정한다. 시간을 0으로 설정하면 서보 모터가 움직일 수 있는 가장 빠른 속도로 회전한다.

■ moving

```
uint8_t MoToServo::moving(void)
   – 매개변수: 없음
   – 반환값: 지정한 위치까지 회전하기 위해 남은 퍼센트
```

지정한 위치까지 회전하기 위해 남은 각도를 퍼센트로 반환한다.

스케치 26.3은 스케치 26.1과 같이 0~180도 사이를 반복해서 회전하지만, 정회전은 4초, 역회전은 2초의 다른 속도로 회전하는 예다.

스케치 26.3 회전 속도 제어: MobaTools 라이브러리　　　　　　　　　　　　R3　　R4

```
#include <MobaTools.h>

MoToServo microServo;                    // 서보 모터 제어 객체
int servoPin = 9;                        // 서보 모터 연결 핀
int rotate = -1;                         // 회전 방향

unsigned long time_previous;

void setup() {
```

```
  Serial.begin(9600);
  while (!Serial);

  microServo.attach(servoPin);                 // 서보 모터 연결

  microServo.setSpeedTime(0);                  // 속도 제어 사용하지 않음
  microServo.write(0);                         // 0도 위치에서 시작
  delay(200);

  time_previous = millis();
}

void loop() {
  if (microServo.moving() == 0) {              // 회전이 끝났을 때
    unsigned long time_current = millis();
    if (rotate == -1) {                        // 180 -> 0
      rotate = 1;                              // 0 -> 180
      microServo.setSpeedTime(4000);           // 4초에 180도 회전
      microServo.write(180);

      Serial.print("역회전 소요 시간 : ");
      Serial.print((time_current - time_previous) / 1000.0);
      Serial.println("초, \t정회전으로 변경");
    }
    else if (rotate == 1) {                    // 0 -> 180
      rotate = -1;                             // 180 -> 0
      microServo.setSpeedTime(2000);           // 2초에 180도 회전
      microServo.write(0);

      Serial.print("정회전 소요 시간 : ");
      Serial.print((time_current - time_previous) / 1000.0);
      Serial.println("초, \t역회전으로 변경");
    }
    time_previous = time_current;
  }
}
```

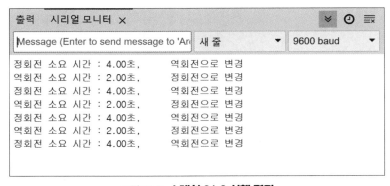

그림 26.9 스케치 26.3 실행 결과

주변에서 흔히 볼 수 있는 모터는 DC 모터로, 360도 회전하는 제품에 사용되는 모터는 대부분 DC 모터다. DC 모터는 간단하고 제어가 간편하며 가격이 싸서 다양한 용도로 사용되지만, 정밀한 제어에는 적합하지 않다. 정밀한 제어가 필요한 경우 사용할 수 있는 모터 중 하나가 서보 모터로, 180도 범위에서만 회전하는 것이 일반적이지만 피드백을 통해 정확한 회전 위치를 제어할 수 있어 로봇 제어에 사용되는 모터는 대부분 서보 모터다.

서보 모터를 제어하기 위해 아두이노에서는 Servo 라이브러리를 제공하고 있어 간단하게 서보 모터를 제어할 수 있다. 서보 모터의 회전 방향은 제어선으로 제어할 수 있으므로 모터 드라이버를 사용하는 경우가 많지 않다는 것도 DC 모터와 다른 점이다. 이 장에서 사용한 서보 모터는 회전 운동을 하는 경우이지만, 직선 운동을 하는 리니어 서보 모터도 존재하므로 정해진 범위 내에서 직선 왕복 운동이 필요한 경우라면 고려할 수 있다.

1. 그림 26.6과 같이 서보 모터와 가변저항을 연결하자. 0~1023 범위의 가변저항값을 0~180도 범위의 각도로 변환하여 서보 모터의 위치를 제어하는 스케치를 작성해 보자. 서로 다른 범위의 정숫값을 변환하기 위해서는 map 함수를 사용할 수 있다.

2. 그림 26.4와 같이 서보 모터를 연결하자. 시리얼 모니터에서 0~180 범위의 숫자를 전송하여 서보 모터가 지정한 위치로 회전하도록 스케치를 작성해 보자. 문자열의 끝을 나타내기 위해서는 '\n' 문자를 사용하며 이를 위해 시리얼 모니터에서는 '새 줄' 옵션을 선택해야 한다.

3. 서보 모터에는 데드 밴드dead band가 존재한다. 데드 밴드는 모터를 움직이는 데 필요한 최소의 PWM 신호 펄스 폭 차이로 생각할 수 있다. 데드 밴드가 발생하는 이유는 아주 작은 각도 차이에 해당하는 펄스 폭 차이를 만들어 낼 수 없는 마이크로컨트롤러의 한계, 아주 작은 펄스 폭 차이를 인식할 수 없는 서보 모터의 한계 등을 포함해 다양하다. 서보 모터에서 데드 밴드가 발생하는 이유와 데드 밴드를 줄이는 데 사용할 수 있는 방법을 알아보자.

스텝 모터

스텝 모터는 펄스가 가해지면 일정 각도를 회전하고 멈추는 모터로, 한 번에 회전하는 각도가 정해져 있어 간단하게 회전량을 제어하여 원하는 위치로 회전시킬 수 있다. 스텝 모터는 크게 양극 bipolar 스텝 모터와 단극 unipolar 스텝 모터로 나눌 수 있고 제어 방법에 차이가 있다. 이 장에서는 스텝 모터의 동작 원리와 제어 방법을 알아본다.

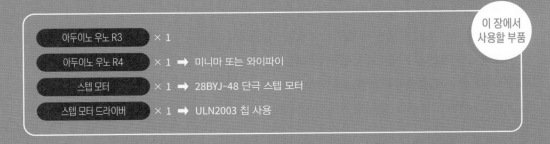

이 장에서
사용할 부품

아두이노 우노 R3	× 1	
아두이노 우노 R4	× 1 ➡	미니마 또는 와이파이
스텝 모터	× 1 ➡	28BYJ-48 단극 스텝 모터
스텝 모터 드라이버	× 1 ➡	ULN2003 칩 사용

스텝 모터

스텝 모터step motor는 스테핑 모터stepping motor, 스테퍼 모터stepper motor, 펄스 모터pulse motor 등으로도 불리며 펄스에 의해 회전하는 모터를 말한다. DC 모터나 서보 모터에도 브러시리스brushless 모터가 있지만, 흔히 볼 수 있는 모터는 브러시드brushed 모터다. 반면 **스텝 모터는 브러시리스 모터로 내구성이 높다는 장점이 있다.** 또한 펄스에 의해 회전하므로 펄스를 가하는 속도로 회전 속도를 제어할 수 있고, 하나의 펄스에 의해 회전하는 양이 정해져 있으므로 회전량 제어가 쉽다는 등 사용이 간편하다는 장점이 있다. 그러나 펄스에 의해 회전하는 모터라는 특징은 제어가 쉽다는 면에서 장점이 되기도 하지만 이산적인 회전만 가능하다는 면에서 단점이 되기도 한다. **스텝 모터에서 펄스 하나가 주어질 때 모터가 회전하는 각도를 분할각**step angle**이라고 한다.** 스텝 모터는 분할각 단위의 이산적인 회전만 가능하고 분할각보다 작은 각도의 회전은 불가능하므로 필요한 정밀도에 따라 모터의 종류와 모터 제어 방식을 선택해야 한다.

스텝 모터는 코일이 감겨 있고 회전하지 않는 바깥쪽의 고정자인 스테이터stator와 축에 연결되어 회전하는 회전자인 로터rotor의 두 부분으로 나눌 수 있다. 고정자의 코일에 전원이 가해지면 자력이 발생하고 회전자의 상호작용으로 회전이 발생한다. 회전자를 만드는 방법에 따라 회전이 발생하는 원리가 달라지며 회전이 발생하는 원리에 따라 가변 리럭턴스variable reluctance 모터, 영구자석permanent magnet 모터 그리고 두 가지를 결합한 하이브리드 모터 등 크게 세 종류로 나눌 수 있다. 이 중 아두이노에서 흔히 사용되는 모터는 영구자석 모터다.

27.1.1 단극 스텝 모터

영구자석 모터는 회전자를 영구자석으로, 고정자를 전자석으로 만든 모터다. 영구자석 모터는 단극unipolar과 양극bipolar으로 나눌 수 있으며 이들의 차이는 코일에 전원을 가하는 방식에 있다. 단극 영구자석 모터 또는 **단극 스텝 모터는 2개의 코일로 구성되며 각 코일의 중앙에 공통 연결선이 존재한다.** 코일 중앙에서 나오는 공통 연결선은 2개가 모두 모터 밖으로 나오는 경우가 일반적이지만, 공통 연결선에 가해지는 전원의 극성이 같으므로 이 장에서 사용하는 28BYJ-48 단극 스텝 모터처럼 하나만 모터 밖으로 나올 수도 있다. 따라서 2개 코일의 양쪽 끝에 해당하는 연결선 4개에 1개 또는 2개의 공통 연결선까지 **단극 스텝 모터는 5개 또는 6개의 연결선을 갖는다.** 그림 27.1의 단극 스텝 모터는 6개의 연결선을 갖는 경우다. 영구자석 모터에서 코일의 양쪽 끝은 흔히 'A'와 '/A', 'B'와 '/B'로 표시한다.

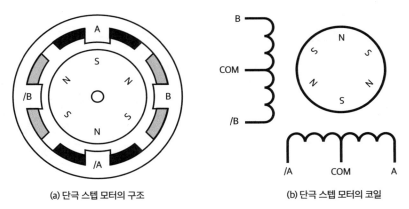

(a) 단극 스텝 모터의 구조   (b) 단극 스텝 모터의 코일

그림 27.1 단극 스텝 모터의 구조

단극 스텝 모터의 회전자에는 영구자석이 배치되어 있다. 그림 27.1의 단극 스텝 모터에 한 번에 하나의 코일 절반에만 전원을 가하면 코일이 감겨 있는 폴pole이 전자석이 되고, 폴 가까이에 있는 반대 극성의 영구자석을 끌어당겨 회전이 발생한다. 표 27.1은 A ➡ B ➡ /A ➡ /B의 순서로 전원을 가해 1회전이 발생하는 과정을 나타낸 것으로, 12스텝에 1회전하며 이때 분할각은 30도가 된다.

표 27.1 단극 스텝 모터의 1상 여자 방식 구동: 시계 방향 1회전

스텝	1	2	3	4	5	6	7	8	9	10	11	12
A	(+)	·	·	·	(+)	·	·	·	(+)	·	·	·
B	·	(+)	·	·	·	(+)	·	·	·	(+)	·	·
/A	·	·	(+)	·	·	·	(+)	·	·	·	(+)	·
/B	·	·	·	(+)	·	·	·	(+)	·	·	·	(+)

그림 27.2는 그림 27.1의 단극 스텝 모터에 표 27.1의 순서에 따라 전원을 가했을 때의 모터 회전을 나타낸 것으로, 3개 펄스에 의해 90도 회전하는 과정을 나타낸 것이다.

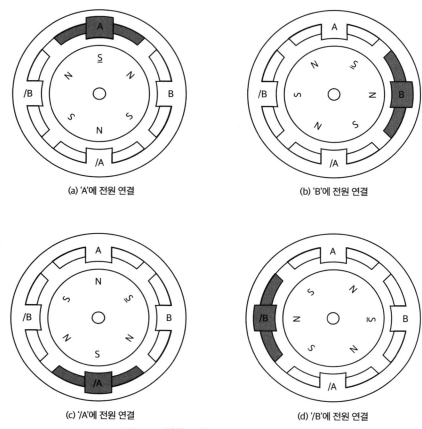

(a) 'A'에 전원 연결

(b) 'B'에 전원 연결

(c) '/A'에 전원 연결

(d) '/B'에 전원 연결

그림 27.2 단극 스텝 모터의 시계 방향 회전

표 27.1과 그림 27.2에 나타난 것처럼 단극 스텝 모터의 코일 중 **한 번에 하나의 코일**[1]에만 전원을 가하는 방식을 **1상 여자 방식**이라고 한다. 1상 여자 방식과 다르게 **인접한 2개의 코일에 전원을 가하는 방식을 2상 여자 방식**이라고 한다. 2상 여자 방식은 1상 여자 방식과 비교했을 때 회전력이 크지만 그만큼 전력 소비도 많다. 2상 여자 방식의 분할각 역시 30도로 1상 여자 방식과 같다.

표 27.2 단극 스텝 모터의 2상 여자 방식 구동: 시계 방향 1회전

스텝	1	2	3	4	5	6	7	8	9	10	11	12
A	(+)	·	·	(+)	(+)	·	·	(+)	(+)	·	·	(+)
B	(+)	(+)	·	·	(+)	(+)	·	·	(+)	(+)	·	·
/A	·	(+)	(+)	·	·	(+)	(+)	·	·	(+)	(+)	·
/B	·	·	(+)	(+)	·	·	(+)	(+)	·	·	(+)	(+)

---

1   정확하게는 코일의 절반에만 전원이 가해진다.

1개의 코일과 2개의 코일에 전원을 가하는 방법을 번갈아 사용하는 1-2상 여자 방식은 전력 소비가 1상 여자 방식의 1.5배이지만, 1상 여자 방식이나 2상 여자 방식과 비교했을 때 1/2 크기의 분할각을 가지므로 정밀한 제어가 가능하다. 하지만 스텝에 따라 사용하는 코일의 수가 다르므로 토크가 일정하지 않다는 것은 단점이다. 표 27.3의 1-2상 여자 방식에서 분할각은 15도로 표 27.1과 표 27.2에 비해 절반이므로 이를 하프 스텝half step 모드라고 한다. 반면 1상 여자 방식이나 2상 여자 방식은 풀 스텝full step 모드라고 한다.

표 27.3 단극 스텝 모터의 1-2상 여자 방식 구동: 시계 방향 1/2회전

스텝	1	2	3	4	5	6	7	8	9	10	11	12
A	(+)	(+)	·	·	·	·	·	(+)	(+)	(+)	·	·
B	·	(+)	(+)	(+)	·	·	·	·	·	(+)	(+)	(+)
/A	·	·	·	(+)	(+)	(+)	·	·	·	·	·	(+)
/B	·	·	·	·	·	(+)	(+)	(+)	·	·	·	·

27.1.2 양극 스텝 모터

양극 스텝 모터 역시 2개의 코일을 사용한다. 하지만 **양극 스텝 모터는 코일 중앙에 공통 연결선이 없으므로 4개의 연결선만을 갖는다. 단극 스텝 모터는 공통 연결선을 중심으로 코일의 절반만 사용하지만, 양극 스텝 모터는 코일 전체를 사용**하므로 같은 크기의 모터라면 양극 스텝 모터의 토크가 단극 스텝 모터의 토크보다 크다. 하지만 단극 스텝 모터보다 제어가 복잡한 것은 단점이다.

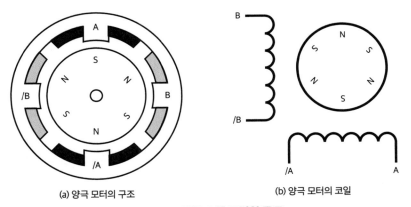

(a) 양극 모터의 구조   (b) 양극 모터의 코일

그림 27.3 양극 스텝 모터의 구조

그림 27.3은 30도의 분할각을 갖는 양극 스텝 모터로, 그림 27.1의 **단극 스텝 모터와 비교하면 공통 연결선이 없다는 점을 제외하면 같은 구조**를 갖는다. 따라서 일부 단극 스텝 모터는 공통 연결선을 제외하고 4개의 연결선만으로 양극 스텝 모터처럼 사용하는 것도 가능하다.

양극 스텝 모터를 구동하는 방법은 기본적으로 단극 스텝 모터를 구동하는 방법과 같다. 표 27.4 는 양극 스텝 모터를 1상 여자 방식으로 구동하는 과정을 나타낸 것이다. 표 27.1과 비교하면 양 극 스텝 모터에는 공통 연결선이 없으므로 **항상 2개의 연결선에 전원을 가한다는** 차이가 있다. 또한 단극 스텝 모터의 연결선에 가해지는 전압의 극성은 바뀌지 않지만, **양극 스텝 모터의 연결선에 가해지는 전압은 극성이 바뀐다는** 점도 차이가 있다.

표 27.4 양극 스텝 모터의 1상 여자 방식 구동: 시계 방향 1회전

스텝	1	2	3	4	5	6	7	8	9	10	11	12
A	(+)	·	(-)	·	(+)	·	(-)	·	(+)	·	(-)	·
B	·	(+)	·	(-)	·	(+)	·	(-)	·	(+)	·	(-)
/A	(-)	·	(+)	·	(-)	·	(+)	·	(-)	·	(+)	·
/B	·	(-)	·	(+)	·	(-)	·	(+)	·	(-)	·	(+)

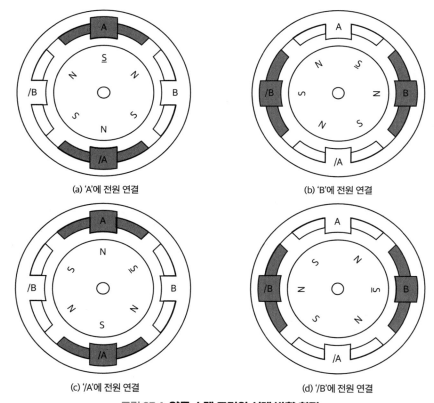

(a) 'A'에 전원 연결   (b) 'B'에 전원 연결

(c) '/A'에 전원 연결   (d) '/B'에 전원 연결

그림 27.4 양극 스텝 모터의 시계 방향 회전

그림 27.4는 그림 27.3의 양극 스텝 모터에 표 27.4의 순서에 따라 전원을 가했을 때 모터가 회전

하는 과정을 나타낸다. 그림 27.4(a)와 그림 27.4(c)에서 전원이 가해지는 코일은 같지만 극성이 반대라는 점에 주의해야 하며, 이는 그림 27.4(b)와 그림 27.4(d) 역시 마찬가지다.

표 27.5와 표 27.6은 각각 2상 여자 방식과 1-2상 여자 방식의 구동 방법을 나타낸 것으로, 단극 스텝 모터에서의 차이가 그대로 적용된다.

표 27.5 양극 스텝 모터의 2상 여자 방식 구동: 시계 방향 1회전

스텝	1	2	3	4	5	6	7	8	9	10	11	12
A	(+)	(-)	(-)	(+)	(+)	(-)	(-)	(+)	(+)	(-)	(-)	(+)
B	(+)	(+)	(-)	(-)	(+)	(+)	(-)	(-)	(+)	(+)	(-)	(-)
/A	(-)	(+)	(+)	(-)	(-)	(+)	(+)	(-)	(-)	(+)	(+)	(-)
/B	(-)	(-)	(+)	(+)	(-)	(-)	(+)	(+)	(-)	(-)	(+)	(+)

표 27.6 양극 스텝 모터의 1-2상 여자 방식 구동: 시계 방향 1/2회전

스텝	1	2	3	4	5	6	7	8	9	10	11	12
A	(+)	(+)	·	(-)	(-)	(-)	·	(+)	(+)	(+)	·	(-)
B	·	(+)	(+)	(+)	·	(-)	(-)	(-)	·	(+)	(+)	(+)
/A	(-)	(-)	·	(+)	(+)	(+)	·	(-)	(-)	(-)	·	(+)
/B	·	(-)	(-)	(-)	·	(+)	(+)	(+)	·	(-)	(-)	(-)

그림 27.1과 그림 27.3의 스텝 모터는 1상 및 2상 여자 방식에서 30도의 분할각을 갖는다. 30도의 분할각은 실용적인 목적으로 사용하기에 너무 큰 것이 사실이며, 실제 스텝 모터에서는 로터(회전자)에 영구자석을 더 많이 배치하고 스테이터(고정자)에 폴 수를 늘려 분할각을 줄인다. **일반적으로 사용하는 스텝 모터는 1.8도의 분할각을 가지고 200스텝에 1회전한다.**

스텝 모터에 전원을 연결하는 방법은 DC 모터나 서보 모터와 기본적으로 같다.

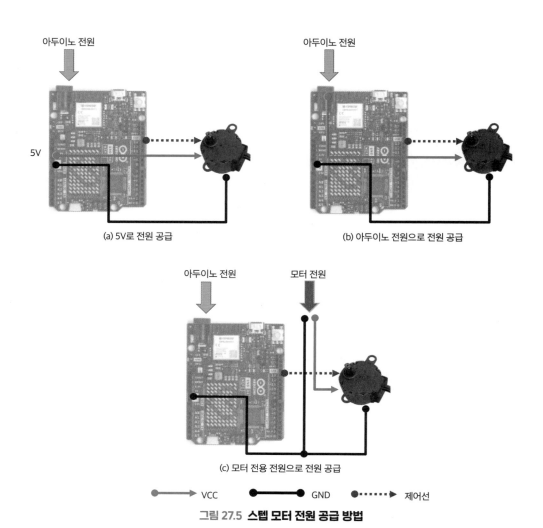

(a) 5V로 전원 공급

(b) 아두이노 전원으로 전원 공급

(c) 모터 전용 전원으로 전원 공급

VCC   GND   제어선

그림 27.5 **스텝 모터 전원 공급 방법**

28BYJ-48 스텝 모터와
ULN2003 모터 드라이버

그림 27.6은 이 장에서 사용하는 28BYJ-48 스텝 모터로, 하나의 공통 연결선만 모터 밖으로 나와 5개의 연결선을 갖는 단극 스텝 모터다. **28BYJ-48 모터는 하프 스텝 모드에서 분할각이 5.625도로 64스텝에 1회전하고, 1/64 감속 기어를 사용하므로 1회전을 위해서는 최대 4,096(= 64스텝 × 64) 스텝이 필요하다.** 28BYJ-48 스텝 모터는 풀 스텝 모드 사용을 추천하고 있으므로 2,048(= 32스텝 × 64) 스텝으로 1회전하는 방식이 흔히 사용된다.

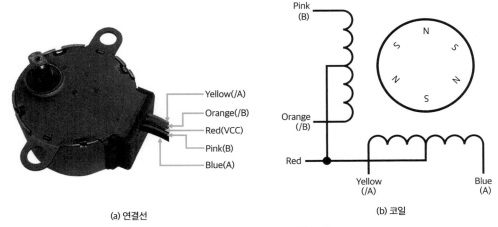

(a) 연결선   (b) 코일

그림 27.6 **28BYJ-48 스텝 모터**

단극 스텝 모터 제어에서 코일에 가해지는 전압은 변하지 않으므로 전원 극성을 선택하기 위한 H-브리지 회로가 필요하지 않다. 대신 28BYJ-48 스텝 모터에는 ULN2003 칩으로 만들어진 모터 드라이버 모듈이 사용된다. ULN2003 칩은 7개의 달링턴 트랜지스터Darlington transistor로 구성된 칩으로, 데이터 핀의 적은 전류로 모터 구동에 필요한 많은 전류를 스위칭할 수 있다. 일반적인 트랜지스터의 동작과 차이가 없어 보이고 실제 기본적인 동작은 차이가 없지만, 달링턴 트랜지스터는 2개의 트랜지스터를 연결하여 사용하므로 하나의 트랜지스터를 사용하는 경우보다 많은 전류를 제어할 수 있다. ULN2003은 최대 500mA의 전류를 스위칭할 수 있다.

그림 27.7은 28BYJ-48 스텝 모터 제어를 위한 모터 드라이버 모듈을 나타낸다. 모터 전원 연결 단자에는 5~12V의 전원을 연결할 수 있지만, 28BYJ-48 모터는 5V를 사용하므로 5V 전원을 연결하면 된다.

모터 제어 핀 연결 단자

IN1(A)
IN2(B)
IN3(/A)
IN4(/B)

모터 연결 단자

Blue(A)
Pink(B)
Yellow(/A)
Orange(/B)
Red

모터 전원 연결
단자(5~12V)

모터 제어
활성화 점퍼

그림 27.7 **28BYJ-48 스텝 모터를 위한 모터 드라이버 모듈**

아두이노 우노에 모터 드라이버 모듈과 28BYJ-48 모터를 그림 27.8과 같이 연결하자. 28BYJ-48
모터는 적은 전력을 사용하고 5V 전원을 연결해야 하므로 아두이노의 5V 핀에 연결했다.

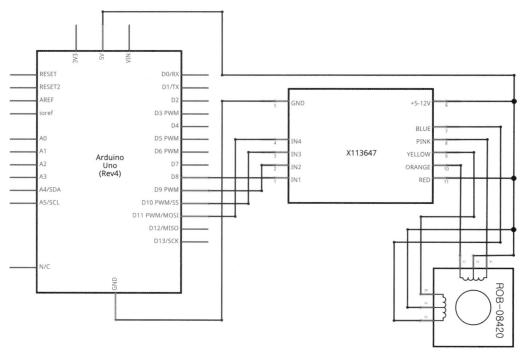

그림 27.8 **28BYJ-48 스텝 모터 연결 회로도**

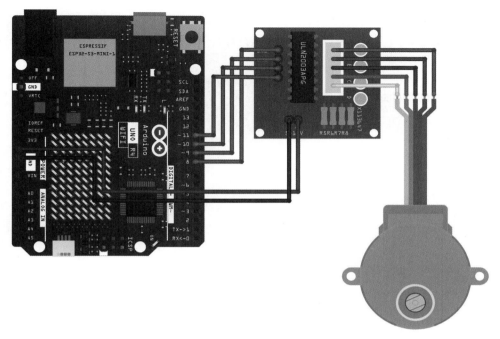

그림 27.9 28BYJ-48 스텝 모터 연결 회로

스케치 27.1은 표 27.1의 1상 여자 방식에 따라 4개의 제어선에 전원을 가하여 스텝 모터를 회전하는 예다. 표 27.1의 순서에 따라 펄스를 가하면 시계 방향으로 회전하고, 표 27.1의 역순으로 펄스를 가하면 반시계 방향으로 회전한다. 풀 스텝 모드를 사용하므로 2,048스텝에 1회전한다.

스케치 27.1 스텝 모터 테스트: 풀 스텝 모드   R3   R4

```
int pins[] = { 8, 9, 10, 11 };                    // A, B, /A, /B

void setup() {
  for (byte i = 0; i < 4; i++) {
    pinMode(pins[i], OUTPUT);                      // 모터 연결 핀을 출력으로 설정
  }
}

void loop() {
  forward();
  delay(500);

  backward();
  delay(500);
}

void forward() {
  for (int i = 0; i < 2048; i++) {                 // 2048스텝으로 1회전(증가 방향)
```

```
      int index = i % 4;
      for (byte j = 0; j < 4; j++) {
        if (j == index) {                        // A, B, /A, /B 순서로 하나만 HIGH
          digitalWrite(pins[j], HIGH);
        }
        else {                                   // 나머지 3개는 LOW
          digitalWrite(pins[j], LOW);
        }
      }
      delay(2);
  }
}

void backward() {
  for (int i = 2048; i > 0; i--) {               // 2048스텝으로 1회전(감소 방향)
    int index = i % 4;
    for (byte j = 0; j < 4; j++) {
      if (j == index) {
        digitalWrite(pins[j], HIGH);
      }
      else {
        digitalWrite(pins[j], LOW);
      }
    }
    delay(2);
  }
}
```

스케치 27.1을 업로드하면 모터는 시계 방향으로 한 바퀴 회전한 후 반시계 방향으로 한 바퀴 회전하기를 반복한다. 스텝 모터의 제어는 순서에 따라 펄스를 가해주기만 하면 되므로 그렇게 복잡하지는 않다. 다만, 여자 방식과 회전 방향에 따라 펄스를 가하는 순서를 기억해야 하는 번거로움이 있다. 좀 더 직관적으로 스텝 모터를 제어하려면 전용 라이브러리 사용을 고려할 수 있다.

27.3 Stepper 라이브러리

아두이노에서는 스텝 모터 제어를 위해 Stepper 라이브러리를 제공하고 있다. Stepper 라이브러리를 사용하기 위해서는 먼저 헤더 파일을 포함해야 한다. '스케치 ➡ 라이브러리 포함하기 ➡ Stepper' 메뉴 항목을 선택하거나 #include 문을 직접 입력하면 된다.

```
#include <stepper.h>
```

Stepper 클래스에서는 스텝 모터 제어를 위해 다음과 같은 멤버 함수를 정의하고 있다.

■ Stepper

```
Stepper::Stepper(int number_of_steps, int motor_pin_1, int motor_pin_2, int motor_pin_3,
int motor_pin_4)
    - 매개변수
      number_of_steps: 1회전을 위해 필요한 스텝 수
      motor_pin_1, motor_pin_2, motor_pin_3, motor_pin_4: 모터 연결 핀
    - 반환값: 없음
```

스텝 모터 제어를 위한 객체를 생성할 때는 1회전을 위해 필요한 스텝 수와 모터 연결 핀을 매개변수로 지정한다. 이 장에서 사용하는 모터는 단극 스텝 모터로, 4개의 핀을 사용하여 모터를 제어한다. **4개의 핀을 사용하는 경우 Stepper 라이브러리는 2상 여자 방식을 사용하여 모터를 구동한다.**

■ setSpeed

```
void Stepper::setSpeed(long whatSpeed)
    - 매개변수
      whatSpeed: 모터의 회전 속도
    - 반환값: 없음
```

스텝 모터의 회전 속도를 설정한다. 회전 속도는 분당 회전수로 지정한다.

■ step

```
void Stepper::step(int number_of_steps)
    - 매개변수
      number_of_steps: 모터 회전을 위한 스텝, 즉 펄스의 수
    - 반환값: 없음
```

지정한 개수의 펄스를 가하여 모터를 회전시킨다. 펄스의 수로 양수를 지정하면 시계 방향으로, 음수를 지정하면 반시계 방향으로 회전한다. **step 함수는 블로킹**blocking **함수이므로 지정한 회전이 끝날 때까지 다른 작업을 수행할 수 없다.** 따라서 step 함수의 매개변수로 많은 스텝을 한 번에 지정하는 것은 피하는 것이 좋다.

스케치 27.2는 Stepper 라이브러리를 사용하여 스케치 27.1과 같은 동작을 하도록 만든 예다. Stepper 라이브러리를 사용할 때 주의해야 할 점은 모터 제어를 위한 연결선의 순서다. 모터 제어선의 순서는 'A, B, /A, /B'로 전원을 가하는 코일 순서를 따르는 경우가 일반적이며 이 장에서 사용하는 모터 드라이버 모듈에서 'IN1, IN2, IN3, IN4' 역시 이 순서를 따르고 있다. 하지만 Stepper 라이브러리에서 Stepper 객체를 생성할 때 핀의 순서는 'A, /A, B, /B' 순서로 지정해야 한다.

스케치 27.2 Stepper 라이브러리 `R3` `R4`

```
#include <Stepper.h>

const int stepsPerRevolution = 2048;              // 1회전을 위한 스텝 수

// 모터 드라이브에 연결된 핀 IN1, IN3, IN2, IN4 => A, /A, B, /B 순서
Stepper myStepper(stepsPerRevolution, 8, 10, 9, 11);

void setup() {
  myStepper.setSpeed(15);                         // 분당 회전수
}
void loop() {
  myStepper.step(stepsPerRevolution);             // 정회전
  delay(500);

  myStepper.step(-stepsPerRevolution);            // 역회전
  delay(500);
}
```

27.4 Unistep2 라이브러리

아두이노에서 제공하는 Stepper 라이브러리를 사용하면 간단하게 스텝 모터를 제어할 수 있다. 하지만 Stepper 라이브러리의 문제점은 step 함수가 블로킹 함수라는 점으로, step 함수에서 지정한 수의 스텝만큼 회전하기 전에는 다른 작업을 진행할 수 없다. 스텝 모터를 위한 논블로킹non-blocking 방식의 라이브러리가 여러 종류 공개되어 있으며 Unistep2 라이브러리가 그중 하나다. 라이브러리 매니저에서 'Unistep2'를 검색하여 Unistep2 라이브러리를 설치하자.

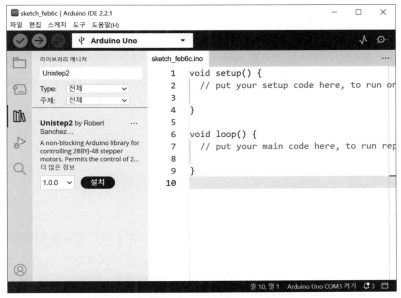

그림 27.10 **Unistep2 라이브러리 검색 및 설치**[2]

Unistep2 라이브러리는 28BYJ-48 스텝 모터 전용 라이브러리로, Unistep2 클래스를 사용하여 2개 이상의 28BYJ-48 스텝 모터를 논블로킹 방식으로 제어할 수 있다. Unistep2 라이브러리를 사용하기 위해서는 먼저 헤더 파일을 포함해야 한다. '스케치 ➡ 라이브러리 포함하기 ➡ Unistep2' 메뉴 항목을 선택하거나 #include 문을 직접 입력하면 된다.

```
#include <Unistep2.h>
```

Unistep2 클래스에서는 28BYJ-48 스텝 모터를 제어하기 위해 다음과 같은 멤버 함수를 제공하고 있다.

■ **Unistep2**

```
Unistep2::Unistep2(int _p1,int _p2, int _p3, int _p4, int _steps, unsigned long _stepdelay)
  - 매개변수
    _p1, _p2, _p3, _p4: 모터 드라이버 모듈의 IN1, IN2, IN3, IN4와 연결할 핀
    _steps: 1회전을 위한 스텝 수
    _stepdelay: 스텝 사이의 시간 간격
  - 반환값: 없음
```

2 https://en.reven.org/2018/01/29/unistep2

28BYJ-48 스텝 모터 제어를 위한 객체를 생성한다. 객체 생성을 위해서는 ULN2003 모터 드라이버 모듈과 연결할 핀을 지정해야 한다. _steps는 1회전을 위한 스텝 수로, **Unistep2 라이브러리에서는 1-2상 여자 방식의 하프 스텝 모드를 사용**하므로 4,096스텝을 지정하면 된다. _stepdelay는 스텝 사이의 마이크로초 단위 시간 간격으로 Unisep2 라이브러리에서는 900us를 추천하고 있다.

■ **run**

```
boolean Unistep2::run(void)
  - 매개변수: 없음
  - 반환값: 지정한 회전이 끝났으면 true를 반환
```

스케치의 loop 함수 내에서 호출하여 폴링 방식으로 스텝 모터의 회전 상태를 업데이트한다. move나 moteTo 함수로 지정한 회전이 끝나 모터가 정지하면 true를 반환하지만, 모터가 회전 중일 때 false를 반환하지는 않으므로 지정한 회전이 끝났는지 판단하는 데는 사용할 수 없다. 모터의 정지 여부를 알아내기 위해서는 stepsToGo 함수를 사용하면 된다.

■ **move**

```
void Unistep2::move(int steps)
  - 매개변수
    steps: 모터가 회전할 스텝 수
  - 반환값: 없음
```

모터가 회전할 스텝 수를 지정한다. steps가 양수이면 시계 방향, 음수이면 반시계 방향으로 회전한다.

■ **moveTo**

```
void Unistep2::moveTo(unsigned int pos)
  - 매개변수
    pos: 회전할 위치
  - 반환값: 없음
```

모터가 회전할 위치를 지정한다. 위치는 1회전을 위해 필요한 스텝 수, 즉 생성자에서 지정한 _steps에 따라 [0, _steps) 범위에서 지정할 수 있다. 회전할 위치를 지정하면 모터는 최단 경로로 움직이며 그에 따라 회전 방향이 자동으로 결정된다.

▪ currentPosition

```
int Unistep2::currentPosition(void)
```
  – 매개변수: 없음
  – 반환값: 모터의 현재 위치

모터의 현재 위치를 생성자에서 지정한 _steps에 따라 [0, _steps) 범위의 값으로 반환한다.

▪ stepsToGo

```
int Unistep2::stepsToGo(void)
```
  – 매개변수: 없음
  – 반환값: 목표 위치까지 회전하기 위해 필요한 스텝 수

현재 위치에서 목표 위치까지 회전하는 데 필요한 스텝 수를 반환한다. 시계 방향 회전이 필요하면 양수를, 반시계 방향 회전이 필요하면 음수를 반환한다. 목표 위치까지 회전하여 모터가 정지하면 0을 반환한다.

스케치 27.3은 스텝 모터를 시계 방향과 반시계 방향으로 회전하기를 반복하면서 1초 간격으로 13번 핀에 연결된 LED를 점멸하는 예다. 논블로킹 방식으로 스케치를 작성하기 위해서는 LED 점멸을 위해서도 millis 함수를 사용해야 한다는 점 역시 기억해야 한다.

스케치 27.3 Unistep2 라이브러리　　　　　　　　　　R3　　R4

```
#include <Unistep2.h>

#define STEPS_PER_REV    4096           // 1회전을 위한 스텝 수
#define INTERVAL         1000           // LED 점멸 간격

int pinLED = 13;                        // LED 연결 핀
boolean stateLED = false;               // LED 상태

// (IN1, IN2, IN3, IN4, 1회전을 위한 스텝 수, 스텝 사이의 지연 시간(us))
Unistep2 stepper(8, 9, 10, 11, STEPS_PER_REV, 900);
int direction = 1;                      // 스텝 모터 회전 방향
unsigned long time_previous;

void setup() {
  pinMode(pinLED, OUTPUT);              // LED 연결 핀을 출력으로 설정
  digitalWrite(pinLED, stateLED);

  time_previous = millis();
}
```

```
void loop() {
  unsigned long time_current = millis();
  // INTERVAL 시간 간격을 LED 상태를 반전시켜 LED에 출력
  if (time_current - time_previous >= INTERVAL) {
    time_previous = time_current;
    stateLED = !stateLED;
    digitalWrite(pinLED, stateLED);
  }

  stepper.run();                          // 폴링 방식의 스텝 모터 상태 업데이트

  if (stepper.stepsToGo() == 0) {         // 이전에 지정한 회전이 끝난 경우
    direction *= -1;                      // 회전 방향을 반대로 설정
    stepper.move(STEPS_PER_REV * direction);
  }
}
```

27.5 맺는말

DC 모터, 서보 모터와 함께 아두이노에서 흔히 사용되는 모터의 일종인 스텝 모터는 펄스에 의해 일정 각도를 회전하고 멈추는 모터다. 스텝 모터는 하나의 펄스에 의해 회전하는 각도, 즉 분할각이 정해져 있어 피드백 없이도 정확한 위치 제어가 가능하지만, 이산적인 회전만 가능하므로 최소 회전 각도에 따라 모터와 제어 방식을 선택해서 사용해야 한다.

스텝 모터는 4개의 연결선을 갖는 양극 스텝 모터와 6개의 연결선을 갖는 단극 스텝 모터로 나눌 수 있다. **단극 스텝 모터와 양극 스텝 모터의 선택은 간편한 제어와 토크 중 하나를 선택하는 것이다.** 양극 스텝 모터는 코일 전체를 사용하므로 같은 크기의 단극 스텝 모터에 비해 토크가 크지만, 단극 스텝 모터에 비해 제어가 복잡하고 가격이 비싸다는 단점이 있다. 단극 스텝 모터와 양극 스텝 모터는 공통 연결선에서만 차이가 있으므로 일부 단극 스텝 모터는 그대로 또는 일부를 개조해서 양극 스텝 모터로 사용할 수 있다. 이 장에서 사용한 28BYJ-48 모터 역시 개조를 통해 양극 스텝 모터로 사용할 수 있지만, 흔히 사용하는 방법은 아니다.

1 스케치 27.1은 1상 여자 방식을 사용하여 2,048스텝에 모터가 1회전하는 예다. 스케치 27.1
과 표 27.3을 참고하여 1-2상 여자 방식으로 4,096스텝에 모터가 1회전하도록 스케치를 수
정해 보자.

2 흔히 사용하는 스텝 모터는 200스텝에 1회전한다. 200스텝으로 1회전하는 경우, 특히 저
속으로 회전하는 경우 모터는 이산적으로 움직이게 되므로 모터의 진동이나 소음 등이
발생할 수 있다. 이러한 문제를 완화하는 방법 중 하나가 마이크로 스테핑microstepping이다.
마이크로 스테핑은 1.8도의 풀 스텝을 여러 개의 작은 스텝으로 나누는 방법으로, 하나
의 풀 스텝을 256개의 마이크로 스텝까지 나눌 수 있다. 마이크로 스테핑의 원리에 대해
알아보자.

VII

블루투스와 와이파이

PART VII 블루투스와 와이파이

블루투스 클래식

블루투스는 유선 시리얼 통신을 대체하기 위해 만들어진 저전력 무선 통신의 하나로 컴퓨터와 스마트폰 등에서 널리 사용되고 있다. 처음 발표된 이후 블루투스는 기존 블루투스 클래식에 저전력을 강조한 저전력 블루투스가 추가되어 현재 두 가지가 블루투스라는 이름으로 함께 사용되고 있다. 이 중 블루투스 클래식은 유선 시리얼 통신을 대체하기 위한 목적으로 만들어졌으므로 블루투스 모듈을 사용하여 유선 통신을 간단하게 무선 통신으로 바꿀 수 있도록 해준다. 이 장에서는 블루투스 클래식을 사용하는 방법과 이를 통해 컴퓨터와 연결하는 방법을 알아본다.

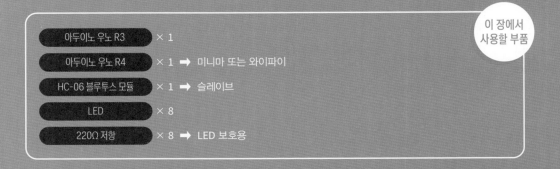

이 장에서
사용할 부품

아두이노 우노 R3	× 1	
아두이노 우노 R4	× 1	➡ 미니마 또는 와이파이
HC-06 블루투스 모듈	× 1	➡ 슬레이브
LED	× 8	
220Ω 저항	× 8	➡ LED 보호용

블루투스

블루투스Bluetooth는 1990년대 초 에릭슨Ericsson이 개발한 개인 근거리 무선 통신Personal Area Network, PAN을 위한 표준으로 **RS-232C 유선 통신을 대체하는 저가격, 저전력 무선 기술**로 개발되었다. 블루투스는 기본적으로 10m 이내 짧은 거리 통신을 목표로 하며 2.4GHz 대역인 ISMIndustrial, Scientific, Medical 대역을 사용한다. ISM 대역은 산업, 과학 및 의료 목적으로 할당된 대역으로 전파 사용에 대한 허가를 받을 필요가 없어 저전력의 개인용 무선기기에 많이 사용되고 있다. **블루투스 이외에 마이크로컨트롤러에서 흔히 사용되는 무선랜(WiFi)과 지그비 역시 ISM 대역을 사용한다.**

블루투스는 1999년 1.0 버전이 발표된 이후 여러 번 버전이 바뀌면서 현재 5.4 버전까지 발표되었다. 블루투스는 4.0 버전에서 저전력 블루투스인 BLEBluetooth Low Energy가 소개되면서 4.0 버전 이후 블루투스는 전송 속도를 중시하는 블루투스 클래식과 전력 소모를 줄인 BLE의 두 가지로 구성되어 있다. 블루투스 클래식과 BLE는 블루투스라는 이름을 같이 사용하지만 각기 다른 목적으로 만들어진 만큼 서로 호환되지 않는다. 표 28.1은 블루투스의 버전별 특징을 나타낸 것으로, 최대 속도는 이론적인 최대 속도로 실제 제품에 적용된 속도는 이와 다를 수 있다.

표 28.1 블루투스 버전별 특징

버전	연도	최대 속도(bps)	특징
1.0	1999	721k	• 7개 장치까지 동시 연결 지원 • RSSI(Received Signal Strength Indicator) 지원
1.1	2001		
1.2	2002		
2.0	2004	3M	• EDR(Enhanced Data Rate) 도입 • NFC를 통한 페어링 지원
2.1	2007		
3.0	2009	24M	• 와이파이 채널을 통한 HS(High Speed) 전송 지원
4.0	2010	24M 1M(BLE)	• BLE(Bluetooth Low Energy) 도입
4.1	2013		• 자동 재연결 지원
4.2	2014		• IoT(Internet of Things)를 위한 기능 추가

(계속)

버전	연도	최대 속도(bps)	특징
5	2016		• 전송 속도를 줄여 원거리 전송 가능
			• 메시(mesh) 네트워크 지원
5.1	2019	48M	• 수신 신호의 방향 탐지 지원
5.2	2020	2M(BLE)	
5.3	2021		
5.4	2023		

블루투스 클래식에서는 기기 간의 통신 방식을 정의하기 위해 프로파일profile**을 사용한다.** 프로파일은 블루투스를 이용한 애플리케이션을 구현할 때 애플리케이션에서 따라야 할 표준을 정의하고 있다. 따라서 프로파일에 따라 제작된 애플리케이션은 제작사와 무관하게 호환된다. 블루투스 표준을 관리하는 **Bluetooth SIG**Special Interest Group에서는 애플리케이션에서 사용할 수 있는 다양한 프로파일을 정의하고 있으며, 이 장에서는 **시리얼 통신 에뮬레이션을 위한 프로파일인 시리얼 포트 프로파일**Serial Port Profile, SPP**을 사용한다.** 마이크로컨트롤러에서 SPP를 지원하는 블루투스 모듈을 사용하는 경우 UART 통신 코드를 약간만 수정하고 블루투스 모듈을 연결하면 유선 UART 통신을 무선 블루투스 통신으로 바꿀 수 있다.

이 장에서는 블루투스 2.x 버전을 지원하는 모듈과 SPP 프로파일을 사용한 통신을 다룬다. 블루투스 클래식은 마스터와 슬레이브 구조를 가지며 하나의 마스터에 최대 7개까지 슬레이브를 연결할 수 있다. 하지만 이 장에서 사용하는 **HC-06 블루투스 모듈은 1:1 연결만 지원한다.**

아두이노 우노 R4 와이파이에는 와이파이 모듈로 ESP32-S3가 포함되어 있으며 ESP32-S3는 블루투스 역시 지원한다. 하지만 **ESP32-S3는 BLE만 지원하고 블루투스 클래식을 지원하지 않는다.** 따라서 블루투스 클래식을 사용하기 위해서는 아두이노 우노 R4에도 별도의 블루투스 모듈이 필요하며 BLE는 별도의 장에서 다룬다.

이 장에서는 블루투스 통신을 위해 HC-06 블루투스 모듈을 사용하며 블루투스 모듈은 UART 시리얼 통신으로 아두이노에 연결한다. 블루투스 모듈은 UART 시리얼 통신을 통해 전달된 데이터를 무선으로 보내고, 무선으로 받은 데이터를 UART 시리얼 통신으로 변환하여 아두이노로 전달하는 역할을 담당한다. 따라서 아두이노에서는 UART 시리얼 통신과 같은 방법으로 블루투스 통신을 사용할 수 있으며 실제 블루투스 통신은 HC-06 모듈이 담당하므로 걱정할 필요가 없다. 그림 28.1은 블루투스 모듈의 역할을 나타낸 것이다.

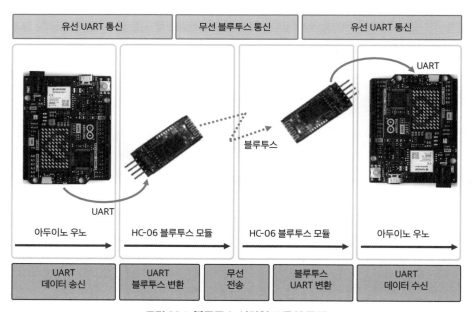

그림 28.1 **블루투스 시리얼 모듈의 동작**

HC-06 블루투스 모듈은 연결 핀 수에 따라 4핀 모듈과 6핀 모듈의 두 종류를 흔히 볼 수 있지만, VCC, GND, RX, TX의 4개 핀만 사용하고 나머지 핀은 사용하지 않는다.

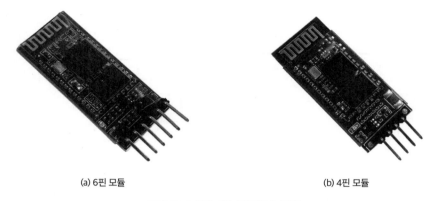

(a) 6핀 모듈   (b) 4핀 모듈

그림 28.2 HC-06 블루투스 모듈

HC-06 블루투스 모듈의 동작 전압은 3.3V이지만 모듈에 레귤레이터가 포함되어 있어 3.6~6.0V
의 전원을 연결할 수 있다. 하지만 데이터 입출력은 3.3V를 기준으로 한다. 따라서 5V 기준 전압
을 사용하는 아두이노 우노에 블루투스 모듈을 직접 연결하는 것을 추천하지 않지만, 직접 연결
해도 동작에 문제는 없다.[1] 5V 연결이 불안하다면 레벨 변환기를 사용하여 3.3V로 변환하여 사
용하면 된다.

그림 28.3과 같이 블루투스 모듈을 아두이노 우노의 2번과 3번 핀에 연결하자. 아두이노 우노는
0번과 1번 핀을 통해 UART 통신을 수행할 수 있지만, 아두이노 우노 R3에서 이 포트는 스케치
업로드와 컴퓨터와의 시리얼 통신을 위해 사용되므로 블루투스 모듈을 위해 사용하기는 어렵다.
따라서 블루투스 모듈은 2번과 3번 핀에 연결하고 SoftwareSerial 클래스를 사용하여 UART 통
신을 수행한다. 아두이노 우노 R4에서는 0번과 1번 핀의 Serial1을 사용하는 것도 가능하다.

---

1   온라인에서 HC-06 모듈을 아두이노에 직접 연결하는 예를 흔히 볼 수 있다. 동작에 문제가 발생하는 경우는 거의 없지만, 아두이노 우
     노에 직접 연결했을 때 문제가 발생하지 않는다는 근거는 없다.

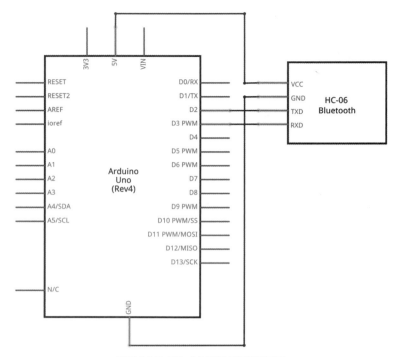

그림 28.3 HC-06 모듈 연결 회로도

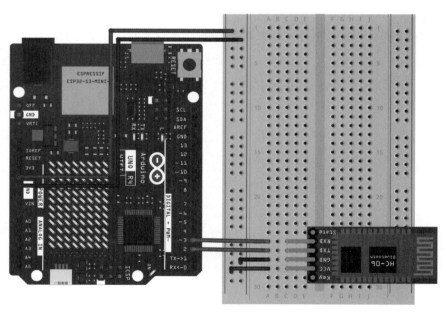

그림 28.4 HC-06 모듈 연결 회로

스케치 28.1을 아두이노 우노에 업로드하자. 스케치 28.1은 시리얼 모니터에 입력되는 데이터를 블루투스 모듈로 전달하고, 블루투스 모듈에서 출력되는 데이터를 시리얼 모니터로 출력하는 예로 블루투스 모듈을 설정하는 데 사용한다.

스케치 28.1 **블루투스 모듈 설정** `R3` `R4`

```
#include <SoftwareSerial.h>

SoftwareSerial BTSerial(2, 3);               // 소프트웨어 시리얼 포트(RX, TX)
boolean NewLine = true;

void setup() {
  Serial.begin(9600);                        // 시리얼 통신 초기화
  while (!Serial);
  BTSerial.begin(9600);                      // 블루투스 모듈 초기화
}

void loop() {
  while (Serial.available()) {               // 시리얼 모니터 → 아두이노 → 블루투스 모듈
    char ch = Serial.read();

    if (ch != '\n' && ch != '\r') {          // 개행문자는 블루투스 모듈로 전달하지 않음
      BTSerial.write(ch);
    }
    if (NewLine) {
      Serial.print("\n> ");
      NewLine = false;
    }
    if (ch == '\n') {
      NewLine = true;
    }
    Serial.write(ch);
  }

  while (BTSerial.available()) {             // 블루투스 모듈 → 아두이노 → 시리얼 모니터
    char ch = BTSerial.read();
    Serial.write(ch);
  }
}
```

스케치 28.1을 업로드한 후 시리얼 모니터에서 **문자열 기반의 명령으로 블루투스 모듈을 설정할 수 있으며 이를 'AT 명령**command'이라고 한다. 스케치 28.1을 업로드한 후 시리얼 모니터에 'AT'를 입력했을 때 블루투스 모듈에 이상이 없다면 'OK' 문자열을 반환하며 반환된 문자열은 시리얼 모니터에 표시된다. 단, HC-06 블루투스 모듈은 디폴트 값으로 9600보율로 설정되어 있으므로 스케치

28.1에서도 9600보율을 사용했다.[2] **AT 명령은 개행문자를 사용하지 않으므로 개행문자가 블루투스 모듈로 전달되면 명령이 정상적으로 실행되지 않는다.** 표 28.2는 블루투스 모듈을 슬레이브 모드로 설정하기 위한 명령을 나타낸다.

표 28.2 HC-06 슬레이브 모드 설정 AT 명령[3]

명령	사용 방법	반환값	비고
AT	AT	OK	모듈 동작 확인
AT+VERSION	AT+VERSION	OKlinvorV1.8	펌웨어 버전 확인
AT+NAME	AT+NAME**UnoBlue**	OKsetname	이름 설정
AT+PIN	AT+PIN**1234**	OKsetPIN	PIN 설정
AT+BAUD	AT+BAUD**4**	OK9600	통신 속도 설정
AT+ROLE	AT+ROLE=**S**	OK+ROLE:S	슬레이브 설정

AT+NAME은 모듈의 이름을 설정하기 위해 사용된다. 모듈의 이름은 블루투스 기기를 검색했을 때 표시되는 이름이다. AT+PIN은 페어링 과정에서 사용되는 비밀번호인 핀Personal Identification Number, PIN 설정을 위해 사용된다. 핀은 페어링 과정에서만 사용되므로 페어링이 이루어진 이후에는 다시 입력할 필요가 없다. AT+BAUD는 통신 속도를 설정하기 위해 사용되며 숫자에 따른 통신 속도는 표 28.3과 같다. AT+ROLE은 마스터 또는 슬레이브 역할을 지정하기 위해 사용되며이 장에서는 슬레이브로 설정했다.[4]

표 28.3 전송 속도

숫자	전송 속도(Baud)	숫자	전송 속도(Baud)
1	1200	5	19200
2	2400	6	38400
3	4800	7	57600
4	9600	8	115200

표 28.2의 명령을 순서대로 실행하여 HC-06 블루투스 모듈을 슬레이브 모드로 설정한 결과는 그림 28.5와 같다.

---

2 HC-06 펌웨어의 버전에 따라 디폴트 값이 다를 수 있으므로 9600보율로 동작하지 않을 때는 데이터시트를 확인하여 해당 보율로 변경해야 한다.

3 AT 명령 사용 방법과 반환값은 펌웨어 버전에 따라 달라질 수 있다. 이 장에서는 1.8 버전을 기준으로 한다.

4 HC-06 모듈을 마스터 또는 슬레이브로 설정할 수 있는 AT 명령은 펌웨어 버전 1.7 이상에서만 사용할 수 있다.

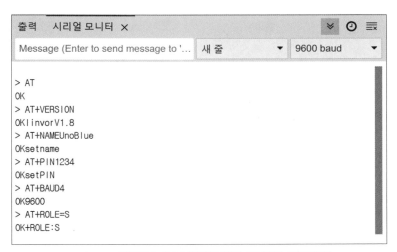

그림 28.5 블루투스 모듈 설정을 위한 AT 명령 실행 결과

그림 28.5에서는 통신 속도가 변하지 않았지만, 통신 속도를 다른 값으로 변경하면 스케치 28.1에서 블루투스 모듈과의 통신 속도를 변경해서 다시 업로드해야 이후 설정이 가능하다. 마스터 또는 슬레이브로 역할을 바꾼 경우에도 블루투스 모듈을 다시 시작해야 한다.

28.3 스마트폰과 블루투스 통신

아두이노에 연결한 블루투스 모듈을 슬레이브로 설정했으므로 스마트폰을 마스터로 설정하여 아두이노와 스마트폰 사이에 블루투스 통신을 수행해 보자. 블루투스 모듈은 그림 28.3과 같이 아두이노 우노에 연결되어 있고 표 28.2의 AT 명령으로 슬레이브 모드로 설정된 것으로 가정하며, 스마트폰은 안드로이드 운영체제를 사용하는 것으로 가정한다. 스마트폰에서 블루투스를 활성화하면 연결할 수 있는 블루투스 기기를 검색하여 보여준다.

그림 28.6 블루투스 기기 목록

그림 28.6의 연결 가능한 기기 목록에서 블루투스 모듈의 이름으로 설정한 'UnoBlue'를 확인할 수 있다. **블루투스 통신을 위한 연결은 '페어링'과 '연결'의 두 단계를 거쳐 이루어진다.** 연결 대상이 되는 기기들 사이에서 인증을 통해 연결할 기기를 등록하는 과정을 페어링pairing이라 하고, 페어링 과정에서 인증을 위해 핀을 사용한다. 한 번 페어링된 기기는 페어링을 해제하기 전까지 핀을 다시 입력할 필요가 없다. **페어링이 이루어진 이후에 실제로 데이터를 주고받기 위한 연결이 진행될 수 있다.** 그림 28.6에서 'UnoBlue'를 선택하면 그림 28.7과 같이 핀을 입력하는 창이 나타난다.

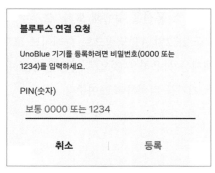
그림 28.7 블루투스 기기 페어링

그림 28.7에 표 28.2에서 설정한 '1234'를 입력하면 페어링은 끝난다. 그림 28.8에서 UnoBlue가 '연결 가능한 기기'에서 '등록된 기기'로 바뀐 것에서 페어링이 이루어진 것을 확인할 수 있다.

그림 28.8 페어링 완료

스마트폰에 블루투스 모듈이 등록되었으면 스마트폰과 아두이노 우노를 연결해서 데이터를 주고받을 수 있다. 데이터를 주고받기 위해서는 스마트폰에 블루투스 통신을 위한 애플리케이션을 설치해야 한다. 플레이스토어에서 '블루투스 터미널'을 검색하여 'Serial Bluetooth Terminal[5]'을 설치하자. 애플리케이션을 설치한 후 실행하면 시리얼 모니터와 비슷한 화면을 확인할 수 있다.

---

5 https://play.google.com/store/apps/details?id=de.kai_morich.serial_bluetooth_terminal&hl=ko

그림 28.9 **Serial Bluetooth Terminal 초기 화면**

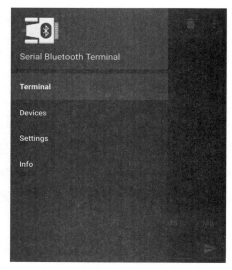

그림 28.10 **Serial Bluetooth Terminal 메인 메뉴**

초기 화면에서 왼쪽 위의 메인 메뉴(☰)를 열어 'Devices'를 선택하면 페어링된 기기 목록을 확인할 수 있다. 목록에 원하는 블루투스 기기가 나타나지 않는다면 페어링을 먼저 해주어야 한다.

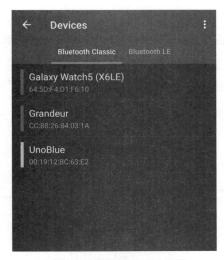

그림 28.11 페어링된 기기 목록

기기 목록에서 'UnoBlue'를 선택하면 자동으로 연결된다. HC-06 블루투스 모듈의 경우 스마트폰(마스터)과 연결이 되지 않은 상태에서는 LED가 깜빡거리지만, 연결된 후에는 LED가 켜진 상태로 바뀌므로 연결 상태를 쉽게 확인할 수 있다.

아두이노 우노에 그림 28.3과 같이 블루투스 모듈을 연결하고 스케치 28.1을 업로드한다. 시리얼 모니터를 열고 문자열을 입력한 후 엔터 키를 누르면 입력한 문자열은 스마트폰의 Serial Bluetooth Terminal에 나타나고, Serial Bluetooth Terminal에 문자열을 입력한 후 전송하면 시리얼 모니터에 나타난다.

그림 28.12 스마트폰과 아두이노의 블루투스 통신

아두이노와 스마트폰이 단순히 문자열을 주고받는 것으로 보일 수 있지만, 블루투스는 데이터 전달을 위한 수단이다. **블루투스는 어떤 작업을 수행하기 위해 무선으로 데이터를 전달하는 방법일 뿐, 그 데이터로 어떤 작업을 할지는 블루투스와는 다른 이야기다.** 그림 28.13과 같이 블루투스 모듈을 2번과 3번 핀에 연결하고 6번부터 13번 핀까지 8개의 LED를 연결한 후 스마트폰으로 LED를 제어해 보자.

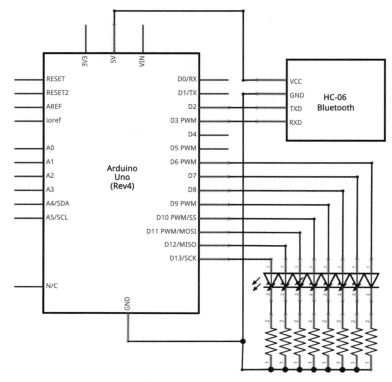

그림 28.13 블루투스 모듈과 LED 연결 회로도

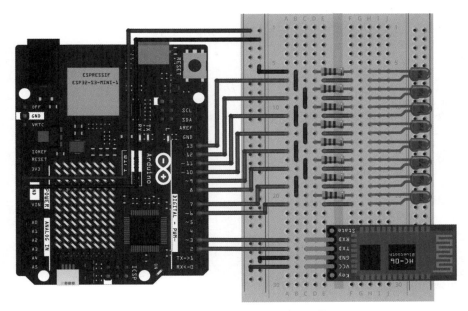

그림 28.14 **블루투스 모듈과 LED 연결 회로**

스케치 28.2는 Serial Bluetooth Terminal에서 0~8 사이의 숫자를 입력한 후 전송하면 전송된 수만큼의 LED를 켜는 예다. 한 자리 숫자만 전송하면 되므로 문자열이 아닌 문자 단위로 읽어 처리하도록 했으며, Serial Bluetooth Terminal은 디폴트로 CR+LF를 전송하는 문자열 끝에 추가하여 보내므로 개행문자는 무시하도록 했다. Serial Bluetooth Terminal에서 추가되는 문자는 설정에서 바꿀 수 있다.

스케치 28.2 **스마트폰으로 LED 제어**   R3   R4

```
#include <SoftwareSerial.h>
int LEDs[] = { 6, 7, 8, 9, 10, 11, 12, 13 };        // LED 연결 핀

SoftwareSerial BTSerial(2, 3);                       // 소프트웨어 시리얼 포트(RX, TX)

void setup() {
  BTSerial.begin(9600);                             // 블루투스 모듈과의 시리얼 통신 초기화

  for (int i = 0; i < 8; i++) {                      // LED 연결 핀을 출력으로 설정
    pinMode(LEDs[i], OUTPUT);
    digitalWrite(LEDs[i], LOW);                      // 디폴트 상태는 꺼진 상태
  }
}

void loop() {
  while (BTSerial.available()) {                     // 블루투스를 통한 데이터 수신 확인
    char ch = BTSerial.read();                       // 한 문자 읽기
```

```
    if (ch == '\r' || ch == '\n') {                // 개행문자 무시
      continue;
    }

    if (ch >= '0' && ch <= '8') {                  // 0~8 사이 문자 수신
      int count = ch - '0';                        // 문자를 숫자로 변환
      BTSerial.println(String("Turn on ") + count + " LEDs.");

      for (int i = 0; i < 8; i++) {                // 해당 개수만큼 LED 켜기
        if (i < count) {
          digitalWrite(LEDs[i], HIGH);
        }
        else {
          digitalWrite(LEDs[i], LOW);
        }
      }
    }
    else {                                         // 잘못된 데이터 수신
      BTSerial.println("Invalid input...");
    }
  }
}
```

그림 28.15 스케치 28.2 실행 결과

28.4 맺는말

블루투스는 저전력 무선 통신 방법의 하나로 개인용 네트워크 구축을 목적으로 만들어졌다. 모바일 기기의 증가는 개인이 사용하는 다양한 장치들을 연결하려는 수요 역시 증가시켜 컴퓨터와 스마트폰을 시작으로 다양한 제품이 블루투스를 사용하고 있으며 계속 증가하고 있다.

이 장에서는 마이크로컨트롤러에서 흔히 사용하는 블루투스 클래식에 대해 알아봤다. 블루투스 클래식은 연결을 기반으로 간단하게 유선 통신을 대체할 수 있도록 SPP를 지원하고 있어 유선 통신을 사용하도록 구성된 시스템에 블루투스 모듈을 추가하여 간단하게 무선 시스템으로 바꿀 수 있다. 이 외에 최근 많이 사용되는 것이 저전력을 강조한 BLE이다. BLE는 블루투스 클래식과 호환되지는 않지만, 블루투스 클래식과는 다른 용도로 사용이 증가하고 있으며 별도의 장에서 다룬다.

1 스케치 28.2는 스마트폰에서 한 자리 숫자를 받아 해당하는 개수만큼의 LED를 켜는 예다. 이를 수정하여 1~8 사이의 숫자를 받아 해당 위치의 LED만 켜지도록 스케치를 작성해 보자. 잘못된 입력은 무시하고 항상 하나의 LED만 켜져 있도록 한다. 스케치를 시작할 때는 첫 번째 LED가 켜진 것으로 한다.

2 블루투스는 컴퓨터와 스마트폰 이외에도 다양한 전자제품에 사용된다. 블루투스가 사용된 예를 찾아보고 블루투스가 다양한 환경에서 다양한 제품에 사용되는 이유와 블루투스의 한계를 생각해 보자.

저전력 블루투스

블루투스는 개인용 근거리 무선 통신을 위해 개발되었으며 컴퓨터와 스마트폰을 비롯하여 다양한 기기가 블루투스를 사용하고 있다. 하지만 사물인터넷의 확산과 함께 배터리로 동작하는 기기가 증가하면서 기존 블루투스의 많은 전력 소비가 걸림돌이 됨에 따라 전력 소비 문제를 해결하기 위해 등장한 것이 저전력 블루투스Bluetooth Low Energy, BLE다. BLE는 저전력 이외에도 기존 블루투스와 달리 연결 없이 데이터를 전송할 수 있는 기능, 메시 네트워크 구성 기능 등을 제공함으로써 다양한 분야에서 BLE의 채택이 증가하고 있다. 이 장에서는 아두이노 우노 R4 와이파이에 포함된 ESP32-S3 모듈을 통해 BLE를 사용하는 방법을 알아본다.

이 장에서
사용할 부품

아두이노 우노 R4 와이파이	× 2
버튼	× 2
1kΩ 저항	× 2 ➡ 버튼의 풀다운 저항

저전력 블루투스(BLE)

1990년대 초 개발된 블루투스는 버전이 바뀌면서 전송 속도가 증가했지만, 빠른 전송을 위해 전력 소비 역시 증가했다. 사물인터넷의 확산과 함께 배터리로 동작하는 기기가 늘어나면서 전력 소비는 중요한 문제로 떠올랐고, 기존 블루투스가 전력 문제로 사물인터넷 환경에 적합하지 않다는 문제점을 개선하기 위해 블루투스 4.0에서 새로 소개된 것이 저전력 블루투스다. 블루투스 3.0까지 데이터 전송 속도를 중시한 것을 블루투스 클래식이라 하고 블루투스 4.0에서 BLE가 소개되면서 지금은 서로 다른 두 가지 통신 방법이 블루투스라는 이름을 같이 사용하고 있다. **블루투스 클래식과 BLE는 서로 다른 목적으로 만들어진 서로 다른 통신이므로 호환되지 않는다.**

블루투스 클래식이 연결을 기반으로 동작한다면 BLE는 게시판처럼 동작한다. 즉, 정보를 제공하는 장치(주변 장치)가 게시판에 정보를 등록하면 등록된 정보를 필요로 하는 장치(중앙 장치)가 읽어서 사용한다. 이때 게시판에 등록된 정보는 여러 중앙 장치가 읽을 수 있고, 하나의 중앙 장치는 여러 주변 장치가 서로 다른 게시판에 등록한 정보를 읽을 수 있다. 클라이언트 서버 모델과 비교하면 주변 장치는 정보를 제공하는 서버에 해당하고, 중앙 장치는 정보를 사용하는 클라이언트에 해당한다고 볼 수 있다.

주변 장치가 정보를 등록하고 중앙 장치가 이를 읽어오기 위해서는 먼저 두 장치를 연결해야 한다. 두 BLE 장치의 연결은 먼저 주변 장치가 자신의 존재를 알리는 패킷을 주기적으로 전송하고 중앙 장치가 검색/스캔을 통해 주변 장치를 발견함으로써 이루어진다. 이처럼 BLE 장치의 스캔과 연결을 관리하는 것이 GAP_{Generic Access Profile}의 역할 중 하나다. 주변 장치가 다른 BLE 장치(주변 장치)에 자신의 존재를 알리기 위해 전송하는 패킷을 광고 패킷_{advertising packet} 또는 브로드캐스트 패킷_{broadcast packet}이라고 한다. 브로드캐스트 패킷에는 연결 정보, 제공하는 서비스 정보 등과 함께 작은 크기의 사용자 데이터를 포함할 수 있다. 브로드캐스트 패킷의 사용자 데이터를 사용하면 적은 데이터지만 연결 없이 단방향의 데이터 전송이 가능하며 이때 주변 장치를 게시 장치_{broadcaster}, 중앙 장치를 관찰 장치_{observer}라고 한다. 이처럼 **BLE에서는 연결 없이 적은 데이터를 단방향으로 전송하는 게시 모드와 연결 기반으로 데이터를 교환하는 연결 모드의 두 가지를 사용할 수 있다.**

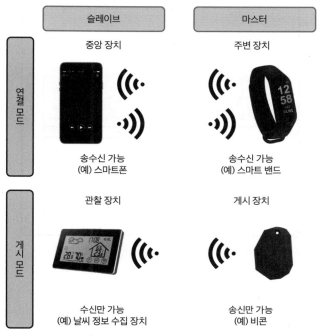

그림 29.1 게시 모드와 연결 모드

GAP을 통해 주변 장치를 발견하고 연결할 수 있다면, 연결 이후 데이터 교환은 서비스와 속성을 통해 이루어지며 이를 관리하는 것이 GATTGeneral Attribute Profile이다. 두 장치가 연결되면 주변 장치는 더 이상 브로드캐스트 패킷을 게시하지 않으며 대신 데이터 패킷을 게시한다.

그림 29.2에서 볼 수 있는 것처럼 **주변 장치가 제공하는 정보는 서비스 단위로 구성되며 각 서비스는 다시 특성characteristic의 집합으로 구성된다.** 블루투스 클래식에서와 달리 주변 장치는 등록하는 정보를 중앙 장치가 읽는지와 무관하게 정보를 등록하고, 중앙 장치는 정보가 필요할 때 주변 장치에서 정보를 읽어올 수 있다. 즉, 주변 장치가 정보를 변경하더라도 중앙 장치는 이를 모르고 지나 갈 수 있다.

주변 장치와 중앙 장치는 필요할 때 정보를 등록하고 읽는 것이 기본이지만, 통지notify 기능을 사용하면 정보가 변경되었을 때 이를 중앙 장치에 알려주는 것이 가능하다. 센서 데이터가 바뀌었을 때 센서 데이터를 사용하는 중앙 장치에 이를 알려주는 것이 통지 기능의 대표적인 예다. 클라이언트-서버 구조와 함께 통지 기능을 사용하는 방식을 게시-구독 모델publish and subscribe model이라고 한다.

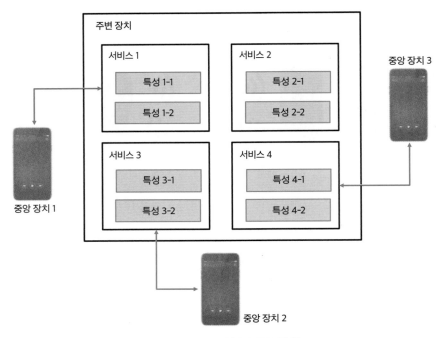

그림 29.2 **주변 장치와 중앙 장치**

주변 장치가 등록한 정보를 주변 장치가 읽어서 사용하기 위해서는 필요한 정보를 구별하는 방법이 필요하며 이를 위해 UUID_{Universally Unique IDentifier}(범용 고유 식별자)를 사용한다. UUID는 네트워크상에서 개체를 유일하게 나타내기 위해 사용하는 이름으로, **서비스뿐만 아니라 특성 역시 UUID로 구별한다.** UUID는 16바이트(128비트) 숫자로 32자리의 16진수로 표시한다. BLE에서는 흔히 사용하는 서비스와 특성에 대해 미리 정의된 UUID를 부여하고 있다.[1] 미리 정의된 UUID는 128비트의 UUID 중 상위의 2바이트 또는 4바이트만을 사용하는 축약된 16비트 또는 32비트 형식을 사용하며, 16비트만을 사용하는 방식이 흔히 사용된다. 나머지 112비트는 미리 정의된 서비스 제공을 위한 베이스 UUID라고 하며 다음과 같이 정의되어 있다. 사용자 정의 서비스의 경우에는 128비트 UUID를 모두 지정해야 한다.

> 베이스 UUID: 0000xxxx-0000-1000-8000-00805F9B34FB

---

1   https://www.bluetooth.com/specifications/assigned-numbers

블루투스 클래식에서는 데이터 교환 방식을 정의하기 위해 프로파일을 사용한다. 따라서 프로파일, 즉 사용 목적이 달라지면 데이터 교환 방식 역시 달라질 수 있다. 반면 BLE에서는 같은 방식으로 데이터를 교환하며 서비스를 통해 제공하는 데이터의 종류에 차이가 있을 뿐이다. 이러한 차이는 BLE가 적은 전력으로 짧은 거리에서 적은 데이터를 전송하기 위한 목적으로 만들어졌기 때문이다. 따라서 **BLE에서 프로파일은 미리 정의된 서비스의 집합으로 생각해야 한다.** 예를 들어, 심박 프로파일은 심박 서비스와 심박 측정장치 서비스의 집합으로 심박을 측정하고 활용하는 데 사용할 수 있는 데이터 집합으로 생각할 수 있다. 심박 프로파일에 포함되는 심박 서비스에는 심박수와 함께 심박수를 측정한 위치, 측정 시간 등의 데이터를 특성으로 포함할 수 있으며, 각 특성은 하나의 값에 해당한다. 이처럼 BLE에서 단순히 데이터를 전달하지 않고 서비스와 특성을 사용하는 것은 표준 형식에 따라 데이터를 구조적으로 표현함으로써 장치 간 호환성을 높이기 위해서다.

29.2 ESP32-S3 모듈

아두이노 우노 R4 와이파이에는 ESP32-S3 모듈이 포함되어 있다. Espressif Systems[2]에서 제작하여 판매하는 ESP32 시리즈는 와이파이와 블루투스 기능을 포함하고 있는 마이크로컨트롤러 또는 SoC(System on Chip)이다. Espressif Systems의 주요 제품 중 하나가 2014년 출시된 ESP8266이다. ESP8266은 와이파이 기능을 포함하고 있는 마이크로컨트롤러로, 저렴한 가격에 와이파이 기능을 제공하여 널리 사용되었다. 아두이노에서도 아두이노 우노 와이파이(Arduino UNO WiFi)에서 와이파이 기능을 위해 ESP8266을 사용했지만, 버전이 바뀌면서 아두이노 우노 와이파이 Rev2에서는 ESP32를 사용하고 있다. ESP32는 ESP8266에 블루투스 기능을 추가하고 듀얼 코어에 더 빠른 클록, 더 큰 메모리, 더 많은 입출력 핀을 제공하는 업그레이드 버전에 해당한다. ESP32는 출시 이후 ESP32-S, ESP32-C, ESP32-H 등 여러 가지 버전이 출시되었다. 이 중 ESP32-C와 ESP32-H는 RISC-V 코어를 이용하여 만들어진 칩이고 ESP32-S만 ESP8266, ESP32와 같은 Xtensa 코어를 사용하고 있다.

---

2   http://espressif.com

아두이노 우노 R4 와이파이에 포함된 **ESP32-S3는 ESP32 시리즈 중 가장 늦게 출시된 것으로, 2.4GHz 와이파이와 블루투스 5.0 LE를 지원하지만 블루투스 클래식은 지원하지 않는다.** 아두이노 우노 R4 와이파이 이외에도 ESP32 시리즈 칩은 여러 아두이노 보드에 사용되고 있다. ESP32는 ESP32-S3와 달리 4.2 버전의 블루투스 클래식과 BLE를 모두 지원한다.

(a) 아두이노 우노 와이파이 Rev2(ESP32)

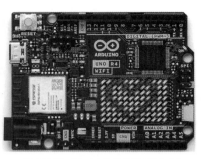

(b) 아두이노 우노 R4 와이파이(ESP32-S3)

(c) 아두이노 나노 33 IoT(ESP32)

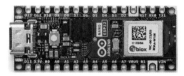

(d) 아두이노 나노 ESP32(ESP32-S3)

그림 29.3 ESP32 시리즈 칩을 사용하는 아두이노 보드

아두이노 우노 R4 와이파이의 ESP32-S3 모듈을 사용하기 전에 ESP32-S3 모듈의 펌웨어를 최신 버전으로 업데이트하는 것을 추천한다. 펌웨어를 업데이트하기 전에 먼저 현재 설치된 펌웨어의 버전을 확인해 보자. 펌웨어 버전은 ESP32-S3를 위한 WiFiS3 라이브러리를 사용해서 확인할 수 있다.

스케치 29.1 ESP32-S3 모듈 펌웨어 버전 확인 `R4 WiFi`

```
#include <WiFiS3.h>

void setup() {
  Serial.begin(9600);
  while (!Serial);

  String fv = WiFi.firmwareVersion();
  Serial.print("ESP32-S3 Firmware Version : " + fv);
}

void loop() {
}
```

그림 29.4 **스케치 29.1 실행 결과**

펌웨어 업데이트를 위해 '도구 ➡ Firmware Updater' 메뉴 항목을 선택한다.

그림 29.5 **아두이노 IDE의 펌웨어 업데이트 프로그램**

그림 29.5의 펼침 메뉴에서 아두이노 우노 R4 와이파이를 선택하고 '업데이트 확인' 버튼을 누른다.

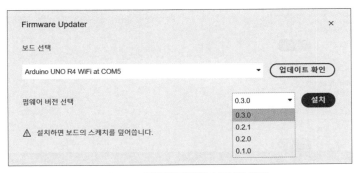
그림 29.6 **설치할 펌웨어 선택 및 설치**

그림 29.6에서 설치할 수 있는 펌웨어 버전이 현재 설치된 버전보다 높으면 최신 버전을 선택하고 '설치' 버튼을 눌러 펌웨어를 업데이트한다. **펌웨어를 업데이트할 때는 시리얼 모니터를 닫은 상태여야 하며 업데이트가 끝난 후에는 케이블을 완전히 분리한 후 다시 연결해야 아두이노가 정상적으로 동작한다.**

주변 장치 설정 및 사용

아두이노 우노 R4 와이파이에서 BLE를 사용하기 위해서는 아두이노에서 제공하는 ArduinoBLE 라이브러리를 사용할 수 있으며, ArduinoBLE 라이브러리는 그림 29.3에서 아두이노 나노 ESP32 를 제외한 모든 보드를 지원한다. 라이브러리 매니저에서 'Arduino BLE'를 검색하여 ArduinoBLE 라이브러리를 설치하자.

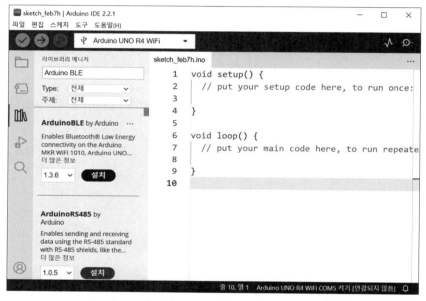

그림 29.7 ArduinoBLE 라이브러리 검색 및 설치[3]

ArduinoBLE 라이브러리를 사용하기 위해서는 먼저 헤더 파일을 포함해야 한다. '스케치 → 라이 브러리 포함하기 ➡ ArduinoBLE' 메뉴 항목을 선택하거나 #include 문을 직접 입력하면 된다.

```
#include <ArduinoBLE.h>
```

ArduinoBLE 라이브러리에서는 BLE를 지원하기 위해 여러 가지 클래스를 제공하고 있다. 대 표적인 클래스에는 BLE 모듈을 제어하는 데 사용되는 BLELocalDevice 클래스와 스캔 과정에

---

3   https://www.arduino.cc/reference/en/libraries/arduinoble

서 발견되었거나 연결된 원격 장치를 나타내는 **BLEDevice** 클래스가 있다. 라이브러리에서는 **BLELocalDevice** 클래스의 객체로 BLE를 생성하고 있으므로 별도의 객체를 생성하지 않고 사용할 수 있다.

- **begin**

```
int BLELocalDevice::begin(void)
   - 매개변수: 없음
   - 반환값: 초기화 성공 여부(0 또는 1)
```

BLE 모듈을 초기화하고 성공 여부를 반환한다.

- **setLocalName**

```
void BLELocalDevice::setLocalName(char *localName)
   - 매개변수
     localName: BLE 모듈의 이름
   - 반환값: 없음
```

BLE 모듈의 이름을 설정한다. 설정한 이름은 장치 스캔에 나타난다.

- **setAdvertisedServiceUuid**

```
void BLELocalDevice::setAdvertisedServiceUuid(const char* advertisedServiceUuid)
   - 매개변수
     advertisedServiceUuid: 제공할 서비스의 UUID
   - 반환값: 없음
```

브로드캐스트 과정에서 BLE 모듈을 통해 제공할 서비스의 UUID를 설정한다. UUID는 16비트 형식 또는 128비트 형식의 문자열로 지정할 수 있다.

- **advertise**

```
BLEDevice BLELocalDevice::advertise(void)
   - 매개변수: 없음
   - 반환값: 패킷 게시 성공 여부
```

브로드캐스트 패킷을 게시하기 시작하며, 성공 여부를 반환한다.

■ central

```
BLEDevice BLELocalDevice::central(void)
    - 매개변수: 없음
    - 반환값: 주변 장치에 연결된 중앙 장치 객체
```

주변 장치로 설정된 모듈에 연결된 중앙 장치를 나타내는 객체를 반환한다. 반환하는 중앙 장치 객체는 BLEDevice 클래스의 객체로, BLELocalDevice 클래스 역시 BLEDevice 클래스를 상속하여 만들어진 클래스다.

central 함수를 통해 얻은 BLEDevice 클래스 객체를 통해 주변 장치에 연결된 중앙 장치의 정보를 확인할 수 있다.

■ connected

```
bool BLEDevice::connected(void)
    - 매개변수: 없음
    - 반환값: 장치의 연결 여부
```

BLE 장치가 다른 장치에 연결되어 있는지를 반환한다.

■ address

```
String BLEDevice::address(void)
    - 매개변수: 없음
    - 반환값: 장치의 MAC 주소
```

장치의 MAC 주소를 문자열 형식으로 반환한다.

스케치 29.2는 ArduioBLE 라이브러리를 사용하여 아두이노 우노 R4 와이파이를 주변 장치로 설정한 후 중앙 장치의 연결을 기다리도록 하는 예다. 연결을 기다린다는 것은 브로드캐스트 패킷을 게시하는 상태를 말한다.

```
#include <ArduinoBLE.h>

void setup() {
  Serial.begin(9600);
  while (!Serial);

  pinMode(LED_BUILTIN, OUTPUT);

  if (!BLE.begin()) {                              // BLE 모듈 초기화
    Serial.println("* BLE 모듈 초기화에 실패했습니다.");
    while (1);
  }

  // 주변 장치 정보 설정
  BLE.setLocalName("BLETest");
  BLE.setAdvertisedServiceUuid("8CD4AF2D-5AD8-4ECF-A7F2-D3E462BCB262");

  BLE.advertise();                                 // BLE 모듈 시작
  Serial.println("* BLE 모듈을 시작했습니다. 중앙 장치 연결을 기다리고 있습니다.");
}

void loop() {
  BLEDevice central = BLE.central();               // 연결된 중앙 장치 검사

  if (central) {                                   // 중앙 장치가 연결된 경우
    Serial.print(" => 연결된 중앙 장치 : ");
    Serial.println(central.address());
    digitalWrite(LED_BUILTIN, HIGH);

    while (central.connected()) {
      // 중앙 장치가 연결된 상태에서의 동작
    }

    digitalWrite(LED_BUILTIN, LOW);                // 중앙 장치가 연결을 해제한 경우
    Serial.println(" => 중앙 장치 연결 종료");
  }
}
```

스케치 29.2를 업로드하면 아두이노 우노 R4 와이파이가 주변 장치로 동작한다. 주변 장치에 연결하여 데이터를 받아 사용하는 대표적인 중앙 장치에 스마트폰이 포함된다. 스마트폰에서 주변 장치를 검색하고 연결하기 위해서는 전용 애플리케이션이 필요하며 이 장에서는 'nRF Connect for Mobile'[4]을 사용한다. 스마트폰에 애플리케이션을 설치한 후 실행하면 BLE 장치를 검색해서 보여준다. 검색된 목록을 업데이트하고 싶으면 오른쪽 위에 있는 'SCAN' 버튼을 누르면 된다.

---

4   https://play.google.com/store/apps/details?id=no.nordicsemi.android.mcp&hl=ko&gl=US

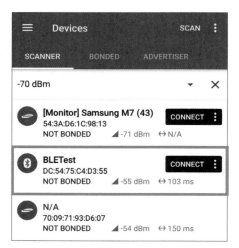

그림 29.8 nRF Connect for Mobile 애플리케이션

그림 29.8의 검색된 목록에서 스케치 29.2에서 설정한 'BLETest'를 발견할 수 있으면 스케치 29.2가 정상적으로 동작하는 것이다. 발견된 장치를 클릭하면 스케치 29.2에서 설정한 UUID 역시 확인할 수 있다.

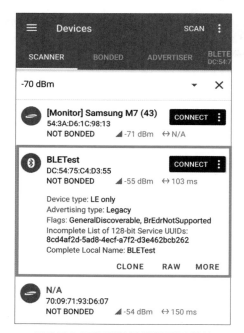

그림 29.9 중앙 장치 검색 및 정보 확인

그림 29.9에서 'CONNECT' 버튼을 누르면 중앙 장치인 스마트폰과 주변 장치인 아두이노가 연결된다. 두 장치가 연결되면 시리얼 모니터에 연결된 중앙 장치의 MAC 주소가 출력된다. 연결된 상태에서 오른쪽 위에 있는 'DISCONNECT' 버튼을 누르면 연결이 종료된다.

(a) 연결된 상태   (b) 연결이 끊어진 상태

그림 29.10 주변 장치(아두이노 우노 R4)와 중앙 장치(스마트폰) 연결

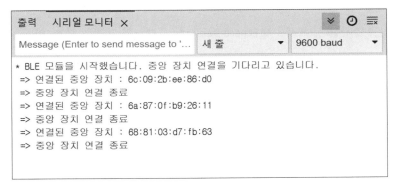

그림 29.11 스케치 29.2 실행 결과

스케치 29.2는 연결 과정만 보기 위한 것으로 별도의 서비스를 제공하지 않는다. 하지만 그림 29.10에서 'Generic Access'와 'Generic Attribute'라는 2개의 서비스를 확인할 수 있다. 이는 UUID16 형식의 미리 정해진 UUID를 가지며 BLE의 기본적인 정보를 제공하기 위해 GATT에서 제공하는 서비스다.

연결 방법을 알았으므로 사용자 정의 서비스를 제공하는 방법을 살펴보자. BLE에서 정보는 서비스와 특성을 통해 제공되며 서비스와 특성을 위해 ArduinoBLE 라이브러리에서는 BLEService 클래스와 BLECharacteristic 클래스를 제공하고 있다.

- **BLEService**

```
BLEService::BLEService(const char* uuid)
   - 매개변수
     uuid: 서비스의 UUID
   - 반환값: 없음
```

지정한 UUID를 갖는 BLE 서비스 객체를 생성한다. 문자열 형식의 UUID를 사용하는 생성자 이외에도 여러 생성자가 중복으로 정의되어 있다.

- **addCharacteristic**

```
void BLEService::addCharacteristic(BLECharacteristic& characteristic)
   - 매개변수
     characteristic: 서비스에 추가할 특성
   - 반환값: 없음
```

서비스에 특성을 추가한다. 특성은 BLECharacteristic 클래스의 객체를 사용한다.

BLECharacteristic 클래스는 서비스에 포함되는 특성을 나타내기 위해 사용된다. 특성값으로는 다양한 형식의 데이터를 사용할 수 있으며 데이터 형식에 따라 BLECharacteristic 클래스를 상속하여 만들어진 클래스가 사용된다. 예를 들어, 1바이트 크기의 데이터를 포함하는 클래스인 BLEByteCharacteristic 클래스가 BLECharacteristic 클래스를 상속하여 만든 클래스다. BLEByteCharacteristic 클래스에는 특성값을 읽거나 쓰기 위한 멤버 함수들이 정의되어 있다.

- **BLEByteCharacteristic**

```
BLEByteCharacteristic::BLEByteCharacteristic(const char* uuid, unsigned char properties)
   - 매개변수
     uuid: 특성의 UUID
     properties: 특성의 속성
   - 반환값: 없음
```

특성의 UUID와 속성으로 특성을 나타내는 객체를 생성한다. 이때 properties는 특성값의 속성으로 읽기(BLERead), 쓰기(BLEWrite) 등이 열거형 상수로 정의되어 있다.

■ **written**

```
bool BLEByteCharacteristic::written(void)
    - 매개변수: 없음
    - 반환값: 특성값의 변경 여부
```

다른 BLE 장치에 의한 특성값의 변경 여부를 반환한다.

■ **value**

```
byte BLEByteCharacteristic::value(void)
    - 매개변수: 없음
    - 반환값: 현재 특성값
```

현재 특성값을 반환한다. **BLEByteCharacteristic** 클래스에는 1바이트 크기의 데이터가 포함되어 있으므로 byte 형식의 값을 반환하지만, 특성의 종류에 따라 반환되는 값의 형식은 달라질 수 있다.

■ **writeValue**

```
byte BLEByteCharacteristic::writeValue(byte value)
    - 매개변수
      value: 특성값
    - 반환값: 쓰기 성공 여부
```

특성값을 기록한다.

특성을 추가한 서비스가 만들어지면 이를 BLE 모듈이 제공하는 서비스에 추가하고 연결하는 중앙 장치에서 사용할 수 있도록 설정해야 한다.

■ **addService**

```
void BLELocalDevice::addService(BLEService& service)
    - 매개변수
      service: BLE 모듈을 통해 제공할 서비스
    - 반환값: 없음
```

BLE 객체에 서비스를 추가한다.

■ **setAdvertisedService**

> void BLELocalDevice::setAdvertisedService(const BLEService& service)
> – 매개변수
>   service: BLE 모듈을 통해 제공할 서비스
> – 반환값: 없음

브로드캐스트 과정에서 BLE 모듈을 통해 제공할 서비스를 설정한다. setAdvertisedServiceUuid 함수에서는 매개변수를 문자열 형식의 UUID로 설정한다면 setAdvertisedService 함수에서는 BLEService 클래스 객체로 설정한다는 점에서 차이가 있다. 브로드캐스트 과정에서는 하나의 서비스만 설정할 수 있지만 연결된 후에는 addService 함수로 추가한 모든 서비스를 사용할 수 있다.

스케치 29.3은 LED 서비스에 LED의 상태를 나타내는 특성을 추가하고 중앙 장치에서 주변 장치의 LED를 원격으로 제어할 수 있도록 해주는 예다. 아두이노 우노 R4 와이파이에 스케치 29.3을 업로드하자.

스케치 29.3 주변 장치에 서비스 추가: LED 원격 제어

```
#include <ArduinoBLE.h>

// 사용자 정의 서비스
BLEService ledService("19B10000-E8F2-537E-4F6C-D104768A1214");
// 사용자 정의 특성
BLEByteCharacteristic switchCharacteristic(
        "19B10001-E8F2-537E-4F6C-D104768A1214", BLERead | BLEWrite);

void setup() {
  Serial.begin(9600);
  while (!Serial);

  pinMode(LED_BUILTIN, OUTPUT);

  if (!BLE.begin()) {                        // BLE 모듈 초기화
    Serial.println("* BLE 모듈 초기화에 실패했습니다.");
    while (1);
  }

  BLE.setLocalName("LED Service");           // 주변 장치 이름 설정

  // 서비스에 특성 추가
  ledService.addCharacteristic(switchCharacteristic);

  BLE.addService(ledService);                // BLE 객체에 서비스 추가
  BLE.setAdvertisedService(ledService);      // 제공할 서비스 설정
  switchCharacteristic.writeValue(0);        // 특성의 초깃값 설정
```

```
    BLE.advertise();                                   // BLE 모듈 시작

    Serial.println("* BLE 모듈을 시작했습니다. 중앙 장치 연결을 기다리고 있습니다.");
}

void loop() {
  BLEDevice central = BLE.central();                   // 연결된 중앙 장치 검사

  if (central) {                                       // 중앙 장치가 연결된 경우
    Serial.print(" => 연결된 중앙 장치 : ");
    Serial.println(central.address());

    while (central.connected()) {                      // 중앙 장치가 연결된 상태에서의 동작
      if (switchCharacteristic.written()) {
        if (switchCharacteristic.value()) {            // 중앙 장치가 0 이외의 값을 쓴 경우
          Serial.println(" => LED 켬(ON)");
          digitalWrite(LED_BUILTIN, HIGH);

        } else {                                       // 중앙 장치가 0의 값을 쓴 경우
          Serial.println(" => LED 끔(OFF)");
          digitalWrite(LED_BUILTIN, LOW);
        }
      }
    }

    // 중앙 장치가 연결을 해제한 경우
    Serial.println(" => 중앙 장치 연결 종료");
  }
}
```

주변 장치에서 제공하는 서비스의 특성값은 읽기(BLERead)와 쓰기(BLEWrite)가 가능하도록 설정했으므로 스마트폰에서 LED의 상태를 나타내는 특성값을 변경하여 LED의 상태를 제어할 수 있다. 'nRF Connect for Mobile' 애플리케이션을 실행하고 BLE 장치를 스캔한 후 이름이 'LED Service'인 장치에 연결하자. BLE 모듈에 스케치 29.2와는 다른 이름을 사용했으므로 다시 스캔해야 BLE 장치에 나타난다. 아두이노 우노 R4에 연결되면 그림 29.10과 달리 서비스가 추가된 것을 확인할 수 있으며, 서비스를 클릭하여 특성 목록 역시 확인할 수 있다.

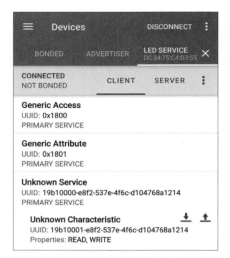

그림 29.12 서비스와 특성

특성의 오른쪽에는 2개의 화살표가 있고 아래쪽 화살표(⬇)는 읽기를, 위쪽 화살표(⬆)는 쓰기를 나타낸다. 읽기를 누르면 현재 LED의 상태를 나타내는 값을 읽어와 표시해 준다.

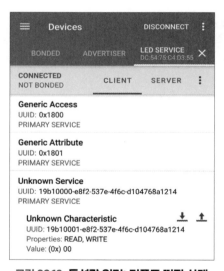

그림 29.13 특성값 읽기: 디폴트 꺼짐 상태

위쪽 화살표를 누르면 현재 LED의 상태를 나타내는 값을 변경할 수 있다. 화살표를 누른 후 다이얼로그에 '01'을 입력하고 'SEND' 버튼을 누르면 아두이노 우노의 내장 LED가 켜지는 것을 확인할 수 있다. 또한 '00'을 입력하고 'SEND' 버튼을 누르면 LED가 꺼진다. 데이터 타입이 **byte**이므로 반드시 16진수 두 자리 '00'이나 '01'로 입력해야 한다.

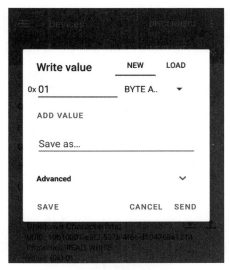

그림 29.14 특성값 쓰기

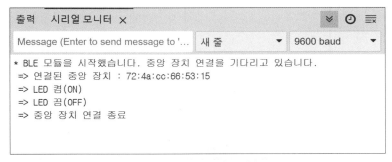

그림 29.15 스케치 29.3 실행 결과

중앙 장치 설정 및 사용

스케치 29.3은 아두이노 우노 R4 와이파이를 주변 장치로 설정하고 연결된 중앙 장치에서 LED 상태를 읽거나 쓸 수 있도록 해준다. 이때 중앙 장치인 스마트폰에서는 전용 애플리케이션을 사용했다. 다른 아두이노 우노 R4 와이파이를 중앙 장치로 설정하고 중앙 장치에 버튼을 연결하여 주변 장치의 LED를 제어하도록 해보자. 다른 아두이노 우노 R4 와이파이에 그림 29.16과 같이 버튼 2개를 연결한다. 2번 핀에 연결된 버튼은 주변 장치의 LED를 제어하는 데 사용하고, 3번 핀에 연결된 버튼은 현재 주변 장치와의 연결을 종료하는 데 사용한다.

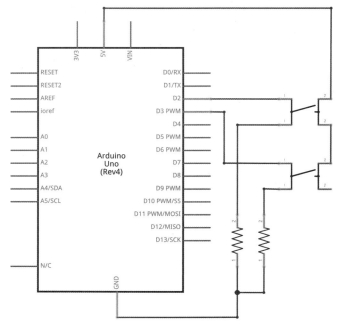

그림 29.16 **2개 버튼 연결 회로도**

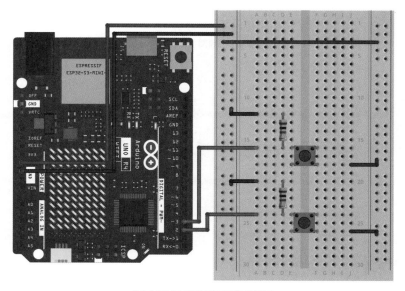

그림 29.17 **2개 버튼 연결 회로**

중앙 장치는 먼저 지정한 UUID를 갖는 서비스를 제공하는 주변 장치를 검색한다. 검색을 시작하기 위해서는 scanForUuid 함수를, 검색을 중단하기 위해서는 stopScan 함수를 사용하면 되고 검색된 장치는 available 함수를 통해 알아낼 수 있다.

■ scanForUuid

```
int BLELocalDevice::scanForUuid(String uuid)
  - 매개변수
    uuid: 서비스의 UUID
  - 반환값: 스캔 성공 여부(0 또는 1)
```

지정한 UUID를 갖는 서비스를 제공하는 BLE 장치 검색을 시작한다.

■ stopScan

```
void BLELocalDevice::stopScan(void)
  - 매개변수: 없음
  - 반환값: 없음
```

BLE 장치 검색을 중지한다.

■ available

```
BLEDevice BLELocalDevice::available(void)
  - 매개변수: 없음
  - 반환값: 스캔을 통해 발견된 BLE 장치
```

스캔 과정에서 발견된 BLE 장치를 반환한다. 반환되는 값은 BLEDevice 형식으로 원격 장치를 나타낸다.

검색을 통해 지정한 UUID를 갖는 서비스를 제공하는 장치를 발견한 후에는 발견한 장치에 연결해야 한다. 연결은 available 함수가 반환한 BLEDevice 객체의 connect 함수를 통해 이루어진다. 연결이 이루어지면 서비스를 통해 제공하는 특성을 characteristic 함수를 사용하여 얻어올 수 있다. 특성을 얻어오기 전에는 먼저 discoverAttributes 함수로 특성 목록을 검사해야 하며, 특성 목록을 검사하는 함수 이름이 characteristic이 아니라 attribute라는 점에 주의해야 한다.

■ connect

```
bool BLEDevice::connect(void)
   – 매개변수: 없음
   – 반환값: BLE 장치와의 연결 성공 여부
```

BLE 장치와의 연결을 시도하며 연결 성공 여부를 반환한다.

■ disconnect

```
bool BLEDevice::disconnect(void)
   – 매개변수: 없음
   – 반환값: BLE 장치와의 연결 끊기 성공 여부
```

연결된 BLE 장치와의 연결을 종료한다.

■ discoverAttributes

```
bool BLEDevice::discoverAttributes(void)
   – 매개변수: 없음
   – 반환값: 속성 발견 여부
```

연결된 장치에서 특성을 검색하여 나열한다.

■ characteristic

```
BLECharacteristic BLEDevice::characteristic(char *uuid)
   – 매개변수
     uuid: 특성의 UUID
   – 반환값: 지정한 UUID에 해당하는 특성 객체
```

지정한 UUID를 갖는 특성을 반환한다. discoverAttributes 함수로 특성 목록을 검사한 후 사용할 수 있으며 반환되는 값은 BLECharacteristic 형식이다.

characteristic 함수로 특정 UUID를 갖는 특성을 얻은 후에는 값을 읽거나 쓸 수 있다.

▪ writeValue

```
int BLECharacteristic::writeValue(uint8_t value)
int BLECharacteristic::writeValue(int8_t value)
  - 매개변수
    value: 특성값
  - 반환값: 지정한 UUID에 해당하는 특성 객체
```

특성값(value)을 쓴다. LED 제어를 위해 1바이트의 값을 사용하므로 1바이트 크기의 값을 쓰는 함수만 나타내었으며, 이 외에도 다양한 형식의 값을 쓰기 위한 함수가 정의되어 있다.

스케치 29.4는 그림 29.16과 같이 2개의 버튼이 연결된 아두이노 우노 R4 와이파이를 중앙 장치로 동작하도록 하는 예다. 주변 장치로 사용할 아두이노 우노 R4 와이파이에는 스케치 29.3이 업로드된 상태여야 한다. 스케치를 업로드하면 중앙 장치는 주변 장치와 자동으로 연결된다. 2번 핀에 연결된 버튼을 누르고 있는 동안 LED가 켜지고 버튼을 떼면 LED가 꺼진다. 3번 핀에 연결된 버튼을 누르면 현재 연결이 종료된다. 연결이 종료되면 자동으로 주변 장치를 검색하고 다시 연결이 이루어진다.

스케치 29.4 LED 제어: 중앙 장치　　`R4 WiFi`

```
#include <ArduinoBLE.h>

int buttonPin = 2;                           // LED 제어를 위한 버튼 연결 핀
int disconnectPin = 3;                       // BLE 연결 종료를 위한 버튼 연결 핀
int oldButtonState = LOW;

// 스케치 29.3과 같은 값 사용
String serviceUUID = "19b10000-e8f2-537e-4f6c-d104768a1214";    // 서비스 UUID
char * charUUID = "19b10001-e8f2-537e-4f6c-d104768a1214";       // 특성 UUID

void setup() {
  Serial.begin(9600);
  while (!Serial);

  pinMode(buttonPin, INPUT);                 // 버튼 연결 핀을 입력으로 설정
  pinMode(disconnectPin, INPUT);

  if (!BLE.begin()) {                        // BLE 모듈 초기화
    Serial.println("* BLE 모듈 초기화에 실패했습니다.");
    while (1);
  }

  Serial.println("* BLE 중앙 장치 - 주변 장치의 LED 제어");
  // 지정한 UUID를 갖고 있는 주변 장치 검색 시작
```

```
    BLE.scanForUuid(serviceUUID);
}

void loop() {
  BLEDevice peripheral = BLE.available();

  if (peripheral) {
    Serial.println(" => 주변 장치를 찾았습니다.");
    Serial.println(String("\t주소\t: ") + peripheral.address());
    Serial.println(String("\t이름\t: ") + peripheral.localName());
    Serial.println(String("\tUUID\t: ") + peripheral.advertisedServiceUuid());

    BLE.stopScan();                              // 주변 장치 검색 중지

    connectAndControl(peripheral);               // 연결 및 LED 제어

    BLE.scanForUuid(serviceUUID);                // 주변 장치 검색 다시 시작
  }
}

void connectAndControl(BLEDevice peripheral) {
  Serial.print(" => 주변 장치에 연결합니다...");

  if (peripheral.connect()) {
    Serial.println(" 연결에 성공하였습니다.");
  } else {
    Serial.println(" 연결할 수 없습니다.\n");
    return;
  }

  Serial.print(" => 속성(특성 목록)을 검사합니다...");
  if (peripheral.discoverAttributes()) {
    Serial.println(" 속성이 발견되었습니다.");
  } else {
    Serial.println(" 속성을 발견할 수 없습니다.\n");
    peripheral.disconnect();
    return;
  }

  BLECharacteristic ledCharacteristic = peripheral.characteristic(charUUID);
  if (!ledCharacteristic) {
    Serial.println(" => LED 특성이 존재하지 않습니다.\n");
    peripheral.disconnect();
    return;
  } else if (!ledCharacteristic.canWrite()) {
    Serial.println(" => LED 특성에 쓰기가 불가능합니다.\n");
    peripheral.disconnect();
    return;
  }
  Serial.println(" => LED 서비스의 LED 특성을 통해 LED를 제어합니다.");

  while (peripheral.connected()) {
```

```
    int buttonState = digitalRead(buttonPin);        // 버튼 상태 읽기

    if (oldButtonState != buttonState) {             // 버튼 상태가 바뀐 경우
      oldButtonState = buttonState;
      delay(20);                                     // 디바운싱

      if (buttonState) {
        Serial.println(" => 버튼 누름(LED ON) 데이터를 전송합니다.");
        ledCharacteristic.writeValue((byte)0x01);
      } else {
        Serial.println(" => 버튼 뗌(LED OFF) 데이터를 전송합니다.");
        ledCharacteristic.writeValue((byte)0x00);
      }
    }

    if (digitalRead(disconnectPin)) {
      Serial.println(" => 주변 장치와의 연결을 종료합니다...");
      peripheral.disconnect();
      delay(3000);
      break;
    }
  }

  Serial.println(" => 주변 장치와의 연결이 종료되었습니다.\n");
}
```

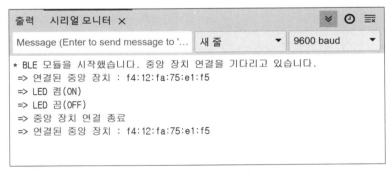

그림 29.18 **스케치 29.3 실행 결과: 주변 장치**

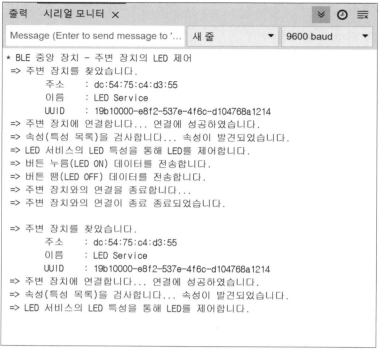

그림 29.19 스케치 29.4 실행 결과: 중앙 장치

문자열 전송

스케치 29.3과 스케치 29.4는 LED 제어를 위해 중앙 장치에서 주변 장치로 1바이트의 데이터를 한 방향으로만 전송한다. 여기서는 블루투스 클래식에서와 같이 양방향으로 문자열을 주고받는 스케치를 작성해 보자. **문자열 교환을 위해 주변 장치는 2개의 특성을 사용하며 하나는 송신을 위해, 다른 하나는 수신을 위해 사용한다.** 2개의 속성은 모두 문자열 데이터를 다루므로 최대 50바이트의 문자열을 보내는 것으로 가정했다. 주변 장치에서 중앙 장치로 보내는 데이터는 데이터가 변경되었을 때 중앙 장치에서 변경된 내용을 알아내고 변경된 값을 읽기 위해 BLERead와 BLENotify 속성을 가져야 한다. 반면 중앙 장치에서 주변 장치로 데이터를 보내기 위해서는 BLEWrite 속성만 가지면 된다. 특성이 갖는 속성은 주변 장치를 위한 것이 아니라 중앙 장치를 위한 것이다. 즉, **주변 장치가 중앙 장치로 보낼 문자열이 있는 경우 중앙 장치는 이를 알아채고(BLENotify) 수신한 문자열을 읽을**

(BLERead) 수 있도록 속성을 설정해야 한다. 또한 중앙 장치가 주변 장치로 문자열을 보내기 위해서는 중앙 장치가 주변 장치의 특성값을 쓸(BLEWrite) 수 있으면 된다.

스케치 29.5는 주변 장치를 위한 예로, 시리얼 모니터의 입력창에 문자열을 입력하고 엔터 키를 누르면 입력한 문자열이 중앙 장치로 보내진다. 중앙 장치가 보낸 문자열은 시리얼 모니터로도 출력한다.

스케치 29.5 문자열 전송: 주변 장치 `R4 WiFi`

```
#include <ArduinoBLE.h>
#define STRING_LENGTH 50

// 사용자 정의 서비스
BLEService stringService("19B10000-E8F2-537E-4F6C-D104768A1214");
// 사용자 정의 특성 – 최대 STRING_LENGTH 길이의 문자열 교환
BLECharacteristic stringSend("19B10001-E8F2-537E-4F6C-D104768A1214",
      BLERead | BLENotify, STRING_LENGTH + 1);
BLECharacteristic stringReceive("19B10002-E8F2-537E-4F6C-D104768A1214",
      BLERead | BLEWrite, STRING_LENGTH + 1);

void setup() {
  Serial.begin(9600);
  while (!Serial);

  if (!BLE.begin()) {                        // BLE 모듈 초기화
    Serial.println("* BLE 모듈 초기화에 실패했습니다.");
    while (1);
  }

  BLE.setLocalName("UART-Like");             // 주변 장치 이름 설정

  // 서비스에 특성 추가
  stringService.addCharacteristic(stringSend);
  stringService.addCharacteristic(stringReceive);

  BLE.addService(stringService);             // BLE 객체에 서비스 추가
  BLE.setAdvertisedService(stringService);   // 제공할 서비스 설정
  stringSend.writeValue("");                 // 특성의 초깃값 설정
  stringReceive.writeValue("");

  BLE.advertise();                           // BLE 모듈 시작

  Serial.println("* BLE 모듈을 시작했습니다. 중앙 장치 연결을 기다리고 있습니다.");
}

void loop() {
  BLEDevice central = BLE.central();         // 연결된 중앙 장치 검사

  if (central) {                             // 중앙 장치가 연결된 경우
```

```
        Serial.print(" => 연결된 중앙 장치 : ");
        Serial.println(central.address());

        char bufferSend[STRING_LENGTH + 1], bufferReceive[STRING_LENGTH + 1];
        boolean sendString = false;
        int index = 0;

        while (central.connected()) {              // 중앙 장치가 연결된 상태
          while (Serial.available()) {             // 중앙 장치로 전달할 문자열 입력
            char ch = Serial.read();
            if (ch == '\n') {                       // 문자열 끝 발견
              sendString = true;
              bufferSend[index] = 0;
            }
            else {
              bufferSend[index] = ch;
              index++;
            }
          }

          if (sendString) {                         // 중앙 장치로 문자열 전송
            stringSend.writeValue((void*)bufferSend, index + 1);
            Serial.println(String("주변 장치 송신 => ") + bufferSend);

            index = 0;
            sendString = false;
          }

          if (stringReceive.written()) {            // 중앙 장치에서 보낸 문자열 발견
            stringReceive.readValue(bufferReceive, STRING_LENGTH);
            Serial.println(String("주변 장치 수신 => ") + bufferReceive);
          }
        }

        // 중앙 장치가 연결을 해제한 경우
        Serial.println(" => 중앙 장치 연결 종료");
      }
    }
```

스케치 29.6은 중앙 장치를 위한 예다. 주변 장치를 위한 스케치와 다른 점은 **BLENotify** 속성을 갖는 특성의 값이 변경되었을 때 알림을 받기 위해 subscribe 함수를 사용했다는 점이다.

■ **subscribe**

```
bool BLECharacteristic::subscribe(void)
  - 매개변수: 없음
  - 반환값: 알림 등록 성공 여부
```

특성값이 변경되었을 때 알림 수신을 등록한다.

스케치 29.6 **문자열 전송: 중앙 장치** `R4 WiFi`

```
#include <ArduinoBLE.h>
#define STRING_LENGTH 50

// 서비스와 특성의 UUID로 송신과 수신을 위해 다른 특성을 사용
// 스케치 29.5와 같은 UUID 사용
String serviceUUID = "19b10000-e8f2-537e-4f6c-d104768a1214";
char *stringReceiveUUID = "19b10001-e8f2-537e-4f6c-d104768a1214";
char *stringSendUUID = "19b10002-e8f2-537e-4f6c-d104768a1214";

void setup() {
  Serial.begin(9600);
  while (!Serial);

  if (!BLE.begin()) {                            // BLE 모듈 초기화
    Serial.println("* BLE 모듈 초기화에 실패했습니다.");
    while (1);
  }

  Serial.println("* BLE 모듈을 시작했습니다. 주변 장치 검색을 시작합니다.");
  // 지정한 UUID를 갖고 있는 주변 장치 검색 시작
  BLE.scanForUuid(serviceUUID);
}

void loop() {
  BLEDevice peripheral = BLE.available();

  if (peripheral) {
    Serial.println(" => 주변 장치를 찾았습니다.");
    Serial.println(String("\t주소\t: ") + peripheral.address());
    Serial.println(String("\t이름\t: ") + peripheral.localName());
    Serial.println(String("\tUUID\t: ") + peripheral.advertisedServiceUuid());

    BLE.stopScan();                        // 주변 장치 검색 중지
    stringExchange(peripheral);            // 문자열 교환
    BLE.scanForUuid(serviceUUID);          // 주변 장치 검색 다시 시작
  }
}

void stringExchange(BLEDevice peripheral) {
  Serial.print(" => 주변 장치에 연결합니다...");

  if (peripheral.connect()) {
    Serial.println(" 연결에 성공하였습니다.");
  } else {
    Serial.println(" 연결할 수 없습니다.\n");
    return;
  }
```

```
Serial.print(" => 속성(특성 목록)을 검사합니다...");
if (peripheral.discoverAttributes()) {
  Serial.println(" 속성이 발견되었습니다.");
} else {
  Serial.println(" 속성을 발견할 수 없습니다.\n");
  peripheral.disconnect();
  return;
}

BLECharacteristic stringSend = peripheral.characteristic(stringSendUUID);
BLECharacteristic stringReceive = peripheral.characteristic(stringReceiveUUID);

if (!stringSend || !stringReceive) {
  Serial.println(" => 문자열 교환을 위한 특성이 존재하지 않습니다.\n");
  peripheral.disconnect();
  return;
}
if (!stringReceive.subscribe()) {
  Serial.println(" => 속성값 변경에 대한 알림을 받을 수 없습니다.\n");
  peripheral.disconnect();
  return;
}

Serial.println(" => 블루투스 클래식과 비슷한 방법으로 문자열을 교환합니다.");

char bufferSend[STRING_LENGTH + 1], bufferReceive[STRING_LENGTH + 1];
boolean sendString = false;
int index = 0;

while (peripheral.connected()) {
  while (Serial.available()) {                    // 주변 장치로 전달할 문자열 입력
    char ch = Serial.read();
    if (ch == '\n') {                             // 문자열 끝 발견
      sendString = true;
      bufferSend[index] = 0;
    }
    else {
      bufferSend[index] = ch;
      index++;
    }
  }

  if (sendString) {                               // 주변 장치로 문자열 전송
    stringSend.writeValue((void *)bufferSend, index + 1);
    Serial.println(String("중앙 장치 송신 => ") + bufferSend);

    index = 0;
    sendString = false;
  }

  if (stringReceive.valueUpdated()) {             // 주변 장치에서 보낸 문자열 발견
    stringReceive.readValue(bufferReceive, STRING_LENGTH);
```

```
    Serial.println(String("중앙 장치 수신 => ") + bufferReceive);
  }
}

  Serial.println(" => 주변 장치와의 연결이 종료 종료되었습니다.\n");
}
```

그림 29.20과 그림 29.21은 각각 주변 장치와 중앙 장치에서 문자열을 전송한 결과를 보여준다. 실행 결과는 블루투스 클래식에서 SPP를 사용한 것과 차이가 없어 보인다. 하지만 **BLE의 동작 방식은 블루투스 클래식과 전혀 다른 방식이므로 블루투스 클래식과는 연결할 수 없다.**

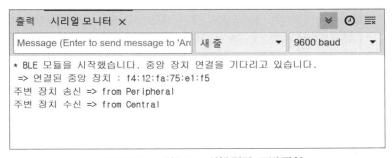

그림 29.20 스케치 29.5 실행 결과: 주변 장치

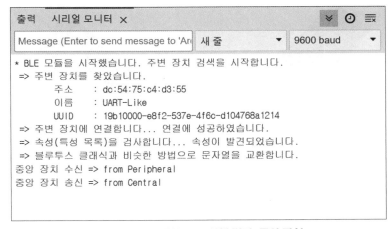

그림 29.21 스케치 29.6 실행 결과: 중앙 장치

BLE(저전력 블루투스)는 기존 블루투스 클래식의 소비 전력 문제를 해결하기 위해 블루투스 4.0에서 새로 소개된 방법이다. BLE의 등장으로 전력 소비 문제가 해결됨에 따라 블루투스는 웨어러블 기기를 비롯하여 다양한 기기에서 사용되고 있다. 하지만 BLE는 짧은 거리에서 적은 데이터를 전송하기 위한 목적으로 사용되므로, 고속의 대용량 데이터 전송에는 여전히 블루투스 클래식이 사용되고 있다.

아두이노 우노 R4 와이파이에는 ESP32-S3 모듈이 포함되어 있으며 ESP32-S3 모듈은 와이파이와 함께 BLE를 지원한다. 따라서 아두이노 우노 R4 와이파이에서는 별도의 외부 장치 없이 BLE를 사용할 수 있으므로 사물인터넷 등의 응용에서 활용도가 높다. 아두이노 우노 R3에서 BLE를 사용하려면, 블루투스 클래식을 위해 HC-06 모듈을 사용했던 것처럼 HM-10과 같은 BLE 전용 모듈을 사용하면 된다. 아두이노 우노 R4 와이파이에서도 블루투스 클래식을 사용하기 위해 전용 모듈이 필요하다는 점도 잊지 말아야 한다.

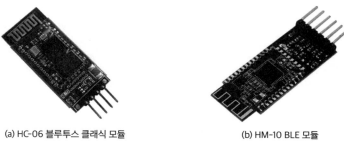

(a) HC-06 블루투스 클래식 모듈   (b) HM-10 BLE 모듈

그림 29.22 **블루투스 모듈**

이 장에서 다루지 않은 BLE의 응용 중 하나가 비콘이다. 비콘은 연결 없이 한 방향으로만 데이터를 전송하는 것으로, 간단한 정보를 제공할 수 있고 신호 강도를 기반으로 송신 기기와 수신 기기 사이의 거리를 측정할 수 있어 실내 측위나 위치 기반 서비스에서 사용되고 있다. 하지만 아두이노에서 제공하는 **ArduinoBLE** 라이브러리에서 비콘은 지원하지 않는다.

1 블루투스는 개인 근거리 무선 통신으로 만들어져 웨어러블 기기, 스마트 홈, 산업용 사물 인터넷 등 다양한 분야에서 사용되고 있다. 특히 블루투스 5.0 이후 메시 네트워크가 지원됨으로써 응용 분야는 더 넓어질 것으로 기대되고 있다. 블루투스와 비슷한 저전력 무선 통신으로 메시 네트워크를 지원하는 방법에 지그비Zigbee가 있다. 지그비는 처음부터 메시 네트워크를 통해 다양한 기기를 상호 연결할 수 있도록 개발되었다. 블루투스와 지그비의 장단점을 비교해 보고 활용 분야를 살펴보자.

2 블루투스 비콘은 다양한 분야에서 사용될 수 있는 잠재력이 높은 기술이다. 저전력을 바탕으로 하고 메시 기술이 적용되면서 비콘을 사용하여 쉽게 대규모 네트워크 구축할 수 있고 관리 또한 편리해졌다. 블루투스 이외에도 와이파이를 사용하는 비콘, 초광대역Ultra Wide Band, UWB 비콘 등이 사용되고 있다. 이러한 비콘 기술의 장단점과 사용 분야를 비교해 보자.

인터넷과 와이파이

인터넷은 수많은 컴퓨터가 연결된 거대한 네트워크로, 인터넷에 연결된 기기의 종류와 수가 증가하면서 인터넷을 통한 서비스 사용은 일상화되고 있다. 인터넷에 연결하는 방법은 유선 이더넷과 무선 와이파이가 대표적이며 아두이노에서는 설치와 운영의 자유로움으로 와이파이가 흔히 사용된다. 이 장에서는 와이파이를 통해 아두이노를 인터넷에 연결하고 인터넷에서 서비스를 사용하는 방법을 살펴본다.

아두이노 우노 R4 와이파이 × 1

이 장에서
사용할 부품

30.1 인터넷과 와이파이

인터넷의 보급은 많은 일상을 변화시켰으며 일상생활에서 많은 것이 인터넷에 연결되어 있다. 대표적인 예가 스마트폰이며 자동차, 가전제품 등도 인터넷에 연결된 예를 어렵지 않게 찾아볼 수 있다. 인터넷이 시작된 시기는 1960년대로, 대학과 연구소를 연결하던 **ARPANET**Advanced Research Projects Agency Network이 인터넷으로 발전했다. ARPANET에서 사용하는 여러 가지 프로토콜 중 하나가 TCP/IP로, 지금도 인터넷의 바탕이 되는 프로토콜이며 인터넷에 연결된 컴퓨터 사이에서 신뢰성 있는 데이터 교환을 위해 사용되고 있다. 반면 이 장에서 다루는 와이파이는 TCP/IP보다 낮은 계층에서 컴퓨터를 포함한 다양한 기기를 물리적으로 인터넷에 연결하는 방법 중 하나다.

인터넷에 연결하기 위한 대표적인 방법에는 유선 연결인 이더넷 Ethernet**과 무선 연결인 와이파이**WiFi**가 있다.** 이더넷은 데스크톱 컴퓨터를 인터넷에 연결하는 데 흔히 사용되며, 와이파이와 비교했을 때 전송 속도가 빠르고 연결 안정성이 높다는 등의 장점이 있다. 하지만 이더넷 연결을 위해서는 케이블 연결이 필요하므로 설치 위치를 자유롭게 선택할 수 있고 위치 이동이 가능하다는 이유로 아두이노에서는 와이파이가 흔히 사용된다. 아두이노가 와이파이를 사용할 수 있게 해주는 낮은 가격의 통신 모듈이 판매되고 있다는 점도 와이파이를 사용하는 이유가 된다. 아두이노의 공식 쉴드로 이더넷 쉴드와 와이파이 쉴드가 판매되었지만, 지금은 와이파이를 위한 모듈을 내장한 아두이노 보드가 대부분이며 아두이노 우노 R4 와이파이가 그중 하나다. 아두이노 우노 R4 와이파이에는 ESP32-S3 모듈이 포함되어 있으며 ESP32-S3 모듈은 와이파이와 함께 블루투스 5.0 BLE를 지원한다. 29장 '저전력 블루투스'에서 ESP32-S3 모듈을 통해 BLE를 사용하는 방법을 살펴봤다면, 이번 장에서는 와이파이를 사용하는 방법을 살펴볼 것이다.

인터넷 연결을 위해 필요한 기술은 크게 하드웨어 관련 기술과 소프트웨어 관련 기술로 나눌 수 있다. 하드웨어 관련 기술은 다양한 기기를 인터넷에 연결하고 이를 통해 전기적인 신호를 이용하여 데이터를 주고받는 방법과 관련된 것으로 이더넷과 와이파이가 여기에 해당한다. 반면 소프트웨어 관련 기술에는 인터넷의 기본이 되는 프로토콜인 TCP/IP와 웹 페이지를 통해 정보를 주고받을 수 있게 해주는 HTTP 등의 애플리케이션 프로토콜이 포함된다. 이처럼 다양한 기술이 계층적인 구조를 이루고 있다는 점도 인터넷의 특징 중 하나다.

웹 브라우저로 인터넷에서 오늘의 날씨를 검색한다고 생각해 보자. 웹 브라우저에서 날씨 서버에 접속하여 지역을 입력하면 해당 지역의 날씨가 브라우저에 표시된다. 날씨 검색을 통해 웹 브라우저와 날씨 서버가 직접 연결된 것으로 이해할 수 있지만, 실제로는 이보다 복잡하며 그림 30.1과 같이 특정 기능을 수행하는 여러 계층을 거쳐 연결이 이루어진다.

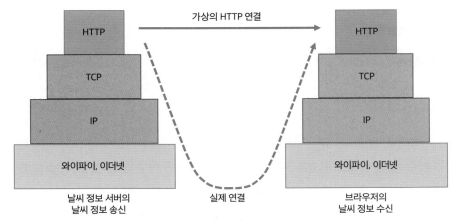

그림 30.1 **날씨 검색을 위한 인터넷 연결의 계층**

와이파이와 이더넷은 전기적 신호를 사용하여 데이터를 전달하는 계층에 해당한다. 그 위에 있는 IP는 데이터를 패킷으로 만들어 네트워크에 연결된 목적지(브라우저)로 전송하는 것이 주요 기능이라면, TCP는 데이터 전송 과정에서 데이터가 오류 없이 전달되도록 하는 것을 목적으로 한다. 따라서 TCP/IP를 사용하면 데이터를 오류 없이 교환할 수 있음을 보장할 수 있다. 하지만 TCP/IP를 통해 교환되는 데이터는 어떻게 활용할 것인가를 결정하는 것은 애플리케이션 영역의 문제다. 인터넷에서 가장 많이 사용되는 서비스는 웹 서비스로, 날씨 서버에서 오늘의 날씨를 검색하는 것 역시 이러한 예에 해당한다. 웹 서비스를 위해 사용하는 프로토콜이 바로 HTTP이며 이 외에도 파일 전송을 위해 사용되는 FTPFile Transfer Protocol, 메일 전송을 위해 사용되는 SMTPSimple Mail Transfer Protocol, 원격 로그인에 사용되는 TelnetTerminal over Network 등 제공하는 서비스에 따라 다양한 애플리케이션 프로토콜이 사용된다.

그림 30.1에서 볼 수 있듯이 각 계층의 역할은 분리되어 있고 상위 계층은 하위 계층의 결과를 바탕으로 하고 있으므로 하위 계층에서 주어진 역할을 정확하게 수행할 때만 상위 계층 역시 주어진 역할을 다할 수 있다. 이처럼 인터넷을 계층적으로 구성하게 되면 실제 물리적인 연결까지 고려하지 않고 상위 계층에서의 가상 연결만 고려하면 되고, 이웃한 계층 사이의 데이터 전달 방식만 유지한다면 각 계층의 구현 방식을 손쉽게 수정할 수 있다는 장점이 있다.

인터넷으로 여러 기기를 연결한 상태에서 특정 기기 사이에 데이터를 교환하기 위해서는 대상이 되는 기기를 유일하게 구별하는 방법이 필요하다. **인터넷에 연결된 수많은 기기 중 대상이 되는 기기**

까지 데이터를 전달하는 것이 IP 계층의 역할이며, IP 계층에서 기기를 구별하는 데 사용하는 것이 인터넷 주소라고 불리는 IP 주소다. IP 주소는 v4의 경우 32비트를, v6의 경우 128비트를 사용하며 아두이노에서는 v4가 흔히 사용된다.

표 30.1 IP 주소 표현 방식

프로토콜	표시 예	주소 분리	비트
IPv4	123.456.789.012	도트(.)	32
IPv6	2001:0db8:85a3:08d3:1319:8a2e:0370:7334	콜론(:)	128

인터넷을 사용하기 위해서는 IP 주소만 설정하면 되지만 실제로는 한 가지 주소가 더 있다. 그림 30.1에서 볼 수 있듯이 실제 연결은 이더넷/와이파이를 통해 이루어지지만 IP 주소는 IP 계층에서 사용하는 주소다. 즉, IP 주소는 실제 물리적인 연결에서 사용할 수 없다. 따라서 **이더넷/와이파이에서 연결된 기기를 물리적으로 구별하는 방법이 필요하며 이를 위해 사용하는 것이 MAC**Media Access Control **주소다.** MAC 주소는 48비트의 주소로 바이트 단위로 구분된 16진수 값을 대시(-)나 콜론(:)으로 구분하여 표시한다. MAC 주소는 하드웨어 주소hardware address, 물리 주소physical address 등으로도 부르며, 와이파이에서는 와이파이 통신 모듈에 할당된다.

그림 30.2 MAC 주소

MAC 주소는 장비 제조사에서 정하는 하드웨어의 고유 번호로 물리적인 연결에서 사용한다면, IP 주소는 데이터 전달 경로routing path**를 결정하는 데 적합하도록 지역적으로 정해진 소프트웨어 주소라는 차이가 있다.** MAC 주소는 한 번 정해지면 바꿀 수 없지만, IP 주소는 기기의 설치 위치에 따라 바꿀 수 있다는 점도 차이점이다. MAC 주소가 주민등록번호라면, IP 주소는 현재 거주지 주소로 볼 수 있다. 주민등록번호를 기준으로 편지를 보내면 편지를 정확하게 배달할 수는 있지만 수신인을 찾아내는 것이 쉽지 않다. 하지만 거주지 주소를 기준으로 편지를 보낸다면 주소의 계층적인 구조에 따라 쉽게 편지를 보낼 위치를 찾아내고 배달할 수 있다. 이때 거주지 주소와 주민등록번호 사이의 대응 관계를 관리하는 것이 주민등록등본이라면, **MAC 주소(거주민)와 IP 주소(거주지 주소) 사이의 대응 관계를 관리하는 것이 주소 결정 프로토콜**Address Resolution Protocol, ARP**의 역할이다.** MAC 주소는 제조사에서 결정하고 변경할 수 없으므로 아두이노에서는 IP 주소만 신경 쓰면 된다.

아두이노에서 사용할 IP 주소를 정하는 방법은 여러 가지가 있다. 고정static IP는 기기에 설정된 IP 주소를 그 기기가 독점적으로 사용하는 방식이다. 반면 유동dynamic IP는 기기들이 IP 주소를 공유하는 방식으로, 기기가 인터넷에 접속할 때 사용할 수 있는 IP 주소 중 하나를 할당받아 사용한다. 유동 IP를 사용하기 위해서는 사용할 수 있는 IP 주소를 관리하고 기기에 할당하는 방법이 필요하며 DHCPDynamic Host Configuration Protocol가 이를 위해 사용된다.

IP 주소 중에는 사설private IP 주소라고 불리는 특별한 주소가 존재한다. IP 주소는 인터넷에 연결된 기기를 유일하게 구별하기 위해 사용되는 값이므로 같은 IP 주소가 2개 이상의 기기에서 동시에 사용될 수 없다. 따라서 IP 주소는 국제인터넷주소관리기구의 공식적인 허가를 받아 사용한다. 반면 사설 IP 주소는 공식적으로 IP 주소 사용에 대한 허가를 받지 않고 임의로 사용할 수 있는 주소로 '192.168.xxx.xxx'를 가장 많이 사용한다. 사설 IP 주소와 달리 공식적으로 사용 허가를 받아 사용하는 주소는 공인public IP 주소라고 한다.

사설 IP 주소는 공인 IP 주소와 달리 폐쇄형이다. 즉, 사설 IP 주소는 네트워크 내부에서만 사용할 수 있으며 사설 IP 주소를 사용하여 인터넷으로 연결은 불가능하다. 사설 IP 주소를 사용하는 이유 중 하나는 IPv4의 주소 고갈 때문이다. 사설 IP 주소를 사용하게 되면 여러 기기가 하나의 공인 IP 주소를 공유하여 사용할 수 있다. 가정에서 공유기를 설치하고 여러 대의 컴퓨터를 공유기에 연결하면 각 컴퓨터에는 사설 IP 주소인 192.168.xxx.xxx가 할당되고, 모든 컴퓨터는 공유기에 할당된 하나의 공인 IP 주소를 사용하여 인터넷에 접속할 수 있다.

와이파이를 사용할 때는 인터넷에 무선으로 연결할 수 있는 접점인 APAccess Point가 필요하며, 가정에서 흔히 사용하는 공유기가 AP 기능을 한다. 따라서 공유기는 이더넷을 통한 유선 연결과 와이파이를 통한 무선 연결을 인터넷으로 연결하는 역할을 하며, 이때 유무선으로 공유기에 연결된 모든 기기는 사설 IP를 할당받아 사용하는 경우가 대부분이다.

30.2 와이파이 연결

아두이노 우노 R4 와이파이에는 ESP32-S3 모듈이 포함되어 있어 별도의 하드웨어를 추가하지 않아도 BLE와 와이파이를 사용할 수 있으며, 와이파이를 사용하기 위해 아두이노에서는 WiFiS3 라이브러리를 제공하고 있다. WiFiS3 라이브러리를 사용하기 위해서는 먼저 헤더 파일을 포함해야 한다. '스케치 ➡ 라이브러리 포함 ➡ WiFiS3' 메뉴 항목을 선택하거나 #include 문을 직접 입력해도 된다.

```
#include <WiFiS3.h>
```

WiFiS3 라이브러리는 와이파이 설정 및 연결을 위한 **CWiFi** 클래스, 클라이언트에 해당하는 **WiFiClient** 클래스, 서버에 해당하는 **WiFiServer** 클래스, UDP 통신을 위한 **WiFiUDP** 클래스 등을 제공하고 있다. IP 주소 지정을 위한 **IPAddress** 클래스는 WiFiS3 라이브러리가 아닌 아두이노의 기본 클래스 중 하나로 포함되어 있다.

WiFiS3 라이브러리를 구성하는 클래스 중 **CWiFi** 클래스는 아두이노가 와이파이를 통해 데이터를 주고받을 수 있도록 설정하는 데 사용되는 클래스로, 유일한 객체인 **WiFi**를 생성하고 있으므로 객체를 생성하지 않고 사용할 수 있다.

먼저 연결할 수 있는 AP를 검색해 보자. 아두이노 우노 R4 와이파이에 포함된 ESP32-S3 모듈은 별도의 초기화는 필요하지 않으며 현재 연결 및 통신 상태를 status 함수로 확인할 수 있다. 아두이노 우노 R4를 연결할 수 있는 AP를 검색하기 위해서는 scanNetworks 함수를 사용하면 된다.

■ **status**

```
uint8_t WiFi::status(void)
    - 매개변수: 없음
    - 반환값: 와이파이 상태
```

현재 와이파이 모듈의 연결 상태를 미리 정의된 상수 중 하나로 반환한다.

■ **scanNetworks**

```
int8_t WiFi::scanNetworks(void)
    - 매개변수: 없음
    - 반환값: 발견된 네트워크 수
```

와이파이 네트워크를 검색하여 발견된 네트워크의 수를 반환하며 네트워크의 수는 연결할 수 있는 AP의 수로 생각할 수 있다.

scanNetworks 함수를 통해 발견된 네트워크 정보는 **WiFi** 객체 내부에 저장된다. 검색을 통해 발견된 네트워크 이름을 알아내기 위해서는 SSID 함수, 신호 세기를 알아내기 위해서는 RSSI 함수를 사용하면 된다.

■ SSID

```
char* WiFi::SSID(void)
char* WiFi::SSID(uint8_t networkItem)
  - 매개변수
    networkItem: 스캔 과정에서 발견된 무선 네트워크 번호
  - 반환값: 네트워크의 SSID
```

매개변수를 지정하지 않으면 현재 연결된 무선 네트워크의 SSID를 반환한다. 스캔 과정에서 발견된 네트워크의 번호를 매개변수로 지정하면 지정한 네트워크의 SSID를 반환한다.

■ RSSI

```
int32_t WiFi::RSSI(void)
int32_t WiFi::RSSI(uint8_t networkItem)
  - 매개변수
    networkItem: 스캔 과정에서 발견된 무선 네트워크 번호
  - 반환값: 신호 세기
```

매개변수를 지정하지 않으면 현재 연결된 무선 네트워크의 신호 세기를 반환한다. 스캔 과정에서 발견된 네트워크의 번호를 매개변수로 지정하면 지정한 네트워크의 RSSI를 반환한다. 반환되는 값의 단위는 dBm(decibel-milliwatts)으로, 1mW를 0dB로 표현한 것이다. AP의 신호 세기는 1mW보다 약하므로 음숫값으로 표시된다.

스케치 30.1은 주변의 와이파이 네트워크를 검색하고 검색된 네트워크의 정보를 출력하는 예다.

스케치 30.1 와이파이 네트워크 검색 `R4 WiFi`

```
#include <WiFiS3.h>

void setup() {
  Serial.begin(9600);
  while (!Serial);

  if (WiFi.status() == WL_NO_MODULE) {          // 와이파이 모듈 검사
    Serial.println("* 와이파이 모듈과의 통신에 실패했습니다.");
    while (true) ;
  }
```

```
  String fv = WiFi.firmwareVersion();                 // 펌웨어 버전 확인
  if (fv < WIFI_FIRMWARE_LATEST_VERSION) {
    Serial.println("* 펌웨어를 최신 버전으로 업데이트하세요.");
  }
}

void loop() {
  Serial.println("* 주변의 와이파이 네트워크 검색을 시작합니다.");
  listNetworks();
  delay(10000);                                       // 10초 후 다시 시작
}

void listNetworks() {
  int numSsid = WiFi.scanNetworks();
  if (numSsid == -1) {
    Serial.println("* 와이파이 네트워크가 검색되지 않았습니다.");
    return;
  }

  Serial.print(" => 발견된 와이파이 네트워크 수 : ");
  Serial.println(numSsid);

  for (int thisNet = 0; thisNet < numSsid; thisNet++) {
    Serial.print('\t');
    Serial.print(thisNet);
    Serial.print('\t');
    Serial.print(WiFi.SSID(thisNet));
    Serial.print(" (");
    Serial.print(WiFi.RSSI(thisNet));
    Serial.println(" dBm)");
  }
}
```

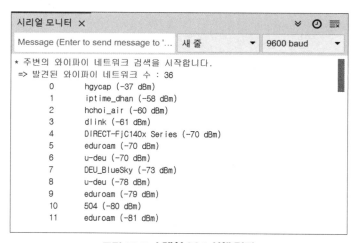

그림 30.3 **스케치 30.1 실행 결과**

검색된 네트워크 중 하나에 연결해 보자. 네트워크에 연결하기 위해서는 SSID와 비밀번호를 지정해야 한다. 달리 옵션을 지정하지 않으면 가장 안전한 보안 모드를 사용하여 연결한다.

■ **begin**

```
int WiFi::begin(const char* ssid, const char* passphrase)
  - 매개변수
    ssid: 연결하고자 하는 와이파이 네트워크(AP) 이름
    passphrase: 와이파이 네크워크(AP) 비밀번호
  - 반환값: 네트워크 연결 상태로 WL_CONNECTED 또는 WL_CONNECT_FAILED
```

지정한 와이파이 네트워크에 연결을 시도하고 연결 상태를 연결 성공(WL_CONNECTED) 또는 연결 실패 (WL_CONNECTED_FAILED)로 반환한다.

scanNetworks 함수의 실행 결과와 마찬가지로 연결된 무선 네트워크의 정보 역시 WiFi 객체에 저장된다. 연결된 네트워크의 SSID는 SSID 함수로, 신호 세기는 RSSI 함수로, AP 쪽 무선 인터페이스의 MAC 주소는 BSSID 함수로 확인할 수 있다. 반면 아두이노 보드의 무선 인터페이스에 할당된 IP 주소는 localIP 함수로, 아두이노 보드의 무선 인터페이스 MAC 주소는 macAddress 함수로 확인할 수 있다.

■ **BSSID**

```
uint8_t* WiFi::BSSID(uint8_t* bssid)
  - 매개변수
    bssid: BSSID 값 저장을 위한 버퍼
  - 반환값: BSSID 값 저장 버퍼의 포인터
```

현재 연결된 무선 네트워크의 BSSID 값, 즉 AP의 MAC 주소를 반환한다. BSSID 값은 매개변수로 지정된 버퍼에 저장되며, 반환되는 값은 버퍼의 포인터다. 즉, 반환되는 값과 매개변수는 같은 값을 가리킨다.

■ **localIP**

```
IPAddress WiFi::localIP(void)
  - 매개변수: 없음
  - 반환값: 네트워크 인터페이스에 할당된 IP 주소
```

아두이노에 할당된 IP 주소를 반환한다.

■ macAddress

```
uint8_t* WiFi::macAddress(uint8_t* mac)
 - 매개변수
   mac: MAC 주소 저장을 위한 버퍼
 - 반환값: MAC 주소 저장 버퍼의 포인터
```

아두이노의 무선 인터페이스 MAC 주소를 반환한다. MAC 주소는 매개변수로 지정된 버퍼에 저장되며, 반환되는 값은 버퍼의 포인터다. 즉, 반환되는 값과 매개변수는 같은 값을 가리킨다.

스케치 30.2는 와이파이 네트워크에 연결한 후 연결된 네트워크 정보를 출력하는 예다. 와이파이 네트워크에서는 DHCP Dynamic Host Configuration Protocol를 통해 IP 주소를 포함한 관련 정보가 자동으로 설정되는 것으로 가정했으며, 가정에서 사용하는 AP 대부분은 DHCP를 지원한다.

스케치 30.2 와이파이 네트워크 연결 및 정보 확인 `R4 WiFi`

```
#include "MySecret.h"
#include <WiFiS3.h>

char AP[] = MY_SSID;
char PW[] = MY_PASSCODE;

void setup() {
  Serial.begin(9600);
  while (!Serial);

  if (WiFi.status() == WL_NO_MODULE) {              // 와이파이 모듈 검사
    Serial.println("* 와이파이 모듈과의 통신에 실패했습니다.");
    while (true) ;
  }

  Serial.println(String("* \'") + AP + "\'에 연결을 시도합니다.");
  if (WiFi.begin(AP, PW) != WL_CONNECTED) {
    Serial.println(" => AP에 연결할 수 없습니다.");
    while (1) ;
  } else {
    Serial.println("* AP에 연결되었습니다.");
    Serial.println();

    printCurrentNet();                              // 연결된 무선 네트워크 정보
    Serial.println();
    printWifiData();                                // 무선 인터페이스 정보
  }
}
```

```
void printCurrentNet() {
  Serial.print(" >> SSID (AP 이름)\t\t: ");
  Serial.println(WiFi.SSID());

  byte bssid[6];
  WiFi.BSSID(bssid);
  Serial.print(" >> BSSID (네트워크 MAC 주소)\t: ");
  printMAC(bssid);

  long rssi = WiFi.RSSI();
  Serial.print(" >> RSSI (신호 세기)\t\t: ");
  Serial.print(rssi);
  Serial.println(" dBm");
}

void printWifiData() {
  IPAddress ip = WiFi.localIP();
  Serial.print(" >> IP 주소\t\t\t: ");
  Serial.println(ip);

  byte mac[6];
  WiFi.macAddress(mac);
  Serial.print(" >> 인터페이스 MAC 주소\t\t: ");
  printMAC(mac);
}

void printMAC(byte *mac) {                        // 6바이트 MAC 주소 출력
  char buffer[3];

  for (int i = 5; i >= 0; i--) {
    sprintf(buffer, "%02X", mac[i]);              // 16진수 두 자리로 표현
    Serial.print(buffer);
    if (i != 0) Serial.print(":");
  }
  Serial.println();
}

void loop() {
}
```

스케치 30.2에서 MySecret.h 파일은 연결하고자 하는 네트워크(AP)의 이름과 비밀번호를 정의하는 파일이다. 가로 툴바의 오른쪽 아래에 있는 메뉴 확장 버튼을 눌러 '새 탭' 메뉴 항목이나 Ctrl + Shift + N 단축키를 선택하여 새 파일로 MySecret.h 파일을 만든 후 스케치 30.3과 같이 사용하고자 하는 AP 이름과 비밀번호를 정의하면 된다.

```
// #define MY_SSID          "AP_이름"
// #define MY_PASSCODE      "AP_비밀번호"

#define MY_SSID             "hgycap"
#define MY_PASSCODE         "anonymous"
```

그림 30.4 스케치 30.2 실행 결과

30.3 웹 클라이언트

웹 클라이언트 구현을 위해서는 WiFiS3 라이브러리에 정의된 **WiFiClient** 클래스를 사용할 수 있다. **WiFiClient** 클래스에는 다음과 같은 멤버 함수들이 정의되어 있다.

■ WiFiClient

와이파이 클라이언트 객체를 생성한다. 생성된 클라이언트는 connect 함수를 사용하여 서버에 연결할 수 있다.

■ connect

```
int WiFiClient::connect(IPAddress ip, uint16_t port)
int WiFiClient::connect(const char *host, uint16_t port)
   – 매개변수
     ip: IPAddress 형식의 서버 주소
     host: 문자열 형식의 서버 주소
     port: 클라이언트가 연결할 서버의 포트 번호
   – 반환값: 연결에 성공하면 true, 실패하면 false를 반환
```

지정된 주소와 포트를 사용하여 서버에 연결하고 연결 성공 여부를 반환한다.

■ write

```
size_t WiFiClient::write(uint8_t data)
size_t WiFiClient::write(const uint8_t *buf, size_t size)
   – 매개변수
     data: 1바이트 크기의 데이터
     buf: 바이트 배열 데이터
     size: buf 내 데이터 바이트 수
   – 반환값: 서버로 전송한 바이트 수
```

연결된 서버로 데이터를 전송하고 전송된 바이트 수를 반환한다.

■ print, println

연결된 서버로 데이터를 전송한다. print와 println 함수의 사용법은 Serial 클래스의 print 및 println 함수와 같다.

■ available

```
int WiFiClient::available(void)
   – 매개변수: 없음
   – 반환값: 수신 버퍼에 있는 데이터의 바이트 수
```

서버로부터 받아 클라이언트의 수신 버퍼에 저장된 데이터의 바이트 수를 반환한다. 버퍼에 저장된 데이터는 read 함수로 읽을 수 있다.

■ read

```
int WiFiClient::read(void)
int WiFiClient::read(uint8_t *buf, size_t size)
  - 매개변수
    buf: 읽어 들인 데이터를 저장할 버퍼
    size: 버퍼의 바이트 단위 크기
  - 반환값: 읽어 들인 1바이트 데이터, 읽어 들인 데이터 바이트 수 또는 -1
```

매개변수가 없는 read 함수는 수신 버퍼에 있는 첫 번째 바이트 데이터를 읽어 반환한다. 매개변수가 있는 read 함수는 최대 size바이트의 데이터를 읽어 buf에 저장하고 읽은 데이터의 바이트 수를 반환한다. 수신 버퍼에 데이터가 없을 때는 -1을 반환한다.

■ stop

```
void WiFiClient::stop(void)
  - 매개변수: 없음
  - 반환값: 없음
```

서버와의 연결을 종료한다.

WiFiClient 클래스를 사용하여 웹 클라이언트를 만들어 보자. **웹 클라이언트는 웹 서버에 접속하여 웹 페이지를 내려받아 보여주는 역할을 하며 웹 브라우저가 대표적인 웹 클라이언트다.** 웹 페이지는 HTML_{Hyper Text Markup Language}을 사용하며 내용 이외에도 내용을 나타내기 위한 많은 형식 지정 정보가 포함되어 있어 HTML 문서를 해석해서 보여줄 수 있는 기능이 없다면 내용을 알아보기 어렵다. 아두이노에서 웹 브라우저와 같이 HTML 문서를 해석하고 표시하는 기능을 구현하기는 어려우므로 여기서는 웹 서버에서 수신된 내용을 시리얼 모니터로 표시한다. 스케치 30.4는 웹 서버에서 웹 페이지를 읽어오는 예다. 스케치 30.4에서도 스케치 30.3의 MySecret.h 파일이 필요하다.

스케치 30.4 **웹 클라이언트**   `R4 WiFi`

```
#include "MySecret.h"
#include <WiFiS3.h>

char AP[] = MY_SSID;
char PW[] = MY_PASSCODE;

WiFiClient client;
char server[] = "ee.deu.ac.kr";                // 웹 서버 주소
```

```
void setup() {
  Serial.begin(9600);
  while (!Serial);

  if (WiFi.status() == WL_NO_MODULE) {                    // 와이파이 모듈 검사
    Serial.println("* 와이파이 모듈과의 통신에 실패했습니다.");
    while (true) ;
  }

  Serial.println(String("* \'") + AP + "\'에 연결을 시도합니다.");
  if (WiFi.begin(AP, PW) != WL_CONNECTED) {
    Serial.println(" => AP에 연결할 수 없습니다.");
    while (1) ;
  } else {
    Serial.println("* AP에 연결되었습니다.");
    Serial.println();
  }

  Serial.println("* 서버에 연결합니다.");
  if (client.connect(server, 80)) {
    Serial.println("* 서버에 연결되었습니다.");

    // HTTP 요청 전송
    client.println("GET / HTTP/1.1");
    client.print("Host: ");
    client.println(server);
    client.println("Connection: close");
    client.println();
  }

  Serial.println();
  while (client.connected()) {
    if (client.available()) {                    // 서버에서 수신한 내용 출력
      char c = client.read();
      Serial.write(c);
    }
  }

  if (!client.connected()) {                    // 클라이언트 연결 중지
    Serial.println("\n* 서버와의 연결을 종료합니다.");
    client.stop();
  }
}

void loop() {
}
```

웹 클라이언트에서 웹 서버로 특정 페이지를 요청하는 것을 'HTTP 요청'이라고 하며, 스케치 30.4에서 HTTP 요청은 다음과 같이 구성되어 있다.

GET / HTTP/1.1	루트 페이지(/)를 HTTP 프로토콜로 요청(GET)
Host: ee.deu.ac.kr	서버 주소
Connection: close	서버의 응답 수신 후 연결 종료
	요청의 끝을 나타내는 개행문자로만 이루어진 빈 문자열

그림 30.5는 스케치 30.4의 HTTP 요청에 따라 서버에서 클라이언트로 요청한 페이지 데이터를 출력한 것으로 'HTTP 응답'이라고 한다. 그림 30.5에서는 실제 웹 페이지 데이터는 없다(Content-Length: 0). 이는 지정한 주소의 웹 페이지가 옮겨졌기 때문으로(HTTP/1.1 302) 이를 리다이렉션 redirection이라고 한다. 웹 페이지 데이터를 받아올 수는 없지만, HTTP 요청을 보내고 HTTP 응답을 받는 것만으로 충분한 이유는 마이크로컨트롤러에서 HTML 형식의 웹 페이지를 처리하는 경우가 많지 않기 때문이다.

그림 30.5 스케치 30.4 실행 결과

스케치 30.4에서 웹 서버에 연결하여 웹 페이지 데이터를 얻어오는 방법을 알아봤다. 하지만 웹 페이지에는 실제 데이터 외에도 많은 양식 관련 데이터, 멀티미디어 데이터 등이 포함되어 있어 마이크로컨트롤러에서 처리하기는 어렵다. **웹 서버에서 양식 데이터가 제외된 데이터를 얻기 위해서는 오픈 API가 흔히 사용된다.** 오픈 API는 웹 API라고도 하며, 웹 서비스를 제공하는 회사에서 회사의 특정 서비스에 접근하여 데이터를 요청하는 등의 과정을 쉽게 사용할 수 있도록 해놓은 것이다. 일반적인 웹 페이지는 실제로 필요한 정보 이외에도 더 많은 부가 데이터가 포함되어 있지만, 오픈 API를 통해 제공되는 데이터에는 실제 필요한 정보만 포함되어 있어 해석하고 사용하기 편리하다. 오픈 API는 웹을 통해 데이터를 수집하는 방법으로 흔히 사용되며, 세계의 날씨 정보를 제공하는 OpenWeather 사이트[1] 역시 그중 하나다. OpenWeather 사이트에 접속해서 현재 날씨를 알고 싶은 도시를 입력하면 현재 날씨 관련 정보를 확인할 수 있다.

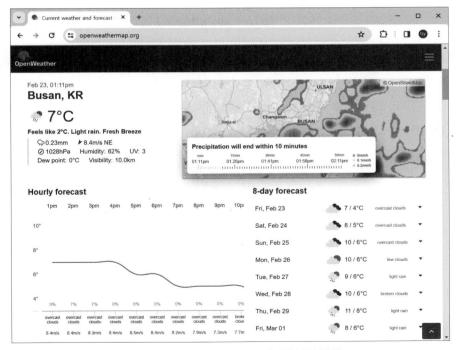

그림 30.6 OpenWeather 사이트의 날씨 검색

---

1 https://openweathermap.org

OpenWeather 사이트의 오픈 API를 사용하기 위해서는 회원 가입이 필요하다. OpenWeather 사이트에 로그인 후 '내 정보 ➡ My API Keys'를 선택하면 API 키를 확인할 수 있다. API 키는 오픈 API를 사용할 때 사용자를 식별하기 위해 사용되는 길이 32의 문자열로, 여러 개를 만들어 사용할 수도 있지만 무료로 사용할 수 있는 횟수는 사용자별로 제한되어 있다.

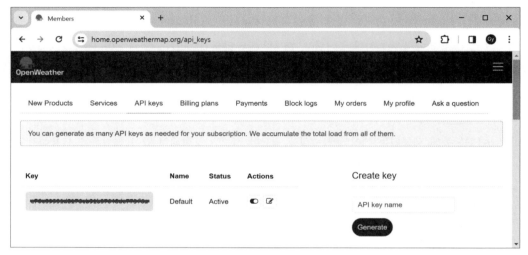

그림 30.7 API 키 확인

API 키와 원하는 지역을 사용하여 날씨를 확인해 보자. 원하는 지역은 도시 이름과 콤마로 분리된 두 자리 국가 코드를 사용하는 방법과, 위도와 경도를 사용하는 방법이 있다. 여기서는 도시 이름을 사용한다. **오픈 API를 사용하는 방법은 일반적인 웹 페이지를 요청하는 것과 같은 형식을 사용하지만, 매개변수로 도시 이름과 API 키를 지정한다는 점에서 차이가 있다.** 날씨를 요청하는 웹 페이지 경로는 다음과 같다.

api.openweathermap.org/data/2.5/weather?q=<u>busan,kr</u>&appid=<u>API_key</u>

원하는 지역과 API 키를 사용하여 웹 페이지 경로를 만들어 브라우저 주소창에 입력하면 날씨 정보를 확인할 수 있으며, 날씨 정보는 JSON_{JavaScript Object Notation} 형식으로 표시된다.

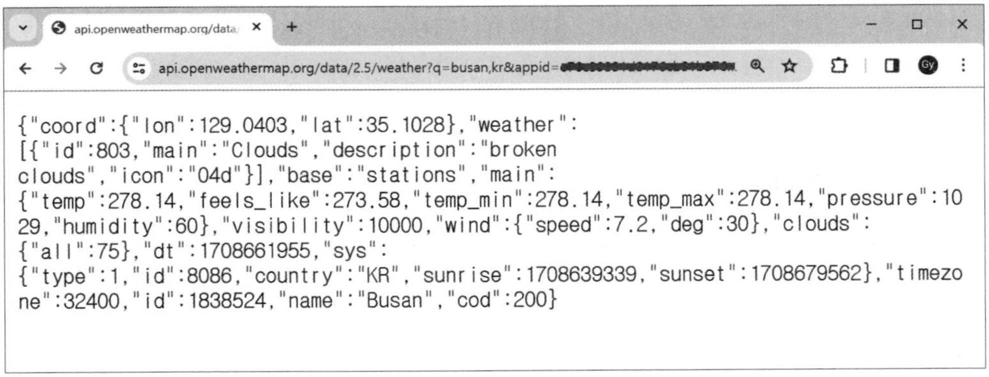

그림 30.8 OpenWeather 사이트의 오픈 API를 이용한 날씨 검색

반환되는 데이터에 포함된 주요 필드는 표 30.1과 같다. 자세한 내용은 OpenWeather 사이트를 참고하면 된다.

표 30.1 JSON 형식 날씨 정보

JSON 형식	의미

`{`
  `"coord":{`
    `"lon":129.0403,`
    `"lat":35.1028`
  `},`
	
	도시의 경도
	도시의 위도

`"weather":[`
    `{`
      `"main":"Clouds",`
      `"description":"broken clouds",`
      `"icon":"04d"`
    `}`
  `],`
	
	날씨
	날씨 세부 정보

`"main":{`
    `"temp":278.14,`
    `"pressure":1029,`
    `"humidity":60`
  `},`
	
	기온
	대기압
	습도

`"visibility":10000,`	가시 거리

`"wind":{`
    `"speed":7.2,`
    `"deg":30`
  `},`
	
	풍속
	풍향

`"sys":{`
    `"country":"KR",`
    `"sunrise":1708639339,`
    `"sunset":1708679562`
  `},`
	
	국가 코드
	일출 시간
	일몰 시간

`"id":1838524,`
  `"name":"Busan"`
`}`
	도시 ID
	도시 이름

오픈 API를 사용하여 JSON 형식 날씨 정보를 얻는 방법은 스케치 30.4와 기본적으로 같다. 따라서 스케치 30.4를 수정하여 오늘의 날씨 정보를 JSON 형식으로 얻어올 수 있다. 스케치 30.5는 오픈 API를 사용하여 OpenWeather 사이트에서 날씨 정보를 얻어오는 예다.

스케치 30.5 **오늘의 날씨 정보 얻기** `R4 WiFi`

```
#include "MySecret.h"
#include <WiFiS3.h>

char AP[] = MY_SSID;
char PW[] = MY_PASSCODE;
char KEY[] = MY_APPID;

WiFiClient client;
char server[] = "api.openweathermap.org";          // 웹 서버 주소
String city = "busan,kr";                          // 해당 도시 이름
// HTTP 요청에서 사용할 웹 페이지 경로
String httpRequest = "GET /data/2.5/weather?q=" + city + "&appid=" + KEY;

void setup() {
  Serial.begin(9600);
  while (!Serial);

  if (WiFi.status() == WL_NO_MODULE) {             // 와이파이 모듈 검사
    Serial.println("* 와이파이 모듈과의 통신에 실패했습니다.");
    while (true);
  }

  Serial.println(String("* \'") + AP + "\'에 연결을 시도합니다.");
  if (WiFi.begin(AP, PW) != WL_CONNECTED) {
    Serial.println(" => AP에 연결할 수 없습니다.");
    while (1);
  } else {
    Serial.println("* AP에 연결되었습니다.");
    Serial.println();
  }

  Serial.println("* 서버에 연결합니다.");
  if (client.connect(server, 80)) {
    Serial.println("* 서버에 연결되었습니다.");

    // HTTP 요청 전송
    client.println(httpRequest);
    client.print("Host: ");
    client.println(server);
    client.println("Connection: close");
    client.println();
  }

  Serial.println();
```

```
  while (client.connected()) {
    if (client.available()) {                    // 서버에서 수신한 내용 출력
      char c = client.read();
      Serial.write(c);
    }
  }

  if (!client.connected()) {                      // 클라이언트 연결 중지
    Serial.println("\n* 서버와의 연결을 종료합니다.");
    client.stop();
  }
}

void loop() {
}
```

스케치 30.5에서는 OpenWeather 사이트의 오픈 API를 사용하기 위해 API 키가 필요하므로 MySecret.h 파일에 API 키를 나타내는 상수 MY_APPID를 추가해야 한다.

스케치 30.6 AP와 비밀번호, OpenWeather 사이트 키 설정 (R4 WiFi)

```
// #define MY_SSID        "AP_이름"
// #define MY_PASSCODE    "AP_비밀번호"
// #define MY_APPID       "OpenWeather 사이트 API 키"


#define MY_SSID           "hgycap"
#define MY_PASSCODE       "anonymous"
#define MY_APPID          "abcdefghijklmnopqrstuvwxyz012345"
```

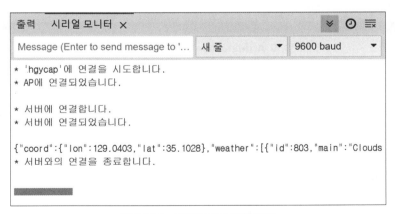

그림 30.9 스케치 30.5 실행 결과

그림 30.9는 스케치 30.5의 실행 결과로 그림 30.8과 같은 내용을 확인할 수 있다. 데이터 수신까지 확인했다면 이제 필요한 정보를 수신 데이터에서 추출해 보자. 수신한 데이터에는 표 30.1에서

와 같이 많은 정보가 필드 이름과 값으로 분리되어 구조적으로 저장되어 있어 해석하기 편리하다. JSON 형식 데이터를 수신한 후 문자열 검색을 통해 원하는 정보를 찾아내는 것도 방법이지만, JSON 해석기를 사용하면 더욱 간단하게 정보를 찾아낼 수 있다. JSON 형식 데이터를 해석하기 위해서는 먼저 라이브러리를 설치해야 한다. 라이브러리 매니저에서 'Arduino JSON'을 검색하여 ArduinoJson 라이브러리를 설치하자. 아두이노에서 제공하는 Arduino_JSON 라이브러리도 사용할 수 있지만 베타 버전으로 제공하는 기능이 부족하므로 여기서는 Arduino JSON 라이브러리를 사용한다.

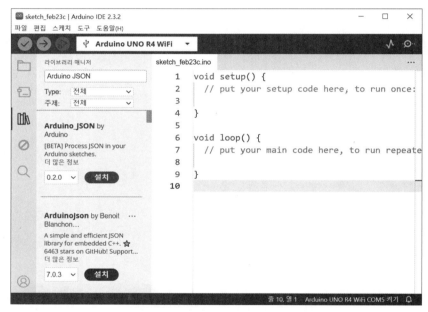

그림 30.10 ArduinoJson 라이브러리 검색 및 설치[2]

ArduinoJson 라이브러리를 사용하기 위해서는 먼저 헤더 파일을 포함해야 한다. '스케치 ➡ 라이브러리 포함하기 ➡ ArduinoJson' 메뉴 항목을 선택하거나 #include 문을 직접 입력하면 된다. 이때 ArduinoJson.hpp 파일은 ArduinoJson.h 파일에서 포함하므로 포함하지 않아도 된다.

```
#include <ArduinoJson.h>
```

JSON 형식은 복잡한 구조의 데이터를 1차원 문자열로 나타낸 문자열 형식을 말한다. JSON 형식은 이름-값 쌍으로 이루어진 필드로 구성되며, 값에는 여러 개의 값이나 다른 필드가 포함될 수 있어

---

2   https://arduinojson.org

구조적이고 계층적인 데이터 표현이 가능하다. JSON 형식은 1차원 문자열 형식이므로 값의 변경, 필드의 추가나 삭제 등이 쉽지 않아 데이터 저장이나 전송을 위해서만 사용된다. 따라서 데이터 조작을 위해서는 JSON 형식 데이터를 사전이나 리스트 등의 형식을 사용하여 나타내며 메모리에 저장된 JSON 형식 데이터를 흔히 객체object라고 한다. **JSON 형식을 사용할 때 객체와 문자열 사이의 상호 변환이 필요하며 객체를 문자열로 바꾸는 것을 직렬화**serialize**, 그 반대를 역직렬화**deserialize**라고 한다.** ArduinoJson 라이브러리에서 정의하고 있는 JsonDocument 클래스는 문자열로부터 만들어진 객체를 나타내는 클래스로, 역직렬화 결과는 다차원 배열 형식으로 관리되므로 필드 이름 또는 숫자를 인덱스로 한 배열 연산자를 사용하여 값을 알아낼 수 있다. **JSON 형식에서 계층적인 데이터 표현을 위해 중괄호와 대괄호를 사용하며 ArduinoJson 라이브러리에서 중괄호는 필드 이름을 인덱스로 하는 배열, 대괄호는 숫자를 인덱스로 하는 배열에 해당한다.** 문자열에서 JSON 객체를 만들기 위해서는 deserializeJson 함수를 사용할 수 있지만, 이 함수는 JsonDocument 클래스의 멤버 함수는 아니다.

- **deserializeJson**

```
DeserializationError deserializeJson(JsonDocument& doc, const char* input)
DeserializationError deserializeJson(JsonDocument& doc, const String& input)
    - 매개변수
      doc: JSON 문자열 형식 데이터를 구조적으로 나타내는 JsonDocument 클래스 객체
      input: JSON 문자열
    - 반환값: JSON 문자열 형식 데이터의 해석 성공 여부
```

JSON 형식 문자열을 JsonDocument 클래스 객체에 저장하고, 성공 여부를 반환한다.

각 필드의 값을 얻어오기 위해서는 배열 연산자를 사용하며, 이때 값을 변환하기 위해 템플릿을 사용하여 정의된 멤버 함수 as를 사용한다. 표 30.2는 JSON 문자열에서 만들어진 JsonDocument 객체에서 값을 얻어오는 방법을 나타낸 것으로, 표 30.1에서 몇 개의 필드만 나타내었다. 중괄호나 대괄호가 나타날 때마다 배열의 차원이 증가한다는 점, 중괄호와 대괄호에 따라 인덱스 사용이 달라진다는 점에 주의해야 한다.

표 30.2 JsonDocument 객체에서 값을 가져오기 위한 배열 인덱스 사용

JSON 형식	JsonDocument 객체에서 값 가져오기

<pre>{
  "coord":{
    "lon":129.0403,
    "lat":35.1028
  },</pre>
	doc["coord"]["lon"].as\<float\>()
	doc["coord"]["lat"].as\<float\>()

<pre> "weather":[
    {
      "main":"Clouds"
    }
  ],</pre>
	doc["weather"][0]["main"].as\<const char*\>()

<pre> "main":{
    "temp":278.14
  },</pre>
	doc["main"]["temp"].as\<float\>()

<pre> "id":1838524, "name":"Busan" }</pre>	doc["id"].as\<long\>() doc["name"].as\<const char*\>()

스케치 30.7은 스케치 30.5에서 JSON 형식 데이터를 JsonDocument 클래스 객체로 표현하고 필드
의 값을 찾아내어 출력하는 예다.

스케치 30.7 JSON 형식 데이터에서 필드 데이터 추출 `R4 WiFi`

```
#include "MySecret.h"
#include <ArduinoJson.h>
#include <WiFiS3.h>

char AP[] = MY_SSID;
char PW[] = MY_PASSCODE;
char KEY[] = MY_APPID;

WiFiClient client;
char server[] = "api.openweathermap.org";        // 웹 서버 주소
String city = "busan,kr";                        // 해당 도시 이름
// HTTP 요청에서 사용할 웹 페이지 경로
String httpRequest = "GET /data/2.5/weather?q=" + city + "&appid=" + KEY;
String httpResponse = "";                        // HTTP 응답 저장

void setup() {
  Serial.begin(9600);
  while (!Serial);

  if (WiFi.status() == WL_NO_MODULE) {           // 와이파이 모듈 검사
    Serial.println("* 와이파이 모듈과의 통신에 실패했습니다.");
    while (true);
  }
```

```
Serial.println(String("* \'") + AP + "\'에 연결을 시도합니다.");
if (WiFi.begin(AP, PW) != WL_CONNECTED) {
  Serial.println(" => AP에 연결할 수 없습니다.");
  while (1);
} else {
  Serial.println("* AP에 연결되었습니다.");
  Serial.println();
}

Serial.println("* 서버에 연결합니다.");
if (client.connect(server, 80)) {
  Serial.println("* 서버에 연결되었습니다.");

  // HTTP 요청 전송
  client.println(httpRequest);
  client.print("Host: ");
  client.println(server);
  client.println("Connection: close");
  client.println();
}

while (client.connected()) {
  if (client.available()) {                     // 서버에서 수신한 내용 저장
    char c = client.read();
    httpResponse += c;
  }
}
Serial.println("* 날씨 정보를 수신하였습니다.");

if (!client.connected()) {                      // 클라이언트 연결 중지
  Serial.println("* 서버와의 연결을 종료합니다.");
  client.stop();
}
Serial.println();

JsonDocument doc;                               // JSON 객체 생성
DeserializationError error = deserializeJson(doc, httpResponse);
if (error) {
  Serial.println("* 수신한 데이터 형식에 오류가 있습니다.");
  return;
}

Serial.print("도시 ID\t: ");
Serial.println(doc["id"].as<long>());
Serial.print("도시명\t: ");
Serial.println(doc["name"].as<const char*>());
Serial.print("경도\t: ");
Serial.println(doc["coord"]["lon"].as<float>(), 4);
Serial.print("위도\t: ");
Serial.println(doc["coord"]["lat"].as<float>(), 4);
Serial.print("날씨\t: ");
Serial.println(doc["weather"][0]["main"].as<const char*>());
```

```
  Serial.print("온도\t: ");
  Serial.println(doc["main"]["temp"].as<float>());
}

void loop() {
}
```

그림 30.11 스케치 30.7 실행 결과

30.5 인터넷 시간

아두이노에서 시간을 사용하는 방법은 RTC를 사용하는 방법이 대표적이지만, 인터넷에 연결되어 있다면 별도의 하드웨어 추가 없이 인터넷 시간을 사용할 수 있다. 인터넷 시간은 인터넷에 연결된 컴퓨터의 시간을 동기화하는 데 사용되며 **표준 인터넷 시간을 제공하는 프로토콜이 NTP**Network Time Protocol이다. NTP는 UDPUser Datagram Protocol를 기반으로 한다. UDP는 IP를 기반으로 하며, IP를 기반으로 웹 서비스를 제공하는 TCP와 함께 인터넷에서 대표적인 프로토콜 중 하나다. TCP와 UDP의 기본적인 차이는 **TCP가 연결형**connection-oriented **서비스를 제공한다면 UDP는 비연결형**connectionless **서비스를 제공한다**는 점이다. 연결형 서비스란 송신자와 수신자 사이의 논리적인 연결을 확립하고 데이터를 전송하는 방법을 말하며, 비연결형 서비스란 송신 장치와 수신 장치 사이에 연결을 확립하지 않고 데이터를 전송하는 방법을 말한다. 연결형 서비스에서는 데이터가 순서에 맞게 보내졌는지 확인할 수 있고, 분실된 데이터가 있다면 재전송을 요청할 수 있어 송신 장치가 보낸 데이터가 수신 장치에 도달했음을 보장할 수 있다. 이를 위해 데이터를 수신했음을 송신 장치에 알려주어야 하는 등 데이터를 전송하는 것 이외에도 송신 장치와 수신 장치 사이에 통신이 필요하다. 따라서 연결형 서비스는 신뢰성은 있지만, 시간이 오래 걸리고 부가적인 정보 전달로 인해 통신 속도가 느리다는 단점이 있다. 반면, 비연결형 서비스는 신뢰성이 낮지만 통신 속도가 빨라 실시간 데이터를 전송하는 경우, 여러 수신자에게 같은 내용을 전송하는 경우, 신뢰성이 필요하지 않은 적은 데이터를 전송하는 경우 등에 사용된다. NTP 역시 실시간으로 적은 데이터를 전송하는 예에 속한다.

NTP 서비스는 시간을 관리하는 서버에 현재 시각을 요청하는 패킷 데이터를 전송하고 같은 크기의 시간 정보가 담긴 패킷 데이터를 받아오는 간단한 과정으로 이루어진다. 이때 현재 시각을 요청하는 패킷 데이터 형식을 맞추고 수신한 패킷에서 현재 시각을 해석하는 과정이 필요하지만, 이러한 과정은 라이브러리로 처리할 수 있으므로 간단하게 인터넷 시간을 얻어올 수 있다. UDP 통신을 사용하기 위해서는 WiFiS3 라이브러리의 `WiFiUDP` 클래스를 사용할 수 있다. `WiFiUDP` 클래스를 통해 NTP 서비스를 사용하기 위해서는 전용 라이브러리를 설치해야 한다. 라이브러리 매니저에서 'NTPClient'를 검색하여 NTPClient 라이브러리를 설치하자.

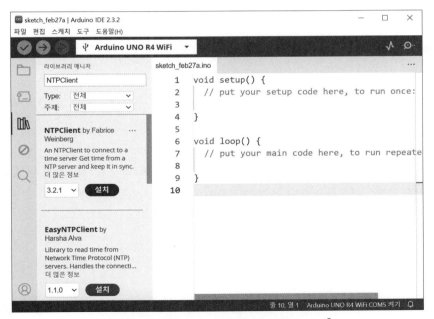

그림 30.12 **NTPClient 라이브러리 검색 및 설치**[3]

---

3   https://github.com/arduino-libraries/NTPClient

NTPClient 라이브러리를 사용하기 위해서는 먼저 헤더 파일을 포함해야 한다. '스케치 ➡ 라이브러리 포함하기 ➡ NTPClient' 메뉴 항목을 선택하거나 #include 문을 직접 입력하면 된다.

```
#include <NTPClient.h>
```

NTPClient 라이브러리에는 NTP 서비스 사용을 위해 **NTPClient** 클래스를 정의하고 있다. 대부분의 설정을 디폴트 값으로 사용하되, 타임존에 주의하면 된다. **한국은 NTP 서비스로 얻어오는 시간에 9시간을 더해야 한다.**

■ NTPClient

```
NTPClient::NTPClient(UDP& udp)
  - 매개변수
    udp: NTP 서비스에 사용될 UDP 통신 객체
  - 반환값: 없음
```

UDP 통신을 담당하는 객체를 매개변수로 하여 NTP 서비스를 위한 객체를 생성한다. WiFiS3 라이브러리의 **WiFiUDP** 클래스는 UDP 클래스를 상속한 클래스이므로 매개변수로 **WiFiUDP** 클래스 객체를 사용하면 된다.

■ begin

```
void NTPClient::begin(void)
  - 매개변수: 없음
  - 반환값: 없음
```

NTPClient 클래스 객체를 초기화한다. 객체를 초기화할 때는 **WiFiUDP** 클래스 객체 역시 초기화되므로 **WiFiUDP** 클래스 객체를 별도로 초기화할 필요는 없다.

■ update

```
bool NTPClient::update(void)
  - 매개변수: 없음
  - 반환값: 시간 업데이트 성공 여부
```

NTP 서버에서 현재 시각을 받아 업데이트하고 성공 여부를 반환한다.

- **setTimeOffset**

```
void NTPClient::setTimeOffset(int timeOffset)
   - 매개변수
     timeOffset: 기준 시간과의 초 단위 차이
   - 반환값: 없음
```

타임존 설정을 위해 기준 시간과의 차이를 초 단위로 설정한다. 한국은 기준 시간에 9시간을 더하면 되므로 9×3600을 지정하면 된다.

update 함수로 얻어온 인터넷 시간은 객체 내부에 저장되며 시간 정보를 얻기 위해 다음과 같은 멤버 함수를 사용할 수 있다.

- **getDay, getHours, getMinutes, getSeconds**

```
int NTPClient::getDay(void)
int NTPClient::getHours(void)
int NTPClient::getMinutes(void)
int NTPClient::getSeconds(void)
   - 매개변수: 없음
   - 반환값: 요일, 시, 분, 초
```

요일, 시, 분, 초를 반환한다. 요일은 일요일부터 0에서 시작한다.

스케치 30.8은 NTP 서버에서 현재 시각을 얻어 1초에 한 번 출력하는 예다.

스케치 30.8 인터넷 시간 얻기   `R4 WiFi`

```
#include "MySecret.h"
#include <WiFiS3.h>
#include <NTPClient.h>

char AP[] = MY_SSID;
char PW[] = MY_PASSCODE;

uint8_t timeZone = 9;                        // 한국의 시간 차
String dayOfWeek[] = {                       // 요일 문자열
  "일요일", "월요일", "화요일", "수요일", "목요일", "금요일", "토요일"
};

WiFiUDP myUDP;                               // UDP 통신을 위한 객체
NTPClient timeClient(myUDP);                 // NTP 서비스를 위한 객체
```

```
void setup() {
  Serial.begin(9600);
  while (!Serial);

  if (WiFi.status() == WL_NO_MODULE) {                    // 와이파이 모듈 검사
    Serial.println("* 와이파이 모듈과의 통신에 실패했습니다.");
    while (true)
      ;
  }

  Serial.println(String("* \'") + AP + "\'에 연결을 시도합니다.");
  if (WiFi.begin(AP, PW) != WL_CONNECTED) {
    Serial.println(" => AP에 연결할 수 없습니다.");
    while (1);
  } else {
    Serial.println("* AP에 연결되었습니다.");
    Serial.println();
  }

  timeClient.begin();                                     // UDP 포함 NTP 시작
  timeClient.setTimeOffset(3600 * timeZone);              // 타임 존 설정
}

void loop() {
  timeClient.update();                                    // UDP 시간 얻기

  Serial.print(dayOfWeek[timeClient.getDay()] + " ");     // 요일
  Serial.print(timeClient.getHours() + String("시 "));    // 시
  Serial.print(timeClient.getMinutes() + String("분 "));  // 분
  Serial.println(timeClient.getSeconds() + String("초")); // 초

  delay(1000);
}
```

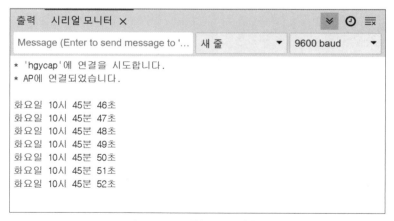

그림 30.13 스케치 30.8 실행 결과

30.6 맺는말

와이파이는 인터넷에 연결하는 데 사용하는 무선 표준이다. 사물인터넷의 보급에 따라 근거리 네트워크 구성을 위해 사용되는 블루투스와 인터넷 연결을 담당하는 와이파이가 함께 사용되는 경우가 많으며, 아두이노 우노 R4 와이파이에도 ESP32-S3 모듈에서 BLE와 함께 와이파이를 지원한다.

이 장에서는 인터넷에서 데이터 전송을 위해 사용되는 TCP와 UDP 기반의 통신 방법과 이를 기반으로 하는 웹 API와 NTP 서비스에 대해 알아봤다. TCP는 웹 서비스를 위해 사용되는 HTTP의 기본이 되는 프로토콜로 웹 클라이언트와 웹 서버를 구현하는 데 사용할 수 있다. 이 장에서는 웹 클라이언트를 사용하여 웹 서버에서 데이터를 가져오는 방법을 살펴봤으며, 이는 원격 제어를 비롯하여 다양한 서비스에 사용되고 있다. TCP와 함께 인터넷의 대표적인 데이터 전송 프로토콜인 UDP는 적은 데이터를 고속으로 전송하는 데 사용된다. 그 예로 이 장에서는 인터넷 표준시간을 얻을 수 있는 NTP를 살펴봤으며, 이 외에도 UDP는 실시간 스트리밍이나 네트워크 제어를 위해 사용되고 있다. TCP와 UDP는 인터넷의 근간이 되는 프로토콜로, 이를 바탕으로 인터넷이 동작한다고 해도 과언이 아니다.

아두이노를 인터넷에 연결하는 경우가 늘어난 데는 와이파이 모듈을 쉽게 구할 수 있다는 이유도 있지만, 사물인터넷 환경에서 간단한 제어 장치를 인터넷에 연결하여 사용하는 경우가 늘어난 것이 가장 큰 이유다. 간단한 검색만으로도 인터넷에서 아두이노를 연결하여 사용하는 더 많은 예를 찾아볼 수 있으므로 관심이 있는 독자라면 검색해 보기를 추천한다.

1 NTP 서비스에서는 1900년 1월 1일 이후 경과한 초를 제공하고 이를 바탕으로 현재 날짜와 시간을 계산할 수 있지만, NTPClient 라이브러리에는 날짜와 관련된 함수가 정의되어 있지 않다. 경과한 초를 기준으로 연월일을 얻기 위해서는 time.h에 정의된 localtime 함수를 사용할 수 있다. 스케치 30.8을 아래 코드를 참고해서 수정하여 연월일이 함께 출력되도록 해보자.

```
time_t rawtime = timeClient.getEpochTime();
struct tm *dateTime;
dateTime = localtime(&rawtime);
```

연월일시분초는 모두 time_t 구조체의 필드(tm_year, tm_mon, tm_mday, tm_hour, tm_min, tm_sec)에 저장되며 연도에는 1900을, 월에는 1을 더해야 한다. NTPClient 라이브러리에서 경과한 초를 얻기 위해서는 getEpochTime 멤버 함수를 사용하면 된다.

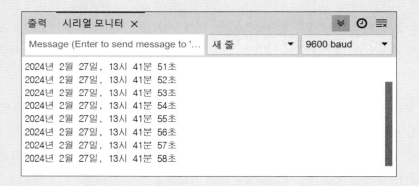

2 오픈 API를 사용하면 다른 서비스에서 제공하는 기능을 사용하여 간단하게 새로운 서비스를 만들어 제공할 수 있다. 오픈 API를 제공하는 사이트 중 하나에 공공데이터 포털[4]이 있다. 공공데이터 포털에서 아두이노로 수집하고 활용할 수 있는 데이터를 확인해 보자.

---

4 https://www.data.go.kr

아두이노 클라우드

아두이노를 사용하여 여러 가지 인터넷 서비스를 사용할 수 있지만, 인터넷에 연결하여 사용하는 아두이노는 데이터를 수집하는 장치, 원격으로 다른 장치를 제어하는 장치 등 사물인터넷 환경에서 사물로 동작하는 경우가 대부분이다. 사물인터넷 환경에서 사물로 동작하기 위해서는 데이터 수집이나 다른 장치를 제어하는 등의 기능 이외에 인터넷에 연결하고 데이터를 교환하는 등의 부가적인 작업에 더 많은 시간을 들여야 하는 것이 사실이다. 이러한 부가 작업을 클라우드와 라이브러리를 사용하여 간단하게 해결할 수 있도록 해주는 것이 사물인터넷 플랫폼이며, 아두이노에서 제공하는 사물인터넷 플랫폼이 아두이노 클라우드다. 이 장에서는 아두이노 클라우드를 사용하여 사물인터넷에서 동작하는 사물을 만들고 사용하는 방법을 살펴본다.

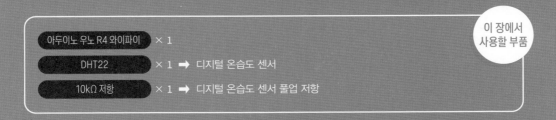

이 장에서
사용할 부품

아두이노 우노 R4 와이파이	× 1
DHT22	× 1 ➡ 디지털 온습도 센서
10kΩ 저항	× 1 ➡ 디지털 온습도 센서 풀업 저항

아두이노 클라우드

아두이노 클라우드는 아두이노를 위한 사물인터넷 플랫폼으로, 아두이노 보드를 원격으로 제어하거나 모니터링할 수 있도록 해준다. 아두이노 클라우드를 사용하기 위해서는 아두이노 클라우드라는 플랫폼과 여기에 연결할 장치가 필요하다. 아두이노 클라우드에 연결할 장치는 아두이노 보드가 대표적이지만, 작성한 코드를 실행할 수 있고 인터넷에 연결할 수 있는 장치라면 어떤 장치든 연결하여 사용할 수 있다. 장치를 아두이노 클라우드에 연결한 후에는 공유 데이터를 정해야 한다. **공유 데이터는 아두이노 클라우드와 장치에 각각 저장되며, 아두이노 클라우드에 저장된 데이터를 사물**thing**이라고 한다.** 사물은 데이터를 저장하는 변수 집합으로, 아두이노 보드의 상태를 아두이노 클라우드에 구현한 것으로 볼 수 있다. 데이터가 아두이노 클라우드와 장치에 각각 저장되면 양쪽 데이터가 같은 값을 갖는 것을 보장해야 하며 아두이노 클라우드가 제공하는 기본적인 기능 중 하나가 아두이노 클라우드와 장치에 저장된 값의 동기화다.

아두이노 클라우드와 장치 사이에 동기화된 데이터가 존재하면 이를 확인하거나 변경하는 방법이 필요하다. 장치에는 입출력 장치를 연결하면 데이터를 확인하거나 변경할 수 있다. 아두이노 클라우드에서는 웹 기반으로 구성된 사용자 인터페이스를 통해 동기화된 데이터를 확인하거나 변경할 수 있다. 예를 들어 사용자 인터페이스 요소인 스위치 위젯을 배치하고 위젯 상태를 바꾸면 장치에 있는 LED 상태를 바꿀 수 있고, 값value 위젯을 배치하여 장치에 연결된 센서 데이터를 확인할 수 있다. 이처럼 **위젯 기반으로 데이터를 확인하거나 변경할 수 있도록 구성된 사용자 인터페이스를 대시보드**dashboard**라고 한다.** 아두이노 클라우드에 접속하여 대시보드를 사용하는 것과 마찬가지로 아두이도 클라우드를 위한 전용 앱을 통해서도 객체의 값을 확인하거나 변경할 수 있다.

아두이노 클라우드를 사용하는 전형적인 예는 스마트폰에서 아두이노에 연결된 센서 데이터를 모니터링하거나 스마트폰을 통해 아두이노에 연결된 LED를 원격으로 제어하는 것이다. 그림 31.1은 아두이노에 연결된 온도 센서 데이터를 아두이노 클라우드를 통해 스마트폰에서 확인하는 예라면, 그림 31.2는 아두이노에 연결된 LED를 아두이노 클라우드에 연결된 스마트폰을 통해 제어하는 예에 해당한다.

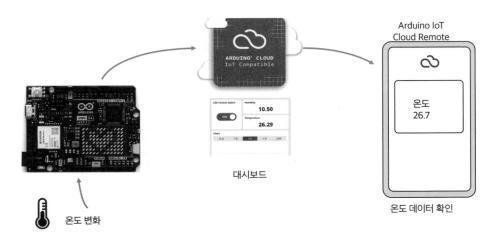

그림 31.1 아두이노 클라우드를 사용한 원격 모니터링

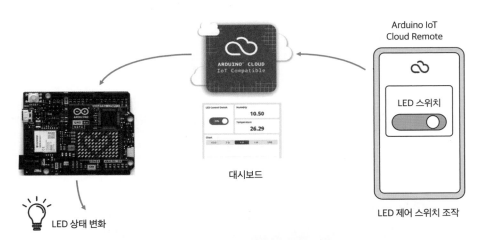

그림 31.2 아두이노 클라우드를 사용한 원격 제어

그림 31.1과 그림 31.2의 원격 모니터링과 제어는 웹 서버로 구현할 수도 있다. 하지만 아두이노 클라우드를 사용하면 여러 개의 서로 다른 장치를 쉽고 간단하게 연결하고 데이터를 동기화할 수 있고, 아두이노 클라우드에서 제공하는 데이터 시각화 기능을 통해 데이터를 쉽게 이해하고 분석할 수 있으며, 데이터를 기반으로 자동화된 시스템을 구현할 수 있다는 등의 여러 가지 장점이 있다. 데이터 시각화와 자동화 시스템 구현 역시 아두이노 클라우드가 꼭 필요한 것은 아니지만, 아두이노 클라우드에서 제공하는 기능을 사용하면 쉽고 간단하게 구현할 수 있다는 점은 장점이 아닐 수 없다.

여기서는 아두이노 우노 R4 와이파이에 DHT22 온습도 센서를 연결하여 온습도 데이터를 원격으로 모니터링하고(그림 31.1), 내장 LED를 원격으로 제어하는(그림 31.2) 방법을 살펴본다. 아두이노 우노 R4 와이파이에 그림 31.3과 같이 DHT22 센서를 연결하자. DHT22 센서의 사용 방법은 16장 '센서 사용하기'를 참고하면 된다.

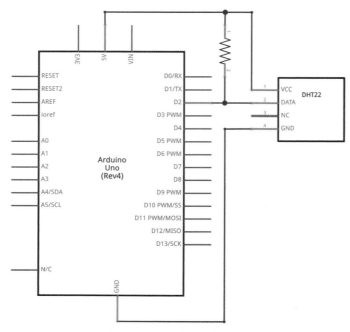

그림 31.3 **DHT22 센서 연결 회로도**

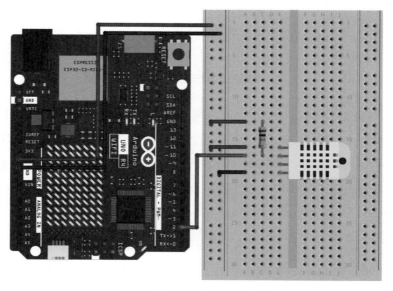

그림 31.4 **DHT22 센서 연결 회로**

장치 추가

아두이노 클라우드를 사용하기 위해서는 아두이노 계정이 필요하다. 아두이노 클라우드는 무료와 유료 계정으로 사용할 수 있다. 무료 계정은 사물thing의 수, 사물 내 변수의 수 등에 제한이 있고 아두이노 클라우드에서 제공하는 일부 기능을 사용할 수 없다. 여기서는 무료 계정을 기준으로 하지만, 여러 사물인터넷 프로젝트를 계획하고 있다면 유료 계정을 고려할 수 있다.

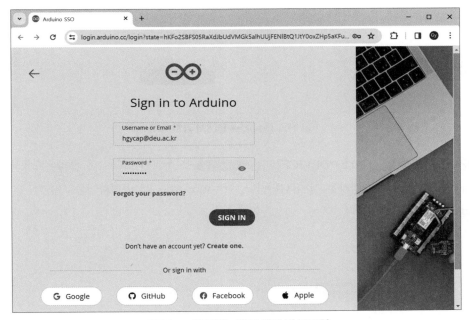

그림 31.5 **아두이노 계정 생성 및 로그인**

아두이노에 로그인한 후 아두이노 클라우드 페이지[1]에서 Devices(장치) 탭을 선택하여[2] 아두이노 보드를 추가한다.

---

1   https://app.arduino.cc

2   https://app.arduino.cc/devices

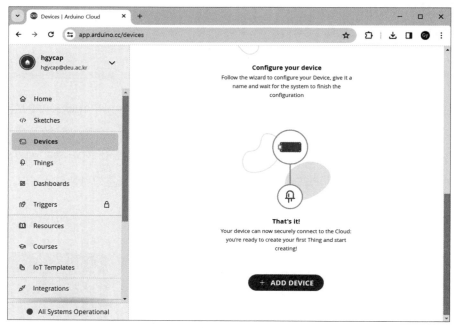

그림 31.6 **Devices 탭에서 장치 추가**

페이지 아래쪽에 있는 'ADD DEVICE' 버튼()을 누르면 아두이노 클라우드에서 장치를 사용할 수 있도록 설정하는 창이 나타난다. 아두이노 우노 R4 와이파이를 사용할 것이므로 'Arduino board'를 선택한다.

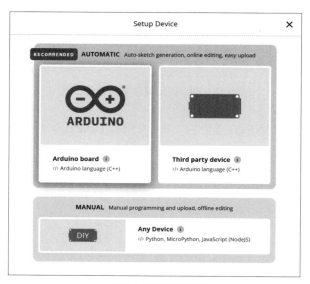

그림 31.7 **장치 추가 시작**

아두이노 클라우드를 사용하기 위해서는 아두이노 클라우드와 아두이노 보드 사이의 통신을 위해 아두이노 클라우드 에이전트가 필요하다. 아두이노 클라우드 에이전트 최신 버전이 설치되어 있지 않다면 최신 버전을 설치하라는 창이 나타난다.

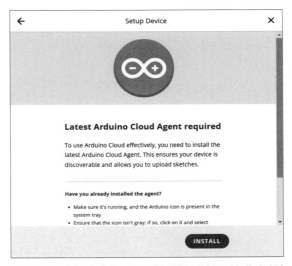

그림 31.8 **아두이노 클라우드 에이전트 설치 파일 내려받기**

'INSTALL' 버튼(INSTALL)을 눌러 최신 버전의 아두이노 클라우드 에이전트를 내려받아 설치하면, 화면 오른쪽 아래에 아두이노 클라우드 에이전트 아이콘(◎)이 나타나고 컴퓨터에 연결된 아두이노 보드가 장치 설정 다이얼로그에 자동으로 나타난다.

그림 31.9 **아두이노 클라우드 에이전트 설치 후 아두이노 보드 자동 검색**

'CONFIGURE' 버튼(CONFIGURE)을 누르면 아두이노 우노 R4 와이파이를 검사하고, 필요하면 펌웨어 업데이트가 자동으로 이루어진다.

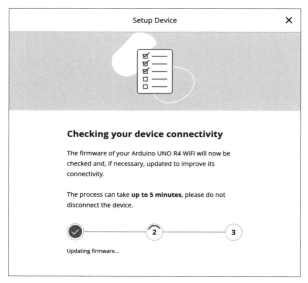

그림 31.10 아두이노 우노 R4 와이파이 보드 검사

아두이노 우노 R4 와이파이의 검사가 끝나면 보드 이름을 지정한다.

그림 31.11 장치 이름 설정

장치 이름을 지정하고 'NEXT' 버튼()을 누르면 아두이노 우노 R4 와이파이의 설정이 완료된다.

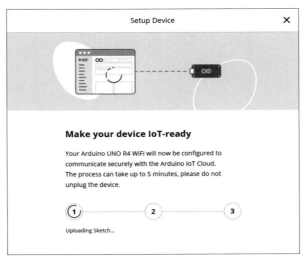

그림 31.12 **아두이노 우노 R4 와이파이 설정**

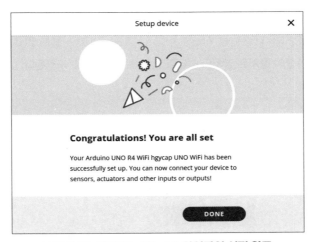

그림 31.13 **아두이노 우노 R4 와이파이 설정 완료**

설정이 완료되고 'DONE' 버튼()을 누르면 장치 추가가 끝난다. 추가된 장치는 Devices 탭에서 확인할 수 있다.

그림 31.14 **장치 추가 후 Devices 탭**

31.3 사물 구성

장치 설정이 끝나면 장치를 나타내는 사물thing을 만들 수 있다. **사물은 연결된 장치를 아두이노 클라우드에서 나타내는 가상의 장치로 장치의 상태를 나타내는 변수들로 구성된다.**

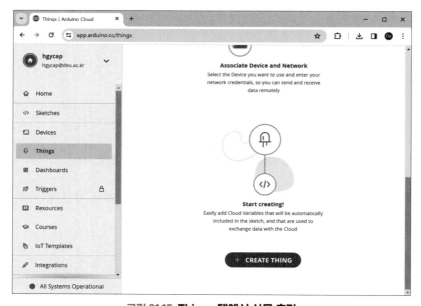

그림 31.15 **Things 탭에서 사물 추가**

아두이노 클라우드 페이지에서 Things(사물) 탭을 선택하고[3] 페이지 아래쪽에 있는 'CREATE THING' 버튼(+ CREATE THING)을 누르면 새로운 사물을 만들 수 있다. 사물 추가 화면은 그림 31.16과 같이 여러 부분으로 구성되어 있다.

❶ 클라우드 변수Cloud Variables: 장치와 아두이노 클라우드에서 동기화할 변수를 생성한다. 사물은 변수의 집합에 해당한다.

❷ 관련 장치Associated Device: 사물과 관련된 장치를 설정한다.

❸ 네트워크Network: 네트워크를 설정한다. 와이파이를 사용할 때는 연결할 AP 정보를 설정한다.

❹ 설정Setup: 디폴트 화면인 메인 설정 화면을 보여준다.

❺ 스케치Sketch: 장치를 아두이노 클라우드에 연결하고 사물을 나타내는 변수 동기화 기능이 포함된 기본 스케치를 보여준다.

❻ 메타 데이터Metadata: 사물과 관련된 태그, 시간대, 아이디 등의 메타 데이터를 보여준다.

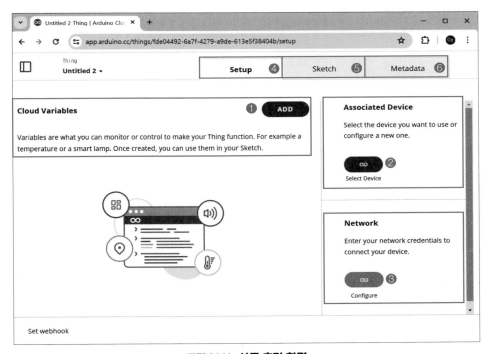

그림 31.16 **사물 추가 화면**

---

3   https://app.arduino.cc/things

사물에 동기화할 변수를 추가한다. 클라우드 변수의 'ADD' 버튼(ADD)을 누른 후 변수 정보를 설정하고 'ADD VARIABLE' 버튼(ADD VARIABLE)을 누르면 변수가 추가된다. 추가하는 변수의 변수 권한variable permission은 장치와 클라우드 사이에 양방향으로 데이터 전송이 필요할 때는 'Read & Write'를, 장치에서 클라우드로 단방향으로만 데이터 전송이 필요할 때는 'Read Only'를 선택한다. 업데이트 정책update policy은 임계치 이상의 값 변화가 있을 때만 업데이트하려면 'On change'를, 지정한 시간 간격으로 업데이트하려면 'Periodically'를 선택한다. 'On change'를 선택했을 때의 디폴트 값은 0으로, 값이 변할 때마다 업데이트한다. 변수 이름 아래에 있는 'Sync with other Things'는 다른 사물에 있는 변수와 동기화할 수 있도록 해준다.

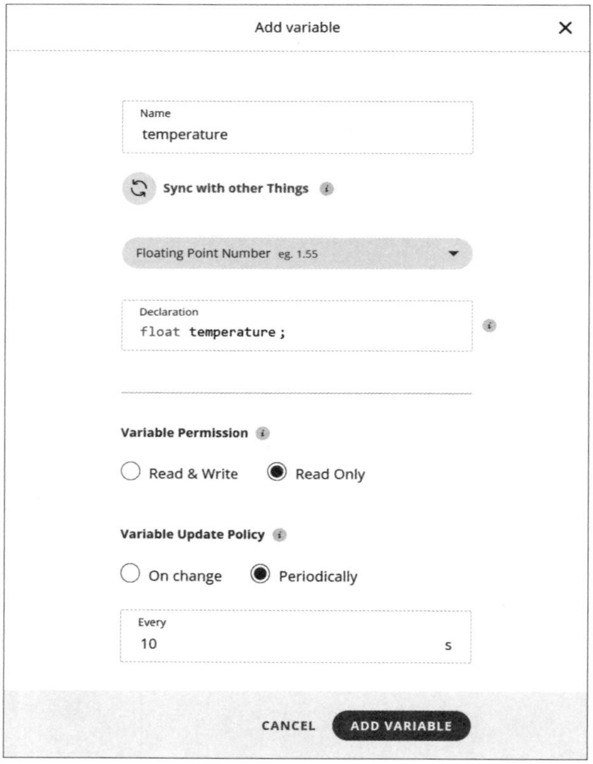

그림 31.17 변수 추가

온도와 습도 그리고 LED 상태를 위한 3개의 동기화 변수를 추가한다. 온도와 습도는 float 타입 값으로 장치에서 아두이노 클라우드로 보내는 데이터이므로 'Read Only'를 선택하고, 'Periodically'를 선택하여 10초 간격으로 업데이트하도록 한다. LED 상태는 bool 타입 값으로 원격 제어를 위해 'Read & Write'를 선택하고, 값이 변하면 즉시 동기화되도록 'On change'를 선택한다.

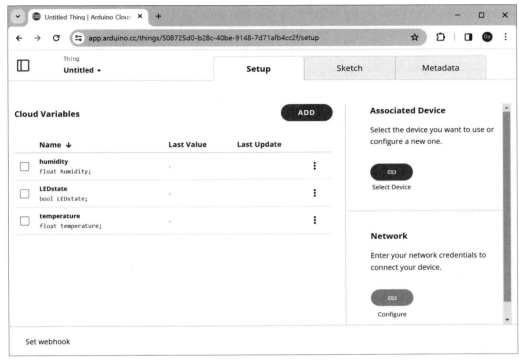

그림 31.18 동기화 변수 추가

관련 장치Associated Device에서는 앞에서 추가한 장치를 선택하거나 새로운 장치를 구성할 수 있다. 관련 장치 선택 버튼()을 누른 후 장치를 선택하면 장치와 사물은 서로 연결된 상태가 된다.

그림 31.19 관련 장치 선택

앞에서 추가한 아두이노 우노 R4 와이파이를 선택하고 'ASSOCIATE' 버튼(ASSOCIATE)을 눌러 3개의 변수가 추가된 사물과 장치를 연결한다.

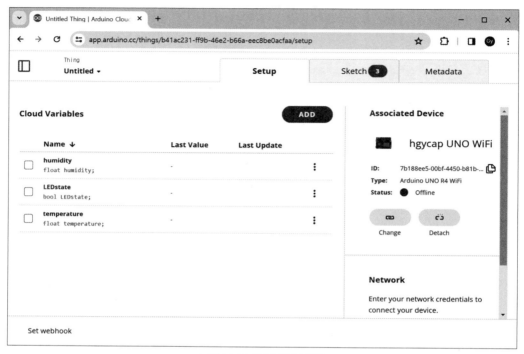

그림 31.20 **관련 장치 연결**

네트워크Network에서는 연결에 사용할 와이파이 정보를 설정한다. 네트워크 설정 버튼(◯)을 눌러 사용하고자 하는 AP의 와이파이 이름과 비밀번호를 입력하고 'SAVE' 버튼(SAVE)을 누르면 네트워크 설정이 끝난다.

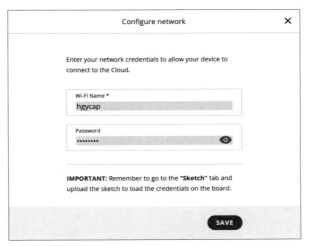

그림 31.21 네트워크 정보 입력

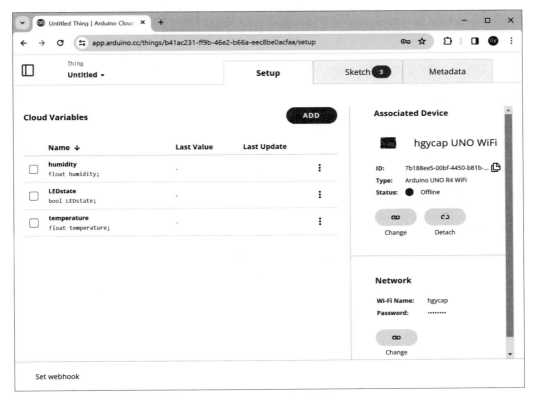

그림 31.22 네트워크 설정

스케치 작성

장치를 추가하고 사물을 추가하는 과정에서 기본 스케치가 자동으로 만들어진다. 그림 31.16에서 스케치 버튼을 누르면 자동으로 생성된 스케치가 나타난다.

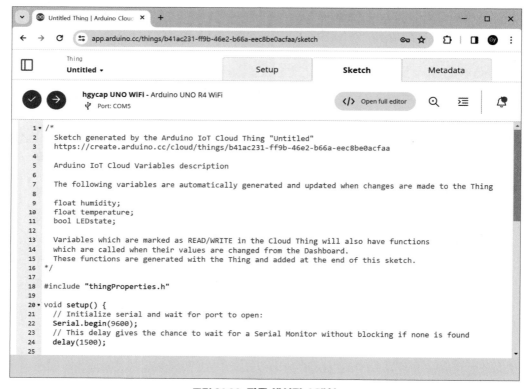

그림 31.23 자동 생성된 스케치

생성된 스케치에는 아두이노 클라우드와 선택한 장치를 와이파이를 통해 연결하고 데이터 동기화를 위한 기본 코드가 포함되어 있다. 하지만 그림 31.23의 스케치 화면에서는 메인 코드만 나타나므로 'Open full editor' 버튼(</> Open full editor)을 눌러 전체 스케치를 확인하고 수정해야 한다.

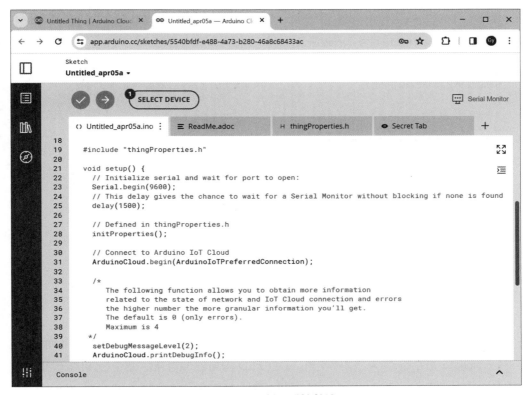

그림 31.24 전체 스케치 확인

자동으로 만들어진 기본 스케치에는 INO 파일 이외에도 3개의 파일이 포함되어 있다. ReadMe. adoc 파일에는 스케치에 대한 설명이 포함되어 있다. thingProperties.h 파일에는 와이파이를 통해 아두이노 클라우드에 연결하고, 공유할 변수를 정의하며, 정의된 변수를 아두이노 클라우드의 사물과 연결하는 코드가 포함되어 있다. 스케치에서 사용하는 변수 이름은 그림 31.18에서 변수를 추가할 때 정한 이름과 같다. Secret Tab에서는 와이파이 연결 정보를 확인할 수 있다. 스케치 31.1은 INO 확장자를 갖는 메인 코드다.

스케치 31.1 자동으로 만들어진 기본 스케치의 메인 코드 `R4 WiFi`

```
#include "thingProperties.h"

void setup() {
  Serial.begin(9600);
  delay(1500);

  // 장치 정보, 공유 변수의 타입, 업데이트 정책 등을 설정하며
  // thingProperties.h 파일에 정의되어 있다.
  initProperties();
```

```
    // 아두이노 클라우드에 연결한다.
    ArduinoCloud.begin(ArduinoIoTPreferredConnection);

    setDebugMessageLevel(2);                          // 디버그 메시지 출력 레벨
    ArduinoCloud.printDebugInfo();                    // 아두이노 클라우드 정보 연결 정보 출력
}

void loop() {
    // 아두이노 클라우드와의 연결 및 정보를 업데이트한다.
    ArduinoCloud.update();

    // 사용자 코드를 작성한다.
    // ...
}

// LED 상태가 바뀌었을 때 자동으로 호출
void onLEDstateChange() {
    // LED 상태가 바뀌었을 때의 처리 코드를 작성한다.
    // ...
}
```

스케치 31.1은 공유 변수를 선언하고 이를 아두이노 클라우드의 사물과 연결하여 loop 함수
내에서 update 함수를 통해 동기화한다. 또한 LED 상태를 나타내는 변수는 읽기/쓰기로 선
언되어 있어 아두이노 클라우드에서 값을 변경하면 아두이노 보드로 값이 바뀐 것을 알려주
고 onLEDstateChange 함수가 자동으로 호출된다. 따라서 LED 상태를 원격으로 제어하기 위
해서는 아두이노 클라우드에서 알려주는 LED 상태에 따라 실제 LED를 제어하는 코드를
onLEDstateChange 함수에 작성해야 한다. 반면 온도와 습도 값은 읽기 전용이므로 그림 31.3과 같
이 연결된 DHT22 센서에서 온도와 습도를 읽어 공유 변수인 temperature와 humidity에 대입하
면 아두이노 클라우드의 사물에 자동으로 동기화된다. 스케치 31.2는 스케치 31.1에 LED를 제어
하는 코드와 온습도 센서를 읽어 온도와 습도를 공유 변수에 저장하는 코드를 추가한 것으로, 밑
줄 친 부분이 스케치 31.1에서 추가된 코드다.

스케치 31.2 **LED 원격 제어와 온습도 모니터링**　　　　　　　　　　　　　　　　　　　`R4 WiFi`

```
#include <DHT.h>
#include <DHT_U.h>
#include "thingProperties.h"

unsigned long time_previous, time_current;
const byte DHTPIN = 2;                             // DHT11 센서가 연결된 핀
DHT dht(DHTPIN, DHT22);                            // 객체 생성

void setup() {
```

```
    Serial.begin(9600);
    delay(1500);

    // 장치 정보, 공유 변수의 타입, 업데이트 정책 등을 설정하며
    // thingProperties.h 파일에 정의되어 있다.
    initProperties();

    // 아두이노 클라우드에 연결한다.
    ArduinoCloud.begin(ArduinoIoTPreferredConnection);

    setDebugMessageLevel(2);              // 디버그 메시지 출력 레벨
    ArduinoCloud.printDebugInfo();        // 아두이노 클라우드 정보 연결 정보 출력

    pinMode(LED_BUILTIN, OUTPUT);         // 내장 LED 연결 핀을 출력으로 설정
    digitalWrite(LED_BUILTIN, LOW);       // LED는 끈 상태에서 시작

    time_previous = millis();
    dht.begin();                          // 온습도 센서 초기화
}

void loop() {
    // 아두이노 클라우드와의 연결 및 정보를 업데이트한다.
    ArduinoCloud.update();

    // 사용자 코드를 작성한다.
    time_current = millis();

    if (time_current - time_previous >= 2000) {  // 2초에 한 번 온습도 읽기
        time_previous = time_current;

        // 온습도를 읽어 공유 변수에 저장
        temperature = dht.readTemperature();     // 섭씨온도, 디폴트 값
        humidity = dht.readHumidity();           // 습도

        if (isnan(humidity) or isnan(temperature)) {  // 온습도 읽기 실패
            Serial.println("* Data read error...");
            humidity = -1;
            temperature = -1;
        }
        else{
            Serial.println(String("Temp : ") + temperature + ", Humid : " + humidity);
        }
    }
}

// LED 상태가 바뀌었을 때 자동으로 호출
void onLEDstateChange() {
    // LED 상태가 바뀌었을 때의 처리 코드를 작성한다.
    if (LEDstate) {
        digitalWrite(LED_BUILTIN, HIGH);
    }
    else {
```

```
    digitalWrite(LED_BUILTIN, LOW);
  }
}
```

스케치 31.2는 DHT22 센서를 위한 DHT sensor library를 사용한다. 라이브러리 탭에서 라이브
러리를 검색한 후 'INCLUDE' 버튼(INCLUDE)을 누르면 헤더 파일이 자동으로 포함되고 스케치
를 컴파일할 수 있다.

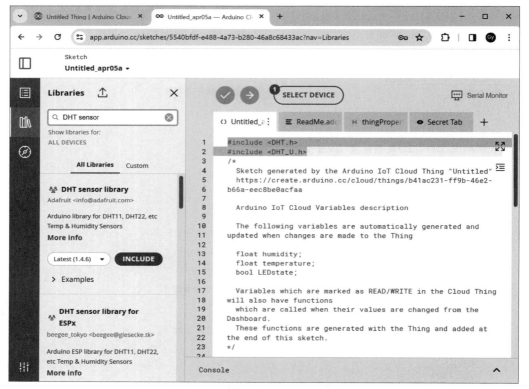

그림 31.25 온라인 편집기에서 라이브러리 포함

'SELECT DEVICE' 버튼(SELECT DEVICE)을 눌러 아두이노 우노 R4 와이파이를 선택한다.

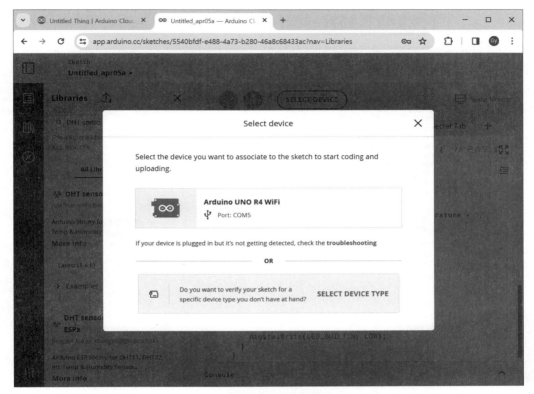

그림 31.26 **장치 선택**

스케치 31.2를 입력하고 업로드 버튼을 누르면 스케치가 업로드된다. 이때 아두이노 클라우드 에 이전트가 실행 중인 상태여야 한다. 스케치를 업로드하고 오른쪽 위에 있는 시리얼 모니터 버튼 (🖵 Serial Monitor)을 누르면 시리얼 모니터가 실행되고 2초에 한 번 온도와 습도가 출력되는 것을 확인할 수 있다. 시리얼 모니터 출력 결과에서 아두이노 클라우드에 연결하는 과정 역시 확인할 수 있다.

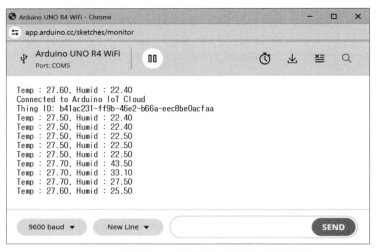

그림 31.27 스케치 31.2 실행 결과: 시리얼 모니터 출력

스케치를 작성하고 업로드한 후 시리얼 모니터를 통해 결과를 확인하는 과정은 일반적인 스케치를 작성하는 과정과 다르지 않다. 하지만 사물을 통해 공유된 변수는 자동으로 동기화되므로 웹 또는 앱을 통해 원격 모니터링과 제어에 사용될 수 있다. 원격 모니터링과 제어는 웹 또는 앱을 위한 위젯 기반의 사용자 인터페이스인 대시보드를 통해 이루어진다. 대시보드 탭[4]에서 'CREATE DASHBOARD' 버튼()을 눌러 대시보드를 구성할 수 있다.

---

4   https://app.arduino.cc/dashboards

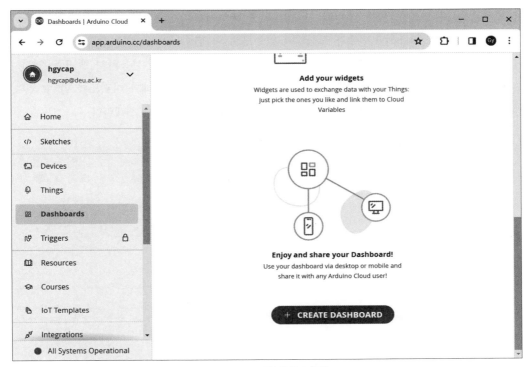

그림 31.28 대시보드 추가

대시보드 구성 화면에는 몇 개의 버튼이 있으며 각각의 기능은 표 31.1과 같다.

표 31.1 대시보드 구성 화면의 버튼 기능

버튼	설명
👁	보기: 현재 배치된 위젯을 보여준다. 보기 상태에서는 위젯 추가, 이동, 크기 변경 등이 불가능하다.
✎	편집: 대시보드를 구성한다. '추가' 버튼을 눌러 위젯을 추가할 수 있고, '배치' 버튼을 눌러 위젯의 이동과 크기 변경 등이 가능하다.
ADD ∨	추가: 위젯을 추가하는 펼침 메뉴를 보여주며 위젯을 선택하면 자동으로 추가된다. 무료 버전에서는 일부 위젯을 사용할 수 없다.
✛	배치: 위젯의 크기와 위치, 즉 레이아웃을 변경할 수 있다. 모바일과 데스크톱을 위한 레이아웃을 별도로 구성해야 한다.
📱	모바일 레이아웃: 모바일 레이아웃을 보여준다. '데스크톱 레이아웃'과 토글된다.
🖥	데스크톱 레이아웃: 데스크톱 레이아웃을 보여준다. '모바일 레이아웃'과 토글된다.

앞에서 만든 사물에는 원격 제어에 사용할 변수 **LEDstate**와 원격 모니터링에 사용할 온도 (temperature), 습도(humidity) 변수가 포함되어 있으므로 이 변수들에 위젯을 연결하여 대시보드를 구성해 보자. **LEDstate**는 LED의 상태를 나타내므로 스위치 위젯을 사용하여 웹 또는 앱에서 스위치를 토글하고 이에 따라 아두이노 우노 R4 와이파이의 LED 상태가 바뀌도록 할 수 있다. 'ADD' 버튼(ADD)을 눌러 사용할 수 있는 위젯 중 'Switch' 위젯( )을 선택한다.

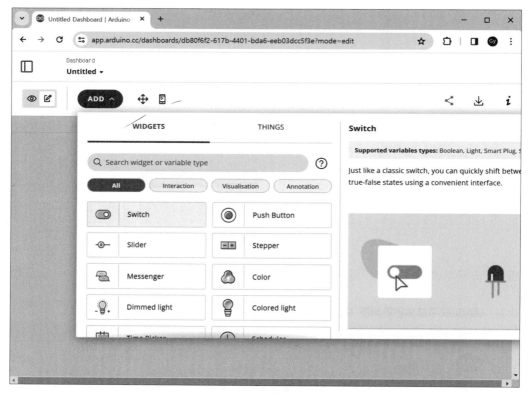

그림 31.29 **스위치 위젯 선택**

스위치 위젯을 선택하면 스위치 위젯을 설정하는 화면이 나타난다.

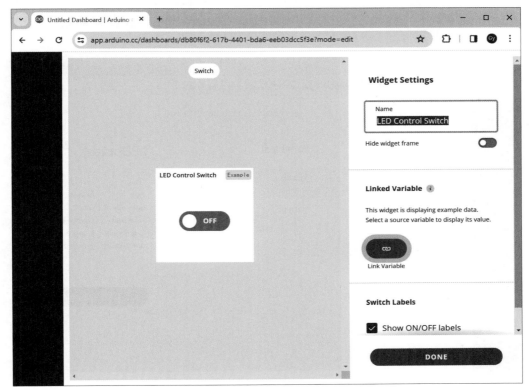

그림 31.30 스위치 위젯 설정

위젯에서 가장 중요한 것은 공유 변수와 연결하는 것이다. 'Link Variable' 버튼(⬤)을 누르고 공유 변수 중 LEDstate를 선택한 후 'LINK VARIABLE' 버튼(LINK VARIABLE)을 누르면 스위치 위젯과 LEDstate 변수가 연결된다. 즉, 스위치 위젯의 상태와 LEDstate 변숫값이 동기화된다.

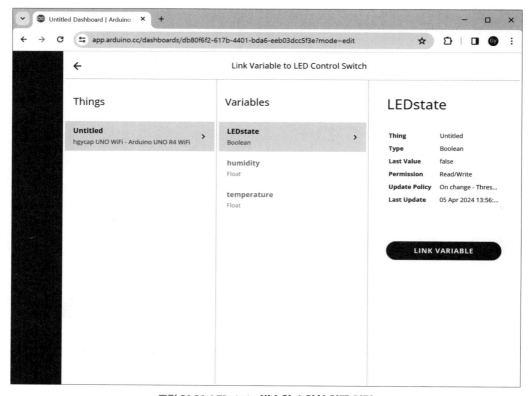

그림 31.31 LEDstate 변수와 스위치 위젯 연결

변수를 연결한 후에는 그림 31.30에서 'DONE' 버튼(DONE)을 눌러 변수 설정을 완료한다. 온도와 습도는 장치에서 아두이노 클라우드로 전송하는 데이터로 값 위젯을 배치하여 장치에서 DHT22 센서로 측정한 데이터를 표시할 수 있다.

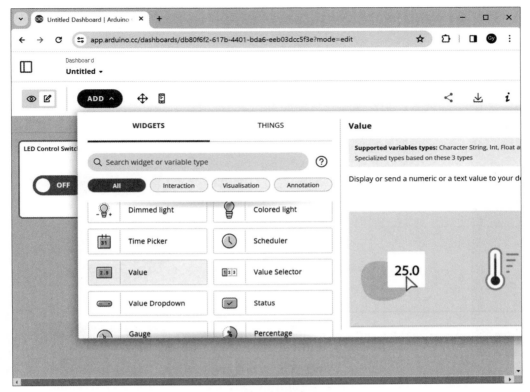

그림 31.32 **값 위젯 선택**

값 위젯(**2.5**)을 선택하고 스위치 위젯과 마찬가지로 공유 변수를 temperature로 선택하면 장치에서 보낸 온도 데이터가 공유 변수인 temperature를 통해 값 위젯에 표시된다.

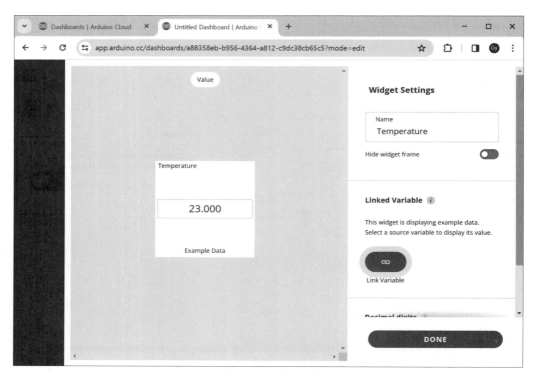

그림 31.33 **값 위젯 설정**

습도 역시 값 위젯으로 표시하도록 하면 모든 공유 변수가 위젯과 연결된다.

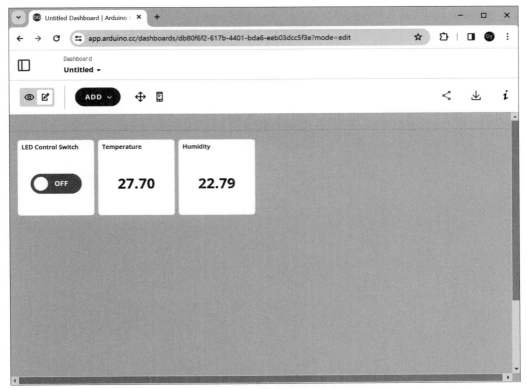

그림 31.34 대시보드를 위한 위젯 추가

'배치' 버튼(⊕)을 눌러 레이아웃을 변경한다. 데스크톱과 모바일 레이아웃은 같은 위젯을 사용하지만 레이아웃을 다르게 구성할 수 있다. 배치가 끝나면 'DONE' 버튼(DONE)을 눌러 레이아웃 수정을 완료한다.

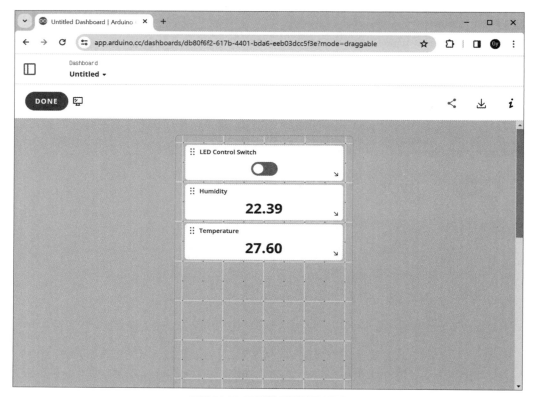

그림 31.35 모바일 레이아웃 변경

대시보드 구성까지 마쳤으면 보기 버튼(◉)을 눌러 온도와 습도가 바뀌는 것을 확인할 수 있다. 스위치 위젯을 클릭하여 스위치 상태가 바뀌면 아두이노 우노 R4 와이파이의 내장 LED가 그에 따라 켜지거나 꺼지는 것 역시 확인할 수 있다.

전용 앱을 사용하면 스마트폰에서도 웹에서와 마찬가지로 원격 모니터링과 제어가 가능하다. 스마트폰에 'Arduino IoT Cloud Remote'[5]를 설치하고 로그인하면 대시보드 목록이 나타난다. 대시보드를 선택하면 그림 31.35와 같이 배치된 위젯을 확인할 수 있으며 위젯을 통해 원격 제어와 모니터링이 가능하다.

---

5   https://play.google.com/store/apps/details?id=cc.arduino.cloudiot&hl=en_US

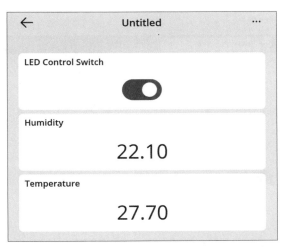

그림 31.36 Arduino IoT Cloud Remote 앱을 통한 아두이노 클라우드 연결

31.6 오프라인 스케치 작성

온라인 IDE 이외에 오프라인 IDE를 사용하여 스케치를 작성하고 업로드하는 것도 가능하지만, 오프라인 IDE를 사용하는 것은 기본 스케치를 생성한 이후라야 한다. 기본 스케치가 만들어지고 난 후 오프라인 IDE의 '스케치북' 탭을 열면 '로컬 스케치북'과 '클라우드 스케치북'을 확인할 수 있다. 이 중 클라우드 스케치북이 온라인에서 작성한 스케치가 저장된 클라우드 저장소로 자동으로 생성되고 수정한 스케치 역시 여기에 저장된다.

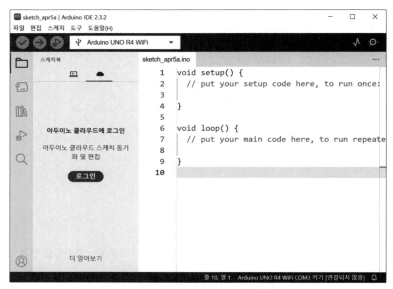

그림 31.37 **클라우드 스케치북 확인**

아두이노 클라우드에 로그인하면 스케치 목록을 확인할 수 있으며 앞에서 작성한 스케치로 커서를 가져가면 스케치 내리기_Pull Sketch_ 버튼(⬇)이 나타난다. 스케치를 내려받으면[6] 아두이노 IDE에서 오프라인으로 스케치를 편집할 수 있다.

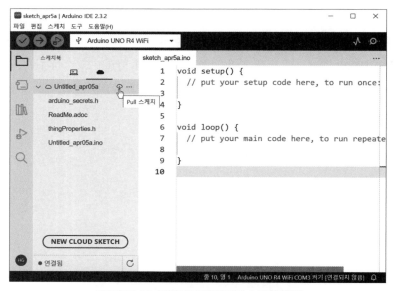

스케치 31.38 **클라우드에 저장된 스케치 확인**

---

6   내려받은 스케치는 'C:\Users\사용자_이름\AppData\Local\Arduino15\RemoteSketchbook\ArduinoCloud' 폴더 아래에 저장된다.

스케치를 내려받은 후 메뉴 확장 버튼을 눌러 '새 창에서 스케치 열기' 메뉴 항목을 선택하면 내려받은 스케치가 새 창에 열린다. 스케치를 내려받으면 수정한 스케치를 클라우드에 저장된 스케치와 동기화할 수 있도록 스케치 올리기Push Sketch 버튼(⬆) 역시 나타난다.

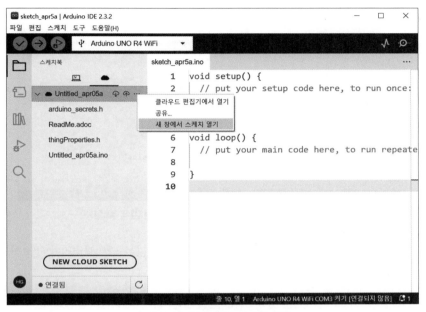

그림 31.39 내려받은 스케치 수정

스케치를 열면 그림 31.24와 같이 4개의 파일로 구성되어 있음을 확인할 수 있으며, 오프라인 IDE에서 스케치를 수정하고 업로드하면 온라인 IDE에서와 같은 효과를 얻을 수 있다. 다만 스케치에서 사용되는 라이브러리는 로컬 컴퓨터에 설치되어 있어야 하므로, DHT22 센서를 위한 DHT Sensor Library를 설치해야 한다. 한 가지 더 필요한 것은 아두이노 클라우드와 연동하기 위한 스케치다. 라이브러리 매니저에서 'Arduino IoT Cloud'를 검색해서 ArduinoIoTCloud 라이브러리를 설치한다.

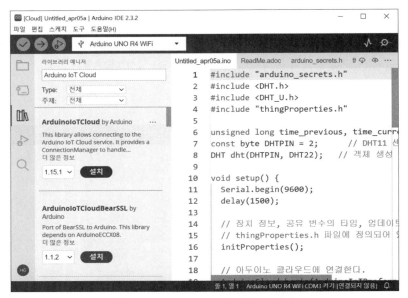

그림 31.40 ArduinoIoTCloud 라이브러리 검색 및 설치[7]

ArduinoIoTCloud 라이브러리를 사용하기 위해서는 연관된 많은 라이브러리가 필요하므로 함께 설치한다.

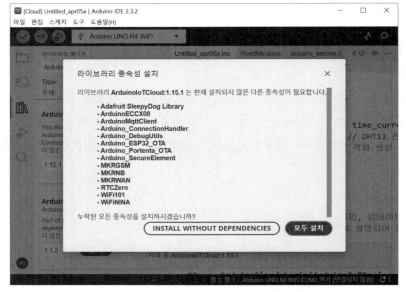

그림 31.41 ArduinoIoTCloud 라이브러리와 연관된 라이브러리 설치

---

7   https://github.com/arduino-libraries/ArduinoIoTCloud

라이브러리를 설치한 후 스케치를 컴파일하고 업로드하면 온라인 IDE에서와 같은 동작을 확인할 수 있다. 사용하는 방법에 약간의 차이는 있지만 스케치를 컴파일하고 업로드하는 과정은 기본적으로 같으며, 온라인과 오프라인 IDE의 사용자 인터페이스 역시 거의 같으므로 원하는 IDE를 선택하여 사용하면 된다. **오프라인 IDE에서 스케치를 수정한 후에는 클라우드 스케치북에서 스케치 올리기를 통해 스케치를 동기화하는 것도 잊지 말자.**

31.7 맺는말

아두이노 클라우드는 아두이노에서 제공하는 사물인터넷 플랫폼으로, 아두이노가 사물로 동작할 수 있도록 기본적인 기능을 제공해 줌으로써 사물을 만들 때 사물 본연의 기능에 집중할 수 있도록 해준다. 아두이노 클라우드를 통해 아두이노를 인터넷에 연결하면 간단하게 아두이노의 데이터를 수집하거나 원격으로 아두이노를 제어할 수 있으며 이를 통해 사물인터넷에서 사물로 동작할 수 있도록 해준다.

아두이노를 사용할 수 있는 사물인터넷 플랫폼에는 아두이노 클라우드 이외에도 여러 가지가 있지만, 아두이노 클라우드는 아두이노에서 제공하는 사물인터넷 플랫폼으로 온라인 IDE까지 제공하므로 아두이노를 사용한다면 자연스러운 선택이 될 것이다. 하지만 무료 버전의 아두이노 클라우드에서 사용할 수 있는 기능이 제한적이어서 실제 프로젝트에서 사용하기에는 부족한 것은 아쉬운 점이다. 사용 방법이 일부 다를 수는 있지만 사물인터넷 플랫폼에서 제공하는 기능은 기본적으로 큰 차이가 없으므로 아두이노 클라우드 이외의 사물인터넷 플랫폼 사용 역시 고려해 볼 수 있다.

1 아두이노 클라우드 이외에도 아두이노를 사용할 수 있는 사물인터넷 플랫폼에는 Thing Speak[8], Firebase[9], Blynk[10] 등 여러 가지가 있다. 각 플랫폼은 고유한 기능과 장점이 있으므로 사용하고자 하는 목적에 따라 플랫폼을 선택하는 것도 고려해 볼 수 있다. 아두이노를 사용할 수 있는 사물인터넷 플랫폼의 종류와 각각의 장단점을 비교해 보자.

2 아두이노 클라우드의 대시보드에서 사용할 수 있는 위젯 중 하나가 차트chart로, 센서 데이터의 추세를 파악하는 데 유용하게 사용할 수 있다. 습도 변화를 관찰하기 위해 차트를 추가하고 앱에서 습도 변화를 모니터링해 보자.

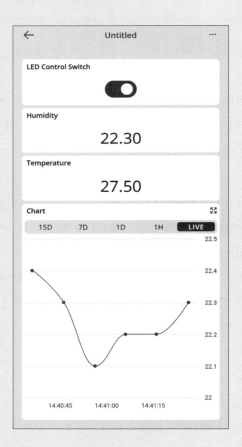

---

8   https://thingspeak.com

9   https://firebase.google.com

10 https://blynk.io

찾아보기

진솔한 서평을 올려주세요!

이 책 또는 이미 읽은 제이펍의 책이 있다면, 장단점을 잘 보여주는 솔직한 서평을 올려주세요.
매월 최대 5건의 우수 서평을 선별하여 원하는 제이펍 도서를 1권씩 드립니다!

■ 서평 이벤트 참여 방법
  ❶ 제이펍 책을 읽고 자신의 블로그나 SNS, 각 인터넷 서점 리뷰란에 서평을 올린다.
  ❷ 서평이 작성된 URL과 함께 review@jpub.kr로 메일을 보내 응모한다.

■ 서평 당선자 발표
  매월 첫째 주 제이펍 홈페이지(www.jpub.kr)에 공지하고, 해당 당선자에게는 메일로 연락을 드립니다.
  단, 서평단에 선정되어 작성한 서평은 응모 대상에서 제외합니다.

독자 여러분의 응원과 채찍질을 받아 더 나은 책을 만들 수 있도록 도와주시기 바랍니다.